ナショナリズムの昭和

保阪正康

幻戯書房

目次

II　昭和前期／二・二六事件

Ⅲ　新統制派／太平洋戦争

装幀　緒方修一

ナショナリズムの昭和

序章　集団の記憶と一人の記録

訳語の枠組み

「ナショナリズム」という語は何を意味するか。どう定義し得るのか。欧米の論調を見ても、日本の一般的な訳語を考えても明確ではない。それぞれがそれぞれの意味で用いているようにも思えてくる。

ネーション（nation）つまり国民や国家という概念が定着する十九世紀初頭にナショナリズム（nationalism）が誕生したという点においては、この語を用いる論者たちに共通している。オリヴァー・ジマーの『ナショナリズム（一八九〇―一九四〇）』（福井憲彦訳　岩波書店　二〇〇九）は「つまり、ナショナリズムとはまったく近代的な現象であり、一八〇〇年前後にはじめてヨーロッパに登場した、ということは、ほぼ学術的な合意をえているといってよい」と指摘した。その諒解はあるにせよ、まだ納得のいく説明はないとしたうえで、このジマーの書は、ナショナリズムがいかなる運動を指すのかを問うている。

「ナショナリズムとは、なによりイデオロギーあるいは政治的宗教とでもいえるものなのであろうか。それとも、国家権力を求める政治運動であろうか。あるいは産業社会を機能させる文化的な形成物か、近代的な認識枠組であろうか。これらすべての要素が統合したものであろうか」

その問いのもとにジマーは一八九〇年から一九四〇年までのヨーロッパのナショナリズムを分析し、この間のさまざまな研究成果を押さえつつ、それが最も危険な意味をもった時代の内実を解き明かしたのである。

このような欧米の取り組みに対して、日本の検証はいかなるものであったか。あるいは日本社会のナショナリズムとは、どのように分析すべきものなのか。本書はそれを考える試みである。単にイデオロギーとして論じるのではなく、また政治的な意味で論じるのでもなく、私たちの日々の生活にナショナリズムという概念を具体的に持ち込んで考えてみたいのである。私はアカデミズムの側にいるのではないから、逆に生活者の立場で捉えられる。ゆえに演繹《えんえき》的にではなく帰納的に、あるいは現実的に、さしあたり社会で不当に理解されている「ナショナリズム」という語を、より私たちの側に引き寄せて考えてみたいのである。

まず私の考える「ナショナリズム」の意味を整理しておきたい。一般的にナショナリズムは愛国主義、国家主義、民族主義、全体主義などと訳され、きわめて狭い範囲を意味する語として用いられている。しかし「愛国主義」や「国家主義」などはもとより独立した意味をもっており、とくに「ナショナリズム」を指すわけではない。たとえば昭和二十六年（一九五一）九月に刊行された『現代ナショナリズム辞典』（木下半治編　酣燈社）は「国家主義」について次のように説明している。

「国家権力が社会生活の全領域に及ぶことを是認する政治原理。かゝる意味においては個人主義乃至《ないし》自由主義には対立する概念である。全体主義と同義といひ得るであらう。けれども我が国においては国粋主義、国民主義乃至民族主義（ナショナリズム）と同義に用ひられた。しかしながら厳密な意味においては国家主義と国民主義とに区別しなければならぬ。国民主義とは、自国の富強を計つて他国民に対する優勢を維持しようとするものである」

さらに木下は「民族主義（ナショナリズム）」が「国民主義」または「国粋主義」とも訳され、「国家主義」と同一視されていると記す。

上部構造と下部構造

ナショナリズムについて本書ではそのような訳語の一方を「上部構造」と捉える。「オモテ」とか「可視」といった表現を用いてもいる。またこの意味をさらにわかりやすくするため、次のように提議したい。

〈国家主義、民族主義、あるいは国粋主義といった訳語をナショナリズムの上部構造とする。そして政策決定集団に属する政治家や官僚、敗戦以前であれば軍人が国策を決めたさいの基準を、上部構造の基本的な価値観と考える。その価値観をさらに具体的に指摘するなら「国益の守護」「国権の伸長」「国威の発揚」に集約される。これは天皇制国家を支えるための三つの軸である〉

まずそう理解したうえで、ナショナリズムの訳語や意味をもっと具体的に解体してみる。共同体で受け継がれている日本人の日常生活の規範、倫理観、さらには郷土を愛する心や思想、先祖を敬う精神など、私たちが抱くこの国の自然、風土、信仰などをナショナリズムの枠組みで捉え、それを「下部構造」と呼ぶことにしたい。「ウラ」とか「不可視」といった表現を用いてもいる。伝統や文化として継承してきた生活上の環境を第一義に捉え、これをナショナリズムの発露とし、守護しなければならないと受け止めた共同体の成員それぞれの存在に価値を置くのである。

このような見方はナショナリズムの二元化とも言えるが、その下部構造には、上部構造の「国益の守護」「国権の伸長」「国威の発揚」と同じく、やはり三つの軸があったと私は考える。言うなれば「自然との共生」「親、子、孫といった三代の人間関係」「生活の規範の伝承」である。江戸時代、いやもっと以前からの、共同体で生きた人びとの智恵の集積こそ、下部構造のナショナリズムだと言いたい。

この下部構造のナショナリズムが昭和のある時期、上部構造の国策決定基準たる「国益の守護」「国権の伸長」「国威の発揚」が吐き出す空気に覆われた。とくに昭和初年代はそれが顕著で、さらに十年代に入ると、上部構造の三つの軸のみが下部構造を支配するようになり、社会は一気に戦時体制へと突き進んだのである。

こうした例はいくつも指摘できる。大正九年(一九二〇)に鳥取県西伯《さいはく》郡旧O村で生まれたある人物は、昭和十五年(一九四〇)に徴兵検査を受けて甲種合格となり、呉の海兵団に入隊した。彼が残した証言は重要な事実を伝えている。

「わしが知っている範囲ではねえ、昭和十年ごろまでは(軍隊に出るのを)貧乏くじだてぇで、まぁ正直な話ねぇ、嫌がったもんですわ。それからねえ、二・二六事件がはじまってねぇ、軍国主義が強くなりまして、そう昔の気持ちをもっとうもんは(持っている者は)非国民だてやなような、そういう風潮てぇか、世の中の空気になりましてねぇ」(喜多村理子『徴兵・戦争と民衆』吉川弘文館 一九九九)

このような証言に私自身、各地の農村でよく接した。昭和十二年七月の盧溝橋事件から始まる日中戦争は、当時の軍事指導者らがそれこそ国益の守護、国権の伸長、国威の発揚を口実に拡大させたものである。中国の大地に日本兵がどの程度必要かを試算し、次々と若者を送り込んだ。この兵士を確保するために、かなり強権的な支配体制が各地の共同体に敷かれたのである。

日中戦争以前は、徴兵検査での甲種合格を喜ぶべきとの空気はなく、神社に参拝するときなどは兵隊へ行かずに済むよう祈ったという。皆が重大な時局とは認めつつも、出征などしたくなかったのである。ところが昭和十一年に二・二六事件が起きたあたりから、戦争へ行かずに済むよう祈ることなど表向きはできなくなった。そんなふうに祈ること自体「非国民」として謗《そし》られるようになったのである。

日中戦争以後は村の青年が徴兵されると、村長、村会議長、駐在などに励まされながら神社へ必勝祈願に行くことが慣習となる。小旗を振り振り駅まで若い兵士を見送りに来た村民たちの「万歳、万歳」の声のなか出征する光景が日常化したが、しかし太平洋戦争開戦以後は見られなくなったという。防諜のために中止されたと聞いた。

このような出征風景の変化こそ、上部構造の三つの基準が下部構造のナショナリズムを抑圧した、あるいは制圧した姿であった。「隈《くま》無く晴れた月今宵　心染み染み筆執つて　友の最期を細々《こまごま》と　親御へ送る此の手紙」といった歌詞が反戦的だとの理由で、日露戦争後につくられた軍歌「戦友」も歌うことが禁止された。息子を喪った親の心情を思うなど、上部構造が戦争という国策を遂行するためにはまったく邪魔な、もっと言えば余計なことであった。

本書ではその上部構造のナショナリズムが、どのように下部構造のナショナリズムを抑圧したのか、昭和という時代空間での動向を辿りながら、私なりに整理していきたい。

丸山眞男と橋川文三

具体的な論述を試みる前に、まず四つの視点を箇条書きにしておく。これらの視点を昭和前期のナショナリズムを考察する基本的な姿勢としたとき、私たちは決してその語に脅えてはならないとの理解に達するであろう。奇妙な言い方になるが、ナショナリズムという語を、いわゆる敗戦以前の偏狭な愛国主義、国家主義、民族主義といった概念から解放する必要がある。故郷の山河を愛する愛郷主義や共同体の良質な生活の規範や倫理観を守り抜くのが真のナショナリストであり、本来のナショナリズムとは、国の文化や伝統の基本的な枠組みを守る精神だと私は考えるからである。

(一)ナショナリズムの上部構造の三つの基準、国益の守護、国権の伸長、国威の発揚は、近代日本の宿痾《しゅくあ》とも言える。

(二)昭和前期に上部構造を支える骨格となった政策決定集団には思想や理念がなく、ただ事態に対処するだけの場当たり的発想しかなかった。

(三)上部構造の指導層には国民に対する歴史的、人道的責任感が極端に欠けており、これが戦争指導全般に露呈している。

(四)下部構造のナショナリズムは本質的に解体されたのではなく、上部構造の三つの基準が立つ地肌の部分に覆われ、温存されていた。

この四つの視点で、昭和前期の上部構造がいかに暴力化し、強権的な抑圧をくり返したかを明らかにしたい。と同時に、国民がいかにその暴力に陶酔して自己偏愛的な異常状態へと陥ったかも検証していきたい。上部構造にはむろん政治家、実業家、また言論人なども一定数存在したわけだが、とくに中核を占めた軍事指導者らの誤れるナショナリズム、すなわち国策決定の三つの基準を批判し、歴史上の遺物としなければならない。

丸山眞男は昭和二十一年の「世界」五月号に発表した論文「超国家主義の論理と心理」で、日本型ファシズムを支えたのは「家族主義」「農本主義」「大アジア主義」の三点だとしている。このような見方について橋川文三は、丸山が日本型ファシズムのイデオロギー上の特質を一般的な理論とは区別するかたちで打ち出し、ドイツやイタリアとは異なることを明らかにしたと指摘している（「昭和超国家主義の諸相」『現代日本思想大系31』筑摩書房　一九六四）。

「しかし、それはいわば日本超国家主義をファシズム一般から区別する特質の分析であって、日本の超国家主義を日本の国家主義一般から区別する視点ではないといえよう。ないしは、日本の超国家主義支配と、その明治絶対主義的支配との区別に対応するような、日本ナショナリズム運動の変化を解明するにはあまりにも包括的な視点であるといえよう」

橋川は丸山の論では「明治以降における日本ナショナリズムのいわば健全で進歩的なモメントが無視されてしまうのではないか」との懸念も明らかにしているが、丸山の説いた超国家主義思想に対する橋川の批判の論点を整理すると、意外なことがわかってくる。つまり二人の論点をより分析したうえで、昭和史の史実に照らしながら上部と下部のナショナリズムの二重構造について考えてみると、以下のようなことがわかるのである。

丸山の見る農本主義の弱点とは、橋川の言葉を借りれば「反官的・反都市的・反大工業的・反中央集権的傾向は、『明治以来の日本主義ないし国権主義運動の一貫した伝統』に属するが、この伝統は超国家主義思想の中に流入してさまざまなニュアンスの差を含みながらも、その国家改造思想を広範に性格づけており、その点において、ファシズム一般に見られる『強力な権力の集中と国家統制の強化への志向』をして、一種の倒錯、矛盾、屈折におち入るのやむなきにいたらしめている」という分析になる。

農本主義に限らず日本の土着思想のほとんどは反官的、反工業的、反中央集権的である。共同体で生から死までを全うするこの成員にとって、重要なのは国家や体制ではなく、自らの共同体にそれがどの程度介入してくるかであり、彼らの思想の実践は国家主義、民族主義たり得なかった。明治期からの資本主義体制がもつ中央集権的発想にはまったく関心がなかったとも言えよう。

この農本主義思想は、たとえば昭和初期の農業恐慌などが引き金となって生まれ、共同体が崩壊の様相を帯びると自己防衛の動きを示した。日頃は穏和な集団がその存在を脅かされると、とたんに反官、反工業、反中央集権の動きを顕わにしたのである。丸山の言う農本主義がもつ日本的ファシズムの矛盾とは、このような事態を指したと解釈される。しかし日本の農本主義者は主体的に「国益の守護」「国権の伸長」「国威の発揚」に関わったのではなく、まず自己防衛的に上部構造のナショナリズムに挑戦したのであり、農本主義者、農本主義団体は単独ではファシズムの形成者たり得なかったと私には思える。橋川の丸山批判には、その意味が込められていたと考えるべきではないだろうか。

愛郷塾の橘孝三郎は、丸山の言う超国家主義の論理を支えた農本主義の理論家であり実践家である。ただ実践家とは言っても、橘自身は直接行動を起こしたわけではなく、五・一五事件に門弟たちを参加させ、農村恐慌で困窮する農民の心情を社会へ訴えようとしたにすぎない。橘は私の考えるような構図のなかで動いたのであり、ファシストでも極端なナショナリストでもなかった。また橘は入獄後、転向したかのように見えるが、獄中で天皇論を執筆した姿勢は、農本主義者が自らの共同体のなかで、天皇の存在をどう受け止めるべきかに真正面から挑んだものであり、この点でも橘を丸山理論の指摘と同一視することはできない。

柳田國男と宮本常一

本書では「上部構造」と「下部構造」という語を執拗に用いるが、あくまでも私の立論に説得力をもたせるためで、「ナショナリズム」の意味を狭い枠内に止めおいてはならないとの思いからである。あえてふれるならば、その下部構造ナショナリズムの実体については、民俗学の柳田國男や宮本常一らの、農村に伝承した民話や生活の規範などの研究が理解の土台となっている。柳田は民俗学を郷土の研究とも言ったが、目的は日本人という民族の過去の経歴を調査して浮かび上がる生活感覚や生活倫理を探り出すことにあった。私はこの生活感覚や生活倫理を日本人の基本的な民族性と見て、大切にすべきものだと考えている。

そして、宮本は「民衆の息吹き」を探るための実証的研究が必要だと何度も説いている。

「民衆は支配者からおろかものと見られ、またしぼりとられた生活をつづけながらも、かならずしも絶望していたわけでもなければ、ただ暗く卑屈にのみ生きて来ていたのではない。お互いにあたたかな心を持ち、いたわりあって生きて来ていたのである。そしてそこにはそれなりの世界を形づくって

いた」（「日本民俗学の目的と方法」『宮本常一著作集1』未來社　一九六八）

「民衆の息吹き」について残された史料や記録にふれることで私たちは「お互いにあたたかな心を持ち、いたわりあって生きて来」た日本人の姿を確認し得るのである。

また宮本はきわめて興味深い主張をしている。私はこの論に立脚し、本書を記したとも言えるので掲げておきたい。

「民俗的伝承は、伝承を集団の記憶とくりかえしとによってなされていかなければならないが、民俗の伝承は一人でもできるし、文字によって記録することもできる。そして今日では民俗的伝承による民俗文化はもう何ほどものこっておらず、少数の人びとによって民俗事象についての伝承や記録がなされているといっていい」（「日本民俗学の目的と方法」）

本書で言う下部構造のナショナリズムの実体としては、私自身の共同体調査による史料はほとんど引用しない。一般的な農村共同体の生活の規範という理知の集積を、権力側がどのように蹂躙したのか、それを昭和史の枠組みのなかで探求してみたいのである。この探求が多くの人の自省につながってほしいと、私は念じている。

I

敗戦──講和

第1章　玉音放送

終戦の詔勅の二重性

昭和二十年（一九四五）八月十五日正午の玉音放送を国民はどのような気持で聴いたのか。戦後になって数多く刊行された日記や回想録、自伝などを丹念に読むと、総じて「正確な意味がわからなかった」との記述が多い。むしろ昭和天皇がなおいっそうの「聖戦完遂」をラジオで訴えていると受け止めた人のほうが多いように思えるほどである。

多くの人がその言葉を正確に理解できなかったのは、当時のラジオの性能の悪さにもよるであろう。また「降伏」といった具体的な語が用いられておらず、ゆえに戦争はまだ続くと受け止めた人がいても決して不思議ではない。逆に玉音放送で戦争が終わると知り、心中で快哉《かいさい》を叫んだなどというやや作為的な文章にふれると、この記録自体が信じられなくなる。確かにあの玉音放送の冒頭には「朕ハ帝国政府ヲシテ米英支蘇四国ニ対シ其ノ共同宣言ヲ受諾スル旨通告セシメタリ」とあるから、注意深く聴いていればわかるのだが、続く言葉は必ずしも降伏を認めるという内容ではなかった。作家の山田風太郎は『戦中派不戦日記』（番町書房　一九七一）で「真っ先に聞えたのはこの声である。その一瞬、僕は全身の毛穴がそそけ立った気がした。万事は休した！　顔が白み、唇から血が引いて、顔がチアノーゼ症状を呈したのが自分でも分った」と記しているが、このような判断ができたのは、現実を冷静に見据えてきた層に限られると思う。実際、山田とともに玉音放送を聴いた大衆食堂のおかみさんは「どうなの？　宣戦布告でしょう？　どうなの？」と尋ねている。

山田は当時二十三歳の医学生で、十五日の午前中にあった皮膚科の授業では「休戦？　降伏？　宣戦布告？」と三つの単語を並べた紙片が回ってきたという。山田自身はソ連に対する「宣戦布告」だと思い、その上に円印をつけた。

八月十五日の玉音放送については、山田のように意味を理解できた者と、できなかった者とに分かれる。多くの記録に接し、当時の率直な気持を尋ね歩いた私の感想としては、圧倒的に後者のほうが多かった。また降伏は理解できても、これを「信じられなかった」ために「玉音放送は何を伝えているのか」と混乱した者もむろん多かったであろう。

終戦の詔勅は奇妙な構成をもつ。大日本帝国の主権者たる天皇は、八月十日からの二回にわたる御前会議で最終的にポツダム宣言受諾の聖断を下すのだが、それに基づいて終戦の詔勅の原案をまとめたのは、鈴木貫太郎内閣の書記官長迫水久常《さこみずひさつね》である。迫水の回想『機関銃下の首相官邸』（恒文社　一九六四）によるなら、ふつう詔勅は漢文に精通した専門家に起草を頼むものだが、このときは極秘だったため、二回目の御前会議での天皇の言葉をそのまま漢文体に起こして、何度も原稿用紙を破棄しながらとにかくまとめたという。八月十三日の深夜に内閣嘱託の川田瑞穂や安岡正篤《まさひろ》を呼び、首相官邸で原案に沿っての手直しを行ったと迫水は書き残している。

つまり終戦の詔勅は迫水が天皇の意を忖度《そんたく》しながら起草し、漢文体としての格調を高めるために精通する川田や安岡の手を借りたということになろう。安岡が「永遠の平和を期す」という文言を「万世のために太平を開く」に変えるなど二、三カ所の手直しを行ったことはよく知られている。ほかにも閣議で二、三の注文がついたと迫水は書いており、とくに「朕《ちん》ハ茲《ここ》ニ国体ヲ護持シ得テ忠良ナル爾《なんじ》臣民ノ赤誠《せきせい》ニ信倚《しんい》シ常ニ爾臣民ト共ニ在リ」という末尾の文節は、もともとは「朕ハ爾臣民ノ赤誠ニ信倚シ常ニ神器ヲ奉シテ爾臣民ト共ニアリ」だったという。「神器」とはむろん三種の神器で、アメリカ側に無用な誤解を与えるということで省かれたわけだが、とまれ終戦の詔勅は当時の政治・軍事指導者の考える国家意思そのものだったと断定していい。

迫水が書き残した詔勅起草のプロセスをあらためて確認すると、当時の政治・軍事指導者が昭和十年代に希求した国益・国権の内実がわかり、彼らの国家像が鮮明になってくる。彼らは将来に不安を抱きながら、とにかく昭和十年代の国家像の再確認を国民に訴えたのである。

終戦の詔勅の全文を本題に入る前に掲げておきたい。適宜ルビを振ったので、昭和天皇の声音を思い出しながら、あらためて読んでいただきたい。

朕深ク世界ノ大勢ト帝国ノ現状トニ鑑ミ非常ノ措置ヲ以テ時局ヲ収拾セムト欲シ茲ニ忠良ナル爾臣民ニ告ク

朕ハ帝国政府ヲシテ米英支蘇四国ニ対シ其ノ共同宣言ヲ受諾スル旨通告セシメタリ抑々《そもそも》帝国臣民ノ康寧《こうねい》ヲ図リ万邦共栄ノ楽《たのしみ》ヲ偕《とも》ニスルハ皇祖皇宗ノ遺範ニシテ朕ノ拳々《けんけん》措《お》カサル〔常に心がけている〕所曩《さき》ニ米英二国ニ宣戦セル所以《ゆえん》モ亦《また》実ニ帝国ノ自存ト東亜ノ安定トヲ庶幾《しょき》〔こいねがう〕スルニ出《い》テ他国ノ主権ヲ排シ領土ヲ侵スカ如キハ固《もと》ヨリ朕カ志ニアラス然ルニ交戦已《すで》ニ四歳ヲ閲《けみ》シ朕カ陸海将兵ノ勇戦朕カ百僚有司《ひゃくりょうゆうし》ノ励精《れいせい》朕カ一億衆庶《しゅうしょ》ノ奉公各々最善ヲ尽セルニ拘《かかわ》ラス戦局必スシモ好転セ

ス世界ノ大勢亦我ニ利アラス加之《しかのみならず》敵ハ新ニ残虐ナル爆弾ヲ使用シテ頻《しきり》ニ無辜《むこ》ヲ殺傷シ惨害ノ及フ所真ニ測ルヘカラサルニ至ル而《しか》モ尚交戦ヲ継続セムカ終《つい》ニ我カ民族ノ滅亡ヲ招来スルノミナラス延《ひい》テ人類ノ文明ヲモ破却スヘシ斯《かく》ノ如クムハ朕何ヲ以テカ億兆ノ赤子《せきし》ヲ保《ほ》シ皇祖皇宗ノ神霊ニ謝セムヤ是レ朕カ帝国政府ヲシテ共同宣言ニ応セシムルニ至レル所以ナリ

朕ハ帝国ト共ニ終始東亜ノ解放ニ協力セル諸盟邦ニ対シ遺憾ノ意ヲ表セサルヲ得ス帝国臣民ニシテ戦陣ニ死シ職域ニ殉シ非命ニ斃《たお》レタル者及其ノ遺族ニ想ヲ致セハ五内《ごだい》為ニ裂ク且《かつ》戦傷ヲ負ヒ災禍ヲ蒙《こうむ》リ家業ヲ失ヒタル者ノ厚生ニ至リテハ朕ノ深ク軫念《しんねん》〔心を痛める〕スル所ナリ惟《おも》フニ今後帝国ノ受クヘキ苦難ハ固《もと》ヨリ尋常ニアラス爾臣民ノ衷情《ちゅうじょう》モ朕善ク之ヲ知ル然レトモ朕ハ時運ノ趨《おもむ》ク所堪ヘ難キヲ堪ヘ忍ヒ難キヲ忍ヒ以テ万世ノ為ニ太平ヲ開カムト欲ス

朕ハ茲ニ国体ヲ護持シ得テ忠良ナル爾臣民ノ赤誠ニ信倚シ常ニ爾臣民ト共ニ在リ若《も》シ夫《そ》レ情ノ激スル所濫《みだり》ニ事端ヲ滋《しげ》クシ或ハ同胞排擠《はいせい》〔陥れる〕互ニ時局ヲ乱リ為ニ大道ヲ誤リ信義ヲ世界ニ失フカ如キハ朕最モ之ヲ戒ム宜シク挙国一家子孫相伝ヘ確《かた》ク神州ノ不滅ヲ信シ任重クシテ道遠キヲ念《おも》ヒ総力ヲ将来ノ建設ニ傾ケ道義ヲ篤クシ志操ヲ鞏《かた》クシ誓テ国体ノ精華ヲ発揚シ世界ノ進運ニ後レサラムコトヲ期スヘシ爾臣民其レ克《よ》ク朕カ意ヲ体セヨ

軍事に収斂《しゅうれん》していたナショナリズムを、非軍事化する意図が読み取れるわずか八百字の終戦の詔勅には、二重性があると私は考える。この詔勅は最初の一節で主権者たる天皇が臣民に告げるという形式を採り、第二節で「米英支蘇四国ニ対シ其ノ共同宣言」を受諾する意向を伝えている。この十五字を読めば戦争は終わったと理解できるが、しかしそれには相応の覚悟と知性が必要だったと言えよう。

続く「抑々帝国臣民ノ康寧ヲ図リ」から「共同宣言ニ応セシムルニ至レル所以ナリ」までの部分は、今回の戦争では我が国家の目的が容れられず、犠牲者も増え、さらに「敵ハ新ニ残虐ナル爆弾」を使用して多くの非戦闘員を殺傷し、このままでは「我カ民族ノ滅亡ヲ招来」することになりかねず、ゆえに「共同宣言」すなわちポツダム宣言に応じるのだと言っている。

第三節の「朕ハ帝国ト共ニ終始東亜ノ解放ニ協力セル諸盟邦ニ対シ」から「以テ万世ノ為ニ太平ヲ開カムト欲ス」までは、臣民は実によく戦ってくれたが、そのような状況に陥っては「堪ヘ難キヲ堪ヘ忍ヒ難キヲ忍ヒ」平和の途を探るほかないと説き、最後の第四節「朕ハ茲ニ国体ヲ護持シ得テ」から「爾臣民其レ克ク朕カ意ヲ体セヨ」までは、この「国体」のもとに「神州ノ不滅」を信じ、世界の動向に遅れてはならないと命じて、自らの気持を斟酌《しんしゃく》してほしいと訴えているのである。

そのように四節で成り立つ終戦の詔勅に、二重性を見た私の根拠は、戦争に注入した感情を今後は国家の再建に向けてほしいと国民に呼びかけた点にある。四節を通じて訴えられる「国体」の「護持」こそ戦争の因であり、この責任を曖昧にしたままのアピールは国民をさらに隷属化させるとの批判もあるが、確かに的外れではない。いささか不透明な部分も指摘し得るからである。しかし終戦の詔勅の二重性は、その無責任さに内包されているわけではない。旧体制が解体されるにあたって、新たなナショナリズムを模索したと解せる点にあると言えよう。

新たなナショナリズムを模索したと解せる記述は、終戦の詔勅のとくに第四節に見受けられる。なかでも「情ノ激スル所濫ニ事端ヲ滋クシ或ハ同胞排擠互ニ時局ヲ乱リ為ニ大道ヲ誤リ信義ヲ世界ニ失フカ如キハ朕最モ之ヲ戒ム」という表現は、新しい国家に生まれ変わることを固く決意しているようで、そのイメージが浮かんでくる。

私はこの決意を肯定したいのではない。ただ旧体制が解体されるさい、当時の指導者がどのような国家像を想定したかを問いたいのである。終戦の詔勅における「解体」と「再生」の混在にこそ、ナショナリズムの二重性があったと、私は考えているのである。

「ナショナリズム」という語は「民族主義」「国民主義」「国家主義」などと訳され、歴史的状況によってあるときは躍動感をもち、またあるときは憎悪に結びついた。つまり「ネーション（国家）」という民族的単位が、それぞれ多様なかたちで歴史を刻んでいたのである。丸山眞男は言う。「同じ概念のもとに一方では自由と独立が、他方では抑圧と侵略が意味されている」（「ナショナリズム・軍国主義・ファシズム」『現代政治の思想と行動』未來社　一九六四）

戦後、私たちの国はナショナリズムという語をほとんど唾棄すべきものとしてきた。もとよりこの語をめぐる心理の複雑さは、私たちの国では躍動感をもって示された時代がなく、また「自由と独立」の旗印になり得た時代もないという歴史的事実からもよくわかる。ナショナリズムを民族的な統一や独立、発展といった意味で捉えれば、確かに昭和初年代のある時期から十年代にかけてはそのようにも受け取れる。しかしこうしたナショナリズムは、終戦の詔勅が軍事の否定と国家の再生を期したがために、戦後日本では占領政策に呼応するかたちで封印された。私はナショナリズムという語そのものに二重性を認める立場から論を進めるので、この点をより正確に述べておきたい。

昭和十二年三月に『国体の本義』という冊子が文部省から刊行された。文部省思想局と国民精神文化研究所による編集方針は「今や我が国民の使命は、国体を基として西洋文化を摂取醇化《じゅんか》〔混じり気のない純粋なものにする〕し、以て新しき日本文化を創造し、進んで世界文化の進展に貢献する」というもので、昭和十年の国体明徴運動を受けての青少年教育が狙いであった。当時の上部構造が押しつけようとしたナショナリズムの〝聖典〟と見ることもできる。

いま『国体の本義』に対する否定的な意見は多い。当時まだ生まれていなかった世代として言うなら、それは近代日本の思想遍歴や社会的苦悩をすべて捨象し、きわめて狭隘《きょうあい》な枠組みを固定するものであった。あえて言えば、近代日本が西欧思想の消化不良を来している時代に、当然起こり得た現象として『国体の本義』を捉える以外ない。

冒頭「第一　大日本国体」の「一、肇国《ちょうこく》〔建国〕」には「大日本帝国は、万世一系の天皇皇祖の神勅を奉じて永遠にこれを統治し給ふ」と記されているが、全百五十六頁の骨格を占めるのは、それ以外のあらゆる政治システムの留保なき否定である。たとえば末尾十余頁の「結語」という章にはこう記される。

「我が国に輸入せられた各種の外来思想は、支那・印度・欧米の民族性や歴史性に由来する点に於て、それらの国々に於ては当然のものであつたにしても、特殊な国体をもつ我が国に於ては、それが我が国情に適するか否かが先づ厳正に批判検討せられねばならぬ。即ちこの自覚とそれに伴ふ醇化とによつて、始めて我が国として特色ある新文化の創造が期し得られる」

つまり国を挙げて近代日本の欧化主義を否定する事態になった。これは自国の歴史としての近代を蔑ろにする暴挙だと言えよう。国家が政治システムをわずか一本に絞ったのである。

私が指摘したナショナリズムの二重性とは「可視」と「不可視」とも言える。たとえば「可視」を「オモテ」、「不可視」を「ウラ」と言い換えてもいい。可視化された体制の姿とは、本来なら相対する政治勢力が互いに論争し、それぞれの信条に基づく国家像を示すことで、国民がこれを客観的に捉え得る状態を指す。議会政治が機能しているときは、国家像をめぐる衝突が具体的に見えるわけで、それ自体、国民には選択の幅が与えられており、健全性をもつ。

しかし昭和前期の日本の政治は、民政党にせよ政友会にせよ国家像が曖昧で、これが軍事勢力に権力を掌握される因となった。具体的な国家像を示さない議会の怠慢に対し、軍事勢力の側はそれを明確に方向づけ、国民に幻想を与えることで日本の「ナショナリズム」の担い手となった。そして昭和八年、九年、十年、十一年と徐々に軍事勢力は政治システムのなかに幻想を押し込んでいく。昭和十一年の二・二六事件は軍事勢力の内部矛盾だったが、これを力ずくで克服することで「オモテ」の体制を確立したとも言えよう。

「ウラ」を再編成した国策

二重性のもう一つ、つまりウラのナショナリズムとは、共同体に伝承されてきた生活の規範、あるいは日常の倫理観といったものだと私は考える。それは中央の政治勢力が示す国家像とは本来的に相対する性格をもち、骨格は農村共同体にあった。近代日本の政治勢力が進めた欧化政策の犠牲者であり、被抑圧者であった。

共同体独自の文化や伝統は、ある物語を抱え込み、世代ごとに継承されてきた。この生活の規範はしばしば政治勢力の描く国家像と対峙した。それは昭和に入っての農本主義者が当初は政治勢力と対立したこと、たとえば茨城県で私塾を運営していた橘孝三郎の言動を分析すればよく理解できる。

橘はロマン的農本主義者と言えるが、昭和前期に都市と農村を対峙させ、前者を代表する政治勢力がことごとく後者の共同体を破壊し、農民を隷属化していると反発、愛郷主義を唱えて抵抗した。一高中退の経歴をもつ橘は語学に精通しており、マルクスからベルグソンまで原書でふれるという学識に基づき、都市による農村の解体に怒りを爆発させた。昭和七年の橘の著書『農業本質論』（建設社一九三二）には次のような記述が数多く見られる。

「ともかく明治維新から今日の〔昭和五年の農村恐慌以降の〕このいきづまれる事態にまで資本主義が成熟する全コースで、一瞬一秒たりとも農村本位に社会が進んだためしがない。〔中略〕封建時代の切り捨て御免より残酷なのだ。封建時代なら、死なぬよう、生きぬよう、にだけは飼つておかれた。いまやそれすら望み得ないではないか。行くに任せよ、なすに任せよ、これが東京の商人共の福音であつたとき、そのことばは百姓共には死の宣告だつたのだぞ」

ウラのナショナリズムには「切り捨て」られた農村の、反国策の姿勢が宿っていた。と同時に、共同体に伝承されてきた生活の規範があった。これはたとえば柳田國男や宮本常一ら民俗学者の目が捉えた共同体における生活の意識であり、上部構造のナショナリズムとは本質的に異なるものであった。

前述の『国体の本義』は、そのようなウラのナショナリズムを抑圧するオモテ側の理論を支えた官憲主導の冊子と言えよう。実際『国体の本義』を読めば、共同体のナショナリズムを国策に吸収しようとする巧妙な論が展開されている。たとえば「第二　国史に於ける国体の顕現」の「国土と国民生活」には「我が国民の国土愛は、神代よりの一体の関係に基づくものであつて、国土は国民と生命を同じうし、我が国の道に育まれて益々豊かに万物を養ひ、共に大君に仕へ奉るのである」とか「遠き祖先よりの語り伝へが、我が国性を示し、天皇御統治の大本を明らかにするものとして、撰録せられて古事記となり、編纂せられて日本書紀となつた」との記述があるが、ここでは「国民も国土も一になつて天皇に仕へまつる」という国体観が説かれている。要するに農村共同体の伝統そのものが天皇と一体だったという理屈で、オモテがウラを封印するための情感的な記述がくり返されているのである。

「オモテ」をある一定の枠に絞り込み、この視点で「ウラ」を再編成したことが、昭和十年代のナショナリズムが超国家主義とされる所以でもあった。むろんそのような理解は当時の国民には充分に行き渡っておらず、日本はきわめて狭隘な国策の迷路に入り込み、出口を見失ってしまったと言えよう。

昭和十年代に入り、日本のナショナリズムがウルトラナショナリズム、超国家主義の状態になったことは、『国体の本義』以後約三年間の、外的要因たる日中戦争の長期化、中国を支援する英米諸国との対立、また内的要因たる国家総動員法、皇紀二千六百年での思想攻勢、政党解消による大政翼賛会運動などで裏づけられる。ここに一貫していたのは「国体の本義」という文部省主導の、ウラのナショナリズムに対する抑圧のシステムであった。

昭和天皇における「涙」と「種子」の意味

近代日本が軍事的に崩壊するまでの最後の十年間は、真のナショナリズムなど存在しなかったと私は考えている。後発の帝国主義国として国際社会に一定の地歩を築いた日本では、明治以来のナショナリズムのある程度の幅の広さがエネルギーを生んでいたと思われるが、それが短期間に崩壊した因は何か、あらためて精密に検証しておきたい。結果的に軍事主導で解体された昭和前期のナショナリズムが以後、歴史的にどのような責務を負うことになったのかを確認する必要がある。

昭和二十年八月十日の未明から十四日午後まで、オモテのナショナリズムに依拠する重臣らは、最高戦争指導会議、御前会議、閣議などをくり返した。ポツダム宣言受諾の是非が話し合われたわけだが、むろんこの期に及んでなお戦争継続は可能かが最大の論点であった。軍事指導者のなかにも対立はあり、よく検証すれば、それぞれの基本的な考え方が露呈した期間でもあった。たとえば海軍大臣の米内光政は軍事指導者のなかでただ一人、ポツダム宣言受諾を主張する側に立った。しかしながら、この八月十日から十四日までの各種の会議でどのような議題がどのように論じられたかはさほど重要ではない。現実に戦闘を継続するための軍事力はすでに決定的に失われており、論じれば論じるほど結論は見えていたからである。第一回の御前会議で天皇はポツダム宣言の受諾に賛成したあと、理由として「陸海統帥部の計画は常に錯誤し時機を失す。本土決戦と云ふが九十九里浜の防御陣地は遅れ八月末にあらざれば出来ずと云ふ。増設部隊も装備未だに整はずと云ふ。之では米軍を如何にして邀撃《ようげき》し得るや」と述べている。最も冷静に戦況を見ており、オモテのナショナリズムを支えてきた軍事力の崩壊を理解していたのである。

ただ問題は二回目の御前会議の実相にある。十四日午前十時五十分から始まった御前会議は、未だ戦争終結を肯《がえん》じ得ない参謀総長や軍令部総長を天皇自らが招集して開かれた。詳細については出席者の手記や回想記に譲るが、私が最も問題にしているのは「涙」である。終戦の詔勅の土台となった天皇の発言に閣僚が号泣したことを、前述の迫水をはじめ、下村宏情報局総裁や池田純久《すみひさ》総合計画局長官なども手記に描いており、たとえば鈴木貫太郎首相の『終戦の表情』（労働文化社　一九四六）には次のような記述があった。

「陛下は一段と声を励まされ

『このやうな状態に於いて戦争を終結することについては、唯、皇軍将兵、戦歿者、その遺家族、戦災者等の心中は如何であらうと思へば胸奥の張り裂くる心地がする。しかも時運の赴くところ如何ともなし難い。依つて、われらは堪へ難きを堪へ忍び難きを忍び……』と仰せられたかと思ふと、玉音は暫し途切れたのである。仰ぎ見れば、おお、御いたはしや、陛下は御泣き遊ばされてゐるではないか……

列席者一同は今度の再度の御聖断を給はるについては非常に緊張し、言ふ者も聞く者も涙で終始したのであるが、この陛下の

『堪へ難きを堪へ……』

の玉音を拝するや、たまり兼た一同は御前も憚からずドッと泣き伏したのである。中には身もだえ号泣する者もあつたのである。誠にこの風景は、又この心懐は敗者のみの知る、しかも底深い愛情によつて結ばれ、強い明日への希望を抱く者のみの知る万感迫る思ひであつた」

鈴木の言うとおりなら天皇の涙もまた事実だったと思われるが、しかし臣下の者の「風景」は少々

異常ではなかろうか。閣僚「一同」が、なかには「身もだえ号泣」しながら、ポツダム宣言を受け容れる決定をしたのである。

同時代的に捉えれば、確かに鈴木のような見方も成り立つ。しかし歴史として見れば、その「風景」は異常だし、戦後七十年を過ぎた現在、きわめて重要な意味をもつことにもなる。当時の政治・軍事指導者は国益・国権・国威を軸に昭和前期のナショナリズムを体現した存在だが、彼らの「涙」の意味には、自分たちが思い描く国家を築けなかった無念以上に、これが解体されることへの惜別の情、また困惑があったとも言えるのではないだろうか。

その点、天皇は、八月十日の第一回の御前会議で国家の展望を明確に示した。大日本帝国憲法下のナショナリズムが解体の危機に瀕していた。国土も民族も破壊され、国体が消滅しようとしていた。天皇は、技術力を誇る米軍には勝てないと認めたうえで、次のように発言した。平成二十六年（二〇一四）九月に発表された『昭和天皇実録』からの引用である。

「股肱《ここう》の軍人から武器を取り上げ、臣下を戦争責任者として引き渡すことは忍びなきも、大局上三国干渉時の明治天皇の御決断の例に倣い、人民を破局より救い、世界人類の幸福のために外務大臣案にてポツダム宣言を受諾する」

そして天皇は、八月十四日の第二回の御前会議で、次のような姿勢を示した。侍従長藤田尚徳の『侍従長の回想』（講談社学術文庫　二〇一五）からの引用である。

「自分はいかになろうとも、万民の生命を助けたい。この上戦争を続けては結局、我邦がまったく焦土となり、万民にこれ以上苦悩を嘗めさせることは、私としては実に忍び難い。祖宗の霊にお応えできない。和平の手段によるとしても、素より先方の遣り方に全幅の信頼を措き難いのは当然であるが、日本が全く無くなるという結果にくらべて、少しでも種子が残りさえすれば、さらにまた復興という光明も考えられる」

天皇が言った「種子」こそ「臣民」であり、つまり共同体の成員そのものだと私は考えるのである。

「幕府的な政治」

敗戦以前の政治・軍事指導者らは国益・国権を軸に、ナショナリズムを軍事のみに仮託して、これが倒されるや号泣するほかなかった。軍事に支えられたオモテのナショナリズムが崩壊したとき、その基盤にあるべき思想や理念を何ら身につけていなかったことが見事に露呈したと言えよう。

しかし一方で天皇は、同じく国益・国権を軸にしながら、少なくとも崩壊や解体の次に何が起こるかは想定していたと私は考える。オモテのナショナリズムを異なる方向へスライドさせる、歴史的なプログラムをもっていたと言ってもいい。このような姿勢が御前会議では顕著だったのである。

天皇の涙は瞬間的なもので、「身もだえ号泣」とは種類が違うと私には思える。天皇と政治・軍事指導者の関係を根源的に考えるならば、太平洋戦争の期間中、両者には対立があったと指摘し得るのではないだろうか。一例を挙げれば、前掲の鈴木の冊子『終戦の表情』には「民衆と天皇」という項があり、太平洋戦争が天皇と国民の「意志」を無視するものだったと述べている。

「〔官僚軍閥による政治は〕真に日本国の国体を思ひ、国民の幸福を思つての政治ではなく、一部政治家の意志に依る政治であつた。勿論政治輔翼の責に任ずる政治家が正しい良心と道義と国家観を以て行へば理想的な政治も出来たであらうが、今次太平洋戦争の勃発の如き、国家元首の意志を無視し、国民全般の自由なる意志の表明を無視した無謀な戦争を引き起したといふのは畢竟《ひっきょう》、幕府的な政治を意味するものと断ずる以外には考へやうがない」

一部の政治家の姿勢が天皇と国民の意志に反していたという表現には、彼らが主導したオモテのナショナリズムの枠組みに対する批判が見てとれる。鈴木は昭和十一年（一九三六）の二・二六事件時は侍従長であり、九死に一生を得たが、その後はほとんど政治の前面には出てこなかった。太平洋戦争の戦況が悪化してから再び天皇に乞われたわけだが、鈴木が総理に就任した昭和二十年四月の段階でも、政治・軍事指導者のナショナリズムとは対峙するかたちになっており、天皇はまぎれもなく鈴木の側に立っていたのである。

終戦の詔勅は、この対立が結末を迎えるまでの、国益・国権・国威を軸にした『国体の本義』や昭和十五年の大政翼賛会運動などの延長線上にあり、戦時下の聖戦完遂意識がつくり出したまさに偏狭なナショナリズムに連なる語でまとめられている。しかし一方で、終戦の詔勅は新たなナショナリズムも提唱していた。「降伏」などの語が見あたらないとはいえ、軍事主導の偏狭なナショナリズムに、以後の政治が主体的に創出すべき新たなナショナリズムが対峙させられていたのである。

戦後社会の国家像の起点

起草にあたった迫水久常や安岡正篤らが記録に残していないため、具体像は浮かんでこないが、終戦の詔勅が旧体制の偏狭に対峙させた、将来創出すべきナショナリズムは、歴史的意志として読み取ることができる。神州の不滅を信じながら「任重クシテ道遠キヲ念《おも》ヒ総力ヲ将来ノ建設ニ傾ケ道義ヲ篤クシ志操ヲ鞏《かた》クシ誓テ国体ノ精華ヲ発揚シ世界ノ進運ニ後レサラムコトヲ期スヘシ」と述べ、その意志を新たなナショナリズムの軸に据えるよう訴えたとも解釈し得るのである。

この時点で文官らが思い描いたオモテのナショナリズムは、引き続き国益・国権を軸にした戦後社会の国家像と言えよう。具体的な肉づけがなされなかったにせよ、日本の政治・軍事指導者は天皇の意志を土台に、占領にあたるGHQと、ナショナリズムの枠組みをめぐって駆け引きすることを宣言したのである。そのナショナリズムを最初にアメリカ側へ示したのが、東久邇宮稔彦《ひがしくにのみやなるひこ》内閣であった。また一方で、アメリカの意を受けながら自らのナショナリズムを掲げ、憲法制定にあたろうとしたのが元首相の近衛文麿であった。昭和二十一年一月一日、天皇によって発せられた「新日本建設に関する詔書」の内容が、この間のせめぎ合いをあらわしている。

昭和二十年八月に、ナショナリズムをめぐるどのような葛藤があったのか。また日本で「ナショナリズム」という語が一度も「抵抗」や「進取」のイメージをもたなかったのはなぜか。それを確認していけば、現在の私たちの姿も見えてくるのではないか。

終戦の詔勅が発せられてから、農村共同体の解体が進んだ。農本主義者たちの思想は、農業の実践で育まれた精神性だけではなく、共同体の伝承を集約する役割も果たしており、ここには確かに古めかしいモラルまで含まれていたが、いずれも受け継がれるどころか、次の二つの方向へ走ることになった。一つは物量への妄信、一つは進歩への諸々とした傾斜であった。前述の農本主義者橘孝三郎の指摘に倣えば、「地主対小作」、あるいは「土地資本制への従属」という図式で問題が設定されたために、農村共同体の倫理観は一気に薄れていったのである。

国益・国権・国威を軸に、かつて国民を一方的に抑圧したオモテのナショナリズムは、解体されたままほとんど省みられなくなった。敗戦以前のシステムは一様に「ウルトラナショナリズム」と謗られ、それを軸にした国家像は実体のないものとされた。終戦の詔勅が示した新たなナショナリズムの立脚点、また共同体に受け継がれてきた生活の規範などを一顧だにせず、「一億一心」ならぬ「一億総崩れ」となって、この反動は現在にも及んでいると私は思う。いまこそナショナリズムの二重性を精査し、昭和史を客観視しなければならない。歴史に対する自省がなければ、国際社会での孤立も免れないと、私は危惧しているのである。

第2章　二の次の「人間宣言」

新日本ヲ建設スベシ

昭和二十一年（一九四六）一月一日の各新聞は「年頭、国運振興の詔書渙発《かんぱつ》」という大きな見出しで、国民に対する天皇の言葉を報じた。「新日本建設に関する詔書」と称されるその公文書は、昭和天皇の「人間宣言」として現在まで歴史の年表に刻印されている。いわばGHQ主導の民主主義路線に合致する天皇制温存の宣言だが、まず全文を掲げるので、じっくり味読していただきたい。

詔　書

茲《ここ》ニ新年ヲ迎フ。顧ミレバ明治天皇明治ノ初国是トシテ五箇條ノ御誓文ヲ下シ給ヘリ。曰ク、

一、広ク会議ヲ興シ万機公論ニ決スヘシ
一、上下心ヲ一ニシテ盛ニ経綸《けいりん》〔国家を治めととのえる〕ヲ行フヘシ
一、官武一途庶民ニ至ル迄各其志ヲ遂ケ人心ヲシテ倦マサラシメンコトヲ要ス
一、旧来ノ陋習《ろうしゅう》〔悪い習慣〕ヲ破リ天地ノ公道ニ基クヘシ

一、智識ヲ世界ニ求メ大ニ皇基ヲ振起スヘシ

叡旨《えいし》公明正大、又何ヲカ加ヘン。朕ハ茲《ここ》ニ誓ヲ新ニシテ国運ヲ開カント欲ス。須《すべか》ラク此ノ御趣旨ニ則《のっと》リ、旧来ノ陋習ヲ去リ、民意ヲ暢達《ちょうたつ》シ、官民挙ゲテ平和主義ニ徹シ、教養豊カニ文化ヲ築キ、以テ民生ノ向上ヲ図リ、新日本ヲ建設スベシ。

大小都市ノ蒙リタル戦禍、罹災者ノ艱苦《かんく》、産業ノ停頓《ていとん》、食糧ノ不足、失業者増加ノ趨勢《すうせい》等ハ真ニ心ヲ痛マシムルモノアリ。然リト雖《いえど》モ、我国民ガ現在ノ試煉ニ直面シ、且《かつ》徹頭徹尾文明ヲ平和ニ求ムルノ決意固ク、克《よ》ク其ノ結束ヲ全ウセバ、独リ我国ノミナラズ全人類ノ為ニ、輝カシキ前途ノ展開セラルルコトヲ疑ハズ。

夫《そ》レ家ヲ愛スル心ト国ヲ愛スル心トハ我国ニ於テ特ニ熱烈ナルヲ見ル。今ヤ実ニ此ノ心ヲ拡充シ、人類愛ノ完成ニ向ヒ、献身的努力ヲ効《いた》スベキノ秋《とき》ナリ。

惟《おも》フニ長キニ亘《わた》レル戦争ノ敗北ニ終リタル結果、我国民ハ動《やや》モスレバ焦躁ニ流レ、失意ノ淵ニ沈淪《ちんりん》セントスルノ傾キアリ。詭激《きげき》ノ風漸ク長ジテ道義ノ念頗《すこぶ》ル衰ヘ、為ニ思想混乱ノ兆《きざし》アルハ洵《まこと》ニ深憂ニ堪ヘズ。

然レドモ朕ハ爾等《なんじら》国民ト共ニ在リ、常ニ利害ヲ同ジウシ休戚《きゅうせき》ヲ分タント欲ス。朕ト爾等国民トノ間ノ紐帯《ちゅうたい》ハ、終始相互ノ信頼ト敬愛トニ依リテ結バレ、単ナル神話ト伝説トニ依リテ生ゼルモノニ非ズ。天皇ヲ以テ現御神《あきつみかみ》トシ、且日本国民ヲ以テ他ノ民族ニ優越セル民族ニシテ、延《ひい》テ世界ヲ支配スベキ運命ヲ有ストノ架空ナル観念ニ基クモノニモ非ズ。

朕ノ政府ハ国民ノ試煉ト苦難トヲ緩和センガ為、アラユル施策ト経営トニ万全ノ方途ヲ講ズベシ。同時ニ朕ハ我国民ガ時艱《じかん》ニ蹶起《けっき》シ、当面ノ困苦克服ノ為ニ、又産業及文運振興ノ為ニ勇往《ゆうおう》センコト

ヲ希念ス。我国民ガ其ノ公民生活ニ於テ団結シ、相倚《よ》リ相扶《たす》ケ、寛容相許スノ気風ヲ作興《さっこう》スルニ於テハ、能《よ》ク我至高ノ伝統ニ恥ヂザル真価ヲ発揮スルニ至ラン。斯《かく》ノ如キハ実ニ我国民ガ人類ノ福祉ト向上トノ為、絶大ナル貢献ヲ為ス所以ナルヲ疑ハザルナリ。

一年ノ計ハ年頭ニ在リ、朕ハ朕ノ信頼スル国民ガ朕ト其ノ心ヲ一ニシテ、自ラ奮ヒ自ラ励マシ、以テ此ノ大業ヲ成就センコトヲ庶幾《こいねが》フ。

御　名　御　璽

昭和二十一年一月一日

内閣総理大臣

各国務大臣

詔書は冒頭に「五箇条ノ御誓文」を掲げ、その「趣旨」に則って「新日本ヲ建設スベシ」と断定しており、いわばこれが第一節となる。続く第二節は「大小都市ノ蒙リタル戦禍」から「献身的努力ヲ効スベキノ秋ナリ」までで、いまこそ「人類愛ノ完成」をめざし、国民のいっそうの奮起が望まれるとしている。そして第三節は「惟フニ長キニ亘レル」から「架空ナル観念ニ基クモノニモ非ズ」までで、まさに「人間宣言」たる所以を含む。以下「朕ノ政府ハ国民ノ試煉ト」から末尾までが最終節で、つまり四節に分解することができる。

五箇条の御誓文という真意

この詔書渙発にあたり幣原喜重郎首相が「謹話」を公表したが、天皇の意志をそのまま伝える内容であった。つまり五箇条の御誓文は明治元年（一八六八）三月に明治天皇が発し、十四年の国会開設の勅諭、二十二年の憲法発布とつながるもので、「爾来我国の議会政治は此の本義に則り、其の健全なる発達を約束せられたのでありますが、不幸にして近年屢々《しばしば》反動勢力に抑圧せられ、自由の尊重、民意の暢達は其の実を失ひ、宏遠なる明治天皇の思召の没却せらるるに至りましたことは、真に恐懼《きょうく》に堪へない所であります」との歴史認識を示す。いまこそ国民は明治天皇の本来の「聖旨」を奉体し「民主主義、平和主義、合理主義に徹せる新国家を建設」しなくてはならないと結ぶのである。この幣原の謹話は主に詔書の第二節を踏襲し、第四節を補完するかたちで国民に呼びかけたものだが、第三節への言及はなく、それが「詔書」に関するこの内閣の特徴の一つとも言える。

しかし昭和二十一年一月一日の新聞各紙の論調は、主に第三節が国民に訴えたい内容だという点で一致していた。幣原首相は天皇に詔書の意味を聞かされたとし、朝日新聞は当日の一面に「天皇、現御神にあらず　君民信頼と敬愛に結ぶ」という見出しの記事を掲載した。

「天皇陛下には今度の詔書に於て天皇が神話と伝説によつて生れたものでなく、国民と利害を同じくし、相互の信頼と敬愛によつて結ばれたものであると自ら仰せられ、神秘的存在であることを否定されると共に、日本国民が他民族に優越し世界を支配するとの従来の誤れる観念を是正遊ばされた」

そのような記事を見るかぎり、詔書は天皇自らが神格を否定したもので、まさに国民との紐帯については「終始相互ノ信頼ト敬愛トニ依リテ結バレ、単ナル神話ト伝説トニ依リテ生ゼルモノニ非ズ」という姿勢を示していた。ゆえに「人間宣言」と理解されたのである。

しかしGHQが過剰に民主化を強要したところで、五箇条の御誓文が言うように、そもそも近代日本が黎明期にめざした方向こそ民主主義で、これが誤てる「反動勢力」に妨害されたというのが「新日本建設に関する詔書」の基本認識であった。

「詔書」の構成はいわば双頭の鷲である。むしろ「人間宣言」という評は時代に合致させた便法とさえ思える。前章でふれたように、昭和二十年八月十五日に発せられた終戦の詔勅も二重性をもっていた。そこではまず旧体制のナショナリズムが明確にされ、軍事的敗北を受容して新たな国益・国権を軸に据えたナショナリズムへの移行が宣言されていた。これを二重性と捉え、オモテのナショナリズム間の対峙という見方もしたわけだが、あらためて戦時体制を切り捨てることを宣言し、新たな方向性を具体的に示したのが「新日本建設に関する詔書」ではなかったかと私は考える。

終戦の詔勅と「新日本建設に関する詔書」は同根の国家意思であり、同質の国家再建構想である。両者は対になっているとも言えるし、終戦の詔勅の第四節がそのまま「詔書」につながっているとも言える。さらに終戦の詔勅第四節の「国体ノ精華ヲ発揚シ世界ノ進運ニ後レサラムコトヲ期スヘシ爾臣民其レ克ク朕カ意ヲ体セヨ」を五箇条の御誓文と連続させることで、天皇をはじめこの期の政治指導者らが示したナショナリズムが、明確なかたちで浮かび上がってくるようにも思える。

前述のとおり新聞各紙の論調は、天皇が神格を否定して発したのが「人間宣言」だという捉え方であった。それはある意味でGHQを納得させる便法にすぎなかったことを明かしているのだが、実はこの点を天皇が正直に語っている。昭和五十二年(一九七七)八月二十三日の那須御用邸における宮内記者会との会見である（稲生雅亮『昭和天皇と私達　なごやかであたたかいお言葉の記録』三心堂出版社一九九九）。まず「人間宣言」を発するにあたっての当時の考え方を知りたいと問われ、未だ話せないこともあると天皇は答えている。しかし、五箇条の御誓文を入れたのは「陛下のご希望もあった」と言われているが、との質問に対して天皇は詳細に答えるのである。

「それが実はあの詔勅の一番の目的なんです。神格とかそういうことは二の問題であった。それを述べるということは、あの当時においては、どうしてもアメリカその他諸外国の勢力が強いので、それに国民が圧倒されるという心配が強かったから。民主主義を採用したのは、明治大帝の思召しである。しかも神に誓われた。そうして五箇条の御誓文を発して、それがもととなって明治憲法が出来たんで、民主主義というものは決して輸入のものではないということを示す必要が大いにあったと思っています」

この詔書には五箇条の御誓文さえ入れられればよかった、あとはさして重要ではなかったと天皇は率直に漏らしている。詔書はまず第一節で五箇条の御誓文の厳然たる存在を示し、そして第二節で言う「戦禍」から起ち上がるべきときなのに「思想混乱ノ兆アルハ洵《まこと》ニ深憂ニ堪ヘズ」と第三節で嘆き、近代日本の出発点にあった明治天皇の教えを発揚しなければならないと第四節で言外に強調する。天皇が指摘したように、現在にも語り継がれる第三節は、実はたいした問題ではなかったというのが本意だと明かしているのである。

天皇にとって詔書の第三節は、終戦の詔勅の第四節が言外に含んだ意味とは必ずしも一体化していない。いやむしろそれに反するとの思惑があったのであろう。終戦の詔勅は天皇神権説を明文化していないが、しかしこの意味は含まれている。そう読めるところに、敗戦時の政治指導者鈴木貫太郎首相と側近たちの巧妙な歴史感覚が見てとれる。つまり終戦の詔勅の起案にあたった書記官長迫水久常らが、天皇神権説にはふれずにおくのが国益だとした判断が、結果的に昭和二十一年一月一日の詔書を生み出す因にもなっていたのである。したがってGHQの要請で出された「新日本建設に関する詔書」は、成文化していくプロセスでナショナリズムをめぐる葛藤があったことを窺わせるのである。

本章では、昭和二十年の敗戦時に、この国のナショナリズムがどのような変容を遂げたのかを確かめていきたい。そのための道筋として、前章では終戦の詔勅の意味を問い、国益・国権のナショナリズムを新たな装いに替えようとした意志を確かめた。と同時に、上部構造による下部構造のナショナリズムの抑圧を提起した。この抑圧とは、天皇の神格化で国民の意識を「臣民」に収斂させ、上部構造の国策に追い込むことであった。

占領下の「いろかへぬ松」

終戦の詔勅から四カ月半後に発せられた「新日本建設に関する詔書」のなかには、天皇および幣原ら政治指導者が示した新たなナショナリズムが含まれている。そのナショナリズムは、国益・国権を実質的に差配できない占領下にあって、どのようにGHQと政治システムを構築するかでせめぎ合う側面をもっていた。そしてこのせめぎ合いは、明確なかたちで決着したわけではない。それは詔書から読みとれる事実だが、占領下のナショナリズムは生煮えのまま示されたのである。

不思議なことに「新日本建設に関する詔書」がどのような経緯で作成されたのかは、いまなお充分に検証されていない。なぜ検証されないのかという疑問をもってこの間の史料を読み解いていくと、いくつかの重要な事実に気づかされる。つまり天皇およびその意を受けた側近、たとえば侍従次長の木下道雄らと、GHQ側の要求に応えようとする日本側指導者の間に、表面化せざるナショナリズムの論争があったと垣間見えてくるのである。そしてこの葛藤の様相が、実は現在にまで続いていることに、私たちもまた充分には気づいていない。

昭和二十一年一月一日の詔書は「人間宣言」ではない。なぜなら当事者たる天皇自身が、それは二の次にすぎず、最も伝えたかったのは明治天皇の五箇条の御誓文の存在だと明言しているからである。あらためて「新日本建設に関する詔書」を読んでほしい。何度読んでもわかるように第三節は全体のなかでまったく浮いている。「然レドモ朕ハ」から「架空ナル観念ニ基クモノニモ非ズ」までの部分をすべて削除したほうがむしろ全体の流れがはっきりしてくる。いや、もう少し読み解くなら、「天皇ヲ以テ現御神」から「基クモノニモ非ズ」までが「人間宣言」の所以だが、この部分を削除すれば全体のつながりはきわめてすっきりする。五箇条の御誓文をいまこそ生かすべきだという論旨が明確になるのである。

その詔書を「人間宣言」と捉える認識には、まずGHQ側を納得させる便法としての第三節があり、これを新聞が強調することで国民も巧みに誘導されたと分析すべきではないか。戦後七十年以上、まるで決まり文句のように「人間宣言」という語でこの詔書は独り歩きした。だから、たとえば三島由紀夫のように、「人間」となった天皇への怨嗟《えんさ》に駆り立てられる者もいたのである。

「新日本建設に関する詔書」が終戦の詔勅からの連続性をもち、それが究極として天皇自身の「歴史的勝利」につながったという視点で分析すれば、「戦後」についてまったく別の捉え方ができる。これを確かめる前に、御製《ぎょせい》の一首を紹介しておきたい。昭和二十一年一月の歌会始の御題は「松上雪《しょうじょうのゆき》」で、天皇は次のように詠んだ。

ふりつもるみ雪にたへていろかへぬ松ぞををしき人もかくあれ

さまざまに解釈できる御製ではある。ただし政治的に読むなら、戦争に敗れたいまは他国の占領に耐えているが、そんなときでもこの国の伝統や文化を守り抜く鍛《たくま》しさをもってほしいと「松」に託して国民に呼びかけた、という見方ができる。むろんそのような見方は「不敬」であり、もっと虚心に読むなら、この苦しい時代の国民を単純に励ましたという解釈もまた可能である。しかし終戦の詔勅から「新日本建設に関する詔書」への流れに沿った天皇の闘いという視点で俯瞰すれば、解釈は一つしかあり得ない。

〈私は占領下にあっても私自身の役割、存在について考えを変えるつもりはない。そのことを皆も知ってほしい。そしてこの国の伝統と文化（ナショナリズム）を互いに強靭な精神で守り抜こうではないか。それこそいまの時代の私と皆の務めではないか〉

この御製の「人」が単に国民だけではなく、天皇自身をも指していると読むことで、そのような解釈が可能となる。つまり「ふりつもるみ雪にたへていろかへぬ松ぞををしき我もかくあれ」の意味も含んでおり、天皇はあえて「人」という語を用いることで国民との一体感を披瀝したのではなかったかと、私には思えるのである。

「新日本建設に関する詔書」の第三節は、天皇にとってはＧＨＱとの妥協点で、当時の国民には奇異な印象を与えたろうが、直後に公表された御製で、君民一体となっての国家再建を呼びかけたのではなかったか。つまり戦後日本のナショナリズムでは「天皇ヲ以テ現御神トシ、且日本国民ヲ以テ他ノ民族ニ優越セル民族ニシテ、延《ひい》テ世界ヲ支配スベキ運命ヲ有ストノ架空ナル観念」を清算しようと訴えたのではなかったか。言い換えれば、昭和十年代の国体明徴運動による「天皇ヲ以テ現御神」とするナショナリズムを「架空ナル観念」として排斥しようとの思いがあったのではなかったか。

このような天皇を中心とする政治指導者らのナショナリズム、つまり戦後日本の、主に保守勢力が代弁した国益・国権のナショナリズムは、実は昭和二十年八月から二十一年一月一日までのプロセスに潜む、占領下の上部構造における闘いの結果だったと言える。そのナショナリズムを最も忠実に代弁したのが幣原首相であり、吉田茂外相であった。「人間宣言」後に行われた全国巡幸は、この上部構造のナショナリズムを国民に伝えるための、いわば共同体崩壊を食い止めようとする動きでもあり、新たな臣民意識を確かめる旅でもあった。天皇は、上部構造と下部構造の間に、新たな回路の構築を試みたのである。

詔書作成のプロセス

いわゆる「人間宣言」がどのように作成されたかについては不透明なところがあると前述したが、一定の枠内で諒解されている事実はある。皇室ジャーナリスト高橋紘の『天皇家の密使たち　秘録・占領と皇室』（鈴木邦彦共著　現代史出版会　一九八一）や、木下道雄の『側近日誌』（文藝春秋　一九九〇）

の解説などに記されているので参照したい。

GHQ内のCIE（民間情報教育局）は天皇制を温存する占領を企図していた。「日本の軍国主義者及び超国家主義者は、彼らの政策を推し進めるため、聖俗両面における天皇の影響力を利用して彼等の立場を強化してきた」と分析し、そのうえで「天皇から神聖さを除去する」ことを考えついたという。そしてCIEの幹部らは独自に日本側と接触し、天皇に「大詔渙発」を行わせるのが効果的だと判断した。これは内々にその側近を通じて天皇自身にも伝えられ、弟の高松宮も賛成している。

CIEはこの大詔渙発について、GHQ側が関わったのではなく、日本側が独自に行ったというかたちを採りたかった。GHQ側が天皇に渙発を命じたとなれば、日本国民に無用な刺激を与えると判断したからである。

ただCIEのこうした動きは昭和二十年十二月初めから進んでおり、顧問のハロルド・ヘンダーソンが下書きをしたとされている。その内容をマッカーサーが承認し、学習院の英語教師で宮内省とGHQのパイプ役だったレジナルド・ブライスを通じて日本側にも伝えられた。十二月二十三日頃から、ヘンダーソンやブライスが目を通した案文について、幣原内閣も検討に入ったという。

ここで理解できるのは、GHQ側でもどちらかと言えば知日派の将校らが、天皇を神格化するマイナスを考慮して「日本政府に好意的な助言」を行い、天皇に対する日本国民の「狂信性を排除」したいという熱意をもっていたことである。

その申し出を受けた日本側に、実は不透明なところがある。天皇の役割と存在の位置づけが各人で異なっており、混乱が生じたのである。この混乱のなかにこそ、近代日本の上部構造においてナショナリズムの統一がとれていなかった現実が浮かび上がるのである。

幣原によれば、「新日本建設に関する詔書」については「晩秋」すでに天皇自身から「常に我れ民と共に在り」との気持を表明したいという話があった（『幣原喜重郎』幣原平和財団　一九五五）。「天皇の神格化を是正しなければ、民主主義日本の天皇にはなれないといふことを暗示」されたと幣原は書き残している。幣原は「国民が陛下に対し奉り、あまり神秘化扱ひを致すものでありますから、今回のやうに軍部がこれを悪用致しまして、こんな戦争をやつて遂に国を滅ぼしたのであります。この際これを是正し、改めるやうに致さねばなりません」と述べ、天皇も静かに肯いて「昭和二十一年の新春には一つさういふ意味の詔書を出したいものだ」と答えたという。

以下、幣原はこの詔書が「天皇制の維持に関する限り全く原子爆弾的意義をもつた」ことは記すが、CIEからの働きかけや、ヘンダーソン、ブライスの案文などにはいっさいふれていない。なぜか。幣原は「人間宣言」が天皇自身の発意によるものだと歴史に刻み、占領下の天皇および自らの政治姿勢が常に主体的であり、そこにGHQ側の干渉が入り込む余地などなかったことにしたかったのではないだろうか。本書に即して言えば、新たな国益・国権を第一義とするナショナリズムは、天皇と自分たちが主体的に練り上げたもので、ゆえにこの国の文化や伝統は守られたとの証言を、幣原は歴史に刻んでおきたかったということになる。

もう一人、幣原内閣で詔書作成に関わったのが文部大臣の前田多門である。前田は「文藝春秋」昭和三十七年三月号に「『人間宣言』のうちそと（再び、われわれは天皇を神にしてはならない、という祈りを込めて）」と題して、自らが詔書づくりにどう関わり、どのような姿勢でそれを編んだかを書き残している。この文章によると前田は昭和二十年十二月二十三日、急遽、幣原に呼び出された。幣原は英語の一文を前田に示し、天皇を神格化してはならないとの意見を共有したうえで、新年に発する詔書への協力を請うたという。

むろん前田に異存はなかった。天皇について「神秘的な雲霧を排し、みずから一個の人格として人民とともに進もうと言われることは非常にいいことだと思います」と幣原に答えた。前田は書記官長の次田大三郎と相談して幣原から渡された英語の案文を訳し、前述の第三節に該当するそのなかの五節目こそ詔書のすべてであり、あとはこれを強調する伏線にすぎないと理解したという。しかしともかくヘンダーソンやブライスが作成した英文案を訳して天皇のもとに届けた。幣原は急性肺炎のため天皇の前へ出るわけにいかず、前田が内奏するかたちとなっているが、天皇は、訳文自体は諒と前置きしたうえで、大要次のように漏らしたという。

「詔書として今後の国の進路として進歩的な方向を指し示す場合に、その事柄がなにも突然にわきあがったのではなく、わが国としてはすでにかような傾向が明治大帝以来、示されているのであり、決して付け焼刃でないことを明らかにしておきたい。その何よりの例は明治天皇が示された五箇条の御誓文であって、民意を大いに暢達させるとか、旧来の陋習を破り、天地の公道に基くという思想は、これから大いに万機公論に決していこう」

天皇は遠慮深くも五箇条の御誓文の挿入を要求した。それこそ本来の目的だったわけだが、最初に全文を引用したのも天皇の意に沿うべく考えたからだと前田は記している。ただ五箇条の御誓文はともかく、ほかの文言については「前日の三十一日まで、この字句は適当でない、これは間違っているということを話し合って、木下侍従次長に陛下のところに正誤のお許しを御願いして頂いたというようなこともあった」と前田は述べている。つまり最終段階ではいささかの混乱があったことを、さりげなく明かしているのである。

昭和天皇の不満

実は、詔書作成のプロセスにおける混乱にこそ「二重性」が窺えるのである。木下道雄の『側近日誌』には、前田のような生易しい表現はなく、まさに喧嘩腰の言葉が並んでいる。高橋紘は『側近日誌』の解説に「木下の人間宣言にかける意気込みはすごかった。『日本人が神の裔《えい》なることを架空』とするのは許せるが、天皇を『神の裔とすることを架空』とすることは『断じて許し難い』などとある。〔十二月〕二十九日から三十日にかけては、文言をめぐって前田や他の閣僚らと繰り返し会うなど、驚くばかりの情熱を注ぎ、その経過を詳しく『側近日誌』に残している」と記す。木下は昭和十年代の上部構造とは一線を画していたが、旧体制下の天皇神権説には近い立場であった。幣原や前田などとはまったく異なる認識をもち、天皇を「神の裔」とする信念で固まっていたのである。

十二月二十九日午後四時に、天皇と詔書案について話し合ったと見られる木下は、続く一節で次のように記す。恐らく前田を指してのことであろう。

「大臣は現神《あきつかみ》と云う言葉も知らぬ程国体については低能である。これは驚くべきことなり。これではMac司令部に馬鹿にせらるるであろう。詔書案中気に入らぬことは沢山ある。殊に文体が英語（幣原首相の筆になる）の翻訳であるから徹頭徹尾気に入らぬ」

そして木下はいくつか例文を挙げたうえで、昭和二十一年一月一日の詔書の意味を理解するための最も重要な視点を記す。

「Emperorを神の裔とすることを架空とすることは断じて許し難い。そこで予はむしろ進んで天皇を現御神とする事を架空なる事に改めようと思った。陛下も此の点は御賛成である。神の裔にあらずと云う事には御反対である。よって、予は改めて考え直し、左の文を作った」

木下は先の「第三節」の改稿を告白しているのだが、ありのまま引用したい。

「凡《およ》そ民族には其の民族特有の神話伝説の存するありと雖《いえど》朕を以て現神とし　爾等臣民を以て神の裔とし　依つて以て他民族に臨み　其の優越を誇り　世界を支配すへき運命を有するか如く思惟するは誤れるの甚たしきものたるを覚らさるへからす」

何としてもこの表現に変えるべきだと、木下は大臣らに訴えてまわった。皇居から閣議の席に電話までして要求しつづけた。とにかく木下は異様なほど各節の表現にこだわり、内閣側と交渉したのである。十二月三十一日午前十一時半、前田文相は木下に最終的な閣議決定を伝え、「神の裔」以下の表現をマッカーサーに示したものにしてほしいと頼んだ。木下は天皇に相談したうえで結局納得したが、彼のもとには天皇制護持のために内閣の機能を停止させるなど「決死の行動に出でんこと」を訴えに来る要人もいたという。

『側近日誌』を見るかぎり、天皇と木下は「新日本建設に関する詔書」の第三節に不満をもっていた。これは「天皇を神の裔」とする日本人の意識が「架空ナル観念」だと読まれることへの抵抗であった。天皇の意思は木下を通じて逐一内閣側に伝えられたが、最終的にはGHQという占領者の前に屈服した。しかし詔書全体における第三節のつながりの悪さは、歴史的に解読すべき余地を我々に残したと言えよう。

昭和二十一年一月一日の各紙にはGHQ最高司令官D・マッカーサー名義の声明文も掲載された。

「枷《かせ》は取除かれた　人民、統治の権利」「新生の年・日本人に光明」という見出しが躍り、「天皇の新年の声明は、私の非常に欣快《きんかい》とするところである。天皇はその詔書に声明したところにより、日本国民の民主化に指導的役割を果たさんとしている。天皇は断固として今後の自らの立場を自由主義的な線に置いている。このような天皇の行動は、いかにしても抗し得ない健全な理念の影響を反映したものである」と報じられた。つまり詔書の第三節によって、天皇の「立場」は旧体制と異なる「自由主義的な線」に、その重点が置かれたのである。

以後いっせいに「人間天皇」という言葉が新聞などで使われるようになった。皇女らと語らう写真や、高松宮による「人間」的なエピソードなどが掲載された。確かに天皇は「人間」としての顔を国民に見せていったのである。これがやがて始まる東京裁判での免訴や、日本国憲法の「象徴」天皇に結びつく伏線となるのだが、昭和二十年十二月からのＧＨＱ主導による天皇制改革の動きは、着実に既成事実化されたのである。そこには歴史的な二つの意味が含まれていたと私は考える。

第一は、日本の国益・国権の新しいナショナリズムが、ＧＨＱ側の鋳型に見事なまでに合致していった点である。天皇は内心これに強く抗していたが、しかし新たにつくり出された政治的現実を受け容れることで、しだいにその姿勢を変えていった。自ら望んだ国益・国権のナショナリズムの像が形骸化していくのを理解し、「人間天皇」という政治的現実に即応するしかなかったのである。終戦の詔勅から「新日本建設に関する詔書」へと潜ませた新たなナショナリズムは、具現化されなかったのである。

第二は、この昭和二十一年一月一日の詔書が、国益・国権のナショナリズムを下支えする国民の共同体意識に、強力な回路をつくる試みだった点である。第四節の「我国民ガ其ノ公民生活ニ於テ団結シ、相倚リ相扶ケ、寛容相許スノ気風ヲ作興スルニ於テハ、能ク我至高ノ伝統ニ恥ヂザル真価ヲ発揮スルニ至ラン」というくだりからは、まさに回路構築の意図が読み取れる。下部構造のナショナリズムを戦後社会で自立させ得るか否かは、詔書に示した国益・国権のナショナリズムを、国民の共同体意識にどう結びつけるかに懸かっていたのである。

この二つの歴史的意味をより詳細に読み解くには、天皇の全国巡幸の内実をいま一歩突き放して見る必要がある。

第3章　内包された国家像

二つの詔書の共通性

これまで昭和二十年（一九四五）八月十五日の終戦の詔勅と、昭和二十一年一月一日の「新日本建設に関する詔書」いわゆる「人間宣言」を通じて、天皇とその側近や政治指導者が意図した新しいナショナリズムについて記してきた。この新たなナショナリズムは、昭和十年代の指導者が国益・国権に基づく政治システムを狭隘《きょうあい》な枠組みに押し込み、結局は軍事主導に突き進んだ富国強兵型のナショナリズムとは対峙する側面をもっていた。

ナショナリズムには二重性があり、可視（オモテ）とも言うべき国家による政策決定のプロセスを指す部分と、不可視（ウラ）とも言うべき共同体における生活の規範、倫理観、また口伝などを指す部分をもっている。前者がその時代の政治を意味するなら、後者は人びとの生き方を示していると言える。後者には個々人が身につけた処世なども含まれるわけだが、昭和のある時期にオモテがウラの領域に入り込み、これを徹底して抑圧した、というのが私の見方である。つまり個々人は共同体の成員であるよりも、オモテのナショナリズムの凝縮体であることが要求された。さらに言えば、昭和十年代の国家のナショナリズムは共同体を兵舎に見立て、「軍人勅諭」や「国体の本義」、加えてある時期からは「戦陣訓」などを骨格に据える空間にしたわけである。そのために共同体の伝承は崩壊の危機に瀕したとも言えるが、結果、軍事的にはオモテの政策の失敗、解体という方向で決着することになった。

こうしたナショナリズムの解体に対峙するもう一つの新たな「オモテ」が、終戦の詔勅や「新日本建設に関する詔書」のなかに窺えるというのが私の見解である。政治のシステムが国益・国権に基づく多様なナショナリズムを政策に反映できる仕組みになっていれば、偏狭には陥らず、解体は免れたかもしれない。しかし、とくに昭和十年代の体制は、歴史的に壮大な解体の実験を試みたとも言えよう。

昭和十年代の「オモテ」が解体したあと、すぐに新しいナショナリズムを提示したのは、実は天皇であった。まずは終戦の詔勅と「新日本建設に関する詔書」から垣間見えるナショナリズムを、以下に整理しておきたい。

終戦の詔勅では第一節、第二節、第三節を省き、第四節が軸となる。そして「新日本建設に関する詔書」では、先にふれた「明治大帝の思召し」たる五箇条の御誓文こそ日本の民主主義の母体という、のちに天皇が「一番の目的」と述懐したその意味を尊重し、第一節、第二節、第四節を国民への呼びかけの中心と考える。第三節は「朕ト爾等国民トノ間ノ紐帯《ちゅうたい》ハ、終始相互ノ信頼ト敬愛トニ依リテ結バレ、単ナル神話ト伝説トニ依リテ生ゼルモノニ非ズ」を含むいわば「人間宣言」の部分だが、前述のとおり天皇自身が「二の問題」と指摘しているだけに省かなければならない。すると以下のような言葉が私たちの前に提示される。はじめに終戦の詔勅の重要な部分を原文のまま引用する。

「朕ハ茲《ここ》ニ国体ヲ護持シ得テ忠良ナル爾臣民ノ赤誠ニ信倚《しんい》シ常ニ爾臣民ト共ニ在リ若《も》シ夫《そ》レ情ノ激ス

ル所濫《みだり》ニ事端ヲ滋クシ或ハ同胞排擠《はいせい》互ニ時局ヲ乱リ為ニ大道ヲ誤リ信義ヲ世界ニ失フカ如キハ朕最モ之ヲ戒ム宜シク挙国一家子孫相伝ヘ確《かた》ク神州ノ不滅ヲ信シ任重クシテ道遠キヲ念《おも》ヒ総力ヲ将来ノ建設ニ傾ケ道義ヲ篤クシ志操ヲ鞏《かた》クシ誓テ国体ノ精華ヲ発揚シ世界ノ進運ニ後レサラムコトヲ期スヘシ爾臣民其レ克《よ》ク朕カ意ヲ体セヨ」

次に「新日本建設に関する詔書」の第一節、第二節、第四節の、終戦の詔勅と符合する、あるいは意の通ずる部分を引用しておこう。

「叡旨《えいし》公明正大、又何ヲカ加ヘン。朕ハ茲ニ誓ヲ新ニシテ国運ヲ開カント欲ス。須《すべか》ラク此ノ御趣旨ニ則《のっと》リ、旧来ノ陋習《ろうしゅう》ヲ去リ、民意ヲ暢達シ、官民挙ゲテ平和主義ニ徹シ、教養豊カニ文化ヲ築キ、以テ民生ノ向上ヲ図リ、新日本ヲ建設スベシ」

「大小都市ノ蒙リタル戦禍、罹災者ノ艱苦、産業ノ停頓、食糧ノ不足、失業者増加ノ趨勢等ハ真ニ心ヲ痛マシムルモノアリ。然リト雖《いえど》モ、我国民ガ現在ノ試煉ニ直面シ、且《かつ》徹頭徹尾文明ヲ平和ニ求ムルノ決意固ク、克ク其ノ結束ヲ全ウセバ、独リ我国ノミナラズ全人類ノ為ニ、輝カシキ前途ノ展開セラルルコトヲ疑ハズ。

夫レ家ヲ愛スル心ト国ヲ愛スル心トハ我国ニ於テ特ニ熱烈ナルヲ見ル。今ヤ実ニ此ノ心ヲ拡充シ、人類愛ノ完成ニ向ヒ、献身的努力ヲ效《いた》スベキノ秋《とき》ナリ」

「我国民ガ其ノ公民生活ニ於テ団結シ、相倚《よ》リ相扶《たす》ケ、寛容相許スノ気風ヲ作興スルニ於テハ、能ク我至高ノ伝統ニ恥ヂザル真価ヲ発揮スルニ至ラン。斯ノ如キハ実ニ我国民ガ人類ノ福祉ト向上トノ為、絶大ナル貢献ヲ為ス所以ナルヲ疑ハザルナリ」

昭和天皇とマッカーサーの均衡

終戦の詔勅から「新日本建設に関する詔書」までの四カ月半の間に、天皇はいくつかの勅語を発している。終戦の詔勅の二日後、昭和二十年八月十七日の「戦争終結ニ際シ陸海軍人ニ賜リタル勅語」では、身命を賭したその戦いぶりを称えたうえで、「朕カ意ヲ体シ鞏固《きょうこ》ナル団結ヲ堅持シ出処進止ヲ厳明ニシ千辛万苦ニ克チ忍ヒ難キヲ忍ヒテ国家永年ノ礎ヲ遺サムコトヲ期セヨ」と訴えている。また、統制を乱さず静かに鉾を収めるよう陸海軍人に強く求めた勅語は、ミズーリ号上で日本政府が降伏文書に調印する前の八月二十五日にも発している。そして九月四日の第八十八回臨時帝国議会開院式の勅語では「貴族院及衆議院ノ各員ニ告ク」とし、降伏に抵抗せぬよう訴え、今後の日本が進むべき道を自らも確認しているかのような決意を示す。

「朕ハ終戦ニ伴フ幾多ノ艱苦ヲ克服シ、国体ノ精華ヲ発揮シテ信義ヲ世界ニ布キ、平和国家ヲ確立シテ人類ノ文化ニ寄与セムコトヲ冀《こいねが》ヒ、日夜軫念《しんねん》措カス、此ノ大業ヲ成就セムト欲セハ、冷静沈著隠忍自重、外ハ盟約ヲ守リ和親ヲ敦クシ、内ハ力ヲ各般ノ建設ニ傾ケ、挙国一心自彊《じきょう》息《や》マス、以テ国本ヲ培養セサルヘカラス」

終戦の詔勅と「新日本建設に関する詔書」の合体に、旧文官を軸とした天皇中心体制の新しいナショナリズムの動きが見てとれると私は考えるが、そのプロセスでの帝国議会開院式のこの勅語は「平和国家ヲ確立シテ人類ノ文化ニ寄与セムコト」を明確にしている点できわめて重い意味をもつ。その決意こそ天皇が「新日本建設に関する詔書」に明治天皇の「五箇条ノ御誓文」を挿入するよう強く求めた理由で、きわめて筋が通っている。

したがって終戦の詔勅と「新日本建設に関する詔書」は、天皇が訴えた新しい国益・国権のナショナリズムの方向性をより具体的に説明していると解釈できる。つまり「平和国家ヲ確立」して「人類ノ文化ニ寄与」するというプログラムが示されたわけだが、しかしこの方向性は、旧体制のナショナリズムがつくり上げた秩序を前提にしている。天皇は昭和十年代に神格化された自らの像をある程度温存しながら新しい方向性を打ち出す一方で、日本占領にあたる連合軍との政治交渉で示され得る国家像をも先取りしていた。

つまるところ「新日本建設に関する詔書」は、これを主導したGHQのCIE（民間情報教育局）の意を汲みつつ、天皇の思いを明確に盛り込んだ文書と言えよう。天皇には「五箇条ノ御誓文」が「平和国家確立」のための必須要因だという判断があったと考えていい。

前述のとおりGHQの最高指導者マッカーサーは声明を発表して「新日本建設に関する詔書」を率直に評価したが、そのような天皇の意志を正確に理解していたかは定かでない。マッカーサーの評価は、私の言う第三節をもとに天皇自らが神格化を否定し、五箇条の御誓文に基づく新たな国家像を提示したことにあった。天皇は「日本国民の民主化に指導的役割を果た」し、将来にわたる「自由主義的な」路線を意図しているとして、いわば最大級の賛辞を贈ったのである。

しかしマッカーサーは、終戦の詔勅の「国体ヲ護持シ得テ忠良ナル爾臣民ノ赤誠ニ信倚シ常ニ爾臣民ト共ニ在リ」という言葉を補完する「新日本建設に関する詔書」の「我至高ノ伝統ニ恥ヂザル真価ヲ発揮スルニ至ラン」との表現が、さりげなく「新日本」への意志を説いていたなど容易には理解できなかったであろう。

くり返すが、この「新日本建設に関する詔書」に関わった天皇と側近および幣原内閣の閣僚らは、昭和十年代のナショナリズムは否定しながら、しかし一方では天皇を元首に据える旧秩序を巧みに織り込みつつ、「旧来ノ陋習ヲ去リ、民意ヲ暢達シ、官民挙ゲテ平和主義ニ徹シ」というマッカーサーの占領政策を実質的に支える国家意志を国民に向けて発したのである。

つまり新しいナショナリズムの担い手だった天皇を中心とする戦後政治の指導者は、巧妙にマッカーサーを自らの枠組みに取り込んだという解釈が可能になる。私はそのような日本の指導層の政治力や歴史的透視図に一定の評価を与えている。戦後の出発点において天皇と側近は抜きん出た政治力を発揮したと私は考えるのである。この事実を逆説的に解いてみせたのがジョン・ダワーで、その著書『敗北を抱きしめて』(下　三浦陽一、高杉忠明、田代泰子訳　岩波書店　二〇〇一)は、前述した昭和二十一年一月の歌会始の御製について次のように記している。思うに的確な分析であろう。

「これは反抗の意を絶妙に表現したものである。これを読んでその意味を解さぬ者はほとんどいなかっただろう。何が起ころうと、『お上』は自らの『いろ』を変えることはなかった。臣民もまた、そうあるべきだったのである」

いささか結論めくが、天皇と側近は「神格化」をめぐる臣民の感情に加えるべきものとして、新たな「平和国家」をめざした。そして「神格化」天皇への臣民感情を再確認することになった機会が、昭和二十一年二月十九日から始まる全国巡幸であった。この巡幸で臣民感情を読み取ったのがまさに天皇自身なのだが、しかし同時に、そのような感情は一定の枠内に制御する必要があると自覚したのもまた天皇と側近たちであった。この巡幸は、占領する側の権力との均衡を保つための歴史的試みでもあった。新たなナショナリズムは、天皇とマッカーサーの共同歩調で国民の前に提示される宿命をもったのである。

統治権の総攬者の立場

昭和二十一年一月から五月頃までの間、私は当時まだ国民学校と言った小学校に入学する前後で、もとより社会的な空気など知る由もなかった。とはいえ当時の人びとの手記などを読むと、共産主義革命がまったくの絵空事ではなかったと理解できる。昭和二十年十月に府中や網走の刑務所から釈放された共産党の幹部たちは、まもなく党の機関紙である「赤旗」を復刊、そこで天皇制打倒や人民共和国政府の樹立を呼号し、敗戦までの国益・国権・国威を軸とするナショナリズムの犠牲者として、国民の間に支持基盤を広げていた。

「新日本建設に関する詔書」に盛り込まれた「思想混乱ノ兆アルハ」という文言は、このような運動の広がりに対する懸念であった。むろん共産党が示した国家像は、ナショナリズムの枠組みを超越するコミンテルン影響下での国際主義運動の推進にあったが、個々の幹部が日本の国益に適うと判断したのであれば、それもまた広義には、この期のナショナリズムの一つのかたちと言っていい。

昭和二十一年に入ってからのマッカーサーは、天皇が示した国家像と一体化するようにその実現へと動いている。むしろ補完役を買って出たというのが現実の軌跡だろうが、この事実は一月、二月のマッカーサーと天皇をめぐる動きを確かめることで容易に頷ける。

当時の日本占領の推移をマッカーサーの側から見れば、いくつかの性質があった。第一に新憲法制定、第二に公職追放者のリスト作成、第三に極東国際軍事裁判（東京裁判）法廷の開廷準備、第四にたとえば宮内省など旧体制の組織改革、さらには民主化政策の即時実行など多方面にわたっていた。だが天皇が意図した新たなナショナリズムの国家像について言えば、二つの史実に尽きる。新憲法制定と東京裁判開廷である。その二つの史実を貫く一本の芯は、天皇の戦争責任をいかに判断し、システム化するかという点にあった。

マッカーサーにとって共産主義革命を防ぐという自らの信念は、日本の国是を反共にすることであった。よく知られているとおりマッカーサーは前年十月、アメリカ政府から「ヒロヒトが日本の国際法違反に参加ないし責任があるかどうかについての証拠を収集」するよう命じられた。これは秘密裏に行うよう注釈もつけられていたが、その指令に対しマッカーサーは昭和二十一年一月二十五日になってアイゼンハワー陸軍参謀総長へ電報を打つ。すでに多くの書が引用しているこの電文内容は、アメリカ政府が天皇に戦争責任はないと判断する有力な根拠となった。だが最も注目すべきは「天皇は日本国民統合の象徴であり、彼を破壊すれば日本国は瓦解するであろう。事実すべての日本人は天皇を国家元首として崇拝しており、正否は別としてポツダム宣言は天皇を存続させることを企図していると信じている」という一節にある。日本語訳は竹前栄治著『占領戦後史』（双柿舎　一九八〇）によるが、マッカーサーは天皇に戦争責任はないとしたうえで、日本国民の天皇に対する感情には特別なものがあり、その責任を問えば彼らの怒りは歴史的な危険性を孕むと訴えたのである。

しかし重要なのは、ポツダム宣言が天皇制の存続を約束するものだと日本人は信じている、とマッカーサーが理解した点である。日本では「国体の護持」と言ったマッカーサーのこの理解が、占領者として乗り込んできたときのものなのか、昭和二十一年一月になってのものなのか定かではないにしても、その言動を見るかぎり後者だと私は考える。実際に武装抵抗もなく、自分たちの指令や勅語に皆唯々諾々と従うので、マッカーサーは心中〈天皇制存続の明確化が日本国民を忠実にする〉との理解を固めたと見るのが妥当であろう。加えてトルーマン大統領周辺の知日派ブレーン、たとえばジョージ・アチソン政治顧問代理などが、日本の統治には「天皇を利用するのが最も有効」と相次いで意見を述べた事実に即し、マッカーサーもこの系譜に連なる一人として、前述のようにアイゼンハワーに回答したと考えられるのである。

天皇が占領という現実に協力的で、実際武装解除を積極的に訴えたことから、当時のアメリカ政府には戦中とはまったく別の受け止め方が生じていた。とくに昭和二十年八月、九月に相次いで出された軍人を慰撫する勅語で、天皇の政治力を評価する動きは拡大していた。ではなぜ天皇は戦時下でそのような意志表示をできなかったのか。これはまさにマッカーサーの電文にある「私は終戦までの天皇の国事関連行為はほとんど大臣、および天皇側近者たちの進言に機械的に応じてなされたものであったとの強い印象を受けた」という理解のとおりであろう。そのような理解は東條英機全面責任論に結びつくものであり、実際マッカーサーはこの頃、東條を東京裁判ではなく自らの権限で裁きたいと本国政府に要請もしている。マッカーサーは昭和二十一年一月十九日に極東国際軍事裁判所条例を発表した段階で、すでに天皇の戦争責任は問わないという結論をもっていたのである。

あらためて言うまでもなく天皇とマッカーサーの間には黙契が成り立っていた。昭和四十年代に入り、天皇はしばしばマッカーサーについて宮内記者会で質問を受けたが、たとえば「戦後、マッカーサー元帥を訪問しましたが、元帥は常に秘密を守ることを約束しました。そのために非常に自由に話ができてよかった」と述べ、またマッカーサーの回想記の真偽や会見内容などを訊かれても「秘密で話したことですから、私の口からは言えません」と回答拒否の姿勢を貫いている。

天皇のこの回答拒否について、共同通信の皇室担当記者だった高橋紘は木下道雄の『側近日誌』の解説で三つの理由を推測するが、とくに第一の指摘はきわめて妥当だと私には思える。つまり天皇は、実際には日本の「統治権の総攬者」の立場でマッカーサーと会談を行っていたのではないかという推論である。占領下の日本の政治を具体的に方向づける話し合いを進め、その意を受けた臣下の者たる総理大臣が具現化する。新憲法では「象徴」という存在に変わった天皇ではあるが、占領を円滑に進めるためにマッカーサーも憲法の枠組みを超えて、この権威を利用したと分析するのである。

そのような状況を理解するには、マッカーサーが昭和二十一年一月から二月にかけて、新憲法制定や東京裁判にどのように対応したかを見ていく必要がある。二月からの全国巡幸が練られるプロセスや、未だ明かされない『天皇独白録』（文藝春秋　一九九一）成立の所以に、さらに新しい視点を持ち込むことができるのではないだろうか。

伊勢は軍の神にあらず

昭和二十一年一月一日の詔書発布以後、天皇はまったく新しい視点で事態に対処したと思われる。歴史的には、天皇はマッカーサーとの政治闘争に勝利し、占領下の新たなナショナリズムを守護したと考えられるのだが、これは当時最も信頼を寄せていた侍従次長木下道雄にしばしば心中を吐露した内容からわかる。木下は終戦の詔勅と「新日本建設に関する詔書」に通じる天皇自身の〝神霊〟性に最も理解を寄せていた側近である。神霊とは木下が指摘した「神の裔」という意味であり、天皇が皇祖皇宗の歴史および神性を受容するさいの当然の心理状態と言える。昭和十年代のナショナリズムは、軍事指導者がその心理を巧妙かつ一方的に肥大化させた所産で、むしろ天皇は当惑していたというのが現実の姿であった。この流れは天皇自身も抑止できないほどの力をもち、歴史を動かす基軸になってしまったのである。

たとえ「神の裔」という自覚があっても、それを臣民に押しつけないのが天皇の一貫した姿勢だったと私は考える。マッカーサーを前にこの自覚を漂わせることもなかったし、二つの詔のなかに、わずかに含ませただけであった。それを国民が受け容れるか否かに天皇は不安を抱きつつ、しかし自身を盲目に「神の裔」とする狂信はあってはならないと考えていた。このような心中を天皇は正直に木下へ伝えている。木下が一月十三日の日記に書き留めた天皇の発言はきわめて重要で、戦時を支えた国益・国権・国威のナショナリズムを根本から否定する認識であった。

「陛下の仰せ。戦時後半天候常に我れに幸いせざりしは、非科学的の考え方ながら、伊勢神宮の御援《たす》けなかりしが故なりと思う。神宮は軍の神にはあらず平和の神なり。しかるに戦勝祈願をしたり何かしたので御怒りになったのではないか。現に伊勢地方を大演習地に定めても、何かの事変の為未だ嘗て実現したることとなし。大震災、支那事変その原因なり。

今、幸いなりしと思うこと一つあり。そは宣戦の詔書以外に詔書を出さざりしこと。出せば侵略的用語を用いざるべからず。さすれば平和の端緒を失う故に、歴代首相これを願い来たりしも、朕と木戸〔幸一〕とで極力反対、これをくい止めたり。こは唯一の幸いなりと」

天皇のその発言は、君主として民の安寧を願う心理のあらわれだと私には思える。天皇にとって昭和の戦争はいずれも皇祖皇宗の意に反するもので、ために伊勢神宮の「平和の神」が「御怒り」になり、自身も宣戦以外は「侵略的用語を用い」た「平和の端緒を失う」詔書を出さなかった。この述懐こそ昭和十年代の国益・国権・国威のナショナリズムとの訣別であった。

前述の高橋紘によるなら、天皇はマッカーサーに対して戦争責任を認め、退位の意向を漏らしたようだが、思うに的確な指摘であろう。また高橋は、東條ら軍事指導者は何らかの責任を問われなければならないと天皇が語った可能性も指摘した。さらに高橋は、天皇が「自分は日本国民の指導者で日本国民の行動に責任がある」と明確に述べたとするマッカーサーの言に関し、それを書き留めたGHQの政治顧問アチソンの記録（アチソンメモ）から、天皇は臣下の政策に反対で、開戦の詔勅は「断腸の思い」で発したものだが、しかし責任は自らにあると語った可能性も指摘した。

とはいえ平成十四年（二〇〇二）十月に外務省が公開した、天皇とマッカーサーによる第一回の会見録にこのような記述はない。したがって会見の回を重ねるにつれ、天皇とマッカーサーの間では極秘の言葉が交わされていったとも考えられる。

その会話は一面で占領する側とされる側の政治闘争だったと言えるのだが、つまり天皇はこれに「勝利」し、新たなナショナリズムの創出に成功したのではなかったか。また一面で、占領する側の最高責任者と、される側の「元首」あるいは「象徴」には、新たな国家像を相携えてつくり上げるという歴史的な使命感もあったと言えるのではないか。

前述の一月十三日、皇祖皇宗の「御怒り」にふれたのではないかと天皇が心中を吐露した日、実は木下のもとに、GHQのCIE局長カーミット・R・ダイクの意向が、学習院の英語教師ブライスより伝えられていた。木下とブライスの間にはGHQと天皇をつなぐ情報ルートが構築されていた。ブライスは木下に対し、天皇はいかに行動すべきか、ＧＨＱ側の考えをかなり詳細に伝えている。これを木下の『側近日誌』から引用すれば「天皇は単に詔勅によりて御自身の御意見を発表せらるるに止まることなく、親しく国民に接せられ、その御行動にも、又その御言葉にも表裏なき一貫したる誠をもって、国民の誇りと愛国心とを鼓舞激励せらるべきである」となる。また戦後の混乱による道徳の低下について、ＧＨＱ側の意見は次のとおりであった。

「日本人の真心を呼び醒まし、これを奮い立たせねばならぬ。これはＭ．Ａ．〔マッカーサー元帥〕の力及ばぬところで、単り天皇のみ為し給い得る」

つまり農村や炭鉱を訪ね「親しく談話を交えて、彼等に色々な質問をなし、彼等の考えを聞かるべきである」という提言であった。ダイクの意向とは、天皇が「新日本建設に関する詔書」を自身実践すれば、ＧＨＱ側はその存在の重みをさらに認めるというものだったのである。

天皇はこの提言にまったく異存なく、木下に対して「地方御巡幸のことは直ちに研究せよ。皇后宮と御同列にてもよし。寒季には身体の関係もあり、暖地を好む供奉員《ぐぶ》は減せよ。形式を簡易にせよ」と命じている。天皇は戦火で傷ついた国民を励ましたい、日本を再興したい、そのためには何でもやるという意志を早い時期から側近たちに表明していたのである。これは軍人に武装解除を命じる勅語を発した頃からの意志でもあった。全国巡幸をＧＨＱ側に申し出ても決して拒否されないという心証を得た側近らは、そこであらためて交渉を続け、現実にスケジュールを組んでいくのである。

実践としての巡幸

全国巡幸はまず手始めに昭和二十一年二月十九日と二十日の二日間、試験的に行われ、神奈川県の川崎、横浜、横須賀、浦賀などを回った。初日には京浜工業地帯へ赴き、昭和電工、日産重工などの工場を訪れて国民を励ました。このとき天皇は現場で働く従業員に「どこで戦災に遭ったか」「食べる物は大丈夫か」といった質問を発し、初めて国民と直接会話を交わす体験をもったのである。GHQの将校らは、天皇が現実に国民の前へ姿をあらわすと暴力沙汰が生じたり、雑言を浴びせられるなど、各地で立ち往生するのではないかと予想していたが、実際にはまったく逆の結果となった。むしろ天皇が国民のなかに交じって直接対話をすることで、そこに奇妙な空間ができ上がったのである。

この全国巡幸は「新日本建設に関する詔書」の延長線上にあり、「人間天皇」を国民に認知させるための儀式と受け止められてきた。またGHQ側にも、日本国民の「神権天皇」信仰を解体するという思惑があった。全国巡幸は「人間天皇」という新たな概念への歴史的転換を意味するものとして理解されてきたのである。

しかしそのような見方はあくまでもGHQ主導のものと言えよう。これは昭和十年代の国益・国権・国威によるナショナリズムを否定する立場であった。一方で、占領下の天皇が新たな国家像を提示したと考えるとき、自身にどのような思惑があったにせよ、全国巡幸は終戦の詔勅と「新日本建設に関する詔書」の合体の具現化だったと捉えられる。つまり戦後の原点と据えられる二つの文書を、現実に国民は視覚で確かめることになったのである。

それは近代日本の草創期に明治天皇が全国を行幸したのと軌を一にしている。さらに大正天皇がまだ皇太子時代に全国巡幸を続けた折、国民と会うたびに日常会話を交わし、「神」の領域に押し込められるのを拒んだことと多くの点で類似していた。時に連携したにせよ、これは昭和天皇がマッカーサーとの闘いで獲得した新たなナショナリズムが、すでに近代日本のなかに一定のかたちで存在していたという事実を物語る。明治天皇の五箇条の御誓文をあえて掲げた新たな国家像が、単に存在したというだけではなく、戦後の国民との回路になり得る可能性をも秘めていたのである。

第4章　全国巡幸の開始

昭和天皇の闘い

昭和天皇は全国巡幸を昭和二十年（一九四五）十月頃から始めようと考えていた。それは当時の宮内省総務局長加藤進のメモにも記されている。加藤がこの未発表のメモを私に見せてくれたのは昭和六十二年（一九八七）一月だったが、一部を現代文に改め、その内容を以下に引用する。

「戦争を防止できず国民をこの災禍に陥らしめたのはまことに申しわけない。この際、位《くらい》を退くこともひとつの責任の果たし方であろうと思うけれども、私は方々から引き揚げてきた人、親しい者を失った人、困っている人たちの所へ行って慰めてやり、また働く人は励ましてやって一日も早く日本を再興したい」

「このためにはどんな苦労をしてもかまわない。この働くことが私の責任であって、祖先と国民とに対して責を果たすことになるのだと思う」

そのような言は内大臣だった木戸幸一や宮内大臣松平慶民《よしたみ》、宮内次官大金益次郎らにも漏らしたとされる。実際大金の私家版『巡幸餘芳』（新小説社　一九五五）には「戦争に関する陛下のお立場から演繹《えんえき》せらるべき道義的責任感、これが陛下を駆って全国巡幸の悲願を発起せしめた根源」とある。天皇は戦争に対する「道義的責任」として、国民と接し、何らかのかたちで謝罪したいと考えていたのである。その思いが「新日本建設に関する詔書」発布後、マッカーサーの勧めもあって、全国巡幸として具体化したと解釈されている。

この見方は昭和の占領期を語るうえで定説とされてきた。人間天皇の正直な感想として、新しい時代における自らの像の一方向を示唆したという解釈もされている。しかしあらためて考えなければならないのは、それだけでは大日本帝国憲法下の天皇の意識と歴史観を説明することができないという事実である。もとより天皇が軍事の発動という政治的選択に納得できなかったことも事実だし、また戦争を終結させるプロセスでは自身が主権者だったにもかかわらず、軍事指導部に何ら掣肘《せいちゅう》を加えられなかったことも明白な事実である。こういった点からも、単に敗戦の荒廃から立ち直るべく天皇が国民に謝罪し、励ましたというだけでは、充分な説明とはなり得ない。

天皇は終戦の詔勅と「新日本建設に関する詔書」のなかに自らの歴史的意志を盛り込んだと私は解釈している。その二つの文書の合体については前述したとおりだが、いくつか重要な一節を抜き出すなら、次のような箇所をすぐに挙げることができる。

「挙国一家子孫相伝ヘ確《かた》ク神州ノ不滅ヲ信シ任重クシテ道遠キヲ念《おも》ヒ総力ヲ将来ノ建設ニ傾ケ道義ヲ篤クシ志操ヲ鞏《かた》クシ誓テ国体ノ精華ヲ発揚シ世界ノ進運ニ後レサラムコトヲ期ス」（終戦の詔勅）

「〔明治天皇の五箇条の御誓文について〕叡旨《えいし》公明正大、又何ヲカ加ヘン。朕ハ茲《ここ》ニ誓ヲ新ニシテ国運ヲ開カント欲ス。須《すべか》ラク此ノ御趣旨ニ則リ、旧来ノ陋習《ろうしゅう》ヲ去リ、民意ヲ暢達《ちょうたつ》シ、官民挙ゲテ平和主義ニ徹シ、教養豊カニ文化ヲ築キ、以テ民生ノ向上ヲ図リ、新日本ヲ建設スベシ」（「新日本建設に関する詔書」）

「朕ハ朕ノ信頼スル国民ガ朕ト其ノ心ヲ一ニシテ、自ラ奮ヒ、自ラ励マシ、以テ此ノ大業ヲ成就センコトヲ庶幾《こいねが》フ」（同）

このような天皇の意志を一本の芯になぞらえれば、その歴史観や政治観が見えてくるのではないか。歴史や政治システムに対する天皇の信念は、昭和二十年十月には心中にはっきり宿っていたと考えられる。むろん昭和二十年八月十日以後のポツダム宣言受諾の可否を検討した二度の御前会議でも、天皇は新たな時代に対応するプログラムを想定しており、この意志は、占領政策が始まるなかでよりいっそう確かなものになったと私には思えるのである。つまり終戦の詔勅と「新日本建設に関する詔書」という二つの文書のなかに、新時代への対策が盛り込まれたと分析する根拠だが、それを前提に次のとおり天皇の歴史観や政治観を整理したい。

〈天皇主権下の軍事主導体制という政策は現実に失敗した。国民も多くの犠牲を払った。これを教訓にした天皇主権下の民主主義体制こそ、新しい時代の最も重要な選択肢である。大日本帝国憲法は祖父明治天皇のもとで発布され、本来なら五箇条の御誓文の精神を生かしたうえで運用されるべきだったが、不幸にもそうはならなかった。あえてこの原点に戻り、天皇主権下の民主主義体制をめざさなければならない。新たな時代に向けたその意志を広く伝えるために、全国巡幸というかたちで国民に接しなければばならない〉

いささか平易に表現しすぎたかもしれないが、天皇のこのような意志は、昭和二十年の終わりから二十一年の初めにかけて固まったと見るべきである。天皇にとって戦前の軍事主導体制と、それを否定しての戦後の民主主義体制とは、ともに自分が主権を有する国家として同一の地平に並列するものであり、前者を全面否定して初めて後者が成り立つのではなく、また戦時下でも、前者が後者を全否定していたわけではないとの認識があったと考えるべきである。天皇にしてみれば近代日本の歩むべき道がどこかで崩されてしまったとの意味にもなるが、もちろんこのような認識を自身が直接語ったことはないし、窺わせる言動もしていない。だが、意志を顕わにしないことこそ自らの置かれた政治的立場だと、天皇は理解していた節がある。

天皇は立憲君主制という語にこだわり、自らの政治的立場を顕わにしないカーテンのようなものとして考えていた。確かに戦時下でも政治的な意見や立場を口にしないという自らに課した役割を忠実に守っていた。ゆえにその意志は勅語や側近の回想録から窺う以外ないのだが、前述のように理解することで、私はこの時期の天皇の歴史的な闘いを検証し得ると考えるのである。

天皇が自ら主権を有する〈民主主義〉の旗を密かに掲げていたことは、近代日本の国益・国権・国威を軸にしたナショナリズムを総体として変革するのではなく、横移動させようとしていた、との意味をもつ。すなわちかつての政治体制を解体するのではなく、それに抑圧されていたもう一つの上部構造のナショナリズム、言い換えれば〈天皇制下の民主主義〉を顕在化する意志があったのである。

では抑圧されていたナショナリズムとは何か。これは占領期の政治体制を担った吉田茂首相に代表される、近代日本の系譜に連なる親英米的な路線である。敗戦時に天皇自らがあえて推した鈴木貫太郎首相もその系譜に属する。実は鈴木に組閣を命じたとき、すでに天皇は抑圧されていたナショナリズムの路線を浮上させることを企図していたとも考えられる。この路線がマッカーサーの占領政策と一体化し、天皇の闘いは相応のかたちで歴史上に一つのシステムをつくることに成功した。その事実は章を改めて詳細に論じなければならない。

昭和二十年の終わりから二十一年に入っての天皇の闘いを見るときに必要なのは、二つの史実をもう一度洗い出すことである。一つは、天皇の全国巡幸の内実を具体的に確かめることである。これは天皇が自ら主権を有する〈民主主義体制〉の具現化にいかに努めたかの検証で、つまり「朕ノ信頼スル国民ガ朕ト其ノ心ヲ一ニシテ、自ラ奮ヒ、自ラ励マシ、以テ此ノ大業ヲ成就センコトヲ庶幾フ」という呼びかけがどのように結実したかの確認と言ってもいい。むろんそれは〈天皇主権下の軍事主導体制〉の否定になるのだが、しかしあくまでも〈軍事主導体制〉の否定であって、〈天皇主権下〉という枠組みは維持しなければならない。この天皇の意志が実際どのように推移したかを見ておく必要がある。

もう一つは、新憲法制定の過程における天皇の動きを確かめることである。その過程では、天皇の闘いを充分に理解する政治指導者および宮中側近と、これに抗する同職者の対立もあったと推察できるが、しかし最も重要な役割を果たしたのが天皇自身だったという見方を根底に据える必要がある。マッカーサーが最終的に要求した二つの柱、すなわち日本の非軍事化と民主化が盛り込まれた憲法草案に、日本の政治指導者らは躊躇する。天皇の歴史的意志を最もよく理解していたのは吉田茂なのだが、しかし早期承認を迫ったのが天皇自身だったという事実は想起すべきである。

その二つの局面を参照しながら天皇の歴史的闘いを分析するために、まず全国巡幸での「変化」についで確認しておきたい。この巡幸のなかには、実は示唆に富む多くの光景が潜んでいたのである。

地味な背広姿

天皇が国民の前に直接姿をあらわすことを最も懸念していたのは幣原喜重郎内閣の閣僚たちだし、内務省や外務省をはじめとする中央官庁の官僚たちであった。前述の加藤進の証言によるなら、警備を受けもつ内務省の警察関係者には危急時に自信がもてないとの不安があったというが、GHQ側が積極的にそれを担う約束をしたこともあって、とにかく計画は進められた。とくに巡幸を望む天皇の強い意志とマッカーサーによる警備の約束で、計画の骨子は少しずつ具体化されていった。

一方、宮内省内には巡幸を待望する声が意外に多く、次官の大金益次郎や総務局長の加藤は難色を示す内閣、外務省、内務省の一部の官僚に対して、陛下の何よりの希望だと説得したという。

GHQは宮内省の改革を日本側に要求し、さまざまな通達をしていた。もともとGHQは国家神道の廃止を基本的な政策としており、昭和二十年十月から十一月にかけては皇室の財産を凍結、予算は総司令部の承認を要すると命じ、また宮内省の組織縮小も要求していた。こうした背景のもと天皇はGHQの諒解を得て十一月十二日に伊勢神宮を訪れ、皇祖皇宗に「終戦」を奉告する「お告文《つげぶみ》」を読んだ。その内容については明らかにされていないが、戦争という国難の道を歩み、敗戦に至って、惨状の大きさを詫びたと推測できる。また、今後は自らの主権のもと、軍事主導体制から民主主義体制へ移行するのだという決意を誓ったのかもしれない。

この伊勢神宮への奉告は、天皇にとって戦後初めての外出となった。つまり戦後初めて宮中から出て、国民に交じったわけだが、それは巡幸の伏線として、天皇への反応を確かめる一例にもなった。伊勢神宮への奉告に随行した内大臣（この二週間後に内大臣制は廃止）の木戸幸一は『木戸幸一日記』

（東京大学出版会　一九六六）昭和二十年十一月十二日の項に、次のように書いている。

「沿道の奉迎者の奉迎振りは、何等の指示を今回はなさゞりしに不拘《かかわらず》、敬礼の態度等は自然の内に慎《つつしみ》あり、如何にも日本人の真の姿を見たるが如き心地して、大に意を強ふしたり」

国民の反応には、天皇への畏敬の念が保たれていると側近らは理解した。そのような国民の存在があれば、全国巡幸も心配には及ばないと判断されたのである。

昭和天皇が国民と接する、つまり「臣民」と直接会話を交わすのは初めての体験である。昭和初期にも行幸はあったが、ほとんどが統帥権の総攬者としての陸軍大演習への臨席であり、国民と対話する機会などなかった。これは国民と接するさいの言葉遣いや話すべき内容をほとんど体得していなかったという意味になるが、にもかかわらず天皇が熱心だったのは、明治天皇の行幸の記録に目を通して、国民との間に特別な感情を交流させ得ると確信したからだと考えられる。政情が不安定だった明治五年（一八七二）より明治天皇が全国を歩き、国民と接することで、彼らを「臣民」へと変えていった歴史的教訓に学ぼうとしたに違いない。

加藤らの証言によれば、天皇は戦後になって明治天皇の全国巡幸の記録をひもとき、祖父が現に顔を見せ、国民の実像を知ったように、自身もそうあろうとしたという。思うに的確な指摘である。〈天皇制下の民主主義〉は国民の表情や所作、日常的な考え方を理解して初めて可能となる。天皇にしてみれば、自らの意志を賭けた闘いになるはずであった。

明治天皇の初めての巡幸は明治五年五月から七月までの間で、まず東京を出発して近畿、中国、四国、九州と回った。もっとも天皇の存在を知らない庶民も多く、まったく関心を示さない者もいたというが、生身で国民の前へあらわれた明治天皇は、結果的に彼らと一定の信頼関係を築くことに成功した。たとえば多木浩二は『天皇の肖像』（岩波新書　一九八八）で言う。

「巡幸の立案者（大久保利通や岩倉具視ら開明派の政治家と思われる）は、眼に見える世界で示されうる威光の効果を狙ったわけである。具体的な政策として解決すべき問題を天皇と民衆の、視覚的コミュニケーションを通しての心理的関係に置き換えたのである。この心理的作戦は功を奏した。巡幸にはいろいろなプログラムが組まれていたが、結局は天皇をまだ見たことのない地方の人々が天皇を眼のあたりにすることに目的があった。（中略）この巡幸が民衆にたいしてもった全体的な効果を総合すると、ひとつには天皇の存在を知らしめること、さらには天皇は民衆に見られ、自分を見せることを通じて民衆がほとんど意識しないうちに権力を行使して支配を強化することであった」

つまり厳然たる「権力」の存在を国民が実感できるようにしたのである。権力の姿を目で確かめた国民に、社会は新しい段階に入ったと自覚させなければならない。天皇を見る、天皇に見られる、という体験が、大日本帝国憲法や軍人勅諭、教育勅語といった回路に通されることで、国民は「臣民」に変わったと分析できるのである。明治という新しい時代の政治は国民を臣民化するシステムだったが、明治天皇の全国巡幸はそれに成功した。昭和天皇はこのシステムを生かしつつ自らの新しい意志を実践したというのが、昭和二十一年（一九四六）二月からの全国巡幸の本来の意味だったのである。

天皇が国民を見る、国民が天皇を見る、という相互の関係によって、天皇は臣民の忠誠心を確認する。そして国民は君主がどのような外見をもち、どのような言動を採るかを確認する。その関係を天皇が率先して国民に働きかけたという点で、軍事主導体制に対する嫌悪感の強さも想像し得るのである。

天皇は巡幸を背広姿で通した。この色はほとんどが黒に近い地味な灰色の背広で、冬はやや濃い灰色の外套に身を包み、やはり灰色のソフト帽をかぶった。戦後すぐ、つまり軍服を身につけない時代となって、天皇は背広を何着か新調したというが、いずれも地味な灰色系の生地であった。

このような姿で、天皇はごく平凡で落ち着いた中年世代という印象を与え、視覚のうえでは君主の装いなどまったく感じさせなかった。明治天皇は近代国家の君主として初めての巡幸では軍服に身を包み、「軍人天皇」の姿を国民に示すことで外見上もはっきりと国策を具現化していた。昭和天皇の場合は演出の余裕などなかった時代だが、戦争を連想させる服装は避け、濃い灰色の背広姿で通し、平凡な日本人というイメージを国民に植えつけた。天皇は服装の面でも、かつての「現人神《あらひとがみ》」というイメージからの脱却に気を配っていたと言えよう。

また昭和二十年八月十五日の玉音放送まで、国民は天皇の肉声をほとんど耳にしたことがなかった。原武史の『可視化された帝国』（みすず書房　二〇〇一）によるなら、大正天皇は皇太子時代、全国巡幸で気軽に国民に声をかけたが、しかし「裕仁皇太子は一切無駄な言葉を発せず、新聞にも肉声がほとんど掲載されなかった。皇太子が訪問した各地では、きわめて統制のとれた政治空間が設定され、皇太子が言葉を発する代わりに、その面前で万単位の『臣民』による日の丸の旗行列や君が代の斉唱、分列式、万歳三唱などの国家儀礼が行われた」という。これは即位しても変わらず、臣民に対しては「言葉をもたない存在」であるべきだという宮中側近や政治・軍事指導者の要求に、戦前までの昭和天皇は忠実であった。そのような「きわめて統制のとれた政治空間」からの脱却も、天皇は全国巡幸で試みたのである。

会話の練習

昭和二十一年二月から始まった全国巡幸では、天皇にとって国民との対話、つまり言葉の回路を確立させるという初めての歴史的試みが要求された。この期に〈天皇制下の民主主義〉を主張することは、少なくとも日本の政治指導者には許されていない。また当時は極東国際軍事裁判の被告の選定も行われており、天皇を訴追するか否かが論じられていた。天皇はきわめて微妙な心理状態にあったはずだが、そのような不安は表にいっさい出さず、自らの闘いに挑んでいたかに見える。さらに新憲法をめぐっては、日本側が示した天皇を元首とする大日本帝国憲法と同種の草案が、マッカーサーの怒りを買っていたときでもあった。本意はどうあれ、天皇はこうした状況に独自の姿勢で向き合っていたとも言えるのである。

天皇のその姿勢は、政治システムを変革するよりも、主権在君は温存したまま国家体制を横移動させれば連合国側の要求に応え得るという、強い自信のあらわれだと思える。ただしこの根拠については、各種史料が現代に至るも充分に明かされておらず、今後の検証対象となるはずである。極東国際軍事裁判での訴追や新憲法制定によっても、自らの役割はさほど変わらないと天皇は確信していた節があるが、それはマッカーサーとの会見で示唆されたというだけではなく、思うにもっと確度の高い情報や分析にふれていたからではないだろうか。

このような確信のもと、天皇は国民とどのような会話を交わすべきか、相応の予習復習をしている。臣民に対して言葉をもたない君主からの脱却を図っていたと思われるが、巡幸前には随行する侍従と会話の練習をしたという説もあるし、行幸の夜は宿舎に戻ってからしばしば「今日の会話はよかったか」と尋ねたりもしている。

二月十九、二十日の神奈川県の主要都市への巡幸は試験的なものだったが、当初の天皇は対話の回路をつくり得ていなかった。「ああ、そう」とか「ええ、ええ」と頷くだけで、しかも声は甲高く、抑揚に富んでいた。流行語のようになったこの「ああ、そう」は確かに発音によっては肯定にも否定にも疑問にもなる。GHQ内部のとくに民政局（GS）の将校らは天皇制に好感をもっておらず、ためにこの行幸で雑言を浴びせられたり、罵倒されるのを期待していたというし、可能ならその体制の廃止をも視野に入れていた。この天皇の応対の仕方が日本人の間に失笑を巻き起こしたというGHQ側の報告もまとめられているが、しかしそれは必ずしも正確とは言えない。

宮内省の総務局庶務課長だった筧《かけい》素彦の証言によるなら、最初の行幸の折、天皇からどのような会話を交わせばいいか、自分はどう答えればいいかと間接的に問われ、このやりとりの内容を具体的に伝えている。私が直接聞いた筧の言葉を以下に紹介する。

〈たとえば、陛下が「どうだ、寒くないか」とおっしゃったら、国民が「お寒うございます」と答えると、「ああ、そう」とおっしゃっていられる。そうではなく、「寒いだろうけれど、どうかひとつ風邪をひかないように」とつけ加えていただきたい……〉

侍従を通じて天皇に伝えられたというこの進言は何を意味するのか。天皇は会話を交わす意味も充分に理解していないし、また臣下の者とは一方的に示達するだけ、あるいは報告を受けるだけの関係性だったことがあらためてわかる。そこからは重要な事実が二つ浮かんでくる。第一は天皇が大権（統治権、統帥権）を付与した臣下の者と対話を行っていないという事実、そして第二は、天皇はこのとき四十五歳になっていたわけだが、幼少期、少年期、青年期に受けた帝王学の枠内から脱け出せていないという事実である。つまり四十五歳になっても、帝王学がつくり上げた君主像をそのまま忠実になぞっていた。このような事実に天皇自身、巡幸のなかで気づかされていったとも言えるのではないか。

国益・国権・国威を代弁したかつてのナショナリズムの理解者だったのか、との疑問も湧くが、ともかく天皇は、昭和十年代が〈軍事主導下の天皇制〉だったことを自問、自省し、その事実を理解していく過程が、この期の巡幸にあらわれていると私は思う。本来なら天皇主権で軍事は機能すべきだったが、その意志をほとんど明確にしなかったがための現実、これを自身が認めることで退位に消極的になっていったとも解釈できるのである。天皇は退位を勧める側近に心中を語らなかったが、昭和五十年代の記者会見ではその考えがなかったことを表明し、当時の自らの立場を語っている。つまり現実的な責任のありかとして〈天皇主権下の軍事主導体制〉など存在しなかったという認識に、自身こだわっていたと思えるのである。

昭和二十一年二月十九日に行幸した横須賀の援護所には、南方からの帰還船が復員兵を連日帰国させていた。援護所に一泊して故郷へと帰っていく復員兵を労《ねぎら》ったあと、天皇は加藤進とともに貴賓室で休憩していた。貴賓室には天皇と加藤の二人しかいなかった。この貴賓室からはグラウンドが見え、整列した復員兵が国旗を掲げたポールの周囲を何度も回りながら軍歌を唱っていた。それは天皇を認めるなり「敗戦になって申しわけありません。必ずや仇をとります」と泣き崩れた復員将校らの姿と重なる光景でもあった。

このような将校らの姿を天皇はただ見つめることが多く、決して言葉は返さなかった。そのときも天皇は「主務官、ああいうことはいけない。彼らを起ちあがらせるようなことをしてはいけない。こういうことではだめだ。これからの時代は考え方を変えなければならない。これだけは地方長官会議などできちんと伝えてほしい」と口にしたという。〈天皇主権下の軍事主導体制〉など捨てるべき幻想だという強い意志のなかに、〈天皇制下の民主主義〉をめざす固い決意を読み取ることができるのではないか。

国民=臣民という認識

天皇は新しい時代への意志を、国民に直接語ることができなかった。政治観を公にはできないという歴史的苦悩が、天皇自身にはあったと私は考える。天皇の闘いはその苦悩を下敷きにしていた。これは近代日本の政治システムがつくり上げた、擬態のなかの君主という切実な苦悩ではなかったか。

二月十九、二十日の神奈川に続けて二十八日、三月一日と東京、二十五日に群馬、二十八日に埼玉を天皇は巡幸した。その後、天皇はマッカーサーのもとを訪ね、二回目の会見を行った。この内容は未だ公にされていないが、全国巡幸を希望した天皇に対し、マッカーサーはどこに行ってもいいと答えたという。天皇にしてみれば、マッカーサーの諒解を得て、自らの意志を実践する覚悟をもったということになるであろう。

もっとも当時は、表面上そのようには理解されなかった。国民を励まし慰めるために、といった目的のほかに、実際全国巡幸が内包する天皇の意志は、正確には説明されていない。〈天皇制下の民主主義〉を訴え、臣民との回路をつくり得ると考えた天皇の闘いは、多くの人びととの出会いにかかっていたが、このような認識をもつ者はほとんどいなかった。わずかの側近と政治指導者だけがその認識を共有していたにすぎない。闘いの主要な相手はむろんマッカーサーを軸とする連合国であり、同時に旧体制のシステムであった。これに抗するシステムを再構築しようとした天皇の闘いこそ、占領初期のナショナリズムの上部構造をめぐる清算と再生だったのである。

天皇は昭和二十一年六月に千葉、静岡、十月に愛知、岐阜、十一月に茨城を巡幸した。十月二十一日から二十三日までの愛知で県庁を訪れたさいは、人波に囲まれてまったく動けなくなった。国民の歓迎ぶりは、GHQや日本政府の予想をはるかに超えていたのである。天皇にとっては「国体」護持の確認の機会だったという解釈もされるが、一方で国民が臣民であることをあらためて認識すると同時に、それこそ〈天皇主権下の民主主義体制〉の本来の姿だと受け止めたようにも思える。天皇自身が望んだように、戦後日本のナショナリズムが一点に収斂するかに見えた時期でもあった。初期の全国巡幸で天皇は、自らの意図に沿った満足のいく結果を得ることができたのである。天皇の闘いは予想どおりの結果を得たと言ってもいい。

この年、天皇は多くの御製を詠んだと思われるが、宮内省が公表したのはわずか四首である。前述の歌会始の「松上雪《しょうじょうのゆき》」の御製のほか、東京大空襲後に読んだものと、そして愛知巡幸後に公表された次の二首がある。

わざはひをわすれてわれを出むかふる民の心をうれしとぞ思ふ

国をおこすもとゐとみえてなりはひにいそしむ民の姿たのもし

「民の心」「民の姿」という言葉からは〈天皇主権下の民主主義体制〉を支えるべき存在として国民を捉えていたことがわかる。いかにして「民の心」や「民の姿」に回路をつくるかの腐心を詠んだ御製とも思える。まさに「我国民ガ時艱《じかん》ニ蹶起《けっき》シ、当面ノ困苦克服ノ為ニ、又産業及文運振興ノ為ニ勇往センコトヲ希念ス」という言葉に忠実に応えているかのような民の心であり姿だと、天皇の目には映じたのである。だが、ではなぜ〈天皇主権下の民主主義体制〉は、天皇の意図したかたちにならなかったのか。

第5章 〈天皇制下の民主主義〉と〈民主主義下の天皇制〉

「戦犯自主裁判」構想

昭和二十一年（一九四六）二月から始まった全国巡幸に、天皇とその側近、また当時の幣原喜重郎首相、吉田茂外相らはどのような意味をもたせていたのか。内務省、外務省、宮内省の官僚のなかには不測の事態を懸念する反対意見も少なくなかったが、しかしこれは全国巡幸を推進した側の歴史的覚悟と同一次元に立つ論ではない。異議が表面化して全国巡幸の中止が論じられるまでに至らなかったのは、そのような官僚の反対意見がきわめて安易なものだったからにすぎない。

まず全国巡幸が始まった時日、規模、内容などを詳細に見ることで、これを推進した側の歴史的覚悟を確かめておかなければならない。そのために昭和二十一年二月、三月、四月の史実をあらためて吟味しながら、実は当時密かに存在した上部構造内部の葛藤を見ておく必要がある。

この葛藤とは〈天皇制下の軍事主導体制〉から〈天皇制下の民主主義体制〉へと円滑に移行させるさいの闘いである。むろん天皇とその側近、また政治権力を握っていた幣原内閣の閣僚らもこの移行を企図していたし、暗黙の諒解としての歴史的使命も共有していた。天皇主権を据え置いたままの〈軍事主導体制〉から〈民主主義体制〉への横移動を確実に成し得るか否かは、もとよりマッカーサーを軸とする連合国軍総司令部（ＧＨＱ）の占領政策にかかっていた。占領政策はアメリカ政府や戦勝国で構成する対日理事会の意向で骨子が決められていたが、それを具体化するのはＧＨＱの将校たちであり、彼らの政治手法に日本側が対抗するには相応の能力をもつ政治家が必要となった。

〈天皇制下の軍事主導体制〉から〈天皇制下の民主主義体制〉へと横移動させることは一見矛盾するが、君主制という観点では筋が通っている。敗戦直後の日本の政治指導者らはいずれも君主制を擁護する立場にあった。ポツダム宣言の受諾をめぐる昭和二十年八月十日からの御前会議や閣議でも、「国体護持」の前提を崩すような占領計画は容認し難いという点で、誰もが同じ土俵に立っていた。

むろん昭和二十年八月十日以前の上部構造においても、戦争継続派対和平派という単純な図式だけではなく、天皇制を軸とする〈軍事主導体制〉と〈民主主義体制〉の葛藤の萌芽があった。天皇のポツダム宣言受諾の強い意志は〈民主主義体制〉への移行までは想定していなかった節があるが、さしあたり非軍事体制への横移動という点では、確固たる信念をもっていたと考えられる。

占領する側との闘いに必要なのは、この天皇の信念を代弁する政治家であった。前述のとおり終戦の詔勅や「新日本建設に関する詔書」などに見られる天皇の意志は固く、それを実現する政治家の登場が望まれていたのである。この任にあたったのが幣原内閣の外相、吉田茂であり、自身積極的であった。しかし本人の積極性はともかく、奇妙な言い方になるが、吉田はその役割を演じるよう「歴史」に呼び出されたと考えるほうが、むしろよく理解できるのである。

吉田が長期政権を離れたのは昭和二十九年十二月である。彼の事績を記録することになり、吉田人脈とも言うべき有力な政治家や官僚が集結して「吉田茂回顧録刊行会」が設立された。占領期の歴史的意義を吉田に仮託する思いでこの回顧録は編まれたが、刊行会人脈の共通項はあくまでも天皇制を軸とする非軍事体制であり、GHQ主導の民主主義体制ではなかった。まずその点を理解しておく必要がある。

　吉田の回顧録は『回想十年』というタイトルで昭和三十二年に全四巻が刊行された（新潮社）。第四巻の第二十九章にさりげなく「私の皇室観」とあり、ここで吉田は「君主制と民主主義」という項を設け、自らが信じる〈天皇制下の民主主義体制〉の本質を明かしている。むろんそれは占領期の政治指導者に共通する信念だったと思われるが、冒頭には次のような言葉があった。

「日本民族の国民的観念として、皇室と国民とは一体不可分である、と私は信ずる。憲法に謂《い》う『天皇は国民の象徴、国民統合の象徴』という字句は、皇室と国民の一体不可分性を明示していると、私は解する。父母を同じくするもの家をなし、祖先を同じくするもの集って民族をなし、国をなす。皇室の始祖はすなわち民族の先祖であり、皇室はわが民族の宗家というべきである。換言すれば、わが皇室を中心として、これを取り巻く家族の集団が、大和民族であり、日本国民であり、これが日本国家を構成しているのである」

　君民一家こそが日本の伝統的な政体で、皇室を「政治、宗教、文化など、社会のあらゆる方面における精神的、道徳的中心としてつゞくよう仕向けて」きたと吉田は自負し、そういった見解を披瀝しながら、次のような結論に辿りつくとも明かしている。

「今日の世界において最もデモクラシーの発達している国家、しかしてまた最も新しい意味での福祉国家には、君主国が非常に多いのである。これは君主国なるが故にそうであるとまではいえぬにしても、皇室、王室という制度が、封建的であり、デモクラシーの観念とは相容れざるものとなすごとき議論が、実際的にも如何に根拠なき空論であるかが判然とすると思う。わが国の進歩派の人々は、案外かゝる事実に無知なのではないかと思われるのである」

基本的な認識として、「君主国」という枠内で日本の民主主義体制はあるべきだと吉田は言うのだが、むろん当時のGHQが主導した理念とは異なる。GHQが要求した理念とは、昭和二十一年二月、三月に明らかになっていく〈民主主義下の天皇制〉であり、天皇の政治的、宗教的実権をすべて否定する立場であった。つけ加えておくと、私の言う〈民主主義体制〉とはアメリカン・デモクラシーのことで、これ自体は検証の必要があるが、本書ではその語で統一したい。

天皇および側近、また直接GHQと交渉した政治家らの共通の目標は〈天皇制下の民主主義〉で固まっていた。先の吉田の信念はこの立場を明確にしている。そのような上部構造を支えたナショナリズムについては、もとより国益・国権を重視した具体的な政策から理解していく必要があるが、しかし一方で彼らには、〈天皇制下の軍事主導体制〉といかに訣別するか、これをどう清算するかの策がなかった。天皇の意志を内包した終戦の詔勅や「新日本建設に関する詔書」などにも、その策は盛られていなかった。

吉田ら政治家は一度だけこの〈軍事主導体制〉清算の腹案を練り、現実化すべく天皇のもとに届けている。その腹案とは、昭和二十年十月から十一月にかけて、幣原内閣の司法相岩田宙造と書記官長次田大三郎を中心に、吉田の後ろ盾で捻出された「戦犯自主裁判」構想である。日本側で先んじて戦犯を裁き、実質的に連合国側の東京裁判を骨抜きにする試みであった。この自主裁判の勅令案第一条を一部引用するなら「本令ハ民心ヲ安定シ　国家秩序維持ニ必要ナル国民道義ヲ自主的ニ確立スル為国体ノ順逆ヲ紊《みだ》リテ天皇ノ輔翼ヲ謬《あやま》リ　其ノ大平和精神ニ随順セズシテ主戦的　侵略的軍国主義ヲ以テ政治行政国民ノ風潮ヲ指導シ……」などとなるのだが、要は立憲君主制に背いた「主戦的　侵略的軍国主義」者の責任を問うもので、死刑や無期禁錮も科す厳しさであった。しかし、このように過酷な裁判をかつての臣下に行うことはできないと天皇に拒まれ、その試みは内密裏に終わっている。

重要なのは、この勅令案の条文に示されているように、軍事主導体制解体を期する吉田らの意志が相当強固だったという点である。その事実に照らしながら、歴史に刻まれた昭和二十一年二月、三月、四月の全国巡幸と新憲法制定の舞台裏を、上部構造のナショナリズムの視点で見ておく必要がある。この二つの局面、さらには東京裁判における天皇免責のプロセスにも、ナショナリズムをめぐる複雑な闘いがあったことがわかるはずである。

本章では新憲法制定のプロセスを辿りながら、自身が主権を有する〈民主主義体制〉あるいは〈非軍事体制〉を企図した天皇および側近、そして吉田ら政治家が、マッカーサーをはじめとするＧＨＱとどのように連携し、どのような局面で対立したのか、また、そこでの妥協点はいかなるものだったのかを考えていきたい。

新憲法をめぐる視点の相違

マッカーサーからの憲法改正命令は、ポツダム宣言を理解していれば容易にわかることであった。第六項の「日本国民を世界征服に誤導した権力および勢力の除去」などは大日本帝国憲法下で肥大化した軍事体制を指すのだから、この指導者を一掃するのは自明のことであった。東久邇宮稔彦内閣に顧問格で入閣していた近衛文麿や小畑敏四郎元陸軍中将らはそう理解していたが、機敏な対応ができなかった。近衛はマッカーサーの言を信じて先導役を自負し、新憲法の草案づくりにも乗り出していた。しかしマッカーサー側は旧体制の指導者の一人と見なしてか、近衛をこの役目から外した。日本側の敗北の第一歩と言えよう。

またマッカーサーは近衛だけでなく日本の要人と会うたびに憲法改正の必要性を示唆したが、可能ならまず日本側が自主的に行うべきとの発言もしていた。ところが昭和二十年十月九日に東久邇宮内閣を引き継いだ幣原内閣は当初、憲法改正にまったく乗り気ではなかった。幣原自身、憲法を変える必要はない、マッカーサーが命令するなど見当違いだ、と激しい怒りを近衛にぶつけていた。実際にマッカーサーから憲法改正をほのめかされても、GHQの各種人権指令を履行すれば済むことで、それ自体は不要との見方を閣議では示していた。ポツダム宣言に則した国内改革は大日本帝国憲法下で可能というのが、当初の日本側の判断だったのである。これは〈天皇制下の軍事主導体制〉を手直しして〈非軍事体制〉にすればいいという考えで、民主主義を確立する次元にまで発想は及んでいなかった。そのような政府の基本認識は、天皇制をシステムとして絶対化するという歴史的覚悟であった。

マッカーサーがこうした考えを認めず憲法改正を強く迫ったのは、天皇制に何らかの手を加えようの意味をもっており、それに幣原が怖気づいたという見方も確かにできる。とはいえ近衛が独自に草案づくりを進めたことで、どうしても憲法改正が避け難いのなら率先して取り組むべきだという声が政府内であがり、国務大臣松本烝治を委員長とする憲法問題調査委員会が閣内に設置された。しかしこの委員会の狙いは、実は憲法改正ではなく、ただ明治憲法を研究するための、いわば名目だけの機関だったと松本自身がのちに述懐している。

だがその憲法問題調査委員会も、昭和二十年十一月からはマッカーサーやGHQ側の改正要求に応じて草案を練らざるを得なくなった。松本は「改正のための四原則」を定め、衆議院予算委員会などでも明かしているが、前掲の『幣原喜重郎』によるなら、第一原則は次のとおりであった。

「第一に、天皇が統治権を総攬せられると言ふ大原則には何等変更を加へないこと。——このことは恐らくは我国の識者の殆んど全部が一致して居る所であらう」

天皇を統治権の総攬者とすることは全国民に異存のない「大原則」だという見方である。そのように定義した松本や幣原、また吉田にも、大日本帝国憲法は本来、軍事主導体制に直結するものではないという認識があった。幣原などはこの認識で議会演説の草稿を書いていたという。

「明治憲法は本来相当の自由主義、民主主義的性格を有することを認め、ただそれが実際政治上誤って運用せられ、今日の結果を生んだとし、今その運用の余地なからしめ、その本来の軌道に復せしめる為めの改正が要求されて居るのだ」（『幣原喜重郎』）

大日本帝国憲法は弾力性に富み、民主主義の発達を何ら妨害するものではなく、軍事主導体制で運用を誤ったが、この反動勢力による圧迫からの解放こそ重要だという点で理解は統一されていたのである。そのように見ていけば、天皇とGHQの二人三脚で政治を動かそうと企図した上部構造の指導者には〈天皇制下の日本的な民主主義〉という共通の基盤がきわめて強固だったことがわかる。大日本帝国憲法は変える必要がないという考えを前提にした彼らは、国益・国権を支えるナショナリズムが非軍事に傾けば、GHQとの闘いに勝算はあると読んでいたことになる。

近衛はこの立場とは一線を画していた。近衛がマッカーサーから憲法改正を促され、憲法学者の高木八尺《やさか》や佐々木惣一らとともに草案の作成を主導したことは、その周辺にいた人物の証言などで明らかにされている。ところがマッカーサーに梯子を外されるかたちとなり、この役目を降りなければならなくなった。近衛が主導した草案の第一条には「我国今回の敗戦に鑑み、国家将来の建設に資する為に、帝国憲法改正をなすの要あり。単にその解釈運用に頼るべからず」という文言があったとされる。さらに骨子として天皇の統治権は認めつつも「万民の翼賛」によると明記していたという。国民の承認がなければ天皇の統治権も機能せず、また憲法上の大権にも制限を加えるという条項を含んでいたのである。

こうした条文から窺えるように、近衛のグループと幣原内閣の政治家との間には基本的な認識の相違があった。近衛グループの草案は「敗戦」という現実を踏まえ、GHQ側の思惑と意向を測りながら、明確に〈天皇制下のアメリカの望む民主主義〉を模索していた。しかも天皇制すら一定の枠内に止め、国民の意思で制限が加えられると明文化していた。議会が、あるいは国民投票が天皇の統治権に制限を加え得るとあっては、幣原、松本、吉田らのグループはとうてい容認し難かったはずである。

「近衛は弱いね」

マッカーサーが新憲法の草案づくりから近衛を外した理由は明かされていない。もとより近衛は幣原、松本、吉田らのグループに与《くみ》したわけでもない。近衛の草案は内々に天皇にも届けられたと思われるが、幣原らにはまだ伝わっていなかった節がある。また一方で、近衛の草案がマッカーサーやGHQ民政局（GS）の将校に届けられていたら、状況は変わったかもしれない。実はその間マッカーサーは、中国が要求した日本人戦犯リストに目を通していたという説がある（半藤一利『日本国憲法の二〇〇日』プレジデント社　二〇〇三）。このリストには天皇、皇族に加え近衛の名も記載されていた。近衛は日中戦争勃発時の首相である。マッカーサーはその名をリストに確かめ、近衛外しに動いたという。

こうして見ると、敗戦をどのように捉えるかが、〈天皇制下の軍事主導体制〉から〈天皇制下の民主主義体制〉あるいは〈非軍事体制〉へと横移動させようとする上部構造内の考え方の分岐点だったと思えてくる。

軍事主導体制と敗戦は大日本帝国憲法下で構築されたシステムの結果だから、そこに内包された芽はすべて取り除くというのが近衛の基本的な考えであった。戦後、近衛が「天皇退位論」を口にして人びとを驚かせたのも、この考え方から出発していたと言える。

反して幣原らの認識は、大日本帝国憲法自体に誤りはなく、その運用に問題があっただけで、今後これを担う自分たちが再び過ちを犯すことなどあり得ないという、漠然としたものだったと言える。それは上部構造がすべてのシステムを温存しながら、政策の方向を変えることで、国益や国権、国威を守り得るという考え方であった。一方の近衛らは、国益や国権を基本から変更し、新たな上部構造のナショナリズムを構築しなければならないという立場であった。

占領下のナショナリズムという視点で捉えるなら、幣原の側か近衛の側かに道は分かれるのだが、もとより天皇は幣原の側に立ちつつ、新憲法制定のプロセスでは近衛の側に理解を示していたと言える。ところが昭和二十年十二月十六日早朝、戦犯容疑者として巣鴨プリズンへの出頭を命じられていた近衛が服毒自殺をする。報告を受けた天皇が「近衛は弱いね」と呟いたエピソードがあるが、これは難局に際して常に近衛は逃避するという意味を含んでいたのかもしれない。たとえ東京裁判で裁かれようと、自らの信条は貫くべきだったという天皇の無念の呟きが、私には聞こえる。憲法改正をめぐって表面上は対立したが、現実にはその思いを最もよく理解し、天皇制の存続を願っていたのが近衛ではなかったか。なぜなら幣原、松本、吉田らがまとめた改正案は不信を買い、結局GHQ側の将校が示唆したとおりに新憲法の内容は決められていくからである。

松本烝治の楽観

憲法問題調査委員会は十二月二十六日の第六回総会で、複数の具体的な改正案の作成を決定し、翌昭和二十一年一月初めには松本が独自に草案をまとめた。いわゆる松本案である。松本案は大日本帝国憲法第一条と第四条にまったく手を加えず、第三条の「神聖」を「至尊」と言い換えただけで、天皇制の骨格を温存していた。いかに憲法を改正しようと天皇の地位は揺るがないという前提で、政治システムをわずかに手直ししただけの草案であった。たとえば重要な条約の締結には必ず「帝国議会の協賛」を得なければならないといった具合で、奏上された松本案に天皇側も驚き、近衛グループの佐々木惣一の草案を示したという。しかし松本は佐々木案をほとんど無視した。松本案は大日本帝国憲法のコピーにすぎないということで、憲法問題調査委員会の宮沢俊義、入江俊郎、佐藤達夫など法律学者や法制局の官僚で構成する小委員会があらためてもう一案まとめた。以下、松本案を甲案、小委員会の案を乙案と記す。

乙案では「大日本帝国憲法」が「日本国憲法」に、「臣民」が「国民」に、「帝国議会」が「国会」

に改められ、第一条についてはＡＢＣＤの四案を提言していた。この四案を次に記すが、Ａ案についてはＢ案より「の統治権」という文言を除いただけなので省略する。

Ｂ案　日本国の統治権は萬世一系の天皇之を総攬し此の憲法の條規に依り之を行ふ

Ｃ案　日本国は君主国とし萬世一系の天皇を以て君主とす

Ｄ案　日本国は萬世一系の天皇之に君臨す

そのような検討を重ね、憲法問題調査委員会はＧＨＱに対して詳細な説明書を作成し、自分たちの案はポツダム宣言第十項に沿った内容であり、かつ日本側の総意だと伝えた。この説明書は五項からなるが、より重要なのは第二項である。日本は天皇に統治された国家で、それは全国民の意思だとしたうえで「仍《よっ》て改正案は日本国を共和国とし、大統領を元首とするが如き制度所謂《いわゆる》大統領的共和主義は之を採らず、天皇が統治権を総攬行使せらるゝの制度を保持することゝせり」という態度を明確にしていた。とはいえ天皇の大権は制限して国会の機能を高めると謳い、三権はそれぞれ議会、内閣、裁判所で行われ、「結果に於て英国に於けると同様に所謂議会的民主主義が完全に発揮せらるゝべきなり」とも説明していた。天皇は統治権の総攬者だが、実質的には「君臨すれど統治せず」という英国王室に倣った政治システムをめざす内容だったのである。甲案と乙案の折衷でＧＨＱ側の諒解は得られると幣原内閣の閣僚たちは相応の自信をもっていた。とくに松本は楽観的で、憲法改正の草案にマッカーサーもＧＨＱ側も口を挟むことはなかろうと高言していた。

松本は「敗戦」の意味を正確には理解していなかったというのが現在でも定説となっている。あらためてこの期をなぞってみてもその感は拭えない。松本の考えでは二月十日に改正案をまとめ、つまり甲案中心か、あるいは乙案を軸にするかを決めたうえでＧＨＱへ提出し、二月末までに諒解を得、枢密院へ回し、三月下旬には可決して新憲法を制定すると、きわめて楽観的であった。

この楽観の根拠はいったいどこにあったのか。占領期という枠組みでの憲法改正はもともと「敗戦」で生じたにもかかわらず、まったくその自覚がなかった。さらに言えば、憲法問題調査委員会は〈天皇制下の日本的な民主主義〉は可能だと考えるばかりで、この体制に手を加えることなど想定すらしていなかったのである。

昭和二十一年一月一日の「新日本建設に関する詔書」に盛られた天皇と国民の関係について、それは神格化された紐帯《ちゆうたい》ではないとしながらも、改正案では「至尊にして侵すべからず」と明記した矛盾、また乙案第一条のA案、B案自体がこの詔書に反することには考えも及ばなかった。それは逆説的に、詔書のいわゆる「人間宣言」が、あくまでもGHQ向けの内容で、日本の指導層には何ら特別な注意が払われなかった事実をも示していたのである。

毎日新聞のスクープ

松本が主導した案の内容は昭和二十一年二月一日の毎日新聞が世間に公表している。松本らがGHQとの交渉に入る直前のことで、なぜこの時期に、どのような意味で、誰がリークしたのか定かではない。しかしそのスクープで憲法改正をめぐる状況は一変してしまう。というのも毎日の記事は、改正案が大日本帝国憲法と何ら変わらないという事実を具体的に明かしていたからである。加えて松本の案があまりにも反動的で、現在の民主化要求に応えていないとの強い批判を展開しており、この論調には特定の意図もあった。

マッカーサーの意を受けた民政局の局長コートニー・ホイットニーが中心となり、GHQ内部に憲法改正の運営委員会がつくられてまもない時期でもあった。まさに符節を合わせたようなスクープで、そんなものを出すようなら日本側には任せられないと、この委員会独自の、GHQが望む改正案の作成を促すことになった。二月三日からほぼ一週間かけて委員会は草案づくりに没頭している。国務省の日本課長も務めたリチャード・B・フィンの『マッカーサーと吉田茂』(内田健三監訳同文書院インターナショナル 一九九三)によるなら、そのメンバーは「軍人、民間人、専門家、秘書など総勢二七名の職員だった。このなかには弁護士もいれば、教師も公務員も、さらには軍事専門家もいたが、憲法を専門とする法律家は一人もいなかった」という。

甲案と乙案を整理したかたちにはなっているが、基本的に大日本帝国憲法と同じ骨格の改正案は二月八日、GHQ側に提出された。そこから憲法改正がどのように推移したのか、一般には不可視の状態である。実際には二月十三日、吉田が外相公邸で松本とともにホイットニーら民政局の幹部将校と会い、英文タイプの草案を手渡されている。日本側の改正案はとうてい承認できず、民政局のサンプルを軸に再考するようホイットニーに促されたのである。

「日本国民が真に要望する案なりと思ふ。MacArthur〔マッカーサー〕は日本天皇を支持するものであつて、この案は天皇反対者から天皇のPerson〔御一身〕を護る唯一の方法である」と松本に語った(『芦田均日記』岩波書店 一九八六)とされるホイットニーら民生局の草案には「天皇は国のシムボルとする」とあり、吉田は「飛んでもない」と思ったという(『回想十年』)。英文の草案はすぐに訳され、閣議で報告されたが、天皇制が認められていないことにほとんどの閣僚が反発した。

二月二十一日にマッカーサーと会った幣原が書き残している。憲法の基本原則は何かとあらためて幣原が問うと、マッカーサーは「それは二つだ。一つは天皇を象徴にすること。もう一つは戦争放棄である。あとは原則がそうならそれでよい。われわれの案どおりにしろというのではない」と答えたという。幣原は吉田と書記官長の楢橋渡を伴い、天皇にも会っている。天皇は毅然として次のように言ったと前掲の『幣原喜重郎』には記されている。

「最も徹底的な改革をするがよい。たとえ天皇自身から政治的機能のすべてを剥奪するものであっても、全面的に支持する」

天皇の意志が実際この言葉どおりだったかは不明で、侍従次長木下道雄の『側近日誌』二月二十三日の項には、幣原が届けたマッカーサー司令部作成の憲法草案について「御話あり」とのみ記され、内容は明らかにされていない。しかし木下は、翻訳されたGHQ側草案の第一条と第二条を書き残した。

「皇帝は国家の象徴にして又人民の統一の象徴たるべし。彼は其の地位を人民の主権意思より受け、これを他の如何なる源泉よりも承けず」

「皇位の継承は世襲にして、国会の制定する皇室典範に依るべし」

GHQ側草案の訳文を天皇はどう読んだのか。幣原の説明は松本が取り次いだものと思われるが、基本的に天皇制が認められるかぎり、政治的役割は失ってもかまわないというのが、先の天皇の言葉の意味であろう。

〈天皇制下の軍事主導体制〉を全否定することで、新たに〈天皇制下の民主主義〉へ移行できるならそれでいいというのが、天皇の受け止め方だったと私は考える。これまでの政治的役割をすべて失っても、制度としての存続が保障されるなら、国民との精神的な紐帯は保ち得るとの自信が、その歴史的判断につながったと看取できるのである。

天皇の戦争責任をめぐっては、東京裁判で訴追されるか否かという微妙な時期であった。GHQ側草案の第一条を見れば、訴追はないとも読み取れるし、また〈民主主義下の天皇制〉、つまりアメリカン・デモクラシーという政体に従属させてこれを骨抜きにする意図がマッカーサーにないことも、そこからは読み取れる。とにかく天皇制の存続は保障されていると解釈できるのである。

憲法改正のプロセスでは国家のナショナリズムが多様な面を見せていた。この対応に迫られた日本側の指導層とは別に、国民はどのような国益・国権のナショナリズムに加担したのか。あるいは上部構造からの具体的な要請があったのか否か。全国巡幸の真の意味を問うことで、戦後空間のナショナリズムの姿が浮かんでくる。その姿を確かめる必要がある。

第6章　昭和天皇の立脚点

アメリカ人ジャーナリストへの回答

昭和二十一年（一九四六）一月に入ってまもなく、昭和天皇のもとにアメリカの雑誌「ライフ」の編集部より質問書が届けられている。天皇は現在どのような考えでいるのか、十三項目にわたる質問であった。この質問と回答については侍従次長木下道雄が『側近日誌』一月十九日の項に全文を掲載しているが、いずれも公表されなかったとの付記がある。確かにアメリカのジャーナリストによるものらしく、天皇の真意に迫る質問とは言えないまでも、しかしいくつかの注目すべき回答はあった。第一項の質問は「日本民主化に関する陛下の御方策如何」というもので、天皇は次のように答えている。

「国民の幸福をもって吾が身の幸福とし、国民の幸福の為にはあらゆる努力を惜しまざる日本皇室古来の伝統を奉じて、これを徹底せしめるに在る。この徹底を阻害するあらゆるものを政府は排除するであろう」

その回答はもとより天皇自身が筆を執ったものではなく、木下あるいは宮内省の官僚による作文であろう。国民との共存共栄が皇室の伝統であり、これを妨げる勢力は徹底して排除する。つまり天皇制打倒を叫ぶ共産党や、皇室の存在を軽んじる勢力とは一線を画すとのニュアンスが含まれており、もしＧＨＱがそのような態度をとるなら、抵抗の意志があるとも読める。むろんこの回答にアメリカのジャーナリストがどのような反応を示したかはわかっていない。

次に関心がもたれるのは第六項のやりとりである。「日本国民を民主主義にして、かつ平和なる国民に再教育する為には何年くらいを要すると御考えになるや」との質問に対して、天皇は次のように答えている。

「明治時代に於て、日本は驚くべき速度をもって世界の文化を摂取せし如く、政府及び国民の努力次第では速やかに再教育を完成するものと思う」

注目すべきは「再教育」という言葉である。英文の質問で「再教育」という語が用いられたかは判然としないのだが、回答からは〈天皇制下の民主主義〉は既存のものだと認識していたことがわかる。つまり明治時代には〈民主主義体制〉がすでに存在しており、そこへ回帰する状態を「再教育」という語で表現したようにも思えるのである。もし「ライフ」編集部が「再教育」という語を用いていなければ、相当高度な答え方だったと言えるのではないか。

もう一つ興味深いやりとりを挙げておく。「ライフ」編集部による質問の第七項は「国家神道撲滅に関するＭ．Ａ．〔マッカーサー〕司令部の指令を如何に感ぜらるるや」というもので、天皇は実に素気ない。つまり昭和二十年十二月十五日にＧＨＱが発した国家と神道を切り離す要求「神道指令」についての感想を求められたのだが、次の回答からは言いたくないという気持が滲み出ている。

「所謂国家神道の問題は私にもよく判らぬ点がある。まして貴国民にはなかなか理解出来ぬことと思う。即答致し兼ねる」

これほど木で鼻を括ったような答弁もない。日本の「国家神道」を詳しく知る者がＧＨＱにいないのをいいことに、天皇はきわめて事務的な答えで逃げている。宮中祭祀などの主宰者で、また各神社の役目も知る天皇とその側近が説明できないことなどもちろんなく、ＧＨＱが国家神道廃止を持ち出したときはすでに対策を講じていたはずである。

いずれにせよ、こうした回答をあらためて分析すると、天皇とその意を汲んだ宮中の側近らが〈天皇制下の軍事主導体制〉から〈天皇制下の民主主義体制〉に横移動できると信じていたことがわかる。しかしこの横移動をより強固なものとするには、法的有効性はもちろん、国民自らが「臣民」であることを認識していなければならない。つまり〈天皇制下の民主主義〉を確立するためには、天皇の要請によるのではなく、国民自らが「臣民」意識をもち、それを支える必要があったのである。

〈天皇制下の軍事主導体制〉では、天皇は国民の耳目にふれないことが求められた。つまり国民に姿を見せず、声も聞かせないことで天皇の存在を神秘化、神格化する策が採られていた。昭和十年代の天皇は国民の視覚と聴覚を遮ることで存在し得たわけだが、これは国民の想像力を神秘化へと駆り立てるための演出とも言えた。誰がその脚本を書き、壮大な虚構を上演する舞台を設けたのかは定かでない。前掲『可視化された帝国』で原武史が指摘したように、昭和の初めは天皇の「生身の身体が最も見えていた時期」だが、十年代は視覚と聴覚を遮られた国民が、天皇が「人間」から「神」になるのを受容させられた時期だったと見ることができるのである。

昭和十五年の皇紀二千六百年祭では、国民は天皇を直接目にしながら「神」として認識するようになっていた。むろん昭和八年頃から前面に出てきた軍事主導体制による神格化天皇への押し上げがあり、原が指摘したように「聖なる象徴」という位置づけが進んだことにもなろう。明治天皇が常に

「神」として国民の意識に刻まれていたとすれば、大正天皇は「人間」としてであり、そして昭和天皇は「人間」でありながら「神」にされたという意味で「現人神《あらひとがみ》」であった。この演出が最も強力な支配体制を構築したとする原の見解は、きわめて適切に思える。

「ライフ」の質問に対する天皇の回答がなぜ公表されなかったのかは不明だが、国民の視覚と聴覚を遮る存在が〈天皇制下の軍国主義〉を成立させたとすれば、そこから〈天皇制下の民主主義〉へ横移動するには、この視覚と聴覚を逆に活用しなければならないと考えたのは当然である。その演出方法や方向性については宮内省に有能なプランナーがいて、どのようなかたちで国民の視覚と聴覚に訴えるかまで計算していたと考えられなくもない。むろん天皇自身が演出したという捉え方もできるが、しかしそれにはGHQと具体的な折衝を重ねる必要があるし、また国民の前に姿を見せて声を発することに天皇の意志が窺えるとはいえ、やはり演出までする心理的余裕はなかったと考えるほうが妥当である。

昭和二十一年二月から始まった全国巡幸は、国体が護持されること、さらに天皇が現人神ではなく「人間」であることを国民に認知させた儀式として、一般には受け止められている。この新たな天皇制のためのメッセージは、巡幸が進むにつれてより明確になるが、多くの研究者の見方も同じである。また〈天皇制下の民主主義〉を互いに確認した儀式とも言うことができ、天皇が「聖なる象徴」から「国民統合の象徴」へ移行する最大のイベントと捉えられてきた。

その流れに抗するかたちで、日本共産党は「行幸は天皇制護持の旗を掲げ、日本の民主主義化を挫折させようとする反動政党の選挙運動」だと追及した。そして五月二十九日には、戦勝国で構成された極東委員会で、ソ連、オーストラリア、ニュージーランドなどの代表がいっせいに全国巡幸にクレームをつけ、君主制維持のための示威行動だと批判する状況も生じた。しかしこうした反対論は、「人間天皇」を視覚と聴覚に訴えて国民の認識を改めようとする考えと、実は表裏の関係にあった。

宮中官僚の存在

天皇制維持のための実演、また国民の視覚と聴覚にアピールして「臣民」へ導くといった見方をするだけでは、昭和二十一年二月からの全国巡幸は正確に分析できない。天皇の意志はそんな単純なものではない。むしろこの巡幸は天皇自身の「歴史」および「時代」に対する闘いだったと考えるべきである。より具体的に言えば、天皇は自らが主権を有する「民主主義」への移行を、国民（臣民）とともに確認しようと考えていたはずである。

しかし、もし臣民たるべき国民がＧＨＱの意図する民主化へと傾き、一気に「市民」となる事態が生じれば、天皇制そのものが変質する。結果〈天皇制下の民主主義〉は〈民主主義下の天皇制〉に逆転され、伝統の危機を招く。別の言い方をすれば、民主主義下の国体護持というかたちが、近代日本の歴史総体を破壊するのである。これは当時の天皇にはとうてい認められない政治システムであった。

前述のとおり全国巡幸はまず昭和二十一年二月に神奈川県へ向かった。それは日本側の憲法草案を完膚なきまでに否定したＧＨＱ側の私案が提示された時期でもある。以後、日本政府とＧＨＱの折衝で新憲法はまとめられるが、この過程で「象徴」となりながら天皇制自体は承認され、国体護持の保障が明確化する。そのうえで天皇は、国民が依然として臣民であること、そして〈民主主義下の天皇制〉など受けつけぬことを確認したかったのではないか。かつての軍事主導体制で祭り上げられた、視覚も聴覚も遮断する神権の座から降り、天皇は自らの着地点を見定めなければならない状況に置かれていたのである。当時の天皇には、苦悩や困惑を真に打ち明けられる側近がいたのであろうか。むしろ臣民たる国民の姿こそ励ましになったのではないか。先にも掲げた十月の愛知巡幸後の御製二首から読み取れる天皇の真情は、なかなか示唆に富む。

わざはひをわすれてわれを出むかふる民の心をうれしとぞ思ふ

国をおこすもとゐとみえてなりはひにいそしむ民の姿たのもし

単に字面だけ追えば、自身を快く迎え入れ、かつ復興に励む国民に接した感慨と解釈できる。しかしこう読むだけでは、天皇の真情を理解したとは言えまい。私の解釈では、「わざはひをわすれて」「なりはひにいそしむ」国民の姿を、天皇は積極的に見ようとしている。過去を超克し、将来に向けて起ち上がる「臣民」の姿を確かめたということになる。過てる戦争の詫びというより、むしろ天皇はもう一歩先を見据えていたのではないか。自らの闘いが国民にどう受け止められるのか、その点に配慮した御製だったと私には思えるのである。

このような天皇の心情を理解していたのは誰か。先にもふれた側近の「演出者」として、むしろ戦後からの宮中官僚を想定したい。昭和二十年八月の敗戦前後までの宮廷官僚としては、牧野伸顕や西園寺公望、木戸幸一などが挙げられるが、戦後まもない時期の側近がどのようなグループだったのか、確認する必要がある。そのグループの動向に天皇の意志を読み取ることができるはずである。『入江相政日記』（朝日新聞社　一九九〇）の昭和二十一年八月十四日の項に興味深い記述がある。入江は昭和九年から天皇に仕える侍従である。まずこの日の一節を次に引用する。

「午后七時より終戦一年に因んで当時以後の首相と現内閣の所謂経済閣僚等を召されて花蔭亭で御茶のお催し。召されたるものは鈴木貫太郎、〔東久邇宮〕稔彦《なるひこ》王、幣原喜重郎、吉田茂、大村清一、石橋湛山、和田博雄、星島二郎、河合良成、石渡荘太郎、松平慶民、大金益次郎、広幡忠隆。出御になり先づ聖上より御言葉あり、隣室に於て漏れ承りたる所によれば、朝鮮半島に於ける敗戦の後国内体制整備の為天智天皇は大化改新を断行され、その際思ひ切つた唐制の採用があつた、これを範として今後大いに活躍してもらひたしといふやうなお言葉であつた。誠に恐懼《きょうく》の極みである」

その日集められたのは閣僚であり、天皇の特別な側近というわけではない。もっとも鈴木貫太郎のように戦前の側近がいたり、吉田茂のように当時まさに宮中官僚だった人物も混じっている。さらには侍従長の大金益次郎など、側近に数えてもおかしくない人物も出席していた。

天智天皇への思い

注目すべきは天皇が政治、経済に影響力をもつ閣僚らに対し、あえて天智天皇の大化の改新を説いた点である。天智天皇の苦難を自らの時代に重ね、実際に戦後日本を動かす要人らに説く。この内容について、戦後の宮内記者会の長老で毎日新聞記者だった藤樫《とがし》準二は自著『天皇とともに五十年　宮内記者の目』（毎日新聞社　一九七七）で次のように書き残している。

「終戦記念日にあたって、私はかつて（大正九年春）大宰府を訪れたときに聞かされた、あの有名な白村江戦の故事を思い出した。あのときは百済の再興を援助するべく、日本軍が出動したが、唐と新羅との連合軍に完敗してしまった。そのあとで、当時の天智天皇がおとりになった国内整備の経綸《けいりん》を、文化国家建設の方策として偲びたい」

天智天皇のもとで唐の文化を受け容れたときの政策を、自らも学ぶつもりで現実と向き合っていると天皇は説いたのである。天皇は昭和二十年八月十五日の敗戦以後、歴代天皇の事蹟で学ぶべきは天智だと考えたのであろう。国難にあたり、天智が唐の文化や政治システムを導入して新たな息吹きをもたらした如く、いまこそ自分も占領軍の要求する文化や政治システムを導入しなければならない。天皇はこのように決意を固めることで「わが国の中興の英主」と仰がれる天智に学ぼうとしたのである。

そこで密かに天皇は元侍従次長の稲田周一を、天智を祭神とする近江神宮（滋賀県大津市）に送った節がある。稲田は戦後、内大臣だった木戸幸一の推挙で宮内省に入るが、昭和二十一年十一月には公職追放で肩書を失っていた。

稲田が昭和二十一年十一月九日、十日にわたって訪れたことが近江神宮の「社務日誌」に記されている。九日には「午後八時　元奉賛会副会長稲田周一来社参籠宮司権宮司懇談の為出社」とあるし、翌十日午前九時からの月次祭《つきなみさい》にも参列したと記されている。稲田は天皇の名代で参拝したと推測されているが、これが事実なら天皇が当時どのような役割を自らに課していたかがわかる。そのような天皇の思いをさらに補完する事実を挙げておこう。

前述のとおりGHQが神道指令を発したのは昭和二十年十二月十五日である。実質的に国家神道は解体されることになったが、この時点まで勅祭社は十六あったという。勅祭社とは『神道大辞典』(平凡社　一九三九)によれば「天皇の思食《おぼしめし》を以て特に勅使を差遣し、その祭祀に当つて奉幣せしめられる神社」を指し、神道指令後もこうした神社には、天皇が私的祭祀として名代を派遣し、神事を行うことは許された。

神道指令発令の直前に近江神宮などいくつかの神社が急遽、勅祭社とされている。その背景にはGHQの監視が及ばない範囲で密かに進められた日本側の思惑があり、天皇の強い意志が働いたと考えられる。このような天皇の意を受けて密かな闘いを支えたのが、稲田周一のような新しいタイプの宮中官僚ではなかったか。

天皇の密かな闘い、という表現は必ずしも適切ではないが、しかし国民の前に姿をあらわし、声を発して会話を交わすというのは、少年期より帝王教育を受けてきたかつての主権者からは想像もつかないほどの変化であった。それまで体験したことのない行動をあえて自らが望んだ点に、密かに期するものがあったと思えるのである。

神奈川に続いて全国巡幸は同年同月から翌三月に東京、同じく三月に群馬、埼玉、六月に千葉、静岡、十月に愛知、岐阜、十一月に茨城と強行軍で進んでいく。翌二十二年六月に大阪、和歌山、兵庫、京都、八月に福島、宮城、岩手、青森、秋田、山形、九月に栃木、十月に長野、新潟、山梨、福井、石川、富山、十一月から十二月に鳥取、島根、同じく十二月に山口、広島、岡山と、昭和二十一年と二十二年でほぼ本州を踏破する駆け足であった。しかも視察先としていわゆる名所旧跡のような観光地はすべて排除しており、ひたすら国民が日々すごしている生活空間や仕事場、さらには戦争の傷跡が残る地域を積極的に回った。このようなコースはむろん宮内省や地元の官公庁が選定し、ＧＨＱが許可するかたちをとっていたが、もとより天皇自身の希望にも充分な配慮がなされた。天皇は次のように側近へ漏らしたという。

「公ヲ先ニシ　私ヲ後ニスルコト　所謂先憂後楽デ行キタイ　昔醍醐帝ガ夜寒ニ衣ヲ脱ガセ給イ　仁徳帝ガ民ノ竈《かまど》ノ烟《けむり》ノ薄キヲ見テ租税ヲ免ジ給イシ古事ハ　予ノ常ニ範トシテ居ル所デアル　国家ノ現況ニ於テ予ノ生活上カクシテ欲シイ　カクアリタシト　仮令《たとえ》望ム所ガアリトスルトモ　全国民ガ艱苦シテ居ル今日　カ、ルコトハ犠牲ニスル覚悟デアル」（高橋紘、鈴木邦彦『天皇家の密使たち　秘録・占領と皇室』）

ゆえに側近らも天皇が望むあらゆるコースを日程に組み込んだ。天皇は臣民たる国民との関係を確認する意気込みに燃えており、実際多くの人に会い、多くの人と言葉を交わした。天皇は思うとおりに自らの鮮明なイメージを国民の視覚や聴覚へ焼きつけることに成功したのである。

なお国民が臣民たることを、全国巡幸に同行した侍従らも確認する日々を送った。侍従長の大金益次郎は昭和二十二年をとくに「南船北馬、櫛風沐雨《しっぷうもくう》（風雨にさらされながら奔走）の旅」と述懐した。また『入江相政日記』は昭和二十一年六月の千葉県銚子市を「大変な群衆で何ともならない。なか〳〵お側へ行くことが出来ない。間に沢山の人が這入つて了つた」と書き留め、その年十一月の水戸については「一旦バルコニーに御出ましになると退散しかけた群衆は又争つて立ちもどり万歳を唱へて熱狂した」と綴っている。さらに侍従入江は凄まじい人波となった翌昭和二十二年六月の姫路について次のように記録する。

「旧城南練兵場に臨御。こゝに集まつた人十三万、但馬よりはもとより遠く中国筋からも集まつたとの事。君が代奉唱、万歳三唱、群衆も大して崩れることもなく無事であつた」

「お天道様の赤子」

関西地方の巡幸からは奉迎場での歓迎も多くなる。ほとんどの奉迎場には地元の練兵場が使用されたが、それは軍国主義時代の名残りとも言うべき空間である。かつては兵士の分列式などが行われ、大元帥の天皇が臨席すれば「現人神」に忠誠を誓う兵士との間に独特の空気が生じた。まさに〈天皇制下の軍事主導体制〉と呼ぶべき空間であった。

ところがこの巡幸では、新たな臣民たる十三万人もの国民が君が代を斉唱し、万歳を三唱している。再度引用するが、原武史の『可視化された帝国』には「入江の日記を読むかぎり、『大した熱狂振り』を除けば、敗戦で一体どこが変わったのかという素朴な疑問を抑えることができない」とある。原の指摘は確かに当たっている。

全国至るところとは言えないまでも、ほとんどの巡幸先でそのような状態になった。昭和二十一年十月の名古屋巡幸では、市庁舎の手前で車を降りた天皇が先導者に案内され、ゆっくり歩を進めた。庁舎前に集まった国民と交流を深めたいという思いからであった。万歳が何度も叫ばれ、やがて人波が天皇を取り囲んだ。老人や子供は押し倒され、警官や侍従が天皇を守るが、しかし人波は絶えず、泳ぐように庁舎へ入ることになった。歩いて五分の距離が三十分もかかるほどだったという（『天皇家の密使たち』）。また昭和二十二年六月の大阪府庁舎前では、数万の人波で天皇がまったく動けなくなり、護衛のＭＰが空砲を撃ち、群集の興奮を鎮めたという記録も残っている。

天皇がいかに臣民たる国民に受け容れられたかを示す資料は確かに多い。各都道府県とも巡幸の記録を冊子に編んでおり、天皇がどれほど国民の歓迎を受けたかが詳細に描かれている。国民がいかに臣民たり得たかが競うように描かれていると言ってもいい。たとえば静岡県が発行した「行幸誌」には「ああ、この度の行幸こそ、真に国民のお天道様だ。我等はこのお天道様の赤子だ。このお天道様を頂いて、民主日本の建設に邁進せねばならぬ」との一文が掲載されている。

そのような国民の臣民ぶりは〈天皇制下の軍事主導体制〉と同一視される恐れがあった。〈天皇制下の民主主義体制〉を企図し、国民の視覚と聴覚に訴える新たな闘いを起こしたのに、充分に理解されない。天皇は直接口にはしなかったが、側近の証言によれば時に困惑の表情を浮かべたという。実際この国民の歓迎ぶりは、天皇のみならず宮内省内部にも戸惑いを広げたのである。

天皇と国民の交流はＧＨＱのカメラマンやアメリカのジャーナリストが逐一世界へ報じたが、必ずしもプラスには働かなかった。なぜなら依然日本人は現人神として天皇への忠誠を示し、それは戦時体制と何ら変わりないという見解を惹起したからである。この巡幸は〈天皇制下の民主主義〉へ横移動させるという思惑に反して、〈天皇制下の軍国主義〉のイメージを一方で補完した。実際ソ連、オーストラリア、オランダなどは、天皇をはじめ日本の指導者による意図的な旧体制への回帰だと懸念したのである。

ＧＨＱの中止要求

旧体制への回帰を懸念する意見はＧＨＱ内部にも反映している。もともと民政局（ＧＳ）のリベラルな将校らは全国巡幸について天皇と国民の関係を計る試金石と考えていた。なかには天皇が罵声を浴び、投石されるなど肉体的な危害を受けると見る者もいた。ところがその見方は裏切られることになった。むしろ天皇制自体が危険だと認識するほどであった。一方でチャールズ・ウィロビーをキャップとする参謀第二部（Ｇ２）はこれを擁護し、日本を反共の砦とするためにも〈天皇制下の民主主義〉は是だと考えていた。天皇と国民の交流自体悪いことではないが、ただし、決して〈軍事主導体制〉にならぬよう監視する必要性は感じていた。

昭和二十三年には、ＧＨＱ側が日本側の巡幸計画に好意的な回答をせず、むしろ中止を要求してきた。理由は定かではないが、東京裁判の判決が下される年でもあり、占領政策の民主化路線に沿う変化が見えてきた時期でもあった。天皇の巡幸で反ＧＨＱの動きが一気に表面化し、暴動を誘発する恐れがあるとの判断もされたのであろう。また前年には宮内省を廃止し、新たに設置された宮内府の官僚らが、まるでプロデューサーのように天皇と国民の結束を画策しているとの見方もされていた。とくにＧＳのホイットニーやケーディスのようなリベラル派には、国民が熱狂的に臣民化した異様な状態は宮内府の演出によるものと映っていたのである。

昭和二十二年四月の総選挙で社会党が比較第一党となり、片山哲内閣が成立したことをＧＳは転機と考えていた。この内閣を利用して天皇と国民を分断する。そのためには宮内府の演出家たちを追放する必要がある。ＧＳのこの計画は実行に移され、翌年六月には宮内府長官の松平慶民と侍従長の大金益次郎が退任に追い込まれた。八月には宮内府次長の加藤進も辞任を迫られている。全国巡幸における天皇の密かな闘いを相応に理解していたであろう三人の側近が、その地位を離れることになったのである。

このとき天皇は孤立していく自らの立場を実感したに違いない。天皇は社会党内閣を警戒した節があるが、首相の片山個人には話のわかる人物との印象を抱いていたようである。しかし会見しても真意は理解されず、「予の環境が予を苦しめ、予が困っているであろうと気の毒がって同情してくれる」人道主義者とも言うべき片山への伝言を、天皇は木下に頼んだ（木下道雄『側近日誌』）。昭和二十二年九月のことで、木下はそのポストを離れていたが、とくに天皇に呼ばれたという。

「片山は予がもっと気楽に行動するように、又生活の上でも一家団欒して暮らすようになったら良いと思っておるようだが、与論《ろん》にも、現れた与論の他にもう一つ隠れたる与論のあることに深く注意して欲しい」

政治的見識は片山より天皇のほうがはるかに高かったと言うべきであろう。木下を介して促した片山への注意は、人の考え方には可視と不可視の部分があり、この二元論で見解は成るという意味を含む。天皇にとって片山の漏らした言はまさに〈民主主義下の天皇制〉であった。それこそが天皇自身の当面の闘いの対象であることを、片山は理解していなかった。巡幸で旧体制を想起させる過剰な歓迎ぶりを見せた国民も、「天皇は籠の鳥」という同情を示した片山のような社会主義者も、真に天皇の心情を理解していたとは言えない。天皇がめざす戦後のナショナリズムは、この両者に挟撃されるような恰好で、占領下そのものの本質を問われることになった。このような状態を理解していた者はほとんどなく、ゆえに天皇は密かなる闘いを続けざるを得なかったのである。

第7章　吉田茂とＧＨＱの関係

民政局との対立

昭和二十年代初頭の占領期を振り返るとき、吉田茂をどのように位置づけるかはきわめて重い意味をもつ。もとより吉田自身が『回想十年』でしばしば漏らしているように、ＧＨＱとの関係が円滑だったわけではない。とくに民政局（ＧＳ）の幹部との間には険悪とも言える関係があり、昭和二十一年（一九四六）、二十二年当時、その局長ホイットニーらは吉田をむしろ保守ではなく反動的な宮廷グループの一員と捉え警戒していた。『回想十年』に次のような記述がある。

「いさゝか個人的の話めくが、打ち明けたところ、私はこのホイットニー少将はじめ民政局の人々からは、あまり好ましくは思われていなかったようだ。少くともそう考えられる節がある。〔中略〕何故に私が嫌われたかの原因は、私自身にははっきりしないが、強いて言えば、私の方からは殆んど民政局へは、顔を出さなかったからではないかと思う。というわけは、私は総司令部に何か用事があれば、たいていの場合、直接にマッカーサー元帥を訪ねることにしていたからである」

この一節を読むと、吉田はマッカーサーに直接会う許可を得ていたことになるが、確かに幣原内閣の外相時や第一次、第二次内閣の組閣時、マッカーサーには会ってもＧＳのスタッフには会わなかった。それがＧＳ側には面白くなかったというのが吉田の推測である。だがこのような吉田の推測は、実は自らを歴史的に弁護するための布石と考えるべきである。昭和二十一、二十二年頃の吉田の動きを追うと、ＧＳのケーディスやホイットニーを容共派と見なし、意図的に避けていたと思える。容共派は日本をコミュニズムの実験場にしかねないと吉田は懸念していたのである。

昭和二十一年当時、天皇の全国巡幸はきわめて円滑に進んでおり、国民はその姿を見るや歓声で迎えた。これを目の当たりにしたＧＳのスタッフは、マッカーサーの意図する天皇を介した間接統治のほうが、確かに得策だと認識を改めていった。そのような天皇と国民の一体化に、具体的な動きは何も見られなかったが、しかしもし天皇が「臣民としての道」を説き、反ＧＨＱの空気を醸成すれば、占領政策という「日本支配」の現実が喪われる。ＧＳ側はこの「反動」を警戒したとも言えよう。

吉田は当時の公式発言でも回想録でも、ＧＨＱとの接触については「対共産主義の闘い」という側面があったことを明確にはしていない。吉田は昭和二十一年五月の第一次内閣組閣後、表面上は占領下の政治家として振る舞いつつも、実際は共産主義者との闘いにこそ照準を定めていたと私は考える。共産主義者の策動で全国巡幸に傷がつくことを恐れていたのである。吉田の対共産主義の闘いを裏づけるように、その『回想十年』はさりげなく記している。ＧＳの将校には裏で日本の共産主義者と連携した者もいると吉田は見ていたのである。

「中には可成り過激な分子もおったようで、後にも説くように、わが国の左翼の連中とも往来し、甚しきに至っては、これらを利用し、且つ煽動したことさえあったと聞いている。しかも、こうしたニューディーラーの連中は、その後次第に本国に帰還を命ぜられ、そのうちのある者は帰米後に、『赤い』という理由で、非米活動委員会の査問に附せられるに至ったということさえ伝えられた」

さらに吉田は、この「赤い」民政局のスタッフとは肌合いを異にしたが、しかし「不思議と生粋の軍人連とは気が合った」と述べ、とくに「参謀第二部長だったウィロビー少将もその一人である」と明かしている。参謀第二部（Ｇ２）は日本国内の混乱を鎮めるための軍事の調査部門ということになるが、しかし実質はチャールズ・ウィロビーをはじめとする反共軍人の集まりであった。吉田はこの責任者の「参謀第二部長」としばしば会うことで「反共の強力な国家」をめざす自らのビジョンを語り、ウィロビーの思想的、歴史的な信念を日本国内の治安維持に利用したと思われる。

当時ウィロビーが居を構えていたのは帝国ホテルだが、吉田は第一次内閣時代から頻繁にそこを訪れた。これは帝国ホテルの関係者にはよく知られた事実で、いくつもの証言が残されている。ウィロビーはただ単に共産主義者が嫌いというだけではなく、その弾圧の裏工作も進めており、これこそ吉田との結びつきと言えた。

思うに吉田は、天皇の全国巡幸を見守りながら、ＧＳとＧ２の対立、葛藤に細心の注意を払っていた。そしてマッカーサーの威を利用しながら、ＧＳとＧ２の間に入り、後者の力を前面に引き出そうとしたのではないか。

昭和二十二年四月、吉田率いる自由党は総選挙で敗れ、社会党との連立には与《くみ》せず、下野することになった。となるとマッカーサーには会えなくなる。そこで吉田は友人としてウィロビーを帝国ホテルに訪ね、自らの意見を吹き込んだ。吉田の意見をマッカーサーに伝える役割を果たしたウィロビーは、自らの回顧録『知られざる日本占領』（延禎《ヨンヤン》監修　番町書房　一九七三）で次のように記している。

「私は帝国ホテルに居を定めて以来、吉田とは会う機会が多かった。私は積極的に吉田を支援するとともに、片山・芦田両内閣の〝非〟を指摘していった。マッカーサーは、はじめのうちはＧＳの言葉に耳を傾けていたが、私の主張の正しさを認め、だんだん吉田支持に傾いていった。私は、GSと吉田の対立の渦中、何度もマッカーサーにGSの非を語ろうとしたし、事実、語りもした」

片山哲、芦田均両内閣の「非」とは何か。むろん共産主義勢力に対する甘さを指し、ウィロビーはこの危険性を憂えていた。吉田はウィロビーに、片山内閣も芦田内閣も容共色が強いので何としても倒さねばならぬと語りつづけた。それはかたちを変えた吉田なりの倒閣運動とも言えよう。

ウィロビーの反共謀略

昭和二十一、二十二年の政治的葛藤は、反共対容共という二元論だけでは捉えきれない。またマッカーサーの支持を得るために、反共対容共の図式がつくられたというのも、短兵急な見方である。まったく新しい視点をここに持ち込むことで、隠れていた占領初期のもう一つの様相が浮かんでくるのである。

吉田は、天皇とその側近が企図した〈天皇制下の軍事主導体制〉から〈天皇制下の民主主義体制〉へ移行するための、最も有力な支援者であった。いや、吉田自身がプランナーだったとも言える。国会答弁を吟味すれば理解できるのだが、吉田は新憲法制定のプロセスで、たとえ天皇が象徴になっても、〈天皇制下の民主主義〉は具現化し得ると解釈していた。天皇制すなわち国体は護持されるのである。吉田にとって重要なのは、国民が「市民」である以前にまず「臣民」であることだった。明文化せずとも新憲法が保障するのは、あくまで「臣民」を前提とした旧憲法の権利の拡大にすぎない。

このことを理解できず、妨害してくるのが共産主義者だと吉田は考えていたのではないか。

吉田は〈天皇制下の民主主義体制〉を受容するか否かは国民の自覚によると考えてはいたが、しかしその理解力や社会的意識を信用することができなかった。むろん吉田は、昭和六年九月の満州事変以後の軍事主導体制が、軍人らの狭い国家意識、そして恫喝と暴力で確立されたという認識を有する政治家であった。しかし同時に国民の追従も一因と見なしていたのである。

国民独自の狂熱的な動きは吉田にとって脅威であった。常に暴走の危険性を孕んでいたからである。国民の暴走を煽るのは、かつては軍事主導者と彼らが支配する組織および同調者だったが、占領期のいまはまさに共産主義者である。この煽動と暴走を吉田は誰よりも恐れていた。

占領初期のそういった自らの分析を表向き吉田はあまり口にしていない。〈天皇制下の民主主義〉がマッカーサーの占領政策に共通する側面と、相反する側面をもつことを知っていたからである。共通する側面とは、マッカーサー自身が天皇を統治の手段として利用し、占領政策を進めるという点である。この考えは吉田の利害、また思想とも一致していた。ゆえに吉田はマッカーサーを利用できる存在と見た。では相反する側面とは何か。

日本国民を市民社会の構成員に仕立て上げることこそ、マッカーサーの占領初期の目的であった。むろん欧米型の市民社会を模したもので、そのような意識で日本が民主化されることを企図していた。しかし吉田は、欧米型の市民意識が日本社会に根づくことを強く警戒していた。この権利に日本人は溺れ、必然的に共産主義者の煽動に振り回されることになると考えていたのである。

占領初期のマッカーサーの企図に対して、吉田はさまざまなかたちで抵抗を続けた。その一つが、GHQ内部のGSとG2の対立を利用し、巧妙にウィロビーを動かしてマッカーサーとの回路を維持することであった。実際ウィロビーは吉田の予想以上に、GSの容共派を追い払うことに躍起となった。

ウィロビーはドイツ系アメリカ人で、GHQ内部では「小型ヒトラー」と仇名されていた。独善的で反共の信念が強く、共産主義に接する者を激しく憎悪した。GS内部には共産主義者が多いと言っては身辺調査をくり返したほどである。この調査についてウィロビーは自慢気に回顧録で明かしている。たとえばGS次長ケーディスの下にハードレーというスタッフがいた。彼女は昭和二十一年一月からのマッカーサー指令に基づき、主に経済人の公職追放を担当していた。ところがその手法がウィロビーの気に障り、ミス・ハードレーの身辺調査を行うのだが、この報告書をそのまま回顧録に掲載している。このような無神経さがウィロビーの性格であった。

その報告書によるなら「ハードレーは、デビッド・ローレンス〔ジャーナリスト、編集者〕の『ワールド・レポート』東京特派員ジョセフ・フロムと交際があり、またゴードン・ウォーカー、マーク・ゲイン、デビッド・コンデ〔いずれもジャーナリスト〕ら名だたる共産主義シンパを一味とする、東京プレス・クラブの〝左翼分子〟とつき合っている」とあり、またソ連のタス通信特派員のパーティーにも出席したと記す。このような調査のため、GSとG2は互いにスパイを放つなど陰湿な対立を続けた。ウィロビーはホイットニーやケーディスを共産主義者とは断定しなかったが、しかし周辺のスタッフには「左翼分子」が多いと信じて疑わなかった。その一味が日本国内の共産主義者と常に連絡を取り合っているというのが、しだいにウィロビーの確信になっていったのである。

昭和二十三年三月に片山内閣が退陣して芦田内閣が成立するが、まもなく起きた昭和電工事件いわゆる昭電疑獄についてウィロビーは言及している。GSの後押しで社長に就いた日野原節三は、融資を受けるために日本国内だけでなくGSへも多額の賄賂をばらまいたとし、「これを摘発したのは、主として、ほかならぬG2」だと記す。その工作でGSが支援した二つの革新系内閣は倒れ、第二次吉田内閣が誕生したというのである。

回顧録はウィロビーが独自の諜報網を使い、GS内部の共産主義者と目されるスタッフを次々に追い払ったことを明かしている。たとえばケーディスがワシントンへの一時帰国を命じられたのを機に、FBIやペンタゴンに身辺調査を頼み、この報告書に基づいて日本での行動を調べあげた。なかには鳥尾〔鶴代〕元子爵夫人とのスキャンダルもあったわけだが、ウィロビーはそれをG2の報告書としてワシントンへ送り、ケーディスを失脚させたのである。

国民を見下した不安

最終的にウィロビーはGHQの職員すべてを調べあげ、左翼分子か否かの詳細な報告書をまとめたというのだから、GSに対する憎しみのみならず、共産主義をいかに毛嫌いしていたかが容易に推測できる。このようなウィロビーの行動は昭和二十四年の不透明な事件、下山事件や三鷹事件などにG2が何らかのかたちで関わったのではないかと疑わせるほどである。実際ウィロビーは昭和二十三年から二十四年にかけて、GHQの体質をまったく変えてしまった。東西冷戦下にあって日本を極東アジアの反共の拠点とすべく、占領前期とは異なる路線へハンドルを切ったとも言えよう。

吉田はそんなウィロビーと陰に陽に結びついていた。ただ吉田は、GHQの内情は聞かされていたろうが、ウィロビーの強引とも言えるGS追放の画策すべてに関与したわけではない。実は吉田は、ウィロビーが政治システムの大幅な変更は必要ないと考え、旧日本軍の中堅幕僚に接触したことを知り、愕然としている。とくに参謀本部の作戦課長や東條英機陸相の秘書官を務めた服部卓四郎らのグループとコンタクトを取り、軍の復活を企図していると知るや、吉田は対抗するように自分と気脈の通じる旧軍の米英寄りの人材を次々とウィロビーに紹介した。GHQ内部の共産主義者追放、また下野した自身とマッカーサーの回路をウィロビーが担うかぎりは円滑な関係を保ち得たが、しかし〈天皇制下の軍事主導体制〉の指導者らを重用するに至っては、とうてい認めるわけにはいかなかったのである。

芦田政権下、吉田は政治行動をまったく表面化させずに、前述のとおり実際はウィロビーを介してマッカーサーに情報が伝わるよう画策し、またG2が摘発したという昭電疑獄の行方を見つめていた。これが昭和二十三年三月から十月にかけての時局である。芦田内閣が倒れたあと、吉田は自分に首相のポストが回ってくることを知っていた節があるが、その一連の政治闘争で〈天皇制下の限定された民主主義体制〉が可能か否かをしきりに模索していたと結論し得る。あえて「限定された」と言ったのは、日本国民があくまでも「臣民」を前提とした「市民」になれるのか、吉田は未だ充分な自信をもてずにいたからである。

昭和二十三年は吉田にとってきわめて奇妙な年となった。この年に天皇の全国巡幸はGHQの命令で中止となったが、理由は明らかにされていない。しかしその理由を、天皇と「臣民」の一体化で反GHQの動きが誘発されることへの警戒と見れば、吉田も喜んだに違いない。

天皇が国民の視覚と聴覚に訴える全国巡幸に、吉田は二つの点で不満があった。一つは天皇からディグニティ（威厳）が日々失われていく点、もう一つは事故に対する懸念である。しかしこの二点を一言で表現することもできる。それは〈天皇制下の民主主義〉が〈民主主義下の天皇制〉に変質してしまうことへの恐れである。

もとより吉田はこのような懸念を直接は語っていない。しかし昭和二十一、二十二、二十三年の演説や発言を吟味すると、戦時下で自前の思想をもてなかった国民の、「厳正なる批判において臆病すぎる傾向」を嘆きつづけている。全国巡幸で天皇を歓迎する興奮が高じても、たとえば現実に目の前で起こり得る光景としての、共産主義への「厳正なる批判」精神がなければ、国民の熱狂も一時的なものとなりはしないか。堅固な「臣民」意識を土台にした「市民」の理性があれば、確かに〈天皇制下の民主主義〉も容易に受け容れられよう。しかし逆に共産主義者の説く天皇制打倒へと一瞬でも傾けば、その姿を現実に視覚と聴覚で捉えた国民は、「臣民」意識を古臭いものと片づけるかもしれない。「市民」の理性を根づかせるには相応な歴史的訓練を要し、これは日本人の思考に欠けるインテリジェンスだと、吉田は国民を見下すような不安を抱いていたのである。

ゆえに昭和二十三年の全国巡幸の中止は、吉田にとっても歓迎すべきことであった。十月に第二次内閣を組閣したさい、吉田は強引に天皇の側近らに口を挟み、翌年以降の全国巡幸の、内容の変更を試みた節がある。しかしそれは成功しなかった。天皇は国民と直に接することで、吉田とは別の立場にいたのである。天皇自身が考える〈天皇制下の民主主義体制〉は、吉田が想定するプログラムとはいくつかの点で異なっていた。この点を吉田の立場から見ることで、天皇との歴史的相違がさらに明確化するはずである。つまり上部構造において、ナショナリズムの亀裂が生じつつあったと言えるのではないだろうか。

第8章　昭和天皇と吉田茂の認識の差

吉田史観

吉田茂は昭和二十二年（一九四七）五月に第一次内閣の首相の座を離れたが、逆に政治指導者としては存在感を増した。GHQとの交渉に長けていたからである。昭和二十四年二月に第三次内閣を組閣してからは、占領期そして昭和二十七年四月二十八日の講和条約発効以後も吉田は首相を務め、長期政権は昭和二十九年十二月まで続いた。つまり戦後日本の政治システムの土台は吉田がつくり、それが現在に至るまで続いていると言ってもいい。

この吉田政治も占領初期はまだ多くの点で不透明であった。とくに戦後日本の国家像をどこに据えるか、吉田は曖昧にしか語っていない。そのような曖昧さは国民の意識の変化や、何より昭和天皇の時代に対する姿勢を吉田が把握できずにいたことによる。加えて当時の吉田は極東国際軍事裁判つまり東京裁判で天皇が訴追されぬよう、政治手腕を発揮することにのみ自らの役割を限定していた。これは吉田なりの計算だったかもしれないが、しかし天皇もまた自らの言動を曖昧にしていたと思える。私は『吉田茂という逆説』（中央公論新社　二〇〇〇）で「吉田は、自らの本音やその胸中にある自身の思惑を決して他人には明かさなかったが、それは生来他者に対して容易に心を開かないタイプだったためで、だから親友というべき関係の友人をまったくといっていいほどもっていなかった」と書いたが、現在に至るも実像は確かでない。

果たした役割の大きさゆえ、本書でも占領初期を俯瞰するさいは当然この歴史上の動きをなぞってきたわけだが、あらためて吉田の真の意図を明らかにしなければならない。吉田が意図した政治のプログラムこそ彼の天皇観であり、それを明らかにすれば、実は両者が必ずしも一体ではなかったことが理解できるはずである。

自身述べているように、満州事変以後の日本は軍事主導体制が定着することで「変調」を来したというのが吉田の歴史観であった。近代日本の歩んだ道自体に何ら誤りはなく、むしろ草創期の先達がいかに英智に長けていたかを、たとえば『回想十年』(一九五七) などで吉田はくり返し述べている。外交は対米英協調を軸とし、内政は天皇主権の家族共同体国家が最善とする吉田にとって、敗戦後の社会は「再生日本」という明確な像を骨格にしなければならなかった。この「再生」についてもう少しわかりやすく説くなら、昭和六年九月の満州事変から二十年八月の太平洋戦争敗戦までの歴史的事実は、本来歩むべき道ではなかったとの認識が根拠になっている。つまりそれはあくまでも「虚構」で、戦時下の「変調」期は、吉田の岳父でもある牧野伸顕など宮廷官僚や、吉田反戦グループと憲兵隊に名指しで監視されたリベラリストの同志が、軍事主導体制に圧殺されており、しかし彼らの存在こそ歴史の「真実」だとする見方である。この「真実」を歴史の前面に押し出して、より鮮明に「虚構」の歪みを刻印する。それが本来の務めだと吉田は考えていたのではないだろうか。

「虚構」と「真実」を入れ替える、あるいは「虚構」を形骸化することで「真実」を際立たせる。これこそ「再生日本」の真の意味だというのが吉田の歴史観だったように思えるのである。吉田はその歴史観のもと、アメリカを中心とする連合国の占領政策を限定的な枠内に止めなければならなかった。近代日本の国家観まで否定、解体させてはならなかった。そしてまたこのような理解を、日本の政治指導者だけではなく、全国民に合意させなければならなかった。

むろん天皇も同じ立場にいてもらわなければならなかった。二十二歳ほど年長の吉田には、もし天皇が「近代日本」そのものを否定、解体する方向へ進めば、これを制御するのが自らの重要な役目だという使命感があった。その使命感こそ吉田の歴史観でもあるのだが、私はこれを「吉田史観」と名づけたい。その歴史観は吉田政治の土台を成すだけではなく、戦後日本の保守政治のコア（中核）にもなったと考えられるのである。

吉田史観は上部構造の戦後ナショナリズムの本質を形成している。戦後ナショナリズムの本質とは、旧体制を完全に否定するのではなく、とくにこの上部構造が採択しなかった政策のなかに凝縮されている意識を指す。戦後を規定した「吉田ドクトリン」は主に軍事否定、経済復興を指針とするものだが、より本質的には〈天皇制下の民主主義〉を支える土台になるとのメッセージである。それは天皇を頂点に据える臣民意識で補完するのだという強い信念で裏打ちされていた。

自身が大役を果たした新憲法の制定や各種の民主化政策、また旧体制の基盤として解体された家長制度など、GHQ側の要求には吉田史観に合致するものもあれば、とうてい容認し難いものも混在していた。このGHQの要求を吉田はどうアレンジしたのか。交渉の間隙を突き、どう骨抜きにしようと考えていたのか。

御用掛寺崎英成の情報

吉田は新憲法を自らの史観の勝利と考えていた。象徴天皇制、軍事力の放棄という二つの特質をもつ憲法を勝利と捉えるのは、議論を呼ぶ考え方だと思うが、むろん吉田もその制定過程では松本烝治案を望んでいた。しかしこれは現実として無理があり、日本国憲法第一条から第八条に実際その地位が明記され、天皇制が保障された以上、吉田にとってはまさに勝利だったのである。

非軍事化の受容は「再生日本」の序章にあたる占領期ではやむを得ないことで、独立を回復したときに手直しすればいいと吉田は判断していた。むしろ重要なのは刑法第七十四条、七十六条の不敬罪、第七十三条、七十五条の大逆罪で、GHQが廃止を命ずると吉田は反対の意志を強く表明した。不敬罪や大逆罪は国民が臣民であることを法的に強制するものだが、この刑法は天皇の象徴化に矛盾しないと吉田は捉えていた。むしろ憲法上は象徴とされても、実質的に刑法で「主権者としての存在」また「神格化した存在」を規定しておけば、〈天皇制下の民主主義〉は保障され得るとの認識をもっていたのである。

昭和二十一年十二月二十七日付で吉田は「連合国最高司令官ダグラス・マッカーサー元帥閣下」宛てに長文の書簡を送っているが、まさに吉田史観そのものと言える。吉田はまず、GHQ民政局長ホイットニーより木村篤太郎司法大臣に刑法第七十三条から第七十六条までの削除要求があったとし、この諸条項を「存置させることが必要ないくつかの理由があります」と前置きしたうえで、三点を挙げて説明している。その主旨は第一点にあるので、この部分を引用しておきたい。

「第一に、新憲法の下においても、天皇の地位が『国家の象徴であり、国民統合の象徴』であることは日本の建国以来、日本民族によって堅持されてきた伝統的信条にかなうものであります。それはまことに崇高にして高遠なる地位であります。さらにまた、天皇は倫理的にみて国民の崇拝の中心にあることは否定できません。このような地位を占める天皇の身体にたいする暴力行為は国家を破壊するがごとき性格のものと見なされ、一般人の身体にたいする暴力行為よりも厳しい道徳的非難と厳しい刑罰に値するものであることは、日本民族の倫理観からしてきわめて自然のことであります。それは親または尊属にたいする暴力行為が一般人の身体にたいする暴力行為よりも厳しい刑罰に値するものと考えられるのと同様であります」（袖井林二郎編訳『吉田茂＝マッカーサー往復書簡集［一九四五―一九五一］』法政大学出版局　二〇〇〇）

第二点として皇位継承者もまた「当然一般人とは異なった立場」にいると述べ、第三点として君主国家の英国でも同様な処罰規定があると訴えている。とくに刑法第七十三条、第七十五条を存置させることこそ「日本民族の感情ならびに道義的信条にかなうもの」だとまとめている。しかし吉田のこの書簡に対するマッカーサーの回答はなく、民政局の命令が通り、刑法の該当条文は削除されることになった。

その結果に吉田がどれだけ不安を抱いたかは、いかなる史料も明らかにしていない。吉田自身もマッカーサーに書簡を送ったことを明らかにしていない。だがこの書簡こそ天皇の全国巡幸に対する吉田の消極的な姿勢をあらわしている。つまり刑法の該当条文が削除されることで、吉田は巡幸で不祥事が起きる可能性を懸念していたのである。国民が「臣民」たり得るか否かに不安があったとも言えよう。その心配は昭和二十三年の中止命令でひとまずおさまったが、天皇が全国巡幸に強い関心をもち、率先して行おうとすることを吉田は強く憂慮した。天皇が占領期にどのような君主像を求めていたのか、吉田には判然としなかったせいでもある。

宮中内部の動き、またGHQからの働きかけがどのように天皇のもとへ届くのか、情報を探るため吉田は腹心の部下と言える寺崎英成を御用掛《ごようがかり》として宮中に送り込んでいた。寺崎は太平洋戦争開戦時の駐米大使館の一等書記官で、戦後吉田が身分を保証するかたちで御用掛のポストが与えられた。寺崎は日記をつけており、これを読むと天皇ときわめて打ち解けた会話を交わしていたことがわかる。寺崎は天皇の信頼を得ていたのである。たとえば昭和二十一年十二月九日の「拝謁」のさいの会話が記録されている。

「常識ハ、衣食足って礼節を知るといふ様に或程度富有なる事必要、米国ハその好例なり　然るに日本ハ生活が骨なる事等よりし常識を活用するにハ相当勇気を要する事多し〔中略〕日米交渉ハ四月に先方から云って来た時、受ける之が一番よかった　結局松岡〔洋右〕の人柄が災した　惜しい時が三度あり

一、松岡をやめさせろと云った時、近衛〔文麿〕聞かず

二、近衛ルーズベルト会談

三、来栖（三郎・甲案と乙案をもって十六年十一月に渡米）

あの時戦争を回避し得たら　日米海軍の比率がひどくなり過ぎるので海軍の若い者もジタバタ出来ず　結局日米戦ハ無かったであらう　日蘇間の戦争ハ起ったかも知れないが」（『昭和天皇独白録　寺崎英成御用掛日記』文藝春秋　一九九一）

このような天皇の述懐は寺崎に心を許したことを物語っている。その言葉を寺崎がどのような表現で伝えたかはわからないが、吉田は常に天皇を自らの史観の枠組みに置きたいとの思いで確かめたこ

とであろう。

寺崎が記した天皇の重要な言葉はしかし、昭和二十一年十二月六日に漏らした次の一節にある。

「常識が民主々義の根底なるハ事実なるも常識の依って来る処にハ教養そして信仰心が核心となる処、強きよき常識となる。常識丈けでハ不充分との御話あり」

ここで天皇が語った「常識」とはGHQの民主化政策を指すと思われる。そのような政策にはアメリカの歴史の裏打ちがあると天皇は見ていた。と同時に、民主主義を根づかせるには「教養」と「信仰心」が必須だと述べたようにも思える。いささか独断的な解釈になるが、天皇は「信仰心」という語に自らの皇祖皇宗への思いと、臣民たる国民の意識を重ねていたのではないか。もとより充分な確証はないが、しかし天皇のこうした戦後の発言からは、マッカーサーとの闘いに強い自信があったことが伝わってくる。マッカーサーが占領日本の最高司令官であることを僥倖と捉えた天皇の思いも、寺崎の日記には明かされていたのである。

「い丶軍人を悪い軍人より区別する事」

天皇は吉田をどう見ていたのか。側近の回想録や日記、また天皇自身の発言をあらゆる角度から見ても、吉田については多くを語っていない。確かに天皇は当時の政治指導者の人物評に熱心ではなかったが、しかしとくに吉田についてふれようとしなかったのはなぜなのか。

寺崎の日記に興味深い記述がある。前掲の十二月六日の「常識が民主々義の根底なるハ……」に続き、近衛や平沼騏一郎の人物評を挿んで、その記述からは吉田が天皇に意外な打ち明け話をしたことが窺えるのである。

「吉田ハ媾（講）会議ハいつの事かわからぬと云った　吉田曰く、蘇聯ハ日本軍人を使用してゐる、だから日本も使ひ度いと『ウィロビ』に云った『ウ』曰く　わからぬ様にやるならいゝと云った由これハ困った事だと思ふが如何　との御話あり

右に対し、ソ聯がやってゐるから米国も使ったら如何と迄いふのハよきも日本が使ふと云ふハ不可なり　日本ハ何処迄もポツダム宣言に従ひ、日本防備ハ完全に米国任せと云ふ事然るべし　やったって大した軍備にハならぬ云々

陛下復曰く　仮りに使ふとしてもいゝ軍人をわるい軍人より区別する事ハ吉田にハ不可能なり」

その頃の天皇の軍事観をよくあらわした発言だと思われる。ポツダム宣言に沿って非軍事化路線を着実に進めるほうが日本の国益に適うし、またいかなるかたちでも旧軍の軍人を用いて東西冷戦に関わるべきではないという天皇の考えが理解できる。加えて旧軍の軍人の誰が「いゝ」か「わるい」かなど吉田に判別できるわけがなく、こんなことには手を出すなと説いているようにも読める。そこで語られた吉田評は、臣下の者に対する天皇の評価として高いとは言えない。むしろ軽んじているようにさえ見受けられるのである。

私見だが、天皇と吉田の関係は充分に心情を通わせるものではなかったと言えるのではないか。占領期、吉田は天皇制を守り抜く忠臣として、自らの史観で対ＧＨＱとの関係を構築しようと画策したが、天皇はこれに違和感を抱いていたのではないか。

先にも指摘したように、天皇は〈天皇制下の民主主義体制〉への移行を自らの使命として時代に向

き合っていた。それは〈天皇制下の軍事主導体制〉を解体することで可能になるという考えでもあった。では実際天皇はこの移行の実現をどのように企図していたのか、より緻密に確認すべきであろう。

寺崎の日記の昭和二十一年十二月十八日にきわめて重要な記述がある。半藤一利の注によれば、天皇はその年十一月の終わりから戦時下の心中を吐露しはじめたようである。この内容は三月から四月にかけて行われた五人の側近たちへの回想談より漏れた話が中心となっている。したがって寺崎の日記のその部分は、きわめて重要な史料となる。

「米人ハ日本軍閥に感謝すべき事一つあり　日本にとり敗北ハ悲しい事なれ共　軍閥の無くなった事ハ不幸中の幸として喜ぶ　この事なくんバ現在の如き協力なかるべし」

加えて天皇は、八月十四日夜から敗戦の折の青年将校らによる「軍命令の偽造一例」を語り、そして寺崎は「終ひには（ラボール以后）参謀本部ハ知らず、陛下ハ米国の短波で日本軍の所在を知る状態」だったと記す。天皇は軍閥の解体を決して不快には思っていなかった。言うなれば中途半端に存続するより解体されるほうが望ましいと考えていた。そう思える根拠が、この発言には込められているのである。

また昭和十九年のある時期、ラバウルが孤立したあたりから、天皇のもとには戦況が伝わっていなかったことも窺える。むろん大本営の参謀らは上奏を続けていたが、その情報は正確なものではなかった。実際私自身、昭和十年代に侍従として仕えた岡部長章から〈陛下は広島への新型爆弾についても正確な報告を受けていなかった〉という証言を得ている。つまり天皇と大本営の回路は当時、充分に機能していなかった。天皇が「い丶軍人」「わるい軍人」と言ったのは、戦時下のこのような機能不全を尺度としていたからではないのか。責任逃れの「わるい軍人」は信用せず、アメリカからの短波放送で情報を得ていたことが読み取れるのである。

軍人に対する天皇の不信感については、昭和二十、二十一年時の侍従次長木下道雄の『側近日誌』からも窺える。軍人を信用しないということは、逆に言えば、戦時下ではそれに足る人物を軍のなかに見出せなかったということにもなる。つまり天皇が考える〈天皇制下の民主主義体制〉では、戦争を主導したかつての軍人を外すという信念が含まれていたと見るべきである。この点では確かに吉田の考えと原則的には一致していた。むろん旧体制の解体は統帥権の否定をも意味するのだが、実際にはそれを付与していた臣下の軍人らが独り占めにした大権で、〈天皇制下の民主主義〉をめざす天皇にとっても、充分許容できる範囲だったのである。

天皇と吉田は基本的に同じ枠組みで戦後のナショナリズムを模索しており、対GHQの闘いでは共通の基盤をもっていたが、しかし具体的な方法論となると多くの点で相違があった。むしろ亀裂とも言えるこの相違は、もとより史実の上には刻まれていない。しかし吉田の思想や言動を丹念に追い、あるいは天皇の発言や御製を細かく見ていけば、充分に確かめ得ることである。

天皇も自省した節があるが、軍事主導体制は皇統を担保するシステムではなかった。むしろ軍事主導体制では、国体自体が崩壊する恐れがあったし、何より自らの歴史的存在が危機に瀕する不安を常に感じていなければならなかった。〈天皇制下の民主主義〉の土台を強化するにはすなわち、寺崎が記録した言葉のとおり「常識ハ、衣食足って礼節を知るといふ様に或程度富有なる事必要」で、経済復興のための環境整備が喫緊の課題となる。天皇の寺崎に対する一連の発言は、そのように解釈したほうがより重みを増すのである。

御製に滲む思惑

天皇にとって軍事主導体制の解体は望むべきGHQの政策であり、また経済復興と国民生活の再建はこれからの時代の柱として欠かせず、いわば両輪の関係にあったと言える。では吉田はどうであったか。確かに吉田も一方で軍事主導体制の解体を企図し、一方で経済の復興を掲げていた。しかし思うに吉田は、その両輪は天皇の権力と権威で回転しなければならないと考えていた。さらにこの両輪を操縦する御者席には自らが座り、天皇は後ろの玉座にいるものだと捉えていた節がある。と同時にまた天皇も、自らが御者となり、その両輪が国民の真意として回り得るかを確かめることに使命を感じていたのではないだろうか。

これを確認するために、権力と権威はひとまず問うところではない。天皇は新憲法制定に向けた国会審議や国民の反応を踏まえながら、マッカーサーやGHQの将校らの思惑と闘うことになるのだが、つまりは全国巡幸で生じる空間がどのようなものかを肌で確認し、自らの信念を強固なものにしたかったのではないだろうか。しかし吉田には、限られたとはいえ一定の権力と権威をもって天皇は国民と接するべきで、密着しすぎてはならないという信念があった。それこそ「臣茂《しんしげる》」たる所以だったのである。天皇はこのような吉田の思いには取り合わず、ひたすら国民が臣民たり得るか否かを、それも戦前、戦時下のように過剰であってはならないという信念をもって、自らの目で直接確認したかったはずで、この違いこそ吉田との亀裂になったのである。

昭和二十二年の巡幸は計六十日余で関西、東北、中部、中国などを主に回っているが、まさに強行軍であった。前年と同様、国民は歓呼して天皇を迎えた。天皇と国民の間に新たな時代の約束事ができたかのような光景であった。その光景はGHQ民政局のニューディーラーや宮内府の官僚、また日本やアメリカのジャーナリストらに対して、天皇と国民の結びつきがいかに深いかを示すことにもなった。この結びつきがどのようなものであるべきか、天皇自身は具体的なイメージをもっていたと思われるが、それについてはあらためて検証する必要があろう。なぜならこの「結びつき」には〈天皇制下の民主主義〉を〈民主主義下の天皇制〉に変質させる因子が含まれており、強弱の差こそあれ天皇も、また吉田もそれを恐れていたと思えるからである。

昭和二十二年の御製は二十六首が宮内府より公表されている。巡幸時に詠まれたと思われる歌をいくつか抜き出してみよう。

あつさつよき磐城の里の炭山にはたらく人ををしとぞ見し

浅間おろしつよき麓にかへりきていそしむ田人たふとくもあるか

老人《おいびと》をわかき田子らのたすけあひていそしむすがたたふとしとみし

外国《とつくに》とあきなふために糸をとりまたはたおりてはげめとぞ思ふ

悲しくもたたかひのためきられつる文の林をしげらしめばや

このような御製に込められた天皇の心情をどう解釈すべきか。歌会始の選者だった岡野弘彦は、戦後の御製は戦前のものと多くの点で異なっていると指摘した。

「言うまでもなく、外国と戦って敗れたことで、そののち昭和二十一年からは戦災で痛手を受けた各地を巡幸された。ただ旅をされたというだけなら、古事記や日本書紀に記されている古代の天皇、特に神武・仁徳・雄略などの各天皇はよく旅をなさったが、国民との触れあい方がちがう」(「昭和天皇の歌風」『昭和天皇御製集　おほうなばら』読売新聞社　一九九〇)

こう述べたうえで岡野は「戦後の復興期の中で国民に呼びかけていられる歌には、生き生きとした感情と力とがあふれていて、胸にひびくものがある」と書く。それはたとえば次のような歌に反映されているという。

たのもしく夜はあけそめぬ水戸の町うつ槌の音も高くきこえて

全国巡幸の動機について、天皇自身が語った内容を記した宮内省総務局長加藤進のメモを先に紹介したが、この期の御製にふれても、天皇が国民と接してただ単に戦後復興を励まそうとしただけではなかったことはわかる。確かに天皇の御製からは、国民に対する謝罪の意が汲み取れるのである。いや、そう考えて初めて理解できる御製も少なくない。昭和二十二年十二月の、中国地方巡幸の折の次の御製は、この点をよくあらわしていると私には思える。

ああ広島平和の鐘も鳴りはじめたちなほる見えてうれしかりけり

天皇の素朴な気持がよくあらわれている歌だが、前述の亀裂とは、そのような感情を国民の前で出すことを嫌う吉田ら政治指導者との間に生じた溝であった。

つけ加えれば、この広島の巡幸では異様な光景が現出した。天皇のもとに群衆が殺到し、警備にあたったMPは身体を張ってそれを鎮めることになった。他の地域でもこうした光景は見られたが、広島は度を超えていた。その状態を放置すれば暴動へと発展し、さらに反GHQ運動に転化する恐れがあった。GHQ内部の報告書には「天皇はロボットにすぎず、宮内府の官僚たちに体よく利用されている」とあったようだが、とくにGHQ側を刺激したのは、禁止していたにもかかわらず、岡山県の一部で群衆が日の丸を振り、天皇を歓迎したという事実であった。これは意図的なものなのかという疑念が、GHQ内部に生じたのである。

天皇の意図とは言えないまでも、宮中の官僚らがそのような演出で「神格化」を進めようとしているとGHQ側は判断した。昭和二十三年の全国巡幸が中止された理由の一つと思われるが、この演出は、天皇自身の闘いの意味を側近らが理解していなかったことを示している。側近とは、依然として天皇の権力と権威を笠に新たな時代の君主像を築こうとしていた、吉田に代表される政治家や官僚たちであった。GHQはそれを最も警戒していたのである。したがってこの対立は天皇の意を超えた光景でしかなかった。

〈天皇制下の民主主義体制〉へと移行するため、むしろ天皇は国民と直結することで、自らの歴史的地位を問い直す試みを続けていたのである。憲法上の地位や役割とは別に、国民と一体化するとはどのようなことか、そのためには下部構造としての共同体のなかに自らをどう位置づければいいのか。これを直接確認したいという思惑が前掲の御製には滲んでいる。

第9章　昭和天皇の距離感

「退位せず」

昭和二十三年（一九四八）に全国巡幸が中止された要因の一つは、各地で国民が日の丸の小旗を振り、熱狂的に天皇を迎えた過剰さが、反動に傾くことをGHQ側が恐れたからだと先に指摘したが、ほかにもいくつかの理由を推測できる。

占領期の上部構造のナショナリズムの因果関係は多角的に見なければならない。天皇が考えていた日本の進むべき方向と、吉田茂が考えていた占領下の国家像との間には相当開きがあり、むしろ両者には「対立」と言える構図があったというのが私の考えである。ただしその「対立」は天皇と吉田ら戦後政治家の間の確執が露骨に表面化したものではなく、これを裏づける史料も何一つ発見されていない。にもかかわらず両者の間には、国家のあり方をめぐる亀裂が生じていたと推測し得る史実や証言が残されているのである。

私がそのような推測にこだわるのは理由がある。前述のとおり吉田は在任中しばしば天皇と会っていたが、このことには昭和二十三年六月に侍従長に就任した三谷隆信も自著『回顧録　侍従長の昭和史』（中公文庫　一九九九）でふれている。昭和二十三年十月に再び組閣し、二十九年十二月の第五次内閣の終焉まで政権にあった吉田は、当初から「よく参内した」という。「事しげき日々でもあったが、戦後内閣総理大臣の権限が拡大されただけに、一層責任を感じて宸襟《しんきん》をやすめ奉ることにつとめたのであると思う」と三谷は記している。そこでどのような会話が交わされたのかは定かでない。しかし新憲法下での「象徴天皇」に総理大臣が上奏して政務を「ご進講」する程度だったとは思えない。昭和二十一年の第一次内閣からすでに始まっていたと思われるが、政治上の懸案事項について、時に吉田はマッカーサーと天皇の意見調整をも行った節さえ窺えるのである。

たとえば昭和二十一年六月二十五日の衆議院で新憲法案について野党に問われた吉田は、この年元日の「新日本建設に関する詔書」にふれ、五箇条の御誓文の精神こそ国体で、もともと日本は「民主主義」だったと答弁している。

「いわゆる五箇条の御誓文なるものは、日本の歴史、日本の国情をただ文字に現わしただけの話でありまして、御誓文の精神、それが日本国の国体であります。日本国そのものであったのであります。この御誓文を見ましても、日本国は民主主義であり、『デモクラシー』そのものであり、あえて君権政治とか、あるいは圧制政治の国体でなかったことは明瞭であります。また歴代の天皇の御製を見ましても、また明君賢相の詩歌その他を見ましても、日本においては他国におけるがごとき暴虐なる政治とか、あるいは民意を無視した政治の行われたことはないのであります。民の心を心とせられることが日本の国体であります。ゆえに民主政治は新憲法に依って初めて創立せられたのではなくして、従来国そのものにあった事柄を単に再び違った文字で表わしたに過ぎないものであります」

この吉田の答弁の内容は、天皇が昭和五十二年（一九七七）八月二十三日に那須の御用邸で受けた宮内記者会の質問に対する言葉とほとんど一致しており、その精神が共有されていたことが窺える。

つまり〈天皇制下の民主主義〉について、あらかじめ意見をすり合わせ、両者の間でまさに一体化していたと言い得るのである。占領下で吉田がGHQと妥協しながら進めた政策は、抜き難く天皇の意志を反映していたと見ていい。なお吉田の議会答弁はいつも短く、傲慢との誹《そし》りを受けたが、この種の質問には感情を抑えられなかったとジョン・ダワーが指摘している（『吉田茂とその時代』大窪愿二訳 TBSブリタニカ　一九八一）。思うに適切な見解であろう。

とにかく天皇と吉田にはそのような一体感があった。にもかかわらず亀裂があったと推測する理由は何か。これを明らかにする過程で、天皇がある時期から吉田を別の目で見ていた様子が浮き上がってくる。天皇自身の警戒心と言えるし、また吉田を「股肱《ここう》の臣」とは見ていなかったとも言えるのである。

その亀裂は国民に対する見方、あるいは戦争に対する考え方の齟齬から生じた。天皇は昭和二十一、二十二年の全国巡幸で初めて国民の実態を知ることになるわけだが、皇居にいるかぎりは具体的なイメージなど得られなかった。天皇にとって戦争は政治的現実だったが、これが全国の臣下の者にどう影響していたかなど知る由もなかった。允裁《いんさい》（承認）を求めてきた高官から戦況の報告は受けても、天皇は「臣民」がどのような状況にあったか想像すらできなかったと言えよう。

荒れた国土、食糧難に喘ぎ、戦傷に苦しむ「臣民」という現実を目の当たりにした天皇が困惑し、呵責の念に苛まれたことは容易に推察できる。全国に及んだ荒廃のなか国民は「臣民」たり得るのか、それを確認することが巡幸の重要な意味となったのである。

GHQの圧力もあって芦田均内閣は宮内府人事を刷新し、長官に田島道治《みちじ》を、侍従長に外務省出身の三谷隆信を据えた。以前の宮廷官僚は天皇に戦争責任はないという法的、政治的解釈を前面に打ち出し、時代と向き合っていたが、田島は民間から宮中に入ったこともあり、彼らとは一線を画していた。田島や三谷に天皇は自らの戦争責任についてしばしば語り、煩悶する姿を見せている。とくに昭和二十三年、東京裁判が具体的に検事団の論告や弁護団の反論へ進んでいくと、天皇の悩みはさらに深まった感がある。この時期の証言として東宮侍従兼側近奉仕だった村井長正は「陛下は他国民に与えた人的物的損害や自国民に与えた苦痛を原因とする心の葛藤、退位に関するお気持ちをそのまま、御座所で訴えておられた。そのお訴えの内容を申す訳にはまいらないが、それは大変厳しいもので、ご自分を責めに責めておられた」（橋本明「封印された天皇の『お詫び』」「新潮45」一九八七・一）と述べている。

こうした経緯は退位論として天皇周辺では語られており、その間の動きは加藤恭子の『昭和天皇「謝罪詔勅草稿」の発見』（文藝春秋　二〇〇三）でもふれられている。本章では言及しないが、昭和二十三年当時の天皇の懊悩は頂点に達していたと思われる。東京裁判で裁かれている政治、軍事指導者は自らの身代わりだという思い、また「臣民」に犠牲を強いたという呵責の念に苛まれていたことが推察できるのである。未だ充分とは言えないが、このような天皇の内面は田島道治の日記などで少しずつ明かされてきている。

もとより天皇の動揺は吉田の『回想十年』にも三谷の『回顧録』にも記録されていない。こと吉田に関しては天皇の動揺をどこまで理解していたか定かではないにせよ、政治的判断としては決して表面化させてはならない問題であった。その動揺が天皇の存在自体を脅かすことになると承知していたからである。

東京裁判の判決が下った昭和二十三年十一月十二日、退位不要としたマッカーサーのメッセージに天皇は田島の名で謝意をあらわしている。吉田に伝えられたというこのメッセージに対して天皇は「いまやわたくしは、一層の決意をもって、万難を排し日本の国家再建を速やかならしめるため、国民と力を合わせ最善を尽くす所存であります」（秦郁彦『裕仁天皇五つの決断』講談社　一九八四）と書かれた一文をマッカーサーへ送り、退位問題は決着したとされている。

その間の動きを整理すれば、まずマッカーサーが吉田に天皇は「退位せず」の意を示したほうがいいと連絡し、これを吉田が宮中に伝え、天皇に代わって田島が返書をしたためたことになる。状況としてはマッカーサーと吉田のやりとりの内容が明らかにされていないため、マッカーサーが天皇の退位について具体的にどう考えていたのかはわからないのだが、要するに吉田の伝言が起点となったのは確かである。むろん天皇自身が退位を考えていた節もあるが、流れとしては吉田の思惑と計算から始まっている。つまり吉田の思惑で天皇が動かされたとも言えるのである。それを天皇は不満に感じていたのではないだろうか。なぜなら退位するか否かは自ら判断を下す問題で、マッカーサーや吉田に差配される筋合いはない。天皇は半年前にマッカーサーと会見しているが、思うに実際「退位せず」の言が求められたのかを疑い、吉田の先走った行動ではないかと不信感を抱いた。直接マッカーサーと話したほうがむしろ意思の疎通を図ることができるのに、なぜ吉田は、しかも東京裁判の判決が下る当日に書簡を出すよう伝えてきたのか。

天皇にとっての「退位」は臣下の者が口を挟むものではなく、自ら決すべき問題である。ここに介入してくる吉田に天皇は不信感を抱いたと思えるのだが、それはかつての軍事主導体制で自らが利用された不快な記憶、すなわち戦時下の大本営による情報途絶状態への苦悩に通じていたのではないだろうか。付言すれば、平成二十六年（二〇一四）九月に発表された『昭和天皇実録』でも、退位についての記述はまったくない。宮内庁書陵部としては、退位問題にはふれないことで、天皇の意思を尊重したという解釈もできるであろう。

たとえば昭和五十三年（一九七八）十二月四日の宮内記者会との会見では、次のようなやりとりがあった（稲生雅亮『昭和天皇と私達　なごやかであたたかいお言葉の記録』）。

——今度は外交文書の関係についてお尋ねいたします。今年の夏だったと思いますが、アメリカのマッカーサー記念館で、昭和二十三年に天皇陛下が田島前宮内庁長官を通じまして「退位せず」というご決意を表明された書簡が公表されました。これは、マッカーサー元帥が陛下に退位されないようにお勧めしたことへの返書とされておりますが、当時のご心境をお聞かせいただければうれしく思います。

陛下　その当時については、日本の復興の速やかならんことを希望し、それはひいて国民生活の幸いなると私は信じていました。いま話されたような田島長官が先方の希望によってそういうことを返事したということは、記憶にありますが、司令官と会話したことについては、秘密を守るということを約束しましたから、信義の上、この問題については、話すことは出来ないと思っています。

——日本とアメリカ、日米の外交文書などで、終戦時に、占領時の秘話が公開されておりますが、陛下から補足説明をされたいようなことがございますでしょうか。ありましたらお願いしたいんですが。

陛下　そういう文書については、私は詳しく検討していませんから、いまさら補足や修正をすることは必要ないと私は思っています（沈黙）。

この会見によれば、天皇は退位についてマッカーサーと話したことがあると暗に認め、それは公表すべきではないと明言している。吉田のルートから生じた退位否定論については話したくないし、自身の考えに何ら影響しなかったと明かしているかのようでもある。くり返すが、退位するか否かを臣下の者などに指図される筋合いはない。たとえ吉田でも口を挟むことなど許さないという含意があったと思えるのである。このことを窺わせるもう一つのエピソードを確認しておかなければならない。

占領下にふさわしいリーダー

昭和二十三年十二月二十三日未明、A級戦犯の七人が巣鴨プリズンで絞首刑に処された。六日後の二十九日、戦前の民政党の有力政治家で、戦時下は大政翼賛会の幹部を務めた大麻唯男《おおあさただお》が、東條家を弔問した。その折、大麻は、過日吉田首相に「東條のことを聞きたい」と尋ねられた旨、家人に話している。この証言は拙著『東條英機と天皇の時代』（上下　伝統と現代社　一九七九―八〇／ちくま文庫二〇〇五）で初めて紹介したものだが、東條家の記録によれば、吉田が大麻に伝えたその理由は、次のとおりである。

「陛下が私にこう言われた、『東條はまっすぐな人間である。某は贋物である』、この言葉を聞いて自分はもっと東條のことを知りたいと思っている」

重要なのは、天皇が吉田に伝えた「東條はまっすぐな人間である。某は贋物である」という言葉だと私は見る。「某」が誰を指すのかいまとなっては判然としないが、天皇のその言が逆説的に意味するのは、「東條は決して私の権限を侵したりはしなかった」ということではなかったか。この天皇の言葉は、吉田に対する不満を含んでいたと私には思えるのである。

国民を「臣民」と見る点では同じ次元に立っていた二人だが、その先の捉え方に違いがあった。吉田は見下すように「厳正なる批判において臆病すぎる傾向」が国民にあると嘆きつづけたが、天皇は臣民への謝罪の意を御製に託した。天皇の吉田に対する不満はこの点からも窺えるのではないだろうか。国民と直に接することで「見るもの、聞くものの幅が広くなり、天皇の言葉が急速に豊富になっていった」と歌人の岡野弘彦は指摘し、何より「今までの天皇には見られない自由でのびのびした歌の世界が開けはじめた」と述べていた。全国巡幸は天皇に国民の息吹きを注入することになったのである。

昭和二十三年の全国巡幸は中止となったが、御製は七首が公表された。「春山」と題された御製が二首、「折にふれて」が三首、「牛」が二首である。たとえば「折にふれて」には次の歌がある。

風さむき霜夜の月を見てぞ思ふかへらぬ人のいかにあるかと

戦災者や未帰還兵のことを想い詠んだ歌だが、天皇の胸中に「臣民」がどう映じたかが表現されている。昭和二十一、二十二年の全国巡幸では本州の北から西まで、つまり青森から山口まで回り、各地で必ずと言えるほど戦争未亡人、戦災孤児、引揚者の住まいを訪ねた。そのときの臣民との会話がいかに天皇に衝撃を与えたかが、こうした御製からは窺えるのだが、次の「牛」と題された二首も自らの心境を詠んだ歌と言えよう。

緑なる牧場にあそぶ牛のむれおほどかなるがたのもしくして

たゆまずもすすむがををし路をゆく牛のあゆみのおそくはあれども

牛になぞらえ、国の再建を着実に進めようという意味にもなるだろうし、あるいは臣民とともに歩んでいこうとの心境を詠んだとも言える。昭和二十三年は巡幸が中止されたが、またいつか臣民には会える、それまで待っていればいいという意味にもとれるのである。

こうした御製にふれると、全国巡幸で学び、理解したことを天皇は自覚していたと思えてくる。それまでは宮中にいて決まった「臣下」としか接さず、内輪の会話のみで表現には自ずと限界があった。言葉は必然として乏しかったが、しかし天皇は全国巡幸でより多くの「臣民」と交流し、自らの表現の幅を広げたのである。

これからの時代に存在を定着させるという信念で、天皇は明らかに自らを変えていった。抽象的だった「臣民」が具象として視野に入ったとき、天皇は旧体制の東條や近衛文麿をはじめとする昭和十年代の指導者など、もう求めていなかった。彼らは大日本帝国の主権者たる自分に大権を付与されていただけで、臣民が望んだリーダーではない。そのうえで天皇は自身の役割と地位を理解し、かつての〈軍事主導体制〉を推進したような類は遠ざけなければならないと悟ったのである。

もし大日本帝国時代と同じような地位に置かれたら、天皇制の危機がいつまたくり返されるか知れない。危機どころか存在自体が問われると天皇は不安を募らせ、占領下という時代にふさわしい指導者が必要だと認識したのではないか。この指導者に吉田が適任だとはたして天皇は考えたかどうか、それが私の推測である。

この時期の首相は吉田以外いずれも短命な政権で、東久邇宮稔彦、幣原喜重郎、片山哲、芦田均が就いている。天皇は東久邇宮や幣原、片山とはそれなりに交感し、芦田には充分な信頼を置かなかった節があるが、しかし彼らと吉田は決定的に違っていた。在任期間の長さはもちろんだが、最大の開きは吉田が「臣茂」を公にしたうえで、あれこれと天皇に助言をし、時にはマッカーサーとのやりとりにまで注文をつけた点である。

前述の「退位せず」にも吉田の差配があった。もとより忠臣としての思いが働いた結果ではあるが、しかし天皇は分を超えた介入と受け止めたのではないだろうか。確かに吉田も「臣民」だが、そのすべてを代表する存在ではない。新しい憲法のもとで国民の信任に応えるべき吉田が、政治的失態を重ねて怨嗟を招き、これが天皇制にまで及ぶことを恐れたとも推測できるのである。

吉田は新憲法下でも依然として意識を「大日本帝国」に置いており、思うに「臣民」が「市民」となる社会状況を想定していなかった。その吉田が、敗戦以前と同様に上部構造の目線で下部構造を抑圧すれば、「市民」の反感は自身にも及ぶ。天皇はこのような不安を漠然と抱えていたのではないだろうか。

側近と政治指導者の区別

天皇は現実に自らの「臣民」を肌で確かめたとき、吉田をその代表と捉える危うさに気づいたと私には思える。吉田を股肱の臣と見ていたら、ひとたび状況が変わって政治的責任を臣民に問われた場合、とりも直さず天皇制にまで批判は及ぶ。政治指導者と一定の距離を保ち、密接な関係にならないこと、これこそ占領期の天皇が明確にした姿勢ではなかったか。それは天皇が自らに課した、かつての時代からの教訓だったと考えられるのである。

昭和五十年代は宮内記者会の記者が戦後教育を受けた世代に替わったこともあり、天皇への質問がきわめて歴史的な意味をもつようになった。とくに昭和五十四年前後は新史料が公開され、より踏み込んだ質問が何度かくり返された。このようなとき天皇は懸命に言葉を選び、胸中を語っている。たとえば昭和五十六年九月二日、那須御用邸での会見には次のやりとりがあった（稲生雅亮『昭和天皇と私達　なごやかであたたかいお言葉の記録』）。

――講和条約三十周年を機会にですね、故吉田茂首相論が大変盛んなんでございますけれども、陛下の吉田茂さんについてのご印象、多々あるとおもうんですけれども、一、二お聞かせ願えればと思います。

陛下　吉田総理は、始終、世界の平和ということを念頭においている人でありましたが、その政策もそれにマッチするようなことをしていたことを私は感心しています。

この天皇の答弁を次のやりとりと比べれば、いくつかのことがわかってくる。以下は昭和五十二年八月二十三日の、同じく那須御用邸での会見である（同）。

――この一年間、木戸幸一さん、それから甘露寺〔受長《おさなが》。大正天皇の学友、昭和天皇の皇太子時代の侍従〕さん、長いこと陛下にお仕えしていた人たちが次々に亡くなりましたが、生きた昭和史などという風な表現でわれわれ使っていますが、そういう方たちについてとくに印象に残ったといったものがございましょうか。

陛下　木戸にしても、甘露寺にしても、それから最近亡くなられた迫水〔久常〕なども皆、そういう方が次々に亡くなったということは、実に私も寂しい感じを持っています。そういう人たちが、常に皇室を思い、そうして私と苦労を共にし私を助けてくれたことを感謝しています。

天皇は吉田と側近を分けて感想を述べたと解釈できるのだが、つまり吉田を「側近」としてではなく「政治指導者」と見なしていたことがここには示されているのである。天皇はそのような区別にきわめて厳密で、吉田については一貫して政治指導者と捉えていたことを理解しておくのが何よりも重要になる。前述のとおり天皇は〈天皇制下の軍事主導体制〉を〈天皇制下の民主主義体制〉に移行させる歴史的使命を自覚していた。この点を吉田も理解したうえで、二人の関係には政治的同伴者の役割が決定づけられた。しかしそれだけの関係だったとも言えるし、また吉田が「臣茂」を掲げ過剰に距離を狭めてくることに、天皇は警戒していたとも言えるのではないだろうか。

ＧＨＱが容認した「日本人という自覚」

昭和二十四年になると天皇は全国巡幸の願いをさりげなく側近に漏らし、この意思はＧＨＱ側にも伝えられた。当時の状況を簡単にまとめるなら、三谷隆信が記した次のような経緯が事実を物語っていよう。三谷の『回顧録　侍従長の昭和史』からの引用である。

「市ヶ谷裁判が終了したと共に、終戦以来萌《きざ》していた米ソ関係の悪化が一層顕著になるにつれて、連合軍司令部の対日態度もいちじるしくかわってきた。〔中略〕陛下も再び地方に御出ましになって、国民大衆に接することはその御悲願である。それで五月中旬から九州一円を御巡幸になることにきまった。行幸のあり方については、弊害や誤解をさけるため、宮内庁側の供奉員《ぐぶ》を思いきって減員すると共に、地方で供奉の列に加わる人数を減らし、供奉自動車台数を数台に限定した」

東西冷戦が顕著になり、ＧＨＱが積極的に巡幸を支援するようになったと三谷は認めている。つまり昭和二十四年の全国巡幸は天皇とＧＨＱ側の思惑が重なって進み、昭和二十三年の中止理由はこのときからまったく問題にされなくなったと読めるのである。巡幸は反ＧＨＱの動きを誘発しないとマッカーサーらが確信したとも言えるし、また天皇との間に強い絆が生まれ、日本が極東アジアにおける西側陣営の橋頭堡《きょうとうほ》になるという暗黙の諒解が成立したとも言える。一方そのような状況下で吉田内閣は現実の政策を詰めていたことにもなろう。

ＧＨＱ側は依然として大都市で日の丸の旗を振ることは認めなかったが、この年の巡幸から地方ではとくに異議を唱えなくなった。それは一面で「逆コース」とも言われたが、東西冷戦のさなか、日本が国策としてGHQ側に呼応するのは明白であり、むしろ世論を統一して反共政策を円滑に進める判断をしたと見られる。

　昭和二十一、二十二年の占領前期における民主化、非軍事化のもとでは、国民のナショナリズムの高揚が警戒され、このように判断されることはほとんどなかった。軍国主義の全面否定こそが政策の中心を成していたからである。そんなとき天皇は全国巡幸で初めて臣民たる国民の姿を直視し、過剰なナショナリズムが自らの存在を危機に陥れる可能性を恐れた。一方、東西冷戦が顕著になることで認められた昭和二十四年からの全国巡幸のなかには、新たなナショナリズムの兆しがあり、これを天皇が発見したと分析できるのである。

　昭和二十四年五月からの九州巡幸は各地で沿道に人があふれた。日の丸の旗が振られ、一様に万歳が叫ばれた。共産党主導による官公労の首切り反対闘争の影響なども心配されたが、その種のデモは巡幸には無関係であった。侍従長として巡幸に随行した三谷は次のように記している。

「私はこの人たちの様子をみて非常に嬉しかった。日本の将来に対する希望をつよめた。この人達は天皇陛下を親しくお迎えし、日章旗を振って、久しぶりに日本人という自覚がはっきりよみがえって、そのことをこんなによろこんでいるのだと思った」

　いみじくも「日本人という自覚」がGHQ側に容認されるかたちで蘇生したのである。それは昭和二十一、二十二年の全国巡幸とはまったく異なる様相を呈していた。一方このような状況を利用して進められた昭和二十四年の吉田内閣の政策は、経済改革も含め大胆なものであった。吉田が陰に陽に巡幸を支えたのは当時の政治指導者としては当然だが、しかし天皇にすれば関わりのないことという理解でもあったろう。

占領期後半の全国巡幸は歴史的に二つの意味をもつ。一つが〈天皇制下の民主主義体制〉は可能だと天皇に自覚させた点である。同時にそれは天皇がかつての抽象的な「臣民」と訣別することを意味した。前述のとおり臣民の姿を直視したことで、天皇の御製の内容はより具体的になった。昭和二十四年の天皇は次のような歌を詠むが、自らの思いが新たな臣民へ具体的に伝わるのを強く願っていたことになるであろう。熊本県の開拓地に入植した復員家族を詠んだ御製である。

かくのごと荒野が原に鋤をとる引揚びとをわれはわすれじ

もう一つの歴史的意味は、GHQの占領政策の枠組みのなかで、政治指導者らが戦後日本のナショナリズムを興さんとより活発に動きはじめた点にある。これは吉田内閣の政策を指すのだが、その遂行者たる吉田は天皇が臣民と一体化することを警戒していた。自らが「股肱の臣」であるにもかかわらず「臣民」から「君側の奸」とされることに不安を抱えていたからである。吉田が国民の側からのナショナリズムを認めなかったのは、この恐怖による。

戦後日本の、とくに占領期のナショナリズムは、反GHQへ向かうエネルギーを生むのでなく、反吉田という屈折したかたちで現出することも予想された。その状況を理解するために、まず全国巡幸をめぐる占領期の下部構造の反応を、天皇の側近らがどう見ていたのかを知る必要がある。

第10章　宮中改革の端緒

GHQの内部対立が絡んだ人事

全国巡幸は昭和二十四年（一九四九）五月より再開された。五月十七日にまず京都に入り、翌十八日に福岡の小倉へ移動してから同県を皮切りに佐賀、長崎、熊本、鹿児島、宮崎、大分と実に二十四日間にわたる九州巡幸を行い、六月十一日にはまた京都大宮御所へ戻った。

昭和二十四年の巡幸は二十一、二十二年のものとはいくつかの点で内容が異なっていた。同行した侍従長三谷隆信の『回顧録　侍従長の昭和史』のなかに「弊害や誤解をさけるため、宮内庁側の供奉員を思いきって減員すると共に、地方で供奉の列に加わる人数を減らし、供奉自動車台数を数台に限定した。また献上品を一切受理せず、供奉中、供奉員は一切酒をのまぬことを自発的に申し合せた。供奉の侍従を二人にへらしたため、侍従は食事もおちついてとれぬ程忙しかったり、不便はあったが一同が緊張して奉仕したので能率はあがった」という一節があるが、以降の全国巡幸では質素で目立たず、とくにGHQ側の反発を買わぬよう心がけている。予算軽減の姿勢を示す必要があったからである。

しかしこのような天皇と宮中官僚の意に反して国民は想像を超える歓迎ぶりを示した。小倉の国立小倉病院、八幡の日鉄八幡など市内の施設には四十万もの人びとが集まったという。福岡県和白《わじろ》村の孤児収容施設の訪問後に天皇は次のような御製を詠んでいる。

よるべなき幼子どももうれしげに遊ぶ声きこゆ松の木の間に

全国巡幸で天皇は孤児の施設の視察を望み、子供たちを励ますことを何よりも優先した。佐賀県因通寺洗心寮を視察したときには、四十人ほどの戦災孤児が父母の位牌を抱いて奉迎し、天皇は彼らの頭を撫でては涙を流した。涙も隠さぬその姿に国民はなおさら感情移入したろうが、天皇がこの巡幸をどのように考えていたかは、後半からさらに明らかになる。

それが最も端的にあらわれたのは、被爆して長崎医大病院に入院中の永井隆博士を訪問したときであった。永井は見舞いを受けたあと「陛下は巡礼の旅をつづけておられる」と評したが、まさに昭和二十四年の全国巡幸では体裁や形式など問題にもせず、とにかく天皇は戦争というかつての国策について、謝罪の意を国民に示しておきたかったのだと考えられる。前年十二月にA級戦犯七名が絞首刑に処された事情もまた、天皇の胸中に何らかの影響を与えていたであろう。

昭和二十四年の巡幸では、マッカーサーも国民が日の丸の旗を振ることを認めた。巡幸が反GHQの動きを誘発することはない、むしろ天皇を中心にした国民意識の収斂こそ占領政策には好都合だと判断したからであろう。

占領期のこのような環境の推移には実際どのような意味があったのか。そこには昭和二十四年という時代背景と、天皇をめぐる宮中の力関係の変化も読みとれる。たとえば宮内府はこの年六月一日に宮内庁となった。それは宮内府法改正による名称変更というだけではなく、GHQが進めてきた皇室の縮小路線に沿うものであった。昭和二十二年五月三日の日本国憲法施行で宮内省が宮内府に変わり、人員も一気に六千二百人から千四百人に縮小されていた。さらに宮内庁に変わることで人員は九百三十人程度にまで減り、加えて総理府の外局とされた。こうした縮小はむろんGHQ側の意向で、天皇を権力をもたない「象徴」として、役割も限定するという狙いがあったのである。

天皇にとっての衝撃は、先にもふれたが、信頼する側近の宮内府長官松平慶民、侍従長大金益次郎、宮内府次長加藤進が昭和二十三年六月から八月にかけて退任したことであった。松平は東京裁判の首席検事キーナンらと独自のルートで接触を図っていたし、大金は吉田茂が御用掛として送り込んだ寺崎英成とともにGHQ内部にコネクションを築き、とくに参謀第二部（G2）の責任者ウィロビーに近かったとされる。そのため民政局（GS）の局長ホイットニーらは天皇周辺がきわめて保守的な人脈で固められているとし、松平や大金の更迭を企図した。つまりはGHQ内部に対立があり、G2がGSに屈伏するかたちで松平も大金もポストを離れることになったのである。このような対立に体力も消耗した松平が辞任を申し出ると、GSの示唆を受けていた芦田均首相がそれを認めた。

幹部更迭後の人事について宮内府側が突きつけた「陛下より年長者であること」「退位論者ではないこと」という条件に芦田は従い、結局は長官に田島道治を据えた。田島は東京帝大を卒業して銀行畑を歩み、戦後は親交のあった安倍能成《よししげ》に乞われて大日本育英会の会長を務めていた。皇室とは特段関係がなく新鮮な印象ではあったが、天皇とうまくやっていけるかという懸念もあった。『芦田均日記』によるなら天皇はこの人事を承知したが、一方の田島は、自分が長官を引き受けるからには侍従長も代えてほしい、ともに宮内府改革を進めたいと訴え、友人の三谷隆信を推した。三谷は外務省出身で、当時は学習院次長のポストに就いていた。

田島・三谷ライン

『芦田均日記』によれば、芦田が上奏して三谷を侍従長に推薦したとき、天皇は「三谷は知つてゐる、然し大金は当分御用掛りとして残したい、又宮内府長官と同時でないことを望む、少し遅れて発表したい」と答えたという。芦田の記述からは天皇の不満が表面的にしか伝わらないが、皇室ジャーナリスト岸田英夫の『侍従長の昭和史』（朝日新聞社　一九八二）には、当時の侍従次長鈴木一の証言が紹介されている。鈴木は鈴木貫太郎元首相の長男で、その証言によると天皇は独り言《ご》ちながら自室を歩きまわっていたという。

「ご信任の厚かった前侍従長に対して惜別の情につまされておられたのかもしれない。あるいはもっと深いところにお悩みがあったのでもあろう。何か大きな声で独り言を仰せられているのを初めて伺って、同席の侍従に尋ねて見ると、かつての戦争中の独り言の話を聞かせてくれたのである」

なぜ大金を代えるのか、天皇は宮中内部では不満を隠さなかったのである。

『回顧録　侍従長の昭和史』のなかで三谷は侍従長を引き受けた理由を次のように明かしている。注目すべき記述である。

「私は嘗つて外務省に人事課長をしていた頃陛下の御通訳を奉仕したこともあった。此の度の大戦の前中後と数年にわたる陛下の御心労と御苦難がどんなに大へんなものであったかも御推察申しあげていた。殊に戦後国民の精神的動揺もおさまらぬ際に、皇室のあり方が日本国の将来に如何に重要であるかは申すまでもない。いろいろ考えて不敬を顧みず御受けした」

田島・三谷ラインは松平・大金・加藤ラインとまったく性格を異にしていた。戦後の早い時期を担った木下道雄や松平、大金らとは皇室に対する思想も天皇観も違っていた。そのような田島・三谷ラインを白眼視した旧来の宮廷官僚の不満は首相の芦田へと向かった。芦田はライバルだった吉田茂の宮中改革とはまったく異なる空気を田島・三谷ラインで生み出したと言えるが、この構図はGHQの民政局、GSの勝利を意味していた。

田島・三谷ラインはキリスト教人脈という見方もされていた。田島はクリスチャンではなかったが、新渡戸稲造の弟子であり、周囲にはキリスト者がいた。田島・三谷ラインをキリスト教人脈と捉えることは正確とは言えないが、そのような見方がされ得るリベラルな地肌はあった。これこそ松平・大金・加藤ラインとはまったく異なる点であった。

そのように見ていくと全国巡幸の後半が前半とは異なる様相を呈したことも理解できる。もとより省から庁に至る改革があり、予算や人員も縮小されるなか、自発的に「献上品を一切受理せず」とした点など田島・三谷ライン主導の全国巡幸は、天皇が生身の「人間」性を前面に打ち出せる舞台づくりであった。また天皇もこの舞台で自らの意志を遂行していったと言えよう。松平や大金はGHQの顔色を窺いながらさりげなく〈天皇制下の軍事主導体制〉を〈天皇制下の民主主義体制〉にスライドさせることを企図し、天皇とも一体化していた。しかし田島や三谷はあくまでも〈天皇制下の民主主義〉を創出することにこだわったのではないだろうか。

思うに田島や三谷は〈天皇制下の軍事主導体制〉と〈天皇制下の民主主義体制〉はまったく別のシ

ステムで、前者を徹底的に批判し解体することで初めて後者が成立すると見ていた。両者は同じ範疇の概念ではなく、まったく別の次元に属するもので、新たな〈天皇制下の民主主義〉は、かつての〈天皇制下の軍国主義〉のいかなる芽も潰し、排除することで確立し得ると考えていたのである。

加藤恭子の『昭和天皇「謝罪詔勅草稿」の発見』には、宮内府長官だった田島が天皇の意を受けて作成したという戦争責任についての謝罪詔勅草稿が紹介されている。そのなかには「希有の世変ニ際会シ天下猶《なお》騒然タリ　身ヲ正シウシ己レヲ潔クスルニ急ニシテ国家百年ノ憂ヲ忘レ一日《いちじつ》ノ安キヲ偸《ぬす》ムガ如キハ真ニ躬《み》ヲ責ムル所以ニアラズ」という一節に混じって「静ニ之ヲ念《おも》フ時憂心灼《や》クガ如シ。朕ノ不徳ナル、深ク天下ニ愧《は》ヅ。身九重《きゅうちょう》ニ在ルモ自ラ安カラズ、心ヲ萬姓ノ上ニ置キ負荷ノ重キニ惑フ」とあり、国民に対する天皇の謝罪の意が明示されている。その草稿の厳密な作成日は定かではないが、昭和二十三年秋と想定し得るから、天皇は東京裁判の推移に心を痛めていた時期で、戦争が国民に与えた損害の大きさになおのこと困惑していたと思われる。

謝罪詔勅草稿をまとめた田島の姿勢は、このような天皇との接触のなかで育まれたものであろう。〈天皇制下の民主主義体制〉への単なるスライドなど無理で、やはり〈天皇制下の軍事主導体制〉の完全否定こそ前提にしなければならない。その天皇の認識が、田島に伝わった結果とも思える。天皇の意志が理解され、全国巡幸の後半はまさに、旧体制を徹底的に批判するという視点で行われたと分析できるのである。

加藤恭子の『田島道治　昭和に「奉公」した生涯』（TBSブリタニカ　二〇〇二）によれば、田島は九州巡幸に同行した日々を綴っている。田島のこの日記には「赤旗八代《やつしろ》及川内《せんだい》両市ニ見ル『天皇ヒロヒトニ申スアナタハ……』ノ文字ヲ見ル」とか「諫早奉迎場ニテ赤旗一本アリ　若者苦笑シテ持テリ其近クニ祖国連盟ノ万古天皇ノ旗アリ」など天皇制に批判的な人びとの描写もある。さらに六月十一日の項には「下関発後□道側ヨリ少ニ不穏ノ噂アリトキク　広島管内石ヲツミシコトアリトキク　京都駅着後　次長ノ伝言ヲ以テ藤田皇宮警察本部長ヨリ不穏ノ内容キク　侍従長　主務官ト相談　市電通リ　還幸ト決シ　先行車等鉄道ノ用意ト危害ニ対スル供奉員ノ注意ヲ申シ合セ」とも記されている。国民の間には天皇に対する「不穏」な動きが確かにあった。田島の日記にはこのような政治的傾向の表面化が記録されていたのである。

昭和二十四年は占領期六年九ヵ月の前半と後半の分水嶺だったと言える。それは東西冷戦下、GHQの政策が当初の「非軍事化」「民主化」から極東における西側陣営の拠点化という方向へ転換したことを意味する。加えて占領政策の主眼も政治から経済の領域へと移行していった。ドッジラインに基づく緊縮予算と人員整理の断行で労働争議が深刻化した。GHQはいわゆる進歩派の陣営に圧力をかけるため、不穏な情勢を理由に共産主義者を職場から追放するレッドパージを企図した。吉田内閣もGHQと一体化して人員整理による緊縮財政、労働運動への介入、そして共産党の非合法化などを模索しはじめた。

昭和二十四年には、自殺か他殺かもわからない国鉄総裁下山定則が轢死した下山事件、中央線三鷹駅構内で無人電車が暴走、脱線して二十数名の死傷者を出した三鷹事件、福島県の東北本線松川駅付近で列車が転覆して乗務員三名が死亡した松川事件など、未だ真相が解明されていない事件が起こり、労働争議も多発した。マッカーサーは共産党を名指しで批判し、民主主義とは相容れない、既成の秩序を破壊する集団だと決めつけるようになった。

シベリア抑留者の帰還と巡幸の日程

昭和二十四年という時代状況のなかで、巡幸が東京や大阪などの都市圏で行われていたなら様相を異にしたかもしれない。つまり政治的キャンペーンとして国民の反感を買う可能性があった。しかし九州では、むろん福岡の炭鉱地帯でも巡幸は行われたが、この労組とて赤旗で示威することなどなく、一時的に労使紛争が休戦状態になったほどである。とはいえ巡幸に田島が同行したのは、国民の暴力を恐れたからとも言えるし、また率先して天皇を守ろうという意志のあらわれでもあったろう。

その頃はシベリア抑留者の帰還が多くなっていたが、収容所で思想教育を受け、共産主義に染まって帰国する者もいた。なかには「天皇島への上陸」と称し、日本での革命を高言する者も混じっており、巡幸の日程はこのようなコミュニストの動きも考慮して決めなければならなかった。九州巡幸を終えるといったん京都に寄り、東京へ戻ったのは六月十二日だが、その日程にはソ連からの帰還者を避けるという配慮も窺えた。七月四日、百十一名の帰還者が舞鶴から京都駅に着くと、警察は構内に赤旗を持ち込むことを禁じた。帰還者を支持した共産党員らがともに警官隊と乱闘する事件も起きた。共産党のパンフレットがこの乱闘の模様を詳細に描き、国民にも配布されるなど、確かにそのような状況下での巡幸は危険だと天皇の側近には映じていた。しかしこの九州巡幸では天皇に危害が及ぶような事件は何も起こらず、田島や三谷は安堵している。

かつての天皇は巡幸時の自らの振る舞いや国民との会話について大金や加藤に質問し、助言を求めた。それは国民と初めて接することに対する不安のあらわれでもあったが、田島と三谷には相談した節がない。つまり天皇自身が国民といかに接すべきかを学習したとも言えるし、また軍国主義を完全に否定する意志が伝わることを確信したとも言える。宮内庁は昭和二十四年の九州巡幸時に天皇が詠んだ御製を八首公表している。前述の涙も隠さなかった佐賀県因通寺洗心寮での孤児たちを詠んだ次の歌をはじめ、国民の姿を忘れまいとする内容のものが多かった。

みほとけの教まもりてすくすくと生ひ育つべき子らにさちあれ

前章で熊本県の開拓地の復員家族について詠んだ「かくのごと荒野が原に鋤をとる引揚びとをわれはわすれじ」という御製を紹介したが、九州巡幸では佐賀県の目達原《めたばる》や長崎県の大村など入植地を必ず訪れている。いずれも天皇自身の強い希望で、これは松平・大金・加藤ラインの当時では考えられないことであった。昭和二十一、二十二年の社会情勢では入植地を巡幸先に加えるなど論外で、治安上の不安が増すようなことは避けられたからである。

国民のありのままの姿を見せ、戦争に対する胸中のわだかまりをわかりやすく表現してもらう、それが田島・三谷ラインによる全国巡幸の基本的なプランだったと思われるが、結果的には天皇にも都合よく運んだ。しかしこのように自信をつけていく天皇の変化を、国民が具体的にどう受け止めたかについて明確に判断できる史料はない。むろん昭和二十四年の巡幸にふれた論はあるが、その歴史的意味を充分に分析しているとは思えないのである。

天皇は全国巡幸の後半をとおして〈天皇制下の軍国主義〉を清算する意志表示をしたと私は考えている。そして〈天皇制下の民主主義〉の守護者たる自らの役割を認識し、これを妨害する共産主義勢力の脅威を自覚するようになったと思うのである。

天皇が田島・三谷ラインをどのように評価したかの判断は分かれる。しかし田島が小泉信三を皇太子の「御教育常時参与」にするよう説得し、認めさせたのは、戦後の天皇制の行方を定める出来事だったと言える。その小泉の「教育」を経て、やがて田島・三谷ラインは〈民主主義下の天皇制〉へと着実に歩を進めていくことになる。天皇に収斂していた国民の感情と意識は、占領下でも持続するかに見えたが、しかし田島・三谷ラインがこの解体を予想することで、上部構造のナショナリズムはもう一つの位相をもつようになった。その点を認識しておく必要がある。

第11章　「戦後民主主義」の表象

「昭和二十四年」という分水嶺

〈民主主義下の天皇制〉は宮内庁の新しい官僚らが戦後空間でめざした方向である。新しい官僚とは宮内庁長官の田島道治や侍従長の三谷隆信などで、旧体制下の側近とは異なる人脈に属すが、彼らの思いには確固たるものがあったと考えられる。

彼らのめざす方向が明らかになったのは昭和二十四年（一九四九）である。前章でも記したが、この年は連合国による占領期六年九カ月の分水嶺となった。日本を東西冷戦下の「西側陣営の橋頭堡」とする政策を進めた占領期後半では、前半の「非軍事化」「民主化」路線は抑制された。最も単純な戦後史観は、昭和二十四年からの連合国の「逆行」が日本の民主化を抑圧したというものだが、しかしそれは皮相的な見方でしかない。なぜなら前半の民主化自体、戦勝国が日本の旧体制を解体すべく採った政策にすぎず、国民の意思を汲むものではなかった。国民はただ〝与えられた民主主義〟に馴らされ、戦後日本にふさわしい体制だと一方的に思い込むのみであった。この国民の受動性が共産主義の温床になり得るという諒解を、日米両国の指導者は昭和二十四年には共有していたのである。

二月に発足した第三次吉田茂内閣は十八日の初閣議で「経済安定政策こそ最優先すべき課題、均衡予算の徹底を図らなければならない。各省は抜本的に経費の節減に努める」と申し合わせ、何よりもまず敗戦国の財政状況から抜け出すことを喫緊の案件とした。もとよりそれはＧＨＱの意思でもあり、実際マッカーサーは吉田に対して「経済安定九原則」を示し、輸出振興、健全財政で立て直すよう命じていた。

大蔵大臣は元事務次官の池田勇人であった。池田が作成した予算案はＧＨＱの財政顧問ドッジに「生ぬるい」と評された。ドッジは「現在の日本経済はアメリカ国民の税金による援助と国内の補助金システムの両足から成りたっている」と看破し、歳出を抑えるための行政整理、補助金および大幅な公共事業費の削減こそ前提だと要求した。日本の財政は一時的に苦しくなるが、結果として経済が立ち直るのはこのドッジ予算によったと言える。

その予算案を国会に提出した吉田は「でき得る限り早く光明のある未来を招来するためには、手術は早きを必要とし、国家をしてこの手術に耐えしむるためには、一に国民諸君の不動の信念と熱烈なる愛国心の協力にまたねばならないのです」と述べた。国民も利己を捨て、経済的愛国心に目覚めなければならないと訴えたのである。昭和二十四年は、非軍事化や民主化とは別に、日本が経済的に自立していく記念すべき年となるが、それは占領を受け身で捉えていた国民の意識に冷水を浴びせることにもなった。

確かにこの予算案で社会不安は高まった。企業の合理化は人員削減にも及び、十二月には失業者数が三十数万に達した。それを受けての左翼運動に対し、吉田は反共政策を明確に掲げた。東西冷戦下で日本の反共姿勢を鮮明にし、アメリカとの絆を積極的に強めようとしたわけだが、むろんこの方針を吉田内閣が独自に進めることはできなかった。マッカーサーおよびＧＨＱの直接間接の支援がなければとうてい不可能であった。

昭和二十四年はまたGHQ内部にも変化をもたらした。占領期前半に主導権を握っていた民政局（GS）のホイットニーやケーディスなどニューディーラーが急速に力を失うのだが、もとより参謀第二部（G2）のウィロビーらが積極的に民主派将校を追い落とした結果でもあった。ウィロビーの回顧録『知られざる日本占領』には、どのような方法でGSの将校を追い落としたかが記されている。調査や手法について「私の個人的興味によってなされたものではない」としながら、ウィロビーは次のように述べている。

「日本占領直後の混乱期をすぎ、ほっとひと息ついたとき、ワシントンの机の前で想だけを練っている連中は、それまでの〝民主的対日政策〟とやらが、どうやら行き過ぎたものであり、このまま日本の〝民主化〟がすすめば、アメリカの占領政策の破綻はいうにおよばず、日本自身が共産主義化してしまうということに気がついたのだ」

東西冷戦下、国家の基本方針として赤化を許さないアメリカの姿勢が、文字どおり占領政策の柱になった。昭和二十四年に相次いだ下山事件、三鷹事件、松川事件には共産主義者の犯行という見方がある一方で、反共陣営の謀略という見方があるのもまた周知のことである。

昭和二十四年四月、GHQは「団体等規制令」の公布を命じた。表向きは反GHQや軍国主義を標榜する組織に対する規制令だが、実際は共産主義勢力の動きを封じる点に主眼が置かれていた。そのような施策を通じてマッカーサーは自らの反共姿勢を明確にしていく。アメリカの独立記念日である七月四日、マッカーサーは日本国民に向けて声明を発表した。共産主義勢力が自由の名のもとにむしろこれを阻害していると断じたのである。

そういった情勢を背景に、昭和二十四年秋からは対日講和の具体的な進め方が国際社会でも論じられるようになる。九月にはワシントンで戦勝主要国のアメリカとイギリスの外交責任者が会談し、講和条約の早期締結を図るべきだという認識が共有された。またソ連も同様の流れに傾きつつあった。しかしこの流れは自由主義陣営のみとの単独講和か、あるいはソ連を含めた全面講和かを日本に迫る局面ともなり、国内では両者の論争が激しさを増した。

天皇とマッカーサーの会見

以上のように「昭和二十四年」を見てくると、いくつかの点に気づかされる。つまり日本が置かれた状況は占領期前半から大きく様変わりしたわけだが、では昭和のナショナリズムの視点で分析すると、どのようなことがわかるのか。まず上部構造は連合国、とくにアメリカの国益を軸にしており、全面的に従ったという見方ができる。もとより占領下の日本が、自身の国益を軸に連合国と対峙する局面などなく、それ自体考えられないことであった。

占領下の政策がアメリカを利した一方で、日本は何を得たのか。あらためて「昭和二十四年」を徹底的に検証する必要がある。アメリカの国益に寄り添うほうが得策だったのか、あるいは抗するほうが理に適ったのか。思うに日本の政治指導者が選択したこの年の政策は、基本的には国益に合致している。と同時に、アメリカの国策にただ追従したのではなく、日本の国益のために闘った側面もあったように思う。それは吉田の政治力に負うところが大きく、つまりアメリカの国益に合致させながら、日本の国益をも追求していたと言えるのである。とくに天皇と吉田にはこのような傾向が顕著であった。

では上部構造が選択した日本の国策は、下部構造の利益をも代弁していたのか。あるいはかつての軍事主導体制のように、上部構造が下部構造を一方的に抑圧していたのか。あわせて考えてみなければならない視点だが、しかし前提とすべきは、占領期前半のGHQによる非軍事化と民主化が、マッカーサーと日本国民の間に一種前向きな関係性を醸成したにもかかわらず、両者に首相として介在した東久邇宮稔彦、幣原喜重郎、吉田、芦田均らはその政策に必ずしも協力的ではなかったという認識である。一方、純粋に非軍事化・民主化路線を理想とした社会党の片山内閣とて、GHQ側の信頼を得られたわけではなかった。占領期前半の政治指導者はアメリカの国策に対する充分な分析力をもたず、日本の国益ばかり考えたために内閣を維持することができなかったと言えるのである。

対して占領期後半では、確かに日本の上部構造の政策立案者はGHQ側と非常に理想的な連携をしたと思える。しかしより詳細に分析すれば、ここにも闘いがあったことが明確になる。その闘いをまずは天皇とマッカーサーの関係において検証する必要がある。私見を言えば、天皇は「昭和二十四年」の重要性を最も的確に捉えており、田島道治、三谷隆信ら新しい宮中官僚とは一線を画し、マッカーサーとの会見に臨んでいた。また同時に天皇は、再開を許された全国巡幸で、自身へ向けられた国民の眼差しを現実的に捉えてもいた。

天皇はマッカーサーとのべ十一回の会見を行っており、第一回が昭和二十年九月二十七日、第二回が昭和二十一年五月三十一日、第三回が同年十月十六日、第四回が昭和二十二年五月六日、第五回が同年十一月十四日、第六回が昭和二十三年五月六日、第七回が昭和二十四年一月十日、第八回が同年七月八日、第九回が同年十一月二十六日、第十回が昭和二十五年四月十八日、第十一回が昭和二十六年四月十五日であった。なお十一回目の訪問は、解任されたマッカーサーが離日する前日の儀礼的なもので、政治性はなかったという。

これを見て気づくのは、昭和二十四年の三回という数である。前年と翌年の会見が一回だったので確かに目立つ。

日本人警察官としてMPの通訳も務めた原田弘の著書『MPのジープから見た占領下の東京』（草思社 一九九四）によれば、アメリカ大使館警備の折、MPから「今日ヒロヒトが来るよ」と告げられても、原田は「ヒロヒト」が理解できなかったという。そのうえ日本側には情報が入っておらず、天皇の御料車に警護がつかないことも多かったと記されている。つまり天皇のマッカーサー訪問はほとんどが政府にも伝えられず、非公式に行われたことになる。

昭和二十四年の最初の会見は一月十日で、前年十二月二十三日にA級戦犯七名が処刑された直後である。こうした状況に天皇の退位も論じられたが、マッカーサーは慰留した。天皇は謝意を表し、その意思がないことを書簡でも伝えた。これが前年末のことなので、会見は退位論をめぐるものだったと推測できる。さらに吉田内閣の解散で総選挙も行われることになった。そのような時局で二人は何を話し合ったのか、もとより不明ではあるが、きわめて政治色の濃い内容だったことは想像に難くない。

この年二回目の会見は七月八日、前述したアメリカの独立記念日におけるマッカーサーの声明の四日後で、つまり過度の民主化政策の是正が示達された直後である。三回目の十一月二十六日は、国内では緊縮財政で経済が疲弊していた頃だが、国際的には対日講和条約の枠組みが論じられていた時期であり、いずれも天皇が東西冷戦下で政策をより明確化するＧＨＱ側に即応したことがよくわかる。三谷隆信が回顧しているように、天皇は思い立てばマッカーサーに会いに行ったというから、その方針を確認し、自らの意志を伝えるため、昭和二十四年は率先して会見を申し込んだと言えよう。しかし残念ながらこの会見の内容はいっさい公表されておらず、天皇自身も終生明かすことはなかった。

だがあくまでも推測は可能である。天皇は昭和五十年（一九七五）秋に初めてアメリカを訪れた。そのさい「一時はまことに不幸な時代」が日米間にあったと遺憾の意を表し、遠回しに謝罪したうえで「終戦直後の混乱期において、貴国が我が国に対し、好意と援助を寄せられたことにつき、この機会に、貴国の政府並びに国民に対し、深く御礼を申し上げる次第であります」と述べている。終戦直後の混乱期にアメリカが日本を救ってくれたという天皇の思いは一貫していた。それは天皇が食糧援助を要請し、マッカーサーがこれに応えたという二人の会見の具体的な成果に基づく信念だと考えられているが、しかし一方では、東西冷戦下で自身の反共の意志を支えてくれたという思いも込められていたのではないだろうか。

天皇はマッカーサーに対し、戦災で飢えている国民の現状を訴え、その苦境から救ってほしいと何度も要請した。マッカーサーはこれに応え、ララ物資といったアメリカ本国からの食糧援助や、戦勝国の一部に賠償放棄を求めるなど、復興支援を約束すると同時に、自力更生の注文も忘れなかった。それが経済安定九原則であり、ドッジ予算であった。

思うに天皇はアメリカの国益を軸とした占領政策に一定の理解を示しながら、旧体制の解体も急ぐべきだと考えていた。さらに天皇は、国民の苦境に乗じて共産主義勢力がはびこるのを断固阻止するという意志をマッカーサーと共有していた。そして、この意志を現実に施策として進めたのが吉田内閣だったと私は考えるのである。

「巡幸再開決議」

昭和二十四年に再開された全国巡幸は、天皇にとって二つの意味があった。一つは共産主義勢力に対峙すること、もう一つは国民との回路を確認し、上部構造のナショナリズムを伝達することであった。国民の思考は共同体の生活の規範や倫理観に裏打ちされており、その下部構造へ巡幸の意味をいかに伝えるかが問題であった。昭和二十三年に巡幸が中止されたときには、これがまだ行われていなかった地方の町村で、住民の要請による「巡幸再開決議」が採られていた。天皇は自らが思い描く「回路」を、実際に確認することになったのである。

昭和二十四年、二十五年に天皇が詠んだ御製の多くは国民と接した感慨を表現している。昭和二十四年の御製は先にも紹介したが、一月の歌会始の御題は「朝雪《あしたのゆき》」であった。

庭のおもにつもるゆきみてさむからむ人をいとどもおもふけさかな

国民の生活を直視する天皇の思いが滲み出た御製である。では、たとえば次のような歌は何をあらわしているのか。

外国《とつくに》につらさしのびて帰りこし人をむかへむまごころをもて

国民《くにたみ》とともにこころをいためつつ帰りこぬ人をただ待ちに待つ

戦争に対する自責の念が読み取れる御製だが、もとより天皇はその思いを直接口にはしていない。しかしながら、天皇は全国巡幸を通じて戦争に対する胸中のわだかまりを国民に示したと私が分析するのは、このような御製に含まれた意味を指す。

天皇はマッカーサーと対峙しながら、新たなナショナリズムの枠組みを模索し、また国民と接しながら、かつての軍事主導体制が強いた大きな犠牲に自責の念を募らせていた。占領下という戦後空間の民主主義は、その天皇の二つの顔から発せられたと私は考える。これは戦後民主主義という理念の見事な演出であり、GHQの占領政策がそこに組み込まれていったとも言えよう。天皇は旧体制が犯した過ちを自ら整理し、新体制へとスライドさせることに歴史的使命を感じていた。「戦後民主主義」が表象しているのは、まさにこの天皇の姿勢ではなかったか。

ケネス・ルオフの『国民の天皇　戦後日本の民主主義と天皇制』(高橋紘監修　木村剛久、福島陸夫訳　共同通信社　二〇〇三)は、新憲法のもとで芦田首相が上奏を減らそうとしたことにふれている。その芦田を呼び出し、「時々参内して食糧事情や経済状況を奏上して貰ひたい」と述べた天皇について、ケネス・ルオフは「政治から引き離されることを望まず、内奏の回数を減らそうとする首相に抵抗した」と分析する。そして吉田内閣になると内奏は実質的に復活し、戦前同様のかたちになったと解釈するのである。

この見解に間違いはなく、天皇が政治指導者の上奏を求め、吉田もまた戦前同様のかたちを踏襲したのは、両者に一致点があったからだと思われる。芦田が天皇との一致点を見出せなかったのは、日本をどのような方向に進めるかというビジョンに欠けていたせいである。天皇と吉田の一致点は、つまりは〈天皇制下の民主主義体制〉を構築し、戦後占領期にあって確固たるものにするという歴史的意志だったと言える。

とはいえ天皇と吉田は完全に一致していたわけではない。吉田自身は「臣」の信念をもっていたが、戦後民主主義をめざす空間で、天皇がこのような忠心を必要としたとは思えない。旧体制下では股肱の臣の証となった忠義を吉田が尽くすほどに、逆に新時代の天皇制を台無しにする恐れがあると考えていたのではないだろうか。しかし天皇はその危険性をあえて口にせず、占領下という現実のなかで、マッカーサーら連合国の要求を抑止し得るのか、「臣」を自称する政治指導者の力量を見極めていたように思える。この点、吉田は天皇の意に沿うかたちで、戦後民主主義の空間をつくり上げたという見方もできよう。とくにそれは講和へと至るプロセスによく示されていたのである。

第12章　吉田茂の占領政策「改廃」要望

マッカーサー解任二日前の書簡

占領下の日本では、昭和天皇や吉田茂ら政治指導者とGHQの、施策をめぐる闘争が陰に陽に続けられていた。一方で天皇と吉田ら政治家が思い描く国家像も、すべてが一致していたわけではなかった。共通点はまさに〈天皇制下の民主主義体制〉なのだが、しかし前提となる国民の捉え方については、天皇と吉田には認識の差があった。

国民が「市民」としてのさまざまな権利を獲得しても、意識が「臣民」の枠組みを逸脱することはないと天皇は信じていた。反して吉田は「臣民」と「市民」の両立はあり得ないと見ており、GHQが主張する市民的権利には一定の制限を加えなければならないと考えていた。これまでも指摘してきたとおり、天皇と吉田には意思の疎通が充分に図られていなかった。天皇は吉田の支配に対する国民の反感が自らに及ぶことを恐れていた節もあった。

吉田が占領初期のマッカーサーの理想主義的肌合いやGHQ民政局（GS）スタッフの民主化政策に違和感をもっていたことは先にふれた。昭和二十三年（一九四八）、二十四年とマッカーサーがしだいに反共色を強め、参謀第二部（G2）のウィロビーを重用するに至って、GHQの民主派将校に対する吉田の反発は露骨なものとなった。吉田はそのような時の訪れを密かに期待していたのである。

この吉田の潜在的な意思が、ある時期一瞬垣間見えた。吉田は占領期前半のGHQによる非軍事化と民主化という二つの政策を覆すべく画策したのである。歴史年表にわずかながら吉田の本心が素顔を覗かせたと言ってもいい。この事実を検証することで、占領下の吉田の真意が浮かんでくるはずである。私たちはその事実にいささか鈍感で、本質を正確に理解しないまま吉田の人物像を歴史年表に刻んでいたと思えてならない。

マッカーサーがトルーマンに解任されたのは一九五一年四月十一日、つまり昭和二十六年のことである。このときマッカーサーは連合国軍と国連軍の最高司令官を兼ねていた。前年六月に始まった朝鮮戦争は一進一退を続けており、義勇軍の名のもとに中国が兵を送り込んでからの戦況は、国連軍に有利とは言えなかった。そのような状況下、中国に対して国民党を支援するかたちでの第二戦線を開くべきだという考えがアメリカの下院にも生じていた。マッカーサーはこれに応じる旨の書簡をある下院議員に送っていたが、それはトルーマンの政策とは大きく隔たっていた。ほかにも対中国政策をめぐる確執があり、結果的にトルーマンはマッカーサーの解任に踏み切った。これはアメリカでシビリアン・コントロールが機能していることの証左であり、日本の政治家にも重要な教訓を与えた。

マッカーサーの解任を耳にした吉田は明らかに困惑し、GHQの外交局長や対日理事会議長を務めていたW・J・シーボルトより、アメリカの政策およびいま進められている対日講和の動向に何ら変更はないとホワイトハウスの訓電を伝えられても、動揺を隠せなかった。さらにシーボルトは内閣総辞職などせぬようそれとなく諭しもしたが、吉田は弱々しく頷くだけであった。このとき吉田は「個人的にもマッカーサーには借りがある。自分が政治的にうまくいっているのは彼のおかげであり、天皇制を日本が保持できているのも彼の力による」と呟いたとされる。その辺の事情はのちの国務省日本課長リチャード・B・フィンの『マッカーサーと吉田茂』に記述されているが、フィンに限らずGHQの要人も吉田の衝撃が大きかったことを一様に認めている。

後任はリッジウェー大将に決まり、マッカーサー解任から三日後には来日してGHQの司令官室に入った。リッジウェーはまだ五十六歳で、第二次大戦ではヨーロッパ戦線にいた。同じくフィンの書によれば「物静かな実務家で確固たる目的意識の持ち主である彼は、マッカーサーのような芝居っ気はまったくないチームプレーに徹する人間だった」とされ、有能な行政官との評価もあった。とはいえリッジウェーは日本の占領政策について詳しい知識をもっておらず、シーボルトやGSのスタッフがさまざまな角度から情報と助言を与えた。彼らの助言は日本人指導者に会ってもなるべく庶民には会わないようにとか、天皇を訪ねないほうがいいといったマッカーサー流の方法論も含んでいたが、リッジウェーが優先して着手すべき政策だと自覚したのは対日講和であった。実際リッジウェーは吉田に会っているし、四月十八日には来日したダレスを交えて三者会談も行っている。また天皇もリッジウェーを訪問し、就任に対する儀礼を欠かさなかった。

こうした一連の動きのなか、表面的には単なる儀礼上の訪問だったが、実際には吉田は巧妙に外交の策を弄していた。吉田はマッカーサーとの別離を単純な感傷で捉えていたわけではなく、四月十八日のリッジウェー、ダレスとの三者会談でそれは発揮された。まだ占領政策の全体像を摑んでいないリッジウェーに対し、吉田はある書面を示しながら発言を試みた。これは吉田がマッカーサーに宛てた昭和二十六年四月九日付の書簡で、つまり解任二日前のものである。そのときの吉田の発言を猪木正道の『評伝吉田茂』（下　読売新聞社　一九八一）やフィンの書などから再現してみる。日本は潔く無条件降伏し、マッカーサー元帥の指導を仰いでいる、という意味の発言をしたうえで、吉田は次のように述べた。

〈あらためて占領政策について申し上げたい。占領期間の諸改革のなかには現在の情勢に適合しないものもある。できるなら占領期間中に改正するのが適当で、すでにマッカーサー元帥には伝えており、原則的に賛成をいただいている。私の要望書を事務方にまとめさせたが、今回の交代となって提出の機会を失った〉

歴史として記録されることを避けた〝クーデター〟

吉田の弄した策が狡猾だったとされるのは、占領下の日本の政治方針を根本から変えてしまう内容が「要望書」なるものに含まれていたためである。前掲の袖井林二郎編訳『吉田茂＝マッカーサー往復書簡集［一九四五―一九五一］』にはこの「要望書」が書簡とともに収められている。そこには、同じく日本を去ったホイットニーの後任であるGS局長フランク・リゾー大佐の書き込みで「四月一五日一八時一一分吉田首相より手交　フランク・R」とあり、袖井によるなら「マッカーサーがこの手紙を見ていない確率は高い」という。つまり吉田はトリックを用いて占領政策の変更を企図したことになるのである。

そのトリックは、占領期前半のGHQによる民主化政策を根本から変えてしまおうという吉田の意図を裏づけている。つまり〈天皇制下の民主主義〉の枠組みをGHQ側から自らの主導に変えるという密かな〝クーデター〟を狙っていたと考えられるのである。この事実はあまり分析されていないのだが、占領期のナショナリズムを考えるうえでは非常に重要な意味をもつ。吉田の策がうまくいけば、実質的に占領政策そのものを骨抜きにし得るからである。吉田はマッカーサーとリッジウェーの交代にともなう時間的な間隙を衝き、次のようなトリックを使ったと言っていい。袖井の分析をもとに整理してみる。

吉田は昭和二十五、二十六年にマッカーサーと会うたび、日本は東西冷戦下で極東における西側陣営の反共の砦としての地位を固めたいと強調し、次のように語っていた。

〈あなたもこの考えに異存はないだろうし、アメリカの国益にも合致すると思う。しかし占領期前半の日本であなた方は過度な非軍事化と民主化の政策を進めた。むろんそれが悪いと言うのではない。日本人は過度な軍国主義に偏り、広い視野をもつことができなくなっていたからだ。しかし現状を見るに、反共の砦としての国家体制をつくるためには、占領期前半の民主化政策の行き過ぎを改める必要がある。もっと日本的な土壌に適した政策を採り入れなければならないと思う〉

吉田がしばしば語ったこのような内容について、マッカーサーは一部には納得し、一部には不快の表情を浮かべたという。吉田は四月九日の会見時も同様に語り、書簡も渡した。マッカーサーは頷いたり頷かなかったりした。そして四月十一日の解任である。

すぐに吉田は事務方に自らの要望書をまとめさせた。しかし吉田の指示にもかかわらずそのサインがない。また十五日にGSに届けられているが、このときすでにマッカーサーは最高司令官のポストにいない。つまり要望書は、マッカーサーの諒解を得ていると称して吉田がGSの局長リゾーに手渡し、さらに十八日のリッジウェー、ダレスとの三者会談でも持ち出したものであった。

そのような推移から、吉田が占領期前半の政策を変更するためにGHQの内部事情を利用した様子がわかるのだが、マッカーサーに政策の手直しを持ち掛けていたことは、確かに吉田の『回想十年』もふれている。

「同元帥から原則的に賛成を得ていたものがあったので、これを要望書に纏めて提出するばかりの段取りになっていた。そこへ突然同元帥への解任命令が来たのである。そこで私はこの会見に際して右の要望書を携行し、ダレス氏の面前でこれを新司令官に提出した次第であった」

マッカーサーが四月九日付の書簡を見ていない確率は高いとした袖井の指摘とは異なり、また要望書を十五日にGSに届けたことにもまったくふれておらず、十八日の三者会談で初めて提出したかのような記述になっている。恐らく歴史として記録されることを避けたのだろうが、一方でサインがないのも、GSの局長リゾー大佐のメモによるなら「〔日本〕政府や党内グループが自分たちの利害に関わる問題でしかもスタッフ級では簡単に判断できないと信じている事柄について、最高司令官に直接たのみこんで欲しいという要請」を装ったためだと考えられる。その方法なら責任を逃れられるし、たとえ拒否されても傷つくことはない。

どう転んでも自分に損はないという立場で吉田が突きつけた占領政策の変更プランである「要望書」には、きわめて興味深い内容が網羅されており、現在これはアメリカ国立公文書館新館（NAⅡ）の民政局ファイルに収められている。

「占領下で発布された法律政令のうち改廃が望まれるもの」と題されたそのファイルは、「Ⅰ法律」「Ⅱポツダム政令」「Ⅲ行政機構の改正」の三つの分野に分かれている。さらに「Ⅰ法律」は、「A国家公務員制度」「B地方自治制度」「C家族制度」「D警察制度」「E教育制度」「F経済法」「G訴訟手続」「H労働法」と分かれる。この内容を吟味すると、大まかに次のようになる。

国の業務の多数が地方公共団体に一任されているのを改め、内閣の権限を強くして帰属させる。つまり中央集権体制の確立をめざすこと。家族制度を復活させ、家長制にすること。国家警察と自治体警察の再編成を行うこと。六三三四制を見直し、国の教育行政を強化すること。ほかにもポツダム政令を見直して一部を廃止することなどが強調されている。

リチャード・B・フィンの『マッカーサーと吉田茂』は「列挙された項目は、吉田のような保守派ならではのものばかりで、追放問題が落ちていることを除けば、彼がもっとも嫌った占領政策一覧表だった」と記しているし、袖井も『吉田茂＝マッカーサー往復書簡集［一九四五―一九五一］』の解説で「吉田の提案は、占領下になされた民主改革の根幹にふれるものが多く、簡単にいえば逆コースへの青写真といえる」としたうえで「マッカーサーが日本で達成した数々の民主的改革を目の前で打ち壊せといっているに等しい」と結論づけている。両者の見方はいずれも的を射ているように思うが、しかし、はたしてそれだけでいいのか。

「能力のもっとも高い日本の保守派の哲学」

占領下にあって、吉田はGHQが主導した政策の変更を期していたことになる。フィンは「追放問題が落ちている」と言うが、吉田にとって旧体制の政治、軍事指導層の追放は当然で、再び彼らに権力を与えてはならず、自らのライバルの復活など許すわけにはいかなかった。この意味で吉田がリッジウェーに要望したのは、まさに「臣茂」が前面に出た国家像だったのである。〈天皇制下の民主主義体制〉でも、基本的に国民は臣民でなければならず、ために占領政策を変えれば、天皇と臣民の関係は成り立つと吉田は考えていたのではないだろうか。吉田は日本人の体質や文化的成熟度を信用していなかった。安易に時代風潮に流される国民性だと『回想十年』でも冷ややかな目で見ている。ゆえに国民が市民的権利をもつことで共産主義に乗ぜられ、「人民」に変貌してしまうのを恐れていたのであろう。

しかし吉田の詐術的〝クーデター〟はGSに阻止された。フランク・リゾーを中心とするスタッフは、占領が連合国の方針に沿って進められているかぎり、要望書にあるような変更はできないと判断した。とくに占領政策は最高司令官の一存ではなく、極東委員会の決議とアメリカ政府の命令で行われるのであり、司令官の交代後もそれは変わらないとの見解が日本側にも伝えられた。加えて、日本の民主化政策をGHQ自身が止めるかのような印象を与えるのは好ましくないとの判断も示された。

吉田のクーデターはアメリカ政府内部にも波紋を広げた。シーボルトはその要望書について国務省へ書簡を送り、次のように述べたという。日本の保守派哲学の本音があらわれているとの指摘である。

「認識しておかねばならないのは、この根源的な保守思想が土台にある支配的な考え方を示しているだけでなく、われわれにもっとも協力的で、われわれの政策実施を支援する能力のもっとも高い日本の保守派の哲学でもあるという点である」（フィン『マッカーサーと吉田茂』）

日本の民主主義をさらに発達させるために、要望書で示したような改革が必要だとあくまでも控え目に言っただけ、というポーズを吉田はとりつづけた。旧体制の臣民が急激に「市民」となるのではなく、新体制のもとでも臣民でありつづけることを内心めざしたわけだが、それを吉田は表面に出すまいとしていた。しかしシーボルトは吉田のこの意図を見抜いていたのである。昭和二十六年四月にさりげなく演じられたそのドラマは、吉田の思惑どおり、歴史上でもさほど大きな意味で語られてはいない。だがアメリカン・デモクラシーあるいは戦後民主主義を、日本のナショナリズムの側に引き寄せようとする試みだったことに間違いはない。

吉田の試みは失敗したかのように見えるが、実はかたちを変えて続くことになる。吉田が要望書を提出してから約二週間後の五月一日のメーデーに、リッジウェーは特別声明を出し、「われわれの占領政策の緩和という方針はこれからも維持されるのであり、日本政府がそのためにGHQの交付した現行法規を再審査することはかまわない」と述べた。日本に対して被占領の意識を払拭させ、講和条約交渉へ向けて自立を促すという意味がこの声明にはあった。日本人に占領からの脱却をめざすよう説いたとも言える。吉田はすぐに応じ、首相の私的諮問機関として「政令諮問委員会」を発足させた。あの要望書に対するアメリカ側の本音だと、いささかとぼけた口調で吉田は周辺に漏らしたが、むろんそれは彼なりの計算であった。

政令諮問委員会のメンバーは石坂泰三（東芝社長）、原安三郎（日本化薬社長）、板倉卓造（時事新報社長）、小汀利得《おばまとしえ》（日本経済新聞社顧問）、木村篤太郎（元司法相）、前田多門（元文相）、中山伊知郎（一橋大学長）の七人が務め、発足と同時に追放令の解除の適正化と迅速化を促した。そして占領下の法律や法令の見直しに入ると、むしろ日本が講和条約発効後にどのような政治体制をつくるかの論議となり、結果的に吉田政治を補完する方向へと進んでいった。委員の大多数はもともと吉田の考えに近く、とくに国民を「臣民」の枠組みに止めるという点で共通していた。

占領終了後の日本の国家体制をどうするか、吉田は先見性のある策を考えていた。自由党を意のままに動かすため党三役の人事を独断で決めたり、あるいは自身に忠誠を誓う官僚出身の政治家や、党人脈でも反抗しない者を次々と重用しはじめた。官僚出身で吉田の意に沿うタイプがしだいに多くなってきた。そんな吉田の態度に、追放中の鳩山一郎を支えた三木武吉《ぶきち》や大野伴睦ら党人脈は距離を置くようになる。彼らから側近政治だと批判されても、吉田はまったく意に介さなかった。

昭和二十六年九月のサンフランシスコ講和会議までの条約条文作成のプロセス、そしてこれに出席する全権団や政令諮問委員会などの人選を通じて、吉田は国際社会の原則に適う新たな「ナショナリズム」を定着させ得る布陣を意図したのである。

第13章　吉田茂の「同志」

アメリカ軍駐留の依頼

講和条約の締結に至るまで、吉田茂は巧妙に、GHQとの間にいくつか布石を打ち込んでいる。この布石は同時代史のなかでも相応の重みをもつという確信が、政治家としての吉田にはあったのであろう。

この吉田の布石の一つとして、前述のマッカーサーとリッジウェーの交代時における、狡猾に仕組んだ占領政策見直しの要望がまず挙げられる。結果的には失敗したが、吉田はとくに感想も漏らさず、何気なくやりすごすというポーズで、歴史として記録されることをかわしたと言えよう。

昭和二十六年（一九五一）四月のその布石については、以前のものを確認することで、占領政策の骨抜きを企図したきわめて巧妙な吉田の内心がわかってくる。以前の布石とはたとえば、昭和二十五年四月、朝鮮戦争の開戦直前に直系の池田勇人蔵相をアメリカへ派遣したことである。吉田は信頼の篤かった白洲次郎も池田に同行させている。表向きは対米経済関係の調整だったが、密かに吉田は親書を託していたのである。

吉田の親書はアメリカ政府に宛てたもので、誰に渡すかは決めていなかった。池田には「ワシントンで適当な人物がいたら渡すように」と託していた。アメリカ政府に意見を伝えたいのであれば、本来はマッカーサーを訪ねて直接頼むのが筋だが、むろん承知のうえで吉田はルール違反とも言える試みを行ったのである。しかもこの親書の内容は当時の吉田が本音を正直に綴ったものであった。リチャード・B・フィンの『マッカーサーと吉田茂』によれば、その親書には次のような一節があったという。

「日本政府はできるだけ早くアメリカと講和条約を結ぶことを正式に希望する。このような講和が出来た場合、日本及びアジア地域のその後の安全を保障するために、アメリカの軍隊を日本に駐留させる必要があると自分は考えるが、もしアメリカ側からそのような申し出をしにくい事情があるならば、日本政府としては日本側からそのような申し入れをする用意がある。この点について、従来から日本の憲法学者の意見も聞いてみているが、アメリカ軍を駐留させるという条項がもし講和条約のなかに設けられれば、憲法上はそのほうが問題が少ないであろうけれども、日本側から別の形で駐留の依頼を申し出ることも日本憲法に反するものではないとの見解を憲法学者は示している」

これはのちに「吉田ドクトリン」と呼ばれる日本の国策決定の基準となった内容で、要は東西冷戦下、アメリカの陣営に与《くみ》する姿勢を明確にし、講和条約の交渉を有利に進めたいとの意味を含んでいた。そのような考えはもとより池田には知らされず、マッカーサーにも打ち明けられていないが、この政治的意思を前提に、講和条約締結時に日米の安全保障条約を結べばいいとの判断が吉田にはあった。

池田はその親書をワシントンで会談したドッジに託し、アメリカ政府に渡してほしいと頼む以外なかった。しかし実際このルートで受け取った国務省は、日本政府の正式文書としてマッカーサーに逆流させ、吉田にとっては自らの政治力を見せつける結果となった。

吉田の思惑自体は、講和条約を担当する国務省顧問のダレスにとっても渡りに船であった。というのもダレスは、吉田の思惑どおりに条文の作成を進めようとしていたからである。以後、吉田とダレスの間には強固な回路が築かれていく。それはマッカーサーに対する吉田なりの牽制でもあったろう。

なぜ吉田はアメリカ政府とのこのような関係を意図したのか。むろんマッカーサーは頭越しの交渉に激怒した。マッカーサーは裏工作を嫌悪するタイプで、吉田とはもちろんのこと、GHQと日本政府の関係までもが失われるのではないかと危惧し、またアメリカ側でも激しい論議を呼んだ。しかし吉田には僥倖があった。すぐに朝鮮戦争が始まり、マッカーサーと険悪になるどころか、協力態勢を組まなければならない情況になったのである。

朝鮮戦争が始まった頃、吉田は来日したダレスと講和条約の条文について相談した。アメリカ政府内では国務省が早期講和と日本国内の基地軽減をめざしていたが、逆にペンタゴンはどちらにも反対で、軍事的に日本を支配しておかなければならないという信念に固まっていた。吉田はアメリカの外交と軍事の意見の違いを巧みに利用した。吉田の国策決定の基準となる国益とは、国務省とペンタゴンの意見の折衷で、アメリカ政府内の二つの機関の対決の上に、自らの政治力を置くことであった。

講和条約発効以後の人材

吉田の巧妙な手法については、ジョージ・ケナンの『二十世紀を生きて――ある個人と政治の哲学』（関元訳　同文書院インターナショナル　一九九四）の一節が見事に言い当てている。戦争を終わらせるさいの「無条件降伏」に多くの欠点があったのではないかと、ケナンは次のように指摘している。

「敗戦国の政権が戦後の体制策定に有意義に参加することを排除するからには、きたるべきことについて、戦勝国に全責任を負わせる反面、敗戦国を一切免責にすることになる。しかも、敗戦国の全国民を、その将来の策定に加わらせないことが望ましいし、それが可能であると想定することにもなる。これは短期間ならできようが、長期間は不可能である」

まさにケナンの言うとおり日本の占領政策にはそのような側面があったし、吉田も「長期間は不可能」との思いを抱きつつ、極秘の親書で敗戦国の政権が戦勝国による体制策定に参加することはないというポーズを装っていた。また吉田は、マッカーサーを排除することでこのポーズが有効性をもち得るとも計算していた。吉田は再軍備の要求にはいっさい頷かず、日本の防衛には責任をもつから基地を提供してほしいとダレスが言い出すよう仕向けたのである。

昭和二十五年十月、吉田は自身の顧問として二つのグループを組織していた。いずれのグループも講和条約の有益なアドバイザーたることを期待した人選である。新任の最高司令官リッジウェーの声明を受けて発足させた政令諮問委員会の七人の顔ぶれとあわせて検証すると、講和条約発効後の日本を動かす人材はどのようなタイプであるべきか、吉田が明確に意識していたことがわかる。つまりその人選に、吉田がめざす戦後社会のナショナリズムの方向性が凝縮されているのである。吉田はこのように遠景を見つめながら、戦後社会に復権すべき自身の意を汲む人材のリストをつくり上げたと言ってもいい。いずれのグループにも講和条約についての意見を求めるという名目を掲げていたが、実は彼らの政治的発言力を増幅させることが吉田の狙いであった。かつて私は拙著『吉田茂という逆説』で次のように書いた。

「第一のグループは、政界、言論界、そして財界の指導部に位置する有力者で、そこには小泉信三、有田八郎、古島一雄、津島寿一、馬場恒吾、横田喜三郎、向井忠晴などが入っていて、占領下の日本の経済、言論、外交、そして政治面の指導者が含まれていた。彼らに共通しているのは、戦前、戦時下に軍人たちとはほとんど接点をもたなかったことであり、そしてその思想傾向もほぼ吉田と一体であった」

ただし、必ずしも吉田の志向と完全に合致するタイプの人選だったわけではない。たとえば同じ外務省出身の有田八郎とは考え方が異なっていた。しかし有田の剛直な性格を吉田は気に入っていたのである。一方、もう一つのグループについては、かつて私は次のように書いた。

「吉田が戦前、戦時下から注目していたとされる陸海軍の軍人たちである。ここには、陸軍からは辰巳栄一、下村定、河辺虎四郎、それに海軍からは堀悌吉、富岡定俊、榎本重治などが加わっていたが、なかでも辰巳とは駐英大使時代の駐在武官としての親交があり、ひときわ強い信頼を寄せていた」

ほかの軍人は辰巳の推薦だが、吉田はあくまでも意見を聞くだけの関係に止めた節がある。吉田にはかつての陸軍の政治将校に対する不快感こそあれ、決して好感はなかった。加えて海軍の軍人については深い知識がなかったことも、この人選からは窺える。とくに対米英開戦時に軍令部の作戦課長だった富岡定俊は、今次の戦争の責任を負うべき海軍の指導者の一人であった。そのような軍人を吉田がどれぐらい重用したのかは定かでないが、充分に胸襟を開いたとは言い難い。彼らの意見はほとんど無視していたように見えるからである。

吉田は二つのグループに同じテーマを検討させている。たとえば講和条約の条文として、場合によっては日本全域を非武装地帯にする案を吉田は示唆した。この「非武装地帯案」をどう考えるかという問いに対し、第一のグループは非現実的だと回答してきた。ところが第二のグループのなかには、敗戦時の参謀次長河辺虎四郎のように、戦略として暫定的なものであればかまわないとの意見も出た。

こうして吉田はいくつものテーマを与えては講和条約をどのようなかたちにするか、いかにその後の国づくりの土台とするかを詰めていった。吉田の戦略は、自らの同志となり得る人物を再確認し、共通の政治空間をつくるために布石を打つことだったと言える。

吉田のこのような人心掌握術のなかから、私たちはいくつかの基礎的な枠組みを感じとらなければならない。吉田は三つの政治的方向性を自らに課していたが、一つは指導する側とされる側の間に一線を引くことであった。前出の第一グループに名を連ねた有力者、また政令諮問委員会の七人のメンバーなどは「指導する側」であった。国民にどれほどの識見を示せるかが吉田なりの基準だったとも言える。

もう一つは反共の姿勢を明確にすることであった。吉田は国是として反共は自明と考えており、これには妥協があってはならないと自覚していた。第二グループはその点では吉田の信頼が篤かったが、第一グループでは有田のようにのちに容共的な姿勢を採り、吉田と袂を分かつ者もいた。

そしてもう一つは「臣民としての自覚」ということになろう。天皇に対する敬慕や崇拝の念がなければ指導者たり得ないというのが吉田の考えで、臣民であることを忘れた者にはいっさい妥協しなかった。

エリートの自覚、明確な反共姿勢、あくまでも「臣民」として幅広い教養や専門の知識をもっていること、この三つの政治的方向性を兼ね備えた知識人を吉田は意図的に重用したのである。

「リベラリスト」の復権

講和条約発効後に前面に出てくるそうした人脈は、大雑把な言い方をすれば「リベラリスト」というイメージで語ることができる。この「リベラリスト」が昭和前期にどのような状況にいたかを確かめておく必要がある。というのも吉田は、昭和前期に軍事主導層と折り合いが悪く不遇だった人物こそ、以後むしろ復権すべきだと考えていたのである。

自分と肌の合う「リベラリスト」がなぜあの時代に折り合いをつけられなかったのか、いや意見もせず口を閉ざしてしまったのか、それを吉田は確かめたかったのだと思われる。だからこそ「リベラリスト」と認める人脈を抱え込んだのではなかったか。そして昭和六年の満州事変以後、死に絶えていた吉田の考える「ナショナリズム」を、復権させようと企図したのではなかったか。

馬場恒吾は昭和初年代、十年代に憲政擁護の旗振り役を務めた人物で、典型的な近代の自由主義者であった。いわば吉田好みのリベラリストで、馬場の言論は上部構造において反軍部、反ファシズムの特徴をもっていた。この言論人は明治四十二年（一九〇九）にアメリカへ渡り、ニューヨークで日本を紹介する英文誌の記者や編集長を務めた経験をもつ。大正二年（一九一三）には帰国し、国民新聞社の外報部長、編集局長を務めるかたわら普選運動に挺身、一時は社会民衆党の結成に協力して同党の顧問となるなど、政治的にもアメリカ民主主義を志向する言論人としての活動を続けていた。むろん昭和十五年（一九四〇）以後は反軍的、反国策的だとされ、戦時体制下では執筆禁止同然の立場に置かれた。戦後は一時期読売新聞の社長に担ぎ出され、昭和二十一年の争議ではGHQの命令で編集局長の退陣などを強行し、混乱を拡大させてもいた。しかし共産党指揮下の組合運動とは一線を画す姿勢を貫いており、まさに吉田が望む政治的方向性をもつ人物であった。

馬場の戦前の論調は、近代日本の上部構造が軍部による支配へと傾き、それが反国民的体制を形成するというものであった。軍事主導体制に利点はないと批判した目的は、国策決定の基準たる「国益」に、少しでも国民的広がりをもたせる必要があるとの思いに尽きていた。まさに「リベラリスト」の特徴であり、馬場はこの立場を見事に代表していた。

昭和十二年六月の馬場の文章に「政治評論家の憂鬱」という一篇がある。昭和二十年十一月刊行の『平和と自由への驀進』（高山書院）に収められた評論だが、日中戦争が始まる一ヵ月前もので、当時の世相に対する鋭い批判となっている。

「ファッショは言論なくして行動である。ファッショ陣営にも何か理屈めいたものがないではないが、それは先行した行動を弁護する為めに、後から付けた理屈である。ヒトラアの自伝めいたもの『我が闘争』を読んで見ても、理論はなつてゐない。只ドイツ民族は起ち上がらねばならぬといふ素朴な感情を何遍くりかへして絶叫してゐるだけだ。感情の爆発であつて、理論の展開ではない。其所にヒトラアが成功した原因があるが、同時に又それは政治評論家からは高く買はれない理由である。

何故日本人はそれほどファッショを嫌ふかと云へば、この国民性は極めて常識的であつて極端を欲しない。それは長い歴史の訓練の結果だと思はれる。日本は島国であつたが為めに、外国から侵略された事がない。その為めに日本民族は自己固有の国民性を発達せしめることが出来た。外国から侵略されない代りに、日本は大陸の文化的影響を自由に取り入れた」

昭和十二年から十五年にかけて、馬場はこうした評論で、日本はファナティックになるような国ではないと何度もくり返した。むろん日本が狂信的な方向に傾いていたがゆえの警告であったろう。そのような論考を突き詰めていくと、馬場の主張には、本来は上部構造の国策決定の基準を規制するはずの、下部構造たる共同体の生活の規範や倫理観が、現実には機能していないとの思いが込められていたことがわかる。と同時に、上部構造の政策は、明確な理論で説明されなければならないと主張していたこともわかる。

吉田は馬場のこのような見解に恐らく賛同していたであろう。昭和十年代には「同志」の範疇に入れていたと思われる。しかし吉田の目に止まった知識人が、真に日本国民の心情を代弁していたかと言えば、それはまったく別の問題である。

第14章　講和条約発効時の「おことば」

アメリカ製の演説

講和条約交渉、サンフランシスコでの講和会議、そして日本の主権回復へと至る道筋で、吉田茂が重用した人物にはいくつかの共通点があった。前述のとおりそれは戦前、戦時下に軍部とはほとんど接点をもたなかったことで、吉田が主権回復後の日本社会にどのような指導層をつくり上げようとしていたかが充分に窺えるのである。

前章でふれた馬場恒吾の論旨は議会制擁護、軍部権力拡大の批判で、親英米的であり、確かに昭和十年代後半の吉田の考えと多くの点で共通していた。しかし戦後社会においては、天皇を敬慕、崇拝する臣民としての自覚を必須と考える彼らは、いわば保守の原型としての矛盾も抱えており、これが講和条約発効前後に浮き彫りとなる。つまり昭和十年代には有効性をもち得たが、二十年代には意義が薄れたと思える考え方なのである。その矛盾を検証すると、昭和十年代の吉田の反軍部の姿勢が歴史的な意味をもちながら、戦後社会では必ずしも説得力を有していたわけではないという現実が見えてくる。

とくに昭和十六年（一九四一）に病死した反軍部の言論人で個人雑誌「他山の石」（一九三四―四一）

を刊行しつづけた桐生悠々は、吉田とは直接の関係がないものの、多くの点で重なっていた。戦後、吉田に重用された人物の大半が桐生の支援者だったのである。ゆえに桐生の言論とあわせ、占領下のナショナリズムという視点で検証していかなければならない。桐生は憎悪に近い言葉で市民的権利を蹂躙する軍事主導体制への批判を続けた。しかしその根拠は明治天皇の憲政に対する信頼で、五箇条の御誓文に基づくものであった。

本章では、講和条約発効前後の昭和天皇および吉田を中心とする指導層の人脈を確認しておきたい。ここからわかってくるのは〈天皇制下の民主主義〉がやがて〈民主主義下の天皇（制）〉に移行する芽が育まれていく状況である。

昭和二十六年九月七日、サンフランシスコで行われた講和会議で、吉田は各国のスピーチのあとに条約受諾の演説をした。当初は英語で演説するつもりだったが、「アチソン議長が、『ソ連もロシア語でやっているのだから、日本語で演説してはどうか』という。私は『国粋主義誠に結構』と直ちに同意した」と吉田は『回想十年』に記している。とはいえ吉田は、日本語による演説がむしろ不愉快で、まったく張り合いがなく、途中を飛ばすことを考えたなどとも記している。英語で国際社会に復帰したかったと言っているかのような口振りである。

演説では、必ずしも講和条約に満足していないが、各国に日本の状況を知っておいてもらいたいと前置きしたうえで「領土の処分」「経済に関する問題」「未引揚者の問題」など個々の懸案について意見を述べた。そしてマッカーサーやリッジウェーの好意ある支援のもとに復興も成し遂げたと語っている。「今日の日本はもはや昨日の日本ではないのであります。新しい国民として平和、デモクラシー、自由に貢献すべしとの各位の期待を決してゆるがせにしない覚悟であります」とも語っている。

演説の最後では「過去を追懐し将来を展望したい」と、自らの見解を述べており、そこには近代日本をごく簡単に俯瞰した表現もある。太平洋戦争の被害の実情を各国から聞かされて「われわれはこの人類の大災厄において古い日本が演じた役割を悲痛な気持をもって回顧するものであります。私は古い日本と申しましたが、それは古い日本の残骸の中から新しい日本が生れたからであります」と遠慮深げに応じている。

全体としてこの演説は儀礼的な意味合いが強く、東西冷戦下であえてソ連を刺激するような表現を用いるなど、アメリカ追従そのものと映る。もともと草稿は日本で二通作成され、一通は吉田自身が練りに練り上げた内容だったという。吉田はこの草稿で天皇の諒解を得たと言われているが、しかし実際の演説に使われたのはアメリカ側の要求で書き直したものであった。とくに事実上の駐日大使シーボルトが吉田の英語力を評価せず、日本が相応の「ディグニティ（威厳）」を発揮するなら演説は日本語で行うべきだと強く要求したという。吉田が苦々しく回想したのは、自らのプライドが傷つけられたからだと言えよう。草稿にどの程度アメリカ側の手が入ったかについては、三浦陽一著『吉田茂とサンフランシスコ講和』（大月書店　一九九六）が事実経過を丹念に追っている。

「けっきょく事実は、まず日本側との連絡係だったシーボルトらが、右のように松井〔明。外務省で内閣情報局情報官、調査局長などを歴任し、昭和天皇の通訳も務めていた〕秘書官の前で日本の草稿を大幅に手直しし、議場で調整役をしていたダレスが、そのあと西村〔熊雄。外務省条約局長〕の前で再チェックしたのであろう。シーボルトの回想は、自分が手直しした事実を中心に述べ、外務省の記録は、ダレスが最後のアドバイスをした部分だけを述べたものと思われる。つまり、吉田演説のかなりの部分がアメリカ製だったことが事実であることになる」

国際社会に復帰するといっても、これでは事実上、占領体制が連合国からアメリカ一国になるようなもので、日本国内でも吉田の演説の評判は芳しくなかった。講和会議後に同じくサンフランシスコで吉田が日米安全保障条約を結んだことは、複数国から単独国の占領支配へ移行するという歴史的な意味をもった。吉田は九月十四日に羽田に戻るなり何らかの騒動が起きると予想した節がある。吉田自身、条約の内容に怯えていたのである。

「非退位ニ仕立タ話」

吉田は帰国翌日の九月十五日、天皇のもとを訪れて講和会議の報告を行った。天皇もまた代表団五十人近くを皇居に招いて労った。ひとまず主権を回復したことが国内の喜びであった。とくに天皇はその喜びを御製に詠んでいる。宮内庁が昭和二十七年に公表した御製二十首のうち五首は「平和条約発効の日を迎へて」の歌である。調印の年には貞明皇太后の死があり、皇太子の立太子礼も行われたが、そうした悲しみや喜びより講和条約をめぐる歌のほうが多く公表されたことに、天皇の特別な感情が読み取れる。次に「平和条約発効の日を迎へて」五首のうち三首を記しておきたい。

国の春と今こそはなれ霜こほる冬にたへこし民のちからに

風さゆるみ冬は過ぎてまちにまちし八重桜咲く春となりけり

胸中には主権を回復したという率直な喜びがあるのだろう、さらに次の一首を読むと天皇の感情の一端にふれることができるのではないか。

わが庭にあそぶ鳩見ておもふかな世の荒波はいかにあらむと

自らの今後の律し方、また国民はどのような運命に向き合うことになるのかという思いが読み取れる。恐らく天皇は世上で言われる退位論に悩んでいたのであろう。

講和条約の締結から発効へと至る昭和二十六年九月より二十七年四月にかけて、天皇は退位を考えていたという説が有力である。昭和二十年八月から九月、A級戦犯に絞首刑の判決が下された昭和二十三年十一月、そして昭和二十六年九月から翌年四月までの三度、天皇には退位の意向があったとされている。吉田がそれを抑えたというのが定説になっているが、実際はどうだったのかを検証しておく必要がある。

加藤恭子著『昭和天皇「謝罪詔勅草稿」の発見』は、宮内庁長官だった田島道治の日記をもとに、この頃の退位をめぐる動きについて紹介している。加藤の重要な指摘から、天皇と吉田、また田島や侍従長三谷隆信をはじめ、当時とくに存在感を増していた小泉信三など自ら重用した人脈と吉田の間に、亀裂が生じていった過程を明らかにしたい。加藤によるなら、昭和二十六年九月八日の田島の日記には次のような記述があるという。

「10.45 − 11.40　小泉氏訪問　東宮〔皇太子〕様　義宮〔のちの常陸宮〕様御訪問感想ト　講和ト非退

位ニ仕立タ話　吉田ニ陛下御尋問ノ件ノ意見キク　天野〔貞祐《ていゆう》〕文相訪問　首相ト話合ノAbdi〔abdication＝退位〕ニ関スル事要領話ス（中略）官房副長官来訪 Ridgway 首相代理トノ話」

その内容について加藤は「詳しくはわからないものの、講和条約締結にあたり退位するかどうかの話が出ていることへの対応であろうか」と記す。また加藤は「講和ト非退位ニ仕立タ話」の意味が不明だとしているが、確かに判然としない。しかし天皇が講和条約と自らの退位に関して吉田に相談し、吉田が「非退位ニ仕立タ」というのが史実に近いと分析できるのではないだろうか。この問題に対する「意見」を小泉に聴いたことが田島の日記からは窺えるのである。また、翌九日の田島の日記には次のような記述があるという。

「九時参殿者候所ニユキ益谷（秀次）首相代ニ9.45ニアフ　調印ノ報告　侍従長奏上ス　昨日ノコトハ Ridgway ハソノ為トノコト　安倍訪問 10.30 - 11.45　東宮様ノコト　講和ニ付陛下ノstatement トノコト　コレニ関スル Abdi ノコト　陛下首相ニ進退御謀リノコトノ可否」

九日は日本時間で講和条約締結の日だが、田島は宮内庁長官の立場から天皇に「調印ノ報告」をし、そして学習院院長の安倍能成を訪問している。この記述が重要なのは、田島が安倍を信頼し、だいたいのことを相談している点である。調印の報告をしたとき、講和条約締結を機にどのように対応すべきかを天皇と話し合ったことが窺えるが、田島は判断できずに安倍のもとを訪れ、一時間十五分も話し込み、日記にはその項目のみを書き残したと読めるのである。

加藤は「講和についての天皇のステートメントという表現が初めて登場した。またこれには退位も関連してくる。今は退位すべき時期ではなく、先頭に立って復興に努力しなければならないとは思うが、一応進退についての首相の意見を聞いた方がよいのではないかと、安倍能成と田島が話し合ったのであろうか」と推測しており、思うに的確である。自身が声明を出したいと言ったのか、あるいは田島ら側近がそれを勧めたのか、このあたりは不明ながら、しかし天皇にその思いがあったことは想像に難くない。天皇は退位の意向を吉田に漏らしたようだが、この問題についてどう考えるべきかもまた話し合われたのかもしれない。しかし平成二十六年（二〇一四）九月に発表された『昭和天皇実録』は「退位」についていっさいふれていない。

その後、退位問題が宮中側近の間で具体的に話し合われた形跡はない。吉田が天皇の意向を正面から受け止めず、立ち消えになったと思われる。天皇の退位の意向についてははっきりしていない点もあるが、講和条約の締結を機に何らかのメッセージを発すれば、むしろ「政治的な立場」を明確にしてしまうというのが、田島や三谷の共通の判断だったと考えられる。

昭和二十七年（一九五二）四月二十八日に至る田島の日記の内容は、退位論とは別に講和条約発効時の「ステートメント」づくりへと移っていく。この案件について田島が小泉や安倍に相談したことが日記からは窺えるが、一方で昭和二十七年に入ると、四月二十八日の講和条約発効をめざし、どのような「おことば」を発表するかで交わされた自身や三谷ら側近と、吉田ら政治指導者とのやりとりも記されていく。

加藤が指摘するように、確かに天皇は戦争責任を感じており、何らかの意思表示が必要だと田島は考えていたと見られる。昭和二十六年十二月には、やはり安倍や小泉に相談して「おことば」の草稿を見せ、助言を求めている。翌二十七年一月の日記にも「おことば」の草稿をめぐる記述があるというし、二月に入ると完成稿が小泉に届けられている。さらに三谷や宮内庁次長の宇佐美毅とも議論を交わしており、三月、四月と話し合いは続けられている。

そのような経緯を見ていくと、講和条約発効時の「おことば」について、自ら接する天皇の、たとえば戦争責任を痛感し苦しむ姿などをありのまま表現すべきだと田島は強力に主張していたことがわかる。この主張が天皇の意向によるものか否かは判然としないが、田島がそれほどまでに動いたことから、天皇自身の呻吟も激しかったと解釈するほうが理に適っている。

当時の侍従の一人で、のちに侍従長となった徳川義寛は『侍従長の遺言』(朝日新聞社　一九九七)や『徳川義寛終戦日記』(朝日新聞社　一九九九)などの記録を残している。『侍従長の遺言』には三月二十二日の興味深い事実が記されている。この日は田島の拝謁後、たまたま吉田や松平康昌式部官長にもその機会があったと記し、このときに退位をめぐる何らかの動きがあったのではないかという。もともと松平は木戸幸一が内大臣のときに秘書官として仕えており、当日も巣鴨プリズンに収容されている木戸との連絡役を担っていたという。松平は天皇に、退位説と言われる木戸の考えを伝えたのかもしれない。あるいは吉田がそのような伝言に対して、天皇には必要ないことと言ったとも考えられる。

徳川は『侍従長の遺言』で、この日、吉田が田島を大磯の私邸に呼び「田島さんに、『退位なし』との引導を渡したのではないかと思うのです」と語っているが、その間の事情はいま一つはっきりしない。しかし、こうして退位論には決着がついたと考えられる。

ただ田島の日記には、四月に入っても依然として「おことば」をめぐる記述が続き、天皇と高松宮もそれを話し合ったと書かれている。

消えた「厳しい文」

講和条約発効と憲法施行五周年の記念式典は皇居前広場で行われ、天皇と皇后が出席した。ここで天皇は「おことば」を述べるわけだが、その内容こそ六カ月余、田島を悩ませた問題であった。この「おことば」は『徳川義寛終戦日記』に全文が掲載されている。

平和条約は国民待望のうちにその効力を発し、ここにわが国が独立国として再び国際社会に加わるを得たことはまことに喜ばしく日本国憲法施行五周年の今日この式典に臨み、一層同慶の念に堪えません。さきに万世のために太平を開かんと決意し四国共同宣言を受諾して以来年をけみすること七歳、米国を初め連合国の好意と国民不屈の努力とによってついにこの喜びの日を迎うることを得ました。ここに、内外の協力と誠意とに対し衷心感謝すると共に戦争による無数の犠牲者に対しては、あらためて深甚なる哀悼と同情の意を表します。また特にこの際、既往の推移を深く省み、相共に戒慎し過ちをふたたびせざることを堅く心に銘ずべきであると信じます。今や世局は非常の機に臨み、前途もとより多難ではありますが、いたずらに明日を憂うることなく、深く人類の禍福とこれに対する現世代の責務とに思いを致し、同心協力事に当たるならば、ただに時難を克服するのみならず、新憲法の精神を発揮し、新日本建設の使命を達成し得ることを期して待つべきであります。すべからく、民主主義の本旨に徹し、国際の信義を守るの覚悟を新たにし、東西の文化を総合して国本につちかい殖産通商を振興して民力を養いもって邦家の安栄を確保し世界の協和を招来すべきであると思います。

この時に当り、身寡薄なれども過去を顧み、世論に察し、沈思熟慮、あえて自らを励まして、負荷の重きにたえんことを期し日夜ただおよばざることを恐れるのみであります。こいねがわくは、共に分を尽し、事に勉め相たずさえて国家再建の志業を大成し、もって永くその慶福を共にせんことを切望してやみません。

この「おことば」は明確に退位を否定している。「身寡薄なれども過去を顧み、世論に察し、沈思熟慮、あえて自らを励まして、負荷の重きにたえんことを期し日夜ただおよばざることを恐れるのみ」という一節などは、来たる時代にあって自らの役割は何かをきわめて謙虚に語っていると言える。また「既往の推移を深く省み、相共に戒慎し過ちをふたたびせざることを堅く心に銘ずべきであると信じ」という一節などは、かつての〈天皇制下の軍事主導体制〉との訣別を誓っているかのようである。さらに「世論に察し」という表現は、まさに〈天皇制下の民主主義〉を意味すると考えてよかろう。

新聞は「独立日本の門出を祝う、『おことば』」といった受け止め方をしている。〈天皇制〉は占領期の民主化、非軍事化でつくられた体制を踏襲するものだということを確認する報道でもあった。

先の加藤の『昭和天皇「謝罪詔勅草稿」の発見』は、実際の「おことば」では田島の考えた「天皇の悔恨と謝罪の念を表現する厳しい文」が消えたと指摘する。そのうえで「必ずしも天皇ご自身の真意ではなかった可能性があるのではないだろうか」と記す。田島の半年に及ぶ「おことば」作成の動きが実ったわけではないとも言う。しかしこの「おことば」は、確かに直接的な表現で天皇の戦争責任を語ったとは言えないが、行間にはきわめて精緻な思いが宿っていると解することもできる。

「おことば」が退位を否定しているのは誰もが認めることである。徳川義寛も「世上の退位説は退けられた」と記しているし、吉田はそのような論自体が不謹慎だという立場をあらためて強調した。

この「おことば」をめぐる動きは、表面的な経過とはまったく別に、天皇制のあり方に影響力をもつ人物をあらためて整理してみせた。吉田にとっては重用すべき人物と一線を画すべき人物がはっきりしてきたということでもある。田島はもともと芦田均首相のもとで選出されており、その天皇観も吉田とは隔たりがあったため、忌避される側に立つこととなった。吉田は田島の考える天皇戦争責任論に強い反感をもっていたのである。

しかし一方で、時に吉田との連携を保ちながらも一線を画した小泉信三を中心とするグループは、新たな天皇像の模索を皇太子教育に賭けたと言える。この「おことば」は、田島を軸とするさまざまな宮中人脈の天皇像を浮かび上がらせることになった。そして何より小泉を中心とするグループは、吉田とはまったく別のかたちでメディアに登場し、新しい言論人として独自の天皇像をめざしていく。それは吉田とは肌合いの異なる〈民主主義下の天皇制〉の確立という流れになったのである。

第15章　開かれた皇室

「現人神にはならない」

エリザベス・グレイ・ヴァイニング夫人は"Quiet Pilgrimage"（『静かなる巡礼』一九七〇）という回想録を著した。昭和二十一年（一九四六）十月に来日してからの、四年間に及ぶ学習院での英語教師としての生活にもむろん相応の記述を割いており、日本に関係する章を抜き出したこの邦訳版『天皇とわたし』（秦剛平、和子訳　山本書店　一九八九）には、いくつかの興味深い事実が記されている。たとえばヴァイニング夫人は滞日中、何度か連合国軍最高司令官のマッカーサーに会っている。時には日本での生活上の不満を訴えることもあったようだが、マッカーサーとの会話について明かされたのは次の一節である。

「元帥は陛下のことを語るときはつねに親しみと憧憬を込めて、科学者としての生物学へのご関心や、純朴で誠実なお人柄、生来の洗練された『高潔なお人柄』を賞賛された。〔中略〕元帥はわたしに『天皇は日の下のことは何でもお話しになるが、ご子息のこととなると一度も口にされたことがない』と言って、陛下と皇太子の関係を尋ねられたことがあった。わたしはそのとき陛下と皇太子との情愛深いつながりや、陛下への少年皇太子の尊敬の念の深さ、陛下への賛辞を耳にされるときの嬉しさいっぱいのご表情を語ることができて満足だった」

昭和天皇が皇太子のことをマッカーサーにいっさい語ろうとしなかったのがわかるが、これには明確な意志があったとも言えるであろう。マッカーサーはそのような天皇の意志を理解できず、ヴァイニング夫人も回想した内容を自身真に感じていたかとなると、いささかの疑問が生じてくる。なぜならヴァイニング夫人は葉山の御用邸に招待されたとき、天皇、皇后に皇子や皇女とともに過ごすよう具体的に提案していたからである。

しかし彼女のこのような提案は、宮内庁側に容れられないという現実があった。ヴァイニング夫人は皇太子に、家族とともにいることがいかに重要かを説いたというが、それは自我の芽生えを意識しての教育であった。もとよりヴァイニング夫人だけが皇太子の教育で大きな役割を果したのではなく、学習院の教師や東宮職の奉仕者らが、新たな時代の君主像を模索して皇太子に示唆したことも重要な意味をもったと言えよう。

『天皇とわたし』を読んで気づくのは、ヴァイニング夫人の交遊範囲が意外なほど皇太子周辺の人脈に広がっていることである。実際に元宮内次官の関屋貞三郎夫妻とは教会仲間だったし、避暑で過ごす夏の軽井沢では、開戦直前に特命大使としてワシントンへ派遣されていた来栖三郎と交流するなど、日本社会のなかに独自の人脈を築いている。なかでも小泉信三とは家族ぐるみの親交を深めたことが『皇太子の窓』（小泉一郎訳　文藝春秋新社　一九五三）などにも記されている。ヴァイニング夫人は小泉の博識と人格に敬服しており、アメリカでも、のちの訪日のさいにも夫妻とは必ず会い、意見を交換する特別な関係であった。ヴァイニング夫人は「小泉博士は皇太子殿下の御教育に誠心誠意あたられる」とも書いており、この教育内容について、さらには将来の君主像についても話し合ったことが窺えるのである。

講和条約が発効した昭和二十七年のことは、いみじくも侍従の入江相政が日記に書いている。入江は「平和条約の発効と立太子礼御成年式といふのが大きな事件とされてゐるが」と記したうえで、しかし「予は二つともそれだけでは別に大した意味のあるものとは思はない。何故なればそれは二つともただスタートラインについたといふだけのことでこれからどういふ風に駈け出すか、どういふ記録が生れるか或は生れないかは要するに今後の問題だからである」と述べている。東宮にも今後は緊褌《きんこん》一番《いちばん》、つまり心を引き締め、覚悟をもって事に当たってもらわなければならないことがあり、長年仕えた傅育《ふいく》官の復帰が何より望ましいとしながら、現実にはその人事がなかなかうまくいかないと嘆いてもいる。

こうした記述から推測できるのは、皇太子側近の人事をめぐって天皇の侍従たちが、たとえば東宮職参与の小泉信三などに不快感をもっていたということである。それは皇太子の存在を、天皇がめざす君主像とはあまりにかけ離れたものにしてしまうのではないかという不満に立脚していたようにも思える。たとえば昭和二十八年は、エリザベス二世英国女王の戴冠式に天皇の名代で皇太子が出席することになるのだが、これにもどこか冷めた表現をしているのが入江日記の特徴なのである。

皇太子は敗戦国日本のありのままの姿を見つめて成長した。牛島秀彦著『ノンフィクション　皇太子明仁』（朝日新聞社　一九八七）は学友にまで取材した多様なエピソードを紹介しているが、しかし複雑な思いを抱かせる内容が目につく。たとえば皇太子は自衛隊に関し、高校二年時のクラス討論で「再軍備には、絶対に反対である。諸外国を不当に刺激する怖れがある」と主張したという。また匿名を条件に語った学友の次のようなエピソードもある。

「皇太子は、自分はあくまでも新憲法を遵守する――という主張で、結婚もその延長線で行い、息子や娘たちも同様に考えている。現人神にはならない。再軍備も憲法違反であり、自分が天皇になった際、情況で『開戦の詔勅』の署名を求められる事態になったら、断固これを拒否する――と言ったそうである」

まだ十代後半、二十代前半の見解ながら、しかし自ら即位して「平成」という時代になっても、憲法を遵守することは語っているので、青年期よりその思いは変らないと言えよう。同じく「何人もの学友の言」として「皇太子は、独身の一時期に、父天皇の歩んだ『戦争への道』に疑問を覚え、悩んだことがある」とも記されている。この悩みについては、高校時代の学友の一人で皇室ジャーナリストの橋本明による「昔は、ずいぶん父親批判をされてましたが、『木戸日記』とか『近衛日記』を読んで、苦しんでるオヤジが分かったんですね。それから変化してこられたようです」との証言もある。

父はなぜ戦争を避けられなかったのか、真の理由は何か。いずれ自身も皇位を継承しなければならないわけだが、このような事態にどう対処すべきか、皇太子は常に自問していたと思われる。昭和二十年代は学習院にも赤化した教授や学生が相当数いて、皇太子が心ない言葉を浴びせられることも珍しくなかった。天皇制そのものを問う声が皇太子周辺にも存在していたのである。

このような時代状況のなか、皇太子は自身の判断と小泉ら側近の思想をもとに「天皇像」を固めていく。それは現憲法が規定した象徴天皇制を忠実に守り、生涯をかけてこの役割に徹するという強い自覚であり、誓いであったと思われる。皇太子は十三歳から身を置くことになった戦後民主主義体制が、少なくともかつての大日本帝国憲法下の体制よりはるかに意味があると認めていた。戦後民主主義体制のほうが、本来の天皇の思いに適うと理解したと言ってもいい。

その理解を前提に、ではどのような天皇像が期待されるのか、皇太子は自ら模索することになる。帝王学といった体系的なものを学ぶのではなく、現実社会にあって、父の時代を克服する天皇像をつくり上げていくことこそ、自らに課せられた使命だと理解したのではなかったか。

皇太子ブーム

ヴァイニング夫人や小泉信三、安倍能成学習院院長といった人脈が皇太子の支え役となった。また前述のとおり田島道治や三谷隆信のような新しい宮中官僚が、戦争責任を深く感じている天皇の苦悩を国民へ伝えるべく努力した。彼らは講和条約発効時の「おことば」に天皇の心情が充分反映されていないと考えながら、一方で退位問題は決着したという感慨をもっていた。この「おことば」については、皇太子に影響を与えたグループの一人である安倍自身が次のように記している。

「其時の宮内長官だつた田島道治は、この平和条約発効、日本独立に際して、天皇陛下の下されるおことばについては、実に骨をそぐ程の苦心を尽くして、小泉信三と私とは度々相談を受けたけれども、私は私の考へ方、感じ方からいつても、田島のよき助言者となることはできなかつた。しかし私はこのおことばの末節なる、『この時に当り、身寡薄なれども、過去を顧み世論に察し、沈思熟慮、あえて自らを励まして負荷の重きにたえんことを期し、日夜ただおよばざることを恐れるのみであります。こいねがわくは、共に分を尽し、事に勉め、相たずさえて国家再建の志業を大成し、もつて永くその慶福を共にせんことを切望してやみません。』と仰せられた陛下の御苦衷、並びにこの御苦衷に副は

うとした田島の心事に対しては、涙なきを得ない」（安倍能成『戦後の自叙傳』新潮社　一九五九）
安倍は「おことば」を介して田島に同情を寄せながら、しかし「私は私の考へ方、感じ方からいつても、田島のよき助言者となることはできなかつた」と一線を画してもいる。同じく小泉も田島の相談を受けたが、やはり距離が感じられる。そのような構図は何を物語っているのか。
私が見たところ田島は、戦争にまつわる天皇の苦しみを率直に国民へ伝えるべきだと主張していた。対して安倍や小泉は、天皇が謝罪の意を具体的に明言すべきではないという立場におり、退位につながる危険は避けなければならないと配慮していたように思える。また一方で皇太子は、天皇とは異なるアプローチで軍事主導体制を徹底的に否定し、この姿勢を一貫することで父の謝罪の意を歴史上に刻むべきだと考えていたように思う。つまり〈天皇制下の民主主義体制〉よりも〈民主主義下の天皇制〉をつくり上げることが、新憲法の「象徴天皇」に適うという理解で安倍や小泉と一致していたと考えられるのである。民主主義と天皇制は一体であり、それを戦後のシステムとして国民が認めれば「日本の象徴」は確固たるものになる。このような考えに積極的だったのが安倍能成であり、小泉信三だったと私は見ている。
昭和二十七年十一月十日、立太子礼と成年式が行われた。立太子礼では、吉田茂首相が皇太子を前に自らを「臣茂」と称し、天皇の忠実な臣下であることを示した。しかし重要なのは、その立太子礼から翌二十八年六月の英国女王戴冠式出席にかけて皇太子ブームが起こり、国民の親近感が一気に高まったことである。むろんこのブームは主に新聞の演出によるのだが、同時に皇太子が新しい皇室像を示したことで加速したとも言えよう。かつての天皇像を一新するかのような印象が、確かに国民の間には芽生えていた。皇室の主役が「天皇」から「皇太子」に代わったという見方も示されたのである。

天皇もまたその現象を受け容れたのかもしれない。立太子礼のときも、エリザベス女王の戴冠式出席にあたっても、和歌を詠んでいる。

このよき日みこをば祝ふ諸人のあつきこころぞうれしかりける

外国《とつくに》に旅せしむかししのびつつ春さむきけふのいでたちおくる

皇太子のたづねし国のみかどとも昔にまさるよしみかはさむ

皇太子の自立を天皇も内心喜んでいたことになろう。また、やはりその年の歌「古の文まなびつつ新しきのりをしりてぞ国はやすからむ」などは、皇祖皇宗の事績を踏まえつつ、新しい時代の枠組みをつくってこそ国は栄えるのだという期待感に満ちている。

立太子礼で確かに皇太子ブームが生じ、一方では新憲法下の「開かれた皇室」をテーマとする報道合戦の様相も呈した。天皇から皇太子への主役交代をとくに国民に意識させたのは、エリザベス女王の戴冠式の招待状が天皇ではなく「天皇のご名代」の派遣を要請していたことである。立太子礼の折に戴冠式出席を公にするという演出で、皇太子が国際社会でも認知されつつあると受け止められるようになった。

皇太子妃についても何人かの旧皇族、旧華族の息女が候補に擬せられた。新聞などで騒がれるようになり、国民の関心も深まっていった。旧皇族、旧華族から皇太子妃が選ばれることに国民はとくに違和感をもたなかったし、むしろ当然という空気が支配的であった。五年後には民間出身の正田美智子が皇太子妃として発表されるのだが、このような流れは昭和二十七、二十八年頃にはまだ予定されていなかった。

天皇制の二重基準

皇太子がエリザベス女王の戴冠式に出席するため、日本を出発したのは昭和二十八年三月三十日である。途中アメリカに寄り、ヴァイニング夫人とも会っている。その後イギリスへ渡り、戴冠式に出席してからヨーロッパ各地を回っている。この間の詳細はヴァイニング夫人の『天皇とわたし』にも記されており、三月から九月までの旅行で、皇太子は次期天皇として国際社会の認識を得ることになった。九月にニューヨークで開かれた皇太子の歓迎パーティーの様子を、ヴァイニング夫人は次のように記している。

「ジョン・フォスター・ダレス（米国務長官）はそのスピーチの中で自分を『東からやって来られた一人の若者に心を開き希望をもって語りかける西からの人物』と表現し、アジアの国からのその若者が『古いものと新しいものの間で確かな調和を求められるよう』望んだ。ダグ・ハマーショルド（国連事務総長）が出席していた。ラルフ・バンチ（国連事務次長）や、ジョセフ・グルー（元駐日大使）、ヘンリー・カボット・ロッジ（米国連代表）の姿も見えた」

現実に皇太子には、日本の君主としての役割を務めていると受け止められる機会が増えていった。「天皇のご名代」と言われながら、実際には日本を代表する存在と認識されたのである。

ニューヨークでの千五百人に及ぶ歓迎パーティーの招待客のなかで、ダグラス・マッカーサーは出席を断わった。体調がすぐれなかったこともあるが、このような席ではなく、もっと違った遇し方があるだろうと言いたかったのかもしれない。天皇とは感情の交流や国益を賭けた論議もあったが、皇太子とはそこまでの関係はなかったと考えていたのではないだろうか。

マッカーサーがこの歓迎パーティーへの出席を断わった理由にもう少し踏み込むなら、天皇とともに進めた〈天皇制下の軍事主導体制〉から〈天皇制下の民主主義体制〉への移行が、必ずしも皇太子の時代に踏襲されるわけではないという懸念をもっていたとも考えられる。その後もマッカーサー夫妻は天皇や皇太子の訪米に高飛車な態度をとることが多く、日本側の反感を買ったと言われているが、皇室の最も強力な支援者だったという自負が、屈折してあらわれた結果だと言うべきかもしれない。

ニューヨークの歓迎パーティーでは、皇太子は次のような挨拶をしている。

「この短いアメリカ滞在期間中に、わたしはすでにみなさんがたの歴史の多くの記念碑を見てきました。わたしはこれらの記念碑に感銘をうけましたが、それ以上にそれを可能にした人たち、アメリカの開拓者たち、独立のために戦った指導者たちや自分たちの国を偉大なものにするために艱難辛苦した名もなき市民たちの多くに感銘をうけました。これらはわたしにとってアメリカがその国民と全世界に与えるべきインスピレーションであります」

皇太子は太平洋戦争には直接ふれなかった。確かに直接の関わりがない世代でもあり、当然と言えば当然であった。しかしもし天皇ならこうはいかなかった。事実それから二十二年目に天皇が訪米したときは、太平洋戦争についてどのようにふれるか、あるいはどのような考えを示すかが最大の関心事となったのである。

昭和二十七年四月の講和条約発効からほぼ一年半の間に、日本の天皇制は二重基準をもつことになった。入江相政が昭和二十七年を「ただスタートラインについたといふだけ」と称したように、天皇制が二重基準をもつことで、天皇と皇太子の役割の意味が異なる方向へ進んだという見方もできる。この二重基準とはつまり〈天皇制下の民主主義体制〉と〈民主主義下の天皇制〉という二つの異なるシステムの共存である。日本は「二つの異なるシステムの共存」で戦後社会の時を刻んでいくことになった。

単にノスタルジーから、いや自らのかつての雄姿を忘れられない「臣民」の側から、〈天皇制下の軍事主導体制〉にすがりつく者がいたのも事実である。だが最終的に戦後社会では、天皇の帝王学と、表面上はほとんど学習院によるものと言ってかまわない皇太子の教育が併存していた。そして時間の流れにともない、しだいに皇太子の望む政治システムが中枢へと据えられていく。

二つの天皇制の共存という流れに至るまで、どのような歴史が横たわっていたのかを検証しなければ、昭和のナショナリズムの原像は摑めない。いま一度、昭和十年前後の国家的ナショナリズムの体制と、それに抗した者たちの論を並べてみる必要がある。ここでなされた天皇制の説明には、意外なほど簡単な言い回ししか使われていなかったことに気づかされるのである。

Ⅱ　昭和前期／二・二六事件

第16章　昭和十五年の位相

『皇国二千六百年史』

昭和前期のナショナリズムは二つの位相をもっている。一つは上部構造としての政治、軍事の主導者らが国益の守護、国権の伸長、国威の発揚を軸に決定した政策の内実であり、もう一つは下部構造としての共同体で、国民がその生活の規範や倫理観を抑圧され、前者に屈伏していく姿である。この二つの位相を検証することで、ナショナリズムのある断面が浮かび上がると私は考えている。

それは日本型ナショナリズムとでも言うべき特異性をもっているのだが、これを確認していくのが第Ⅱ部の狙いである。まずは「昭和十五年（一九四〇）」を中心に、日本のファシズム体制がどのように成立したのか、そこに隠された歴史的価値観は何を意味するのかなど、あらためて確認していきたい。日本型ナショナリズムの特異性を形成した「昭和十五年」が、私たちの見失っている歴史的なエアポケットだったということもあわせて認識しなければならない。

昭和十五年七月に誕生した第二次近衛文麿内閣は「基本国策要綱」を決定、発表した。注目されるのは「皇国の国是」を明確にし、八紘一宇の精神のもと「大東亜の秩序」を建設すると謳った点である。近衛内閣は日中戦争の泥沼状態を脱するためにドイツ、イタリアとの提携を強化する道を選び、現実にドイツがヨーロッパを軍事制圧するのに呼応して、大東亜建設を国家目標とした。このような政策は近衛が自らの信念で行ったのではなく、むしろ軍部の意向の代弁と言えた。元老の西園寺公望は、近衛政権が実際それだけの力をもち得るのか、軍部に利用されて野垂れ死にするだけではないのかと懸念した。近衛は西園寺の忠言に苦笑しつつ、自身の歴史的役割に困惑していた。

昭和十五年は、結果的には「近衛文麿」という政治家によって彩られている。これは内閣として何をめざしていたか、また自身は何を考えていたかを具体的に精査することでわかってくる。九月にベルリンで日独伊の三国同盟が結ばれ、外相の松岡洋右が有頂天になっているが、松岡の放言混じりの政治的姿勢は昭和十五年をさらに奇妙な彩りに変えた。松岡は大東亜建設を声高に唱えると同時に、まるで皇紀二千六百年の英雄であるかのように振る舞っていた。

近衛内閣は挙国一致のために政党などを解散させた新体制運動を推進し、大政翼賛会を組織した。臣道実践を旗印に議会政治を解体した大政翼賛会は、皇紀二千六百年の落とし子と言える。いや、あるいはナショナリズムを実質的に担う「上部構造」の政治家や軍人、官僚らが「近衛文麿」という千年余にわたる天皇側近の五摂家筆頭を利用して、臣民との間に回路をつくろうと意図し、実現させた組織とも言い得る。

それを最もよく象徴しているのが、十一月十日の紀元二千六百年記念式典であった。式典には天皇、皇后をはじめとする皇族、また政治、軍事の指導者を中心に各界の臣民の代表が出席した。宮城前広場では「天皇陛下万歳」が叫ばれた。「日本は神武天皇によって開かれた」という記紀の神話を土台に据えた皇紀二千六百年であり、天皇を神格化する国家が名実ともに確立した。ナショナリズムがより精神的な空間へと狭められ、実際国民一人ひとりのなかに神国日本の物語が凝縮していくという時代に入ったのである。

このとき西園寺は病床にあったが、その秘書原田熊雄に主治医の勝沼精蔵が次のように漏らしたという。岡義武『近代日本の政治家』（文藝春秋　一九六〇）収録の「最後の元老・西園寺公望」より引用する。

「自分は何十年か公爵に付いてゐるけれども、病気になられて、国事について自分にまでいろんなことを言はれたのは、今度が初めだ。どうも内外の政情に対する心配が、非常に公爵の身体に利いてゐるやうだ。『どうも新体制とか言つて、国が二つ出来るやうなことぢやあ困る』とか『外交もどうもこれぢやあ困る』とか、いろんなことを独りで言つてをられた」

岡によれば、西園寺は時局に対する失望と憂愁があまりにも深まり、生に対する執着を失ったという。実際に式典の二週間後、十一月二十四日に西園寺は九十歳の生涯を終えた。人生の大半を近代日本の自由主義者として生きた元老は、ナショナリズムの方向性が見失われたことを嘆いていた。近代日本にあり、天皇の側近として生きた公家出身のリベラリストの目には、当時のナショナリズムが常軌を逸した奇異な空間と映っていたのである。

そうした時代背景に呼応するように、東京日日新聞が皇紀二千六百年を記念して国民的史書を募集した。応募作品は二百七十四篇に達し、教職に携わる女性藤谷みさをが当選した。審査員の「東大名誉教授文学博士辻善之助、文学博士山田孝雄、文学博士幸田露伴、京大教授文学博士西田直二郎、京大助教授中村直勝、徳富蘇峰、菊池寛」らが一致して推したほど傑出していたようである。この作品は審査員の一人の中村直勝が校閲し、昭和十五年二月十一日に『皇国二千六百年史』という題で刊行された。

『皇国二千六百年史』には、「臣民」が日本の歴史をどのように理解すべきかがよく示されている。つまり下部構造に身を置く臣民の、皇紀二千六百年をめぐるその偏狭な姿勢が、より突出していく過程の時代認識をよくあらわしているのである。

「聖戦の意義」

『皇国二千六百年史』の頁を開くと、すぐに次のような表現が目に入る。

「而《しか》して此の悠久と此の発展とを兼ね備ふるものこそは、我国を措いて地上の何処に之を求める事が出来よう。建国二千六百年の昔、我大和民族が上《かみ》皇室の御仁慈の下に、豊かな生を楽しみ民族としての一大飛躍をなした当時、現今世界に覇を競ひつゝある欧米諸国の一と雖《いえど》も、未だ胎動の時期にすら達したものはなかつた。然り而《しこう》して、それにも増して我国民にとつて誇らしき事実は、我国の歴史がかかる長年月に亘つて絶えず発展から発展へと、興隆の一途をのみ辿つて来た事である。我国に関する限り、歴史とは興亡の跡を伝へるものではなくて何処までも興隆史であつた。盛衰の跡ではなくて成長の歩みであつた」

このような認識で日本の国民史を概観していくというのである。そこには独り善がりの強弁や自賛の陰に見え隠れするコンプレックスが内在していると思われるが、なぜこのような歴史認識が培養されたのか。昭和十五年が抱え込んだ歪みとは何か。それほどまでに自己称揚しなければ「我大和民族」を位置づけられない歴史観とは、近代化があまりにも性急すぎたための、揺り戻しとしてのナショナリズムの姿ではなかったか。

あえてこの「緒言」の末尾を引用しておこう。

「肇国《ちょうこく》以来未曾有の大難関たる今次の支那事変の如きも、その聖なる目的貫徹の前には、如何に多くの個人的犠牲が喜んで捧げられてゐるかを目撃する我等の血糊の中にも脈々と波打つものがある。或は之を以て単に戦にだけ強い国民、更に言へば戦を好む国民とさへ我国を誣《し》ふるものがあるかも知れない。併し凡そ我国民ほど平和を愛好し、明朗なる自他共存の生活を享受しようとしたものがあつたであらうか」

そして、かつて「真の儒教的精神を実践し、真の仏教的信念を育成して来た日本国民」が、現在の「暗雲を一掃して、東洋の天地に平和の暁鐘《ぎょうしょう》を打鳴らす日も近きにある」と続く。空虚な文言が並び、日本人は歴史的に秀れた民族だという自賛が表現を変えて何度も語られる。くり返すが、そういった表現には、この時代が抱え込んだ歴史的負の遺産、国民的性格の弱さが内在している。

そのような庶民の側からの国民史が、近衛内閣の国策決定の基準に呼応していく。近衛内閣の国策遂行に拍車を掛けるような構図である。下部構造のナショナリズムがきわめて単調な言語空間に陥り、あまりにも安易な自己礼賛の域を出ていないことがわかるのである。

二百二十頁ほどの『皇国二千六百年史』は、昭和十五年に顕著だった特異な歴史観を示している。では昭和に入ってからの同時代史を『皇国二千六百年史』はどのように見たか、とくにナショナリズムの視点で検証するさいの実例となり得る表現をいくつか抜き出しておく。

「満洲軍閥の巨頭たる張学良は国民政府と結託して、屢々《しばしば》我権益を無視し、條約を侵犯するの挙に出で、剰《あまつさ》へ昭和六年には、我国家の証明を有する軍人を銃殺し、満洲に居住する朝鮮人の農業に圧迫を加へる等、頻りに敵意を示し、果ては奉天附近の柳條溝に於ける我南満洲鉄道を破壊するに至つたので、我国は直ちに自衛権発動の範囲に於て軍隊を動かして、張学良を逐《お》ひ満洲全土を鎮静に帰せしめた」

「然るに一方国際聯盟は此の満洲問題に対する我自衛権の行使、満洲国の成立について正当なる認識を欠き、実情調査の為派遣された調査員の斜視的報告に基づいて、飽くまで我を掣肘《せいちゅう》しようとしたので、我国は昭和八年三月二十七日、遂に敢然として聯盟を脱退するに至つた。之に先だち満洲事変の勃発後幾ばくならずして、上海も亦不穏の形勢となり、我居留民に対する圧迫兇行甚しきを加へるに至つたので、軍事行動に訴へて之を膺懲《ようちょう》〔こらしめる〕し、やがて停戦協定を結んで事件は一先づ解決した」

「目標の大なるだけ、聖なるだけ、そこに要求される努力と犠牲も亦世界が嘗て経験した事もなき莫大なものとならざるを得ないことは、一億同胞の均しく覚悟すべき所である。かくして国民総動員は要求され、銃後の奮闘努力は期待されるのである。今にして禍根を除かざれば累を百年の後、子孫の上に課せなければならないのが、此の聖戦の意義であり大使命である。国難に当つて皇室を中心に一致団結して来た我国民の赤誠は、今日程切実にその真価を発揮すべき時機に遭遇した事はない。

起たんかな一億同胞！　敢てその力の足らざるを顧みる事なく唯日本国民たるの誇に於て！　東洋新秩序建設の理想に燃えて！」

東洋の安定、平和、そして新秩序をめざす崇高な歴史的使命は、どのような妨害に遭おうとも遂行しなければならない皇国の聖業だという認識から出発して、満洲事変以後の日中の軍事衝突は、聖業を理解しない中国の「隣邦として許すべからざる」「不法不遜行為」に端を発するとくり返し、「隠忍に隠忍を重ねて来た」「我国」は「不法支那」に打撃を与えるといった核心に行き着く。むろん一方的かつ空虚な歴史認識だし、満州事変が日本の謀略だったことは後世が証明している。

ところが一年、二年と経ても未だ中国を抑えることができない。こうして聖戦の真の狙いは「一支那を倒すにあらず」となり、次のような歴史観を明らかにする。

「〔中国の〕背後にある赤色ソ聯の勢力を駆逐し、英仏その他の対支援助をも排撃しつつ、遙かにその目標とする所は、土地の割譲にあらず、賠償金の要求にあらず、赤魔の手に躍らされつつある支那を抗日の迷夢より救ひ、欧米各国の植民地的現状より脱せしめて、日満支相携へて東洋の新秩序建設、永遠の平和確立に向つて邁進せんとするにある。凡そかかる聖なる目的を以てなされた戦が世界史上に唯一つと雖もあつたであらうか」

聖戦の目的はソ連やアメリカなど欧米列強の「支那支配」から中国を救うことにあると自らを正当化するのだが、このような表現が相次ぐ国民史こそ、皇紀二千六百年に名を借りた軍事作戦を擁護する、副読本としての存在証明だと私は見る。何のことはない、昭和六年九月の満州事変以後の中国に対する軍事的侵出を、すべて「我国」の都合のみで正当化し、国民の意識をその枠内に止めようと躍起になっているだけである。「かかる聖なる目的を以てなされた戦が世界史上に唯一つと雖もあつたであらうか」と自賛する言葉には、三年目になっても膠着したままの、泥沼の日中戦争という現実が巧みに隠されていると言える。

一庶民の著した『皇国二千六百年史』が、実は近衛内閣の政策を陰に陽に支えた言動に依拠していると気づけば、下部構造からの激励という見方もできる。さらに吟味を続ければ、昭和の軍事行動がすべて「聖戦」で、歴史的意味をもつと強調された理由もわかってくる。上部構造と下部構造をつなぐべく完備された回路のなかに、このファッショ醸成の要因が凝縮していると私は考えるのである。

『皇国二千六百年史』は定価六十五銭で市販された。どれくらい売れたのかはわかっていないが、東京日日新聞社と大阪毎日新聞社の共同刊行で、審査員に帝大教授を揃えているし、文部省の支援などもあって多くの反響を呼んだと想像できる。昭和十二年三月に文部省から刊行された『国体の本義』の売り上げが、昭和十五年当時には三十万部ほどだったというから、その大衆版と言える『皇国二千六百年史』は少なくとも万単位だったと考えていい。また次章で詳述するが、加えて『国体の本義』と『皇国二千六百年史』では、上部構造と下部構造が互いに共鳴していたと分析できるのである。『皇国二千六百年史』の役割を国民の側からの軍部礼賛と捉えれば、もう一つ別の見方も示さなければならない。つまり総力戦を促す軍事の側からの誘導で、この実現過程に『皇国二千六百年史』はあった。総力戦について軍事の側は一貫して高度国防国家の構想をもち、それを支える国民の存在が、皇紀二千六百年という枠組みのなかではっきりと位置づけられたのである。

総力戦の構想は第一次世界大戦を学んだ軍人の共通のテーマであった。日本にこのテーマを持ち込んだ軍人たちは、兵隊が特定の地域で軍事行動を競い、その結果で勝敗の分かれた戦争のあり方が、国家の全組織、全機構を戦時体制へと切り替えなければならない時代に移ったと実感していた。昭和前期の青年将校による国家改造運動の背景には常に総力戦の構想があったし、民間右翼が主導した愛国革新運動にも軍事独裁政権の露払いの意味があった。

昭和六年の三月事件と十月事件は、陸軍の省部の幕僚や隊付の青年将校、そして民間右翼が結集したクーデターと言えるが、背景には国家総力戦体制への志向があった。もとよりこの二つの事件は内部の意見の食い違いや軍事指導者の変心などで未発に終わったが、国家総力戦体制を現実に構築しようとする動きは止むことがなかった。

昭和十一年の二・二六事件は、表面上は隊付の青年将校による未遂のクーデターだったが、一方でそれを利用した軍首脳による政権奪取の目論見は成功したと言える。以後、日本の政治は統帥権の不可侵、陸海軍大臣現役武官制という二つの刃で、実質的に軍事独裁へと突き進んでいく。高度国防国家が結実していったのである。この二つの刃で日中戦争拡大への反論が封じ込められたばかりか、軍事独裁を意味づける動きまで生じた。そのような空気は天皇機関説を排撃した昭和十年の国体明徴運動や、二・二六事件後に文部省が刊行した『国体の本義』でさらに加速した。しかも昭和十三年には国家総動員法が制定され、名実ともに総力戦体制へと移行することになった。

このような流れを追っていくと、当時の国策が「武に対する信仰」と、いわば「主観の普遍化」を志向しており、それが上部構造から下部構造へと流れる血脈の役割を果たしたことがわかる。歴史的には妄想でしかなかったことを、いま我々は知っているが、この国策が「希望」の如きものを与えたのも事実で、たとえ独善でも、当時の国民の自尊心をくすぐり、虜にするだけの理由は確かにあった。『皇国二千六百年史』の自賛には唖然とさせられるが、少なくとも当時は「希望」たり得たのである。

橋川文三の『昭和ナショナリズムの諸相』（名古屋大学出版会　一九九四）に興味深い指摘がある。

「〔ファシズムの〕推進力となった団体といいますか、主体ということと同時に、その主体のさまざまなアピールに答える共鳴盤といいますか、そういったものを合わせて考えないと、推進力という問題はでてこないのではないかと思います。

ここで共鳴盤として考えたいのは、具体的に申しますと、農村青年とか、一般知識人とか、学生という階層にあたるわけです。はじめから右翼的な団体があって、それがそのままファシズムを作りあげたのではなく、それに共鳴する大衆の側、あるいは中間層、その側にいろいろな問題があったわけです。だからこそファシズムという一つの統合形態を生みだしえたと考えるほうが妥当ではないかということです」

この「共鳴盤」こそ、上部構造と下部構造をつないだ「回路」だと私は呼ぶのだが、では、それがなぜ昭和十五年に顕著だったかを検討していくと、『皇国二千六百年史』の背後にある『国体の本義』を見つめざるを得なくなるのである。

第17章　「一体化」を促した『国体の本義』

国民精神文化研究所の設立趣旨

文部省編纂による『国体の本義』が刊行されたのは昭和十二年（一九三七）三月三十日である。「緒言」は「我が国は、今や国運頗る盛んに、海外発展のいきほひ著しく、前途弥ゝ《いよいよ》多望な時に際会してゐる」で始まる。そして古代日本に入ってきた「支那・印度に由来する東洋文化」は「惟神《かんながら》（神の心のまま）の国体に醇化《じゅんか》せられ、更に明治・大正以来、欧米近代文化の輸入によつて諸種の文物は顕著な発達を遂げた」とする。しかしこの「発達」に国民は「動揺」しており、いまこそ明治二十三年（一八九〇）の「教育勅語」が示した「皇祖皇宗の肇国樹徳の聖業とその履践《りせん》すべき大道とを覚り、こゝに進むべき確たる方向」にあらためて思いを馳せる必要があると訴えている。また、「欧米に於ても我が国に於ても、等しく思想上・社会上の混乱と転換の時期を将来してゐる」と述べ、次のように記す。

「久しく個人主義の下にその社会・国家を発達せしめた欧米が、今日の行詰りを如何に打開するかの問題は暫く措き、我が国に関する限り、真に我が国独自の立場に還り、万古不易の国体を闡明《せんめい》（不明瞭だった意義を明らかにする）し、一切の追随を排して、よく本来の姿を現前せしめ、而も固陋《ころう》（古いものへの執着」を棄てて益々欧米文化の摂取醇化に努め、本を立てて末を生かし、聡明にして宏量なる新日本を建設すべきである」

このような表現が『国体の本義』全百五十六頁を貫いている。現在『国体の本義』を読むと、あまりにも抽象的かつ精神的な文言に驚かされるのだが、何よりも天皇神格化を軸に、臣民は私を棄て、忠誠心を以て皇運を扶翼し奉るべしとひたすら訴えている。昭和十二年五月には全国各地の尋常小学校、中等学校、高等学校、専門学校、大学などのほか図書館や官庁にも配布されたという。

前述のとおり『国体の本義』は、国民の側の代表的な歴史観たる『皇国二千六百年史』を誘発した、上部構造からのナショナリズム涵養の書である。国益を前面に打ち出しながら、橋川文三の説いた「共鳴盤」を呼び覚ます役割を果したと言っていい。実際『皇国二千六百年史』の内容は『国体の本義』に呼応するかたちとなっているのである。

『国体の本義』の執筆は文部省思想局が進めた。その経緯について昭和四十五年（一九七〇）十月に国文学者の志田延義が「古典と現代」（三十三号）で明かしたという言葉を『昭和時代　15年戦争の資料集』（角家文雄編著　学陽書房　一九七三）が紹介している。

「『国体の本義』の編纂委員には、研究所（国民精神文化研究所）からも数人の所員が参加せられ、私も手伝ひ役に加へられたのである。委員間の議論では、統制経済論と自由主義経済論との関係をどう処理するかなどといふことが難問であった」

そして『国体の本義』の「結語」に記すことになる二つの文言が議論されたという。一つは「今や我が国民の使命は、国体を基として西洋文化を摂取醇化し、以て新しき日本文化を創造し、進んで世界文化の進展に貢献するにある」という文言、もう一つは「世界文化に対する過去の日本人の態度は、自主的にして而も包容的であった」という文言である。この『国体の本義』の「結語」の二つの文言を、国民精神文化研究所の設立趣旨に基づき記述することになったというのである。

『国体の本義』の編纂委員は山田孝雄、久松潜一、作田荘一、山本勝市、井上孚磨《たかまろ》らが務め、多くが詩歌や記紀などの国文学に通じていた。『皇国二千六百年史』は徳富蘇峰をはじめとする選考委員のもとで選ばれたわけだが、たとえば国文学者の山田孝雄はそのメンバーにも含まれている。つまり『国体の本義』と『皇国二千六百年史』をつなぐイデオローグは存在したのである。さしあたりこのような人物がナショナリズムの上部構造と下部構造をつなぐ役割を果たしたと分析できる。

『国体の本義』は、実際には国民精神文化研究所のスタッフが文部省思想局の指導および管理下で執筆にあたった。追って説明するが、文部省は陸軍省やそれに呼応する政党などの圧力を受け、あるいは自ら率先してすり寄り、昭和七年（一九三二）七月に国民精神文化研究所を所管機関として設立した。所長には文部次官の粟谷謙、事業部長には哲学者の紀平正美《きひらただよし》が就任している。以後、所長や研究部長は国文学者で占められていくが、いわば文部省が国民に対して行う「思想教育」の頭脳になった組織だと言えよう。

『国民精神文化研究所要覧』（一九四一）によるなら、この設立趣旨は次のとおりである。まず近代日本が摂取を急ぎすぎた欧米文化の影響は、日本精神そのものを解体するほどの勢いをもったと分析する。日本はもともとアジア大陸の文明を摂取しながら「建国の大精神」に則りこれを同化せしめて、独自に新しい文化を創造してきた。そのような良き伝統が失われた現状は、まさに「我が国家生活家族生活を破壊せんとするが如き憂慮すべき事態をさへ惹起せり」としている。こうした危機感から研究所を設立すると謳い、その歴史的役割を明記する。

「我が国運の隆盛は包摂創造不息の力を証示するものなるを念《おも》へば、我が歴史的精神を闡明《せんめい》し此の多彩の思想に帰一する所を与へ、茲《ここ》に新日本文化の創造建設に努力すべき時代に逢着せるものと信ず」

欧米の文明や思想、価値観は多様で、それが何ら整理されることなく流れ込み、国民の精神や道徳は退化、混乱している。これを正し、日本の伝統的な生き方に収斂させなければならないという主張である。また研究所の事業部には教員研究科と研究生指導科が置かれ、目的は日本の伝統的な精神、道徳を文部省傘下の各教育機関に鼓吹していく指導員の養成であった。

入学試験の必読書

興味深いのは、教員研究科には師範学校の教諭を、研究生指導科には共産主義から転向した学生を受け入れていることである。欧米思想、なかんずく共産主義をどのように克服するか、そして彼ら転向学生をいかに日本の伝統的精神に回帰させるかが狙いだったとも言える。章を改めて分析するが、現実にそれを裏づけるケースとなったのが、昭和八年六月に共産党の指導者佐野学と鍋山貞親が市ヶ谷刑務所収監中に発表した「共同被告同志に告ぐる書」である。一般に転向声明と言われるこの書は、同じく逮捕されていた党員へ向けて発せられたものだが、詳細に読んでいくと、まさに国民精神文化研究所の設立趣旨と一体化していることがわかるのである。

国民精神文化研究所は、研究員の海後宗臣《かいごときおみ》が編集主任となって機関誌「国民精神文化研究所々報」（のち「国民精神文化」に改題）を発行している。海後が東大の教官に転出してからは助手だった志田が編集主任のポストを引き継いでいる。そこには詩歌や記紀、国史の研究者など次代を担うと嘱望された若手が集められ、昭和十年前後の所内の勉強会は反欧米思想を開陳する場になっていたとの証言もある。

昭和十一年秋から翌年三月までの文部省思想局による『国体の本義』の編纂は、この国民精神文化研究所の所員が実質を担った。前述のとおり志田が明かした「統制経済論と自由主義経済論との関係をどう処理するか」という問題に、研究所の設立趣旨を下敷きにしてその答えを記したのである。文部省があえて『国体の本義』を編もうとしたのはなぜか。この編纂が昭和十一年秋から急遽始められたのはなぜか。昭和史の年表のなかであらためて確認しておかなければならない。

まず『国体の本義』の目次を掲げておく。先に紹介した「緒言」に続いて次のようにある。

第一　大日本国体
一、肇国　二、聖徳　三、臣節　四、和と「まこと」
第二　国史に於ける国体の顕現
一、国史を一貫する精神　二、国土と国民生活　三、国民性　四、祭祀と道徳　五、国民文化　六、政治・経済・軍事
結語

目次を見てわかるとおり、表現自体はきわめてわかりやすく、第一は「理論」、第二は「実践」という分け方ができる。順を追っていくと、国民に対してあらためて「臣民」の意識に目覚めるよう説

き、国家の政策に忠実に従うことのみを要求している。『国体の本義』は昭和十二年から二十年までの、とくに中等教育の場では聖典となり、生徒は主要箇所を暗記するよう命じられた。旧制中学で『国体の本義』をいかに教えるかの副読本も文部省から配布されていたし、内容を正確に理解するための勉強会を教員自身が開いたとも言われるほどであった。

旧制高校の入試問題にもしばしば出題された。とくに「修身」の教科書として使用されることも多かったという。前掲の角家文雄編著『昭和時代　15年戦争の資料集』（一九七三）は「高等学校、専門学校、軍関係学校の入学試験にも必読書とされた。それだけに、当時の青少年に大きな影響を与えたといえる。三十年以上経った今日に至るまで、『国体の本義』の〝肇国〟の章など、ほぼ正確に記憶している四十歳代〔昭和初年生まれの世代〕の人は多いのではなかろうか」と記している。

これほどまでに学生は臣民意識を植えつけられていた。それはつまり、偏頗《へんぱ》な超国家主義思想と言われる昭和十年代のナショナリズムは、『国体の本義』を読めば理解できるということでもある。昭和十年代の日中戦争や太平洋戦争がどのような「思想」や「理念」で行われたのかを検証するとき、『国体の本義』の存在を抜きにして語ることはできないという意味にもなろう。

まずこのような見方に沿って、国益・国権・国威を軸に国策を決定していた集団、つまり上部構造が、国民の属する共同体、つまり下部構造の生活の規範や倫理観などを、どのような「理論」で解体していったのかを確かめたい。前述のとおり国民が欧米文化を受け容れることで、日本の伝統的な共同体が、たとえば共産主義などに染まるのを上部構造は恐れたわけだが、ではどのようにしてその下部構造を自らの「理論」に帰一せしめたのか。

指導層の焦慮

『国体の本義』の目次から、上部構造が自らの「理論」に下部構造を帰一せしめた例を比較的わかりやすく説明している章を抜き出す。「第二　国史に於ける国体の顕現」は、国史とは皇祖皇宗の遺訓を記したもので、国民は臣民として天皇とともに上下一如の精神をもつことが真髄であるという考えを主眼としている。たとえば「二、国土と国民生活」は次のように記す。

「遠き祖先よりの語り伝へが、我が国性を示し、天皇御統治の大本を明らかにするものとして、撰録せられて古事記となり、編纂せられて日本書紀となつたが、これに伴つて風土記の撰進を命ぜられたのは、我が国体と国土との深い関係を物語るものである」

「我が国民の国土に親しみ、国土と一になる心は非常に強いのであつて、農業に従ふ人々が、季節の変化に応和し、随順する姿はよくこれを示してゐる。それは祭祀を中心とする年中行事を始め、衣食住の生活様式の上にまで行き亙つてゐる」

このように単純な説明をくり返し、つまりは「国民も国土も一になつて天皇に仕へまつる」のだと説得する。そのうえで、確かに日本では政治、社会上の制度が変遷してきたが、しかし中心には常に「天皇の下に同一血族・同一精神の団体」が存在したとする。ここにはさまざまな職業に携わる人びとがいて、おのおのが国を支える役割を果たし、いずれもが天皇を中心に国家を成すという使命をもっていたと説くのである。

「国家」という概念を国民はもち得ていないとの焦慮が、昭和前期の上部構造の指導層にはあったことがわかる。国益の守護、国権の伸長、国威の発揚を土台とした明確な国家意識に欠けると危惧していたのであろう。だからしきりに「国」という意味と「天皇」という存在を重ね合わせる説明をくり返すのである。国と結びつく国民はすべて臣民であり、国家と国民の関係は「自我を主張する主我的な近代西洋社会のそれと全く異なるもの」として明確に区別している。天皇に帰一するには自我など必要ないという理屈である。

生活体験のすみずみにまで、あるいは生活意識のはしばしにまで、国民は天皇に帰一する精神をもつというのである。日常生活の規範を生み出す共同体の「氏族」にあっては、氏人も氏上とともに祖先を日々祀ってきた。ゆえに「即ち天皇の下に人と人、人と物とが一体となるところに我が国民生活の特質がある。これ、義は君臣にして情は父子といふ一国即一家の道の存する所以であり、君民一体となり、親子相和して、美しき情緒が家庭生活・国民生活に流れてゐる所以である」と説くのである。

農村共同体特有の生活の規範や倫理観などを単純に解体するのではなく、むしろその道徳から祭事、習慣まですべてが、もともと天皇に「帰一」すべき宿命を歴史的にもつことを強く自覚させる狙いがあったのではないか。

「豊葦原の瑞穂の国といふ我が国名は、国初に於ける国民生活の基本たる農事が尊重せられたことを示すものであり、年中恒例の祭祀が農事に関するものの多いのもこの精神の現れである。天照大神《あまてらすおおみかみ》を奉祀する内宮に並んで外宮に豊受大神《とようけ》を奉祀し、上、皇室を始め奉り、国民が深厚なる崇敬を捧げ来つてゐることにも深く思を致すべきであらう」

「二、国土と国民生活」は他の項と違って比較的冷静に記されているものの、とはいえやはり一元的で、農村共同体への歪んだ説得とも言える。全体に『国体の本義』は空虚で抽象的かつ観念的な表現が多い。国史学者より国文学者が中心となって編纂したことも関係するのだろうが、一方であまりに直截的な感情表現で記された項も目につく。

「二、国土と国民生活」に続いて「三、国民性」がある。そこでは明治天皇の御製を紹介したあとに万葉集の「海行かば　水漬《みづ》くかばね　山行かば　草むすかばね　大君《おおきみ》の　辺にこそ死なめ　かへりみはせじ」を引用して「蒙古襲来以後は、神国思想が顕著なる発達を遂げて、大和魂として自覚せられた」と記す。日清、日露戦争は「大和魂」の発露だったとも言い、さらに次のような表現が青少年たちの教育の場で強調された。

「明き清き心は、主我的・利己的な心を去つて、本源に生き、道に生きる心である。即ち君民一体の肇国以来の道に生きる心である。こゝにすべての私心の穢は去つて、明き正しき心持が生ずる。私を没して本源に生きる精神は、やがて義勇奉公の心となつて現れ、身を捨てて国に報ずる心となつて現れる。これに反して、己に執し、己がためにのみ計る心は、我が国に於ては、昔より黒き心、穢れたる心といはれ、これを祓ひ、これを去ることを努めて来た」

そのような説得が『国体の本義』の骨格を成している。私心を捨てよ、そして大きな真の道、すなわち皇国の精神を自覚せよ、これこそ生きる意味だというのである。欧米の啓蒙思想は「個人」をもとに「国家」を見るが、そうあってはならない。日本では「国家の分として各々分担するところをもつ個人」こそ本来の姿であり、ゆえに思想と文化は深まったとも称している。

このように検証していくと、『国体の本義』が昭和十二年につくられた理由が明らかになってくる。昭和六年九月の満州事変以後、日本の国策はきわめて不安定な方向へと進んでいた。翌年二月、三月の血盟団事件、三月の満州国建国、五月の五・一五事件と続き、独特な空間が築かれていく。昭和八年の国際連盟脱退、共産党員の大量転向、昭和十年から始まる美濃部達吉の天皇機関説排撃事件、それに呼応した国体明徴問題などが連動していくのである。

そして昭和十一年二月二十六日の二・二六事件で、日本社会は加速度的に偏頗な空気で覆われていく。点としての一つ一つの事件が、線としてつながり、時代は昭和前期を特徴づける偏狭な空間へと雪崩れ込んだ。『国体の本義』は、この上部構造と下部構造の一体化を促すバイブルだったと言えるし、時代を担う学生に、徹底して「一国即一家の道」を刷り込んだとも言えよう。

かつて日本の下部構造を支えていたナショナリズムは、きわめて現実的な倫理観に裏打ちされており、人間そのものを牧歌的に賛える鷹揚さをもち、同時に権力の支配には背を向ける巧妙さも備えていた。たとえば明治時代の自由民権運動を振り返るとき、新政府に対する反乱は、共同体の紐帯を命じられるまま国に差し出すのではなく、自己の解放を企図していた。しかし昭和六年九月の満州事変以後の政治、社会状況は確かに変質した。これは下部構造を支えていたナショナリズムが、徐々に権力集団の国策に抑圧、吸収されていく負の歴史でもあった。昭和初年代から十年代の国家改造運動をそのような視点で捉えていくと、あらためて私たちはいくつかの問題に突き当たる。

一方で『国体の本義』は、実は上部構造が政策に自信を失い、むしろ国民を「臣民」に駆り立てることで保身を期した指導層の焦慮も含意すると考えられる。検証しなければならないのは、なぜ下部構造のナショナリズムが、文部省刊行のこの程度の書で融解に向かったのかという点である。その視点で『国体の本義』がもつある一面を分析しなければならない。

第18章　一君万民の絶対的空間

個人主義の排撃

『国体の本義』は「大日本帝国」の国家目標を具体的に訴えていたが、この内容を分析するうえで突き当たるいくつかの重要な事実が、昭和のナショナリズムを理解する鍵となる。同書が執拗にくり返すのは、結語を引用すれば「惟《おも》ふに、先づ努むべきは、国体の本義に基づいて諸問題の起因をなす外来文化を醇化し、新日本文化を創造するの事業である」という指摘である。結語でも「我が国に輸入せられた各種の外来思想」を逐一批判するが、国益に合致しないとか、伝統的な文化や倫理観に反するといった単純な表現は用いていない。もとより文部省の意図を受けて『国体の本義』を著した国民精神文化研究所の研究員らが、外来思想の排撃を説くだけでは昭和十年前後の世俗的な〝観念右翼〟と同質の次元に陥ることを理解していたとも言える。彼らは近代日本が摂取した外来思想とりわけ西洋思想を、日本の国体で醇化する点に意義があるという立場を明確にしていた。

その立場を見るかぎり、執筆当時の背景としてとくに三つの事件、事象があったと推測できる。第一は共産党の指導者だった佐野学と鍋山貞親が昭和八年（一九三三）に獄中から連名で発表した転向声明書である。二人の転向声明書は膨大な量になるのだが、一言するなら、共産主義という外来思想が日本の国体に歴史的に全面屈服したと分析できる内容で、見事なまでに『国体の本義』の骨格と符合している。

第二は『国体の本義』刊行の前年、昭和十一年の二・二六事件の蹶起趣意書で、これは当時の陸軍青年将校の国家目標がどこにあったかをよく示すものだが、ただ外来思想の摂取醇化といった記述はなく、ひたすら天皇親政を訴え、クーデターという暴力に合体させようとする矛盾が目立つ。

第三は二・二六事件の前年、昭和十年に国会で始まった美濃部達吉の天皇機関説排撃運動と、それにともなう国体明徴運動に有機的な結びつきを示している点である。この間の国会論戦、また国会外での在郷軍人会を中心とする示威行動などが二・二六事件を誘発したと言えるのだが、一方で外来思想によって持ち込まれた天皇機関説という法理論への反発が、さらに強力な論拠を必要としていた現実もある。

昭和十年三月二十三日、衆議院議員の山本悌次郎、竹内友治郎らが中心となって作成した「国体に関する決議案」が衆議院本会議に緊急上程され、満場一致で可決している。その決議の内容は実に簡単である。

「国体の本義を明徴〔確と証明〕にし人心の帰趨を一にするは刻下最大の要務なり。政府は崇高無比なる我が国体と相容れざる言説に対し直に断乎たる措置を取るべし。右決議す」

これを受けて松田源治文部大臣の訓令も発表され、そのなかには次のような言葉がある。

「苟《いやしく》も国体の本義に疑惑を生ぜしむるが如き言説は厳に之を戒め、常に其の精華の発揚を念とし、之に由て自己の研鑽に努め、子弟の教養に励み、以て其の任務を達成せむことを期すべし」

ここで言う「国体の本義」こそ同書刊行の背景にあったことは論を俟たない。

昭和八年から十一年までの社会的事象や事件が、大日本帝国の「国体」の根拠を明確に示すよう迫っていた。それを『国体の本義』は縷々論じ「結語」で明確にした。しかしこの国家像はきわめて抽象的で、現実を透視する思想たり得ていないと私には思える。

結語は西洋思想について源は「ギリシャ思想」だとし、「合理的・客観的・観想的なること」をこの特徴として規定する。都市を中心に栄えた文化は漸次個人主義的傾向に転じ、「欧米諸国の近世思想」は一面で「ギリシャ思想」を採り入れ、「宗教的圧迫と封建的専制とに反抗し、個人の解放、その自由の獲得を主張」したと記す。そして世界史における近代文化は「個人主義・自由主義・合理主義を主流」に形成されたとも言う。

結語はここで徹底して「個人主義」に対する警戒と嫌悪を示す。つまり西洋思想を貫く個人主義的な人間解放などというものは「個人」のみの解放に汲々として「国民性と歴史性」を無視していると批判するのである。いわば理性や理知など決して人間本来の姿ではなく、ただ「我」という存在にすぎない。人間は「国民精神により歴史に基づいてその存在が規定せられる」のである。このような理屈はもとより西洋思想の内容を吟味、検証したものではなく、何よりもまず個人主義とそれを支える権利意識に対する批判ありきなのである。

さらに「我が国に輸入せられた支那思想」への批判を続ける。儒教と老荘思想を批判し、足らざる部分があるために「個人主義に陥った」と結論づけている。「要するに儒教も老荘思想も、歴史的に発展する具体的国家の基礎をもたざる点に於て、個人主義的傾向に陥る」ものとして排除するのである。ただし、儒教の個人主義的、革命的要素を抜き去ることで「日本儒教」が生まれたとも指摘している。天皇制国家の臣民意識に結びつけようとしているのがわかる。

次いでインドの仏教について批判的見地からの分析が続く。もともと仏教は「冥想的・非歴史的・超国家的」だったのが、我が国に摂取されるや国民精神に醇化され、「国本培養に貢献するところが多かつた」と記述する。

一方、明治期より持ち込まれた西洋思想については、あまりに個人主義的で、国民の生活全般に弊害が及んでいると説く。具体的な弊害については明確に示さないまま、儒教や仏教と同様に「今やこの西洋思想を我が国体に基づいて醇化し、以て宏大なる新日本文化を建設し、これを契機として国家的大発展をなすべき時に際会してゐる」とくり返すのである。

結語は前半と後半に分かれており、前半はほぼ以上のような内容である。では、そこでくり返される個人主義の排撃とは、いったいどのようなものか。

まず個人の思想や信条、倫理、生活はすべて国家が規定あるいは容認する枠組みを越えてはならないものと捉えている。個人主義は究極的に「国家と個人」という設問を突きつけてくるもので、個人を国家より上位に置き、ただ現実に自らが存在する空間としてしか国家を認識しない。これを『国体の本義』は何よりも恐れたのである。

近代日本の草創期に「国家」の概念が持ち込まれたとき、庶民は自らを独立した国の国民として理解することができず、ゆえにそれを支えようという意識に欠けていた。明治初年代から十年代、二十年代の思想家、たとえば福沢諭吉や陸羯南《くがかつなん》などはこの心理状態からの脱却を説くために国権的な論を提示しつづけたと言っていい。『国体の本義』の執筆陣も基本的にはその延長線上におり、国家への国民の帰属意識がまだ充分に高まっていないことに焦慮したと思われる。このような焦慮が結語の前半部分からは感じられるのである。そして前述した三つの社会的、歴史的事件や事象は、個人主義が国家に屈伏するさまを現出させ、また国が国民にどのようなかたちで個人主義を脱却すべきかを示した例にもなっており、『国体の本義』の執筆陣は暗にその史実を賞賛する側に立ち、自らの文言に反映させたと私は考えるのである。

国体による醇化

西洋思想を「国体」で「醇化」すなわち不純物を取り去ることが「新日本文化」の建設につながるという理屈を、もう少し具体的に見ていかなければならない。たとえばこのような理屈を、司法の側はどう見ていたのか。つまりどのような思想を「醇化されていないもの」と判断したのか確認する必要がある。

農村共同体の庶民が日常的にもつ意識は、東京にいる転向共産党員や二・二六事件の青年将校、また天皇機関説排撃運動を進めた議員とは遠く離れており、必ずしも一体ではない。ふだん農村に情報が流入する速度はきわめて緩慢なのだが、しかし上部構造に不都合な思想が都市部で強烈な存在感を示すや否や、その影響力が吟味されず一気に伝播することも考えられる。またこのときの農村の環境条件によっては摂取、醇化どころか、すべてが不都合な思想に塗り替えられる恐れもある。

『国体の本義』はそのような因子を排除するために記述されており、この点を理解すれば同書のもつ本来の意味、つまり「都市と農村」という図式のなかで、上部構造が下部構造を懸命に説得しなければならなかった「本義」がわかってくる。では『国体の本義』が許容した思想空間とは、法的にはどのように担保されていたのか。司法が許した思想の範囲を確認すれば、昭和前期のナショナリズムの枠組みも見えてくるはずである。

昭和八年十二月に『不穏思想の真相と其対策』（兵書出版社）が刊行されている。著者は俗にいう国家改造運動の中心人物である綾川武治で、司法界を動かしていた枢密院副議長の平沼騏一郎と陸軍大将で軍事参議官の渡辺錠太郎が揃って序文を寄せている。平沼は当時の国際社会の流れにあって「国民の精神的結束」が何よりも必要だとし、「刻下の急務は、不穏思想の真相を明確に知悉するに在り」と強調している。昭和九年から十年にかけては類書も相次いで刊行され、どのような思想が取り締まりの対象になるかを訴えて「不穏」と「正統」の峻別を行い、この周知を徹底させることで国家と国民の関係を一元化しようとする内容であった。

『不穏思想の真相と其対策』はもとより共産主義を強く批判しているが、しかし不穏思想はこれだけではないと訴える。昭和八年三月に議会で思想対策の要諦が決められたことを伝え、すべて「挙国一致」の本旨に沿わないかぎり存在意義はないと一方的に断じている。その「挙国一致」の本旨こそ「国民思想」だと称して反する信条すべてを排撃するのである。「日本精神」という言い方もされているこの「国民思想」については次のような説明がある。

「我が日本には、祖先国民の抱懐し来つた伝統的精神がある。それは、建国精神に発祥してゐる精神である。而してこの伝統的精神は、我が日本国家日本国民にあらずんば、実行するを得ざる独自独特なる世界的神聖使命を果たす出発点をなすものであり、原動力をなすものである。されば、この日本精神の内容を十分に明確にしシツカリと摑むことである」

そのような心構えで不逞の輩を根絶やしにすることが重要だとし、思想国防団体を設立すべきだとか、国民は在郷軍人団、青年団、強化団体などに入って監視を強めよだとか、愛国諸団体は連携すべきだとか提言している。また、全国の青年団体や愛国団体の活動を重点的に拡大する必要性も訴えるなど、これが国民精神防衛のシステムになり得ると主張したのである。しかしその徹底した排撃の論理には、暴力を生む因も潜んでいる。二・二六事件をこの系譜で見ることも可能なのである。

臣民意識涵養運動

『国体の本義』の「結語」の前半はもっぱら外来思想の排撃に費やされるが、実はまだ序論にすぎない。重要なのは後半で、国家を衰退させるのはまさに個人主義だと、さらなる排撃をくり返すのである。たとえば西洋近代文明の最大の特徴は「実証性を基とする自然科学及びその結果たる物質文化の華かな発達」だとし、日本もこのような長所をいくばくかは採り入れなければならないと説く一方で、ただし土台そのものが異なることを肝に銘じておく必要があると釘を刺してもいる。

「併しながらこれらの学的体系・方法及び技術は、西洋に於ける民族・歴史・風土の特性より来る西洋独自の人生観・世界観によつて裏附けられてゐる。それ故に、我が国にこれを輸入するに際しては、十分この点に留意し、深くその本質を徹見し、透徹した見識の下によくその長所を採用し短所を捨てなければならぬ。明治以来の我が国の傾向を見るに、或は伝統精神を棄てて全く西洋思想に没入したものがあり、或は歴史的な信念を維持しながら、而も西洋の学術理論に関して十分な批判を加へず、そのまゝこれを踏襲して二元的な思想に陥り、而もこれを意識せざるものがある。又著しく西洋思想の影響を受けた知識階級と、一般のものとは相当な思想的懸隔を来してゐる」

そして「結語」の後半は「醇化」なるものの要旨へと近づいていく。西洋思想を受け容れるには相応の心構えが必要であること、風土や気候も含めすべて土台が異なる事実を無視しないこと、以上二点を踏まえて知識を身につけるべきで、それこそ知識階級の必要条件だとする。にもかかわらずこのような基本姿勢に欠ける知識階級が存在することを訴えているのである。

次いで世間に広まっている「種々の困難な問題」として「共産主義運動、或は最近に於ける天皇機関説の問題の如き」が一部の学者や知識階級に惹き起こした例を挙げる。その原因は西洋思想の「国体」による「醇化」が不充分で、個人主義的人生観を克服できない弱さにあったと見る。そして、すべては個人の欲求や思想、信条のドグマから脱却し得ないことに問題があるとくり返すのである。

史実に対する客観的な検討がいっさいなく、手を替え品を替えひたすら一つの理屈が論じられているのがわかる。この執拗なくり返しで現実からますます遠ざかり、空虚な言語空間がつくられている。『国体の本義』冒頭の「第一　大日本国体」を踏まえた言語空間がまさにそれで、以下のように解釈してもいい。

〈大日本帝国は万世一系の天皇皇祖の神勅により統治される国家である。万古不易の国体であり、この大義で一大家族国家は億兆一心聖旨を奉体し、臣民が忠孝の美徳を発揮することで成り立っている。ところがその歴史的な国体の精華に、近代になって西洋の個人主義思想が流入し、軋みが生じている。西洋思想は本来醇化すべきものだが、昭和十二年の今日まで放置されている。いまこそ気づくべきではないか。現実に「醇化」をめざす国民運動も起こっているではないか。目覚めよ、臣民よ〉

この主旨が『国体の本義』の芯であった。それを理解しない社会を覚醒させ、正道に戻すことが日本人に課せられた宿命ではないのか、と訴えているのである。このような煽情を評して、私はかつて日本社会の「文化大革命」、いわば「臣民意識涵養運動」と名づけたことがあるが、まさに「大日本帝国」が創り出した特異な空間であろう。それが日本社会に、横断的に広がっていったのである。

横断的とは、天皇以外はすべて臣民だという捉え方で、つまり国体の精華の名のもとに「一君万民主義体制」と呼ぶべき空間が生まれたことを意味する。ただしこのとき、上部構造も融解する宿命をもった。なぜなら二・二六事件の青年将校らがその蹶起趣意書のなかで、天皇が統帥する国家にあって「所謂元老重臣軍閥官僚政党等は此の国体破壊の元兇なり」と明言したからである。

また佐野と鍋山も転向声明書で「日本共産党がコミンターンの指示に従ひ、外観だけ革命的にして実質上有害な君主制廃止のスローガンをかゝげたのは根本的な誤謬」だとし、天皇制が「明治維新以来、進歩の先頭に立つた事実」を認め、自らの指導体制そのものの融解を宣言した。

つまり一君万民主義のもと、国家内部に天皇制以外の支配機構などあってはならないとする考え方が広がったのである。こうした考え方は、昭和八年から十一年の個々の史実のなかに見出すことができる。たとえば昭和十年八月に陸軍の統制派の重鎮永田鉄山軍務局長を斬殺した皇道派将校らの意識にさえ、「軍閥」を倒すという大義があった。そのような動きを陸軍では下克上などと言ったのだが、実際には一君万民主義を企図した事件という見方もできるのである。

天皇制以外の支配機構を融解せしめて横断的な空間をつくる。これが『国体の本義』の訴えだったとするなら、実際に上部構造と下部構造はどのようなかたちへと変化したのか。これを確かめるには、方向性も意図も一見まったく異なりながら、「人民」あるいは「臣民」を代弁するかたちで歴史にその意味を刻んだ、共産党幹部の転向声明書と、二・二六事件の蹶起趣意書を詳細に検討する必要がある。各書で「人民」あるいは「臣民」がどのように扱われたかを見ていかなければならない。

思うに『国体の本義』が創出した空虚な言語空間のなかに、下部構造のナショナリズムは組み込まれていった。この動きは昭和十二年七月に始まった日中戦争でより鮮明になっていくのだが、しかしそれを確認する前に、もうしばらく昭和八年、九年、十年、十一年の時代の姿を追究しておかなければならない。この時代のなかに、私たちがまだ見ぬナショナリズムのかたちがあるように思える。『国体の本義』の西洋思想批判が、逆にナショナリズムを否定するというディレンマに陥っていた構図を、目にし得るのである。

第19章　共産党幹部の転向声明の逆説

「国民精神総動員」を補完した社会主義運動

昭和八年（一九三三）から十二年頃までの日本の社会状況は、文化大革命が展開された一九七〇年前後の中国のそれに似ていると、かつて私は書いたことがある。むろん思想が同質なのではなく、いわば国家全体がヒステリー状態に陥ってしまったのである。

当時の日本には臣民意識涵養運動があり、「日本主義」「皇国精神」といった言葉をとくに精査することなくイデオローグらは口にしていた。このような枠組みに身を置くことを好むタイプの学者や言論人、官僚らに用いられ、しだいに「日本主義」「皇国精神」といった言葉自体が国民を区別する尺度と化した。のちの文化大革命とは異なり、確かに『毛沢東語録』を手にした紅衛兵のような大衆動員があったわけではない。また現実に社会を動かす側にいた指導者らが、三角帽子を被せられ、首に断罪のプレートを下げさせられて、年端もいかぬ紅衛兵に「実権派」だと弾劾される光景も日本にはなかった。

しかし似た光景はあった。それはたとえば、貴族院議員で東京帝大教授の美濃部達吉の天皇機関説が議会やメディアで叩かれ、また京都帝大教授の滝川幸辰の『刑法読本』が内務省に発禁に処された経緯と内実である。この背景には原理日本社の蓑田胸喜、三井甲之の策動があり、そこに便乗した政治家や外部団体の熱気も伝わってくる。美濃部や滝川など弾劾の対象を直視することで、国民は「臣民」としての自覚をもつよう強要されたのである。

先にふれた臣民意識涵養運動とは、別の言い方をすれば「日本主義」「皇国精神」の注入となる。この昭和八年、つまり一九三三年は、ドイツではヒトラーが政権を握り、ナチズムがより現実化した年である。ヒトラーがドイツ国民に訴えたのは「第三帝国」という理想で、そこには民族の復権を期する熱狂があった。この熱狂と「皇国精神」にはいくつかの共通点もあるが、しかし日本社会の動きは基本的に、第一次世界大戦の敗戦が要因を成し、いわゆる「戦間期」に培養されたナチズムとは違っていた。

「日本主義」「皇国精神」は、天皇機関説排撃運動やそれにともなう国体明徴運動へと突き進むプロセスで、きわめて抽象的に説かれていった。この役割を担ったのが前述の文部省編纂『国体の本義』で、それは上部構造から下部構造へと注入された。やがて思想の善導という名のもとに、官民挙げての「国民精神総動員運動」が社会を支配していくのだが、この意味で次の指摘は当たっている。

「そこでは、それまで義務教育〔教育勅語〕と徴兵制〔軍人勅諭〕を通じていわば『上から』注入されて来た『国体』思想が、それに抵抗する大正デモクラシーや社会主義運動の敗北を経て、今や広範な中間諸階層の間に受入れられたばかりでなく、在郷軍人会を中心とする各種『教化団体』を通じて一定の範囲で『運動』化される場合さえ出て来たのである。そして、それと同時にここでは、その思想内容においても『国体』思想の新たな展開が見受けられるようになったのである」（山口定『ファシズム』有斐閣　一九七九）

大正デモクラシーや社会主義運動が、臣民意識涵養運動に「敗北」したとの見方である。もとより農村共同体を代弁するかたちで、大正デモクラシーや社会主義運動が存在したという論は的を射ていない。こと社会主義運動に関しては、むしろ庶民の生活の規範や倫理観を抑圧したと考えるべきではないだろうか。この点については、農本主義者の橘孝三郎が示した「都市と農村」という対立図式を見ればなお理解できる。当時の全農全国会議左派（共産党系）に代表される「地主対小作」という抵抗の論理は、あまりにも単純すぎる。その考え方に有効性がなかったのではなく、農村共同体に露骨に共産主義を持ち込み、敵と味方という二元論で下部構造を捉えた高慢さから、結果的には上部構造の臣民意識涵養運動を補完する役割を果たしたと見るべきである。

大正十一年（一九二二）に結成された日本共産党の、昭和八年（一九三三）から十二年頃までの活動と挫折は、西洋思想をどのように「摂取醇化」すれば、臣民意識を涵養し得るかを示した貴重な例証になると思う。どのような歴史認識が「摂取醇化」には必要か、また具体的にどのようなかたちでの転向が可能かを上部構造に教えたと言ってもいい。むしろ共産党員の転向で、上部構造が強靭さを備えたとも解釈できるからである。

「共同被告同志に告ぐる書」が映す抑圧者の影

昭和八年六月十日の東京日日新聞は「獄中の佐野と鍋山　共産思想を清算」という大きな見出しを掲げ、日本共産党中央委員長の佐野学と同委員の鍋山貞親による転向声明を報じた。見出しにはほか

「過去は誤てり」や「呼びかく日本的社会正義　同志へ転向を表明」という文句もあった。

昭和三年の三・一五事件、翌四年の四・一六事件で全国の共産党員がいっせいに逮捕されていた。被告らは中央統一公判で獄内闘争を続けていたが、佐野と鍋山はこの指導者であり、また昭和七年十月に東京地方裁判所で言い渡された無期懲役の第一審判決に控訴してもいた。獄中で裁判闘争を続けていたほかの被告にとって、二人の指導者の転向声明は大きな衝撃となった。

当時の東京朝日新聞の報道では、転向声明発表直後、二人を市ヶ谷刑務所に訪ねた第一審判事長の宮城実と思想係検事の平田勲が「今後はできるだけ転向同意の気運をつくっていく」との方針を明らかにしたという。また宮城判事長が「第二次日本共産党党首佐野はインテリの最高首脳であり、党首候補の鍋山は労働者出身の最高首脳であつた、それがどんな経路で転向したか社会の人は不審に思ふかも知れないが矢張り彼等も日本人である、殊に冷静になつて見るとコミンターンの指導に幾多の誤謬のある事が発見され大森銀行ギャング事件などが共産党の仕業である事まで知つた時彼等は考へ直さずに居られなかつたのであらう」と発言したと同紙は報じている。

日本人ゆえ「コミンターン」の「誤謬」を覚ったこと、そして共産党員が資金獲得のために起こした昭和七年十月の、本邦初の銀行強盗事件に対する不快感などが、転向の主たる理由だとしている。宮城や平田は、佐野と鍋山が獄中でどのような書を読み、どのような説得を呑んで転向に至ったかも語っている。大学講師の経歴をもつ佐野が、「国体」を説いた書や仏教書の二、三を読んだだけで考えを改めたというのはやや無理がある反面、その程度で共産主義の克服、転向が可能になることを国民に示したとも言えよう。

転向声明すなわち「共同被告同志に告ぐる書」は、佐野と鍋山の胸中を率直にあらわしていると思われるが、次のように始まる。

「我々は獄中に幽居すること既に四年、その置かれた条件の下において全力的に闘争を続けると共に、幾多の不便と危険とを冒し、外部の一般情勢に注目してきたが、最近、日本民族の運命と労働階級のそれとの関連、また日本プロレタリア前衛とコミンターンとの関係について深く考ふる所があり、長い沈思の末、我々従来の主張と行動とにおける重要な変更を決意するに至った」

ここで注意すべきは「日本民族の運命と労働階級のそれとの関連」や「日本プロレタリア前衛とコミンターンとの関係」といった一節である。「日本民族」と「労働階級」の未来はどう関連するのか。そして「労働階級」の指導者たる自らと、「第三インターナショナル」たるモスクワの政策をどう関係づければいいのか。

ありていに言えば、佐野と鍋山は「日本民族」と「労働階級」の利益を秤にかけ、後者を代表すると同時に、前者でもある自らに、なぜモスクワが国際主義の名のもと、革命を指示してくるのかを考えた。そして二人には、昭和七年のコミンテルンの指示書「三十二年テーゼ」をはじめ、共産党の運動方針に疑問が生じた。「三十二年テーゼ」とは、天皇制打倒、地主制廃止などをモスクワが日本共産党の任務と規定した運動方針書である。モスクワの国際主義を日本に当てはめるには相応の分析が必要だったにもかかわらず、自分たちの思想は未熟で甘く、民族の利益に反していたという理解に至ったのである。　声明はまず日本共産党の活動を全体的に俯瞰し、コミンテルン批判に行き着いて、これとの訣別を説く。

「今日、日本共産党が、既に内面的に変化せるコミンターンの決議に事々に無条件服従を求められ、日本の労働階級創意の奔放を妨げて居るのは、我が労働者運動の一大不幸となつた。我々は過去十一年間、忠実に一切の苦楽をコミンターンに託してきたが、今一切の非難を甘受する決意を以て、本声明書に述ぶる諸理由に基き、日本の左翼的労働者運動が、党と言はず、組合と言はず、コミンターンの諸関係から断然分離し、迫り来る社会的変化に適応すべく、新たなる基準に於てラヂカルに再編制せられねばならぬことを主張する」

日本の共産主義運動がコミンテルンの指揮下にあること自体、大きな誤りだったと説いている。最大の誤りはコミンテルンの指示そのものにあり、たとえば日本資本主義が「特殊に攻撃的な強盗性」を有していると言うが、本質的にはイギリス、フランス、アメリカ、前代ロシアなどと変わらず、むしろ国際連盟のブルジョワ国家と同じで、「更にこのテーゼは日本において君主制反対の大衆闘争が渦巻いてゐるとか、反戦的大衆運動が激化してゐるといふ、支那及欧州で捏造された虚構の事実を基礎として全部のテーゼを引出してゐる」と不信感を露わにするのである。

そのような理屈からは、佐野と鍋山の転向声明が、国民精神の総動員を企図した昭和前期の国家観の露払いになっていることがわかるのだが、まずは論を進めたい。当時の共産主義運動は、革命の名のもとにとか、労働者階級のためにといったソ連の理屈を信奉し、社会主義体制を自国のみならず世界的に展開させようとする試みだったが、この思い込みに対する自省は、確かに「共同被告同志に告ぐる書」から読み取ることができる。

反面、共同体に伝承する生活の規範や倫理観への配慮が寸分もないことに驚かされる。それは共産主義運動が、下部構造の意識を守る役目を当初から果たさず、ひたすら上部構造の枠内での闘争に明け暮れていたことを意味する。むしろ国民の意識を抑圧していたと言ってもいい。佐野と鍋山の転向声明から窺えるのは、まさに抑圧者の存在だったと私には思えるのである。

このような側面は、日本の共産主義運動に挺身した「労働階級」の多くが、実は都市の有産階級の子弟で、それ自体「上からのヒューマニズム」という擬似的ルネッサンスの性格が強かったことを意味する。むしろ共産主義運動が、昭和前期のナショナリズムの歪みを正し得るいくつかの思想を抑圧した責任も浮かび上がってくるのである。共産主義運動が、大正期以来の民本主義、農本主義、また柳田國男の「常民」という考え方、武者小路実篤の理想の実践「新しき村」などを抑圧する側にいたことは指摘しておかなければならない。

「外来思想」と「国体」の関係

佐野と鍋山の転向声明は本論に入っていく。

「日本民族が古代より現代に至るまで、人類社会の発達段階を順当に充実的に且つ外敵による中断なしに経過してきたことは、我々の民族の異常に強い内的発展力を証明してゐる。また日本民族が一度たりとも他民族の奴隷たりし経験なく、終始、独立不羈《ふき》の生活をしてきたことの意義は甚だ大きいのである」

このような意義を無視して階級闘争を云々するなど本来おかしなことで、「民族とは多数者即ち勤労者に外ならない」という考えを土台にした転向論をくり返す。そして昭和八年から十二年頃にかけての臣民意識涵養運動の先駆けとなる論が共産主義者の転向というかたちで示され、昭和十年の天皇機関説排撃や国体明徴運動へとつなぐ役目も果たす。何より重要なのは、佐野と鍋山の転向声明が昭和十二年の『国体の本義』の下敷きになったとも言えることで、「外来思想」を「醇化」して日本の「国体」に帰一する論がすでに示されていた事実である。それを理解するには、彼らが「国体」にどう向き合ったかを確認しておく必要がある。前章でも少しふれたが、この転向声明の最も重要な部分を抜き出す。

「我々は日本共産党がコミンターンの指示に従ひ、外観だけ革命的にして実質上有害な君主制廃止のスローガンをかゝげたのは根本的な誤謬であつたことを認める。それは君主を防身の盾とするブルジョア及び地主を喜ばせた代りに、大衆をどしどし党から引離した。日本の皇室の連綿たる歴史的存続は、日本民族の過去における独立不羈の順当的発展――世界に類例少きそれを事物的に表現するものであつて、皇室を民族的統一の中心と感ずる社会的感情が勤労者大衆の胸底にある。我々はこの事実を有りの儘《まま》に把握する必要がある。更に日本の君主制が旧ロシアのツアール、旧ドイツのカイゼル等と異り、明治維新以来、進歩の先頭に立つた事実は、ブルジョアジーの間でもプロレタリアートの間でも、反君主闘争を現実的問題たらしめなかつた」

そのような結論の前提として「日本共産党はコミンターンの指示に従つて君主制廃止のスローガンをかゝげた。前記テーゼの主想の一は、更に一歩を進め、反君主闘争が現下の階級闘争の主要任務であるなどのバカげた規定をしたことにある」という認識があった。コミンテルンをはじめ各国の共産党は、日本の天皇制を帝政ロシア時代の専制君主体制のように解釈し、このツァーリズムに対する闘争をそのまま日本に持ち込もうとしている。しかし政治的スローガンとして「天皇制打倒」を念仏の如く唱えていたのは、「政治的無能」の証しだったとも転向声明は言うのである。

ここで佐野と鍋山が強調したのは、皇室を「民族的統一の中心」と受け止める感情が大衆にはあるという考えであった。日本の君主制は〈勤労者＝国民の多数＝臣民〉という図式で捉えるべきで、そこに「天皇制打倒」を持ち込むのは、この「社会的感情」を理解できない「政治的無能」者だとする自己批判である。その自己批判が佐野と鍋山のどのような思考回路を辿って形成されたのかは定かでない。ゆえに偽装転向という見方もされたし、また〈勤労者＝臣民〉という図式があまりに杜撰な発想であることも否めない。

二人にはもともと「臣民」の意識があり、これを知識としての社会主義理論で蔽って、共産党の指導者になったと言えるのではないだろうか。そして独房での思索や、検事、判事の説得で「臣民」に回帰したと考えるべきではないだろうか。むしろ二人が「臣民」としての意識をより強く自覚したことが、転向声明からは窺えるのである。

二人の「臣民」としての高揚感は、先にも引用した次のような記述に見出すことができる。

「日本の皇室の連綿たる歴史的存続は、日本民族の過去における独立不羈の順当的発展――世界に類例少きそれを事物的に表現するものであつて、皇室を民族的統一の中心と感ずる社会的感情が勤労者大衆の胸底にある」

このような告白のなかに、二人の精神的支柱を垣間見ることができる。ゆえに心底に眠っていた「臣民」の意識も、無理なく覚醒したと言えよう。

さらに佐野と鍋山の転向声明には、国策を決定する上部構造に示唆を与えたと思われる記述が執拗にくり返されている。上部構造を激励し、果敢に国策を遂行すべきだと、その正当性を訴えているようにさえ見える。満州事変以後の中国での戦争を正当化する、「敗戦主義」への強い批判である。

「コミンターンがソ連邦の目前の利害の見地から日本共産党に向つて無闇矢鱈に敗戦主義を課してゐ

るのは日本の労働階級にとつて有害であることを力説する。支那軍閥や英国に敗戦する必要はどこにもない。腐敗の極に達してゐたツアーリズムのロシアにおいては児童走卒も自国の敗戦を希望した。あらゆるロシアの経験を時処と条件を無視して普遍的教養に転化するのはコミンターンの根本的誤謬の一つであるが、今日の日本は当時のロシアに比して遙に健全であり、遙に文化高く、原始的な敗戦主義は決して大衆の胸に訴へ得ない。日本が敗退すればアジアが数十年の後退をすることは目に見えて居る。日本における敗戦主義は日本民族の敗北の希望を意味し得る。我々は大衆が本能的に示す民族意識に忠実であるを要する」

転向声明の一連の内容は獄中の共産党員に「転向ブーム」を惹き起こすことになった。この声明は昭和八年六月十三日、全国六百人に及ぶ共産党関係の被告にも送られているが、もとよりそれは検事団、判事団による。また共産党の指導層もこの声明にふれ、次々と受け容れていった。七月六日には三田村四郎、高橋貞樹、中尾勝男の三幹部が声明に同意、転向を表明した。京都帝大教授だった河上肇の「獄中独語」も検事によって明らかにされた。党中央委員の田中清玄《きよはる》、佐野博、風間丈吉らも相次いで転向した。同年九月五日付の東京朝日新聞によるなら、全国の治安維持法違反者で七月末日までに転向したのは、未決四千三百七十人のうち四百十五人、既決四三百九十三人のうち百三十三人で、合計五百四十八人にのぼったと司法省が発表している。

むろん以後も転向は続いた。まさにブームと言えた。共産主義運動はほとんど根絶やしにされたのである。とはいえ地下に潜っていた日本共産党の機関誌「赤旗」は佐野と鍋山を「スパイ的裏切者」と非難し、「大衆的憤激を以て断罪せよ！」と二人の除名を発表している。しかしそのような声は広がりをもたなかった。

昭和八年六月の、佐野と鍋山の「共同被告同志に告ぐる書」は、共産党員の転向の理由を単に正当化しただけではなく、国策の遂行に利用された。昭和十二年の『国体の本義』に組み込まれ、のちの国民精神総動員運動の軸にもされた。この経緯を確かめていくと、昭和前期の上部構造が「外来思想」を「摂取」しながら、「醇化」と称してそれを排撃した構図が浮かび上がってくる。だがこの構図のなかで矛盾を抱えていたのは、実は「国体」のほうだったという逆説も指摘し得る。

あえて補足しておくが、『国体の本義』の「結語」にはそう読める記述がある。

「我が国は夙《つと》に〔ずっと以前から〕支那・印度の文化を輸入し、而もよく独自な創造と発展とをなし遂げた。これ正に我が国体の深遠宏大の致すところであつて、これを承け継ぐ国民の歴史的使命はまことに重大である」

そもそも「国体」の「独自」性というものが、外来の文化なくしては存在し得なかったことを認めているとも言えるのである。またこのことは、昭和十二年当時にも当てはめられると『国体の本義』の「結語」は続ける。

「現下国体明徴の声は極めて高いのであるが、それは必ず西洋の思想・文化の醇化を契機としてなさるべきであつて、これなくしては国体の明徴は現実と遊離する抽象的のものとなり易い。即ち西洋思想の摂取醇化と国体の明徴とは相離るべからざる関係にある」

「西洋の思想・文化」を踏まえなければ現実に証明できない「国体」とは何か。逆に言えば、「外来思想」がなければ「国体」という「もの」は具象とならない。また「外来思想」を「摂取」するたびに、「国体」は変容してきたことにもなる。『国体の本義』の「第一　大日本国体」の「一、肇国」における「我が国永遠不変の大本であり、国史を貫いて炳《へい》として輝いてゐる」という記述や、先の転向声明とも矛盾するように思える。しかし「醇化」という加工が施されなければ存在し得ない「もの」を、はたして「皇土」で「歴史的」に培われた「永遠不変の大本」かつ「独自」の思想だと断言できるであろうか。それはあくまでも下部構造を律するための精神論でしかなく、上部構造は「臣民」の学習能力を見下していたと言える。と同時に、上部構造のイデオローグらの理屈の限界も、自ずと物語っている。『国体の本義』は外来の思想、文化排撃の本音を「醇化」という言葉にすり替え、下部構造を納得させるための詭弁を弄していたにすぎない。

第20章　天皇に帰一させるための実習

左傾学生の傲慢と感傷

昭和初年代、なぜあれほどまでに共産主義運動が高揚したのか。とくに学生の間に一定の力をもったのはなぜか。教育学者の唐澤富太郎は『日本人の履歴書　三代の人間形成図』（読売新聞社　一九五七）で『左傾学生生徒の手記』（文部省思想局編　一九三四）を分析し、当時の大学生の性格について調査した結果を報告している。共産主義に関心を寄せるタイプは温厚、温和、穎敏《えいびん》、勤勉が六五・九％を占め、ごく普通の性格が二九・五％、意志薄弱、付和雷同といった短所をもつ者は四・六％にすぎなかったとし、とりわけ左傾学生の多くが真面目だったと指摘している。出身家庭については「貧困なものに比べて、普通程度および富裕なものに多く、しかも当時の名門良家の子弟や、またもっとも堅実とされていた軍人、学者、教育者の家庭からも出ていること、そして頭脳明晰、性質純良のものも多かったことなどは、この期の学生運動の複雑な一面を物語る」と記す。さらに左傾学生の手記を通読すれば「青年特有のヒューマニズム、人道主義、正義感」が社会批判の「基調」になっていたことがわかると分析する。

一面的とはいえ共産主義には確かに体系化された理論があり、世界観もはっきりしていた。その理論、世界観をもとに革命を行い、プロレタリア独裁体制を築く。これがソ連の国家観であった。加えて他国でも共産主義革命を起こすよう各支部の党員に命じ、それこそが歴史における進歩発展の法則だと称しながら、実際は自らの勢力下に置くという構図をもっていた。だが当時共産主義に傾いた者に、この構図が理解されることはなかった。

文芸評論家の亀井勝一郎は、東京帝国大学に入学してまもなく新人会に入り、のち共産主義青年同盟に参加している。昭和三年（一九二八）四月に治安維持法違反で逮捕、投獄され、五年十月まで獄中生活を送った。獄中で発病し、転向して保釈され、佐野学と鍋山貞親の「共同被告同志に告ぐる書」の半年後、昭和八年十二月に執行猶予付判決を受けた。その間、日本プロレタリア作家同盟に加わり、評論家として活躍する一方、しだいに共産主義からは離れていった。

亀井は自伝風の『我が精神の遍歴』（創元社　一九五一）のなかで、青年期の思想や転向についても回想している。銀行家の子息として生まれた亀井は、同級生に比べ「富める者」と自覚したことが「苦渋」の始まりだったと言う。このような心理が共産主義運動に加わる伏線となったのであろう。まさに唐澤が指摘した「青年特有のヒューマニズム、人道主義、正義感がその基調」になったわけである。亀井は旧制高校、東京帝大と進むなかで、共産主義の理論を学んでいった。

「日本共産党は大衆的な組織運動を展開しない少数の秘密結社であり、共産主義の理論体系も未だ普及していなかった。突如として僕の前にあらわれた青年達は、ツルゲエネフを読み、クロポトキンを論じ、或は『資本主義のからくり』という粗末な一冊のパンフレットを聖典として、みずから工場へ、農村へと入って行ったのである。あたかも『民衆の中へ《ナロードニキ》』を彷彿せしめる一種のロマンチシズム運動であったと云ってよい」

きわめて素朴なヒューマニズムが、ヒロイズム幻想に陥るという出発点こそ、共産主義運動に傾く青年層の動機ではなかったか。亀井は実際「新しい神に信従するものの絶大なる歓喜、信ずる者に特有の傲慢と感傷を伴いつつ、この雰囲気は若い学生のあいだにひろまって行った」と述懐している。昭和初年代の旧制高校生、大学生の割合は同世代のなかでもわずか数パーセントにすぎなかったといらが、彼らの心理や教養は、現実の矛盾を超越した「理想という名の幻想」に入り込む必須要因だったと言えよう。

新しい神に信従した者たちは、さらなる宗徒の確保を望む「善意」に満ちていた。彼らは常に次の問いを発していたと亀井は記す。

「汝は富める者の走狗として一生を終るか、それとも貧しきもの虐げられしものの友として牢獄に死ぬか」

この「傲慢と感傷」を含む問いは、共産主義運動に入る者の踏み絵となった。その踏み絵を踏んで運動に参加することこそヒューマニズムの実践だという独善的な錯誤は、日本社会の知識人の間で一貫して続いており、転向を変節とする論のなかに未だ見出される。

亀井は佐野や鍋山の声明を単純に受け容れて転向したわけではない。『我が精神の遍歴』を読めばわかるのだが、亀井は自らの「精神」を凝視し、納得したうえで共産主義運動から離れている。

むろんこのような知識人あるいはその予備軍といった階層だけが、当時の共産主義運動のすべてを担っていたわけではない。実際に鍋山は労働者階級出身で、日々の肉体労働の現場から矛盾を意識し、共産主義運動に参加していた。

たとえば四・一六事件で検挙された山辺健太郎は『社会主義運動半生記』（岩波新書　一九七六）で、

佐野や鍋山の転向声明に獄中でふれたときの様子を次のように語っている。
「昭和八年六月の、鍋山たちの転向声明を聞いたときは、ほんとに寝耳に水だったけれど、あまりこたえなかった。三田村〔四郎〕の転向は、佐野・鍋山の転向のすぐあとだったと思う。私は高松刑務所にいたのですが、むこうは影響があるだろうと思って、声明を浄土真宗の坊主が、得意になってもってきた。〔中略〕佐野学の転向は、インテリ連中にはこたえたらしい。連中の悪いところは、あっさりやめるといわないで、理屈をつけることです。日本ではこの綱領では実現できないとか、一国社会主義とか、自分のやったことに理屈をつける。労働者はそういう面倒くさいことはやりはしません」

社会主義と帝国主義の共通項

理屈をこねず、ただ自身の信ずるものに従った山辺のようなタイプは、確かに知識層より労働者階級に多かったという。また山辺は『社会主義運動半生記』のなかで、当時の日本共産党はコミンテルンの支部にすぎず、モスクワの指導を受けるのが当たり前で、これを批判する力などなかったという類の発言もくり返している。そして「祖国はソ連でなくて日本だ、なんて、あんなバカなことを別に考えなかった。あのときは、やはり、『社会主義の祖国ソ連』です。日本なんか命をかけて守るに値しない国」とも言っている。

亀井や山辺の一面だけを抽出して結論づけるのは早計だが、私の見たところ二人の考え方は、共産主義運動に参加した当時の青年の心裏を代弁している。また共産主義運動には、国内では階級闘争、国外では「祖国ソ連」防衛の意味があったこともわかってくる。つまり彼らは自国のナショナリズムを否定してインターナショナリズムに収斂したと言える。私は幻想だと考えるが、共産主義運動に参加した者はその理論を根拠に、偏狭なナショナリズムの克服、具体的には天皇制の打倒を叫んで、インターナショナリズムという理想の実現をめざしたのである。

だがこの理想の行き着く先は、自国のナショナリズムがソ連のそれに吸収されるということでしかない。むろんロシアを中心とする社会主義的な地理空間がソ連邦と称されたわけだが、この領域に日本をも吸収しようというのが共産主義運動の本質であった。それに対して正面から異議申し立てを行ったのが転向声明で、立脚点が「一君万民」だったことは、時代の必然と言うべきであろう。「一君万民」が昭和前期という時代空間に即応したと思えば、共産主義運動から離れた党員がまず自国の「精神」の原点に回帰したこともわかるのである。

しかしこうした共産主義運動内の動きも、結局は国益・国権・国威に基づく国策決定集団の側、すなわち上部構造の掌中の事象でしかなかったと思える。確かに共産主義運動は階級としての労働者、農民の側による権力奪取を呼号したが、本書で説いている下部構造の守護者でも代弁者でもなかった。むしろ「革命」の名のもとに、共同体の人びとを抑圧した側だと私は考えている。いや、抑圧者そのものだったと言ってもいい。

昭和八年から十一年の二・二六事件までに、下部構造がどのように解体されたかを見ていかなければならない。「一君万民」を立脚点にした転向声明と、この考えがより鮮明化して帰一に至った二・二六事件の蹶起趣意書を対比することで、下部構造解体の実相が明らかになるはずである。

まずは転向声明をさらに深く掘り下げる必要があるが、その内容については立花隆が『日本共産党の研究』（下　講談社　一九七八）できわめて適切な指摘をしている。

「いまあらためて、この声明書を読み直してみると、そこには民族主義の評価から国粋主義へ、皇室の一定の評価から皇室中心主義へ、戦争の一定の肯定から積極的戦争肯定へ、多民族社会主義国家の発想から大東亜共栄圏的大アジア主義への危険な萌芽が含まれているとはいえ、この声明書の段階では一定の節度のもとにふみとどまっており、その他の、共産党、コミンテルンに対する批判の部分は、まことに正鵠を射たものだったといえよう」

この転向声明は、ヒューマニズム、人道主義、正義感などに縛られ、富める者の走狗か、貧しき者の友かで煩悶していた党員たちの心を解放した。その心理的解放を変節と断じたのが共産主義運動の側の理屈になるのだが、まさに独善で、むしろ自分たちが批判する帝国主義や軍国主義と手口は同じだったと私は見ている。

「陛下の御仁慈」

転向声明がのちの天皇機関説排撃と国体明徴運動の伏線になったことを確認しておきたい。現実にごく一般の共産党員は変節したのではなく、心理的抑圧から解放されることで、次に進むべき道を探り当てたと考えられるのである。転向声明は、日本の「民族的統一」を蔑ろにして、インターナショナリズムを信奉していたことを次のように自己批判する。

「民族と階級とを反撥させるコミンターンの政治原則は、民族的統一の強固を社会的特質とする日本において特に不通の抽象である。最も進歩的な階級が民族の発展を代表する過程は特に日本に於てよく行はれよう。世界革命の達成のために自国を犠牲にするも怖れざるはコミンターン的国際主義の極致であり、我々も亦実に之を奉じてゐた。しかし我々は今、日本の優秀なる諸条件を覚醒したが故に、日本革命を何者の犠牲にも供しない決心をした。我々は世界プロレタリアートの間の国際主義そのものを否定するのでない。しかし今後のヨリ高い国際主義はむしろ世界の主要個所における一国的社会主義建設の努力の中に築かれるであらう。世界すべての民族がかかる能力を現有してゐるのでないが、日本は現在到達してゐる高度の文化から見て此能力を豊富に有してゐる」

インターナショナリズムのすべてを否定するのではないが、今後は持ち前の「民族的統一」で「一国的社会主義建設」を行うとの一節である。日本の労働者階級つまり臣民は、それだけの能力を有しているというのが転向声明の骨格である。この骨格をふまえて昭和のナショナリズムは模索されるべきであり、そして日本民族は「一度たりとも他民族の奴隷たりし経験なく、終始、独立不羈の生活を送ってきたという認識に結びついていく。

そのような共産党指導者の転向は思想判事や特高警察の「善導」の成果とも言えるが、佐野や鍋山にもともと宿る日本社会への心理的な紐帯が、獄中での煩悶を経て、インターナショナリズムの実践を否定するに至ったと思えてくる。もっとも佐野は出獄直前の手記で「理論上においてもマルクス主義の残滓が至る所にあり、公式的思考方法や、階級主義に捕はれてゐたことが少くありませんでした」（立花隆『日本共産党の研究』下）とも述べている。まだ完全に共産主義を捨て切れていないという

この記述は、自国のナショナリズムによる「社会主義建設」の意志を含意するものであろう。

のちに佐野は自らの思想遍歴を三つの期間に分け、共産主義から君主制の容認へと向かった経緯を明らかにしている。その点は鍋山も同様で、むしろ佐野が執筆した転向声明を獄中でさらに吟味し、マルクス主義関係の書物を読み漁って、やがてこの下劣さを知ったと手記で述べ、「下賤な思想を下賤と知らずに自分も信じ、人にも説き、世を毒すること尋常ならざりし」と自省した。

佐野や鍋山は昭和八年六月の転向表明後も獄中にあって思想的、心理的な葛藤が続いたといずれも手記で明かしているが、とくに鍋山は七年後、昭和十五年の皇紀二千六百年に減刑（刑期短縮など）の詔書を手渡されたときの心境を「そんなことはどうでもよい。私は陛下の御仁慈をひしと感じたのである。あれほどの大きな不忠を敢へて為したにもかかはらず、尚この不忠者のために叡慮を悩ませ給ふた御仁慈」と述べ、感銘を受けたと記した。天皇への帰一の「精神」が明確になったのである。

論理抜きの宗教的跳躍

まさに昭和十年代は、国策の意味が判然としないなかで、国民が「臣民」として天皇に帰一することを強いられた時期であり、佐野と鍋山がその閉塞を破る先導役となった。昭和八年から十五年までの、臣民意識涵養運動の然るべき範例の一つとされたのである。

佐野は親鸞を学ぶことで、鍋山は武士道を媒介とすることで、社会主義の理論から離れていった。二人が到達した境地について、立花隆は前掲書で次のように分析している。

「論理を超越した宗教的跳躍により天皇へ帰一してしまったのである。この最後のプロセスが論理抜きであるというところがいかにも日本的である」

日本的情念に埋没することで天皇に帰一し、佐野も鍋山も充足感を得たと言っていい。いや、もともとあった「臣民意識」を覚醒させることで、二人は安心感を取り戻したのかもしれない。

二人の共産党幹部の転向声明に対しては、あまりにもピュリタニズム的な発想からの批判が多かった。しかし転向を「変節」と呼ぶ発想自体に、きわめて独善的な誤りがあったと私は考える。あらためて確認しておくが、転向声明が歴史的に裏づけているのは、共産主義に最も鋭敏に反応した知識人と労働者のヒューマニズムや正義感が、実はコミンテルンの権力中枢が用意した罠だったという事実である。さらに言えば、そのヒューマニズムや正義感は欧米思想を代表するものだが、実は共産主義体制に対峙した資本主義体制を擁護するあらゆる考え方や、近代社会の市民的権利を保障する意識とも表裏一体の関係にあり、当時の日本ではいずれも否定、批判の対象だったのである。

くり返すが、この転向声明は国益・国権・国威を基準に国策を決定する上部構造を全面的に肯定してみせた。その状態に誘導した司法当局の指導部は、二人の声明と続く転向ブームを見ながら大きな教訓を得たに違いなかった。思想をどのように棄てさせ、何を媒介に天皇へと帰一させるかの実習が行われたのである。だが、この実習が欧米思想を否定する道具《ツール》とは成り得ても、臣民意識の涵養、つまり「天皇への帰一」を可能にするとまでは予想していなかった節がある。

先にもふれたが、昭和八年十二月に綾川武治著『不穏思想の真相と其対策』が刊行されている。綾川は大川周明らとともに国家改造運動を推進した右派系の理論家、指導者である。同著は共産党員の大量転向を機に執筆されており、このような思想を恐れるなといった啓蒙書の類と言える。冒頭には枢密院副議長平沼騏一郎と陸軍軍事参議官渡辺錠太郎が推薦文を寄せており、平沼は「外来思想中、最も深く我が国家国民を荼毒《とどく》し来れるものを、彼のマルクス主義共産思想と為す」と断じ、「最近満洲事変あり、尋《つい》で上海事変あり、満洲の建国に伴ひ、国際聯盟離脱」があったという国家危急の時局に、それを理解しない青年男女が共産主義運動を広めていると嘆く。また渡辺も「我が国最近の国民思想は果して健全なりや疑はざるを得ざるなり。彼の国体を損壊せんとする不穏過激思想を抱懐するの徒頻りに妄動するの実情は国家将来の為め痛嘆に堪へざるなり」と記している。

この記述からは、平沼と渡辺の認識がまだ共産主義思想の広がりを憂慮する段階に止まっていたことがわかる。むろん共産主義が挙国一致に反する国体破壊の思想だとくり返し訴えてはいるが、しかし「天皇に帰一せよ」といった説得を平沼も渡辺もまだ試みていない。上部構造の指導者が率先してもつべき自覚とはいえ、臣民意識あるいは天皇への帰一を国民すべてに強調、強要していたわけではないのである。もとより天皇の官僚、軍人は一般の臣民より上位だと彼らは自任していたのだろうが、それこそまさに上部構造の意識であった。このような自覚が国民すべての臣民化、天皇の神格化の強要に至ったのは、佐野や鍋山をはじめとする共産党員が「帰一」したプログラムを、議会や行政機構が率先して実践することになったからだと言えよう。

第21章　「昭和維新」と陸軍パンフレット

「総統」を夢見た松岡洋右

共産党幹部の転向声明で、獄中の一般党員は雪崩を打つようにその主義を捨てた。共産主義運動は実質的に崩壊したわけだが、まだ「偽改悛」「偽転向」があると治安当局や反共陣営は強く警戒していた。こうした見せかけの転向に注意せよと檄を飛ばしたのが、綾川武治の『不穏思想の真相と其対策』で、司法当局は甘いと断じ、国民が共産主義者の動きに目を光らせ、真に改悛したかを見究める必要があると訴えている。

「最近は頻りに『転向』なるものが行はれ、警察及司法官憲は、この傾向を奨励して居るやうであるが、これによつて安心して彼等を減刑するならば、臍《ほぞ》をかんでも及ばない結果を思はねばならない。彼等の狡猾なる心事からすれば、『転向』は、その場の取りつくろひに外ならないのである。『転向』にも色々種類があるだらうが、単に行動を行はないといふならば、それは『転向』ではない。『転向』は思想的に全く日本国家へ復帰したものでなければならない、この意味に於て、佐野学や河上肇の転向は、断じて『転向』ではないのである。日本精神への転向を除いて、その他は決して改悛でない。改悛でないのに、司法官が酌量減刑したならば、それは司法官の大なる過誤でなければならない」

単なる転向と「日本精神」への改悛は区別する必要があると綾川は強調したわけだが、では「思想的」に「復帰」すべき「日本国家」とは何か。表現を変えながら綾川がくり返し説いたのは「民族国家であり、一大家族国家である。而かも神代の昔より連綿として伝へられた、大和民族の大宗家を皇室として上《かみ》に戴き、主権の存在は、揺ぎなき万世一系の皇統の上にある」という言葉であった。

道義国家完成のために三千年来努めてきた国や民は日本以外になく、ゆえに世界史上これを築き上げることができるのは我々しかいない——いわゆる八紘一宇の思想だが、そのような認識がなければ真の転向とは言えず、偽改悛、偽転向を許してはならないと綾川は訴えたのである。

この恐るべき独善的な歴史観については、昭和九年（一九三四）にまずイデオローグらが執拗に強調した。左傾学生などが単に転向しただけではなく、そのイデオローグと化した例も少なくなかった。たとえば『国体の本義』を著した国民精神文化研究所の、事業部の研究生指導科は積極的に転向学生を受け入れ、どう「日本精神」に回帰するかの実験も行われていた。

昭和九、十年にこのような「日本精神」を民間側で説きつづけた個人や団体には、反共を軸にした者と、世界の潮流とはまったく別に独自路線を貫くべきだと西洋思想批判をくり返した者がいる。雑誌「原理日本」を発行していた蓑田胸喜や三井甲之の原理日本社などは後者の代表で、先にもふれたとおり、彼らが中心となって昭和十年の天皇機関説排撃や国体明徴運動を進め、実質的に軍部主導の国家体制を誘発したと言える。

蓑田と原理日本社は民間側の超国家主義の動きとしてよく言及されるが、同質の個人や団体を新たに検討し、その国家改造運動がどのようなものだったか、共産党員の転向も含めて確認したい。また、この時代特有の臣民意識涵養運動と並行しながら、軍の側がどのような国家をつくろうと画策したかも見ておくべきであろう。それは当時の「思想」と「体制」が結果的にどう結びついたのかを確認することにもなる。両者のこの有機的なつながりについては、陸軍省新聞班が配布した「国防の本義と其強化の提唱」の内容を見れば理解できる。いわゆる「陸軍パンフレット」は昭和九年十月十日発行、この通称「陸パン」を参照しつつ、日本主義、皇道主義を唱導した個人や団体の主張を分析してみたい。

昭和八年五月、日本の全権代表として国際連盟脱退を通告した松岡洋右が帰国する。松岡はその責任を感じており、帰国したら袋叩きに遭うのではと心配していた。しかし事情はまったく違った。日本国内には国際連盟でいわれのない批判を受けたという認識があり、むしろ松岡は英雄扱いされた。日本のナショナリズムはすでに歪んでいたのである。これに気をよくしたのか、松岡は政友会を離党して衆議院議員も辞職、四年間の政治活動の結論をもとに、自身を盟主とした政党解消連盟を結成する。なぜ「政党解消」なのか、松岡は「中央公論」昭和九年一月号に記している。

「政党政治は、対立と抗争を予定した政治形態である。そしてその対立と抗争とは、国家国民のためといふよりは、どうしても『我党』のために行はれる必然性を有する。殊に我国の如く親分子分の関係の強い国民性にあつては、そこに熾烈なる党派心を生じ来り、その抗争たるや、国家国民の全体的利害を忘れて、手段を選ばず政権争奪に狂奔する傾向を生ずる」

政党は国家国民の利益ではなく自らのエゴのために熾烈な権力闘争をくり返すものだとし、この政治形態そのものを否定している。思うに当時は一定の説得力があり、松岡の政党解消連盟は共鳴者を議会内外に少しずつ増やしていった。

政党解消連盟の機関紙「昭和維新」は、昭和九年三月六日付の創刊号を皮切りに月一回、八月から翌十年八月までは月二回発行されている。そして昭和十二年七月一日付の第五十四号まで三年四ヵ月続いた。復刻版「昭和維新」（『昭和期文学・思想文献資料集成　第六輯　昭和維新』青山毅編　五月書房　一九九〇）の荻原極の解説によると「体裁はタブロイド版の新聞形式で普通、八段組みの八頁」、紙面には「全国各地で精力的な遊説活動を始めた盟主・松岡の講演の内容や、各地方支部の報告などが各界名士の寄稿文などとともに豊富に掲載」されていた（「政党解消連盟と『昭和維新』」）。

松岡の論文や講演内容が常に一面を飾るわけだが、目的は「憂国の至情に燃える青年たちに明治維新の志士たちの精神を鼓吹し、国家革新の昭和維新を断行」することにあった（同）。この編集方針は陸軍内部の青年将校らによる国家改造運動と軌を一にしているかに見えるが、実態は異なる。それについて松岡は「政党解消運動は国民精神運動であり、先輩の後藤新平にならっての政治の倫理化運動」だと称したという（横堀洋一『「昭和維新」と松岡洋右』前掲書）。

ただ松岡が「昭和維新」創刊の前年に政権を掌握したドイツのヒトラーや、すでにイタリアでファシズム体制を確立していたムッソリーニに強い関心があったのは事実で、自身の講演ではしばしば彼らの名を引用した。加えて松岡は盟主を自称し、日の丸のバッジを付けて「君が代」を斉唱、人指し指を立てて「一天万来、一国一体」を象徴する敬礼を採り入れるなど、明らかにヒトラーを真似た儀式を会員たちに要求した。一国一体体制を確立して自らが「総統」になることを夢見ていたと評する論者もいる。

政党解消連盟は松岡の満鉄総裁就任で解散状態となるが、この目的は「彼自身が外務大臣となった近衛内閣の時代、新体制運動による大政翼賛会結成の形で実現した」との見方もある（同）。

松岡の意図にかかわらず、昭和九年三月から十二年七月までの期間は、当時のナショナリズムを考えるうえできわめて重要である。天皇機関説排撃、国体明徴運動、陸軍省内部での永田鉄山軍務局長刺殺事件、二・二六事件、文部省による『国体の本義』刊行と、昭和という時代がとくに偏狭な側面を突出させた期間であった。その間、松岡の思想の変容と機関紙「昭和維新」が、どのような役割を果たしたかは検証に値する。

軍部への媚態

松岡は「昭和維新」創刊号で「文明の転換期に直面し国家革新に邁進せん」と檄を飛ばしている。「私は全国民諸君に訴へる。現下の国家的不安動揺を除去清算し、誤れる個人主義文明の旧弊を脱却し、わが民族が一国一体となつて世界的雄飛をなすがためには、国民全体が誠忠無私の精神を以て国家革新を断行しなければならぬ。しかして西洋流の個人主義にあらざる典型的全体一家主義を生命とする日本精神を正しく強く生かすことが、皇国を救ふ原動力であると信ずる」

「日本精神」すなわち「全体一家主義」こそ「個人主義」を排した「一国一体」体制の実現を可能とし、「皇国を救ふ」ために「全国民」はこれを断固実行すべしと訴えている。といっても直接行動を示唆しているのではなく、自身の運動に加わってほしいというのが松岡の主眼であった。

号を追って「昭和維新」に目を通すと、政党解消の火種がしだいに全国へ広がっていったことがわかる。たとえば日本国家社会党の赤松克麿は連載記事のなかで「政党政治は根本的に見て、我が国体違反であるばかりでなく、その運用に当つても我が国民精神と相容れざるものがある」と罵っている。

昭和十五年の大政翼賛会運動で無産政党の社会大衆党が真っ先に解党したのも、このあたりに伏線があると言えるのではないだろうか。

「昭和維新」は確かに松岡を礼賛する内容ばかりだが、とにかく政党政治を解消し、一国一体体制に切り替える必要を説き、明治以来の日本が歩むべき道として、西洋文明の思想や政治システムとは一線を画さなければならないと徹底的に訴えている。それが実現した状態を皇道政治あるいは日本精神の発露と見ているのである。なかには松岡の説く一国一体体制を持ち上げてか、「皇国とは自らなる一心同体のこと、神ながらの普き一つのいのちの事でございます」といった、神がかりをことさらに強調する筧克彦の「皇室と皇国」のような連載記事もあった。

「昭和維新」運動の呼びかけはしだいに農村の青年へと向けられていった。農村が窮乏下に置かれているのはなぜか、つまるところ「基本的な原因は常に現行の自由主義経済の中にある」との見方が決まり文句のようにくり返された。また松岡自身、昭和九年十月十五日付の「昭和維新」で「農村問題と維新の断行」という一頁を用いた論文を書き、この窮状を救えと述べるだけでなく、「農村人」についてもふれている。同じ号のほかの記事では陸軍が要路に配布した「国防の本義と其強化の提唱」が紹介されており、松岡がこの陸パンに呼応、共鳴するかたちで「農村人」に言及したことがわかる。日本の「農村人」は、「特に私の言ふ日本精神、其の中でも犠牲的精神を一番多量に持つて居る人間」だと決めつけているのである。

もとよりこのような考え方は、農村救済の重要性を政治家が認識していないとの批判であると同時に、兵士の供給地を軽率に扱っていいのかとの不満とも結びついているのだが、陸パンに呼応した論文を書くところに、軍部を利用しようとする松岡なりの計算が感じられる。その「一国一体」という

「日本精神」具現化の訴えや政党政治に対する批判が、軍部への媚態に直結していることを、松岡はしだいに暴露していくのである。

盟主を自称した松岡が、どのような指導体制を築くつもりだったのか、この機関紙からは見えてこない。しかし陸軍の動向に注意を払い、呼応しようとした姿勢は窺える。それは昭和九年十月十五日付以後、「昭和維新」が陸パンをどのように報じたかを追えばよくわかる。

まず陸軍の指導部が陸パンで現下の情勢をどのように捉えていたかを明らかにしておく必要がある。当時の陸軍内部ではいわゆる統制派と皇道派が激しく対立していた。皇道派は荒木貞夫前陸相、真崎甚三郎元参謀次長を中心に力をもっていたが、荒木が陸相を離れた昭和九年一月以降は、しだいに統制派と称する省部、陸軍省と参謀本部の幕僚グループが勢いを増していった。

荒木や真崎の権力を前面に出し、軍内で国家改造運動に挺身していた皇道派の青年将校らは、強い危機感を抱くようになる。軍事主導体制を築くためには非合法活動も辞さないという言動を、彼らは顕わにしていった。このような皇道派に対して省部の幕僚らは、権力は合法的かつ組織的に獲得すべきとの考えをもっていた。高度国防国家をつくるためには、官僚や経済人らと横断的な連絡を保たなければならないと強調したのである。その統制派の中心にいたのが陸軍省軍務局長永田鉄山であり、陸軍大臣林銑十郎であった。林は実際、皇道派の考えを危険視して要職から少しずつ追い払っていった。

統制派の幕僚と言える軍務局軍事課の少佐池田純久らは、国家革新の構想を具体的に研究しており、この成果として発表したのが「国防の本義と其強化の提唱」つまり陸軍パンフレットであった。統制派の幕僚らがどのような国家像を描いているかを国民に向けて明らかにしたのが陸パンの内容で、本文四十六頁、陸軍省は十六万部を印刷、配布している。

陸パンの冒頭は「たたかひは創造の父、文化の母である」で始まり、国防こそが国家発展の基本的な力だと説く。一九三〇年代後半の国際情勢は危機的な状況にあり、日本は経済、外交、財政、文化を根本的に建て直さなければならないというのが主旨であった。

国防と農山漁村の密接な関係

「国防の本義と其強化の提唱」がどのような問題を孕んでいたか、陸軍のめざす国家総力戦体制がどのようなものだったか、これを明らかにする重要な箇所を引用しておかなければならない。まず陸軍パンフレットの冒頭「一、国防観念の再検討」より。

「たたかひは創造の父、文化の母である。試練の個人に於ける、競争の国家に於ける、斉《ひと》しく夫々《それぞれ》の生命の生成発展、文化創造の動機であり刺戟である。茲《ここ》に謂ふたたかひは人々相剋し、国々相食む、容赦なき兇兵乃至暴殄《ぼうてん》の謂《いい》ではない。

此の意味のたたかひは覇道、野望に伴ふ必然の帰結であり、万有に生命を認め、其の限りなき生成化育に参じ、其の発展向上に与《あずか》ることを天与の使命と確信する我が民族、我が国家の断じて取らぬ所である」

さらに「近代的国防観」では戦争の意味自体変じていると説き、めざすべき国家像を具体的に示していく。

「晩近《ばんきん》、世界大戦の結果として生じた世界的経済不況竝《ならび》に国際関係の乱脈は遂に政治、経済的に国家間のブロック的対立関係を生じ、今や国際生存競争は白熱状態を現出しつゝある。

深刻なる経済戦、思想戦等は、平時状態に於て、既に他所に展開せられ、対外的には国家の全活力を綜合統制するにあらずんば、武力戦は愚か遂に国際競争其物の落伍者たるの外なき事態となりつゝある」

また「四、国防国策強化の提唱」の「其の三　国防と思想」の冒頭「国民教化の振興」には次のようにある。

「1、肇国の理想、皇国の使命に関する深き認識と確乎たる信念とを把持せしめ、皇国内外に瀰漫せる不穏、過激なる如何なる思想に対しても、寸毫も動揺することなき、堅確なる国家観念と道義観念とを確立せしむること。

2、国家及全体の為め、自己滅却の崇高なる犠牲的精神を涵養し、国家を無視し、国家の必要とする統制を忌避し、国家の利益に反する如き行動に出でんとする極端なる国際主義、利己主義、個人主義的思想を芟除《さんじょ》すること」

これに先立つ「其の二　国防と国内問題」では「国民生活の安定」「農山漁村の更生」などが挙げられている。とくに「農山漁村の更生」には力の入った記述が見られ、十一の危機的状況を指摘したうえで、「農村の窮迫」は「都市と農村との対立」に「原因の大半」があると明言している。そして農村を救済するには「国民共存共栄」の認識や「人口問題の解決」など根本的な対策が必要だと訴えている。五・一五事件に関与した農本主義者、橘孝三郎の論が巧みに採り入れられていることがわかる。

陸パンは陸軍の統制派が描いた国家像だが、空虚な国体観はさほどなく、むしろ現実主義的な視点が示されている。当期を人類史における戦争の時代と位置づけ、日本はどのような国家でなければならないか、国民はどのような意識をもたなければならないかを訴えている。このような国家像から、「農村の窮迫」に憂いを隠していない点に注目する必要がある。

昭和九年十月十五日付の「昭和維新」は陸パンの解説を掲載し、なぜ陸軍が農村の救済を訴えているかについて、とくに紙幅を割き、その意図を詳しく説いた。「軍の戦力の要素の一番重大なところの人員資源と云ふものが大部分農山漁村から出て居ると云ふことから、一層此の国防と農山漁村と云ふもの丶関係が密接になつて来たのである」（坂西一良《ばんざいいちろう》「国防と農・山漁村の匡救《きゅうきゅう》」）という表現は、兵の体力の低下や士気の減退を極度に恐れる陸軍の本音を代弁していたのである。

共産党幹部の転向声明、「昭和維新」、陸パンは、いずれも昭和八年と九年の日本社会に顕在化した主張として見事に共通項をもつ。つまりそれ以前の風潮と社会運動を全否定する立場である。昭和八年と九年の二年間、日本社会は消化不良を起こし、激しい嘔吐をくり返していたと言えようか。こうした症状には、まぎれもなく次の段階へと進む予兆が内包されていた。次の段階とは、その全否定を正当化した空間の現出を意味する。これが天皇機関説排撃運動であり、国体明徴運動であった。そして、そのすべてを包含したのが二・二六事件である。二・二六事件には昭和前期の上部構造の歪みが凝縮している。これこそ昭和八年、九年の思潮の反映だったと言うべきである。

第22章　農民＝独立企業体という視点

陸軍の「公然かつ全面的な政治干与への転化」

陸軍パンフレットの内容について、当時の識者のなかには露骨に反感を示す者もいた。美濃部達吉は「陸軍省発表の国防論を読む」と題して「中央公論」昭和九年（一九三四）十一月号に自らの見解を発表した。美濃部の心中には軍部が主導権を握りつつあるとの不安が根強かったことがわかる。「第一に感ぜらるゝ所は、其の全体通じて、好戦的、軍国主義的な思想の傾向が、著しく現はれてゐることである。それは、劈頭《へきとう》第一に『たたかひは創造の父、文化の母である』とあり、戦争讃美の文句を以て始まつてゐる」

戸坂潤は「パンフレット事件及び風害対策」と題し、やはり昭和九年十一月号の「文藝春秋」で「軍部は実業家・政治家、それから地主の云ひたくて仕方のないことを、率直に、統一して纏めて云つて呉れてゐるに過ぎない」と、これは軍部だけの考えで作成されたものではないとの不信を顕わにしている。

確かに臣民意識涵養運動がより露骨になる時期だったが、まだ「中央公論」「文藝春秋」など雑誌メディアは軍部とそれを支える国家改造運動に対し、リベラリズムの側の学者や言論人を起用して批判を浴びせていた。しかしこうした学者や言論人への攻撃が、具体的には昭和十年二月十八日の貴族院本会議で始まった菊池武夫の質問で表面化する。その質問を機に美濃部の学説を批判する流れが生じ、国家改造運動や愛国革新運動などが広がりをもって進んでいくのである。そして、このような流れの頂点に二・二六事件があり、その伏線の一つが陸パンだったと私には思える。昭和九、十、十一年と続くこのような流れのなかで、日本のファシズムは醸成されていくのである。

陸パンが識者にどう受け止められたか、いかに各界で好評だったか、あらためて昭和十年に陸軍省新聞班は反響を伝える冊子を発行した。このなかでは、パンフレットが意図するものは「陸軍の総意」であり、「輿論《よろん》を喚起」したい、ために議会でもその趣旨を徹底するということを確認していた。これは何を意味するのか。陸軍はパンフレットの内容にある「国民教化の振興」を積極的に広め、国民運動そのものに仕立て上げたかったのである。

「国民教化の振興」のなかには「国家及全体の為め、自己滅却の崇高なる犠牲的精神を涵養し、国家を無視し、国家の必要とする統制を忌避し、国家の利益に反する如き行動に出でんとする極端なる国際主義、利己主義、個人主義的思想を芟除《さんじょ》する」とある。言うまでもなくここでくり返されている「国家」とは、陸軍のめざす「国策」の担い手としての体制である。とはいえそのめざす国家像は明らかではない。必要な統制を忌避し、国家の利益に反する思想は排除するという強い意志だけが感じられる。この意志を国民に浸透させ、つまりは臣民化することを企図しているのである。

橋川文三は「大正デモクラシーの経験が示すように、国防と軍事もまた政治に従属するという思想がひろく支配した時期があったことは否定できない」としたうえで、しかし『陸パン』問題に見られるような公然かつ全面的な政治干与への転化は、昭和初年いらい、幾多の屈折をたどって展開したものにほかならない」と分析する（『昭和ナショナリズムの諸相』）。陸軍パンフレットには、昭和六年九月の満州事変以後の政治と軍事の関係を根本的に改めようとする野望があり、それこそが当時の陸軍指導層が「幾多の屈折」を経て辿りついた意志だったと言えるであろう。

国防国家体制をめざして国民を全面的に屈伏させようとするこの陸軍の強い意志に対し、美濃部や戸坂は反発した。しかし彼らの批判は、国民が依拠する共同体の生活の規範や倫理観を土台には据えていなかった。一方、貴族院で美濃部批判をくり返した菊池らも、陸軍の意志を代弁するのが国益に適うという立場で、国民の生活の規範などにはまったく関心を示していなかった。関心を示さないどころか、その国体観には理性や理知とはかけ離れた認識があった。

天皇機関説排撃運動は菊池の質問で始まり、美濃部の「一身上の弁明」でも収まらず、貴族院で何度もくり返された。やがて衆議院にも飛び火していくのだが、菊池は政府への質問を重ねるうち、国会での議論としてはあまりにも奇妙な弁舌を振り回すようになる。

「美濃部博士の所論は我が血縁竝《ならび》に地縁を紐帯と致しまして、自然に神ながらに発生いたしましたる民族国家と全く相容れざるものであると考えます。一、天壌無窮の御神勅、斎鏡斎穀の御神勅、天津《あまつ》神籬《ひもろぎ》、天津磐境《あまついわさか》の御神勅、一、産霊《むすひ》の原理、歴聖の大御心《おおみこころ》、一、憲法発布の御《お》告文《つげぶみ》、同じく御詔勅及上諭。是は幾度も謹んで拝読いたし、又謹んで熟考せねばならぬと云うことは申上げる迄もないことと存じまする」（宮沢俊義『天皇機関説事件』上　有斐閣　一九七〇）

そのうえで菊池は美濃部を弾劾する。

「美濃部博士一流の憲法論を通覧いたしますれば、左の結論に到達いたすと思います。第一、国体無視、第二、天皇を強いて憲法の各章の範囲に入れ奉り、統帥権の独立を否定し、議会を万能に導き、憲法改正の意を包蔵すること、第三、詔勅を軽視し、敢て御尊厳を冒瀆し奉ること。斯の如くでございまするから、機関説と云うものが拡まりまして世道人心に及ぼしたる影響は甚大でございます。決して楽観し居るべき時代では断然是れないことを御警告申上げたいのでございます」

さらに菊池はほかの学説も批判し、貴族院に秘密会を要求して認めさせ、その場で次のように述べたという。

「自分が嘗つて現役時代〔菊池は元陸軍中将〕に上官の上原〔勇作〕元帥から、美濃部博士の天皇機関説は誠に危険な説であるから軍人と雖《いえど》も斯様な説が行われていることを認識して居てこの弊害を除く様に努力せねばならぬ」

美濃部を批判した一連の質問は、すべて当時の陸軍指導部との連携によると菊池は暗に認めていた。とまれ菊池の美濃部攻撃の背景には、まさに日本は「自然に神ながらに発生いたしましたる民族国家」だという認識があったことがわかる。菊池の美濃部攻撃がテロと一体化し、二・二六事件の檄文「蹶起趣意書」に影響を与えたと考えられる根拠である。

軍部の思惑を浸透させる役目

天皇機関説排撃と陸軍パンフレット、そして美濃部自身の弁明から透けて見えるのは、上部構造の思惑とその内部対立である。これを確認したうえで、では国民の側にはどのような反応があったのかを検証しなくてはならない。前章に続き、松岡洋右の「政党解消連盟」の機関紙「昭和維新」で確認していくことにしたい。タブロイド判八頁の「昭和維新」の最初の頁は松岡の論文で埋められている。昭和九年三月の創刊号から昭和十年六月一日付第二十六号まで論文は掲載されるが、昭和八年十二月に政友会を脱退していた松岡は「昭和維新」とどのように関わったのか。

「挙国一致体制を打ち立てるためと称して政党解消聯盟を結成した。結成式の会場は代々木の日本青年会館であった。そして『青年よ起て』と題する著書を発行し、その月のうちに衆議院議員を辞職してしまった。それから一年間にわたり全国を遊説して歩き、聯盟会員は二百万人を数えるに至ったという。とくに東北など地方農村都市に会員が多かったようである」（三輪公忠『松岡洋右――その人間と外交』中公新書　一九七一）

松岡は一年余、愛国革新運動に共鳴せよという内容で全国を遊説した。しかし昭和十年八月には満鉄総裁に招かれ、松岡は運動から手を引く。時流に乗り、旗振り役も務めるが、倦きるとすぐ別の舞台へ移っていく。このような性格ゆえ、昭和のある局面を見るとき、どのように松岡が時代の動きに寄り添ったかを確認することで、その世相が浮かび上がってくると思えるのである。

「昭和維新」は上部構造の思惑を支える中心的役割を果たしたと見ていい。紙面は当時の農村共同体がどのように上部構造に汲みとられたかの例証にもなろう。この視点で「昭和維新」を読めば、しきりに天皇機関説排撃運動や国体明徴運動に賛同する論調が目につく。それだけではない。政党解消連盟が愛国革新運動の地方における拠点となっていたことも具体的に示されているのである。

昭和十年に入ると各地の支部の活動内容が明らかになり、国策にきわめて忠実な方向へ進んでいたことがわかる。八月の満鉄総裁就任を前に「昭和維新」六月一日発行の号で記した「欧米文明と日本文明」という稿には、いかにも松岡らしい表現が散見される（『昭和期文学・思想文献資料集成　第六輯昭和維新』）。

「現在、世界を見渡して最も注目を引く文明的潮流が三つある。アメリカを中心とする自由主義の文明、ロシアを中心とする共産主義文明、日本を中心とする東洋文明の三者が即ち之れである」

そして松岡は二つの文明に対し日本がいかに優れているかを説く。さらに松岡は「若し日本民族が其の歴史的役割を果たし得ないとするならば、必ずや東洋はロシヤの赤旗下《せききか》に圧迫される日が来るであらう。或はアメリカの積極的東洋干渉が行はれ、米露両国の角逐戦場と化し去り、斯くして東洋は永久に救はれざる悲運に呻吟せざるを得ない、そして、それは世界平和の禍根を齎《もた》らす導火線の一端となるであらう」と言う。つまり日本は世界平和のためにアメリカ、ロシアを中心とする二大文明に痛撃を与えなければならず、この手がかりとして一日も早く昭和維新が達成されるのを望むとくり返すのである。

農村青年たちに強い自覚を与え、日々の生活の励みに世界的規模で期待されている日本の役割を説き、その第一次段階として「昭和維新の達成」が必要だと言うのである。では、昭和維新の達成とはどのような状態を指すか。つまるところ陸軍が訴える国防国家体制の確立ということになる。軍部の路線に同調していくことこそ昭和維新の達成につながる。農村共同体のなかに軍部の思惑を浸透させる回路をつくる。松岡は自らの役目をこのように考えていたと言える。

「社会革新戦略の反省」

松岡が満鉄総裁となって運動から手を引くと、政党解消連盟はなおのこと日本主義に邁進した。盟主を大陸に送り出した「昭和維新」は、国家革新の旗はますます強固になっていくと会員の結束を呼びかけたのである。昭和十年十月、十一月の号では連盟支部の通信として「府県議選を前に猛烈なる解消の叫び」（兵庫県支部）「同志訪問記」（甲信・北陸）「盟主の大陸活動の趣旨を体し 益々昭和維新断行に邁進せん」（千葉県支部理事会決議）「盟主を迎へて壮行会」（山口県聯合会）「政党解消の旋風 甲州盆地を席捲」（山梨県支部聯合会）「二ッの声明 横浜支部時局を憂ふ」「国体明徴に基く現行選挙法改正請願に就いて」（大阪支部）「真の国体明徴は政党解消にあり」（札幌支部）と次々に各地の実態を報告していく。

松岡の蒔いた政党解消の種は全国各地で相応に花開いた。とくに重要なのは、燎原の火のように支部が農村へと広がった点である。なぜか。もちろん上部構造による国威の発揚や、国際社会における日本の地位をいくぶん誇大に伝えたこともあるが、それだけではない。紙面では、農村共同体に社会的関心を持ち込むには、経済的利益を論じる以外ないとも断言していたのである。

たとえば昭和十年十二月一日付第三十五号四面の「農村荒廃の進行と農村の政治的結集に就て――社会革新戦略の反省――」という一文は示唆に富む。昭和になってさまざまな国家改造運動が農村に入り込み、農民を動員しようとしながら結局は失敗した。これは農民の不満が「資本主義の牙城に迫ること」を関係機関が恐れたからだと述べ、また一方で農民自身、時代の変化に対応してこなかった側面があるとも指摘している。そして農民の経済的困窮を救うには、ただ資本家と労働者という資本主義の二元論だけで捉えても解決しないと説く。なぜ窮乏に喘がなければならないのか、真の敵は何か。農民は現状に順応するかたちでとにかく耐えているが、まだ多くの問題が伏せられたままだと言うのである。

そのような認識は、松岡とともに全国の共同体を歩いた政党解消連盟の指導部が実感した問題点であった。農民がいま団結力を失っている理由は、存在の特異性にある。自作農であれ小作農であれ、現に農民は一人の企業体なのだ。我々にはこの視点が欠落していた。農民一人一人が自らの生産物を金に換えて生活している以上、互いに対立、競争する経済関係にあり、それは独立起業家の宿命である。このように提言したうえで「昭和維新」は次の分析を試みている。思うに重要な指摘である。

「農村の共同関係は可なり深いものがあるが、それでも彼等は相互に対立し、隣の家の暮しが有福〔ママ〕になれば癪にもさわるし、他人が眠つてゐる間に起きて少しでも自分の暮しを楽にしようと考へる。ここに農民が結合し得ない原因の一つがある」

農民の甲と乙と丙が同じ目的で集まるのは難しく、甲の家、乙の家、丙の家で集まると考えるべきで、そこには企業としての独立意識がある。いまや農民は土地に愛着をもたない。「だから農村のこの社会関係が壊れたとすれば、農民は耕作権さへ確立すれば必ずしも土地所有者にならうとはしないであらう」。一つの村ですら連携が困難な現状では、全国的に農民をまとめることなどできないとも分析している。ゆえに「彼等は既成勢力にとつては持つて来いの地盤となる。既成政党の与へる僅かの利権や、個人的な報酬、愛顧に対して欣然として彼等を支持するに至る」と述べるのである。

農民をどのように「革新的な勢力にまで、即ち政治的力として結集せしめるか」。いまこそ問われているとしながら、しかしその答えは示すことができないとこの一文は結論する。「農民をお客として革新を遂行することは許されない。それと同時に農民を無視しては革新そのことも難かしくなるからである」。「昭和維新」は空虚な言語でつくられた政治的空間だが、この一文はまさに重要な視点を示している。それを一言でまとめるなら以下のようになるだろうか。

〈我々は地方の、主に農村を回りながら昭和維新を訴えてきたが、成功したとは言えない。これは我々だけではなく、昭和維新の運動すべてが失敗したということでもある。天皇機関説排撃運動が国民的規模に広がらなかったのもその例である。失敗の理由は農民という存在を正確に摑めていなかったことだ。いまだからこそわかるのは、農民を単なる一個人としてではなく、経済的単位の独立企業体として捉えなければならないということだ。しかしこれ以上のことは我々にもわからない〉

「昭和維新」のバックナンバーを見ていくと、そのように正直で冷静なレポートはきわめて少数派だと気づかされるのだが、この昭和十年十二月一日号の「農村荒廃の進行と農村の政治的結集に就て」――社会革新戦略の反省――」という一文は、下部構造が現実には崩壊しており、伝統的な生活の規範や倫理観が消滅した状態にあることを示唆している。いや、上部構造の思惑を鼓吹する者にはそう映ったという意味だが、彼らは国益・国権・国威を説くべき相手の実体を捉えられなくなっていたと言えよう。

この一文からは私の論ずる下部構造が当時どのような状態にあったかが窺える。農民は一人の企業体ゆえそれをまとめた共同体など存立し得ない、という見方にどのような反論ができるのか。農村共同体つまり下部構造が、自身の歴史的な経済環境のなかで実体を失っていたとするなら、連盟の唱える「昭和維新」自体すでに拒否されていたことになる、と私には思えるのである。

前述のとおり各支部は双手を挙げて政党解消連盟の演説に賛同し、松岡を盟主として仰いでいたように見える。確かにこの運動に共鳴した部分もあるだろうが、しかし農村共同体の一人一人の農民は生き残りをかけ、上部構造に表面上の拍手を送っただけではないのか。上部構造に自らを対峙させ検証しながら、農民たちは拒否していたと言えるのではないか。松岡ら連盟の説く昭和維新運動の限界を、農民たちは見抜いていたと思われるのである。

「昭和維新」がその一文を発表してから約三ヵ月後、陸軍の青年将校が二・二六事件を起こす。この事件にはまず二つの側面があったと私は考える。一つは農村共同体を軸にした各種の昭和維新運動の誤謬を清算しようとの意志があったこと、もう一つは青年将校と下士官、兵士ら決行者に下部構造が抱えていた不満を見てとれることである。もとよりそのような捉え方は、二・二六事件を分析したこれまでの視点のなかにはなかった。しかしナショナリズムを分解し、その内実を詳細に見ていくことで、この二つの歴史的意味を確認できるのである。

単に軍内部の派閥抗争や国防国家体制確立の思惑だけが二・二六事件の要因だったのではない。むしろそれだけでは説得力に欠ける。上部構造と下部構造には極端なまでの対立状況があり、そして見事なまでに上部が下部を制圧した意味がこの事件には含まれている。事件そのものが昭和という時代の、ナショナリズムの歴史的問題を孕んでいるのである。

次章からは、二・二六事件をこれまでとはまったく別の視点で捉えていきたい。ナショナリズムの矛盾がもたらした事件と見ることで、昭和史における意外な葛藤の図が浮かび上がってくる。

第23章　二・二六事件の三つの位相

「蹶起趣意書」の作成者

昭和十一年（一九三六）二・二六事件の二つの側面、つまり農村共同体をめぐる誤謬清算の意志、また下部構造の不満が決行者らに内在したことを、ナショナリズムの矛盾という視点でさらに掘り下げていくと、三つの位相が浮かび上がる。その一つが、昭和六年の三月事件以後、二・二六事件が国家改造運動の頂点に位置したという認識である。

国家改造運動の流れは当初、陸軍の幕僚グループと隊付の青年将校、海軍の艦隊派の青年士官、そして北一輝、井上日召、西田税《みつぎ》ら民間右翼の人脈、また亀井勝一郎、麻生久ら国家社会主義の系列なども混淆して、方法論が多様かつ複雑であった。

これが三月事件（未遂）、十月事件（未遂）、血盟団事件、五・一五事件、神兵隊事件（未遂）と続くうち、しだいに運動の主体は陸軍内部の一派に絞られていく。陸軍の青年将校が中心となり荒木貞夫や真崎甚三郎を担いだ「愛国革新」という名の国家改造運動が広まり、いわゆる「皇道派」が形成された。皇道派と称されたのは、陸軍大臣だった荒木が皇道とか皇国、皇軍といった語をよく用いたためである。対して中堅幕僚が中心の「統制派」があり、昭和九年に軍務局長に就任した永田鉄山らが主軸を担った。統制派は武力による拙速な改造ではなく、官僚、財界人なども動員する国家総力戦体制を企図した。

その二つの派閥は、昭和九年十一月のいわゆる陸軍士官学校事件（十一月事件）、真崎教育総監の更迭、皇道派将校による永田鉄山刺殺事件と続く抗争を起こした。前掲の『昭和ナショナリズムの諸相』より橋川文三の言を借りるなら「最後に二・二六事件という凄惨な激突を引き起こしたことはここにいうまでもない」。両派閥は「同じように明治国家の伝統的パターンをのりこえようとしながら、また同じような軍人共有の使命感をいだきながら」国家改造を志したわけだが、しかし「そうした大矛盾があらわれたのはなぜかというところに、『日本ファシズム』思想の固有の特性があらわれているかもしれない」。

この橋川が指摘する「大矛盾」はなぜ生じたのか。二・二六事件のなかに潜む青年将校の側の独善や錯誤を、よく検証しておく必要がある。

二つ目の位相は、青年将校や下士官、兵士のなかに日本の共同体が培ってきた倫理観などが窺える点である。むろん偽装社会主義革命などではなく、一部の青年将校はまったく独自の理論や感性で一連の行動を起こしており、その例は磯部浅一《あさいち》に見出せる。決起した青年将校の大半が軍人の子弟であることには驚かされるが、磯部は山口県のさして裕福とは言えない農家の出身であった。

磯部は第一次判決で死刑を宣告されながら、北一輝と西田税の民間側裁判の関係で村中孝次《たかじ》とともに二人だけ刑の執行が一年延期された。この間に磯部は長文の「獄中手記」や「獄中日記」などを綴った。河野司編『二・二六事件』（日本週報社　一九五七）に収められているので、現在すべてに目を通すことができる。その獄中記を読んでいくと、磯部の憤怒がまさに日本の共同体の倫理観から発していることがわかる。私の説く下部構造のナショナリズムの体現とも言うことができ、これについては余すところなく検証しなければならない。

二・二六事件に潜むそれら二つの位相に加えて、もう一つ、主に下士官や兵士の側が事件に加わることでどのような考えに至ったかという問題が残る。下士官や兵士のほとんどはまったく知らされず決起へ参加することになるのだが、やがて彼らは自分たちの行動の理由を少しずつ理解していく。これを正確に見つめておかなければ、事件の本質を理解したことにはならない。その点を三つ目の位相と呼んでいい。

二・二六事件を昭和前期のナショナリズムの視点で捉えるとき、このような三つの位相を参照しながら、青年将校の敗北および中堅幕僚や高級軍人の勝利それぞれの因が、どこにあったのかを確かめる必要がある。とくにナショナリズムを国策決定の基準と見る場合、この権力を担った上部構造が、どのように下部構造の兵士およびその出身母体の農村を抑圧したのか、これを精査するのも本書の狙いである。加えて三つの位相を直視することで、青年将校の訴え自体が内包した根本的な矛盾を確認できると私は思う。

三つの位相を検証するにあたって、いくつか押さえておかなければならないことがある。まず「蹶起趣意書」（以下「趣意書」）が何を訴えていたかの吟味である。趣意書は二月二十二日に決起将校の一人である野中四郎が起草し、二十四日に村中孝次が北一輝宅で添削、巻紙に毛筆で記されたという。そのときは北だけでなく西田税も同席していたとされ、二人の監修によるものということになるが、あくまでも趣意書の主体は野中と村中の合作だったと言えよう。

五・一五事件の檄文の純化

趣意書は訴える。「我が神州」が天皇統帥のもと世界に発展する所以は「国体」にある。これは建国以来のもので、明治維新で体制が整えられ、いまはその発展期にある。ところが発展を遂げるべきこの時局に国民生活が困窮しているのは「元老重臣軍閥官僚政党等」の責任で、「学匪共匪大逆教団」の利害が絡んで成就しなかった三月事件をはじめとする行動は、それに対する怒りの爆発である。いまこそ国体破壊の不義不臣を倒して奸賊を一掃しなければならない。これは我々の任務であり、股肱の臣たる務めが果たされるよう覚醒を促したい。

「奸賊を誅滅《ちゆうめつ》して大義を正し、国体の擁護開顕に肝脳を竭《つく》し、以て神洲赤子の微衷を献ぜんとす」

結論自体は五・一五事件時の海軍士官が記したとされる「日本国民に檄す」と変わりはない。外枠がほぼ同じで、臣民として天皇に帰一することを説き、その親政を求めている。つまり五・一五事件の檄文の半ばにある「陛下聖明の下、建国の精神に帰り、国民自治の大精神に徹して人材を登用し、朗らかな維新日本を建設せよ」という考えに通じる国家像と言えよう。

五・一五事件の「日本国民に檄す」にふれておけば、これは主謀者でもあった海軍士官の三上卓が事件当日の午前中に宿舎で記したという。文学的感性をもっていたと思われる三上は、わずかな時間で檄文を書いたことになるが、しかしそれゆえにと言うべきか、政治的には国家像がきわめて曖昧で、ひたすら行動を起こせと訴えるのみである。

「政権、党利に盲《めし》ひたる政党と之に結託して民衆の膏血《こうけつ》を搾る財閥と更に之を擁護して圧政日に長ずる官憲と軟弱外交と堕落せる教育、腐敗せる軍部と、悪化せる思想と、塗炭に苦しむ農民、労働者階級と而して群拠する口舌の徒と！

日本は今や斯くの如き錯綜せる堕落の淵に既に死なんとしてゐる。革新の時機！　今にして立たずんば日本は亡滅せんのみ」（『現代史資料(4)国家主義運動(一)』みすず書房　一九六三）

政党政治、財閥、行政、外交、教育、軍部などすべてが元凶だと訴えている。「腐敗せる軍部」とは、ロンドン軍縮条約をめぐる条約派の海軍大臣財部彪《たからべたけし》など海軍省首脳部を指すのだろうが、もとよりそれら元凶のどのような施策、態度、思想が問題なのか、具体的な理由が少しも明らかにされず、とにかく直接行動を唱える決行者の思いだけが先走っているのである。実際「偉大なる建設の前には徹底的な破壊を要す」という主張が強く打ち出され、「塗炭に苦しむ農民、労働者階級」は率先してこの列に加わらなければならないとし、「農民よ、労働者よ、全国民よ！　祖国日本を守れ」という激しいアジテーションまで混じっている。つまり五・一五事件の檄文には、次のような決行者の心情が見え隠れしている。

〈現下の日本はあるべき「皇国」の姿が崩れ、疲弊の極みにある。国家のすべての機構、組織、それを動かしている政治家、官僚、財界人、言論人、軍人らはまさに「君側の奸」である。このような体制、奸はすべて葬れ。天皇のもとに「国民自治の大精神に徹して人材を登用」せねば日本は救われない。すべての国民よ、そのために起ち上がれ〉

彼らが首相官邸を襲い、犬養毅を殺害したのは、元凶かつ君側の奸の代表者だと断じたからであろう。しかし昭和七年の五・一五事件は以後異様なほど国民的関心を呼び、裁判は彼らをまるで英雄の如く扱う舞台と化した。理由はいくつか挙げられるが、農民や労働者の階層を明確に打ち出して現状を打破する国民運動をめざし、この意図が実ったという指摘もできた。「破壊」だけを目的とするテロやクーデターが、当時の国家改造運動の立脚点になり得ていたのである。

前述のとおり、昭和九年十月に陸軍省新聞班が配布した「国防の本義と其強化の提唱」つまり陸軍パンフレットは、軍がめざす国家目標を具体的に語っていたが、これは五・一五事件の「破壊」に対して、あるべき国家像を示した省の公式文書とも言えた。起案者である新聞班の池田純久少佐の意図は、陸軍内部の統制派の思想や信条を体現することでもあった。むろん陸相林銑十郎や軍務局長永田鉄山の諒解を得て作成されたものであった。

「たたかひ」は「人々相剋し、国々相食む」といった面をもつが「万有に生命を認め、其の限りなき生成化育に参じ、其の発展向上に与《あずか》ることを天与の使命」とする「我が民族、我が国家」はこのような戦争を断じて行わないと陸軍パンフレットは言う。五・一五事件の檄文がわずかに描いた国家像はきわめて表面的な「祖国日本」という空間でしかなかったが、陸パンでは中堅幕僚が意図した高度国防国家の片鱗を窺わせる段階が示されていた。

一方で二・二六事件の趣意書は、五・一五事件の立脚点に垣間見える国家像をより純化した内容であった。しかし純化した精神論とは言えても、国家のシステムや政策については何ら具体的な提示がなかった。皇道派青年将校らは趣意書と同時に「要望事項」も川島義之陸相に提示したが、それは国家像ではなく、権力奪取を企図した当面の注文にすぎなかった。陸軍内部で純粋培養された言語を用いながら、あまりにも世俗的な権力闘争の姿を帯びていたのである。

趣意書は五・一五事件の檄文の純化を示しつつも、しかし「農民」「労働者」「国民」といった主体は見あたらない。また「要望事項」が強調しているのも、陸パンが表現した統制派の戦争観に対する派閥性でしかなかった。ために二・二六事件の鎮圧後、新統制派とも言うべき軍内のグループが、決行者の暴力性を利用し、趣意書の「元老重臣軍閥官僚政党等は此の国体破壊の元兇なり」から巧みに「軍閥」を外したうえで、それ以外を解体していくことになるのである。

「組織」か「人間」か

二・二六事件は一度ならず二度行われたと私は考えている。かつて私は「青年将校の行動を鎮圧した陸軍の首脳部は、こうした彼らの政治目標を自らの側にとりいれ、それを陸軍の権力拡大に利用する意図をもっていたのである。〔事件後の〕広田〔弘毅〕の組閣人事にあれこれと注文をつけたのはその第一弾であった」と書いた（「もうひとつの二・二六事件」「環」二〇〇六年二十四号）。このように考えるなら、青年将校の趣意書に見られる軍人としての「純化した精神」は、つまるところ「破壊」の正当化を意味し、それは陸軍の統制派に連なる幕僚が元老、重臣、官僚、政党を恫喝するための暴力的空間に吸収されたと言えるのである。

二・二六事件を見つめるとき、三つの位相を検証しなければならないと言ったのは、まずはこうした前提から出発する。ナショナリズムの視点で捉えるなら、三つの位相を解きほぐすことで浮かび上がる光景のなかに、下部構造で受け継がれてきた生活の規範や倫理観を探る以外ない。二・二六事件に加わった青年将校それぞれにはどのような思いがあったのか、下士官や兵士は四日間にわたる制圧空間のなかで何を拠り所にしたのか、より個別に、具体的に見ていく以外ないということでもある。

前章まで松岡洋右の政党解消連盟の機関紙「昭和維新」が、いかに時代の動きに寄り添ったかを見てきた。二・二六事件直後の昭和十一年三月一日に発行された「昭和維新」第三十八号を見ると、この「行動」には批判的だったことがわかる。一面の「臣節を明かにす可し」と題された論文は「畏れ多くも　上御一人の統帥下にある軍隊が、勅命を待たずして軍事的並びに政治的行動に出でて宸襟を悩まし奉つたことは、その意図する所が如何に愛国的であつたとしても、絶対に許すべからざる事であり、我が国の歴史に拭ふべからざる汚点を印したるものである」と断じている。正論だが、この文中には次のような指摘もあった。

「清新の気起らば、先づ眼を開いて日本全体の現状を見なければならぬ。〔中略〕区々たる政党の動き、一部々々の対立意見に捉はれて、妥協的態度を以て塗り上げるやうでは、それこそ日本国民は救はれず、日本国家は窮地に陥る。今度の問題にしても、対立は上層に行はれたのみで、国民は殆ど消極に終始し、事件そのものに対しては寧ろ是非の判断に迷ひ、殆ど第三者的態度に終つた」

「上層」の権力闘争にすぎず、国民は蚊帳の外だったとの指摘で、全体として「昭和維新」は事件に批判的であった。しかし翌月四月一日の第三十九号は欠号となっており、事件に批判的な論調に読者からの不満が相次いだのか、あるいは内務省による発禁処分を受けたのか定かではない。ただ五月一日の第四十号では、二・二六事件に正面からふれようとせず、事件を契機に「我が国は非常なる変化をなした」とし、「この際維新を断行するの至誠至純にして勇猛果敢な士の蹶起に依つて内外に強力なる国策を断行する新政府の樹立を国民は渇望してゐる」と書くに至っている。それは何を意味するのか。

思うにこのような団体や機関紙が、陸軍の中堅幕僚による「もう一つの二・二六事件」に見事に屈伏した結果ではないのか。「政党解消」「昭和維新」のスローガンは、まさに軍内の権力を掌握した新統制派とも言うべき幕僚らの、元老、重臣、官僚など「元兇」の解体を期する思惑と一致していた。天皇の大権を干犯し、兵を動かすなど許されざる事態なのは当然として、それに対する同情も分析も、さらには批判すらも、つまるところあらゆる世論が新統制派の思惑に組み込まれていったのである。このこともまた前提として理解する必要がある。

統制派と皇道派の対立については、その違いをあらためて確認することも重要である。二つの派閥には、単に戦略や省部における幕僚と隊付青年将校といったレベルではなく、もっと本質的な違いがあった。橋川文三は『昭和ナショナリズムの諸相』のなかで、前述の「大矛盾」の因として、新統制派の池田純久の「青年将校と革新思想」という論文などを挙げながら、重要な指摘をしている。

池田は皇道派について、「政治でも経済でも之を運営する人の如何に係る」として「経済」をまったく無視したその精神論を分析し、個人の人格や思想によって政治は善くも悪くもなり、ゆえにテロが生まれる不安定さをもつと見ていた。

一方、決起将校の一人である村中孝次は統制派について、昭和十年の免官の原因となった「粛軍に関する意見書」のなかで「小官らは軍部を動かし国民を覚醒せしめ澎湃《ほうはい》〔勢いよく起こる〕たる国民運動の一大潮流たらしめんとするに対し彼らは陸軍中央部に於て画策指令する所により機械的正確を以て或は動員日課予定表式進行によりて改造を行はんとするにあり」と記していた。

二つの派閥は「制度＝組織」の重視か、あるいは「人間」の重視かで対立したと橋川は指摘している。統制派は、指導体系が一つの明確な理論をもち、「臣民」はこの下僕の役割を果たせばいいという考えで、反して皇道派は「何よりもまず具体的一個人の回心」が「出発点」で、その根源に「皇道」「尊皇」があった。

「両者の激突は永田鉄山の暗殺と二・二六事件によってその行きつくところまで行き、結果としていずれの側も軍の中枢から排除されることになった」という橋川の分析は、より深い層にまで踏み込まなければ理解できないものだが、私はここにこそ二・二六事件に反映した昭和前期のナショナリズムの姿があると考える。つまり両派閥とも結果的に、下部構造そのものの否定、解体に拍車をかけたのである。

二・二六事件を起こした青年将校らは「維新大詔」が渙発されるのをしきりに待っていた。実際陸軍内部でも皇道派将校によってそのような原案がつくられもした。しかし天皇は青年将校らの期待に応えるつもりはなく、事件の当初から断固討伐を叫んでいた。

青年将校らは天皇の怒りを想定できないほど独善に陥り、趣意書のもつ精神的空間から抜け出すことができなかった。このことをより明らかにする必要がある。

第24章　磯部浅一の獄中の手記

「陛下」への呪詛

二・二六事件を決行した青年将校のなかで、最も多くの手記を残したのは磯部浅一である。獄中で書いた「行動記」「獄中日記」「獄中手記」などがある。磯部もほかの青年将校と第一次判決で死刑宣告を受けたが、北一輝や西田税の裁判との関係で村中孝次とともに執行が延期された。ほかの青年将校の処刑後も一年余獄中にいたため、多くの手記を残すことができたのである。

磯部の手記は獄中という苛酷な状況で書かれただけに、その心理的苦悩が充分に汲みとれる。と同時に、二・二六事件に加わった青年将校のこの期の思いを歴史上に刻み込んでもいる。磯部の一連の手記はほかの青年将校の心情を代弁した部分と、まったく代弁していない部分があり、総体としては後者の比重が大きいように思う。もともと国家改造運動にはほかの青年将校よりも早くに加わっているし、その行動もきわめて激しく、軍を追われるほどだったからである。さらに磯部がほかの青年将校と最も異なる点は、軍人の子弟ではなく、山口県のさして豊かとは言えない農家の出身だったことである。磯部の心情は良くも悪くも日本の共同体を代弁していたと思われる。この点については同じく処刑が延期された村中も似ていると言える。

前述のとおり二・二六事件には三つの位相があったと私は考えている。本章では第二の位相として、青年将校に内在していた下部構造のエネルギーを確かめたい。下部構造のエネルギーとは、いささか固い表現を用いるなら、昭和に入り相次いで資本制に解体された農村共同体の怒りの沸騰という意味を含む。加えて陸軍という軍事組織がその解体を心理面から進め、これが昭和八年（一九三三）頃に始まる臣民意識涵養運動のなかで、特異な「精神」をもつ青年将校の一団をつくり上げたと言ってもいい。その「精神」を磯部の手記を通して見ていこうと思う。

磯部の手記は高橋正衛の『二・二六事件』（中公新書　一九六五）や松本清張の『二・二六事件』（一―三　文藝春秋　一九八六）にもしばしば引用されている。とくに松本は磯部の手記を克明に分析しており、「獄中日記」の天皇への呪詛とも言うべき一文をもとに独自の結論を出した。以下は第一次判決による青年将校の処刑が行われた昭和十一年七月十二日から約一カ月後の日記である。

八月六日

一、天皇陛下　陛下の側近は国民を圧する漢奸で一杯でありますゾ、御気付キ遊バサヌデハ日本が大変になりますゾ、今に今に大変な事になりますゾ、二、明治陛下も皇大神宮様も何をして居られるのでありますか、天皇陛下をなぜ御助けなさらぬのですか、三、日本の神々はどれもこれも皆ねむつて居られるのですか、この日本の大事をよそにしてゐる程のなまけものなら日本の神様ではない。磯部菱海はソンナ下らぬナマケ神とは縁を切る、そんな下らぬ神ならば、日本の天地から追ひはらつてしまふのだ、よくよく菱海の言ふことを胸にきざんでおくがいい、今にみろ、今にみろッ。

この磯部の日記を通して松本は二・二六事件の誤謬を指摘する。「磯部は、天皇個人と天皇体制とを混同して考えている」と述べたうえで、理由は次のような点にあるとした。

「古代天皇の個人的な幻想のみがあって、天皇絶対の神権は政治体制にひきつがれ、『近代』天皇はその機関でしかないことが分らない。天皇の存立は、鞏固なピラミッド型の権力体制に支えられ、利用されているからで、体制の破壊は天皇の転落、滅亡を意味することを磯部らは知らない。『朕は汝等を股肱と頼み汝等は朕を頭首と仰ぎてぞ其親《そのしたしみ》は特《こと》に深かるべき』という軍人勅諭の《天皇↔軍人》という直結的な図式は、軍人に天皇を個人的神権者に錯覚させる」

磯部の呪詛は、神権性を侵す側近や軍閥といった「君側の奸」に、天皇自身が気づいていないとの嘆きから発せられていた。しかしこの神権化には軍人ゆえに陥った罠があり、磯部ら青年将校に共通する錯誤があった。昭和八年前後から重ねられた青年将校らの錯誤が、二・二六事件の本質として窺えると松本は言うのである。松本が磯部の一連の手記を分析して辿りついたのは、その「幻想」が天皇の「裏切り」で崩れた結果「憑《の》り来たった」呪詛について、まさに「体制側から見て、これはトラジ・コメディ（悲喜劇）である」との結論であった。

磯部の手記についての松本の結論は「軍人勅諭の《天皇↔軍人》という直結的な図式」がもたらした「錯覚」との見方である。そのような結論がこれまで正統派の見解として定着してきたわけだが、私は少々異なる。磯部について私は、従来あまり採られなかった見解をもとに記述を進めることにする。

私の見解には二つの特徴がある。一つは磯部が決起そのものを「天皇機関説国家内の対立」と理解し、この段階をさらにもう一歩進めようとしていたという見方である。それは私の言う下部構造としての共同体が、上部構造の権力機構を吸収しようとする意志でもあった。またもう一つは、あえて言うが、磯部が一連の獄中の手記を、意識的に「狂」を装いながら書き上げたことで、結果として日本の軍人教育の辿りつく地点が証明されたという見方である。

磯部独自の論理や感性は二・二六事件の位相の一つであった。もとよりこの位相は、ほかの青年将校が同じく一年間処刑を延期されても辿りつけない極地だったと思える。自らの思いが歴史上誤解されることを意図しながら、「磯部浅一」ならではの位相を記録したと私は考えるのである。そして、図らずも昭和の国家改造運動が極点に達したとき、どのような人間像が描かれるかを、磯部はわざと演じてみせたのではなかったか。

「天皇機関説国家」という認識

思うに磯部は、松本が指摘したように「天皇個人と天皇体制」を混同していたのではなく、美濃部達吉が排撃され、国体明徴運動で神格化が進んだ昭和九年、十年という時代そのものを「天皇機関説」と見ていた。いかに美濃部を排撃しようと、衆議院で「国体に関する決議案」を満場一致で可決しようと（昭和十年三月二十三日）、現実に「天皇機関説の国家」が解体されたわけではない。むしろこのような理論の排撃や国会決議自体が「天皇機関説」の側で進められていると磯部は見たわけである。蹶起趣意書の言う「国体破壊の元兇」たる「所謂元老重臣軍閥官僚政党等」がまさに「天皇機関説国家」の奸賊であり、磯部もそれを討つのが自らの崇高な使命だとしたのである。磯部のこの思いが昭和十一年八月十七日の日記によく窺える。以下にその全文を引用する。

八月十七日

元老も重臣も国民も軍隊も警察も裁判所も監獄も、天皇機関説ならざるはない、昭和日本は漸く天皇機関説時代に迄進化した。吾人は進化の聖戦を作戦指導する先覚者だつた筈、されば元老と重臣と官憲と軍隊と裁判所と刑務所を討ちつくして、天皇機関説日本を更に一段階高き進化の域に進ましむるを任とした。然るに天皇機関説国家の機関説奉勅命令に抗することをも為し得ず終りたるは、省みてはづべき事である。この時代、この国家に於て吾人の如き者のみは、奉勅命令に抗するとも忠道をあやまりたるものでないことを確信する。余は、真忠大義大節の士は、奉勅命令に抗すべきであることを断じて云ふ。二月革命の日、断然奉勅命令に抗して決戦死闘せざりし吾人は、後世、大忠大義の士にわらはるることを覚悟せねばならぬ。

天皇機関説の奸賊を討つべき使命を、充分に貫徹することができなかったと磯部は悔いている。曰く「元老と重臣と官憲と軍隊と裁判所と刑務所を討ちつくして、天皇機関説日本を更に一段階高き進化の域」にまで昇華させなければならなかった。この崇高な目的にもかかわらず、天皇機関説国家の奉勅命令を諾々と受け容れた我々は何と甘かったことか、と磯部は激して日記に書いたのである。

奉勅命令は二・二六事件決行の翌々日、二月二十八日午前五時八分に参謀総長の載仁《ことひと》親王の名で出されており、むろん天皇の裁可によるものだが、断じて「抗すべき」だったと磯部はそれをも明確に否定する。奉勅命令がたとえ天皇の意思によるものでも、これは機関説国家の奸賊の策略で、崇高な目的をもつ我々が従ったのは間違いだ、断じて抗すべきだったし、それこそ「二月革命」を成功させる因となるはずだった、と磯部は主張しているのである。

ここでわかるのは、磯部にとっての「天皇」は、自らの側にいることで初めて意義をもち、奉勅命令を出して同志を処刑するような存在ではないという認識である。天皇を自らの側に抱え込み、国民と一体化させて国政を安からしめるというのが磯部の考えであった。そう見ていけば、磯部の日記でくり返される呪詛が、実は天皇に向けられたものではなく、自分を責める言葉だったということもわかってくる。自らが帰一できない天皇を責めているのではなく、自らの側に立たない天皇に帰一しようとした自分を責めているのである。

曲折した下部構造のエネルギー

磯部は軍人としては青年将校のまま免官になった。昭和九年にクーデターを企て未遂に終わった陸軍士官学校事件（十一月事件）での処分は停職だが、翌年「粛軍に関する意見書」という怪文書を撒いた因で、村中孝次とともに免官になったのである。磯部は二・二六事件までの一年半近く、軍内の同志と謀って革新運動を進めた。とくに「急進断行論」を主張し、一刻も早く決起すべきだと説いてまわった。その意味で磯部は職業的活動家になっていたと言える。磯部は北一輝の『日本改造法案大綱』に最も傾倒した一人とされるが、しかし辿りついた心境を吟味するなら、北の思想から離れて自らの戦略の誤りを悔いることに感情を収斂させていたというのが私の分析になる。

磯部は一君万民主義という革新運動への心情を高揚させただけで、しかしこれがどのような政治や軍事のシステムを生み出すかについては明らかにしていない。上部構造が国策を決定するさいの基準を摑めていなかったと思えるのである。つまり革命後のプログラムがなかったということにもなるが、あえて言えば、天皇親政の国家体制が実現すればよく、プログラムなど不忠だと考えていたのかもしれない。

近代日本の上部構造は政治支配を現実化するため、軍事組織には神権天皇を原理とし、国民には教育勅語で精神的な操作を試みた。その現実化の究極的な姿が磯部であった。しかし彼は天皇から大権を付与されている上部構造に抗した。下部が上部に抗するという単純な図式ではなく、もっと言えば、システムまで呑み込んでしまおうと磯部は企図したのではなかったか。磯部に限らず青年将校らの意識は、思うに近代日本の下部構造が抱え込んでしまった天皇制イデオロギーの純化した姿で、これが上部構造を呑み込もうとする現実の動きとなったのである。

上部構造を呑み込むという思惑や打算は、磯部の「行動記」にも表現を変えながら記述されている。磯部には当時の政府や軍部の要人らの権力闘争に加わる意志があり、蔵相の高橋是清については「参謀本部廃止論なぞを唱へ、昨冬〔昭和十年〕予算問題の時には、軍部に対して反対的言辞をさえ発している」と記し、また陸軍大将・教育総監の渡辺錠太郎については「吾人の行動に反対して弾圧しさうな人物の筆頭だ。天皇機関説の軍部に於ける本尊だ」と述べて、権力の一部に風穴を開け、真崎甚三郎や荒木貞夫を使い、上部構造を呑み込もうとしたのである。

結局、磯部はその姿勢を貫徹できなかったことこそが「二月革命」を失敗に導いたと理解した。だから実際に「決戦死闘」しなかった自分を責めたのである。磯部は革命家を自任し、行動が不充分だったことに「後世」の批判があるだろうとも書き残している。昭和史において二・二六事件は、最も典型的な軍事クーデター未遂あるいは集団テロといった負の解釈がなされるが、しかしこの見方は片面しか捉えていない。もう片面では、下部構造の側のイデオロギーがどのように曲折したかが示されているのである。磯部の手記はその告白であった。

歴史に委ねられた「狂」

私は二・二六事件には三つの位相があるとし、第二点として青年将校や下士官、兵士のなかに見られる日本の共同体が培ってきた倫理観、あるいはこの階層の利害をめぐる独自の生活の規範が窺えると述べ、それを検証しなければならないと考えてきた。この代表的な例として磯部浅一を見てきたわけだが、しかしはたして彼はすべての青年将校を代弁していたのか、また下士官や兵士と意識を共有していたのか、それはあらためて検証しなければならない。本章では、磯部が自らの時代の自らの誤りを自覚し、歴史の波に呑まれていった様子だけをまずは指摘しておきたい。

磯部の手記、とくに日記からわかることとしてあえてもう一つ指摘するなら、先にふれた「狂」の演技についてである。つまり軍事組織内で愛国革新運動を推進すれば当然「軍閥」と対立する。この「精神」純化の到達点を、磯部は「狂」を装うことで示したと私は思うのである。それは日記のなかの表現から推測できるのだが、たとえば次のような磯部の思いを確認することで理解も容易になる。

いずれも昭和十一年の記述で、注釈を付した日以外は抜粋である〔河野司編『二・二六事件』〕。

八月廿四日
五、俺は死なぬ、死ぬものか、日本をこのまゝにして死ねるものか　俺が死んだら日本は悪人輩の思ふまゝにされる、俺は百千万才　無窮に生きてゐるぞ

八月廿五日〔次の一文だけ記述している〕
天皇陛下は何を考へて御座られますか、なぜ側近の悪人輩を御シカリ遊ばさぬので御座ります陛下の側近に対してする全国民の轟々たる声を御きゝ下さい

八月廿七日〔次の一文だけ記述している〕
処刑さるゝ迄に寺内〔寿一《ひさいち》〕、次官〔梅津美治郎《よしじろう》〕、局長〔磯谷廉介《いそがいれんすけ》〕、石本〔寅三〕、藤井等の奴輩だけなりとも、いのり殺してやる、

八月廿八日
今の私は怒髪天をつくの怒にもえています、私は今は、陛下を御叱り申上げるところに迄　精神が高まりました、だから毎日朝から晩迄　陛下を御叱り申して居ります、
天皇陛下　何と云ふ御失政でありますか　何と云ふザマです、皇祖皇宗に御あやまりなされませ、

そのような表現をこの時代に社会で口にしたり、文字にしたりすることはむろんできない。治安維持法をはじめとするさまざまな法体系ですぐに逮捕される。しかし磯部はそのように書くことで、もし誰かがこれを見ても「狂」だと思えるポーズをとっているのである。磯部が「狂」を装っていると

解釈すれば、毎日毎日、天皇を叱りつけている記述には、重大な事実が隠されていることがわかる。磯部は「狂」に見せかけてその怒りを「この時代」から「百千万才　無窮」へ、つまり「歴史」のなかへ示しているのである。歴史に判断を委ねたのである。

テロリストだから要人を殺めるのではなく、その後、牢獄で学び、考え、そして自らの行動に一定の役割を与えた者がテロリストになる。牢獄で自省したり、自戒の念をもった者はテロリストにはならない。私は昭和前期に生きた人びとの数多くの話を聞いてきた体験から、そう考えるようになった。具体的に言えば、五・一五事件に加わったある人物は、決行者になるまで特段の考えがあったわけではなく、同志たちとの語らいのなかで勢いの赴くまま関与したという。獄に入った彼は、官憲や肉親から自省を促されたが、新たに学んだうえで自らの行動は正しかったと考えるに至ったという。「このとき初めて私はテロリストになったのです」という言い方で彼は語ったが、私は的を射ていると思うのである。

その伝に倣うなら、磯部は獄中で真の「革命家」になったと考えるべきであろう。磯部の国家改造への思いは、天皇の側近たちを「君側の奸」として排除するだけではなく、自らの意に沿わなければ天皇をも呪詛するという心境にまで達した。そしてこの思いを書き残すには、自ら「狂」を装わなければならない。磯部はそう決意したのである。昭和前期のナショナリズムはこのような二重性をさまざまな局面で抱え込んでおり、磯部の心理状態は何人かの青年将校にも共通していたと私は思う。

磯部の言葉をさらに深く吟味すると、昭和前期の上部構造のナショナリズムやファシズムといったものが「思想」たり得ていなかったことが理解できる。その点をさらに検証しなければならない。

第25章　もう一つの二・二六事件

長州生まれの直情径行

磯部浅一が獄中で綴った手記の検証をさらに進めていきたい。磯部の手記には「行動記」「獄中日記」「獄中手記」などがあり、いずれも中軸を担った決行者の心情を具体的かつ本質的に理解できる内容となっている。この一連の手記が二・二六事件における青年将校の思想、理念、歴史観、人間観を代表しているとまでは言わないが、重要な一部を示す史料だと私は考えている。

磯部が手記で訴えた内容には、日本の共同体の生活の規範や倫理観などが意図的に盛り込まれている。本章でも二・二六事件の三つの位相の第二点、つまり青年将校、下士官、兵士の意識に見られる、それぞれが属した共同体の生活の規範や倫理観などを見ていきたい。共同体に依拠した磯部の思いが、結果として上部構造に巧みに利用され、むしろ打倒すべき「軍閥」を強固にし、日本的なファシズム体制がつくり上げられていったことがわかるのである。

まずは磯部の個人的な系譜について、前掲の河野司編『二・二六事件』などをもとに記す。

磯部は明治三十八年（一九〇五）四月一日、山口県大津郡菱海村《ひしかい》（現長門市）で農業を営む仁三郎の三男として生まれた。仁三郎は農業のかたわら左官業も営んでいたとされるが、家計は必ずしも豊かではなかった。子供の頃より成績抜群で周囲からも注目されていたが、ただ性格は直情径行で乱暴、小学校六年のときには家出を試みたこともあるという。家出のことを「新聞で知ったある富豪が、進学の援助を申し出、かくて、浅一は、『長州陸軍の後継エリートを養成する少数英才学校』たる、武学養成所に入り、ここから広島陸軍幼年学校、陸軍士官学校へと進んだのである。（『中国百年』第二部、二五二―三頁〔中国新聞社編〕）」（鈴木正節「磯部浅一とその妻、登美子」「伝統と現代」第四十九号　一九七七）。

山口県では長州閥維持のために在郷軍人会などが村の隅々にまで目を届かせ、神童とか成績優秀な子供がいれば、全額を援助して陸軍幼年学校に送り込むシステムが整っており、磯部はこの便宜を受けたことになる。もし恩義を感じていたなら、ゆくゆくは陸軍大将をめざして長州閥の維持、拡大を企図したろうが、磯部はそのようなタイプではなかった。むしろ長州閥への反感をもつに至るのである。

陸軍幼年学校、士官学校でも暴れ者と評され、下級生への鉄拳制裁など日常茶飯事だった磯部は、行動を慎むようしばしば教官から忠告を受けていたという。しかし反面、このような磯部にも社会的関心はあった。磯部とともに陸士三十八期生の暴れ者と評され、二・二六事件でも拘禁された佐々木二郎は次のように回想している。

「〔磯部とは〕自動車の台数を数え、その燃料はどこから来るのか、石油のない日本の将来はどうなるか、ワシントン会議の結果はどうなるか、東京という大都会に住む人々はなにで生活できるのか、貧窮に悩む農民はどこへ行くかなどがよく話題になった。

特に大正十二年〔一九二三〕十二月二十七日に起きた虎の門事件〔共産主義者が当時摂政の皇太子を狙撃〕には非常なショックを受けた。このまま推移すると、日本は共産革命の渦のなかに捲き込まれるのではないかという不安も出てきた」（「磯部浅一とその妻、登美子」）

大正十年代、陸軍士官学校の生徒には、磯部のように社会情勢に関心をもつ者が多かった。加えて、いわゆる大正デモクラシーの時代である。社会の軍事に対する風当たりは強かった。陸士三十四期には皇太子裕仁のすぐ下の弟である秩父宮が在学していたが、およそ三百五十人の生徒のうち三十人余が白樺派の文学などにふれて「軍人にはなりたくない」と退学した。また、軍人が日頃街へ出るときは軍服を着なかったという時代でもあった。

このような時代に磯部は長州閥を継ぐべき次代の軍人の卵として育った。磯部のような環境に置かれた生徒は経済的、社会的に面倒を見てくれる組織への義理を貫き、与えられた道を忠実に歩むのが一般的で、とりわけ軍人は性格上その枠組みに従順でなければならなかった。

しかし前述の佐々木など同級生の証言によると、社会問題に深い関心を寄せたせいか、磯部は矛盾の解決に何ら動かない軍事指導層への怒りを示すようになったという。陸軍士官学校も上級に進むと、山縣有朋の写真に「この軍閥奴」と豆腐を投げつけたりもしている。山縣は郷土長州の誉として忠誠を誓うべき対象である。その山縣に磯部はあからさまな態度で不信を示し、平然としているタイプであった。

大正十五年（一九二六）七月に陸軍士官学校を卒業した磯部は、十月に少尉に任官し、朝鮮の大邱にある歩兵第八十連隊に配属されている。以後六年余を外地ですごし、昭和七年（一九三二）六月に陸軍経理学校入学のため東京に戻るまで、磯部は青年将校の国家改造運動にはまったく関与していなかった。二・二六事件に加わり、あるいは同調したと見られる将校のなかには、昭和の初めから国家改造運動に携わった者も少なくなく、菅波三郎、栗原安秀などの名がすぐに挙げられるが、しかし磯部は新参者であった。また磯部は二・二六事件の首謀者の一人である安藤輝三とも陸士の同期だったが、しかしタイプが異なるのか、とくに交流はなかったとされている。

昭和八年、磯部は陸軍経理学校を卒業、近衛歩兵第四連隊付、野砲兵第一連隊付などを経て、昭和九年八月には一等主計となる。前線で戦うというより、戦争のメカニズムを学び、原価計算を行うのが軍務となった。

磯部は東京に来てまもなく革新派青年将校たちと交わり、とくに彼らの精神的支柱だった北一輝を訪ねてはくり返し教えを乞うた。二・二六事件の青年将校は北の思想に影響を受けた者と、まったく受けなかった者に大別されるが、磯部は師と仰ぎ、事件の目的は『日本改造法案大綱』の具現だったと主張している。昭和十一年八月一日の「獄中日記」には次のようにある。

「余の所信とは、日本改造方案〔ママ〕大綱を一点一角も修正する事なく完全に之を実現することだ。方案は絶対の真理だ、余は何人と雖も之を評し、之を毀却《ききやく》することを許さぬ。

〔中略〕

日本の道は、日本改造方案以外にはない、絶対にない、日本が若しこれ以外の道を進むときには、それこそ日本の没落の時だ」

しかしなぜ「日本改造方案」なのかは充分に説明されていない。磯部が理論家ではなく「一にも二にも実行一点張り」（三枝康高『文学による太平洋戦史1　昭和の動乱と文学』有信堂　一九六五）だったと言われるのも、北への傾倒ぶりが尋常一様でないわりに、この内容を具体的に咀嚼していなかったためではないかと思うのである。

磯部は一連の手記で「菱海入道　誌」とペンネームを用いるときもあった。菱海は彼の出身地で、精神の拠り所としたのであろう。そこに磯部の、自らの共同体を土台にした軍事指導層への怒りが凝縮していたと思える。このペンネームで記述した内容には、より深い怒りが感じられるのである。いささか牽強附会と評されるかもしれないが、つまり上部構造の政策決定の基本的な枠組みに対する抗議であると同時に、それは下部構造のエネルギーが抑圧されているとの怒りでもあったと私は考えるのである。

このような磯部の思いの一端を示す例として、先にふれた佐々木二郎の回想による歩兵第八十連隊時代の重要なエピソードを紹介する。歩兵中尉だった磯部は、十八歳で芸者になったばかりの登美子と知り合う。登美子の父親は佐賀の武家の出だったが、事業に失敗し当地で下足番をしていた。登美子の弟は学業優秀ながら上級学校に進む余裕などまったくない。磯部はその話を聞くやすぐに連隊長のもとへ走り、借金して登美子を身請けし、さらに弟の進学の援助も申し出る。自らの少年期を思い出し、とても見すごせなかったと言うのである。二・二六事件後、登美子は獄中に面会に行くたび、密かに手記の類を外へ持ち出すなどして磯部を支えた。なお登美子は磯部の刑死から三年ほどのちに二十八歳で病死するが、幼稚園の先生だったという。

青年将校の多くは父親が軍人や教育者で、磯部のように共同体の人びとと生活感覚を共有する者はあまりいなかった。二・二六事件に加わってみたものの、獄中に拘束されて初めて行動は誤りだったと自省する者も少なくなかった。たとえば竹嶌継夫《たけしまつぎお》は事件後の手記「獄中所感」で次のように表明している。

「吾れ誤てり、噫《ああ》、我れ誤てり。

自分の愚な為め是れが御忠義だと一途に思ひ込んで、家の事や母の事、弟達の事、気にかかりつつも涙を呑んで飛び込んでしまつた。

然るに其の結果は遂に此の通りの悲痛事に終つた。噫、何たる事か、今更ら悔いても及ばぬ事と諦める心の底から、押へても押へても湧き上る痛恨悲憤の涙、微衷せめても天に通ぜよ」(河野司編『二・二六事件』)

竹嶌は陸軍少将竹嶌藤次郎の長男で、東京府立四中から陸軍幼年学校、士官学校と進んだ。士官学校では恩賜賞のトップという成績であった。昭和初年代より国家改造運動に関与し、二・二六事件への参加を決意してからは、妻とも離婚したという。しかし獄中で現実を直視したとき、強い自責の念が湧いてきた。そのような青年将校は、自らが果たした役割の何たるかを軍事法廷で具体的に確かめることとなり、父親の立場も考えて「吾れ誤てり」という悔恨の情に駆られたのであろう。

利用された「軍のあるべき姿」

磯部はほかの青年将校の自省とは一線を画し、行動の正当性を訴えただけではなく、天皇への帰一という心理状態こそ誤りではなかったかと、本質的な問いにまで達する。この認識を前提とすれば、軍閥に対する磯部の批判は、二・二六事件の本質を見抜いてしまったがゆえのものと理解できる。前章で述べたように磯部は昭和十一年八月十七日付の日記で、天皇機関説の奸賊どもを討とうとしながら結局は中途半端に終わってしまったと嘆いており、つまり次のような段階を踏んだと言える。

〈蹶起趣意書→大臣告示→奉勅命令→軍事法廷・判決→青年将校の指導者としての手記〉

蹶起趣意書が示すように、行動の目的は「国体破壊の元兇」を打倒することにあった。その決意は陸軍大臣川島義之によって天聴にも達した。しかし真意が理解されたにもかかわらず奉勅命令が出て、決起は失敗した。軍事法廷では上層部の都合で一方的に裁かれた。判決文には「絶対に我が国体と相容れざる」とあった。これは何としても承服できない。その経緯を、折々の動きを踏まえて丹念に書き残さねばならない。軍閥などに裁かれる筋合いはないのだ——。

前述の竹嶌に代表される青年将校は、判決の段階で強い自省の念に駆られた。彼らは二・二六事件の決起の理想から脱落し、翻意した、と受け止めることができよう。しかし磯部については、行動を起こしたときは必ずしもテロリストではなく、獄中で自らの正当性を確信したときに初めてテロリストになるという、前述の例が当てはめられると思う。

たとえば軍法会議の法務官がこっそり漏らした「青年将校はエライ、こんな人達を殺すのは惜しい。実は下士官兵を罰しない事にしたので、青年将校を殺さねばならなくなつた」という言葉について磯部は記す。

「然り然りです。川島、真崎〔甚三郎〕、香椎《かしい》〔浩平〕、山下〔奉文《ともゆき》〕等を罰しない事にして北、西田〔税〕を殺さんとしてゐるのですぞ」

またほかの青年将校が処刑された昭和十一年七月十二日の様子を、一カ月後の八月十二日に次のように記す。

「午后から夜にかけて、看守諸君がしきりにやつて来て話しもしないで声を立てゝ泣いた、アンマリ軍部のやり方がヒドイと云つて泣いた、皆さんはえらい、たしかに青年将校は日本中の誰よりもえらいと云つて泣いた、必ず世の中がかわります、キット仇は誰かゞ討ちますと云つて泣いた」

看守のなかには「磯部さん、私たちも日本国民です。貴方達の志を無にはしませんと云つて、誓言をする者さへあつた」。そのように寄せられるいくつもの同情、共感、共鳴について、磯部は「国民の声を看守諸君からきいたのだ、全日本の被圧迫階級は、コトゴトク吾々の味方だと云ふことを知つて力強い心持になつた」と記している。獄中における周囲の光景を通して、「被圧迫階級」に立脚する自分たちの姿勢に確信をもったと言えよう。

蹶起趣意書に記された「益々体制を整へ今や方《まさ》に万邦に向つて開顕進展を遂ぐべきの秋《とき》なり」という思惑は、軍閥のために形骸化するわけだが、この事実を磯部はどのように分析していたのか。二・二六事件では青年将校が決起し、軍閥がそれを鎮圧するや、今度はこのエネルギーを合法的に利用して独裁への道を進むことになった。それはもう一つの二・二六事件だったと私は考える。このように捉えることで、磯部の手記を媒介に昭和十年代のファシズムの状況も理解し得るのである。

二・二六事件には青年将校が起こしたものと、軍閥が起こしたものの二つが存在し、磯部は後者を激しく糾弾した。竹嶌に代表される青年将校はその事実を示せず、結果的には軍閥の二・二六事件を歴史のなかに隠蔽した。そして軍閥は、事件に同調的だった皇道派の人脈をすべて軍から追い払うか、あるいは要職から外すことで、さらに巧妙に磯部の証言を利用した。いささかまわりくどい言い方になるが、この本質が見えてくるほど、磯部は自らの考えた「軍のあるべき姿」を、事件後の陸軍大臣寺内寿一《ひさいち》や次官の梅津美治郎ら新統制派とも言うべき軍閥に売り渡すというディレンマに陥っていたのである。

指揮官の理想像とされた処刑者

磯部のディレンマを手記より抜き出しておきたい。少々長くなるが、以下は処刑が迫るなかで書いた「獄中手記（二）」の一節である。実はそこに記された皇道派や中立派軍人らが、粛軍の名で巧みに追放ないし左遷されることになる。

多くの青年将校を、死刑にせねばならない様な羽目に落し入れたのは、寺内は勿論ですが、筆頭に揚《あ》ぐ可《べ》き人物は、川島陸相外《ほか》前記の人です。これ等の人が軍の当局者として、三月一日発表した所の「青年将校大命に抗したり」の一事が、爾後に生ずるすべての問題の解決のかぎになつてしまつたのです。即ち、明らかに青年将校の行動を認めたる大臣告示を説得案なりと変化させ、又青年将校の行動を認めた上で下達した戒厳命令を、謀略命令なりと遁辞《とんじ》を設けさせる、に至らしめたのは、すべて川島を頭にする軍幕僚が宮内省方面と結託してなしたる所の「大命に抗したり」の発表に因を発してゐます。

既に青年将校大命に抗したりと云ふ発表をした以上は、大臣告示と戒厳命令は共に、青年将校の行動を認めたるものに非ずとせねば、軍全体が青年将校と共に国賊にならねばならぬ羽目になつてしまつたのです。これはたまらんと気のついた軍部はアワテ、フタメイテ遁《に》げ始めました。川島も、荒木〔貞夫〕も、山下も香椎も堀〔丈夫〕も小藤〔恵〕も村上〔啓作〕も、アワテ切つて遁げてしまつて、つみを青年将校と改造方案《〔ママ〕》と北、西田両氏になすりつけてしまつたのです。実際、前記諸氏の証人としての証言をみますと、全くひどいですよ。スッカリ青年将校になすりつけてゐます。比較的硬骨な真崎すら、弱音をはいてしまつてゐるのです。これでは青年将校は勿論、北、西田両氏迄殺さる様になると推察致しました私は、私共の求刑前に於て川島、真崎、香椎等の十五氏を告発し、これによつて寺内軍政権を恐喝したわけです。寺内等軍政権は、初めは真崎等個人をにくむの賤しい私情によつて、勢ひ込んで真崎を収容しましたが、真崎を起訴するとあまりに事の重大化するのをおそれて、今や非常に困つてゐると考へます。

　真崎を起訴すれば川島、香椎、堀、山下等の将星にルイを及ぼし、軍そのものが国賊になるので、真崎の起訴を遷延しておいて、その間にスッカリ罪を北、西田になすりつけてしまつて処刑し、軍は国賊の汚名からのがれ、一切の責をまぬかれようとしてゐるのです。


人名の傍点は私が付したものだが、磯部の指摘はまったく正しく、歴史的にもこのような見方が定着している。だとすれば磯部は、新統制派の露払いをさせられたことになる。新統制派とは昭和十年代の軍事主導体制をつくっていく軍官僚らを指す。皇道派の要人だった川島義之、香椎浩平、真崎甚三郎だけではなく、青年将校に同調的だった山下奉文や堀丈夫などにも累は及び、つまり「古い軍閥」を裁けという磯部の「告発」は、寺内や梅津ら新統制派によって事実上そのとおりに推移したのである。

　磯部の怒りは「新しい軍閥」に巧みに掠め盗られ、二・二六事件はかたちを変えて成功していく。ゆえに私は「二・二六事件は二回行われた」と解するのだが、これをより鮮明に示せば、磯部に代表される下部構造の倫理観などが逆手にとられ、上部構造の国策のタテマエに塗り替えられたことがわかってくる。と同時に、二・二六事件の青年将校のうち、磯部に代表される人間像こそが、昭和十年代の日中戦争、太平洋戦争下の指揮官として求められていくというパラドックスも、あらためて認識すべきである。

第26章　村中孝次の「大義」

頭脳明晰な理論家

「二回行われた二・二六事件」を経て台頭した新統制派は、陸軍大臣となった寺内寿一、陸軍次官の梅津美治郎を軸に、やがて東條英機を押し上げていく。新統制派が権力を掌握していった昭和十一（一九三六）、十二、十三、十四年の政治的方向性を詳細に検討すると、二・二六事件の蹶起趣意書との類似点を多く見出すことができる。新統制派の政治的方向性が、青年将校の思いと一体化しているのである。その一体化は、昭和十二年五月に文部省が発行した『国体の本義』によくあらわれているし、さらには昭和十六年一月に陸軍大臣東條英機の名で示達された「戦陣訓」へと結実している。上部構造が下部構造を都合よく吸収したと言えるし、また一方で、軍内のエリート集団たる青年将校の思いや行動が、上部構造内部の矛盾を孕んでいたと言ってもいい。

磯部浅一は自らの理想が新統制派に巧みに掠め盗られていくことを看破し、怨嗟や呪詛を日々獄中で記したが、これは彼の経歴のなかに潜む下部構造のエネルギーの発露であった。二・二六事件には、青年将校らが代弁した下部構造の倫理観と、上部構造内部の矛盾が混在していたと私は考えるが、磯部はその典型であった。上部構造内部の矛盾に気づいた磯部は「狂」を装い、軍事指導者に恨みをぶつけた。蹶起趣意書で弾劾した「軍閥」こそが、新統制派になったのである。

これに対しより冷静かつ内省的だったのが村中孝次である。村中もまた死刑判決を受けたが、北一輝、西田税ら民間組の裁判のために仲間と切り離され、昭和十一年七月十二日の第一次処刑組とは別に牢獄での日々を過ごした。つまり磯部と同様の境遇に置かれたのである。村中の獄中手記は「丹心録」と名づけられており、あるいは「続丹心録」として前掲の河野司編『二・二六事件』に収められている。それをもとに、自らの行動と事件後の新統制派の動きを彼がどう見たのか、また事件後の日本社会をどう分析したのかにふれていきたい。

決起将校の指導者の一人だった村中は磯部の直情径行とは対照的に、むしろ理知で事態を分析しようと心がけている。あえて言うなら、私の説く「二・二六事件は二回行われた」という見方に対し、異議を申し立てているかのような表現も垣間見えるのである。

村中は明治三十六年（一九〇三）十月に北海道旭川で生まれている。地方政治家の三男であった。陸軍士官学校第三十七期生で、決起将校の香田清貞とは同期である。早くから国家改造の思いを抱き、昭和三年（一九二八）には中尉となって、陸軍士官学校予科の区隊長時代は候補生に影響を与えた。昭和七年の五・一五事件に連座した陸軍士官学校の候補生は、村中の影響を最も強く受けていたとされる。村中は陸軍大学校に進み、昭和九年三月に大尉に昇級して歩兵第二十六連隊の大隊副官となった。同年四月、いわゆる陸軍士官学校事件（十一月事件）で検挙されたが、証拠不充分で不起訴となる。そして昭和十年、磯部とともに「粛軍に関する意見書」を配布したため免官となった。

「この事実が示しているように、かれは早くから革新的な青年将校の最右翼として注目を集めており、頭脳明晰な理論家として実行型の磯部とは対蹠的な人物であった。しかも免官後、その行動はにわかに積極的となり、磯部とともに隊外にあって在京青年将校と緊密に連絡を取り、この事件における指導者的立役者になっていた」（三枝康高『文学による太平洋戦史1　昭和の動乱と文学』）

村中はほかの青年将校と異なり、一貫して国家改造運動に携わった。しかも陸軍大学校卒で軍内の要職に就く権利をもつ立場でもあった。にもかかわらず免官も厭わない覚悟で国家改造運動に進んだ。ありていに言えば、確信犯としての姿勢がその軌跡には窺えるのである。

村中は獄中でどのような考えをもつに至ったのか。自らの行動がどう歴史のなかに位置づけられると考えたのか。村中はまず自分たちの行動が何を意味したのかをあらためて説く。手記によれば「今回の決行目的はクーデターを敢行し、戒厳令を宣布し軍政権を樹立して昭和維新を断行し、以つて北一輝著『日本改造法案大綱』を実現するに在りとなすは是れ悉く《ことごと》誤れり」と述べたうえでその心情を説明する。「丹心録」のなかでも重要な部分で、村中という軍人の本質がよくあらわれている。

「吾人は『クーデター』を企図するものに非ず、武力を以つて政権を奪取せんとする野心私慾に基いて此挙を為せるものに非ず、吾人の念願する所は一に昭和維新招来の為に大義を宣明するに在り。昭和維新の端緒を開かんとせしにあり。

従来企図せられたる三月事件、十月事件、十月ファッショ事件、神兵隊事件、大本教事件等は悉く自ら政権を掌握して改新を断行せんとせしに非ざるはなし。吾曹盡く《ごそうことごと》是れを非とし来れり」

昭和六年からの一連の不穏事件について、動機はすべて権力奪取にあったと村中は断じている。三月事件から大本教事件まで列挙したことから、未遂も含め国家改造運動のすべてを把握していたのがわかる。陸軍の上層部が企てた三月事件は、一般国民にはまったく知らされなかったが、村中ら青年将校は計画の内容を熟知していた。陸軍省軍務局長の小磯国昭や軍事課長の永田鉄山らが関わったとされる三月事件について、村中と磯部は「粛軍に関する意見書」のなかで「実に皇軍最近の乱脈は所謂三月事件、十月事件なる逆臣行動を偽瞞隠蔽せるを動因として、軍内外の攪乱其極に達せり」と批判していた。軍首脳は綱紀粛正の意識に欠けている、これを正して「昭和維新の大義」を明確にするというのが村中の考えであった。

そのような対立の図式を竹山道雄が『昭和の精神史』〔新潮社　一九五六〕で示している。竹山は「中堅将校は知的で野心的だったが、青年将校は感情的で神がかりだった」としたうえで次のような見解を述べる。要約するが、村中の考えを踏まえた視点と言えよう。

〈三月事件や十月事件を企図した中堅将校が重臣、政党、財閥、軍閥と一体化し、国体を紊乱《びんらん》していると青年将校は批判した。そしてこの青年将校が、二・二六事件を決行した〉

ナチスへの傾斜を嗤う

自ら「宣明」することを念願した「昭和維新の大義」について村中は、制度をどれほど改革、改変しても決して確立されないし、国益に適うものにはなり得ないと指摘している。

「〔制度を改めるだけの〕国家の改造は、其輪奐《りんかん》〔建物の壮麗さ〕の美瑶瓊《ようけい》〔美しい玉〕なりと雖も遂に是れ砂上の楼閣に過ぎず、国民を頤使《いし》〔あごで使う〕し、国民を抑圧して築きたるものは国民自身の城郭なりと思惟する能はず」

そのような心境に至った村中が、軍内で危険分子となるのは当然と言えた。

磯部と村中は昭和八、九、十年に青年将校のなかでも急進派として「国家改造」を訴えた。軍内に一大精神運動を起こすことが目的であった。村中は「維新」という精神運動について「丹心録」のなかで明言している。

「吾人は維新とは国民の精神革命を第一義とし、物質的改造は之に次で来るべきものなるの精神主義を堅持せんと欲す。而して今や昭和維新に於ける精神革命の根本基調たるべきは、実に国体に対する覚醒に在り、明治維新は各藩志士の間に欝勃《うつぼつ》として興起せる尊皇心によつて成り、建武の中興は当時の武士の国体観なく尊皇の大義に昏《くら》く滔々《とうとう》私慾に趨《はし》りし為、梟雄《きょうゆう》尊氏の乗ずる所となり敗衄《はいじく》せり」

なぜいま「維新」が必要なのか、村中は歴史を概観しながら語っていくが、その意味は明確ではない。しかし一方でこのような村中の思いは、前述した昭和十五年の『皇国二千六百年史』という民間側による通史につながっていき、それ自体は特別な意味をもつ。つまり村中に代表される青年将校の国体観は、やがて庶民のもつべき歴史観と重ね合わされていくのである。

村中の歴史観や国体観から、二・二六事件後の陸軍指導部の政治的姿勢はどのように映ったのだろうか。皇道派と評された将官から佐官までが軍内で裁かれる事態になり、磯部は新たな軍閥が生まれたと見たが、村中も基本的には同じ認識を示している。陸軍は事件後に予算を拡大し、たとえば陸海軍大臣現役武官制など政治面でも実質上の独裁システムを強引に獲得していった。獄中の村中にも「君等は勝つた。君等の精神は生きた」と一部の参謀から賞賛の声が届いたが、しかしこれは村中にとって不名誉な褒め言葉であった。村中は「軍事費の為に剣を執りしにあらず、陸軍の立場をよくせんが為に戦ひしにあらず、農民の為なり、庶民の為めなり、救世護国の為に戦ひしなり、而して其根本問題たる国体の大義を明かにし、稜威《りょうい》〔天皇の威光〕を下万民に遍照せらるる体制を仰ぎ見んと欲して、特権階級の中枢を討ちしなり」と記しており、新統制派の政治的術策に対する怒りを増幅させた理由がわかるのである。

この怒りの文章を書いた昭和十一年七月十五日は、同志たちが処刑されて三日後のことである。その数日間、村中は「続丹心録」として自らの心情を書きつらねている。自分もいずれは処刑場に引き立てられるのだから、書くべきことは書き残そうとの思いがあったのであろう。あるいは青年将校の心情を代弁しておこうとの思いからか、事件の経過を丹念になぞった記録も残している。このなかから引き続き「七月十五日午前記」とある一文を見つめておきたい。陸軍指導部が「本事件を利用して」昭和十五年までの膨大な軍事予算を成立させたことに対する感想でもあるが、重要箇所を引用する。

不肖等は国防の危殆《きたい》に就て深憂を抱きしものなり、兵力資材の充実一日も急を要する事を痛感しあるものなり、然れども尨大なる軍事予算を火事泥式に強奪編成して他を省みざるは国家を愈々《いよいよ》危きに導き、国防を益々不安ならしむるものなり、軍幕僚のなす所斯くの如し。〔中略〕

〔義務教育制が昭和十五年度から八年に延長される計画があることに関して〕八年制は形骸を学んで大いに国家を謬《あやま》るもの、官僚の為す所斯くの如し。要するに軍幕僚と新官僚の結托なる寺内ケレンスキー時代に於ける施政は、口に国政一新を称導して其為す所形式に捉はれ、民を酷使し国運民命を愈々非に導くものなり、〔中略〕ケレンスキー時代はレーニンの出現の為に其出現を容易ならしむべき準備をなしつつあるものなり、全国民は宜しく機に乗じ一斉に蹶起して軍閥官僚を一切否認し、而して財閥政党を打倒して、これ等一切の中間存在特権階級を否認排除して、至尊に直通直参し奉らざるべからず。

村中は磯部と異なり、天皇について記すことがほとんどない。磯部が天皇への呪詛をくり返したのに比べ、驚くほどその記述がないのである。代わりに新統制派という新たな軍閥に対する徹底的な闘争心を公然と記した点に特徴がある。少なくとも村中は、政治というシステムがどのように腐敗していくか、権力がいかに「反国民」になり得るかを充分に予測するだけの知識は持ち合わせていたと言えるであろう。ゆえにレーニンの共産主義国家の出現を許したケレンスキー政権の轍を踏むなと記したのである。

村中はこの日の記述のなかで農民がいかに悲惨な状況にあるかを、北の『日本改造法案大綱』を引用しながら説いている。新たに義務教育を八年制とするのは、十年を唱えた北の考えに近づけたかに見えるが、基本的な精神がまったく異なる。教科書や昼食は無料とし、臣民の生活の安定を図り、良好な教育環境を完全に保障するという『日本改造法案大綱』の理念とは違って、政府の今回の措置は「独乙《ドイツ》の義務教育年限を直訳受入れての八年なり」と批判し、新統制派のナチスへの傾斜を嗤うのである。

革命理論と軍人勅諭の混然

村中の記述には、明らかに生活困窮者の階層に立脚した政治システム樹立への意志がある。引用のとおり、天皇と臣民が直接結びつくことを第一義とし、その中間に位置する「特権階級」の「否認排除」を訴えているのである。これは政治的には「天皇親政」で、昭和天皇がしばしば口にしていた「立憲君主制」とは対立することになる。村中がそれをどのように理解していたかは不明だが、しかし次のような指摘はできる。

〈現在の日本に必要なのは天皇と臣民が一体化した一君万民主義で、政治システムは立憲君主制であってはならない。なぜなら現在の支配階級は天皇を利用して臣民の上に君臨し、多くの利益を得ており、結果的にこれを抑圧する体制となっている。ゆえにその特権階級を徹底して排除しなければならない。これこそ我々が決起した理由であり、その志は臣民の間に受け継がれて新たな行動となるべきである〉

村中は政治支配システムの徹底的解体を訴えているが、しかし共産党の説く「革命」と間違われては困るとして次のようにも記す。

「不肖は階級打破を言ふものにあらず、階級を利用し地位を擁して不義を働く者の一切を排除し、之に代ふるに地蔵菩薩的真の国家人を以てせば、輔弼《ほひつ》を謬《あやま》るなく国政正しく運営せられ、民至福を得、国家盤石の安きを得ん」

そのうえで、いまや政党、財閥に代わり「暴威を逞《たくまし》ふしつつある軍閥官僚を一洗清掃」せよと述べる。獄中の村中は、寺内をはじめとする新統制派軍閥の暴威を知り、彼らの勢力拡大を阻止せよと訴えているのである。言い換えれば、村中は軍閥ファッショの時代を予測し、この現実化を危惧していた。軍閥ファッショが二・二六事件を巧みに利用しながら地位を固めていることを知り、真に特権階級を倒すための行動が必要だと確信したのである。

さらに補完すれば、強固な勤皇精神と「至尊に直通直参」する姿勢さえあれば、そもそも階級などという概念は生まれないと強調している。つまり「階級打破」などあり得ないと言うのだ。このような村中の主張には、革命理論と軍人勅諭の精神が渾然となっている。二・二六事件の決起将校というより、陸軍という組織が生み出した二重性そのものの反映だと見るべきであろう。

この陸軍の二重性とは、一方で天皇を精神的空間の軸に据え、その存在に命を賭けるという心理を培養しつつ、他方では指導部に見られるように、帰依の精神を曖昧にしながら、ただ権力を維持するためにこれを傀儡化した現実を指す。前者の側に立つ村中は、後者への怒りを終生もちつづけたのである。

村中は軍官僚のコースを歩みながら、指導部が軍人勅諭の精神を外れ、天皇の存在をいかに軽視しているかを知った。それは三月事件を隠蔽した軍事指導部の態度でよく理解できた。あるいは昭和六年頃、上奏に際しては飲酒を避けるという内規が、陸軍指導部で密かに回覧されたことなどを知っていたのかもしれない。このような欺瞞を村中はどうしても許せなかったのである。

村中は自らの立脚点を、歴史的にはどこに置こうとしたのか。自身にも曖昧なまま処刑されたとしか思えない。その志や情念は、ある意味この時代の無限の循環に組み込まれてしまったと言えるかもしれない。ただ磯部やほかの青年将校とは異なり、村中には新統制派に対する憎しみが抜きん出て強かった。磯部はその憎しみを究極には天皇へと向けた。しかし村中は天皇ではなく、自らの〝敵〟である新しい軍閥にゆるぎなく注ぎつづけた。

村中は自らが倒そうとした軍閥の思想や理念をまったく信用していなかった。臣民が天皇と直結するさいの障害物だと見なしていた。簡単に言えば、国策決定時に自らの利益しか考えない、特権意識に彩られた集団だと見ていた。この打破を試みたところ、さらに巧妙で狡猾な軍閥、すなわち新統制派が生まれてしまった。その新統制派が、臣民の利益につながるような政策決定の基準をもっているとは思えない。自分たちの行動は何をもたらしたのか、村中の心中に答えの見えない問いが湧いてきたのも当然であった。

昭和史の年表を俯瞰するなら、村中は自らの志とはまったく異なる方向へ歴史を進めてしまった。このことに村中は悔いたという見方もできるが、そこに磯部とは違った歴史上の立ち位置がある。村中が想定したように、新統制派は既成の政党、財閥をはじめ敵対する旧来の軍閥まで解体した。加えて天皇の聖意をも無視するかたちで軍事政策の拡大を進めた。

新統制派がどのようにファシズム体制をつくり上げていったのかを見るべきであろう。二・二六事件の青年将校たちはこの手駒になったというのが歴史上の見方である。しかし新統制派の企図した体制は、彼らの志とはかけ離れたものであった。村中は昭和十二年八月、日中戦争が始まってまもなく処刑された。もし生き長らえ、昭和十年代の年表を目にしたなら、どのような悔恨の言をもらしたであろうか。あくまでも歴史に仮定はないが、一度考えるべき点だと思う。

次章では二・二六事件の第三の位相を見ていく。下士官や兵士の事件後の運命を辿りながら、新統制派に利用されたものを確認していく。そこからは、青年将校たちの歴史的な錯誤と無念を汲みとることができよう。

第27章　擬似的な共同体

約三分の二を占めた初年兵

昭和十一年（一九三六）二月二十六日未明の二・二六事件に加わった下士官や兵士は千五百人弱と言われる。二十二人の青年将校に指揮されるまま、さして事情もわからずに加わった兵士が多い。この内訳をまずは確かめておきたい。

第一師団の歩兵第一連隊（歩一）は四人の青年将校に率いられ四百五十二人、歩兵第三連隊（歩三）は八人の青年将校と九百二十九人、近衛師団は三人の青年将校と六十人といったところだが、さらに詳しく見ていくと意外なことがわかってくる。たとえば歩三の下士官・兵士九百二十九人については、二年兵の二百三十人に対して初年兵が六百三十四人と圧倒的に多い。それは歩一も同じで、四百五十二人のうち三百五十四人が初年兵となっている。初年兵はだいたいこの年一月に入営したわけだから、とても一人前の兵士とは言えない。

また出身地で見ていくと、もともと第一師団は東京、神奈川、埼玉、千葉、山梨で占められており、とくに歩兵連隊では赤坂の歩一、麻布の歩三とも東京か埼玉の出身者に限られていた。したがって千五百人弱の兵士のほとんどが東京と埼玉の出身者であった。そういった事情もあって埼玉県では『新編埼玉県史』とあわせ、別冊として『二・二六事件と郷土兵』が編まれている。昭和五十六年（一九八二）二月のことである。

決起に参加した埼玉県出身の兵士たちの証言が、この『二・二六事件と郷土兵』五百六十四頁のなかに盛り込まれている。県の熱心さは、当時の知事畑和《はたやわら》がやはり決起に参加した兵士だからで、彼は「序」に次のような一節を記している。

「実は私自身も蹶起軍の一兵士として参加した者の一人です。新婚二週間後の昭和十一年一月十日、麻布の歩兵第三連隊に入隊し、機関銃隊の初年兵として訓練を受けており、事件のときは第七中隊の兵士とともに警視庁を襲撃、雪の桜田門前で重機関銃を据えて警備にあたっていました。事件後参加兵たちは反乱軍兵士の汚名をきせられ、また厳重なかん口令がしかれ、更に五月には満州（中国東北部）警備のために渡満させられ、その後は日中戦争、太平洋戦争へと引き続き動員され、多くの戦死者を出すという悲運をたどったのであります」

一般兵士たちはなぜ事件に参加したのか、渦中でどのような思いを抱いたのか、この精査はいまなお充分になされていない。それだけに埼玉県が編んだ『二・二六事件と郷土兵』は貴重な証言集になっており、このような資料を残した一知事の決断に、昭和史に関心をもつ者として敬意を表したい。

一般兵士の証言が残されなかった因は、事件後に箝口令が敷かれたのと、彼らの多くが激戦地へ送られて戦死を期待される状況に置かれたからだと言える。昭和十年代の軍事指導者らは自分に都合の悪いことが生じたとき、箝口令と戦死の二大命令を兵士たちに強要するのが特徴であった。

一般兵士の証言より、二・二六事件の三つの位相のうち第三の、彼らの視点、理解を確認したい。前述のとおり兵士の約三分の二は入営してまもない状況での参加であり、次のように指摘しておかなければならない。

〈兵士たちはだいたいが東京近郊の農村共同体で育った青年である。彼らは陸軍内部の指導層と青年将校の対立抗争に動員され、楯として利用された。指導層と青年将校の対立は、基本的には上部構造内の国策決定の基準をめぐる争いだが、兵士たちは農村共同体で培った生活の規範や倫理観をもって二・二六事件に参加している。その抗争に対する兵士たちの受け止め方には、上部構造と下部構造の一体化、つまり昭和十年代の軍事主導体制の予兆がある〉

私はこの上部構造内の抗争が下部構造を引き入れることで一体化の回路ができ上がったと分析している。その回路こそファシズムを醸成したと見るべきではないだろうか。このプロセスで、青年将校側の指導者だった磯部浅一は、下部のエネルギーを代弁する獄中手記を残した。村中孝次は、上部内の対立のエネルギーが下部を抑圧し、巧妙に軍事主導体制へと転換していく道筋を想定した。

そのような理解のもとに論を進めるが、一兵士の視点で二・二六事件を分析した書に東海林吉郎の『二・二六と下級兵士』（太平出版社　一九七二）がある。太平洋戦争下の下級兵士たちの心情に思いを寄せて著された書で「序にかえて」に、戦後ソ連軍の捕虜となり、収容所で耳にした話が紹介されている。この上等兵のエピソードこそ、二・二六事件に加わった一般兵士たちの、軍内におけるのちの姿だったと思える。

「彼は、上官の命令はすなわち天皇の絶対的な命令として従うことと教えられ、上官の命令によって、二・二六事件に参加した。ところが二・二六事件に参加することを命じた上官より、もっと偉い人が、それは悪いことだと判断した。そのために彼は一度も家に帰されず、満州から流され流されて、北千島の幌筵《ほろむしろ》島にきた。そして通信隊にいても、決して上官の命令をきかなかった。〔中略〕この島でいちばん偉い人は師団長だから、師団長がきて、直接命令しないかぎり命令には従わないといって、毎日ごろごろしていた」

その事実は何を物語っているのか。東海林はこの上等兵が二・二六事件に加わった経験をふまえ、軍人勅諭の「上官ノ命ヲ承ルコト、実ハ直ニ朕ガ命ヲ承ル義ナリト心得ヨ」を全うしたと見る。「つまり二・二六事件の体験をとおして、天皇制軍隊への皮肉と、その内包する矛盾を告発」したと言うのである。この分析は示唆に富む。二・二六事件に参加した兵士たちは、軍内のタテマエが矛盾そのものであることに気づいた。しかしこの矛盾を口にしてはならず、戦死を強要される立場に置かれてしまった。軍事指導者らは大権をきわめて恣意的に捉え「己れに都合のいいように天皇を利用している」。それは青年将校に天皇の名で利用された方便とほとんど同次元のもので、一般兵士は二重の裏切りを心理的に理解したのである。

このように見てくれば、磯部の獄中手記が天皇への呪詛で満ちていたのは「兵士（国民）」に対する侘びの思いからだったとも指摘できる。その磯部はまさに「狂」の装いでくり返し天皇と兵士（国民）に軍内の矛盾を説いていた。ここに二・二六事件の歴史的な本質が宿っているのである。

戒厳司令官香椎浩平の激怒

二・二六事件の鎮圧態勢が整うのは、翌二月二十七日午前四時四十分に東京警備司令部が戒厳司令部へと変わり、そのまま香椎浩平が司令官に任ぜられて以後である。香椎は皇道派に同情的だったとされるが、しかし残された史料や日記をまとめた『香椎戒厳司令官秘録二・二六事件』(香椎研一編永田書房　一九八〇)には、辞令を受けたさいの心境について「此の時の感じは、まー善かつた、若《も》しや他人を以て換へて親補《しんぽ》せらるゝことありしとせば、予は何の面目があらう」と記録されている。もし司令官に任ぜられなければ、昭和天皇の信頼がまったくなかったことになり、「まー善かつた」という表現はまさに本音であろう。ゆえに「死力を竭《つく》して事態の解決に当らねばならぬ」との覚悟をもったというのである。

二月二十七日夜から二十八日朝にかけてまとめられた処理案の方針は、占拠部隊の「下士官兵ハ原隊ニ復帰」させ、将校は自首させるというものであった。二十八日午前五時すぎに正式に奉勅命令が出され、「反乱部隊ハ遂ニ大命ニ従ハズ」とし、外部との連絡を断たせ、鎮圧の決定を下した。その時点で決起部隊の兵士たちはどのような心境になっていたのか。香椎の日記によれば、午前中に青年将校筋から「叛軍は奉勅命令を畏《かしこ》み、下士官以下を返へし、将校等幹部は凡《すべ》て自刃して申訳す」との連絡があったという。ところが午後になって青年将校は翻意したという報告が入り、さらに外部と連絡をとり合っているとの情報もあって、香椎は激怒した。これが鎮圧の因にもなったと私は思うのだが、香椎の怒りは凄まじかった。

「最早、彼等は人間にあらず、老獪横着を極め、真に骨の髄まで腐り果てたる其の言動一切、表裏反覆して全く信を措くに足らず。金もいらず、名もいらず、命もいらぬと云ふ志士とは似ても似つかぬ曲者だ」

さらに青年将校は皇軍に護衛されているとし、彼らが下士官や兵士を利用していることに憤慨して「斯かる上は徹底的に叩き付ける外なし」と香椎は鎮圧態勢を固めていく。二十八日午後四時に発せられた攻撃計画には「兵の損害を少くする為、先づ戦車にて将校のみを狙撃すること」が第一項に掲げられた。

香椎は参謀次長の杉山元《はじめ》に連れられて天皇にも会っている。ここで「もともと陛下の赤子でありまする軍隊を相撃たしむるに忍び」ないと、一方で平和的解決を模索する旨上奏し、天皇の内意も得た。しかし二十九日午前九時を期した攻撃命令を下し、実際には軍事上の鎮圧態勢が採られた。その午前九時を前に戒厳司令部が飛行機で撒いたのが「下士官兵ニ告グ」というビラである。ビラには次のように記されていた。

一、今カラデモ遅クナイカラ原隊へ帰レ
二、抵抗スル者ハ全部逆賊デアルカラ射殺スル
三、オ前達ノ父母兄弟ハ国賊トナルノデ皆泣イテオルゾ
二月十九日　戒厳司令部

午前八時五十五分にもう一枚、戒厳司令官香椎浩平の名で「兵に告ぐ」というビラが撒かれたが、内容は同じである。また日本放送協会より、やはり香椎の名で同時刻に「兵に告ぐ」が放送された。世に登場してまだ十年余のラジオを用いた説得で、放送内容は話し言葉でわかりやすく、「勅命が発せられたのである。すでに、天皇陛下の御命令が発せられたのである」で始まり、次のように続く。

「お前たちは上官の命令を正しいものと信じて、絶対服従をして、誠心誠意活動して来たのであろうが、すでに天皇陛下の御命令によって、お前たちは皆原隊に復帰せよと仰せられたのである。このう

え御前達が飽くまでも抵抗したならば、それは勅命に反抗することとなり、逆賊とならなければならない。〔中略〕速やかに現在の位置を棄てて帰って来い」

この放送には、軍旗の下に帰れば「今までの罪も許されるのである」という文言があった。その文面については天皇の大権を犯していると危ぶむ声もあったというが、香椎は「用兵上の範囲で、法律上の言葉ではなく、抵抗すれば即座に射殺するの意」だと撥ねつけている。鎮圧のために少々強引な法解釈を行ったとも言えよう。

兵士たちの手紙

これまで見てきたのが鎮圧する側の動きであった。香椎の変遷を辿ると、当初は確かに反乱部隊の青年将校に寛容なところがあり、平和裏の解決を模索した節もあった。しかし「青年将校の老獪な態度」に業を煮やし断固鎮圧の考えを固めた。そのときの香椎にとって反乱部隊の下士官や兵士は青年将校の手駒として利用されている存在にすぎず、彼らの思いを推測したり確認する発想はなかった。下士官や兵士は「国賊」と断ずれば恐れおののいて帰順すると考えていたのである。兵に呼びかけた一連の内容にはこの香椎の認識がよくあらわれている。下士官や兵士は軍の末端で、意思ある存在とは見ていなかったのであろう。

下士官や兵士の考えは実際どうだったのか。前掲の『二・二六事件と郷土兵』の末尾に「事件に参加した郷土兵が書いた手紙」という付編があり、埼玉県出身の兵士たちが「二月二十八日から二十九日にかけて書き付近の郵便ポストに投函」した手紙類が紹介されている。それは赤坂憲兵隊に押収されたというが、いずれも事件の渦中で兵士たちが肉親に宛てたもので、遺書のような響きをもっている。二十八日夜から二十九日朝にかけては、戒厳司令部の攻撃命令で鎮圧部隊が陣を布いていたときである。このような手紙を『二・二六事件と郷土兵』は八十三通紹介しており、それは主に日常のなかで真摯に「死」を受け止めてほしいと訴える内容であった。

「正義の為に兄は喜んで死す。兄弟仲よく父母に孝行せよ。兄は三時三十分天皇親率の下に喜んで死す」（歩三ノ機ノ四）

「我々は此処に死を賭して班長以下起つ。二十六日未明突如機関銃隊に出動の命下り、直ちに第六中隊に編入され不逞の者討伐に二十八日決死を決めて此処に起つ。御国の為笑って喜んで死す。父母仲良く丈夫で暮して下さい。兄さん、徳どんも元気で暮して下さい。まだ分りませんが御心配なく、御安心下さい」（歩三ノ機四）

「事件は新聞紙上で見て知ってゐる事と思う。花の都で花と散る。正義の為に九二式重機の第一番目の射手に立って喜んで死んで行く。兄上様、父母上様を宜敷くたのむ。最後です」

「色々御世話になりました。尊皇討奸の為友軍と戦ひ死なねばならなくなりました」

「二十八日午後三時愈々《いよいよ》急を告げ我部隊は死を決して大部隊を向ふに廻し決戦すべく三時三十分各陣地につく」（歩三ノ六）

「尊皇討奸の為愈々死すべき時が参りました。村の皆様にも宜敷く御伝え下さい」

「吾々は今昭和革新の一員として鈴木〔貫太郎〕大将を討ち。又反対者は徹底的に之を討つべく決心の勢を以て奮闘致します。皆様によろしく。幸楽にて。二月二十八日午後三時」（歩三）

「之が最後だ。国家のためにいさぎよく死んで行く。後は宜敷く頼む。午後二時」

「誠に申訳ありません。我々も皇国の為めに此れ限りです。後は宜敷く頼みます。では親戚一同へも宜敷願い致します。二月二十八日午後三時三十分」（赤坂幸楽にて）

「小生は歩三〇〇大尉引率の下に二十六日一時起床。三時半には鈴木邸襲撃して大将を殺し、同時陸軍省防衛司令部を占領して、二十七日拾時頃まで警備せり。吾等は尊皇討奸の下に此の主義の下に、あらゆる困苦を侵して戦ふ。今自分は赤坂幸楽にあり。御身大切に最後の一筆。二月二十八日」

彼らの手紙を読み進めていくと、なかには一年強の上等兵もいたとはいえ、入営してわずか一ヵ月余の兵士たちの言葉に定型があることがわかる。並べてみると「御国の為め」「尊皇討奸」「死すべき時がきた」「御父母様に宜敷く」といった語がきわめて直截に用いられている。つまり兵士たちは自分の言葉で事件を語るには至っていない。権力空間を武力で制圧してわずか一日か二日、青年将校からめざすべき国家像については聞かされていたのだろうが、その生かじりの言葉のなかに、兵士たちの正直な姿が窺えると私は思うのである。

しかし、次のような内容の手紙もあった。

「自分等は勿論此挙が昭和維新の義軍たることを確信して居ります。廿六日朝警視庁を占領してより、二十九日午後聯隊に帰還するまでの中隊長殿及教官殿班長殿の御鞭達御努力の甲斐なく事は破れたりとはいえ吾々は少しも後悔して居りません」（歩三ノ七ノ五班）

行動そのものに悔いはないとあるが、原隊に復帰してから両親に宛てた手紙のようで、こうしたケースは青年将校の主張との一体化とも言える。つまり二・二六事件の本質に迫る兵士も少なからず生まれていたのである。また、青年将校が説明したと思われる言葉を次のように書き残す手紙類もあった。将校の主張を完全には理解できなくても、とにかくそう思い込むことで納得しようと努めたのであろう。

「高橋〔是清〕蔵相や〔後藤文夫〕内務大臣〔渡辺錠太郎〕教育総監など六人、国家を乱したる人々を自分達は大日本帝国のためにやっつけたのです」（歩三ノ七）

いずれにせよ稚拙な感想が手紙には記されているのだが、たとえば青年将校の命令による訓練の一環だと思う兵士も多かった。ゆえに制圧すべき地域を示され、ここを守れと命じられて、現場で初めて反乱だと気づき、青年将校に聞かされた言葉を自分の理解として書いたとも言えるのである。

昭和三十九年から四十六年にかけて「週刊文春」に連載された松本清張の『昭和史発掘』の二・二六事件の項には、参加者たちの証言が匿名で収められている（新装版7「2・26事件Ⅲ」文春文庫　二〇〇五）。昭和四十年代の初めに事件参加者が証言することはまだタブーであった。しかしそのタブーに挑戦した一人の手記がある。歩一の倉友音吉が書いた「一兵士の二・二六事件」（「文藝春秋」一九六八・一）である。これによると、事件前に歩一の青年将校栗原安秀に呼び出された倉友はいきなり「倉友上等兵、教官といっしょに死んでくれ」と言われ、すぐに「はい、死にます」と答えたという。

「武士道とは死ぬことと見つけたり、の気持だった。それに上官の命令は違背絶対まかりならぬ至上のものであった」

こうして倉友は躊躇なく事件に加わったのである。

兵士たちの手紙や証言を確かめていくと、彼らの日常感覚や共同体の平衡感覚が、軍内の特異な情的空間で、青年将校の説得や命令にあっけなく切り崩されたことがわかる。前掲の手紙にはそれがよく示されているし、また決行者たちが擬似的な共同体を構築していたこともわかってくる。香椎司令官の「兵に告ぐ」はこのような空間を同次元で肯定してみせたものだが、しかし一方では、権力を前面に出して兵を呼び戻そうともしていた。その差異を解剖する必要がある。

第28章　真の反乱軍となった第六中隊

四日で完成した同化

昭和十一年（一九三六）の二・二六事件当時の下士官や兵士の動向、またのちの軍内での処遇が記された書は多くない。数多ある青年将校の視点や運命についての書に比べれば、何分の一かにすぎないのではないだろうか。

もとより理由はある。第一に、下士官や兵士は自分たちが大権に「反逆」しているとは思ってもいなかった。第二に、事件直後の彼らは原隊に戻されたが、のちの日中戦争、太平洋戦争で真っ先に死地へと追いやられた。第三に、下士官や兵士のなかには青年将校の訴えに納得、共鳴した者もいるし、反発した者もいて、互いに牽制するかたちで戦後は自らの考えを明らかにしてこなかった。いずれも自身の運命に受動的だったため、事件との関わりをあまり書き残したくなかったのであろう。とはいえ何人かは与えられた運命のなかで変容を遂げたと指摘することもできる。

青年将校の獄中の手記などには、下士官や兵士をなぜ参加させたのか、蹶起趣意書に則れば自分たちだけで行動すべきではなかったかと、法廷でも周辺からも問われたとある。村中孝次は遺書とも言うべき「続丹心録」のなかで次のように記している。いささか牽強付会で、下士官や兵士の心中を慮っているとは言えない面があることに注目しておかなければならない。

「単に少数の重臣を打倒することを目的とするならば、同志将校のみを以てすれば可なり、豈《あに》下士官兵を利用するの要あらんやと言ふものあり、苟《いやしく》も王事に盡瘁《じんすい》〔全力を尽くす〕し、国家に報効せんとするに、将校と下士官兵と差別するの要何処にか在る、階級に上下の差あり、統制に別ありと雖も、陛下の股肱赤子として、至尊に直参して翼成に任ぜんとする志向に於て、差異あるべからず。吾人をして極言せしむれば無私赤誠、君国に奉ぜんとする念慮は、寧ろ現時の将校より下士官兵に於て熾烈なるを認めざるを得ず、従つて吾人は同志の多くを将校、特に上級者間に発見すること能はずして、之を下士官兵の中に得、相共に王事に盡鞠《マヽ》したるのみ。

然らば、同志的信念決意なき初年兵の如きをも多く引き連れたるは如何。今や数次の直接行動を経て、警視庁の武力は相当有力なるものとなりて、重臣高官の身辺を警戒すること至厳を極め、少数寡兵を以てしては容易に目的を達成し得ざるのみならず、警官隊との衝突は彼我共に無用の犠牲を多発する惧《おそれ》大なり」

村中は直に兵士と接していたわけではない。にもかかわらず行動をともにした下士官や兵士について、少なくとも青年将校に同調したと見ている。具体的には二・二六事件の四日間で、下士官や兵士の何人かが青年将校と同じ次元で蹶起趣意書に共鳴した事実を評してのことだと考えられる。初年兵の動員については、警官隊と対峙するさいのやむなき処置であり、さらに秘密が事前に漏れるのを恐れて参加させたと、身勝手な言い方もしている。

下士官や兵士のなかには、四日間にわたり反乱軍に従事するうち、趣意書の末尾にある「茲《ここ》に同憂同志機を一にして蹶起し、奸賊を誅滅して大義を正し、国体の擁護開顕に肝脳を竭《つく》し、以て神洲赤子の微衷を献ぜん」という訴えを信じて、まさに昭和維新の尖兵となる決意を固めた者もいる。前章の兵士たちの手紙にもその心境は窺えるが、青年将校とともに死ぬことを四日間で覚悟するまでに至ったのである。

前掲の『新編埼玉県史　別冊　二・二六事件と郷土兵』は、このような下士官や兵士の変容も伝えている。その貴重な記録から、歩兵第三連隊第六中隊長の青年将校安藤輝三と行動をともにした下士官や兵士が、どのように蹶起趣意書に同化したのかを確かめていきたい。安藤は最後まで参加を渋った青年将校として知られるが、しかし決起後は最も強硬に完遂を主張した人物であった。まず二・二六事件の判決文より、安藤と下士官、兵士たちの行動を辿りたい。

「安藤輝三は侍従長官邸を襲撃し侍従長鈴木貫太郎を殺害する任務を担当せるが、二月二十六日午前三時頃非常呼集を行い全員を舎前に整列せしめ、同三時三十分頃兵営出発、同四時五十分頃侍従長官邸を襲撃し侍従長に数個の銃創を負わしめ、次で安藤輝三は侍従長に『止め』を刺さんとせしが、夫人孝子の懇願によりこれを止め、遂に殺害するに至らず、同五時三十分頃一同同邸を退去し麴町区三宅坂附近に到れり」

安藤がほかの青年将校と異なり人間味があったと言われるわけは、冷酷無情ではなかった点にある。傷を負って苦しむ鈴木の脇で夫人が「あなたたちは軍人ではないですか。武士の情はないのですか」と「止め」を刺さぬよう懇願したことを受け容れ、安藤は鈴木に敬礼し、兵士たちと引き揚げている。安藤とともに鈴木を襲った下士官や兵士をはじめ、歩兵第三連隊員の氏名も現在では明らかになっているが、『二・二六事件と郷土兵』より、彼らがいかにして国家改造運動の共鳴者となったかを確認しておきたい。

安藤輝三への思慕

当時歩兵第三連隊第六中隊の軍曹だった谷中靖は、その年一月十日に入隊したばかりの新兵に、内務教育と訓練を行うべく忙殺されていたという。週一回、連隊所属の安藤大尉の訓話があり、「世なおしの必然性が説かれていた。このため心ある者は近く何か事件が起ることを意識していた」と谷中は書き残している。二月二十六日午前一時の非常呼集で「只今から靖国神社の参拝に向う、第二種着用！」と命じられ、第六中隊を小隊に編成、実弾と食糧が配給された。靖国参拝になぜそんなものが必要なのかと、なかには「世なおし」の決行を悟る下士官や兵士もいたという。一時間ほど行進して鈴木侍従長官邸の前に着き、ここを襲撃すると告げられた。

以後の動きを谷中は詳述していない。「二十九日、遂に奉勅命令に従って連隊に復帰することとなった。午後二時頃ホテル玄関前で安藤大尉から最後の訓示をうけ、次いで中隊歌を合唱、そのさ中大尉は突如ピストル自殺を図った」と記すのみである。しかしこの谷中の一文をよく読むと、安藤のもとで国家改造の捨て石になるという暗黙の諒解が生まれていたことがわかる。谷中は下士官として兵士たちにそう言い聞かせていた節があるし、安藤は週一回の訓話で「世なおしの必然性」を説いていた。

やはり第六中隊で伍長だった前島清の一文からは、安藤や兵士たちの動きが克明にわかる。前島は安藤中隊長の当番兵を務めており、常に傍にいた。何らかの行動を起こすという予感は、同様に毎週金曜日の安藤の訓話で抱いたという。「金曜日ごとに精神訓話が行われたが、君臣一体を説く中隊長の言葉の中に現代の世相に対する憤激の精神が徐々に現われて、拝聴する私たちには何かが起こるのではないかといった予感が抱かれたほどであった」。第三、第六、第七中隊などでは夜になると屋上で軍歌演習が始まり、「昭和維新の歌」などが高唱されたという。

事件当日、前島は司令室に呼ばれ、安藤やほかの将校から「連隊は只今より帝都に起った暴動鎮圧のために出動する、田中曹長〔炊事班長〕は二食分の携帯食（乙）及び間食一回分を直ちに配給すべし」と命じられた。命令は次々と下り、行動の準備が進んだ。前島によると、鈴木の寝室を襲撃したとき、安藤は孝子夫人に決起の理由を次のように伝えたという。

「御賢明なる奥様故、何事もお判りのことと思いますが、閣下のお流しになった血が昭和維新の尊い原動力となり、明るい日本建設への犠牲になられたとお思い頂き、我等のこの挙をお許し下さるように」

夫人は安藤に反問した。

「では何か思想的に鈴木と相違でもあり、この手段になったのですか、鈴木が親しく陛下にお仕え奉っていたのをみてもその考えに間違いはなかったものと思いますが」

すると安藤は「いや、それは総てが後になればお判りになります」と答えた。こうしたやりとりを見て、当時二年兵だった前島は事件の「正当性」に目覚めていったようである。青年将校と下士官、兵士たちは襲撃後、全員が陸相官邸前に集結し、そこで初めて安藤が蹶起趣意書を読み上げ、「真の出動目的を確認」することになった。

安藤に指揮された一隊は三宅坂付近を制圧している。下士官や兵士はこの行動が全面的に正しく、青年将校に従っていれば目的は達せられると信じた。その理由が前島の一文から読みとれる。

第一に、沿道へ詰めかけた市民が万歳をして「勤皇軍と叫び歓声をあげていた」こと。「尊皇討奸」の旗を掲げた彼らは、一般の人びとに歓迎されていると確信したのである。

第二に「情報によると今晩〔二十七日〕秩父宮様が弘前を御出発、上京とのこと、中隊長以下各幹部感涙にむせぶ」とあるように、秩父宮が彼らの後ろ楯になるとの噂が撒かれたこと。むろんただの噂にすぎないのだが、こうしたデマが意図的に広められ、青年将校も下士官も兵士も信じきった節がある。

第三に、時間が経つにつれ形勢は決起将校側の不利に傾き、自分たちは「国賊」と見なされ討伐が始まるとの情報も入って、下士官や兵士は汚名を晴らすため鎮圧部隊と戦わなければならないという心境になったこと。

以上のような理由で下士官や兵士は、まさに昭和維新の義勇軍としての覚悟を固めていったのである。一方で、とくに安藤が率いた部隊では、その人物に傾倒する下士官や兵士が生まれていた。制圧地に村中孝次が訪ねてきて「今までの形勢はすっかり逆転した。もう自決する以外道はなくなった」と告げると、安藤は毅然と言い放ったという。

「今になって自決とは何事か。この部下たちを見殺しにする気か、軍幕臣どものペテンにかけられて自決するなど愚の骨頂だ。俺は何といおうとそれらの人間とあくまで闘うぞ」

この安藤の言葉が、下士官や兵士の意識をさらに変えていったのである。

奉勅命令が出て兵士の帰順が促されている頃、堀丈夫第一師団長が安藤の説得に駆けつけた。堀が「安藤、兵に賊軍の汚名を着せて陛下に対し申訳ないと思わんか、黙ってすぐ兵を帰隊させよ」と諭すと、安藤は「閣下！　何が賊軍ですか、尊皇の前には将校も兵も一体です。一丸となって陛下のために闘うのみです。我々は絶対に帰りません」と応じたという。そのような光景を見た下士官や兵士は、もし鎮圧部隊が安藤に手をかけるようなことがあれば、彼を守るために「容赦せずと追従」したと前島は記している。

安藤は二十九日の夕方、鎮圧部隊に包囲されるなか第六中隊の全兵士を集め、「皆よく闘ってくれた。戦いは勝ったのだ。最後まで頑張ったのは第六中隊だけだった」と告げた。大隊長も来て、二人は自決するためにピストルを取り出した。前島は安藤に飛びついて腕を抑えた。

「中隊長は腕を抑えている私に、『何という日本の現状だ……前島、離してくれ、中隊長は何もしないよ、するだけの力がなくなってしまった。随分お世話になったなあ。いつか前島に農家の現状を中隊長殿は知っていますか、と叱られたことがあったが、今でも忘れないよ。しかしお前の心配していた農村もとうとう救うことができなくなった』、中隊長の目からこぼれ落ちる涙が私の腕を濡らした。側に居る磯部、村中の両大尉が静かに話かけた。『安藤、死ぬなよ、俺は死なないぞ』」

『二・二六事件と郷土兵』には第六中隊に所属した兵士たちの手記が多く、一様に安藤への思慕を隠していない。二・二六事件の鎮圧時には、青年将校と兵士たちのこのような光景が至るところでくり広げられた。制圧地域に駐留して青年将校の情にふれるうち、まさに「二・二六事件の兵士」になる者もいた。真の「愛国革新の兵士」に変貌したと言ってもいい。

しかし現実は驚くべきものであった。原隊に帰れという戒厳司令部の説得を呑んで第三連隊の兵舎へ向けて市中を歩いていると、あれほど歓呼した市民の姿はなく、逆に罵声を浴びせられた。一月十日に入営したばかりの第六中隊の新兵、岩崎英作の一文には次のようにある。

「肩を落とし憔悴した隊列に、なおも鞭うつかのように沿道にたむろする子供たちが『反乱軍だ』『あれは反乱軍だ』と叫びながら泥を投げつけてきた。何とみじめな私たちであろうか。誰も口を閉じて黙々と歩くばかりだった」

昭和天皇が看破した危機

二・二六事件の下士官、兵士のほとんどが東京市、東京郊外の八王子、埼玉県の出身者で、そして大半が農家の子弟であった。

当時、東京近郊の農村には資本制が直截に入ってきており、農機具や農薬の普及にともない、都市部の企業に隷属するかたちで農業は近代化されていた。また農村共同体の二男、三男は労働力として都市に吸収されていた。第一師団第三連隊第六中隊の兵士たちのなかにも、都市部の労働者がいなかったわけではない。しかしほとんどが農業に従事し、農村共同体で培われてきた生活の規範や倫理観を忠実に守り、そして軍内の教育を最も真面目に受け容れる子弟であった。つまり下部構造の、ごく普通の体質を代弁する者たちだったのである。彼らは青年将校から「君臣一体」の国家観を学び、「世なおしの必然性」を認識する一方で、前島のように「農家の現状」を訴えてもいた。下士官、兵士と青年将校の間には、そのような対話が日常的に行われていたと考えるべきであろう。

安藤は旧制高校の漢文教師の子だったが、都市部の知識人の家庭に育った青年将校らは、農村出身の兵士たちと接することで、農業恐慌に苦しむ「農家の現状」を知ってしまった。もし軍人としての道を邁進したなら、将来は軍内で相応の地位に就き、上部構造で国策を決定する側に加わる者もいたはずである。

上部構造の国策決定の基準、つまりこれを私は「国益の守護」や「国権の伸長」、「国威の発揚」と捉え、下部構造に押しつけられたものと見ている。しかし下部構造の生活の規範や倫理観は、必ずしも上部構造の思惑と一体ではない。その亀裂を埋め合わせたのがファシズムであり、下部構造の解体を強権的に迫った軍事主導体制だと私は考えているのである。

二・二六事件の下士官や兵士を見ていくと、未成熟のまま青年将校のなかに胚胎した「国策」が、両者をつなぐ回路になっていたことがわかる。自決を制止しようとする前島に安藤が「農家の現状を中隊長殿は知っていますか、と叱られたことがあった」と漏らすのは、このような回路が完成していた証しである。むろんそれをもたない、打倒すべき軍閥と同質の青年将校もいたが、しかし第六中隊の下士官や兵士は、この回路を構築し得た安藤と運命をともにする覚悟を決めたのである。

下士官や兵士は市民の歓声に喜び、秩父宮が加わるという噂を信じ、そして「国賊」と見なされたことに憤って、真に反乱軍の兵士となった。真の反乱軍の兵士とは何か。それは第六中隊の下士官、兵士が安藤と運命をともにする決意を固めたことで、彼らの生活の規範や倫理観を含む下部構造のナショナリズムの側に安藤を組み込み、上部構造に対峙した姿である。もとよりこの構図は彼らが志向したものではなく、二・二六事件自体がそのような局面に達する性格をもっていた。

二・二六事件に偽装革命を見る論者は少なくなかった。いずれ明らかにされなければならないと思うが、当時日本に駐在武官を送っていた国は十三あったという。ある駐在武官は、このクーデター未遂を、兵士に同情した将校らの共産主義革命と本国に報告したという。その国の特定にはまだ至っていないが、本書の論旨に沿うなら、下部構造の兵士の視点による決起行動が、上部構造の体制の否定につながることへの危機感のあらわれと言えよう。

思うに昭和天皇および側近も同様の危機感を抱いたのではなかったか。上部構造の国策の、既定の枠内に二・二六事件が収まっていれば、確かに許容もされよう。そう考える青年将校も少なからずいた。しかし下部構造のナショナリズムに組み込まれた安藤や、ひたすら天皇を呪詛した磯部などは、二・二六事件の最も尖鋭的な存在である。しかも安藤は天皇との対峙も厭わない、秩父宮直系の青年将校で、これを押し頂いているとの噂もあった。天皇は二・二六事件を、弟宮を担いだ偽装革命と案じていたのではないだろうか。むろん現在でもそのような見方は示されていないが、二・二六事件が孕んだより本質的な危機を、天皇が看破した可能性について、私は思わずにいられない。

二・二六事件は二回行われたと私は記してきた。「決行者の二・二六事件」と、これを利用し、権力を掌握した「新統制派の二・二六事件」の二つである。新統制派が二・二六事件の純粋な部分をいかに利用し、より暴力的な性格を帯びていったかは、さらに精査する必要がある。

陸軍内部に生まれた新統制派の体質を分析せずして、昭和前期の「ナショナリズム」の正体は解明し得ない。二・二六事件の青年将校、下士官、兵士たちの手記や回想録が、それを究明していく手がかりになるはずである。

第29章　新統制派の粛軍人事

民政党議員斎藤隆夫の批判

昭和十一年（一九三六）の二・二六事件以後、陸軍内部では大幅な人事異動が行われ、従前の序列は事実上崩壊した。陸軍大学校の卒業年次や成績順、また暗黙のうちに諒解されていた人事配置が根本から崩されたのである。

新たに陸軍大臣に就任した寺内寿一は前年に大将に昇格したばかりで、事件当時は軍事参議官であった。父の正毅《まさたけ》は明治から大正にかけての長州閥を代表する軍人で、陸軍内部に影響力があった。本来ならこの七光で中央の要職に就いてもいいはずだが、昭和陸軍の底流にあった反長州閥の感情が作用したのか、あるいは自身が省部より現場を望んだのか、第四師団長、台湾軍司令官などが陸相就任直前の肩書であった。中央の要職の経験がないことが、逆に事件後の陸軍指導者にはふさわしいとされたのである。

寺内が推されたのは、皇道派とも統制派とも色のついていない軍人が総意として望まれた結果であった。事件に対する軍内の恐懼《きょうく》の空気が寺内に味方したのである。寺内は陸軍次官に中将の梅津美治郎、軍務局長に支那大使館付武官で少将の磯谷廉介、軍事課長に大佐で子爵の町尻量基《まちじりかずもと》を据えた。第二師団長だった梅津は事件発生以来一貫して討伐を訴えていたが、磯谷と町尻はそこまで態度を明確にしてはいなかった。確かに批判的ではあったにせよ、梅津ほど事件の関係者や支援者、また洞ヶ峠《ほらがとうげ》を決め込んだ要人らを白眼視したわけではなかった。この梅津が陸軍人事を実際に切り盛りすることで、粛清とも言える大幅な軍内改革が進んだ。梅津を支えたのは、事件の渦中にあって同じく鎮圧を支持した石原莞爾や武藤章などの中堅幕僚であった。

その人脈からのちに杉山元や東條英機などが表面に出てきて、新統制派の組織化は完成に至るわけだが、彼らの政治的方向性には主に二つの特徴があった。第一に、社会に対して正式に二・二六事件の謝罪をせず、逆にこの軍内の不祥事を逆手にとり、軍事主導体制への道を明示したこと。第二に、事件に同情的だったとか、青年将校の動きを黙認したなどの理由で人事面に大ナタを振るい、結果として歪んだ登用システムをつくり上げたこと。その歪んだ登用システムで、軍内の人脈はきわめて限定された。権力闘争の側面が如実にあらわれたのである。

この新統制派の政治的方向性で、昭和十年代は軍事主導体制が顕在化し、しかも限られた軍人の「国益の守護」「国権の伸長」「国威の発揚」をめぐる思惑だけで国策が決定されるようになった。上部構造から本来あるべき「政治」「経済」「文化」が急速に色褪せ、「軍事」のみがそれを代弁するようになった。「軍事」とは軍人勅諭に基づく優位性を指し、二・二六事件以後、日本社会を覆っていったのである。

この裏づけを事件後の議会での寺内陸相と政党政治家のやりとりに確認することができる。例として昭和十一年五月七日の第六十九回特別帝国議会での、民政党議員斎藤隆夫の演説が挙げられる。斎藤の演説に目を通すと、軍人の政治活動に対する軍当局の見解を質していることがわかる。

申す迄もなく軍人の政治運動は上御一人の聖旨に反し、国憲、国法の厳禁する所であります。彼の有名なる明治十五年〔一八八二〕一月四日、明治大帝が軍人に賜りました所の御勅諭を拝しましても、軍人たる者は世論に惑わず、政治に拘らず、只々一途に己が本分たる忠節を守れと仰出だされて居る、聖旨のある所は一見明瞭、何等の疑を容るべき余地はないのであります。或は帝国憲法の起草者でありまする所の元の伊藤公は、其憲法義解に於てどう云ふことを載せて居られるかと云ふと、「軍人ハ軍旗ノ下ニ在テ軍法軍令ヲ恪守シ専ラ服従ヲ以テ第一義務トス、故ニ本章ニ掲クル権利ノ条規ニシテ軍法軍令ト相抵触スル者ハ軍人ニ通行セス、即現役軍人ハ集会結社シテ軍制又ハ政事ヲ論スルコトヲ得ス、政事上ノ言論著述印行及請願ノ自由ヲ有セサルノ類是ナリ」。

二・二六事件を受け、「現役軍人でありながら、政治を論じ政治運動に加わる者」について、「軍人勅諭」に反するだけではなく、伊藤博文の説いた「憲法義解」にも叛くと具体的に問うている。原則を質す斎藤の演説は、二・二六事件を利用して政治権力を握っていく軍事指導層すなわち新統制派への基本的な批判として記憶されるべきである。その斎藤の質問に対する寺内の答弁の主要部分は次のとおりである。

軍人の政治に関する件、之に付て一言申上げて置きます。御話の通り吾々の政治に関する信念は、先程述べられました勅諭の、世論に惑はず、政治に拘らず、唯一途に己が本分に忠節を守り云々、是が信念でございます。軍部に於きましては、政治は不肖私を通じて干与する点に付きましては、過日も能く全軍に徹底するやうに申述べましたことは、新聞紙等に於て既に大体御承知の事と存じます。

この寺内の答弁は重要な意味をもつ。軍人勅諭は守る、と同時に、軍部の総意は自らが代弁する。一見当然だが、しかし陸相の意見が、軍部の総意にすり替えられる危険性も孕んでいる。そのような言辞が「事件の教訓」として寺内の口から数多く弄されていた。しかし実際には、これは梅津の差配によるものであった。

二・二六事件後の内閣は当初、近衛文麿が想定されていた。しかし元老西園寺公望の求めに、近衛は健康の不安を理由に辞退した。次いで外務省長老の広田弘毅に白羽の矢が立った。首相就任を受諾した直後の広田を、陸相候補の寺内が訪ね、政治サイドに「粛軍人事」への協力を要請した。具体的には、広田と同じ外務省長老の吉田茂や、朝日新聞社副社長の下村宏ら入閣が予定されていた五人の候補者について、「自由主義的すぎる」と反対した。何の自省もなく、むしろ二・二六事件を踏まえた軍事主導体制の構築を画策しており、新統制派の政治的方向性に沿う組閣の要求であった。

前述の帝国議会での答弁の前に、すでに寺内は二・二六事件後の陸軍の立場を明確にしていた。昭和十一年（一九三六）三月九日の広田内閣誕生後、新陸相としての姿勢を示した寺内の声明を見ると、どう考えても、二・二六事件の責任を、それ以前の「国政」に転嫁しているとしか読めない内容である。

軍部大臣現役武官制の復活

本来なら二・二六事件の青年将校らの「暴力性」がまず否定されなければならないはずが、寺内の声明は大きく逸脱していた。この逸脱のなかに「二・二六事件は二回行われた。一度目は失敗し、二度目は成功した」と言える根拠があるように思う。寺内の声明は以後の新統制派の時局認識ということにもなろう。

抑々《そもそも》本事件の因《よっ》て来る所は極めて深刻且広汎なるものあり、是を以て軍は益々健軍の本義を明にし挙軍一体先づ自らを正して其の弊を是正し軍紀を振粛して軍秩を確保し、克く天皇親率の実を発揮し以て皇運を扶翼し宸襟《しんきん》を安んじ奉らざるべからず、又之と共に愈々《いよいよ》国体を明徴にし皇基を恢弘《かいこう》〔おしひろめる〕し大に国力を涵養して国民の慶福を増進し、所謂国政一新の実を挙げ、国防を完成して国家の安固を期し、非常時局を打開して愈々国運の興隆に尽瘁《じんすい》せざるべからず

事件の原因を「一新」すべき「国政」に求め、観念的に拡大解釈するばかりか、何が言いたいのかも曖昧でわからない。松本清張は前掲の『二・二六事件』の第三巻で、寺内の声明は「天皇親率」や国体の明徴を説いて事件に同調した皇道派をなだめながら、その一方で「国政一新」や国防の充実といった言葉で新統制派の意向をも汲みとっていると記した。「粛軍と、軍の政治介入という相矛盾するものがこの声明文で等分されている」と指摘し、印象としては後者のニュアンスが強いと分析したのである。「軍の政治介入」とは、つまり軍事主導体制の構築を意味する。

声明の文案は寺内の考えによるものではなく、省部の幕僚がまとめ上げた。省部の経験がない寺内に対する、陸軍省軍事課員武藤章や参謀本部作戦課長石原莞爾らの突き上げはすでに周知の事実であった。寺内を押し頂きながら、実際には梅津を軸とし、石原や武藤ら指導部が皇道派を抑えつつ自分たちの意向を世間に周知させたことになる。それは軍内から皇道派人脈を追放するための便法とも言えた。新統制派による皇道派追い落としの人事は三月、八月と続き、一般には「粛軍人事」と称されることになった。

陸相だった川島義之、侍従武官長の本庄繁をはじめとして荒木貞夫、真崎甚三郎、林銑十郎、南次郎、阿部信行の各陸軍大将が予備役に追われた。十人の陸軍大将のうち残ったのは寺内と教育総監の西義一、関東軍司令官の植田謙吉の三人である。西も植田も発言権はほとんどなく、寺内のみが陸軍を牛耳る体制となった。さらに寺内は、事件に同調したと思われる三千人余の高級将校や中堅将校を軍から追放した。なかには建川美次《たてかわよしつぐ》、橋本欣五郎のように事件に直接関与はしなかったが、昭和初年代の国家改造運動の中心人物だったという理由で、陸軍を追われた者もいた。陸軍の上層部は極端なまでに人材が不足する事態となった。付言すると、昭和十年代半ばに押し上げられた東條英機は、このような人事がなければ存在し得ない指導者であった。

寺内が梅津や石原、武藤らの示唆もあって次に要請したのが、大正二年（一九一三）に山本権兵衛内閣のもとで廃止になっていた軍部大臣現役武官制の復活である。寺内は閣議で首相の広田に対し、陸海軍大臣が現役でなければ、粛軍人事で予備役に追いやった将軍らがいつまた返り咲くかわからない、それでは軍内改革は失敗に終わると、制度の復活を強硬に主張したという。広田にすれば納得できる理由でもある。もっとも広田だけではなく、ほかの閣僚も同じであった。軍部大臣現役武官制の復活はすんなりと認められたのである。

軍部大臣現役武官制は、昭和十年代に軍事指導者が内閣の生殺与奪権を握った、まさに伝家の宝刀となる。しかも前述のとおり、陸相のみが陸軍の窓口になったのだから、寺内のように組織を動かす力がなければまだしも、東條のように軍官僚に徹した指導者があらわれると、陸軍自体がきわめて独裁的な権力をもつ危険性を孕む。昭和のファシズムが組織化される過程で、このような危険性が陸軍のなかに生まれたのである。

具体的には荒木、真崎だけではなく、柳川平助、小畑敏四郎、香椎浩平ら皇道派に同調的だった指導者を葬り去る狙いがあったわけだが、昭和史研究者のなかには、広田が東京裁判で死刑になった理由を、軍部大臣現役武官制の復活に見る者もいる（今西英造『昭和陸軍派閥抗争史』伝統と現代社　一九七五）。

軍部大臣現役武官制は、広田内閣がわずか一年足らずで総辞職した昭和十二年（一九三七）二月、さっそく効力を発揮する。次期首班として宇垣一成が擬せられたが、陸軍が陸相を推挙しなかったために、宇垣内閣は幻と終わった。それが物語るのは、軍内の相克、葛藤の果ての、何の理念も思想も、そして定見さえもたない昭和軍閥の誕生である。暴力と結びついてしまったものの、二・二六事件には、蹶起趣意書に見られるような純粋性がとにもかくにもあるにはあった。しかし以後の軍事主導体制は、ただ私利私欲だけに目が眩んだ軍官僚の集団に堕してしまった。

粛軍人事とは、このような軍官僚の支配に即応できる将校が、省部に入って実権を握ることを意味した。陸軍省内部でも組織改革が行われた。軍務局のなかに軍務課が新設され、軍内の政治的方向性を議会やメディア、さらには国民へ向けて発信する役割が与えられた。二・二六事件以前のように軍内からさまざまな意見が発信されるのを防ぐという名目ではあったが、その実、軍事指導者の見解のみが上意下達方式で軍内外へ強制されることになったのである。

思想なき軍閥の誕生

「昭和軍閥」への移行を最も的確に見抜いた一人が獄中の磯部浅一である。同志が処刑された昭和十一年七月十二日から一ヵ月後、八月十一日の日記には怒りの筆調が見える。昭和軍閥の本質を見抜いた鋭い記述である。

陛下　日本は天皇の独裁国であつてはなりません、重臣元老、貴族の独裁国であるも断じて許せません、明治以後の日本は、天皇を政治的中心とした一君と万民との一体的立憲国であります、もつとワカリ易く申上げると、天皇を政治的中心とせる近代的民主国であります、左様であらねばならない国体でありますから、何人の独裁お〔ママ〕も許しません、然るに今の日本は何と云ふざまでありませうか、天皇を政治的中心とせる元老、重臣、貴族、軍閥、政党、財閥の独裁の独裁国ではありませぬか、いや〱、よく〱観察すると、この特権階級の独裁政治は、天皇をさへないがしろにしてゐるのでありますぞ、天皇をローマ法王にしておりますぞ、ロボットにし奉つて彼等が自恣専断を思ふまゝに続けておりますぞ八月十三日には、その独裁国がどう推移するかを解き明かし、磯部は自分たちが生み出すことになった軍閥に強い怒りを示している。この日の記述の冒頭には、確かに時代の本質が凝縮されている。

政府の優柔不信に業をにやしたる軍部は、国政一新の実を速かにすべき理由として曰く「軍部はあれだけの粛軍の犠牲を出したるに、政府は庶政の一新に盡力するの誠意を欠けり、宜しく軍部の犠牲に対して代償を払ふ可し」と、何ぞその言の悲痛なるやだ

馬鹿につける薬はない、軍部と言ふ大馬鹿者は自分の子供を自分で好んで殺しておいて、他人に代償を求めるのだ、此の如きたわけた軍部だから、正義の青年将校を殺すことを粛軍だとも考へちがえをする筈だ

八月二十六日には「軍部をたほせ、軍閥をたほせ、軍閥幕僚を皆殺しにせよ、然らずんば日本はとてもよくならん」とも記している。そのような記述にはもとより、自分たちの決起に断罪で対処した新統制派への怒りがある。さらに新統制派は、自分たちの行動を逆手にとって天皇の存在を実質的に形骸化し、政府に軍事主導体制の構築を強いている。これはおかしい。自ら責任をもち、天皇親政を政治の中心システムとして積極的に進める組織こそ軍部だという主張が、磯部の記述の背景にはある。

磯部の手記には時代の本質が凝縮されていると指摘したが、それは共同体の生活の規範や倫理観をどう政策に反映させるのか、また国民の日常の安寧をどう政治が支えるのかを、天皇も特権階級も軍部も考えていないという怒りにあった。磯部は二・二六事件の蹶起趣意書を心中に刻み込み、つまりは〳〵どうだ、我々の主張は正しかったではないか。これを潰した軍部はその正しさを理解せず、我々

の行動を利用して新たな軍閥＝支配階級をつくっただけではないか〉という考えをなおのこと固めたのである。

この考えは、帝国議会で斎藤隆夫の質問に答えた寺内をも否定している。磯部の論を借りるなら、寺内の答弁は「他人に代償を求める」もので、主体性なき軍事指導者の居直りにすぎない。

二・二六事件以後の動きを見ていくと、実質的に日本の国策を決定する主体が、しだいに「陸軍」へと移っていく内実が理解できる。その特異な体制、昭和十年代ファシズムの実態をあらためて整理しておく。
（一）昭和天皇は陸軍に対して二・二六事件の如き不祥事を起こさぬよう命じ、以後の政治的な改革について自らは直接口を出さない姿勢を貫いた。
（二）五月一日のメーデーが中止されるなど戒厳令は七月まで機能し、事件のもつ暴力性が政治家、元老、重臣、財界人に無言の圧力を加えた。
（三）事件を利用した新統制派は軍内改革と称して粛軍人事を行い、有為の人材を追い払った。また軍外では軍部大臣現役武官制を復活させ、内閣を自在に操るシステムをつくり上げた。
（四）新統制派に理論や思想はなく、軍官僚を軸とした集団が権力を奪取し、この維持拡大に専念することしか頭になかった。
（五）新統制派を代表する寺内は政府に対して「軍備の充実」など七項目を要求、独自に軍備拡張十二ヵ年計画を立て、昭和十二年度に十四億円を要求した。当時の国家予算三十億円の実に四七％で、そのために政府は増税を敢行しなければならなくなった。
昭和十年代ファシズムの実態を示すこの五項目のなかに、国民生活の向上を期するものはない。社会の各面で伝承されてきた生活の規範や倫理観は、軍事主導体制下で急速に薄れた。国民にとって二・二六事件のツケはあまりにも大きかったのである。下部構造のナショナリズムは、思想なき軍閥が押しつける国家観に、暴力的に収奪された。それに加担した昭和十二年三月刊行の『国体の本義』は、勢力を拡大する思想なき軍閥への、文部官僚の媚態であった。

陸軍を中心とする政治システムが、何の成算もなしに太平洋戦争へと突き進んだのは、当然の帰結であった。二・二六事件以後、ナショナリズム不在と言える曖昧な基準で国策が決定されたことを、私たちは正確に把握する必要がある。

第30章　ナショナリズムの死

国家総動員法制定の要求

これまで記してきたように、二・二六事件以後の軍事機構を担った寺内寿一、梅津美治郎を頂点とする新統制派は、巧妙に議会政治のなかに轄《くさび》を打ち込んだ。それが軍部大臣現役武官制であり、国家予算の四七％を占める軍事費の要求であった。一方で新統制派の粛軍人事は、政治と軍事のバランスをとる有能な軍官僚を省部から追い払い、元駐在武官で国際的視野をもつ者などの登用も阻んだ。

陸軍省軍務局に新たに軍務課が設けられ、ここに集められた将校だけが軍外の各方面へその意向を発表することになった。軍務課には五つの班があって、このうち内政班は主に国会対策を担当し、常時国会や政党本部に出入りして陸軍の政策や折々の方針を政治家に伝達する役割を担った。その内政班に属した将校から直接聞いた話だが、各政党のなかに親軍派の議員を育てるため、昭和十二年（一九三七）より裏で機密費が撒かれたという。また反軍派の議員をリストアップして恫喝することもあり、これは在郷軍人会を動かして落選に追い込むという具体的な脅迫であった。

新統制派がいかに誕生し、昭和十年代の陸軍を担っていったか、その系譜をあらためて整理すると次頁の図のようになる。この図は前掲の今西英造著『昭和陸軍派閥抗争史』を参考に、私の理解を加

〈昭和陸軍派閥抗争図〉

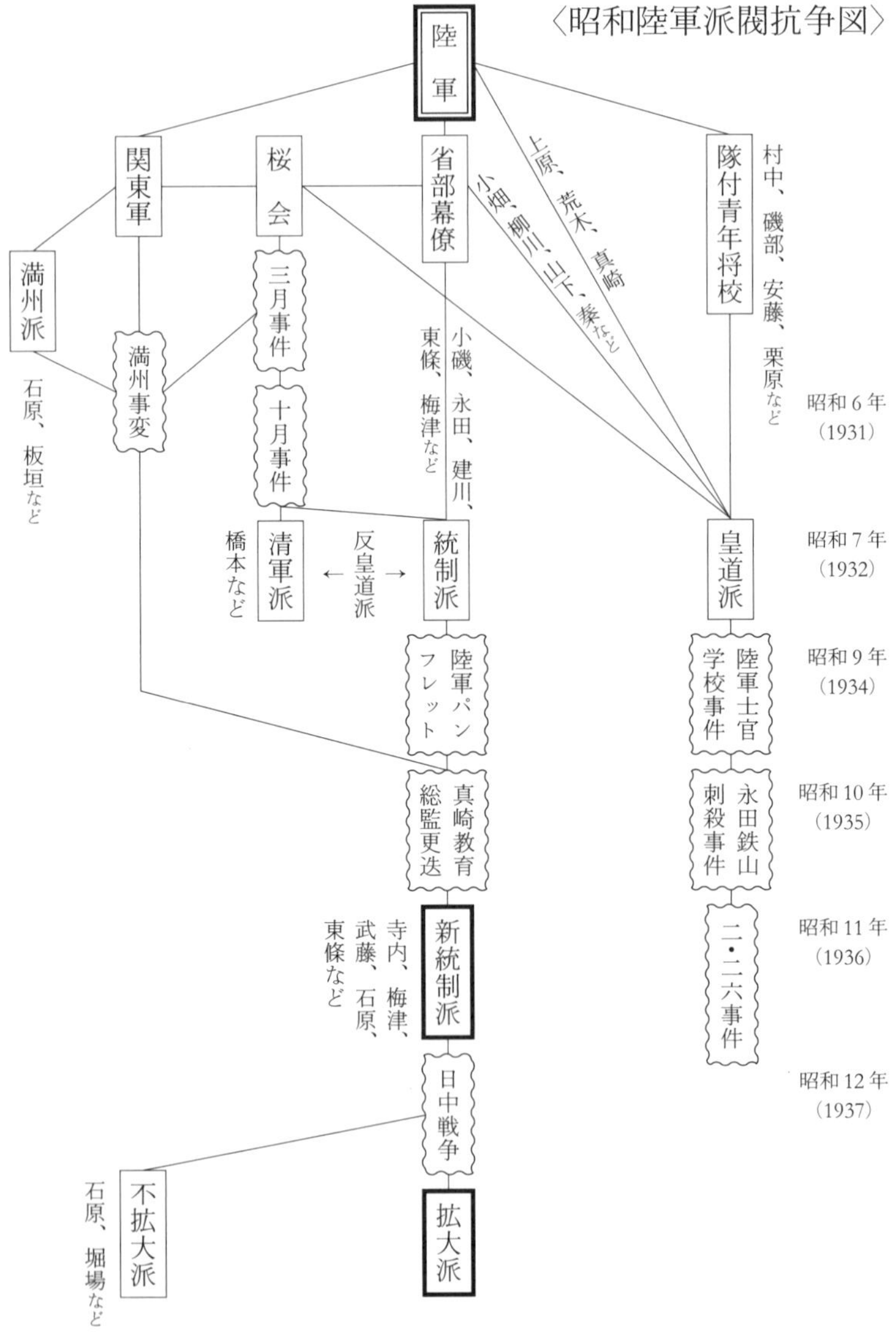
陸軍
関東軍
桜会
省部幕僚
隊付青年将校
上原、荒木、真崎
小畑、柳川、山下、秦など
村中、磯部、安藤、栗原など
満州派
石原、板垣など
満州事変
三月事件
十月事件
小磯、永田、建川、
東條、梅津など
昭和6年（1931）
橋本など
清軍派
←反皇道派→
統制派
皇道派
昭和7年（1932）
陸軍パンフレット
陸軍士官学校事件
昭和9年（1934）
真崎教育総監更迭
永田鉄山刺殺事件
昭和10年（1935）
新統制派
寺内、梅津、武藤、石原、東條など
二・二六事件
昭和11年（1936）
昭和12年（1937）
日中戦争
不拡大派
石原、堀場など
拡大派

えて独自に作成したものである。図を見てわかるとおり、二・二六事件以後の軍内は新統制派に一本化され、昭和十二年七月の盧溝橋事件に端を発する日中戦争では、拡大派と不拡大派に分かれた。参謀本部作戦部長の石原莞爾は不拡大を主導したが、部下である作戦課長の武藤章ら拡大派の抵抗に遭い、結局は省部を追われて関東軍参謀副長に転じている。参謀長の東條英機は拡大派の幕僚であり、石原が対立したことはよく知られている。

新統制派の中軸となった拡大派は日中戦争以後、陸軍の主導権を握り、三国同盟締結、反英米路線、南部仏印進駐などを経て、太平洋戦争に行き着く。その過程で軍内に反対の声があがらなかったのは、まさに粛軍人事のせいで、皇道派に同情的だった将校や桜会の流れを汲む清軍派の残党なども、ほとんどが新統制派に屈していた。軍事的判断として「統帥絶対」に叛くことはできないと、陰に陽に圧力をかけられていたのである。

二・二六事件以後の日本の国策は二つの車輪で動いた。一つは新統制派が押しつけた国策である。これは「国防の充実」を掲げた軍事費の過大な要求と、戦時体制を軍事主導にするための「国家総動員法」制定の要求であった。日中戦争が長期化の様相を見せはじめた昭和十二年十月、国策の立案などを担う内閣直属の企画院が軍の肝煎りで設置された。国家総動員法は、その企画院が戦時統制経済を目的に要綱をまとめたものであった。

法案の要点は、戦争のためにすべての物資や労働環境、新聞の発行に至るまで国家が統制管理するというものであった。あまりに政府に権限を集中させる法案で、議会内の反発も強かった。しかし陸軍にとって、国家総動員法は戦争遂行のためにきわめて重要で、前線で兵士が命を投げ出しているときに後方の国民が協力しないのはおかしいとの理屈で譲らなかった。議会や世論の反対で法案は一部手直しされたが、軍の圧力で昭和十三年三月に議会を通過し、同年五月に施行された。新統制派が戦時体制を軍事主導にするために要求した国家総動員法の第一条は、次のとおりである。

「本法ニ於テ国家総動員トハ戦時（戦争ニ準ズベキ事変ノ場合ヲ含ム以下之ニ同ジ）ニ際シ国防目的達成ノ為国ノ全力ヲ最モ有効ニ発揮セシムル様人的及物的資源ヲ統制運用スルヲ謂フ」

第二条には「総動員物資」として兵器、艦艇、弾薬、通信、電力ほか、生活必需品に至るまですべてが明記されていた。物資の統制から国民の徴用までいっさいがっさいが勅令で行われるというのである。違反者は最高懲役十年という刑まで盛り込まれていた。

政府は議会の意思を無視し、さらには昭和天皇の意思さえ無視して戦時体制を確立した。その「政府」は現役武官制の下で軍部の思うままだから、実際には国の政治が「軍事主導」で行われるようになったのである。

歴史観なき拡大

二・二六事件以後の国策を動かしたもう一つの車輪に言及しておきたい。軍部の国家観、政治観、歴史観である。国策は本来「イデオロギー」に基づくべきものだが、しかし恫喝でこのシステムを構築した新統制派に、それを機能させ得る思想や理念などあったのだろうか。どのような「イデオロギー」でこのシステムを動かそうとしていたのか。

二・二六事件以後の軍部に「イデオロギー」があったとすれば、それは文部省刊行の『国体の本義』だと言えるかもしれない。また昭和十二年八月二十四日に閣議決定された国民精神総動員運動など一連の「教育」を挙げることもできよう。確かに『国体の本義』も国民精神総動員運動も、当時の政治的方向性に同調したものだが、しかし軍部主体の創造とは言い切れまい。むしろ軍部にしてみれば、借り物の「イデオロギー」だったと言ってもいい。

責任の所在が曖昧なまま、この自己陶酔的な「精神論」は昭和十五年、皇紀二千六百年の「神国日本」に行き着いた。五・一五事件、共産党員の転向、天皇機関説排撃、国体明徴運動、二・二六事件などを踏まえた「国体」のイメージは、軍部に媚びた文部官僚や右派の研究者、言論人らに提示され、政治家やメディアに煽られて、偏狭な空間を現出することになった。生活の規範や倫理観を上部構造に抑圧された国民も、快哉を叫んで「神国日本」という「アイデンティティ」に雪崩れ込み、その偏狭な空間はさらに強度を増していった。

昭和十年代ファシズムという偏狭な空間は、新たな軍閥が乗っ取った国策決定機関と、これを擁護して既存の体制を否定した「精神論」が支え合うことで醸成された。いわば軍部が「手足」で、文部官僚や右派の研究者、言論人らが「頭」だったわけだが、しかし本書で見てきたとおり、基本的に両者ともファナティックな「精神」を訴えるばかりで、国民を論理的に導く本来のイデオロギーに欠けていた。状況を客観的に分析し、国民生活の向上を期する姿勢などなかった。つまり下部構造に根ざした生活の規範や倫理観への想像力もなく、ただそれを抑圧したとしか私には思えないのである。

もっと言えば、日中戦争以後の軍事指導者には「ナショナリズム」の意識がなかった。寺内寿一、梅津美治郎、杉山元、東條英機などは代表的な例で、彼らには思想も理念もなかった。五・一五事件の檄文や二・二六事件の蹶起趣意書なども含め、ただ自らに都合よく他者の「頭」を利用し、軍事主導体制という「手足」を、文字どおり動かしたにすぎない。そしてこの「手足」は「軍事」という本来的な意味から、国策決定についても常に暴力性を帯びた。また国家観、政治観、歴史観についての主体的な論理をもたないために、常に目先の利益だけで国策を選択したのである。

一方で不拡大派の石原莞爾には、歴史観はあった。石原の「世界最終戦争論」については議論の余地があるが、あの日中戦争時に「不拡大」というプログラムをもっていたことは注目に値する。中国との戦争には長期間を要し、日本の国力消耗は必定で意味がないとの主張には、相応の歴史観があった。しかし現実に中国軍の抵抗に直面し、当地の日本国民に危険が及ぶと突き上げられた石原は逆らえず、増派計画を受け入れることでその発言力を弱めた。

昭和十二年九月に石原が参謀本部を追われたあと、説得力のある歴史観をもつ者が上部構造から消えた。昭和十二年末から十三年初めにかけて日本軍が華北、華中、そして国民政府の首都だった南京を陥落させるに至り、省部は拡大一色となった。不拡大派の将校は孤立し、また石原に最も同調していたとされる部下の堀場一雄のように、自ら省部を離れることを希望した者もいた。

一君万民という不都合

思想なき新統制派が国策を決定したさいの基準は、次の三点に絞られると思う。第一は、集団の面子、つまり自分たちに誤謬などないとした独善的な価値観である。第二は、すべてを軍人勅諭の原理で割り切った狭量さである。第三は、自らの報国、また天皇への報恩として、戦勝による賠償金の獲得が使命となっていた点である。この三点に通底するものこそ、新統制派が考えた「国益」だと言えよう。寺内や梅津はもちろんだが、実際この三点を国策決定の基準に据えていたのが、昭和十三年五月の陸軍次官就任から省部の要職を歴任し、人事を掌握した東條英機である。

戦時下に時事新報社の政治記者だった中所豊は、昭和二十三年四月に『日本軍閥秘史　裁かれる日まで』（中華國際新聞社）を著している。その「粗製濫造の将校たち」の項で中所は「陸軍人事は天皇の名に於て行われたものであるといったが事実は情実に終始した観があった」と述べ、次のような一例を記す。

「特に東條が陸軍を握った時、東條は当時参謀本部を追われて失意のどん底にあった富永恭次少将（後の次官でレイテの航軍司令官）を人事局長に引戻し恩を施して自己薬籠中のものにして人事幕僚にしたから思うままの人事が自由に行われたのであった。私物化された軍隊は私欲に利用され侵略か然らずんば無知な行動をとるより外になすべき結果は生れて来ないのが当然であったらう」

東條人事で占められた軍事指導部が国策を決定するさいの基準は常に「私欲」で、結果として「侵略か然らずんば無知な行動」しか生まれなかった。つまり昭和十年代の軍事指導者が選択したのは、客観性を欠く、思想不在の誤てる国策であった。

厄介なことに軍事指導者らは、方法論が変わった戦争に対処するには、総力戦体制しかないと強弁した。国家総動員法はこの実現のためのものだが、「国家」を「兵舎」に仕立てた愚を犯している。太平洋戦争が進行するなかで「兵舎」化はより露骨になり、国民をはじめあらゆるものが「軍用品」と見なされた。むろんそこには、国民の生活の規範や倫理観を含むナショナリズムなどない。

太平洋戦争を偏狭なナショナリズムの結果とする解釈に、私は必ずしも同意できない。むしろ、とくに上部構造においては、ナショナリズムは死に絶えていたと考えている。そして国民は新統制派の面子、軍人勅諭のみを規範とした空間、賠償金獲得による報国の生贄にされたと考えている。しかしなぜ国民は、このような国策に踊らされたのか。

官僚や研究者、言論人らが提示した「ナショナリズム」は徹底的な「皇国史観」で、それは「国民精神総動員実施要綱」がまとめられた経緯からも窺える。「国民精神」とは各省の官僚と軍人で構成する内閣情報委員会（のちの「内閣情報部」、そして「情報局」）が提示したもので、第一項の「趣旨」には「挙国一致堅忍不抜の精神を以て、現下の時局に対処すると共に、今後持続すべき時艱を克服していよいよ皇運を扶翼し奉る為〔中略〕官民一体となりて一大国民運動を起さんとす」とあった。また第三項の「指導方針」には『挙国一致』『尽忠報国』の精神を鞏《かと》うし、事態が如何に展開し、如何に長期に亘るも『堅忍持久』総《あら》ゆる困難を打開して、所期の目的を貫徹すべき国民の決意を固め、之が為必要なる国民の実践の徹底を期するものとす」とあった。

そのような「精神」が国策決定の基準になるはずであった。文官側のイデオローグは、徹底的に「皇国史観」を唱えることで、ナショナリズムなき軍事指導者をサポートするはずであった。ところがこの流れは、皇紀二千六百年にはほとんど停止した。その因は丹念に検証する必要があるが、翌昭和十六年に日米関係が悪化し、開戦が現実味を帯びてくるとともに、国民精神総動員運動もある結末を迎えたと言える。まずはこの点について、たとえば次のような分析ができる。

国民が日本精神に傾き、臣民として天皇に帰一し、一君万民主義に染まれば、先の軍事指導者の三つの基準とは対立する。つまり軍事指導者は一君万民ではなく、その大権（統帥権）を付与されている自らが、天皇と臣民の間に介在することを企図していた。ところが文官の唱える日本精神が強調さ

郵便はがき

料金受取人払郵便

神田局承認

3128

差出有効期間
平成30年５月
31日まで

101-8791

514

千代田区神田小川町３－12
岩崎ビル２Ｆ

幻《げん》戯《き》書房

愛読者カード係　行

書籍ご注文欄

お支払いは、本といっしょに郵便振替用紙を同封致しますので、最寄りの郵便局で本の到着後一週間以内にお支払いくださるようお願い致します。（送料はお客様ご負担となります）※電話番号は必ずご記入ください。

書名	定価　　円	冊
書名	定価　　円	冊
お名前	TEL.	
〒　　－ ご住所		

愛読者カード

●お買い上げの書名をご記入下さい。

●お名前	●ご職業	●年齢	男 女

●ご住所

〒 TEL

●お買い上げ書店名

区・市・町 書店

●本書をお買い上げになったきっかけ

1.新聞（書評/広告） 新聞名（ ）
2.雑誌（書評/広告） 雑誌名（ ）
3.店頭で見て
4.小社の刊行案内
5.その他（ ）

●本書について、また今後の出版についてのご意見・ご要望をお書き下さい。

幻戯書房営業部 TEL 03-5283-3934

れてしまうと、軍部は天皇と臣民の間を遮る「君側の奸」になりかねない。

「愛国行進曲」

軍事指導者は昭和十六年一月、軍内に「戦陣訓」を示達し、この意味を国民へも執拗に説いた。「戦陣訓」は下部構造のナショナリズム、すなわち各共同体で受け継がれていた生活の規範や倫理観を、根本から崩壊させようとする内容をもち、伏線として国民精神総動員の一環である前年九月の「隣組制度」の整備要綱があった。そういった事実をもとに、下部構造の軸たる共同体がどのように崩壊への道を辿らされたかを知っておく必要がある。ナショナリズムの不在を如実に示す先の三つの国策決定の基準を、軍事指導者が国民に説いた手法について確かめておかなければならないが、次のような動きをまず検証する必要がある。

(一) 粛軍人事で軍を離れた者の政治的方向性。たとえば橋本欣五郎が主宰した大日本赤誠会の思想と運動。

(二) 国民を日本精神に同化させるための公募歌の広がり。各種団体が競って愛国歌を制作した動き。

これらの動きを検証することでわかってくるのは、天皇の「赤子」となって「勅命」に身を捧げる崇高さを、ひたすら国民に強調した軍事指導者の手法である。昭和十二、十三、十四年と歴史年表の皮相だけをなぞっても決して気づかないのだが、当時刊行された書、また次々と制定された法律の内容をよく吟味すれば、日中戦争下で巧妙に「臣民意識」を涵養し、それまでの社会的紐帯を徐々に崩壊させようとした動きを摑むことができる。これはたとえば（二）の動きによくあらわれている。

愛国歌はとくに昭和十五年から十六年にかけて、さまざまな協会や団体、新聞社などが相次いで公募したものである。昭和十二年七月の日中戦争勃発以後には始まっており、先駆けは国民精神総動員運動の中心、内閣情報委員会から拡充されたばかりの内閣情報部であった。運動の持続と拡大を期して「国民が永遠に愛唱し得べき国民歌」を求め、告知は同年九月二十五日、締め切りは十月二十日だったが、応募総数は「なんと五万七千五百点にのぼり、その原稿は『十余個の大きな竹行李に一ぱい』になったという」（山中恒『新聞は戦争を美化せよ！ 戦時国家情報機構史』小学館 二〇〇一）。一等に当選したのは鳥取県の青年の歌詞で、この「愛国行進曲」は広く国民に歌われることとなった。

歌詞には「御稜威《みいつ》に副《そ》わん 大使命」とか「四海の人を 導きて」とか「皇国つねに 栄あれ」とか、上部構造が説いた「国体」のイメージ、自己陶酔的な「精神論」がそのまま反映している。「八紘一宇賛歌ともいえるもの」という山中恒の評は的確である。こうした歌詞が次々当選し、軽快なメロディが付され、国民の間で歌われるようになった。とくに「愛国行進曲」はその年十二月二十六日に日比谷公会堂からラジオで全国へと流された。「軍艦マーチ」の瀬戸口藤吉作曲だったこともあり、レコードの売り上げは百万枚を超えたという。

続く昭和十三、十四年の公募歌に当選した歌詞をよく読むと、国民がどのような心理状態で「兵舎」に雪崩込んだかがわかってくる。これは下部構造のナショナリズムが、軍事指導者が企図した総力戦体制に呑み込まれていく姿でもあった。

第31章　軍国歌謡による「情念的支配」

狭められた文化

近代日本における上部構造の国策としての戦争は、必ずしも下部構造の利益に合致していたわけではない。明治期や大正期の国民はその国策に一定の枠組みで協力しながら、時には反発することもあった。日露戦争の講和条約に反発した国民が日比谷で焼き打ち事件を起こしたのも、国策に協力したのに見返りがない、いや騙されたのだという怒りからである。事件の原動力は大正デモクラシーにも受け継がれ、下部構造の反発で生まれる両者の緊張関係が、上部構造の専横を防ぐ意味をもつことにもなったのである。

しかし両者の緊張関係は、昭和十年代には完全に崩れた。上部構造が決定した国策基準が、ほかに選択肢はないというかたちで下部構造に押しつけられるようになったのである。これは「ナショナリズムの一元化」であり、「伝統や文化に支えられた庶民のナショナリズムは死に瀕していたと言っていい。

上部構造は国益の守護、国権の伸長、国威の発揚といった基準で国策を決定し、とにかく国民を「総力戦」に追い込んだ。その軍事主導体制を維持拡大するために、下部構造に対しては次の三つの手段が採られた。
（一）暴力的支配
（二）情念的支配
（三）社会的支配
（一）は、上部構造に呼応した右翼テロや特高警察の拷問など、暴力による威嚇、恫喝を指す。昭和十年代は暴力的な手段が横行した。
（二）は、国民心理を上部構造の国策に組み込むための、文化面での強制を指す。むろん上部構造の意に沿わないものは弾圧された。表現の自由を制限するだけではなく、積極的に国民の意識を「総力戦」に集中させる手段であった。
（三）は、家庭、地域、職場など組織のヒエラルキーに基づく強制で国民を屈服させる手段であった。昭和十年代後半の軍事主導体制では、大政翼賛会が国民の末端まで軍事要員に組み込んだ。
この三つの手段のなかでも「情念的支配」が最もわかりやすい。学問、芸術、宗教、道徳などによる国民の支配は一過性のものとならず、次代にも何らかの影を落とす。昭和十年代の作家、画家、音楽家など大半の芸術家は、程度の差こそあれ戦争への協力を強いられたが、その事実が彼らの作品履歴にも影を落としているのである。

戦後は戦争協力をめぐる論争が頻発した。実際に文学、美術、音楽などの分野で非難の応酬があり、いずれも上部構造の「情念的支配」の実態を裏づけていた。櫻本富雄著『歌と戦争　みんなが軍歌をうたっていた』（アテネ書房、二〇〇五）は、敗戦以前の音楽家の戦争協力に詳しい。たとえば昭和二十年（一九四五）十二月、作曲家山田耕筰と音楽評論家山根銀二の間で戦争責任をめぐる論争があった。ともに戦争協力者だが、ただ互いの人間性を罵るばかりであった。上部構造の「情念的支配」を補完した芸術家には、後ろめたさを他者への批判で誤魔化そうとする心理があったと思わせられるのだが、では、国民心理はいかにして「総力戦」へと雪崩れ込んだのか。軍国歌謡や軍歌が果たした役割を検証してみたい。

国民歌プロデューサー

軍国歌謡や軍歌は、昭和六年の満州事変を機に次々とつくられるようになった。ラジオの黎明期であり、この新しい媒体が歌謡という分野に与える影響の大きさが認識されていた。そして軍国歌謡や軍歌はとくに昭和十二年七月の日中戦争以後、量産されるようになった。

当初はプロの作詞家や作曲家が制作していたが、やがて新聞社、一般企業、軍事関連の協会などの公募歌が主流となった。たとえば「満州行進曲」（大江素天作詞　堀内敬三作曲）は東京朝日新聞社公募の当選作で、昭和の軍国歌謡の先駆けと言われる。櫻本は前掲の『歌と戦争』で「ラジオの出現や映画の主題歌によって、歌謡が商売になることに気づいた新聞社は、レコード会社や映画会社と提携して歌謡曲の作詞募集をはじめ、歌謡の制定・選定に乗り出した。いわゆる『公募歌』の出現」と述べているが、それがジャンルとして確立し、日中戦争の泥沼化に比例するかたちで、軍国歌謡の役割は上部構造に重視されるようになった。櫻本の『歌と戦争』より、昭和十二年から十四年までの公募歌で代表的なものを次に記しておく。

「航空愛国の歌」（帝国飛行協会主催　沢登静夫作詞　山田耕筰作曲）
「露営の歌」（大阪毎日・東京日日新聞社主催　薮内喜一郎作詞　古関裕而作曲）
「進軍の歌」（大阪毎日・東京日日新聞社主催　本多信寿作詞　陸軍戸山学校軍楽隊作曲）
「愛国行進曲」（内閣情報部主催　森川幸雄作詞　瀬戸口藤吉作曲）
「少国民愛国歌」（大阪毎日・東京日日新聞社主催　星野尚夫作詞　橋本国彦作曲）
「日の丸行進曲」（大阪毎日・東京日日新聞社主催　有本憲次作詞　細川武夫作曲）
「婦人愛国の歌」（主婦之友主催　上条操作詞　瀬戸口藤吉作曲）
「父よあなたは強かった」（朝日新聞社主催　福田節作詞　明本京静作曲）
「兵隊さんよありがとう」（朝日新聞社主催　橋本善三郎作詞　佐々木すぐる作曲）
「愛馬進軍歌」（陸軍省主催　久保井信夫作詞　新城正一作曲）
「太平洋行進曲」（海軍省、東京日日・大阪毎日新聞社主催　横山正徳作詞　布施元作曲）
「出征兵士を送る歌」（講談社主催　生田大三郎作詞　林伊佐緒作曲）
「空の勇士」（読売新聞社主催　大槻一郎作詞　蔵野今春作曲）

こう見ていくと公募だけに市井の感性が生かされているようにも思えるが、本章では内閣情報部の「愛国行進曲」を中心に考えてみたい。

内閣情報部が正式に発足したのは日中戦争下、国民精神総動員運動が始まった昭和十二年の九月である。その内閣情報部が発足を記念して「国民が永遠に愛唱し得べき国民歌」を公募した。古川隆久の「京極高鋭の思想と行動――昭和戦中期の政治と音楽」(「軍事史学」第四十四巻・第二号　錦正社　二〇〇八)によれば「まず歌詞が募集され、審査員には佐佐木信綱、北原白秋、島崎藤村ら著名な文学者が名を連ねた。六万首近い応募があり、十一月三日に当選歌詞が発表された。官庁や新聞社が歌詞を公募して歌曲を制作した例は少なくなかったが、この応募数は一、二を争う多さ」だったという。約六万もの応募数は、軍事主導体制を容認する国民心理の下地があったことを意味する。作詞は鳥取県に住む森川幸雄でまだ二十三歳、地方の文学青年だったが、その歌詞は当時の日本社会の空気を反映していた。

軍部が一方的に起こした日中戦争はいつ終わるか知れない状況にあった。内閣情報部が「国民歌」を公募したとき、軍事指導者らは中国との戦争の「拡大」を決めており、この体制に国民を「総動員」する必要があった。国家的スローガンをつくり、国民精神を一点に収斂させなければならなかった。「堅忍持久」「国内相克・軍官民対立の一掃」「一汁一菜」「パーマネントはやめませう」等々、生活を質素にし、国家のために精神を統一して耐乏せよとのスローガンが、国民に訴えられていたのである。そのような時代背景は何を物語るのか。

軍事指導者らにしてみれば「暴力的支配」「社会的支配」とあわせ「情念的支配」も完成させる必要があった。内閣情報部はこの役割を担う機関で、まさに「愛国行進曲」の歌詞はふさわしい内容であった。耐乏生活は、日本が世界に冠たる文化や伝統をもち、指導力を発揮するためのもので、それこそ崇高な歴史的使命だという国策決定の基準が露骨に打ち出されたのである。

「愛国行進曲」は「見よ東海の空あけて　旭日高く輝けば」で始まる。「大八洲《おおやしま》」「一系の大君」「御稜威《みいつ》」「八紘を宇《いえ》」「悠遠の神代《かみよ》」「皇国」といった語を用い、天皇を仰ぐ日本はいまや世界を導く歴史的使命をもったと誇示する。「往け八紘を宇となし　四海の人を導きて」とか「ああ悠遠の神代より　轟く歩調うけつぎて」といった歌詞は、だから当選なのだろうが、上部構造に屈服したというより、むしろ感情を沸騰させた下部構造が、逆にこれを鼓舞していたとさえ思えてくる。

内閣情報部が歌詞に次いで募集した作曲にも約一万の応募があったという。審査員は陸海軍の軍楽長のほか山田耕筰、信時《のぶとき》潔、堀内敬三などで、つまり当時の日本で最高級の音楽家が「愛国行進曲」の作曲に協力した。当選者はすでに「軍艦行進曲」などで名の知れていた元海軍軍楽長の瀬戸口藤吉である。前掲の古川論文によれば『『愛国行進曲』は、『レコード会社六社から製品が同時に発売され百万と云ふ空前の売行を見せた』とされる。敗戦までの一つの曲のレコード売り上げ枚数としては最大で、初の官製ヒット曲となった」という。ミリオンセラーとなった「愛国行進曲」をいま実際に聴いてみても、メロディが耳になじみやすい。恐らく日本人好みのメロディやリズムを巧みに採り入れたのであろう。それが傑出した売り上げにつながったと思われる。

「愛国行進曲」を社会に浸透させるための企画、宣伝などを担ったのは京極高鋭《たかとし》という音楽家であった。京極は男爵加藤照麿の五男で、コメディアン古川緑波《ろっぱ》の兄である。学習院在学時より弁論、音楽、英語に秀で、とくに音楽の才能が注目されていた。子爵の京極高頼に婿入りして爵位を継ぐ一方で、読売新聞の記者も務めている。内閣情報部の誕生後は嘱託となり、「愛国行進曲」の歌詞に惚れ込んで、この選定に大きな影響力をもったという。

そのような経緯に詳しい古川隆久の論文によると、京極は選定理由を音楽雑誌に載せている。京極は「平時にも戦時にも、我々日本国民の誰でもが唱和に適するものであり、亦、行進の場合も愉快に唱へる容易な曲（中略）メロディーも自然で亦音域も広くなく、一般大衆向」だとしたうえで「国歌

『君が代』は尊厳極りない国歌であつて、場所、時を考慮して唱はなければならないものであるから、今回の愛国行進曲は（中略）時、場合いつでも我々が愉快に唱へて『歌ひたい』と云ふ気持を満足させてくれるものでありたい」と述べ、たとえばドイツの「ラインの守り」や「ナチスの歌」のような第二の国歌としての存在を狙ったと明かしている。

古川は「国家的な意義をもつ歌曲の創出には政府の力が必要だと京極は考えていた」と分析する。「日中戦争本格化にあたって国民の団結を強化する必要性が認識されていたことを背景に」京極の主張は戦時体制と音楽の関わりを明確に示すものとなった。古川論文は記す。

「政府機関や新聞社、出版社が、国家的な主題を定め、歌詞や曲を公募して歌曲を制作する動きが急増するが、これが『愛国行進曲』の成功によるものだったことはまちがいない。当然、京極もこの種の歌曲の制作に多数関わっていく。主な例として、陸軍省馬政課及び（農林省）馬政局が愛馬思想普及のため一九三八（昭和十三）年十月から十二月にかけて歌詞と曲を懸賞募集した『愛馬進軍歌』に陸軍省嘱託として関わった」（傍点は筆者）

京極は昭和十四年七月に貴族院議員となって以後、公募歌の有力な審査員を務めた。古川の言う「国民歌プロデューサー」になったのである。なお付言すれば「出征兵士を送る歌」も京極が強く推した軍国歌謡であった。

上部構造による下部構造の「情念的支配」を論じるとき、その典型として「京極高鋭」の存在を私は挙げたい。京極は明らかに「国家的な主題を定め」、これを歌で国民の意識に浸透させる「情念的支配」を目論んでいた。国民が歌いたくなる詞と曲こそ「情念的支配」の骨格たり得ると、京極は自覚していたはずである。つまり京極は、共同体の生活の規範や倫理観そのものを抑えることに成功したと、私は考えているのである。

ある太鼓師の生活の規範

「愛国行進曲」の「わが日本の誇りなれ」とか「皇国つねに栄えあれ」といった歌詞は、国民の意識に「国家的な主題」を刷り込もうとしたものである。各共同体に受け継がれてきた生活の規範や倫理観を、国家を支えるエネルギーに昇華させる試みだったとも言える。「愛国行進曲」の歌詞は、各自尊ぶ「先祖」と「郷土」に、「万世一系の天皇」と「皇国」を代入したと私は考えている。さらに、なじみやすいメロディが付されることで、国民は「皇国」たる「誇り」を歌い、「御稜威に副わん大使命」を抱いて、一律に「情念」を高揚させた。「ああ悠遠の神代より　轟く歩調うけつぎて　大行進の行く彼方　皇国つねに栄えあれ」と、文字どおり謳歌するに至ったのである。

軍国歌謡や軍歌は太平洋戦争下でもつくられていく。櫻本の『歌と戦争』によれば、まだ戦果が上がっていた昭和十七年、日本放送出版協会刊行の「放送」一月号「放送局だより」に、次のような記事が載ったという。

「米英と戦端を開くや銃後国民の士気は一段とたかまり、街に村にラジオに和して元気な歌声がわいており、どしどし勇壮かつ雄大な音楽を放送してくれという投書が山積いたしました。これにこたえるため協会では楽壇を総動員して豪快活発な日本的管弦楽曲を多量に作って戦時下の音楽放送を一層充実させることになりました。まず決戦下新年を豪壮に彩る序曲を山田耕筰、信時潔、飯田信夫の三氏に委嘱、その他絶えず国民の士気を鼓舞するような行進曲を堀内敬三他三十氏にそれぞれ作曲をお願いすることになりました。また大東亜戦争の必勝を誓う国民歌を二十名の作詞、作曲家に委嘱製作し不断に電波にのせて国民の士気を鼓舞することになりました」

一方で櫻本は記す。

「戦時下での音楽家の戦争協力は、がんじがらめの統制下で否応なく強制されたことであった、といった弁明をきく。しかし実態は、われもわれもの翼賛態勢だったことがこの記事からもうかがえよう」

櫻本の言葉が意味するのは、つまり「情念的支配」の完成である。国民が抱く国家のイメージが、上部構造の国策決定の基準に見事に合致したとも言える。

ちなみに昭和十六年十二月八日に放送されたのは「愛国行進曲」など十七曲に、軍歌は「勇敢なる日本兵」など五曲だが、戦果が上がるにつれ、下部構造のナショナリズムは上部構造に一体化していった。両者が一体化した空間では「敵性音楽の廃止」が叫ばれ、米英の楽曲は徹底的に排除された。それぞれ原曲がイギリスの作曲家ビショップによる「埴生の宿」、スコットランド民謡の「螢の光」、アイルランド民謡の「庭の千草」などをめぐる堀内敬三の意見が、櫻本の『歌と戦争』に図版で掲載されている。

「もう日本化されたから歌つても差し支へないと云ふ考へ方もあるが、これらの歌曲がどんなものであるかと云ふ事を良く考へたら日本の銃後に歌はせては好ましくないと感じるであらう」（「米英の楽曲を完全に潰さう」「音楽文化新聞」第三十八号　一九四三・二）

堀内の言葉は、上部と下部が一体化した空間では、いかなるほころびも許さないとの意味を含んでいた。「米英の楽曲を完全に潰さう」という堀内の主張は現実のものとなり、上部と下部が一体化した空間は、さらに偏狭さを増すことになった。

しかしそのような「情念的支配」に同調しなかった者もなかにはおり、彼らは共同体の生活の規範を忠実に守っていた。たとえば宮本常一の『炉辺夜話』〔河出書房新社 二〇〇五〕には、太鼓の胴に皮を張り直す「太鼓師」という職人が紹介されている。多くが浅草に住み、昭和十二年七月に日中戦争が始まると、所有する三階建ての「倉」のひび割れを修理したり、太鼓の胴を次々と買い込む者があらわれたという。少し長くなるが、私はこうした生活感覚こそ下部構造のナショナリズムに通ずると考えているので、以下に記しておきたい。

「みんなが不思議がって、『どうしてそんなことするんだ』ときいたら、『ああ、この戦争は負けるというのです。昭和十二年の話なのですよ。『この戦争は負ける。支那と戦争して勝てる気使いないんだ』というのです。日清戦争は勝った。あれは、小さい戦争だった。あんな大きな国に攻めて行って、どこまで攻めて行くんだ。支那なんていう国は、降参する国じゃないんだ。そのうちに、日本は、しびれ切らして、手をあげてしまうだろう。そのうちには、必ず、アメリカやイギリスが向こうへつくに決まっている。こっちが負けるんだ。おそらく、東京は、爆撃されるだろうから、爆撃されても、この家が残るように〔修理を〕やっているんだ。〔中略〕こんどは、大東亜戦争が、勃発してからは、いよいよ本気になって、倉の中にびっしりと、太鼓の胴を入れたんだそうです。〔中略。何万という太鼓の胴をなぜ集めたのかと訊かれて〕『戦争は、必ず済むんだ。何年か後に済むんだ。済んだ時には、日本は負けているんだ。しょげきっているんだ。そのしょげきっている人間の心をときほぐして、ぱあっとするのは、太鼓なんだ。その場になって、〝それ、太鼓の胴持って来い〟なんていうことでは、駄目なんだ。今から、準備しておかなければならない』その通りだったんです」

日本が戦争に負けたとき、「しょげきっている人間の心」を太鼓の音で奮い立たせる。宮本はこれこそが「民衆の知恵」だと評している。そのような知恵が重なり合って「一つの大きな民衆文化が形成され」る。情念的支配の行く末を見据えていたこの庶民のエネルギーのなかに、私たちの国のナショナリズムの原形質があると考えるべきではないだろうか。

第32章　作詞家武内俊子のナショナリズム

「秩序」のための唱歌教育

童謡や唱歌は、幼少期から「国家的な主題」に一体化し得る精神を涵養するものだと私は考えている。つまり敗戦以前という視点で捉えるなら、幼少期から「臣民」としての意識を植えつけ、その行動に制限を加える「道徳教育」だったと言えよう。

日本の童謡や唱歌を耳にしていると奇妙なノスタルジーに駆られる。現在でも童謡や唱歌はテレビやラジオで流されるが、私自身このノスタルジーを味わえる番組をよく見るし、耳を傾ける。幼き日の思い出に耽ったり、その頃見た光景を瞼の裏に描いたりしながら、私のなかに潜む故郷の原風景を確認している。実はそれこそが両親や祖父母からの伝承とも言えるのである。

いま童謡や唱歌を聴き、口ずさんでも、「国家的な主題」に私の気持を一体化させたいなどという衝動は起こらない。童謡や唱歌を懐かしむ気持は、「国家」からは独立しているのである。また昭和十年代の軍国歌謡や軍歌などを聴き、口ずさんでも、私は幼少期に思いを馳せるのみである。たとえば私が「愛国行進曲」を口ずさむときの気持は、むろん発売時はまだ生まれていなかったこともあるが、大日本帝国下の熱狂とはまったく異なる。
ということは、もし歌を国策のために利用するとしたら、いくつかの条件を整える必要がある。私はいま「愛国行進曲」という大日本帝国下の臣民意識を涵養した軍国歌謡について、何とも思わない。しかし言論統制が行われ、情報が常に絶対化され、学校で皇国史観が叩き込まれ、この「臣民」としての枠組みを逸脱すれば法的に罰せられる社会状況だったらどうか。私は「愛国行進曲」を聴くなり「皇国を世界に冠たる存在とするためには命など惜しくない」と言い切る、聖戦完遂に忠実な赤子であったろう。

一方で童謡や唱歌は、国策に直結するものではない。しかし童謡や唱歌には、国家のシステムを間接的に支える役割があったと私は考えている。つまり赤子としての自覚を促す補助的なツールだったと見ていい。

「唱歌教育はなぜ必要と考えられたのでしょうか？　それは情操を豊かにするためでもなければ、日本という国を豊かな文化に彩られた国にするためでもありませんでした。伊澤修二（東京音楽学校初代校長）が中心になって音楽取調掛《とりしらべがかり》での『取調』の結果をまとめた『音楽取調成績申報書』なるものが残されているのですが、そこでは音楽のもつ教育的な意義として、『健康上の関係』と『道徳上の関係』の二つが挙げられています」（渡辺裕『歌う国民　唱歌、校歌、うたごえ』中公新書　二〇一〇）

この渡辺の指摘は重要である。童謡や唱歌は情操教育などではなく、健康および道徳面で国家に有為な人材をつくる手段との指摘である。唱歌を歌えば「健康上」呼吸器が鍛えられ、また歌詞の意味を正しく理解すれば「道徳上」「人は邪悪な想念を追い払い、健全な心を育て、保つことができる」と強調されたという。加えて「音楽取調成績申報書」には、教育機関で唱歌を合唱する効能について、次のように記されていたという。

「音楽には人々を一定方向に導き、和を作り出す力があるので、何万人もの兵を戦場で秩序正しく整然と行動させせることによって勝利をおさめるために、その統率のための音楽の力が欠かせないものとなるように、子供の頃から唱歌の正しい教育や訓練を受けさせていれば〔中略〕共同体の中で整然と振る舞うことのできる人間を育てられるはずであるから、秩序正しい社会を作ってゆくためには唱歌教育は不可欠である」

つまりは社会や戦場の秩序、兵の統率のために重要な意味をもつのが唱歌教育というわけである。こうした理屈で、共同体に伝承する生活の規範や倫理観を国策に組み込むことが、唱歌教育に求められていたのである。そのような背景を理解したうえで、前掲の渡辺の書や西島央「学校音楽はいかにして〝国民〟をつくったか」(『編成されるナショナリズム　岩波講座　近代日本の文化史5　1920―30年代1』二〇〇二)が展開する唱歌論を参考に、分析を進めたい。

明治期から唱歌教育では独唱より斉唱がくり返され、また一節ずつ歌うことで歌詞のイメージを共有し、皆がこれを同質化したという。西島によれば「児童たちは、みんなが同じ歌を知っていて、それをみんなで歌ったということを記憶し、身体化してきている。つまり同じ唱歌のもとに身体を捕捉されている」。

たとえば私は「春の小川」「村の鍛冶屋」「かなりや」「赤とんぼ」などを歌うことで、瞬時にある光景や状況を思い浮かべる。なぜ瞬時にイメージが浮かび、幼少期を思い出して心が和むのか。私が育った「故郷」のイメージが呼び覚まされ、ノスタルジーが喚起されるからである。

童謡や唱歌の歌詞の多くは話し言葉で書かれており、情景が浮かびやすい。「春の小川は　さらさらゆくよ」とか「兎追いしかの山」といった歌詞は「故郷」のイメージに結びつく。自然や季節、また祭りなど年中行事の情景が歌詞のなかにあり、政治性は見えてこない。とにかく情感のみが刺激されるわけだが、しかし逆にこれこそが政治的だとも言える。なぜなら童謡や唱歌は、心底において現状肯定の保守的情感を刺激するものだからである。

「兎追いしかの山　小鮒釣りしかの川」「夕焼け小焼けの赤とんぼ」といった歌詞が表現しているのは、いずれもその自然のなかに身を置く自らの存在、自らの育った故郷である。これを解体しようとする「外敵」には身を賭して抵抗し、共同体を守るという思いが心底において醸成される。そのように湧き上がる自然な感情こそ、下部構造のナショナリズムだと言える。

こうした共同体に身を置き、自らの存在を確かめてきた国民は、その保守性ゆえに上部構造の説く国策決定の基準に汲みとられてしまった。また本来、作詞家や作曲家はこのような構図に関わりなく創作すべき存在だが、当初から国民を国策に協力させることを目論む者もいたし、意欲や情熱が上部構造に巧みに利用されてしまう者もいた。

唱歌がもともと文部省による「善良な臣民」育成のためのツールだったとすれば、童謡の目的は新しいタイプの日本人の心の動きを歌うことであった。北原白秋、野口雨情、西條八十といった詩人と、山田耕筰ら作曲家の仕事は、大正期には童謡運動とも称された。唱歌に対して童謡には芸術性があったとも言われるが、しかし昭和のある時期からは唱歌の予備軍となり、その芸術性も上部構造に利用された。ゆえに昭和の唱歌・童謡とひと括りにされてしまうのである。

「りんごのひとりごと」が示す歴史的健全性

昭和十年代に一人の女性作詞家がいくつかの童謡を書いたことにふれておきたい。

当時の歌を思いつくまま並べていくと「野菊」「りんごのひとりごと」「夏は来ぬ」「ふじの山」「かもめの水兵さん」「茶摘」が挙げられる。私がよく聴いたのは「かもめの水兵さん」「船頭さん」などだが、とくに「りんごのひとりごと」の歌詞に関心をもった。

一見、政治性や社会性とは無関係のようだが、しかし内容は時代状況を抽出していると私には思えた。歌詞はりんごを擬人化し、箱に詰められた真っ赤なりんごが町の市場に来て、果物屋の主人に顔をきれいに磨かれ、店先に並び、青い空を見るたび故郷のりんご畑を思い出すというものである。りんご畑のおじいさんはいま頃どうしているだろう。たばこでもふかしているのかしら。りんごは独り言《ご》ちて、店先で空を眺めている。

この歌を何度か聴くと、妙に哀切がこもっていることに気づく。共同体を出てきた人が故郷を思い、現実の生活を嘆いているとさえ感じる。昭和のいつ頃、どのような経歴の人が作詞したのか、私は調べてみた。

当初は男性でプロレタリア系、なかでも昭和初年代の凶作を体験した東北出身者ではないかと想像していた。また「りんご」が意味するのは、東京の苦界に売られ、弟妹たちのために自らの身を犠牲にした貧しい女性だと考えていた。「お顔をきれいに磨かれて」などの歌詞には、そういった女性の日々の生活が思いやられる哀切があった。この哀切は、戦時下の農村共同体が置かれた状況を如実に物語っているように感じた。ところが私の予想はまったく外れた。文字どおり純粋に「りんご」の気持が歌われていたのである。

作詞は武内俊子、作曲は河村光陽。キングレコードの方針だったようで、武内の詞の大半に河村が曲をつけている。「りんごのひとりごと」は昭和十五年（一九四〇）にレコード童謡として発売された。ほか武内の代表作には昭和十二年の「かもめの水兵さん」、昭和十三年の「青い帽子白い帽子」、昭和十六年の「船頭さん」があり、やはりキングレコードの発売で、とくにその四曲は「時代風潮に乗ってひとびとに親しまれ、今日まで歌い継がれることになった」（西嵜のり子「武内俊子『風』」『日本　童謡のあゆみ』上笙一郎編　大空社　一九九七）。

太平洋戦争の開戦前、日中戦争が泥沼にはまった状況のなか、武内の童謡は当時の庶民の日々の哀歓や失われゆく風景を実にわかりやすい言葉で表現していた。このわかりやすさにこそ、庶民の感性が仮託されていたと思われる。私は童謡の世界に詳しいわけではなく、むろん武内のことも知らなかった。東北出身でプロレタリア文学の影響を受けた者という私の想像は、的外れであった。

昭和五十二年（一九七七）十二月に武内の夫、邦次郎の編著による『かもめの水兵さん　武内俊子伝記と作品集』（講談社出版サービスセンター　一九七七）が自費出版されている。それを読めば武内についてだいたいのことがわかるが、たとえば作曲家河村光陽の娘、順子（当時千葉敬愛短期大学助教授）は「懐かしい歌の誕生に寄せて」という稿で「かもめの水兵さん」制作の経緯などを記している。また「りんごのひとりごと」については、キングレコードのディレクターが記したエピソードを引用しており、これによると武内には創作ノートがあった。猩紅熱《しょうこう》で入院中の武内を見舞ったディレクターが、そのノートに「りんごのひとりごと」の歌詞を見つけた。武内は「お見舞いにいただいたリンゴにヒントを得てこの詩が出来たのです」と明かしたという。

畑から町に来た「りんご」の思いを代弁するという発想は、どのように育まれたのか。武内の経歴は同書、夫邦次郎の「生い立ちの記」、また前掲の西嵜のり子の論によれば次のとおりである。

武内は明治三十八年（一九〇五）九月十日、広島県三原市に僧侶の長女として生まれた。のち広島市へ移り、広島高等女学校、広島女子専門学校で学んだ。「子ども時代を過ごした広島市は、近くに川があり、水泳をするのに恵まれた環境だった。そのため彼女は早くから水に親しみ、頑張り屋の性格も手伝って、後には神伝流初段の免状をもらうほどの腕前になったという」（西嵜のり子「武内俊子『風』」）。大正十四年（一九二五）上京、結婚して三軒茶屋に住み、四人の子供をもつ。長子を産んだ頃から生来の創作意欲がかき立てられ、詩人の集まりに顔を出し、野口雨情に師事した。昭和七年（一九三二）頃から童謡「ポックリと鉄砲」などを雑誌「コドモノクニ」に発表するようになる。翌八年には自費出版で『風』を刊行した。武内は育児の喜びや時代が子供たちに託した思いを詩や散文に描いていった。昭和十八年には戦意高揚を意識した作品集『鐘が鳴る』（清水書房）を刊行。日本の戦争を称揚した作品をつくる一方で、身近な素材として子供の日々の生活や成長を見つめた。しかし昭和十九年一月に吐血、結核は進行し、童謡「タンレン」を「コドモノクニ」に発表したのを最後に、翌二十年四月七日、三十九歳で死去した。

西嵜の論によると、武内は自身の作品を五期に分類していた。これは「乙女時代の作品」「夢見がちな桃割鬢《ももわれびん》の娘が謡った頃の作品」「子どもがまだ意思表示の拙い三歳頃の作品」「子どもの言葉をそのままを自分のものにして謡った作品」「強い母性愛に目覚めてからの作品」で、武内の意識の変遷がよくわかる。この五つの期間を踏まえながら、師の野口雨情の童謡観に影響を受けて、言葉に勢いがつき、描く対象にも動きが感じられるようになったと西嵜は論じている。

「母親になってからの作品は、目の前にいる自身の子どもの言葉を自分の言葉として消化しなおし、素朴な心情を子どもの視点から吐露させたものに変わり、さらに強い母性愛に目覚めてからは、母親の視点から子どもを眺めるものへと変わっている。ただし、どの作品も、たわいのない物事を素朴だがユニークな視点でとらえ、そこにあたたかさや安らぎを読み取れる点では共通している」

武内は児童文学史上、北原白秋、西條八十、野口雨情、川路柳紅で占められていた童謡界に新風を吹き込んだというが、確かに「雨傘唐傘」の歌詞「雨傘　唐傘　傘さして　とうさんむかえに　行きましょう　雨がふるふる　日ぐれ道」などを見ると、西嵜の言にも頷けるのである。

昭和十五年五月にレコード化された「りんごのひとりごと」は、先の期間で言えば最後の「強い母性愛に目覚めてからの作品」に入るのだろうが、思うに武内の五つの段階は、いずれもが下部構造のナショナリズムの原初的な感情を示している。なぜ武内は時代状況を抽出しながら、下部構造のナショナリズムの原初的な感情を、歌詞に示すことができたのか。西嵜は記す。

「俊子の子ども時代である大正初期は、大正デモクラシー思潮のみなぎった時期で、政治・経済が飛躍的な発展を遂げ、小市民と呼ばれる新しい中産階級が育ち勢力を持ちはじめた時期であった。教育界では自由主義教育への気運が盛りあがり、児童文学界では『赤い鳥』を中心とした童話童謡運動が全盛期を迎え、子どもの発想・視点を重視した自由で闊達な作風が迎えられていた。けれど、俊子が精力的に文筆活動をはじめた年には関東大地震が起こっており、これを境にデモクラシー思潮は急速な衰退を見せはじめ、すべてのものが次第に軍国主義への道を歩んで行くことになる。このような時代を背景に、俊子は、僧侶の娘という環境もあって、自由で積極的な行動力と進取の気風を育てていったのである」

私は「りんごのひとりごと」を聴いたとき、当時の政治性や社会性が内包されていると考えた。しかし実際に調べてみると、必ずしもそれだけではなかった。思うにこの才能ある女性作詞家は、作品の発表時期が昭和十年代だったために、「戦意高揚」という時代状況も抽出した。一方で武内の童謡がいまでも歌われるのは、作品自体がもつ歴史的健全性を示している。共同体に伝承する生活の規範や倫理観を、国策に組み込むことが求められた童謡や唱歌が、時代を超え、いまでも歌われるのは、本来あるべきナショナリズムを示していたからではないだろうか。

明治期より歌い継がれる童謡や唱歌のなかには、現在にも通じる庶民の生活の規範や倫理観が反映している。そう考えても決して誤りではなく、この視点であらためて童謡や唱歌に注目すべきではないかと私には思える。下部構造のナショナリズムは、いまなお私たちの胸に刻まれていると言えるのである。

第33章　かるたが伝承する生活の規範

「江戸いろはかるた」と「藤村いろはかるた」

昭和に入っての上部構造は、国策決定の基準となる価値観を国民に植えつけることを急務としていた。つまり国民を「臣民」化し、全面的に国策に協力させようとしていた。前章では童謡について述べたが、本章ではもう一つの例として「かるた」を考えてみたい。下部構造を抑えつけるために、上部構造はどのようなかるたをつくったのか。

昭和五年（一九三〇）、島崎藤村がつくったという「藤村いろはかるた」が売り出された。当時、藤村の文名は高く、文壇を指導する立場の作家と見られていた。藤村があえて「いろはかるた」をつくったのは、江戸時代より庶民の間で受け継がれてきたものが品性に欠けるという理由で、いわば国民教化が目的であった。藤村の真意はともかく、上部構造による国民教化の意図は確かにあったと言えよう。

江戸伝来の「いろはかるた」には人生訓から町人の諷刺や皮肉までが詠まれており、確かに品に欠ける面もあった。かるた研究家の森田誠吾による次のような的確な指摘がある。引用にあたっては改行を外し、傍点を付した。

「江戸文化の爛熟期、それは頽廃期でもあるわけだが、その時代の落とし子のように生まれた『いろはかるた』は、その世相を反映し、正に卑猥なおもむきに充ちている。句を読めば、屁だの、尻だの、かったい〔ハンセン病患者〕、かさ〔梅毒患者〕だのと言い、絵を見れば、所かまわぬ放屁、指を切る遊女、鼻を落としたかさっかき〔梅毒患者〕に、乞食の裸おどり、と卑にして猥である。しかし、その野放図さが拾い上げたものを、裏から眺めると子供達の心を引き寄せるものばかりであった」（「いろはかるたの流れ」『歌留多』平凡社　一九八四）

この生活感まる出しのかるたが子供たちの想像力を刺激し、歴史への関心を生んだ。当時の大人の世界を活写していると受け止められたのである。庶民の「生活の本音」が与える刺激について、森田は「老若男女、それも上は殿様から下は物乞いに至るまでが登場し、昼寝はする、踊りはおどる、喧嘩もすれば、戦いもするということだから、眺める子供達の想像は果てしもなくふくれあがる」と記している。では実際に「江戸いろはかるた」を見てみよう。

「犬も歩けば棒にあたる」
「ほね折り損のくたびれ儲け」
「ちりも積もって山となる」
「三遍回ってたばこにしよう」
「聞いて極楽　見て地獄」
「油断大敵　念には念をつがえ」
「門前の小僧習わぬ経を読む」

たとえば「ちりも積もって山となる」などからは庶民のありのままの姿が浮かんでくるが、江戸いろはかるたには教訓の意味も含まれていた。森田の解説によれば、「犬も歩けば棒にあたる」は、あまりコソコソ動くといいことはないぞ、じっとしていたほうがいいという江戸町人の処世を伝える言葉で、近代日本の庶民の生き方にも応用できたのである。

一方の「藤村いろはかるた」は高踏的と言えようか。「誠実《まこと》は残る」「笑顔《ゑがほ》は光る」といった堅苦しさ、そして「蠟燭《らうそく》は静かに燃え」「菊の風情　朝顔の心」といった退屈さ。もとより「藤村いろはかるた」は流行らず、このような上から目線の道徳教育では、子供たちに受け容れられるはずもなかった。陰影に欠け、想像力も羽ばたかない。卑猥さも含む江戸時代からの庶民の生活の知恵のほうが、知識人による「教化」よりはるかに訴求力があったのである。

権力とは別の歴史的な価値基準

かるたの歴史を考えるとき、庶民の生活感覚が知識人の気位に勝るといった事実は、私たちに大きな示唆を与えている。森田の前掲書には「江戸の中葉、明和三年（一七六六）の年の瀬。大坂江戸堀三丁目の本屋・千種《ちぐさ》屋新右衛門方から、『後編・たとえかるた・上の句五十枚、下の句五十枚』が売り出された」とある。それまでの新右衛門のアイデアによる商品とは異なり、当時流布していた「たとえ・諺」を絵にし、大当たりしたという。この「たとえ・諺」とは「花より団子」「猫に小判」「唐人の寝言」などで、現在に続くかるたの先駆的な試みであった。つまり関西という風土で育まれた庶民の生活の規範が全国に通じ、さらに二百年以上、受け継がれてきたとも言えるのである。

当初「たとえかるた」は大坂の独壇場であった。ところが半世紀を経た文政十年(一八二七)、江戸上野の星運堂より「忠臣蔵」を題材にしたかるた『柳多留・九十五編・続』が売り出された。それをもとに江戸でも独自のいろはかるたがつくられるようになったという。町人と商人の生活の規範の違い、文化の差はあるにせよ、以後、江戸と上方のいろはかるたは併存し、遊びながら教訓を得る道具として各地の子供たちの間に広まっていった。

この併存は明治に入っても続いたが、日露戦争以後、種類の豊富さでしだいに江戸いろはかるたが中心を占めるようになり、上方の影響力は失われていった。製造技術や販売力では東京の業者に一日の長があり、全国に江戸いろはかるたが定着していくことになったのである。加えて江戸いろはかるたには町人の倫理観や共同体の生活の規範などが色濃く反映しており、それが普遍化したとも言えるであろう。

江戸いろはかるたの妙味は、都市空間で生き抜く者の心得を巧みに盛り込んだところにあった。人生に甘い感情は禁物で、現実を冷めた目で見る必要があり、うかうかと誘惑に乗るなといった多くの戒めが含まれている。この教訓について、いまいちど森田の前掲書より引用する。

「江戸者にとって恐ろしい火災に対しては、念のため『三べん廻って』から『煙草』にすべきであり、横行する盗人は、明るい『月夜に釜をぬく』ほどの腕前であるから、昼寝の閑人《ひまじん》を見ても、『ぬす人の昼寝』ではあるまいか、と疑ぐってかかるがいい。また、盗人とはいわないまでも、油断のならない連中のすすめる『安物買い』は、『銭失い』と心得ねばならない。そういった外からの災難ばかりでなく、みずから招いた『身から出た錆』も油断からで、通だの『粋』だのとおだてられて『身を食』われてから、『芸は身を助ける』とうそぶいても負け惜しみ」

このような江戸の生活者の規範が、かるたを介して幕末、明治、大正、昭和と受け継がれてきたとも言える。およそ百年という数多の生活者による時間の積み重ねのなかで、藤村といえども刹那的な「教化」では、人びとに受け容れられるはずはなかった。幕末、明治、大正、昭和と続く歴史のなかで、庶民は幕藩体制や新政府といった上部構造の権力とは別の、つまり自分たちが生き抜くための価値基準を語り継いでいた。その伝承の妙が、江戸いろはかるたの普遍化につながったと私には思える。江戸いろはかるたに凝縮している生活の規範こそ、下部構造のナショナリズムと言っていい。江戸いろはかるたのすべてに凝縮しているとまでは言わないが、しかしほとんどが下部構造のナショナリズムに立脚していると解釈できるのである。

愛国コドモカルタ

上部構造の思惑を代弁した「愛国コドモカルタ」が昭和十五年に売り出されている。藤村の「教化」同様、庶民の受けはあまり芳しくなかったというが、上部構造の強引な押しつけに対する抵抗感ゆえであろう。「愛国コドモカルタ」には「情報局認定」とあり、まさに軍事主導体制を礼讃する内容で、次のような句が目につく。

い　勇ンデ出征ハ八百屋ノ小父サン

ろ　炉端デツヅル慰問文

は　「舶来品ハヨシタワ」トオ姉サンノオ化粧
に　ニュース映画デ父サント面会
ほ　ホマレノ家ニナビク旗
へ　兵隊ゴッコココロンデモ泣クナ

このほか、戦時関連では次のような句もある。

ぬ　額ヅイテ参拝戦死者ノ墓
れ　列ヲツクッテ明治神宮ヘオ祈リ
く　空襲ダ砂ダマスクダ警防団
ゆ　ユメノ中デ敵ノ大将ヲイケドリ
す　進ム日本カガヤク地球

また太平洋戦争下には「子供トナリグミカルタ」なるものも売り出されている。子供に聖戦意識を吹き込むのが狙いで、たとえば「へ　兵隊ごつこは山のぼり」「く　国を守つた傷兵守れ」「え　英霊まつる忠霊塔」など、とにかく銃後の心得を執拗に説いている。「愛国コドモカルタ」同様、その教訓はこの時代だけに通用するもので、普遍性はない。

さらに戦争に敗けて体制が変わると、今度は「民主かるた」の類が次々つくられていった。昭和二十三年十二月二十六日付の「夕刊新大阪」には、当時の世相を皮肉ったいろはかるたが紹介されているが、内容はわかりやすく、そして単純でもあった。「は　蜂の巣の議員たち」「ち　長者番付は滞納番付」「つ　ヅンドコからブギウギ」など、戦中同様、時流に乗ったもので、人口に膾炙することなく消えていった。

冷めた目が導く普遍性

戦後、かるたの意味は少しずつ変わっていった。新仮名遣いが採用され、「ゐ」「ゑ」なども消えた。学校教育では「いろは」より「あいうえお」順に教えるよう定められた。つまり「いろは」自体使われなくなり、その名を冠したかるたの存在意義は薄れていった。

しかし幼年期の私は「いろはたとえかるた」をもとにした「江戸いろはかるた」で生きる知恵を身につけたように思う。意味がわからずとも両親や伯父、伯母などが教えてくれた。いまでも私は「江戸いろはかるた」をよく覚えているが、町人の生きる術が、日本の社会では至極まともな意味をもっていたと思える。「い　犬も歩けば棒にあたる」「ろ　論より証拠」「は　花より団子」「に　憎まれっ子世にはばかる」「ほ　骨折り損のくたびれ儲け」「り　律義者の子沢山」「ぬ　盗人の昼寝」「を　老いては子に従え」など、正月のかるた遊びを通して、このような生活の規範を学んだとも言えよう。

くり返すが、日本の庶民は生きる知恵を「かるた」によっても伝承していた。そこには権力者をあしらうような姿勢も窺うことができた。たとえば「な　泣く子と地頭には勝てぬ」「う　嘘から出た真」「く　くさいものには蓋」といった句は開き直りや冷めた眼差しを含む。この冷めた目があるからこそ、かるたは永続性をもったと言えるのではないだろうか。逆に言えば、かるたが永続性をもつためには、庶民の生き方の本質を捉える必要があった。庶民の生き方をほぼ忠実に伝えた「江戸いろはかるた」のなかには、その本質が含意されていたのである。

江戸期の町人も農民も「いろは」を受け容れ、語り継いだ。むろん大坂や江戸の製造業者の商才に負うところも大きかったが、何より生活の規範を伝承した庶民が納得できる内容だったと私には思える。さらに言えば、「江戸いろはかるた」は本音で人生を語っていた。確かに上方のかるたも本音で人生を語っていたが、しかし「くり返し」が多すぎるように思う。たとえば効果がないことや無駄を意味する「二階から目薬」「縁の下の舞」などのような同工異曲が多すぎて、上方では重視された言葉でも、江戸では野暮、あるいはくどいと嫌われた。せっかちな江戸っ子には馴染めなかったのである。

「江戸いろはかるた」は、長年にわたり庶民の間で語り継がれてきた教えを、きわめて率直に提示した。それを江戸の印刷業者が絵にしたことで、すぐさま庶民は感得し、自分たちの伝承が世間で公認されたという理解を共有できた。この意味で現在にも通ずる「いろは」は五年、十年というサイクルではなく、時間の耐用性をもち得た。一方、藤村の「教化」や戦前、戦時下につくられた数多の「愛国」もの、そして戦後の「民主かるた」などは時流に乗っかっただけで、庶民の発意にまったく欠けていた。そういったかるたに生命力があれば現在に残されて然るべきだが、「いろは」のように庶民が伝承するほどの永続性は獲得できなかったと言えよう。

むろん幕府は庶民が愛好するかるたにも目を光らせており、権力を批判するようなものは禁制にしている。とくに各藩のかるたで幕府を批判、中傷するものは許さず、次々と弾圧した。この禁制かるたは地方の好事家に密かに保存され、一部が明治、大正期に息を吹き返したが、全国にまでは広がらなかった。

しかし「江戸いろはかるた」は生き残った。明治政府にも都合の悪い部分はあったろうし、内容変更の思惑も働いたろうが、時の重みに押し切られたと私は見る。それは物事の本質を鋭く突いており、昭和前期の「教化」や「愛国」の欺瞞にも対峙し得る力をもっていたのである。

ファシズムの対極

昭和十年代は教科書も子供向けの絵本や雑誌も、すべて「忠孝」を説くのが中心になった。たとえば『孝子万寿姫』（大日本雄弁会講談社　一九三八）という絵本は「孝ハ百行ノ本　孝ハ親ヲ安ンズルヨリ大ナルハナシ　忠孝ハ孝子ニ出ヅ　親ニハ一日二三度笑ツテ見セヨ　孝行シタイ時分ニハ親ハナシ　身体髪膚之ヲ父母ニ受ク　敢テ毀傷セザルハ孝ノ始ナリ　身ヲ立テ道ヲ行ヒ名ヲ後世ニ揚ゲ　以テ父母ヲ顕スハ孝ノ終ナリ」と訴えている。一方で子供に「忠孝」を説かないものは時に発行禁止の烙印を押された。

そのような教育は国および天皇に対する忠孝を見立てたもので、昭和十年代に一般化していく。また「八紘一宇の精神」や「大東亜共栄圏構想」なども手を替え品を替え刷り込まれた。こうした軍事主導体制下の日本人を選良視する教育は増上慢を生むばかりだったが、「江戸いろはかるた」にはファシズムの対極に立つ内容が多かった。たとえば「憎まれっ子世にはばかる」「老いては子に従え」

「聞いて極楽　見て地獄」「骨折り損のくたびれ儲け」などは文字どおり読んでも、忠孝教育に異議を申し立てているように思え、軍事主導体制下の国策とは相反することがわかる。

もとより「江戸いろはかるた」は表立って禁止されたものではないが、公の席などではあまり口にされたくない内容であった。ゆえに「愛国コドモカルタ」などがさまざまな機関、団体から推奨された。しかし、下部構造に底流する生活の規範を潰すことはできなかった。国民に対する上部構造の理屈の押しつけが、決して円滑に進んだわけではない事例として、昭和のナショナリズムをめぐる一つの視点となり得よう。

「江戸いろはかるた」は戦後民主主義の草創期にも意味をもった。その良質なナショナリズムは、いまなお語り継がれなければならない。先達が守ってきたこの伝承を、次代につなげなければならない。確かに「亭主の好きな赤烏帽子」のようにやや封建色の濃い句もあるが、共同体の知恵の結晶と見れば、それを抑制し得るか否かが問われているのだと私には思える。

Ⅲ　新統制派／太平洋戦争

第34章　橋本欣五郎の『第二の開闢』

「飛躍的大日本国家体制大綱」

いわゆる新統制派の幕僚は、二・二六事件の暴力性や非合法性を利用することで、軍事主導体制の地盤を固めていった。彼らは軍内に反対勢力が生まれることを恐れ、異を唱えそうな者、批判的と見られる者を省部から追い払った。

昭和十一年（一九三六）八月の粛軍人事と、翌年七月に始まった日中戦争の拡大・不拡大をめぐる対立で、多くの者が省部から追われた。もし二・二六事件のような大権の干犯が起こらず、また日中戦争の拡大もなければ、新統制派が権力を掌握することなどなかったであろう。思うに寺内寿一、梅津美治郎、坂垣征四郎、畑俊六、杉山元、東條英機ら新統制派の幕僚は、この国の舵取りについてまったくプログラムをもっていなかった。むしろ皇道派に与《くみ》して軍を追われた幕僚や、日中戦争の不拡大派として排除された石原莞爾らの側に国家ビジョンは存在した。

新統制派の国策決定基準については前述したが、自らの集団の面子、軍人勅諭のみの空間、賠償金獲得による報国の三つと言える。いずれも思想や理念、歴史観とはまったくかけ離れた、単なる軍官僚の執務姿勢のようなものでしかなかった。昭和十年代を近代日本の終焉期と位置づけるなら、政治・軍事は根本的な矛盾を内包していた。この矛盾は、政治理念や歴史観に欠ける集団がただひたすら軍事のみに終始した史実のなかに凝縮しているのである。

確かに昭和十年代の前半は軍事集団にも頭脳役がいた。文部官僚ら文官側のイデオローグで、偏狭な空間に国民を追い立てたわけだが、彼らが示した政治的方向性には、少なくともファシズムを支え得る「精神論」があった。昭和十二年の『国体の本義』、十四年の「青少年学徒に賜はりたる勅語」などには、下部構造を抑圧した国家観、天皇観とはいえ、当時の上部構造が想定したであろう「ナショナリズム」が見てとれる。しかし彼らイデオローグの役割は、昭和十五年の皇紀二千六百年で終わった。以後、軍事集団は国家観や天皇観すら排斥し、独善的な精神空間へと没入していくのである。

昭和十五年の皇紀二千六百年を境に、上部構造からは思想や理念、ナショナリズムが消え失せた。あとに残ったのは、先の国策決定の三つの基準だけであった。新統制派の面子、軍人勅諭のみの空間、賠償金獲得による報国という基準が、どのように国民に強要されたのか。粛軍人事で要職を追われた者の政治運動が、理念なき軍事集団を先導したその局面を検証する必要がある。新統制派の幕僚は彼らの運動を培養するとともに、自身の存立基盤をここに求め、そして依拠したのである。

二・二六事件後に結成された「時局協議会」は、いわば親軍的な民族団体の集まりで、その旗振り役を務めたのが、粛軍人事で陸軍を追われた橋本欣五郎である。橋本は「大日本青年党」を創設、軍外から陸軍の主導体制を企図する国民運動を起こそうとした。時局協議会は昭和十一年十二月に結成されたのち、一年も経たずに自然消滅し、続いて「日本政治革新協議会」という民族団体の統一組織が生まれた。しかしこれも内輪もめで分裂している。そういった内紛に橋本は民間右翼の有力者らとまとめ役を買って出たりもしたが、解決には至っていない。軍内にあって昭和の初めから国家改造運動を組織した軍人は、やはり民間側とは肌が合わなかったと思われる。

　橋本は昭和二年九月に駐在武官として在トルコ公使館に赴いているが、このとき革命家ケマル・パシャに出会い、その影響を受けた。トルコでの二年九ヵ月、彼の地の革命家たちとの交流で、橋本は二十世紀の国際社会の動きを理解していったのである。

　帰国後、参謀本部勤務となった橋本は、省部の幕僚を通じて自らの意志を軍内に広めようと企図した。しかし橋本はしだいに迂遠な方法を離れ、直接行動による軍事独裁政権確立をめざすようになる。昭和五年九月、同志を集めて桜会を結成、綱領ではクーデターによる権力奪取を堂々と謳った。昭和六年の三月事件、十月事件のいずれにおいても、橋本と桜会が背後で動いている。決行には至らなかったが、しかし二つのクーデター計画が進む一方、陸軍内部では別の考え方が前面に出てきた。権力はすでに掌握しつつあり、非合法活動など不要だとする永田鉄山ら統制派の思惑である。

　この統制派が昭和十一年の二・二六事件以後、新統制派となるのだが、橋本はその間、青年将校らの非合法活動を容認する姿勢を貫いた。八月の粛軍人事で軍を追われたのは、三月事件や十月事件などへの関与と、二・二六事件時の同調的な態度が問われたためである。軍を離れた直後の九月一日、橋本は「飛躍的大日本国家体制大綱」なる宣言をまとめ、十月に発表している。正直なところ、新統制派に「軍外で活動してほしい」と密約を持ち掛けられたかのような内容である。

　宣言は「総論／一、精神的飛躍／二、経済的飛躍／三、外政的飛躍／四、軍備的飛躍（①広義国防の見地／②緒戦戦勝の見地／③戦争形式変化の歴史的見地／④飛行機発達の見地）／五、政治的飛躍」という構成をもち、冒頭の「総論」に橋本の歴史観が凝縮している。これこそ新統制派が昭和十年代のある時期まで依拠、借用、利用した歴史観であった。付言すれば、橋本は太平洋戦争下では衆議院議員として親軍的立場をとるが、しだいに東條内閣と対立する。それは橋本の歴史観が軍内での有効性を失った時期に重なる。いずれ詳述するが、軍事主導体制は橋本の説いたナショナリズムより、さらに空虚な空間に入っていくのである。

「世界ハ今ヤ、唯物的自由主義制度ノ行詰リニヨリ、茲《ここ》ニ一大更新ヲ必要トスル歴史的転換期ニ直面セリ。然ルニ世界各国ハ、何レモ旧国家生活姿態ヨリ未ダ完全ニ更生シ得ズ、其実力相伯仲シ嶄然《ざんぜん》他ニ光被《こうひ》〔広く世に行き渡る〕スルニ足ル体制ヲ有スル国家無シ。

此時代ニ於テ一歩ヲ先ンジ、優秀ナル国家体制ヲ確立スルモノハ、正ニ世界ニ光被スルヲ得ベシ。惟《おも》フニ八紘一宇ノ顕現ヲ国是トスル我国ハ即時其本然ノ発揮ニ依リ国民ノ全能力ヲ挙ゲ天皇ニ帰一シ奉リ、物心一如ノ飛躍的国家体制ヲ確立シ、光輝アル世界ノ道義的指導者タルヲ要ス。

此意義ニ於テ次ノ新体制ヲ提唱ス」

総論に続き五つの「飛躍」が記され、その実践が大日本青年党という橋本自らが結成した政党に託された。宣言の方針は「天皇ニ帰一シ奉リ、物心一如ノ飛躍的国家体制ヲ確立シ、光輝アル世界ノ道義的指導者タルヲ要ス」という「八紘一宇」の精神に基づく使命感で、橋本の「飛躍的大日本国家体制大綱」はこの思想に尽きていた。

大日本青年党の組織網

橋本は一度は予備役になるが、昭和十二年十月には召集され、野戦重砲兵第十三連隊長として日中戦争に参加した。ところが出征してまもなくの南京攻略戦に参加したさい、揚子江でイギリス海軍の砲艦レディバード号を砲撃するという事件を起こす。橋本は短気で直情径行に過ぎたと言われ、レディバード号事件でもそのような性格の一端が窺えた。昭和十四年三月に召集解除、陸軍首脳部には、やはり軍外で活動させたほうが得策との判断があったと思われる。

橋本不在の間、大日本青年党では、同じく粛軍人事で予備役に編入された建川美次が代表を務めている。建川は満州事変時の参謀本部作戦部長で、橋本とは桜会の同志であった。橋本が戻ると大日本青年党の代表を離れ、昭和十五年には駐ソ大使としてモスクワに赴任している。二・二六事件後に人事権を掌握した杉山や東條が、省部から外した者に与えたのは必ずしも軽いポストではないが、建川の駐ソ大使も、日本に置いておけば同志を結集しかねないとの懸念があったからだと思われる。

野戦重砲兵第十三連隊長を召集解除されてからの橋本は、海軍の艦隊派の長老だった末次信正や、東方会を率いた中野正剛らとともに「東亜建設国民連盟」を組織している。橋本が不在だった大日本青年党には、前述の宣言「飛躍的大日本国家体制大綱」などに魅かれた青年が加入していたという。商店員などの労働者や学生が中心の、向学心をもつ青年たちだったというが、彼らが全国で演説会を開催し、橋本の考えを広宣流布していった。橋本は党員二十万人と豪語している。そして昭和十五年十一月には近衛文麿首相の新体制運動に呼応し、「大日本赤誠会」と改称、同時に「政治団体」から「思想団体」への転換も宣言した。

このような路線変更はすべて橋本の一存で行われた。歴史年表には記されない事実を丹念に整理すると、橋本は野戦重砲兵第十三連隊長を辞したあと、末次や中野と結社をつくるが、その実ほとんど書斎に閉じこもっていたことが窺える。橋本は大日本青年党を改編するなかで自らの国家ビジョンをどう理論化するかに没頭し、これをまとめた『第二の開闢《かいびゃく》』を昭和十四年十一月に「大日本青年党本部」から刊行している。

私見を述べれば、近衛の新体制運動は陸軍省軍務局長の武藤章など政治将校の働きかけで始まるのだが、橋本はそうした動きに積極的に加わり、一党独裁のプログラムを練っていたという推測もできる。『第二の開闢』は三百頁超、大日本青年党の組織網で全国に配布されていく。また指導部の意を体しているということで陸軍省の御墨付きを得、軍内でも読まれていった。

昭和十四年十一月の時点で日中戦争の状況はまったく好転する気配がなかった。またノモンハンでは国境をめぐり関東軍が極東ソ連軍と交戦、近代的装備の前に手ひどい打撃を受けていた。このような戦術上の躓きに際し、橋本は陸軍内部に明確な歴史観を示して、自信を与えるのに必死だったという見方もできるのである。

知的青年層を魅了した論法

橋本の『第二の開闢』については、新統制派の幕僚に軍事主導体制の根拠を与えたという視点で分析する必要があると私は考えている。理念なき軍事集団に橋本は何を示唆したのか。新統制派は橋本から何を学ぼうとしたのか。とくに橋本の説く「八紘一宇」の思想が軍事指導者の立脚点として利用されたところに、昭和十年代のナショナリズムの歪み、いや不在とも言うべき実像が見てとれるはずである。

なぜ「第二の開闢」と題したのか。橋本は宣言「飛躍的大日本国家体制大綱」をわかりやすく説いた「青年に贈る」を大日本青年党で示していた。『第二の開闢』はその内容に続く意味をもつもので、橋本は「本書に題して『第二の開闢』とした所以は、ひそかに微意の存する所であつて本書に依つて、諸君が時代、革新の戦士として我が宣言を信念的に、確把せられるならば、予の本懐」と述べている。「飛躍的大日本国家体制大綱」を附録にした『第二の開闢』は九章で成っている。たとえば近衛の新体制運動を支えた後藤隆之助の昭和研究会よりもはるかに観念的で、描かれた国家体制はきわめて直截である。西欧思想の分析はあまりにも単純化され、煽動的な表現が目につく。ゆえに陸軍内部でも、民間の青年層にも容易に受け容れられたのであろう。橋本が訴えた歴史観や思想は、近衛の新体制運動にも符節を合わせていたことがわかるのだが、この『第二の開闢』の目次は次のとおりである。

「第一章　唯物文明の没落／第二章　自由主義世界の破滅／第三章　西洋文明と亜細亜文化／第四章　日本精神とは何ぞ／第五章　国体の本義／第六章　飛躍的経済体制／第七章　八紘一宇の顕現／第八章　無敵軍備の完成／第九章　挙国一党の翼賛政治体制」

第一章では、唯物文明はいまや崩壊状態にあるとし、その歴史を大まかにふり返っている。唯物文明を「人類の物欲の満足を目標として建設された文明」と定義したうえで「而も、宝の山を眼の前に見ながら、人類の大多数を物質的に救ひ得ないとするならば、この唯物文明も破滅の外ないではないか」と問題提起する。また「人間が十人よれば其の中《うち》八人迄は、飢死線にさまよふ窮民に非《あらず》んば、殆ど凡《あら》ゆる物資的欲望を制しなければ生きて行けない貧民である」と述べ、この矛盾の上に成り立つ唯物文明にどうして歴史的意味があろうかと訴えている。持たざるがゆえに矛盾を解消する権利があるとの主張でもあった。橋本はトルコ公使館時代に共産主義の文献にふれており、その思想を唯物文明の典型だと分析していたのである。

第二章では、富める国はどのような政治体制をもつのか、橋本は論を進める。アダム・スミスの自由契約説はいまや有効性を失ったと述べ、政治上の自由主義とは何かを説く。当時の旧制中学や旧制高校の授業と同様に西欧の各思想を説明しながら、いずれも現実とは遊離していると結ぶ論法である。橋本がこのような論法をどこで身につけたのかは不明だが、陸軍の他の軍人とは異なる発想で、それだけに相応の説得力をもっている。

西洋の国家にはいくつかのパターンがあると橋本は言う。たとえば古代ギリシャからインドを支配した当時のイギリスまでの征服国家と、ギリシャのアテネからフランス革命以後の民主主義的な契約国家を挙げ、いずれもいまは矛盾の極みにあると断ずる。いや、もともとこれら二つの国家体制は矛盾撞着に陥る宿命をもっていたと説くのである。

民主主義国家の欠点とは、(一) 大衆のエゴイズムを基盤とする議会政治、(二) 三権分立間の対立葛藤の調整不能、(三) 契約の自由が「結局に於て、所謂《いわゆる》生産手段の所有者たる資本家階級の享有する」ものにすぎないことで、その名の下に不自由が一般大衆に押しつけられていると橋本は見た。

征服国家、契約国家のほか、組合などの団体が利益を調整するためにつくる多元国家や共産主義を掲げる階級国家がある。そしてこれらの国家すべてを否定する思想がいま必要とされていると説くのである。橋本はきわめて難解な共産主義的用語なども駆使して、どの国家の役割もいまや尽きたと訴える。サンジカリズム (労働組合至上主義) の理論なども自在に操り、ダーウィンの生物進化論やスペンサーの社会進化論も紹介している。

大日本青年党本部に寝泊まりして事務の中枢に携わった専従活動家に直接聞いた証言によれば、橋本の講演は回を重ねるにつれ、旧制中学や旧制高校の学生など知的関心の高い層を集めるようになり、彼らの多くはその内容に魅かれたという。軍服を着た青年将校が聴講に来たこともあったという。

陸軍省軍務局の支え

橋本の書物に伏字がまったくなく、演説も中止を命じられずに行われたのは、陰に陽に陸軍省軍務局の支えがあったからだと言えよう。橋本の主張は桜会結成当時から軍内外で「錦旗共産党」つまり「天皇制下の社会主義」と言われていたが、あくまでも一君万民主義に徹していたのである。

第三章、第四章と読み進めると、しだいに「大日本帝国」は歴史の主軸になる宿命をもつという本題に近づく。第三章では、アジアの一部としてのインドやイスラム教国の文化は、いまや存在しないと訴えている。

「然し我々は、現在の印度や回教国に、文化は存在せぬと断言し得《う》る。あるはたゞ過去の歴史への追憶である。印度が英国に支配せられて居る間は、我々は、亜細亜文化の一部としての印度文化は存在せぬと思ふ。若し、真に文化復興、民族復興を為さんとするならば、印度は、又回教国は、科学や商工業や軍備を復興する為の民族的革命が行はれなければならぬ。印度民族が全民族の運命を賭しても、此の印度独立の為に立たんとする時に初めて、印度文化は復興する。従つて、過去の高貴なる精神文化も生々《いきいき》と復活して来るであらう」

アジアの国々に「文化はない」と断言した論理が、軍の南方進出の正当化に用いられていく。世界史を執拗に俯瞰した橋本が、多くの書にふれていたことはわかるが、「西洋＝物質文化」と「アジア＝精神文化」が対比されるなかで、その果てに辿りついたのが、まさに「大日本帝国の使命」であった。

「我々は此処に日本の偉大なる歴史的使命を自覚する。古来のアジア精神の粋を守りながら、又能く西洋の物質文化を融合統一し、西洋にも東洋にも比類《たぐひ》のない特異なる綜合文化を作り上げた日本こそ、来るべき東西を綜合した世界文化の生きたる実現者であり先駆者である」

橋本の主張は文部省編纂の『国体の本義』が訴えた内容とほとんど一体化している。『国体の本義』も「今日我が国民の思想の相剋、生活の動揺、文化の混乱は、我等国民がよく西洋思想の本質を徹見すると共に、真に我が国体の本義を体得することによつてのみ解決せられる」と述べ、それこそ「我等の重大なる世界史的使命」だと説いている。橋本はこの理屈をさらにわかりやすく、具体的に語ったのである。

新統制派の東條らが橋本の書に潜む軍人ゆえの歴史観を巧みに抽出し、どう具体化して国民に押しつけたのか、またそれをいつ棄てたのか、さらにつぶさに見ていかなければならない。

第35章　八紘一宇の顕現

新統制派と共通の理解

昭和十四年（一九三九）三月の召集解除後、橋本欣五郎はまるで陸軍指導部の御用思想家のように、書物や講演で持論を積極的に展開した。『第二の開闢』などに披瀝された持論は、昭和十年代の、とくに二・二六事件以後の軍部に影響を与えた。いやむしろ、思想なき軍事集団が橋本の理論を頼りにしたと言っていい。また橋本も頼られていることを自覚し、軍内外で政治的プロパガンダをくり返した。

『第二の開闢』全九章より、ここでは第五章「国体の本義」と第七章「八紘一宇の顕現」のなかに橋本の思想を探り当てたい。橋本理論がどのように軍事指導者に受け容れられ、どのように利用されたのか、あわせて検証する。たとえば第五章の要点は次のとおりで、文部省編纂の『国体の本義』と一体化してはいるが、橋本の思想にいくつかの特徴があることもわかる。

「国体とは如何に定義すべきであるか。我々は国体とは、我々大和民族が三千年の昔より未来永久にわたつて生成発展して行く場合に必ず拠るべく、遵《したが》ふべき根本体制であるとする。即ち大和民族生命実現発展の根本的体制である。昔の人も今の人も少くとも日本人として正しく生くる為には、必ず国体に基かねばならない。それならば国体に基くとは何であるか。〔中略〕之を具体的に云へば天皇帰一である」

「普遍絶対のすめらみこと即ち　天皇に、国民の生命、即ちみことが永遠無窮に帰一し行く体制が即ち国体である。更に比譬《ママ》的に言ふならば、皇幹臣枝の大木ありとして、一本の大本の幹が　天皇であらせられ、国民はその枝葉として、皇幹に帰一し、永遠無窮に発展し行く体制が国体である」

「日本国の森厳なる国体は、はやくも天祖の神勅《みことのり》にあらはれてゐる。すなはち天照大神が、皇孫瓊瓊《にに》杵尊《ぎのみこと》に『豊葦原の千五百《ちいお》秋の瑞穂国は、これ吾が子孫の君たるべき地なり。爾《なんじ》皇孫就《ゆい》て治めよ、行け。宝祚《ほうそ》の栄へまさんこと、天壌と倶《とも》に窮なかるべし』と、仰せ出されたるこそ、われ等の祖先が、この国を肇《はじ》むるに当つて、全身全霊を挙げて確立せる理想である」

　橋本が説く「国体の本義」はそのような表現で満ちている。つまり『古事記』と『日本書紀』の神話を持ち出して世界に冠たる国家の出発と称し、我々はこの流れを汲む大和民族だとくり返し説くのである。天皇を軸にした共同体で生きる我々の精神は、「皇幹に帰一」することで初めて無窮に抱かれた喜悦を得る。しかしその認識は思想でも理念でもなく、むしろ信仰と言っていい。

　さらに橋本は「天皇に帰一し奉り、物心一如の飛躍的国家制を確立して、光輝ある世界の道義的指導者たるべき日が遂に来た」と述べ、大日本青年党の青年や国民に刻下の日中戦争は「聖戦」だと訴えたのである。

　昭和十六年十二月に『橋本欣五郎』（戸川貞雄　拓南社）という書が刊行されている。むろん彼を讃える内容であった。翌年四月には衆議院議員選挙が控えており、まさにこの翼賛選挙に立候補する橋本のために編まれた書であった。いま『橋本欣五郎』を手にしてわかるのは、陸軍の軍人やそれに同調した言論人、また国民には、当時は支那事変と言った日中戦争が勃発したとき、史実とはまったく別の、特異な感情が湧いていたということである。

この書に「支那事変」発生時の橋本の心理状態が説明されている。

「事変は、拡大する！

世界の動乱にまで、波及する！

それが、歴史の必然だ！

この苦難を突破せねば、新しい歴史は創れぬのだと、大佐〔橋本〕は心に叫ぶのであつた」

さらに、当初政府が不拡大を決めたことに対して、『橋本欣五郎』は次のように批判する。まさに陸軍を動かしている新統制派とも共通の理解だったのである。

「満洲事変以来、国の内外に勃発してきた多くの事件は、その悉《ことごと》くが、偶発的に、何の脈絡もなしに起つたものではなかつた。激しく脈動しつつ、その必然的な方向に向つて、目には見えぬが、すさまじい勢ひで流れつつある歴史の奔流の、岩に激する姿にほかならぬ。堰き止めようとする努力の空しさを抑々《そもそも》何度繰返さうといふのであらうか？」

『第二の開闢』第五章「国体の本義」では、満州事変、日中戦争などはすべて起こるべくして起きたという皇紀二千六百年の流れに乗じた歴史観が示されていた。橋本の考え方には理論上の整合性はなく、ただひたすら国民を偏狭な空間に追い立てていただけではなかったか。

前章でもふれたが、橋本は『第二の開闢』で国家の型を征服、契約、多元、階級などに分類し、いずれもすでに役割を終え、日本の「国体」こそ歴史の主軸になるとくり返し訴えていた。たとえば西洋の征服国家は「古代ギリシャに於けるスパルタの如き」もので、この歴史の流れは終わったと断じ、つまり「時間」に対する批判を展開したのである。

いまや日本が歴史の中心になったと訴えることで、軍人や国民を心理的カタルシスに誘おうとする意図が、橋本の「時間」批判には込められていたと分析できる。それは独善でしかないのだが、軍事主導体制はこの橋本の考えを利用し、精神的支柱とした。昭和十年代のナショナリズムの歪みは、その点に落ち着くと私は見る。

「皇紀」の浮上

橋本と文部省編纂の『国体の本義』が軌を一にして主張した考え方は、「時間」に対する抜き難い劣等感に基づいている。具体的には明治五年（一八七二）十一月九日に明治天皇が発した「太陽暦施行の詔」が参考になる。

「太陽暦施行の詔」は従来用いてきた太陰暦について、必ずしも正確に月日が定められるわけではなく、「人智ノ開達ヲ妨ルモノ少シトセス」と断定した。一方、太陽暦は「四歳毎ニ一日ノ閏ヲ置キ、七千年ノ後、僅ニ一日ノ差ヲ生スル」のみで、ゆえに「自今旧暦ヲ廃シ、太陽暦ヲ用ヒ、天下永世、之ヲ遵行セシメン。百官有司、其レ斯《この》旨ヲ体セヨ」と命じた（「太政官布告」第三百三十七号）。つまり太陰暦より理に適った太陽暦を採用するという詔である。しかし実際には外交上の問題で、太陽暦を採用している先進国との統一性を得ることが真の目的であった。明治政府は「時間」において、まずは先進国との間に共通の基盤をもつことを決めたのである。

太陽暦の採用は西暦の導入をも意味したが、それには政府内に抵抗があった。キリスト生誕に則った西暦は日本に馴染まないとの意見である。日本では一代の天皇の治世でも何度か改元が行われた。災害や戦乱に際して元号を改め、人心を一新、統治システムを変更するなどしてきた。しかし明治維新のとき岩倉具視が「御一代御一号之事」という方針を立て、「明治改元の詔」が発せられた。

一方で日本独自のものとして、政府は明治五年にやはり太政官布告（第三百四十二号）を発し、『日本書紀』に基づく「皇紀」という紀元を用いることにした。神武天皇が橿原《かしはら》で即位したという紀元前六六〇年を元年に、明治六年を皇紀二千五百三十三年と定めたのである。和文訳詔勅集『みことのり』（森清人謹撰　錦正社　一九九五）によれば、明治六年二月二十三日付「陸軍少将井田譲を清国総領事に任じ給ふの国書」には「神武天皇即位紀元二千五百三十三年　明治六年二月廿三日東京宮城ニ於テ　親ラ名ヲ署シ璽《じ》ヲ鈐《けん》ス」とあるという。皇紀は正式には「神武天皇即位紀元」である。

ただ「皇紀」という「時間」は一般社会にはまったく滲透しなかった。むしろ国際社会で通用する西暦が一般化し、日本の歴史の流れは欧米の「時間」に覆われてしまった。ところが昭和十年（一九三五）の天皇機関説排撃や国体明徴運動が広がると、昭和十五年は皇紀二千六百年だというキャンペーンが張られ、紀年の徹底を求める国家改造論者が台頭した。明治六年（一八七三）以来表向きにはほとんど用いられることがなかった「皇紀」という「時間」が、歪んだナショナリズムの軸に据えられたとも言える。文部省編纂の『国体の本義』も、橋本が唱えた「国体の本義」も、明治、大正、昭和と地下水脈のように沈潜していた「皇紀」を表面化させ、復活させた。この流れはまさに「攘夷」への回帰とも言えた。

橋本の『第二の開闢』に「何故に天は日本国と云ふ不思議なる一国を地球の上に作つて置いて、三千年の永い間、養ひ育て丶来たのであるか。その世界史的意義が今漸く実現されようとしてゐるのだ」という一節がある。軍事指導者らがこのような自己陶酔で歴史に向き合ったとき、その行き着く先がどうなるかは明白である。太平洋戦争三年八カ月余のうち二年八カ月近くを首相、陸相として体制を主導した東條英機の言動と錯誤こそ、この裏づけとなっている。

「御一代御一号」だけでは、天皇が代われば「時間」の流れが分断される。明治政府は国家的「時間」の連続性をあらわす単位がないことに気づき、新たな紀年法を編み出した。しかし明治、大正期は皇紀の一貫性よりもそれぞれの時代の流れや規範が軸とされた。また大正天皇の時代にも、昭和天皇の時代にも「維新」が叫ばれたが、これはむしろ皇紀に反する考え方である。にもかかわらず昭和十年代に入って「三千年の歴史を有する国体」という観念が急速に広まったのは、いったい何を意味するのか。思うに次の三点が挙げられるのではないだろうか。

（一）日本の軍事行動を歴史的に正当化する必要性。

（二）欧米列強に対して日本が遅れているという現実認識。中国に対しては劣等感と優越感が混ざった複雑な心境。

（三）時代を読む目、歴史観、政治理念、また軍事上の戦略すらも指導者らに欠けていたこと。彼らの国策決定はだいたいが受動的で、常に目前の強硬論のみを偏見と思い込みで選択し、それが国益だと強弁した。

そしてこの三つの意味を「三千年の歴史を有する国体」に昇華させたのが、明治十五年一月発布の「陸海軍軍人に賜はりたる勅諭」すなわち軍人勅諭への信仰である。半世紀を経た昭和十年代の指導者は軍人勅諭の空間を独善的に解釈し、そのまま国家に当てはめようとした。ゆえに「歪んだナショナリズム」と言うより「ナショナリズム不在」の具現者であった。単に国権を振りかざし、国益の守護を国威の発揚と履き違えた、この国の歴史的、文化的、社会的、思想的基盤を具備しない、浮遊せる国粋主義者でしかなかったと断言していい。

「征服と云ふよりは平定である」

橋本の『第二の開闢』の検証を進める。橋本の論は軍人勅諭に麗句と古今東西の史実を噛み合わせており、前述の三つの意味をよくあらわしているが、とりわけ軍人特有の思い込みが前面に出た部分がある。それが第七章「八紘一宇の顕現」で、いくつかの重要な節を次に引用したい。

「日本の日本より世界の日本へ。之は既に到達する事が出来た。明治維新は日本本来の姿に躍進した時であり、日本の日本が建設された時である。日露戦争は世界地図の書き方を一変せしめた。即ち従来極東の支那の属国の如き有様で世界地図の東の端に記された日本列島であつたが、日露戦争以後堂々たる独立国として認められ、又日本は世界地図に於て西洋と東洋との中央に位する様になつた。これ世界の日本となつたのである。今や一歩を進めて、日本の世界たらしめねばならぬ」

「我が民族としては、大陸に又大洋に発展すべきであるが、それと同時に世界の不合理不正義を正して、真に公正なる世界秩序を再建しようとする指導精神に貫かれてゐる。

この外政の指導精神は即ち　天皇の大御心《おおみこころ》の発現せられたものである。凡ゆる民族を　天皇の統治下に帰属せしめ、天皇の徳沢《とくたく》に浴せしめるのである。然らざる場合にはそれらの民族は永久に他の侵略者のために国力民力を搾取せられてしまふ」

「一度《たび》　天皇の統治下に入つて来た民族に対しては、之を育成し、充分にその活力を発揮させ、他の方法に依つては到底得《う》る事の出来ない民族的幸福を与へるのである。勿論我が国に在つても武力を以て他を圧倒殲滅する事はある。然しこれは、卑怯にして弱いもの、自らたかぶれるもの、不正不義のものを打ち平げる事で、征服と云ふよりは平定である」

「征服」ではなく「平定」で、日本の「武力」が西洋諸国のように植民地支配のために行使されることはないと述べている。そして第七章「八紘一宇の顕現」は、次の文言で終わる。

「我が外政の伸張する所、我が国体の光被の及ぶ所、世界の凡ゆる民族は遠近を問はず、人種を論ぜず、山野を踰《こ》え、河沼を渉り、砂漠を横《よこぎ》り、海濤を凌ぎ、群星の北斗に集るが如く、翕然《きゆうぜん》として皇風に浴するに至るであらう。さうして遂に新しい世界が誕生するのである」

こうした一節を読んでいくと、橋本の説いた「八紘一宇」の思想には、まさに世界を手中に収めようとする意志があったことがわかる。それは随所に見られる「凡ゆる民族を　天皇の統治下に帰属せしめ」や「皇風に浴するに至る」といった表現にとくにあらわれている。著しく現実離れした橋本の思い込みを普遍化しようとするなら、日本の軍事力、伝統文化に「新しい世界」を「誕生」させる使命があることを既成事実としなければならない。

『第二の開闢』刊行は昭和十四年（一九三九）十一月だが、この橋本の考えがはたして軍中央の幕僚に浸透し得たのかと、当初私は疑問を抱いていた。しかし私は、東京裁判の法廷に提出されたある文書にふれ、橋本と軍事集団がほぼ同次元に身を置いていたことを知った。それは太平洋戦争が始まってまもなくの昭和十七年二月に軍事指導者がまとめた内部文書で、彼らは緒戦の優勢に気をよくし、世界各国に総督府を置いて「天皇の統治下に帰属」させる計画を練っていた。ヨーロッパ、北米、アフリカなどはドイツの勢力圏として除いているが、南米、ユーラシアに「皇風」を行き渡らせようと企図していたのである。橋本の思想に寄り添うようなこの内部文書は、結局は判事団に却下された。あまりにも現実性を欠いていると判断されたのであろう。軍事指導者らの無思想、無定見、無節操とも言うべき体質が、まるで誇大妄想の如くに地球儀を弄んでいたことがわかるのである。

皇紀二千六百年すなわち昭和十五年の八月、近衛文麿は第二次内閣の組閣後、政界再編のための第一回準備会を開くが、橋本もその委員であった。準備会は計六回開かれ、そして十月十二日に大政翼賛会として発会式が行なわれた。近衛首相は全閣僚や翼賛会の役員を前に「政府は聖旨を奉体し、現時の国際情勢に鑑み、高度国防国家体制の完遂に対して全力を捧げる」「新しき目標に向つて一億一心の協力体制を整備する」「大政翼賛運動の要綱は、大政翼賛の臣道実践といふことに尽きる」と断言した。

大政翼賛会の準備委員のなかから橋本を含む十一人が選ばれ、実践要綱が定められた。この実践要綱について前掲の戸川貞雄著『橋本欣五郎』は「橋本大佐の草稿になつたものであつた。試みに摘記して、如何にその理念といひ、指導精神といひ、さらにまた文章や語彙の末に至るまで、それが青年党の教本たる『橋本欣五郎宣言』と如何にそつくりであるかを示してみよう」と述べ、両者を逐一比較している。

大政翼賛会の実践要綱の冒頭は「今や世界の歴史的転換期に直面し、八紘一宇の顕現を国是とする皇国は、一億一心全能力を挙げて天皇に帰一し奉り、物心一如の国家体制を確立し、以て光輝ある世界の道義的指導者たらんとす」で始まり、確かに橋本の稿によることは容易に理解できる。

要綱案をまとめた十一人の委員は有馬頼寧《よりやす》、大久保立《たつ》、井田磐楠《いわくす》、大口喜六、後藤隆之助、八田嘉明、永井柳太郎、中野正剛、古野伊之助、前田米蔵、そして橋本であった。橋本は陸軍省の幕僚らに強引に押し込まれた節があるが、実質的に要綱案のまとめ役を担うことになった。とにかくこのような動向から、政治家や官僚、また近衛周辺の人脈が、橋本の先導による「八紘一宇の顕現」の意志に染まっていった事実が浮かび上がるのである。

第36章　利用された郷土愛

「革新右翼」と「観念右翼」

皇紀二千六百年の昭和十五年（一九四〇）、既成政党はすべて解散し、近衛文麿主導の大政翼賛会に吸収されることになった。四年目に突入した日中戦争がいっこうに解決の兆しを見せないことに国民の不満も高まり、それに応える新しい政治勢力が望まれていた。このような背景のもとに、橋本欣五郎が説いた「八紘一宇の顕現」の国家観が、親軍的政治勢力結集の呼び水として機能した。

近衛の京都帝大時代からの友人で、彼のブレーンとして昭和研究会を主宰し、周辺の知識人をまとめた後藤隆之助は、当時の政治勢力には二つの系統があり、軍内の流れをも引きずっていたと証言している。後藤は『語りつぐ昭和史3』（朝日新聞社　一九七六）の「昭和研究会と近衛公の動き」のなかで、新体制運動について興味深い分析を試みている。日中戦争にともなう政治的、軍事的行き詰まりに直面し、その打開には国民の協力を得なければならず、どのような運動が必要かを考えたとき、二つの流れがあったと指摘するのである。

「革新右翼は軍と結託、近衛新体制運動を利用して親軍的一国一党に導こうと策謀したのであります。これは大体において軍の統制派に結ばれ、親独主義で三国同盟の熱心な主張者であり、ナチスまたはファッショ派の一国一党論者で、末次〔信正海軍〕大将を頭にして、中野正剛、橋本欣五郎、小山亮、白鳥敏夫等がこれに属しておりました。

これに対抗するものは観念右翼、いわゆる国体明徴派で、共産主義を最も嫌っておったが、同時にナチスやファッショも国体と相容れぬものとして反対し、著しく精神運動的で大衆運動を重視しなかった。小林順一郎、井田磐楠氏らが運動の中心で、軍の皇道派に近く、平沼騏一郎、頭山満等にも連絡し、井上日召、三上卓等のテロ派はこれに属しておった。しかして近衛公はどちらかといえば、一国一党論の革新右翼を好まず、皇道派に近く、そしてまた観念右翼にも近かったのでありました」

後藤から見て近衛は「観念右翼」に近く、「革新右翼」とは距離を置いていた。つまり橋本や中野正剛らの一国一党論に近づく新統制派の軍人とは一線を画していたことになる。橋本が説いた八紘一宇の理屈はあくまでも軍人勅諭の空間に立つもので、ゆえに民間の研究者や言論人、そして二・二六事件当時、軍と距離を置いた者にはなかなか受け容れられなかった。また「革新右翼」にせよ「観念右翼」にせよ、彼らの主張が国民に届いていないという現実もあった。近衛と新体制運動をともにした者、また「革新右翼」「観念右翼」は、どのようなかたちで国民の協力を得るかを競う段階にあったのである。

なぜ国民の協力が必要だったのか、理由はきわめて単純である。日中戦争がしだいに泥沼化し、昭和十三年三月に衆議院で可決された国家総動員法の施行なども予定されるなか、戦争遂行には全国民の協力こそ必要であった。協力とは、ただ兵士として戦列に加わるというだけではなく、生活のすべてを戦時体制に収斂させることへの諒承も意味した。

上部構造では近衛ら公卿、寺内寿一や梅津美治郎ら軍事指導者、また国会議員の利害が入り乱れていた。国会議員には民政党の斎藤隆夫のように、日中戦争を「聖戦」と称する軍事指導者に異を唱える者もいた。昭和十五年二月の斎藤による「反軍演説」は「徒らに聖戦の美名に隠れて、国民的犠牲を閑却し、曰く国際正義、曰く道義外交、曰く共存共栄、曰く世界の平和、かくの如き雲をつかむような文字を並べ立てて、そうして千載一遇の機会を逸し、国家百年の大計を誤るようなことがありましたならば、これは現在の政治家は死してもその罪を滅ぼすことはできない」と舌鋒鋭く軍部を批判する内容であった。

この「反軍演説」に対し、斎藤の除名を要求する声が議会内で高まった。聖戦貫徹議員連盟という親軍的な超党派組織がつくられ、結局、斎藤は除名された。そのような動きのなか、国策決定に関わる上部構造は何としても日中戦争を貫徹し、軍事面だけではなく政治的にも勝利しなければならないという点で一致するが、しかし「革新右翼」と「観念右翼」以外の政治勢力は存在しないかのような状態になった。そして上部構造のこの二つの勢力は、下部構造をどのように吸収するかにおいても対立した。

軍事主導体制を支持した政治家や官僚、民間右翼は、政策をまとめ、現実化してきた新統制派を「革新」勢力と捉え、すり寄っていった。反して「観念右翼」は、純粋に国体への帰依を希求し、「革新右翼」の現実性を嫌った。「観念右翼」のような国体原理主義者は神道関係を中心に、皇国史観を信奉していた。両者の政策は基盤自体が異なっており、対立は必然であった。

国家と命運をともにした共同体

上部構造が聖戦完遂を説く根拠とした「八紘一宇の顕現」は、国民には受け容れやすい考え方であった。昭和十四、十五年頃、橋本欣五郎が大日本青年党を足場にその主張を広げることができたのは、下部構造の庶民を吸収し得たからである。当時、東京市内の郵便局に勤めていた党員の回想記からは、大日本青年党の支部の広がりが窺える。

「橋本大佐のことを私共は、統領と申し上げていた。〔中略〕本部の書記から、地区の座談会あたりでも統領の出席を求める声が多く、橋本、橋本と統領が出なければならぬようでは組織は伸びないよと橋本大佐がいわれたと聞いたが〔中略〕成る程、オルガナイザーの考え方というものは、大衆動員の基本を摑んでいるのだなとおもった」（今澤榮三郎『徳孤ならず』日本防衛研究会　一九九七）

日中戦争が始まってから陸海軍の兵力は増派のため一気に膨らみ、昭和十二年十二月には六十万人近く、十三年十二月には実に百三十二万人ほどに達した。昭和六年の満州事変時の二十五万人余に比べると、徴兵の規模が格段に増したことがわかる。この数字は、二十歳で徴兵検査を受ける青年のうち、即入隊となる現役徴集の割合が年を追って拡大したことも示している。現役徴集は昭和八年で二割程度だったが、「三八年（昭和一三）には四〇パーセントをこえ、三九年（昭和一四）には約五〇パーセントとなった」（大江志乃夫『徴兵制』岩波新書　一九八一）。

喜多村理子著『徴兵・戦争と民衆』（吉川弘文館　一九九九）によれば、徴集対象の職種は林業、漁業、農業の順であった。日中戦争前は徴兵検査で甲種合格してもすべてが徴集されたわけではなく、三割程度であった。しかし日中戦争以後は、地方の青年もすぐに徴集され、短期間の訓練で中国戦線へ送られるようになった。偏った徴集の理由として、日本の伝統的な共同体で育った青年は使いやすく、命令に従順だとする見方もあった。「つまり国家の指導者層は農山漁村に住む人々を愚民視していた」。「しかし、農民たちが戦争に協力的であったのは純朴な、単純な尽忠一路の気持ちからというよりは、ムラから徴兵・召集されていった男性たちの無事を祈るためであった」。喜多村の書は、戸数がわずか二十二しかない鳥取県東部の八頭《やず》郡旧A村の「庶務日誌」を引用しながら、そこで暮らす青年が日中戦争下で次々に徴集され、やがて戦傷、戦死通知が届いたことを具体的に紹介し、農村と戦争の関わりを明らかにしている。

「満州事変当時においては比較的実感の乏しかった戦争が、蘆溝橋事件以降には自分の家から、近隣から男性たちを戦場に送り出し、戦死者を迎えるという身近な体験を通して、現実のものとしてムラの人々に突きつけられたのである。こうして過酷な痛みを伴う体験を通して、ムラ社会は急速に国家と命運を共にするという感覚になっていく」

甲種合格でも全員の徴集はなかった頃、神社では公然と「兵隊にとられませんように」と祈願されていた。徴兵を免れようとあれこれ算段をめぐらせることも決して珍しくはなかった。しかし「戦争」を通して共同体の人びとは上部構造の政策を受け容れ、息子たちの命を差し出していった。

本音はどうあれ、二十歳の徴兵検査で「甲種合格」することは、むろん「成人」の証でもあった。乙種や丙種とは違い、国家公認の健康な男子として頼りにする共同体も確かにあった。たとえば基地に近接する農村、また在郷軍人会が強い郡部などでは、タテマエでそのような言い方もされた。だが実際には、兵士として死地へ赴くことを強要する国家には、面従腹背で対したと考えるほうがより正しい。甲種合格でも徴集されなかった家庭では、密かに赤飯で祝ったという話も伝えられている。

また満州事変の頃は召集令状が届くと親戚縁者に挨拶し、青年は日常生活の延長のように出征した。まだ戦争の実感はなく、二年間の兵役をこなしてくるという程度の心算であった。ところが日中戦争以後、徴集された青年は村民総出の歓送の宴席に座るよう求められた。旗や幟を立てて神社で戦勝を祈願し、駅では村長や在郷軍人会の会長ら有力者に激励された。「陛下の赤子として七生報国の精神で奮闘してほしい」「一死奉公の気持で軍務に励んでほしい」「故郷の名誉のために武勲を立ててほしい」というような言葉がくり返された。私が説く下部構造のナショナリズムは、このような言葉で一気に上部構造に呑み込まれたのである。

「郷土部隊」を競わせた手法

農村共同体に伝承する死生観あるいは自然観は、きわめてまっとうなものだと私は思っている。柳田國男や宮本常一など共同体の伝承を検証した研究者の著作にふれるとすぐにわかる。ある村ではザリガニを捕まえても決して殺さず、夕方家に帰るときは小川に戻すよう子供を諭す古老がいた。自然と共存せよ、無益な殺生はするなという伝承が当たり前のこととして守られていたのである。ところが出征者に武勲を立てよと励ますのは、明らかにそのような伝承に反する。ゆえに特別の待遇や名誉を与え、代価として共同体の伝承を超えるよう求めた。この要求は、一つには、軍務を名誉と思い込ませる強権的な教育でなされた。また一つには、刻下の戦争および兵士としての使命に歴史的な意味があるとの説得でなされた。

前者では軍人勅諭の精神を徹底して刷り込み、「命令・復命」の枠組みに半ば暴力的に束縛した。後者では橋本欣五郎の「八紘一宇」のような理想、また皇国史観を刷り込んだ。陸軍の指導層には思想教育を行う能力がほとんどなく、たとえば橋本の著作や限られた関連書を与えた程度で、その枠組みから外れることを断じて許さないという方法を採った。

日中戦争以後、軍事指導層は共同体を変容させようと企図し、もともと陸軍が建軍以来編成を進めてきた「郷土部隊」を利用した。たとえば前原透の論文「郷土部隊と日本の徴兵制」(『地域別日本陸軍連隊総覧　歩兵編　別冊歴史読本24』新人物往来社　一九九〇)は「勝ちいくさの続いていた日中戦争初期、『ふるさと部隊』『郷土兵団』などの呼び方で、郷土から出征している部隊の行動が地方新聞の紙面を飾ることが多かった」と記すが、これは作戦行動でも各地の「郷土部隊」を競争させた指導層の手法を示している。

徴兵制実施のため、地方自治体の組織のなかにその業務を担当する部門が設置された。徴集、教育、訓練、動員などを行うわけだが、当然各地域の特性が生かされた。たとえば寒冷地では雪上訓練が行われ、このような部隊は自ずと対ソ戦の役目が与えられた。そんな「郷土部隊」の特性は「この作戦にはこの部隊しかない」という類の名誉として語られたのである。

前原論文によれば、どの地方の部隊も同じように訓練し、同じように運用されなければならないという統一した「国民軍」の発想が元来あったことがわかる。しかし「兵員相互の郷土的なつながりによる部隊の団結、郷土の激励と支援とによる士気、愛国心の振作、部隊としての伝統の保持・育成などによる軍隊の精強化が次第に評価・期待されるようになった」という。結果、各共同体が面子を懸けて武勲を競う意識が形成された。その意識が日中戦争では利用された。「郷土部隊」間の先陣争いが奨励され、時に暴走の原因にもなったのである。

「郷土部隊」という発想はしかし、徴兵検査で甲種合格になっても三割ほどしか徴集されなかった平時には、とくに示されることがなかった。日中戦争、太平洋戦争と突き進む過程で、農村共同体からの徴集が拡大し、「郷土部隊」は各地域の名誉や体面の代名詞に変質していった。郷土の期待が兵士たちに懸けられたのである。郷土を愛する感情がまさに国家機構における軍事的末端組織の土台となり、これが政治的ファシズム体制を支えることになった。

その感情がファシズムに収斂した好例として、昭和十六年一月に陸相の東條英機が軍内に示達した「戦陣訓」がある。「戦陣訓」は一部の部隊に士気の弛緩が見られるとして、東條の指示で陸軍の教育総監部第一部第一課精神教育班が作成したものである。島崎藤村の校訂とされ、志賀直哉や和辻哲郎もこれを回覧している。もともと日本軍の兵士は、日露戦争時もそうだったのだが、捕虜となることにとくに抵抗感がなかったと言われる。こうした兵士たちの資質を硬直した将校らは不満に思い、死ぬまで戦い抜くよう教育しなければならないと考えた。日中戦争下、戦況の悪化にともない、捕虜になる兵士が増えていたのである。

「戦陣訓」には『国体の本義』や橋本欣五郎の「八紘一宇の顕現」、二・二六事件の青年将校の蹶起趣意書など、昭和十年代の偏狭な国家観がすべて凝縮している。また皇紀二千六百年の大政翼賛運動の「臣道実践」の精神なども含まれていた。

「戦陣訓」が含意する軍事組織の国家観は、近代日本が保持してきた本来の考え方と異なるだけではなく、共同体が歴史のなかで熟成した死生観さえも無視する内容であった。「本訓　其の二」の「第二　孝道」には次のようにある。

「忠孝一本は我が国道義の精粋にして、忠誠の士は又必ず純情の孝子なり。戦陣深く父母の志を体して、克《よ》く尽忠の大義に徹し、以て祖先の遺風を顕彰せんことを期すべし」

まず「祖先の遺風」という語が孕む強圧性に注意を払わなければならない。本来共同体に伝承する先達の「遺風」に、「戦陣訓」の説教は背くものと言えるが、この下部構造のナショナリズムを軍事指導者は巧みに「尽忠の大義」にすり替えた。「祖先の遺風」という語に含まれた共同体の倫理観の否定は、さらにいくつもの矛盾を懐胎しながら兵士たちに強制されていった。その構図のなかに、健全なナショナリズムが敗北した姿が宿っている。

「戦陣訓」を詳細に見ていくことで、私たちはナショナリズムが敗北した姿を確認し得る。そして太平洋戦争自体が内包する歪みを浮かび上がらせ、新たな視点で歴史に定着させる必要性に気づくのである。

第37章　「戦陣訓」の根幹

黙殺された捕虜の存在

昭和十六年（一九四一）一月に東條英機陸相の名で「戦陣訓」が示達されたことについては、いくつもの理由が考えられる。日中戦争を戦う兵士たちの道義的な士気が著しく低下していたこと、さらに昭和十四年のノモンハン事件で予想外に捕虜が出ており、軍事指導者が不安を抱いたことなども指摘されている。

もともと「戦陣訓」は陸相示達の一文書にすぎない。当時、第十六師団長だった石原莞爾のように、軍人勅諭で充分なところになぜ東條が屋上屋を架すのかと激怒し、何ら兵士に伝えなかった例もある。一方、東條の歓心を買おうと兵士に暗記させたり、捕虜になるなら死んで奉公しろと単純な解釈を押しつける連隊長や師団長もいた。以後の戦場で「戦陣訓」がどれほどの強制力をもったかは、いくつかの記録で裏づけることができるが、ウルリック・ストラウスの『戦陣訓の呪縛』（吹浦忠正監訳　中央公論新社　二〇〇五）には興味深い事実が指摘されている。

ストラウスは一九二六年ドイツ生まれのユダヤ人で、少年期の三三年（昭和八）から四〇年までを日本で育った。アメリカに移住して高校を卒業、陸軍情報部日本語学校にスカウトされた。戦後はG

HQで情報将校を務め、五七年に外交官試験に合格、国務省に入った。外交官になってからも太平洋戦争下の日本人捕虜の意識に関心をもち、研究を続けてきたようである。

ストラウスは、日本人捕虜の意識は幾重にも屈折していたと分析する。第二次世界大戦当時はドイツでも、アメリカやイギリスでも、兵士の損耗率が二五％ほどに至れば自動的に捕虜になるのが一般化していたという。ところが日本に限っては全員玉砕や自決の事例が多く、捕虜になる率は他国と比べて極端に少なかった。いくつか考え得る理由として「戦陣訓」の存在を看過できず、ストラウスは前掲書を著したという。なかには日本人捕虜を尋問したアメリカ軍将校の証言などもあり、次のように記録されている。

「日本兵は全員絶命の際に『天皇陛下万歳』と叫ぶというのは本当かと質問した。日本兵の回答は思いがけないものであった。ある捕虜は『一万人に一人だろう』、また別の捕虜は『二万人に一人でも多すぎる』と述べたのである。死にゆく日本兵の口からこぼれる言葉は『オカーサン（お母さん）』であったという。

数十年を経て戦争や捕虜の体験を語る際に、元日本兵たちは、当時もっぱら考えていたのは自分の住んでいた場所や肉親、特に母親のことであったと回想している」

もし自分が捕虜になることがあれば、故郷で家族が迫害を受け、村八分にされると信じており、兵士たちはこれを拒んだ。兵士たちは死に際して自らの共同体の記憶のなかに身を置いた。軍事指導者らが国家の名で恫喝混じりに説いた「戦陣訓」などの教えとは、別の次元にいたのである。

「戦陣訓」を兵士の戦争観の要に据えようとした軍事指導層の将校らは、そういった事実にほとんど想像をめぐらせていない。示達だけで死をも恐れぬ皇国精神が完成し得ると過信した指導層の傲慢さは、いかにも軍官僚の発想であった。この見通しの甘さを、ストラウスの言葉を借りて説明しておきたい。

『戦陣訓』は、まったく意図していなかったもう一つの結果を生んだ。日本兵の投降を望まないというだけの理由で、日本政府はあたかもそれが起きていないかのように振る舞った。政府は赤十字国際委員会を通じて提供された捕虜の情報を無視し、日本の神話に反するからといって捕虜の存在を黙殺した。自国政府に見放された格好となった捕虜は、連合国軍の思惑通りに働いた」

軍事指導者らは日本軍に捕虜はいないというタテマエで、赤十字の情報に取り合わなかった。この点で軍事指導者らは兵士を二度裏切っている。まず兵士たちが共同体に抱く素朴な心情を「戦陣訓」や後述する『臣民の道』で解体し、上部構造の戦争観に収斂させようとした。さらに、現に兵士たち国民が受け容れたわけでもないのに、諒解されたものとして、その教えに反する「事実」など存在しないと決めつけた。この軍事指導者の自己本位の非人間的な錯誤によって、昭和に至るまで歴史的に継承されてきた健全なナショナリズムが、崩壊の危機に瀕したのである。

「戦陣訓」示達と同じ昭和十六年の七月に文部省教学局が発行した『臣民の道』には、国家に奉仕すべき心構えが説かれている。昭和十六年現在の人類史を西欧列強の侵略による世界秩序の破壊期と捉え、その考え方自体は当時の知識人共通のものであった。さらに西欧思想は「個人主義・自由主義・唯物主義等」を標榜し、行き着く先は「弱肉強食の正当視、享楽的欲望の際限なき助長、高度物質生活の追求」で、「植民地獲得及び貿易競争を愈々《いよいよ》刺戟し、これが因となり果となつて世界を修羅道に陥れ」たとする。明治以来の欧化主義で誤った「軽佻奢侈の風が瀰漫《びまん》」し、世相を害してきたが、しかし満州事変や支那事変で少しずつ改革されてきたと『臣民の道』は断言する。いまこそ「父祖の心を継いで、皇運扶翼の臣民の道を実践」すべきで、「命も金も名もいらぬ全く己を滅した人間」たれと説く。国家は一つの家族で個々の家が存在するのではないと、『臣民の道』は一大家族国家を呼号しているのである。

文字どおり『臣民の道』もきわめて一元的な理屈で、知識人が真に追随し得たのかは疑問だが、「戦陣訓」と並び、『国体の本義』や橋本欣五郎の『第二の開闢』また「大政翼賛会実践要綱」などと同工異曲だと言えるのである。

「変調」を来した時代

昭和十年代の戦争教育をどう位置づけるべきか。私たちの国が視野狭窄に陥ったのは当然の帰結なのか。あるいは平衡感覚を失い、変調したのか。いや、西欧社会が市民的権利を獲得したその革命の経験がない日本にあっては、通過儀礼だったのか。

宿痾か変調か通過儀礼か。この問いに向き合わなければならない。その考察をもとに戦後社会を理解する必要がある。ナショナリズムの視点で昭和十年代を捉えるとき、当然の帰結とする「宿痾」より、また市民革命に代わる経験値としての非人間的な「通過儀礼」より、私は「変調」という考え方に重きを置く。戦後社会では思想的にも社会的にも「宿痾」あるいは「通過儀礼」と解釈されてきたが、昭和十年代は驚くべき「変調」を来したという見方を私はむしろ重んじたい。日本の歴史のなかに位置づけられる時代として、あまりにも異様な空間だったと考えるほうが理に適うのである。この

「変調」を裏づけるために、共同体のナショナリズムを崩壊に導こうとした「戦陣訓」をさらに分析していく。

「戦陣訓」は陸軍の教育総監部第一部が中心となって骨格をつくった。校訂には島崎藤村や志賀直哉、和辻哲郎らが関わったとされ、確かに容易に口ずさめるような韻律がある。しかし実質的な内容は彼ら文学者によるものではなく、教育総監部の本部長だった今村均や下僚の将校が、陸軍出身の戦争学研究者の著作や意見などを参考にまとめたものである。

「戦陣訓」には「本訓　其の一」「本訓　其の二」「本訓　其の三」があり、いずれも昭和の戦争論を軸にしている。「本訓　其の一」は七項に分かれ「第一　皇国／第二　皇軍／第三　軍紀／第四　団結／第五　協同／第六　攻撃精神／第七　必勝の信念」となっている。「本訓　其の二」は十項で「第一　敬神／第二　孝道／第三　敬礼挙措／第四　戦友道／第五　率先躬行《きゅうこう》〔自ら行う〕／第六　責任／第七　死生観／第八　名を惜しむ／第九　質実剛健／第十　清廉潔白」となっている。「本訓其の三」は「第一　戦陣の戒《いましめ》／第二　戦陣の嗜《たしなみ》」で、各項九つに分けての説明が付されている。

「本訓　其の一」には、この国のかたちや軍事集団の位置づけが記されている。「本訓　其の二」には、兵士に求める資質や心構えが強調されている。そして「本訓　其の三」には、戦場でどのような戒めがあるのか、どのような精神が「武」を支えるのかといったことが比較的詳しく述べられている。

「戦陣訓」には「国→兵士→戦場」という一本の筋があり、全兵士はこの図式のなかに組み込まれていると説く。とくに強調されているのが「本訓　其の一」では「第二　皇軍」と「第三　軍紀」で、また兵士の資質を規定する「本訓　其の二」では「第七　死生観」や「生きて虜囚の辱を受けず」を含む「第八　名を惜しむ」であった。このような重要項目を抜き出すと、当時の日本型の「戦争観」

が凝縮していることがわかってくる。

その戦争観は昭和初年代、軍隊内部にも日本社会にも見られないものであった。しかしこの戦争観は昭和十年代、いわば二・二六事件以後に変調を来す日本社会をありのまま体現していたと言っていい。単に教育総監部の幕僚が考えたというだけではなく、そのような姿勢を日頃から説いていた研究者や学者、言論人の影響を受けた戦争観だったのである。

皇軍の軍紀

「戦陣訓」は次頁の図のような構成になっている。この図は昭和十九年十一月に刊行された中柴末純《なかしばすえずみ》の『日本戦争哲学』（冨山房）からの引用だが、「戦陣訓」の内容のほとんどがその考え方に立脚していることがわかる。まさに戦争学研究者の戦争観であった。中柴は「戦争の本質は威力作用の発揮にある」としたうえで、自身作成の図を次のように解説する。

「大別して有形的及び無形的要素と成し得やう。無形的要素とは、勇気、謀略、耐忍等の如く、主として精神的方面に属する諸要素を云ふ。支那に於ても、往時兵を論ずるに当り、亦此二種を挙げて居る、孟子に所謂天時、地利、人和や、孫子に所謂道、天、地、将、法の如き、是れである。〔略〕有形的要素中に在ては、勿論将校兵士を以て第一のものと為す可く、無形的要素中に在ては、情に於て団結（和同）を主とし、智上は神謀を最上とし、意上には決死を以て重要とする」

中柴の図などをもとに「戦陣訓」を読み解けば、時代の背景が浮かび上がってくる。昭和十六年前

〈戦争の本質〉

- 戦争力の要素
  - 無形的
    - 意
      - 正義
      - 勇気
        - 勇猛
        - 果断
      - 耐忍
    - 智
      - 明察
      - 智謀
      - 謀略
    - 情
      - 和同
      - 熱情
        - 服従
        - 親愛
    - （意・智・情）
      - 統御
      - 統帥
      - 戦略
      - 戦術
      - 築城
      - 技術
  - 有形的
    - 随意的
      - 直接
        - 形
          - 編制
          - 軍紀
            - 形式
            - 精神的内容
        - 質
          - 軍器、要塞
          - 将士
            - 人員
            - 人物
              - 素質
                - 精神
                - 体格
              - 訓練
      - 間接
        - 資糧
        - 運輸、通信
    - 不随意的
      - 天時
      - 地利

注意

一、無形的要素の区分は抽象的のものなり。随て具体的に云ふときは彼此関係を有す可きこと、論を待たぬ。

二、本表外、人及資糧の保続上尤も必要なる「経理及衛生」の方面を有するも、混雑を避くる為、表には省くこと、せり。

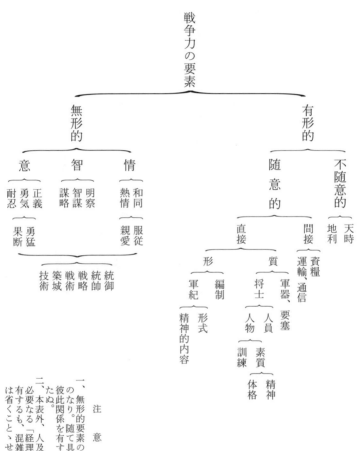

後は戦争哲学関連の本が多く刊行された。なかでも中柴は最も精力的に研究成果をまとめて世に問うた一人である。彼の著作は軍官僚らに読まれ、政策起案の参考にされたことであろう。むろん「戦陣訓」についても、教育総監部第一部の将校らが最も肌に合う研究者の論を手本にしたものと考えられる。日頃から「戦争の本質」を説いた中柴の「哲学」は「戦陣訓」に露骨に盛り込まれており、その根幹に据えられたと判断すべきであろう。

まず中柴がどのような人物だったのかを確認しておかなければならない。中柴は『日本戦争哲学』のなかで自身の経歴を次のようにスケッチしているが、この内容から「戦争哲学」の鼓吹者と「戦陣訓」の関係、またそれが近代日本の良質なナショナリズムをどのように破壊しようとしたかを検証する。

「私は明治の初期に於て、郷里信濃国松本市に生れ、同地に於ける尋常中学卒業後、機縁ありて、帝国陸軍に編入せられしものなるが、往時陸軍士官学校卒業後、何となく私の脳裡に浮びしは、当時に於ける士官学校の教育が私の所謂文的方面に於て幾分欠如せざるに非ざるやを感ぜしめたることである。併《し》かも軍国多事復た斯文を学ぶの余裕なく、爾来職を陸軍に奉ずること多年に及びしも、先般骸骨を賜る〔辞職の許しが出る〕の恩命に接し、茲《ここ》に閑を得て、親しく東京帝国大学の門に遊ぶの機会を獲た。居ること四年、私の胸憶に映ぜしは、同大学の教育が幾分武的方面の躾に於て充分ならざるものあるに非るやを直感せしめたることである」

陸軍士官学校には「文的方面」つまり哲学など人文科学や社会科学の教育が欠けており、逆に帝国大学では「武的方面の躾」が不充分だったという中柴の告白は重要である。昭和の戦争哲学研究者、なかんずく昭和十年代の専門家がどのような心情だったかが明らかになっているからである。

中柴は東京帝大三年の頃、自らの思想は固まったと述懐する。それは「皇道」こそ世界を支配する原理だという境地であった。

「我国に開闢《かいびやく》以来厳存する、尊厳なる神髄の　神皇大道（皇道）が現代及び将来に於る我国上下の依拠す可き無上の大道にして、個人も、国家も将《は》た又我等の世界も、宇宙も、之により其正当なる準縄《じゆんじよう》〔行動基準〕を獲得し得可きものたることであつた」

中柴は昭和二年に『昭和の新理想と世界美化』（宝文館）、三年に『戦争哲学』（偕行社）、五年に『日本国民に告ぐ』（中柴恵洲名義　瑞景閣書院）、七年に『まこととまごころ』（偕行社）、八年に『皇道とその実現』（宝文館）、十一年に『新興日本の国防　陸軍篇』（日本青年館）など、十六年十二月の「大東亜戦争」開戦までの間に十五余の著作を刊行している。私が引用した昭和十九年の『日本戦争哲学』については「大東亜戦争」を受け、十六年前の『戦争哲学』にわずかの補正を加えることで急ぎ再刊したと記している。前著『戦争哲学』を刊行した偕行社は、陸軍将校の親睦と学術研究を目的にする団体であった。ゆえに当時の読者のほとんどが陸軍軍人だったが、『日本戦争哲学』は戦時下の再刊とはいえ、一般の読者を意識したという補足もあった。中柴は五五六頁という大部の『日本戦争哲学』を冨山房より再刊するさい、あえて昭和十六年示達の「戦陣訓」の解説を加えた。「戦陣訓」が自身の「戦争哲学」をもとにしているという自負のためであろう。

前掲図の「有形的」要素で最も重要なのは「人」で、「将校兵士」こそ戦争の主体だと中柴は説く。「将校兵士」にとって重要なのは「軍紀」で、この概念は明治の半ばから用いられるようになった。しかし「西洋の軍紀では、外国に於ける軍隊建設の事情と国家成立の根本及びその功利的・個人主義的・自由主義的なる国民性と相俟つて、外形的なる法的強制方面が比較的重んぜられ強調せられる傾向」がある。このような「軍紀」は日本では受け容れられず、つまり皇軍の建軍思想に抵触すると中柴は言うのであった。

皇軍の軍紀については「（一）天皇の御親率（二）神皇大道（皇道）の実現に対する的確なる了得——軍使命の自覚（三）武士道的気魄（四）和合（五）軍律遵奉の精神」の各項から検証すべきだとし、中柴はその五項を丁寧に解説する。このような考え方が「戦陣訓」にも採り入れられていると述べ、「本訓　其の一」の「第三　軍紀」の全文を引用し、「深く味ふべき所」と説くのである。

中柴は皇軍の最も重要な点は「軍紀」にあるとし、多くの頁を割いて国民や兵士の説得をくり返す。「戦陣訓」の本質が軍紀の徹底だと理解できれば、残りの「教え」はこれを守らせるための威嚇と言えるであろう。つまり自らの共同体を超えて国家に奉仕しろ、それこそが故郷の人びとを喜ばせることになるという脅しであった。

「戦陣訓」は、やがて日本軍の兵士が軍事指導者に梯子を外されることを図らずも語っている。この「裏切り」について、具体的に考えてみる必要がある。

第38章　中柴末純の『日本戦争哲学』

戦時体制に同化することの歓び

中柴末純が昭和三年（一九二八）に『戦争哲学』として刊行し、昭和十九年に改訂した『日本戦争哲学』は、昭和十年代の軍部による各種刊行物や訓示の類の根幹を成している。昭和十六年一月示達の「戦陣訓」作成にあたっては、教育総監部や陸軍省軍務局の将校だけでは心許ないということで部外者二人が協力するが、それが中柴と白根孝之であった。戦後、白根は次のように明かしている。「応召将校のなかから私と後備役の中柴末純少将の二人が選ばれたわけである。私は九州帝大で哲学、教育学を専攻し、昭和十二年に応召されるまでは、高等師範で教えていて」（「文藝春秋臨時増刊　太平洋戦争日本陸軍戦記」一九七一・四）

『日本戦争哲学』という大著から窺える中柴の発想を検証すると、すぐに次頁の座標軸が思い浮かぶ。これは私自身が中柴の書にふれるたびに実感したことで、その戦争論はこの座標軸が示す世界観で国家と個人の関係や歴史を説明している。

たとえば中柴は、座標軸の「Ⅱ」のなかに身を置くときこそが国家の使命と個人の存在が最も一体化し、生きがいのある状態だとする。そして「Ⅳ」の空間にいる下部構造の人びと、柳田國男の言う

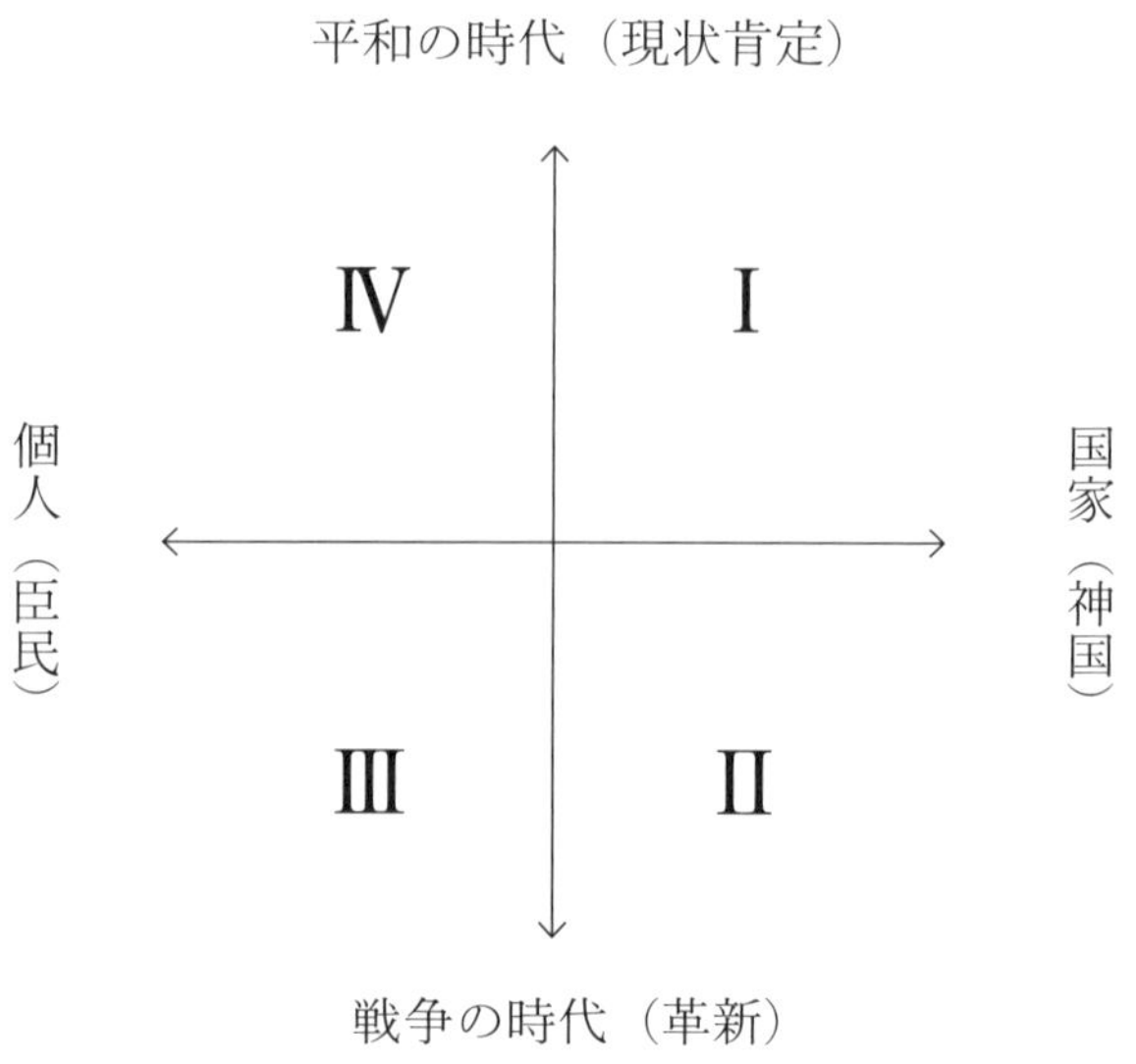

「常民」を「Ⅱ」のなかに取り込もうとする。つまり中柴の「戦争哲学」は、下部構造の人びとを「Ⅱ」の領域に追い込むための、あるいは誘い入れるための先導役を担ったのである。

　中柴の「戦争哲学」の特徴は、上図「Ⅰ」「Ⅲ」「Ⅳ」の空間に止まる者の意識と行動が、皇国の原理に反するという見方を示した点にある。軍事指導者らは「Ⅱ」の領域に、軍事用語では「地方人」と言った軍外の人びとを追い込むために、中柴の「戦争哲学」を必要とした。橋本欣五郎のように大日本青年党や赤誠会といった政治結社をつくり、軍事を軸に歴史観を鼓吹する者を集めることも重要だったが、それ以上に、国民を動かす方法を知悉している中柴が説いた一般向けの「戦争哲学」こそが最も期待されたのである。

　なお付言すれば、軍事指導者の意に適った橋本、中柴の役割は、実際に太平洋戦争が始まり、前面に出てきた教育総監部による国民向けの

『皇軍史』刊行で終えさせられている。この意味では橋本も中柴も、つなぎの手駒であった。『皇軍史』は昭和のナショナリズムがどのような虚構空間に入ったかをよく証明している。いささか社会病理的な段階に入ったと言ってもいい。その文脈で『日本戦争哲学』を見ていくと、最も特徴的なのが「第四編　戦争論」だと気づく。ここでは「戦争」の時代にめぐりあった個人＝臣民は自己の全存在を確かめることができるという説得がなされる。それは生と死を実感するということでもあるが、中柴は古今の哲学者、思想家、軍人の言などを引用しながら、戦争がもつ歴史的な意味を説いていく。中柴のこの論によれば「戦ひ」と「戦争」の意味は違うという。

「戦ひ」とは、相対抗する二者、各々、自己の正当なるを信ずる場合に於て而かも其が相容れざる際、或は二者の利害相反する時、之が解決を相互の力量に訴ふる所作を云ふ。
「戦争」とは、衆人の間若くは衆人の団体の間に、生死を賭し強力を以て相争ふ「戦」を云ひ、而して「近代的に所謂戦争」とは、国家相互の間に於て、強力を以て其目的主張の解決を期する所以の行動を云ふ。
而してそは実に最高なる二個の文化及武力の衝突に外ならぬ。

戦いは個人間の争闘だが、戦争は国家間の争闘で、文化と武力両面の衝突がある。中柴の説く『日本戦争哲学』はこの定義に尽きるが、二つの意味があることに気づく。一つは、戦争という大状況でも仔細に見れば、個人と個人の戦いの様相を呈しているとの考えである。つまり戦争は国家ないしそれに準ずる団体の「目的主張の解決を期する所以の行動」を指すと同時に、「戦ひ」の累積だと訴えていた点である。この指摘は昭和九、十年頃に陸軍省が次々発表した「戦争哲学」の小冊子とも符合する。「たたかひは創造の父、文化の母である」という「国防の本義と其強化の提唱」いわゆる陸軍パンフレットの内容を補完しているとも言うことができ、高度国防国家における国民の意識を説く内容であった。

「文化及武力の衝突」

中柴の戦争観のもう一つの意味は「文化及武力の衝突」という視点である。もとより戦争は国家間の軍事行為だが、各国の文化や伝統、歴史が反映しているとの指摘である。これはまさに「戦陣訓」に通ずる考えであり、日中戦争や太平洋戦争にも「日本の文化」が反映しているという見方が可能になる。

そのような「哲学」を前提に中柴は「戦争と人生」を解説していく。「争闘」の歴史、さらには国家の目的についても所信が披瀝される。原始時代よりしばらくの間、戦争は三つの理由で行われたと述べ、「生物としての存立」「人種的感情」「宗教上の対立」を挙げる。この段階を経て人類は「開明的時期の所産」たる「政治的戦争」の段階に入ったと言う。クラウゼヴィッツの論を引用し、「戦争を以て政治の延長」とする見方も丹念に記す。そのうえで中柴は持論を展開するのだが、軍事指導者らに訴求力をもち得たことは容易に想像できる。なぜなら昭和という時代にあって「軍部」が政治的実権を握るのを必然と位置づけていたからである。ゆえに現在でも昭和史を解析するさいの有力な論となり得るのである。

かくて政治的戦争（現時所謂戦争は概ねこの範囲に属す）は之を大別して甲、内戦、乙、外戦とすることができる。甲は国内の戦争にして一国家の範囲を出でざるものであり、乙は国家間の戦争にして所謂国際戦争ともいふべきものである。今、従来史上に現出せる之等両種の戦争を挙ぐれば、左の如くである。

甲に属するもの
一、統治権争奪の戦争
二、統治権移転の戦争（欧洲に於ける君民政権の争ひ之なり）

甲乙を兼ぬるもの
三、植民地独立の戦争

乙に属するもの
四、覇権獲得の戦争（連帯関係ある衆国家の間に行はるるを常とす）
五、第三国の制馭を目的とする戦争
六、征服的戦争

以上は政治的戦争の主要なる類別なるが、此種戦争の起因は原始的の段階より開明的の域に進み、又その性質に於いても自然的より人為的に変遷せるものなるが故に、前三項に掲げたる原始的・人種的・宗教的戦争の発生が必然的にして避け難き場合多きに比し、大に道徳的批判を加ふべきものがある。

このような理屈で中柴は「原始的〔生存のため〕・人種的・宗教的戦争」が日本史上皆無で、将来もないと予測する。日本が経験した戦争は国内の統治権争奪と「外国の侵略に対する自衛」のみだと言うのである。それこそが他国と異なる点で、まさに「尊厳なる国体を堅持し、仁国にして神国たり、而して又之に即する武国たる所以」だとする。客観的な分析がある段階からきわめて自己中心の抽象論に傾き、その特徴が軍事指導者に相応の影響力をもたらすことになった。

続いて中柴は、政治的側面が主の戦争には経済的側面や文化的側面もあることに言及する。日本、東洋、西洋の歴史のいくつかの例を挙げ、専門的な知識とともに平易に解説している。中柴の説く戦争の文化的側面とは何か。第一に「国語」、第二に「世上各般の制度」、第三に「生活状態」、そして第四に「心的無形的のもの」で、二国間の争闘は、もとより軍事が主体となるにせよ、言語、社会システム、国民生活、さらに国家としての徳目が問われると言うのである。

興味深いのは第一の「国語」、つまり言語のもつナショナリズムが重視されている点である。

「国語は国民性の象徴であり、伝統であり、之により、国民の風尚ともいふべきものが決定され、加之《しかのみ》ならず、その言葉には一つ一つに祖先の意思と感情と知識即ち生命が含蓄せらるゝが故に、優秀なる国家の国語は、自ら他国の言語を薫化し、或は制圧するに至ることを免れぬ」

こう述べたうえで国語は教育と一体化しており、まさにナショナリズムそのものの象徴だと中柴は説くのである。

このような視点から中柴は、戦争の核となっている社会システムや国民生活、さらに伝統などを守るためにも敗戦は許されないと強調した。とくに昭和に入ってからの「日本精神——皇道精神——の高揚による国体明徴運動」の結果、「満洲事変・支那事変、尚又現大東亜戦争」を起こしたが、いずれも平和のためだと主張している。国体明徴運動が後押しした「平和戦争」だという認識を、いまこそ国民はもつべきだと説くのである。

そして中柴は、戦争の時代に個人がいかに生きるべきかを明かしていく。

「戦争は、其必要とする事項につき、人間精神力の全部を傾注せしむるものなるを以て、之に関する方面の智能を開拓進歩せしむべきこと固《もと》より言を俟《ま》たぬ」

戦争は科学の発達を促し、工芸技術を生み、社会の総合的知識を増進させる。戦争が社会発展を促すという見方が、言葉を変え執拗に説明され、その大事業に参加することこそ、この時代に生まれた者の宿命だと訴えるのである。

「戦争は実に人世の事実であり、夫《それ》自身は、絶対的に善でもなく、又悪でもない。其善悪は一に相対的たらざるを得ぬ。尚一層適切に別言せば、そは善悪を超越するものである」

このように説得される戦争という「事実」のなかで、個人の生きる道は肉体的にも精神的にも国家に収斂していくしかない。

冷徹さと神がかり

『日本戦争哲学』には、確かに戦争の歴史の冷徹な分析も随所に見られる。たとえば戦争を甲、乙に分けて論じた点や、その悲劇を教訓とする人間の能力が問われているといった記述などである。しかしこの書をよく吟味するときわめて矛盾に満ちた内容だとわかり、戦争の時代に日本国民がどう生きるべきかというくだりになると、急に神がかってしまうのである。現実の「大東亜戦争」の評価については、次のような言い方をする有様である。

そは我皇国肇創《ちょうそう》以来の大精神にして、世界の秩序を正し天下万民をして其の所を得しむるのが畏くも我が神皇の大御心なるは、天孫降臨に際する五大神勅により明かなる所である。斯くて、之を大観すれば我国は肇国《ちょうこく》以来幾々万年を通じ、その為に奮闘邁進せるものにして、皇国の総力戦は、実に、宇宙開闢以来「まこと」実現の為め、ずつと継続して今日迄戦はれ、今正に、時を得て「八紘一宇」を現前せんとする段階にあることを、はつきりと自覚せなければならぬ。

かくて、皇国は今正に、世界の為め厳粛にして真剣なる総力戦を戦ひつつあるのである。

この戦いの終局は全世界が「日本神皇の御稜威《みいつ》を仰」ぐ状態で、結論は「我々は、今実に乾坤一擲の大総力戦を闘ひつつある神軍の戦士である」という点にあった。なぜ『日本戦争哲学』がそのような結論に辿りつくのかは判然としない。先に矛盾と言ったが、むしろ中柴が時代に阿《おもね》て無理矢理引き出した結論で、これ抜きでは刊行されなかったのかもしれない。

それにしても客観的な史実の検証や、カントの『永久平和論』の紹介など先達の思想解析の記述がなぜ「我々は神軍の戦士である」になってしまうのか、きわめて曖昧である。結論と、これを導き出すための論理展開に大きな隔たりがある。

私の結論としては、次のような理解になる。

（一）日中戦争から太平洋戦争にかけての日本の軍事行動は、「戦争哲学」を専門とする論者が見てもあまりに慌しいものであった。

（二）先走る軍事を制御する理論が失われていた。

（三）目的の曖昧さゆえ、国民に「聖戦」だと説得するには、より抽象的で神がかった言葉を用いるしかなかった。
（四）戦争の歴史や内実を踏まえ、昭和十年代の日本の軍事を検証したとき、永久の「平和」を求めたやむを得ない行為と見るしかなかった。

そのような苦心が中柴の『日本戦争哲学』からは浮かんでくる。冒頭に示した座標軸は、中柴の書が抱え込んだ時代の要請とも言い換えられる。「Ⅱ」の領域に国民を押し込むためにかなり無理のある論法が用いられた。ナショナリズムは共同体を守護するものだという立場から言えば、「Ⅲ」や「Ⅳ」の領域にこそ本来の姿が見られるはずであった。この領域にいるかぎり、国家が決めた政策の内容について、時に一体化しながら、時に批判者たり得た。また国策に対する態度も、根本では自ら決めることができた。しかし、それは許されなかった。

「戦陣訓」は「Ⅱ」の領域に兵士たちを押し込め、はみ出すことを許さなかった。「戦陣訓」がもつ怖さは、もとより捕虜になるなとか命を惜しむなと訴えた点にあるのではなく、「国家の恫喝」だったという表現のほうがわかりやすい。兵士たちを共同体の枠組みから切り離すことで、国家の忠実な下僕たることを強要した。共同体から切り離すために、伝承されてきた生活の規範や倫理観は国家と一体のものだと半ば強引に説いた。軍事指導者らは共同体の価値基準の破壊者になることで、昭和十年代の戦争を推進したのである。ゆえに戦時の指導者らは戦争の具体的な目的を、敗戦を目前にしてもなお説明することができなかった。このような整合性のなさを、軍事思想家であるべき中柴末純の著作が実は代弁していたことなど、当時は知る人もなかった。

中柴の書には論理展開と合わない結語しかなかった。大本営の参謀らの戦略がいわば「反ナショナリズム」に転化したのは、思想や理念を欠くうえに指針とすべき整合性をもつ書もなかったからである。その事実は結局、近代日本の軍隊が建軍以来、自前の哲学をもたなかったことに行き着く。哲学なき軍事という視点からの分析が、いま最も急ぐべき課題である。

第39章　『皇軍史』の独善

失われた「国民軍」の発想

『第二の開闢《かいびゃく》』の橋本欣五郎と『日本戦争哲学』の中柴末純は、昭和十六年（一九四一）十二月八日の真珠湾攻撃による対米英戦争まで、軍事指導者が歓迎する政治的方向性を国民に説いてきた。では二人の考え方が実際に太平洋戦争の戦略にどう反映したのか、さらに下士官、兵士たちにどのような戦争観を吹き込んだのか、より具体的に検証する必要がある。この検証で三年八ヵ月余の太平洋戦争における戦時指導が、結局のところ近代日本の共同体の生活の規範や倫理観を踏みにじる「反ナショナリズム」にほかならなかったことが明らかになるはずである。庶民の意識を支える下部構造はいかに圧殺されたのか。その過程を検証していかなければならない。

まずは陸軍が戦時下に打ち出した戦争観がどのようなものだったのかを確認しておきたい。橋本や中柴は開戦前、国民を戦争へと導く役割を果たしたわけだが、では陸軍指導部は開戦後、実際、国民に何を要求したのか。

昭和十八年八月五日、陸軍の教育総監部が『皇軍史』という書を刊行した。奥付を見ると定価は「参圓六拾銭」、部数は一万五千部とある。すでに紙が不足した時期だというのに大部の六百八十三頁、豪華な厚表紙で装幀されている。目次の前頁には「本書は陸軍教授諏訪間快亮《かいりよう》外一部職員の作業にして推敲の余地あるも主として下級将校の為日常軍隊教育の参考として配布す　昭和十七年七月」とある。つまり太平洋戦争の開戦から約半年後、「日常軍隊教育の参考として」編まれたものだが、この書を一般向けに刊行すること自体、国民すべてを兵士に仕立て、国家総力戦体制に組み込もうという意図が感じられる。

『皇軍史』は「大東亜戦争」にどのような目的があるのかを、軍の歴史をなぞりつつ詳細に説明している。基本的な考え方は「二千六百年の皇軍発展の跡を明かにすることによつて、皇軍の本質を明確に把握し、皇軍の使命と皇国軍人の本分とを確認し、以て八紘一宇の大理想の顕現を翼賛し奉るべき皇軍の規範を求め得るのである」といった記述にあらわれている。「皇軍」という言葉が執拗にくり返されている点が特徴である。「皇軍」とはそもそもどのような組織なのか、どのような歴史を辿り、この戦争にどう向き合うべきか、それが中心的なテーマだと言っていい。

「序説」では編纂の方針を要約した六カ条が掲げられており、当時の日本陸軍が自らを「皇軍」と任じた所以が浮かび上がってくる。

一、天皇統帥の根本義を明確にし、大元帥陛下の御武徳と崇高なる皇軍の使命とを感銘せしめる。
二、武人献身奉公の跡を明かにし、軍人精神の精華を感得せしめ、皇国軍人たるの性格を練成する。
三、政戦一如、陸海一致、軍民一体の跡を明かにし、国防国家の真姿を感得せしめる。
四、百戦必勝の伝統を深刻に感得せしめる。

五、常に世界史との関連に注意し、世界史の中核たる皇国の真姿を顕現し、皇軍の歴史的使命を明かにする。

六、皇国の国民性を闡明《せんめい》する。

この六カ条を受けて、「序説」ではさらに次のような理屈が展開される。「我が肇国の初めより天祖の率ゐ給ひし軍隊乃《すなわ》ち神軍と称すべきもの、さては天孫降臨に際して供奉《ぐぶ》せる軍隊等即ち我が皇祖皇孫を護り衛りし軍隊を叙して皇軍成立の本義を明かにし、人皇第一代神武天皇御東遷に随ひまつり中州《なかつくに》平定の聖業を御翼《たす》けした皇軍を語り、以後歴代の天皇御親率の下に皇道を宣揚し皇威を顕揚した皇軍の事蹟を叙して皇紀二千六百年の今日に及んだ」。いま我々はまさに「神軍」の系譜を引く聖業完遂の使命をもって「大東亜戦争」を戦っているとの主張である。

神武天皇以来の神話に基づく期間を「神代」と称し、そこには「天祖御親《みずか》ら武装し、陣容を整へ給ひし」という「神軍」が存在した。この「神軍」こそ「皇軍」の源流であり、それ以外認めないと弾圧することで、いっさいの疑問や不信を排斥した空間を陸軍はつくり上げた。もはや「国民軍」の発想などなかったのである。

陸軍の主要機関である教育総監部がこのような書を編んだのは、下級将校の教育のためだけではなく、彼らを通じてその内容が下士官や兵士に伝達されるという計算もあった。加えて戦時下、一般に向けて販売された点については、国民にも「皇軍」を理解させようとの意図が窺える。『皇軍史』には理性や知性を感じさせる記述がいっさいない。「皇軍」という神の軍隊が拠って立つ精神世界の崇高さのみが、ひたすら強調されているのである。

神軍精神を注入した肉塊という認識

『皇軍史』の外枠は前述のとおりだが、この書が説く「神代」については深く立ち入らず、明治以降の解釈の仕方に的を絞りたい。そこで注目されるのは、明治十五年（一八八二）一月に天皇が下賜した軍人勅諭に対するきわめて特異な解釈である。「陸海軍軍人に賜はりたる勅諭」つまり軍人勅諭は、天皇制の軍隊が尽くすべき本来の役割を明文化したもので、身分上の社会的制約や国を守る使命感が強調されていた。ところが『皇軍史』は、軍人としての社会的制約や使命感よりもさらに重要な「精神」があるとし、次のような点を強調する。

「叡明なる明治天皇には、夙《つと》にみそなはせられる所あり、恰《あたか》も明治十四五年が、軍人精神教育の大本を昭示し給ふ時運に際会したので、我が国上代から発展し来れる我が武士道を国民的に精錬し大成し、天地の公道人倫の常経、我が皇国軍人の永遠の聖典として軍人勅諭を渙発し給ひしものと拝察されるのである」（傍点は原文のまま）

軍人勅諭の冒頭は「我国の軍隊は世々天皇の統率し給ふ所にそある」だが、これが意味するのは「神武天皇躬《みずか》ら大伴物部の兵《つわもの》どもを率ゐて中国《なかつくに》を平定し給ひし以来、歴世兵馬の大権を掌握あらせられ建軍の本義炳乎《へいこ》〔光り輝く〕として確立せられたる所以を明かに御示しになつた」（原文はすべてに傍点）ことだとする。『皇軍史』は軍人勅諭をもとに現実離れした歴史的空間を創作していた。そこに存在するのは実際の兵士ではなく、虚構の非人間的形象であった。「皇軍」の兵士とは現実に呼吸している人間の姿ではなく、「神代」からの「精神」を凝縮させた抽象的存在であった。

このような実体なき兵士は、日々の生活感覚をもつ人間ではなく、「神国」の「精神」が注入された肉塊だとの理解が「皇軍」の基本姿勢だったと私には思える。『皇軍史』はそういった奇妙な、いわば倒錯した人間像を示すのだが、これは橋本欣五郎や中柴末純が説いた戦争観を達成するための、然るべき兵士の姿をさらに進化させていた。陸軍の教育機関の歪みを如実にあらわした戦争観と言えよう。

昭和十七年（一九四二）七月から下級将校たちは『皇軍史』を強制的に読まされた。太平洋戦争中のいくつかの作戦には、それと符節を合わせたかのような特徴が窺える。昭和十七年八月からのガダルカナル島での作戦、翌十八年五月のアッツ島に始まる一連の玉砕、さらに戦争末期の特攻など、『皇軍史』の戦争観に立脚していたからこそ可能だったとしか思えない。兵士を生きた人間として捉えれば、とうてい考えられない作戦が相次いで行われたのは、〈神軍精神を凝縮させた肉塊〉という、あまりにも現実離れした認識が、指揮官にあったからだと気づかされるのである。

日中戦争、太平洋戦争の日本軍将兵の戦死者は、昭和五十一年の厚生省の調査で二百四十万人と発表されている。戦後の戦病死まで含めると実際には五百万人を超えるのではないかと私は推測している。二百四十万人の七割は餓死という研究もあるのだが、このような兵站《へいたん》無視の作戦もまた『皇軍史』に立脚していたと考えていい。生きた人間として、つまり日々の営みを行う人間としての兵士ではなく、「神軍」の崇高な使命感に燃える人形という認識が、太平洋戦争下の大本営の作戦参謀にいかに好都合だったか、私たちは理解しておく必要がある。その特異な戦争観が、ナショナリズムとはまったく別の次元に属することは明白である。これは国家の存在基盤たる国民の生命、財産を守るという、本来的な国策とまったく相容れない。ナショナリズムそのものが完全に空洞化していたのである。

聖旨の曲解

『皇軍史』は明治十五年（一八八二）の軍人勅諭以後の「皇軍」の動きを日清戦争や日露戦争、第一次世界大戦などと絡めて記しながら、明治天皇の大御心がいかに出征兵士に向けられていたかを示すべく、七頁にわたり御製を紹介している。

いくさ人いかなるのへにあかすらむ蚊の声しげくなれる夜ごろを

時雨ふる頃ともなりぬいくさ人暑さいかにと思ひやるまに

もろこしの荒野の末のありさまを思ひやりても月をみるかな

外国《とつくに》の野辺のたむろにこの秋も月やみるらむわがいくさびと

むしろ明治天皇のほうに兵士を「人間」と捉える視点があり、臣下の者への思いを率直に伝えていたことがわかる。しかし『皇軍史』は、そのようなごく自然な解釈をあえて採らない。「神ながらなる明治天皇の御聖徳を拝して、明治以来の諸戦役に於ける輝やかしき勝利と我が皇軍の建設と発達とが一に明治天皇の叡慮に依つたのであつて偶然ではない事を知るのである」。御製に込められた思いを曲解し、明治天皇を強引に自らの側に引き寄せ、きわめて偏狭な空間をつくり上げている。

太平洋戦争下の軍事指導者らが、たとえば『皇軍史』でも紹介されている明治天皇の御製の一つ「国の為たふれし人を惜むにも思ふは親のこゝろなりけり」の意味を真に理解し得たならば、このような書で下士官や兵士を教育することなどなかったであろう。「皇軍」にとって国民は兵士の供給源であると同時に、後方で「皇軍」を支える存在であり、本来なら「皇軍」に守られるべき存在であった。昭和十七、十八年の段階で、「皇軍」の歴史とその精神を説いた陸軍の教育機関は、国民をどのように見ていたのか。国民の協力なくして高度国防国家体制を築くことなどできないのである。『皇軍史』は国民を指導する不安も正直に打ち明けている。大正末期の反軍的風潮、世間のデモクラシーへの共鳴、あるいは白樺派的人道主義の流行などに対する強い不満である。国民は大正期に「欧米諸国の思想、学問、風俗、習慣に至る迄、善悪を計る事なく受け入れた」。たとえば人道主義といった第一次大戦後の軽薄な風潮、またソ連の社会主義思想による物質万能主義などが世間に入り込み、「かくて国民は真面目に働く事を厭ひ、漁利投機の思想は国内に瀰漫《びまん》」した状態だと嘆いている。欧米思想に追随する国民の浮わついた生活様式が、日本の伝統を解体した。加えて政治家が政争にのみ没頭し、利己に走った。このような知識人や政治家、また反軍部の傾向をもつ学者などを「かゝる輩」と呼び、そんな連中だけが国を支配していたわけではないと強調する。

さらに重要なのは、第一次大戦後の東アジアの新しい国際秩序たるワシントン体制下の主要国が、現状維持を企図して日本の国民に「平和を鼓吹し、軍縮を説」いているとの認識である。これに付和雷同した日本の輿論《よろん》のなかには「軍備全廃」を説く者まであらわれたという。「皇軍」の歴史認識では、一九二〇年代のワシントン体制下での反軍意識や、国際的な人道主義の流れこそ真の敵であった。その認識をもとに、昭和日本はこのような各国の工作を撥ね退けることができたと自賛したのである。

陸軍の指導部の歴史観では、軍人勅諭が構築する空間以外はすべて敵側の工作に満たされており、国家意識をもたない国民がそれに利用され、蠢動していることになっていた。このような国民が大勢とならなかったのは、ひとえに軍事教育を兼ねた教練や青年訓練所の賜《たまもの》であった。軍はまさにその先頭に立ってきた。

『皇軍史』の記述は明治、大正、昭和と時代が進むにつれ、すべて「皇軍」が中心となり、「皇軍」こそが日本の歴史や文化、伝統、さらには天皇の意思を代弁しているかのような傾きを帯びてくる。この独善が空虚な精神論で語られ、人の息吹きがまったく聴こえなくなる。明治期にあった「国民軍」の発想は消え失せ、『皇軍史』以外をすべて否定する偏狭な空間が構築されたのである。

大正十五年（一九二六）十二月二十五日、大正天皇が崩御したあと昭和天皇が即位した。二十八日には朝見の儀が行われ、そして御学問所で昭和天皇は陸海軍軍人に勅諭を下賜した。その「陸海軍軍人ニ下サレシ勅諭」こそ昭和天皇が大元帥として直接自らの意思を伝えたものである。「皇軍」の軍人はこの勅諭を昭和という御代の柱にしていかねばならぬと『皇軍史』は檄を飛ばした。

朕祖宗ノ威霊ニ頼リ萬世一系ノ大統ヲ嗣クニ臨ミ朕カ股肱タル陸海軍人ニ告ク

惟フニ皇祖考夙ニ汝等軍人ニ聖訓ヲ降シ給ヒ皇考亦申《かさ》ネテ聖諭ヲ垂レ給ヘリ汝等軍人拳々服膺《ふくよう》〔心

中に銘記し忘れず守る〕シ克ク匪躬《ひきゅう》〔わが身を顧みず君主に忠誠を尽くす〕ノ節ヲ效《いた》シ盡忠《じんちゅう》報国ノ偉績ヲ
建テタリ
朕ハ先朝ノ慈育愛撫シ給ヘル軍隊ヲ念《おも》ヒ切ニ汝等軍人ノ忠誠勇武ニ信倚《しんい》シ列聖ノ遺業ヲ紹述シ倍々
国威ヲ顕揚シ億兆ノ慶福ヲ増進セムコトヲ冀《こいねが》フ
汝等軍人其レ克ク朕カ意ヲ体シ先朝ノ訓諭ニ遵由シ審《つまびらか》ニ宇内《うだい》〔世界〕ノ大勢ヲ察シ深ク時世ノ推移
ニ鑑ミ切磋砥礪《しれい》愈々《いよいよ》操守ヲ固クシ一意奉公ノ至誠ヲ擢《ぬきんで》テ以テ宏猷《こうゆう》ヲ扶翼セムコトヲ期セヨ

これは言うまでもなく軍人勅諭の空間を再確認したものだが、同時に天皇の軍隊として「列聖ノ遺業」を守り、さらに発展させてほしいとの訴えであった。その聖旨を『皇軍史』は都合よく解釈した。とくに昭和の軍人たちは「宇内ノ大勢ヲ察シ深ク時世ノ推移ニ鑑ミ」という一節の意味を履き違え、戦争を拡大させた。この聖旨に応えるのが軍人としての「盡忠報国」だと錯誤し、八紘一宇を顕現すべく、中国、アメリカ、イギリスなどを敵に回したのである。

昭和の軍人は「皇軍」というきわめて精神性の強い言葉で自らを語り、統帥権をもつ天皇に二つの役割を仮託することになった。一つは大元帥としての天皇である。それは軍事上のあらゆる命令を発する存在であり、自分たちはここに生命を賭けるという「統帥絶対」の信仰であった。もう一つは現人神《あらひとがみ》と化した天皇である。それはまさに「神軍」の「神兵」を率いる「神」という理解であった。大元帥としての天皇の名で命令は発せられ、この現人神に自らは死をもって一体化するという信仰であった。

『皇軍史』が実際どれほどの人を納得せしめたのかは明らかにされていない。だが昭和十七、十八年という戦時下に人が「爆弾」と化す前段階として、どれほど異様な状態に置かれていたかは窺える。理念および思想なき大本営参謀たちの作戦は、すでに現実の世界から逸脱していたと考えるべきであろう。

第40章　「陸海軍軍人ニ下サレシ勅諭」の空洞化

「軍人精神」という矛盾

昭和元年（一九二六）十二月二十八日の「陸海軍軍人ニ下サレシ勅諭」は、明治十五年（一八八二）一月四日の「陸海軍軍人に賜はりたる勅諭」つまり軍人勅諭の空間を引き継ぐよう命じていた。しかし陸軍の教育総監部が昭和十八年（一九四三）八月五日に刊行した『皇軍史』は、昭和天皇の勅諭の「宇内ノ大勢ヲ察シ深ク時世ノ推移ニ鑑ミ」という一節を都合よく解釈した。その一節については「聖旨宏遠にして優渥《ゆうあく》、軍人たるもの服膺《ふくよう》奉体以て奉効《ほうこう》を期すべき」（原文はすべてに傍点）と説いた。

昭和天皇の勅諭は自身と「陸海軍軍人」の紐帯を示したものだが、先の一節には「切磋砥礪《しれい》愈々操守ヲ固クシ一意奉公ノ至誠ヲ擢《ぬきんで》テ以テ宏猷《こうゆう》ヲ扶翼セムコトヲ期セヨ」と続いていた。世界の「大勢」をよく分析し、努力を重ね、志を守り、報恩の誓いを立て、大事業を成し遂げよといった意味になる。もとより勅語の原稿は、侍従武官を通じて陸軍の指導部が案を出し、最終的に天皇自身の裁可を得るのが内々の約束であった。

当時の陸軍内部では、昭和二年四月に組閣し、積極外交に方針を転換した田中義一らまだ長州閥に力があったが、世界の「大勢」は一九二〇年代のワシントン体制下の協調路線で、基本的には日本もこの秩序のなかにいた。しかし昭和十年代後半、一九四〇年代の戦時体制下、協調路線など軍部にはもはや意味を成さなかった。「陸海軍軍人ニ下サレシ勅諭」の「列聖ノ偉業ヲ紹述シ倍々国威ヲ顕揚シ億兆ノ慶福ヲ増進セムコト」を前提に、戦争を拡大させたのである。明治、大正の「軍人勅諭」のもとで遂行された日清、日露の戦果こそ国益になったという認識である。

明治、大正の「遺業」を継ぎ、さらに発展させるのが昭和の陸海軍の使命だという認識を『皇軍史』は土台にしていた。原点には、大正中期からのワシントン体制下の人道主義や非戦主義の否定があった。軍人だけが「人間道徳の最高の道」を体現しており、人道、非戦などは西欧列強の狡猾な世論操作とも断じていた。『皇軍史』は昭和の「軍人精神」について次のように記す。

現代の軍人精神は我が日本民族が建国以来所持して来た丈夫《ますらお》の道或は武士《もののふ》の道の伝統を承け継ぐものに外ならない。故に今から千百五十余年前に歿した大伴家持の歌にある――海行かば水づく屍《かばね》山ゆかば草むす屍大君のへにこそ死なめ顧みはせじ――の三十一文字は現代に生を稟けた我々の琴線に迫まるのである。軍人或は武士として最も価値を発揮し得るのは戦場に於てゞある。故に軍人精神或は武士道といふものは全く戦争を心懸けその為に一切の修養準備をなす所の道徳に外ならない。而して此の戦争には種々なる批判が下されるのであるが、少くとも道或は精神と名がつく以上は義或は善の戦争でなければならない。そこに自己の生命を捧げると云ふ人間道徳の最高の道があるのである。

而して我が国にあつては総ての道徳は天皇に帰一するといふのが、日本民族の信念であり信仰であり歴史的現実である。

こうした理屈はきわめて独善的な歴史観で成り立っている。『皇軍史』は戦時下に軍事史を研究した文官らがまとめたものだろうが、全体に脈絡がない。「軍人精神」自体よくわからない。「武士道」は戦争のために修養を積むさいの「道徳」としながら、たとえ批判されても大東亜戦争は「精神と名がつく以上は義或は善の戦争でなければならない」と言うのである。意味の曖昧さはさらに激しくなる。

「されば軍人精神或は武士道は上御一人の御為に尽し奉る時に始めて意義を生ずるのである。武家時代に於ける武士は天皇にあらざる主君の為に忠を尽すべき事を教へられ励まされたのである。当時の武人は皇軍として天皇に尽し奉る機会機構を与へられなかつたので単に封建時代の小忠に堕するの止むを得なかつたことは悲しむべく亦憐れむべきものである」

封建時代の武士に比べれば明治以後の軍人は何と幸せなことか。天皇の「御諭し」がいかに国民を幸せにしたか。陸海軍はまさにその至福を現実化する組織だと規定する。「御諭し」という語を用いて「軍人勅諭」が培った「精神」をくり返し説き、明治、大正期の戦歴を経て昭和に至ったと概観するのである。

『皇軍史』に見られるこのような論旨不明の記述は、いったい何を物語るのか。中柴末純の『日本戦争哲学』には読者を説得しようとの意気込みがあった。「軍人精神」にしても一応は日本の戦史を俯瞰し、それを戦場でどう生かすかを説いて、読者を納得させようと配慮していた。ところが『皇軍史』にはこの意気込み、配慮がない。

封建時代の武士は主君への「小忠」しか果たし得ない「悲しむべく亦憐れむべきもの」で、つまり

「天皇に尽し奉る」ことこそ「大忠」だと『皇軍史』は言っている。その一方で「軍人精神」は「武士の道の伝統を承け継ぐものに外ならない」とも平気で言っている。このような矛盾を踏まえ、『皇軍史』の意図がどこにあるのか、その特徴は何か、私なりの見方を整理しておきたい。とくに「軍人精神」に限っての指摘だが、ここには重大な錯誤が宿っている。

（一）「軍人精神」とは「上御一人の御為に尽し奉る」ことである。
（二）「天皇に尽し奉る機会」は日本の歴史上ほとんどなく、いまその「意義」が生じている。
（三）小忠に堕した封建時代の武人を憐れみ、いま「皇軍」として「大忠」を果たさなくてはならない。
（四）「皇軍」の戦争に「生命」を捧げなくてはならない。
（五）死こそ真に「軍人精神」の昇華した姿である。
（六）大東亜戦争にこそ「軍人精神」の発露が求められている。
（七）「軍人精神」は昭和に入って初めて発揮され、世界が驚く戦果を挙げている。

「戦陣訓」に通ずるこの七つの特徴は次のように賛えられ、現実の戦果だと謳われた。

「現下の支那事変に於て大東亜戦争に於て陸に海に皇師百万硝煙弾雨の第一線に艱苦を克服して日夜奮戦を続けて居る。而してその軍人精神を発揮せる美談は花と咲き薫り東亜新秩序の建設はやがて成らうとして居る」（原文はすべてに傍点）

前述のとおり『皇軍史』は「下級将校の為日常軍隊教育の参考として配布」したものだと「昭和十七年七月」に記され、ゆえに編纂自体は太平洋戦争開戦の約半年後にはほぼ済んでいたと思われる。翌十八年八月には六百八十三頁の大部の書として一般向けにも発売された。陸軍の教育機関の入学試験にも用いられたというが、その内容が空虚なのは、本来「精神」など具体的かつ客観的に説明し得ないものだからにほかならない。

軍事指導者が説いた「精神」は、天皇のために「自己の生命を捧げる」という点に尽きた。この要点を簡潔に言えなかったのは、戦死という現実を、抽象的な精神論で「人間道徳の最高の道」に結びつける無理があったからだと私は考える。各共同体における各人の祖先を、その頂点たる万世一系の天皇に結びつけ、建設間近の「東亜新秩序」のために「生命を捧げる」ことこそ「皇国の国民性」であり、これぞ全日本人の大義だと煽るしか方法はなかったとも言える。

自己暗示的な陶酔

私は『皇軍史』における「反ナショナリズム」を問いたい。『皇軍史』では国民が属する家庭や地域社会など共同体の生活の規範や倫理観が無視されていた。一方、政治にせよ軍事にせよ、国益の守護、国権の伸長、国威の発揚といった国策決定の基準で、共同体を解体する意図が上部構造にあったとも思えない。共同体が崩壊の危機に瀕したのはあくまでも結果的なもので、上部構造は「国策」が何かすらわかっていなかったと私には思えるのである。

何が「国策」か、何が「ナショナリズム」か、『皇軍史』にそれを示す論理はない。ただ浮かび上がってくるのは、神軍精神を注入すべき肉塊としか国民を認識しなかった姿勢である。軍事指導者らはただ国民をロボットのように扱い、ナショナリズムの視点で論ずるに値しない「国策」ばかりを提示していた。

とはいえ、いま少し『皇軍史』を介して、太平洋戦争の推移や個々の作戦に示された「反ナショナリズム」を確認する必要がある。結果見えてくる光景をあえて言えば、当時の上部構造はナショナリズムを軸とせず、むしろ国益も、歴史も、さらには人びとの理性をも蔑ろにしていた。

『皇軍史』は文字どおり、ただひたすら「皇軍」を賛えていた。戦時下のメディアも競って同様に報じた。次の『皇軍史』の一節を見てほしい。なお傍点は原文のままだが、相も変わらず主旨を曖昧にしているだけで、その論理なき虚飾の証左と言えよう。

今や我が皇軍は支那に於て戦へば必ず勝つと云ふ偉大なる武力によつて英米ソ連を後盾とする蔣介石軍を最後の段階に追ひつめ、更に大東亜建設の癌たる米英両国に対し膺懲《ようちょう》の聖戦を敢行しつゝある。皇軍の向ふ所、海に陸に、南に北に風靡せざるなしである。洵《まこと》に世界最強の皇軍である。然しながら此の偉大なる皇軍も決して一朝一夕に成つたのではない。

日本は武の国である。而して日本民族の軍事能力は非常に優秀である事は三千年の歴史に徴して明らかである。此の悠久なる伝統に培はれた日本民族が明治維新によつて我が国本然の姿に立帰り、允聖允武にましますす明治天皇御統率の下に刻苦練成の結果世界無敵の皇軍が出来上つたのである。

自賛は『皇軍史』の特徴の一つであり、その根拠は常に曖昧であった。「皇軍」は「世界最強」だと言い切る背景には、軍事指導者の自己暗示的な心理作用があった。心理分析の領域だが、しかし次のことだけは言えよう。

〈このような自賛は反省なき空虚である。重要なのはその主観的思い込みが客観的事実にすり替えられた点である。順調に戦果を挙げている間はまだ通用したが、戦況が悪化したときは客観的事実を認めない愚を犯すことになる。客観的事実を認めなければならない最終段階に近づくと、主観的思い込みは作戦行動にあらわれた。すなわち特攻、玉砕である。いよいよ劣勢を客観視せざるを得ない状況に陥ったとき、軍事指導者はこの責任を「皇国不敗の三千年の歴史」に対する不信心に押しつけた〉

飽くなき自賛は耳に心地よく、軍事指導者はそれだけの重責を担っているという屈折した陶酔を味わったはずである。このような自己陶酔が『皇軍史』全篇にあふれている。橋本欣五郎の『第二の開闢』や中柴末純の『日本戦争哲学』も同様に自賛していたが、しかし彼らにはそう信じることへの謙虚な姿勢があった。『皇軍史』には謙虚さがまったくない。

中野正剛の自決

昭和十八年七月刊の中野正剛著『戦争に勝つ政治』（武蔵野書房）という六十頁ほどの小冊子に言及しておきたい。これは東方同志会の衆議院議員だった中野が前年二月にまとめた文章で、「大東亜戦争」を「聖戦」と位置づけ、まさに「戦争に勝つ政治」とは何かを説いている。第一章「長期戦に於ける政治力の要請」の三頁目「大東亜長期戦の形体」という項の冒頭には次のようにある。

「忠勇義烈なる日本陸海空軍の精鋭は、緒戦以来僅かに四旬にして、殆んど全太平洋を制圧し、西南太平洋の英領、米領、蘭領を攻略し尽さんとして居る。されど英国の伝統的強靭性と、米国の誇大妄想的自負心とが相作用して、容易に枢軸の脚下に膝まづかぬことは、我等の牢記せねばならぬ所である」

また第二章「君民一体有機的皇道国家の完成」では次のようにある。

「天は日本に大任を授けんと欲し、先づ大難を下して、其の骨力を試むるものである。我等は一大試煉の下に立つと共に、一大躍進の好機に恵まれて居るのである。非常時は国難の非常時たると共に、国運暢展の非常時である。我等は此の国難を克服し、国運を暢展させる為に、如何なる身構へをなせばよいか。日本国民に対し非常時克服の大方針を授くるものは、日本歴史である。我等は難局に遭遇する毎に、飜りて教訓を祖宗及び先烈の遺跡に求めねばならぬ」

そのような内容を中野は東方同志会の会員に説いた。いくつかの点で『皇軍史』と認識が共通する一方、しかし現実の戦争に楽観せず、「歴史」の「教訓」を重視した姿勢も伝わってくる。中野は先鋭的なアジテーターとして「大東亜戦争完遂」を主張しながら、現実には謙虚になるべきだと呼びかけていたのである。ナショナリズムという語は用いていないが、「大東亜戦争の決意は、聖名の英断と、民族本能の自覚とに基くものであつて、権力階層は上と下とに向つて感謝の念を捧げねばならぬ」と、指導者は国民にも相応の敬意を払う必要があると訴えていた。

中野は昭和十八年十月二十七日、東條英機の憲兵政治の犠牲となって自決した。『戦争に勝つ政治』が刊行されて三ヵ月後のことである。この小冊子だけが原因ではなかったが、説論のなかに東條を揶揄する箇所があるとして中野は逮捕されていた。東條が神経質になり、自ら憲兵隊を動かしたのである。もともと同年元日の朝日新聞に中野は「戦時宰相論」を記し、総理大臣は強くあらねばならぬと説いていた。東條はそれが気に入らず、司法省に逮捕の画策をしたが失敗していた。ところが十月二十一日、東方同志会の会員が不穏な動きを理由に逮捕されたのがきっかけとなった。背後に中野がいると訴え、東條はまた司法省を動かそうとした。司法省は逮捕の理由がないと受け入れなかったが、憲兵隊が中野を連行して強引に取り調べ、身内の者を徴兵すると脅し、自殺に追い込んだとされている。東條は十月に始まる衆議院で中野の質問を恐れていた。流言飛語の疑いで中野を拘束するよう命じたのも、『戦争に勝つ政治』などの内容を指してのことであった。

東條ら陸軍指導部は『皇軍史』の枠組みでの言論活動しか認めなかった。もとより中野の「大東亜戦争」論もこの枠内にあったが、しかし日本は武の国だとし、ゆえに皇軍は世界最強だと謳った杜撰な理屈とは一線を画していた。国難に陥ったときは先達の「歴史」に学ばなければならないとし、「敵米英」がそれほど簡単に跪くことはないとも指摘していた。

現実を客観視することを忘れてはならないという指摘が、中野の言説には含まれていた。この指摘が『皇軍史』を金科玉条とする軍事指導者には我慢ならなかった。当然の指摘を許さず、逆に流言飛語にすぎないと断じる恐るべきドグマに陥っていたのである。

東條と中野の対立についてはさまざまな見方ができる。本書のテーマに即せば、東方同志会という政治結社をつくり、「権力階層は上と下とに向つて感謝の念を捧げねばならぬ」と論じた中野は、少なくともナショナリズムの上部構造と下部構造に回路を構築しようとしていた。空虚な言葉で戦争を語ることが、大本営の参謀にいかなる作戦をも許容させたと考えると、はるかに中野の側に理があった。しかし昭和天皇が即位してまもなく発した「陸海軍軍人ニ下サレシ勅諭」の「精神」は戦時下、すでに空洞化していたのである。

第41章　石川興二の『新体制の指導原理』

客観の弾圧

　昭和十八年（一九四三）八月五日に陸軍の教育総監部が刊行した『皇軍史』には、反省なき自賛しかなかった。このような書が戦時下に影響力をもった日本社会は、空洞化現象を起こした。麗句や虚ろな言が社会を覆い尽くし、実体ある表現が公式には用いられなくなった。いわば「オモテの言論」である。

「オモテの言論」とは、軍事指導者の精神論や、実体からかけ離れた思い込みに基づく言説であった。それはたとえば東條英機首相の議会演説や大本営発表などを指し、反して実体を正確に語る表現はすべて弾圧の対象となった。「ガダルカナルで劣勢」とか「ミッドウェーで空母四隻が撃沈」などと口にすれば、流言飛語を撒いたとしてすぐ特高警察や憲兵隊に逮捕された。事実に基づく客観的な表現はすべて弾圧され、地下に潜るかたちで「ウラの言論」となった。これはたとえば清沢洌《きよし》の『暗黒日記』や永井荷風の『断腸亭日乗』などにふれると具体的に理解できよう。事実を正確に語れない戦時下は、日本人の知的能力を著しく低下させる文化的、道義的頽廃を生んだ。

『皇軍史』は「オモテの言論」そのものであり、このような書が規範とされ、線引きが行われた。中野正剛のように基本的には「オモテの言論」の枠内に属しながら、その客観性ゆえに排斥された例もあった。戦争を客観視すること自体「臣民」としての資質に欠け、皇軍の聖戦に疑念を抱いていると断じられたのである。

戦時下の「オモテの言論」にナショナリズムはなかった。国民に思考を放棄させ、皇国、皇軍、聖戦といった文字が示す感情のなかに埋没すること以外、認めなかった。庶民が日常生活を送る共同体で受け継がれてきた、下部構造のナショナリズムを抑圧するだけの、権力者に都合のいいファナティックな言論のみが存在し得たのである。この現象については、吉本隆明が「日本のナショナリズム」（『現代日本思想大系4　ナショナリズム』）で次のように解説している。

「昭和期にはいって、大衆のナショナルな心情は、さらに農村・家、人間関係の別離、幼児記憶などに象徴される主題の核そのものを、『概念化』せざるをえなくなるところまで移行した。知識層の『ナショナリズム』思想によって、直接に大衆の『ナショナリズム』が表象されるものだと錯覚している見地にとっては、あるいは意外におもわれるかもしれないが、大衆の『ナショナリズム』が、『実感』性をうしなってひとつの『概念的な一般性』にまで抽象されたという現実的な基盤によって、はじめて知識人による『ナショナリズム』は、ウルトラ＝ナショナリズムとして結晶化する契機をつかんだのである」

いささかわかりづらいが、私の論点に即せば、つまり下部構造のナショナリズムが、身近な実体や実感、記憶さえも抽象化せざるを得ない状況に陥ったことで、ナショナリズムなき偏狭な空間が形成されたと解釈できる。

昭和十年代の下部構造は、『国体の本義』や『皇国二千六百年史』、また軍歌、軍国歌謡、唱歌、童謡、橋本欣五郎の『第二の開闢』、中柴末純の『日本戦争哲学』、そして『皇軍史』など上部構造による徹底的な教化で自身を見失い、全体として、吉本が説いた「ウルトラ＝ナショナリズム」すなわち私の言うナショナリズムなき偏狭な空間に雪崩れ込み、敗戦へと突き進んだ。

『皇軍史』が喧伝した「信仰」は太平洋戦争の作戦にも反映され、玉砕や特攻を生む要因となった。作戦も「オモテの言論」に縛られていたのである。いま学徒出陣の特攻隊員による日記や遺書にふれて感動するのは、彼らが国策の犠牲になる代償として思う存分「ウラの言論」を駆使したことに気づかされるからである。上部構造が唱えた国益に対し、彼らは命と引き換えに異議を申し立てた。この意味を私たちはしっかり理解しておく必要がある。むろんすべてではないが、彼らの遺書の重みは、真のナショナリズムが誰の手にあったかを裏づけているのである。

「国民共同体」構想

太平洋戦争の作戦に『皇軍史』がどう影響したのかを確かめる前に、中野正剛とは別に、「オモテの言論」の枠内に属しながら排斥された例を見ておかなければならない。「オモテの言論」が実に単純な主観で、随伴者さえも排斥したことが理解できるのである。

河上肇は京都帝大の「赤化」教授として治安維持法違反で逮捕されたが、昭和十二年には刑期満了で釈放されている。戦時下はほとんど蟄居状態で、日々「断片」と題する日記のような記録を綴っていた。昭和十八年四月二十四日の記述が戦後紹介されている。

「つい近頃のことである。京都帝大経済学部の教授石川興二《こうじ》君は、その著書に禍《わざわ》されて休職になつたが、――その著書といふのも、両三年前、著者自ら市場より引上げ且つ絶版に附して居たものである――元来同君の如きは、盛んに国体主義を振り廻はし、天皇中心の思想を宣伝これ努めて居たのであるのに、偶々《たまたま》資本主義制を不用意に非難し過ぎたといふ廉《かど》を以て、忽ちこの災に遇つた。問題にされた著書の如きも、嘗て発売禁止にもならず、暫くの間無事世上に流布されて居たものであるが、一朝にしてこの災に遇つた筆者は、さぞかし意外とされたであらう」

社会主義擁護と見なされたのか、その著書が「資本主義制を不用意に非難し過ぎた」との理由で、経済学者の石川興二が休職処分になったことを河上は記録している。石川は昭和十五年十二月に皇紀二千六百年を記念して『新体制の指導原理』を刊行し、翌月には二十五刷となるほどの人気であった。しかし石川はあまりの売れ行きに驚いたようで、版元の有斐閣に絶版を申し入れている。『新体制の指導原理』は知識人による国民啓蒙の書とも言うべき内容だが、序文には次のようにある。

「畏れ多くも紀元二千六百年の式典に於て賜はりたる勅語には『今ヤ世局ノ激変ハ実ニ国運隆替《りゆうたい》ノ由リテ以テ判カルル所ナリ』と宣《のたまわ》せ給ふた。こゝに我々国民は、陛下の深き御軫念《しんねん》を拝し奉り恐懼《きようく》の至りに堪えないのである。〔中略〕洵《まこと》に現代日本国民にとつて最も大切なことは、この大御心を奉体して、和衷戮力《わちゆうりくりよく》〔心より力を合わせる〕以て、この君民一体の我国体の精華を益々発揮することである。かくすることによつて実現し来るところのものが、この国体を根本原理とするところの我国の真の体制である」

一読すると石川の立脚点は橋本欣五郎や中柴末純、また『皇軍史』の執筆、監修の関係者と共通しているように思える。とはいえ京都帝大教授の石川は、気鋭の経済学者として教養を身につけており、その業績も少なくない点に特徴があった。

石川は『新体制の指導原理』で自らの学問的分野も明かしている。イギリスのケンブリッジ大学で経済学を学んだが、しだいに哲学研究にも魅かれ、ドイツのフライブルクで哲学者の田辺元に多く示唆を与えられ、ベルリン大学で「文化哲学」の講義も受けたという。

このようにヨーロッパ各国での体験から、国民性が違えば国家の構造も異なる点に石川は強く興味を抱いていた。

「即ち常識的理智的な英国民は個人主義社会的な制度の下に於て、その国民生活を最もよく行ひ得るのであるが、意志的な独逸国民は全体主義的な権力国家制度の下に於て、その国民生活を最もよく行ひ得るのである」

そして日本と日本人には個人主義的、全体主義的な制度は向かないと断言した。

ではどのような制度が日本人に向くのか、これこそ自身の関心事だと石川は述べている。偏狭な国家観を謳った軍事主導体制の先導役とは明らかに異なるものの、結局行き着いたのは「天皇中心の国民共同体」を志向することであった。河上の記述にあるように、石川は『新体制の指導原理』を戦時下では絶版にしたが、それは「天皇中心の国民共同体」を説くために、実質的に軍事主導体制を強く批判していたからであった。そして昭和十八年に至ってこの考えが危険視され、石川は休職に追い込まれた。確かに石川の論を読み進めると、彼の言う「天皇中心の国民共同体」が軍部の考えと必ずしも一体ではないことに気づかされる。

「今日資本主義経済制度の下に生き、日々の生活が其原理によつて規定され居る現代人にとつては、この制度の根本原理が永久不変なものであるかの如くに考へられる」

「資本主義経済制度」は「永久不変」のように見えるが、その歴史はたかだか明治からの五十年にすぎず、しかも利己主義に基づいている。この経済的社会悪にこそ注意を払うべきだと石川は訴えたのである。『新体制の指導原理』は刊行後、しばらくは二、三日おきに版を重ねたようだが、当時の国民の関心に適っていたのであろう。

また同時にこの経緯は、国民が身近な実体や実感、記憶から離れ、それが抽象化された「概念的な一般性」へと走り、そして知識人による「ナショナリズム」が「ウルトラ＝ナショナリズム」つまり超国家主義に「結晶化」したと説いた吉本隆明の見方を裏づけているようにも思える。「天皇中心の国民共同体」という石川の考えには、確かに超国家主義的な側面が窺えた。

しかし具体的には、石川の「国民共同体」構想は、上部構造の国策決定の基準と、下部構造の生活の規範や倫理観を融合させることを企図していた。上部構造を婉曲に批判し、むしろ下部構造との間に天皇中心の回路をつくることで「国民共同体」は完成すると主張していたのである。この意味では、石川は単純に「オモテの言論」の枠内に止まっていたわけではない。

石川は世界を個人主義と全体主義の対立と捉えており、思うにそれは資本主義と社会主義の対立という意味にもなる。そしてこの対立こそ、「新体制」が克服すべきものだと説いた。石川は近衛文麿内閣が唱えた「新体制」を念頭に置いているのだが、まさに新しい時代の可能性を秘めた秩序だと訴えたのである。

石川はルソーやアダム・スミス、さらにはマルクスを引きながら、次頁の図のような歴史発展のプロセスを示している。結果、辿りついた「共同体」という新体制を次のように説くのである。

「国内的にも国際的にも今日相争へる主体を止揚するところの新なる主体は、共同体より外あり得な

〈時代の発展的構造〉

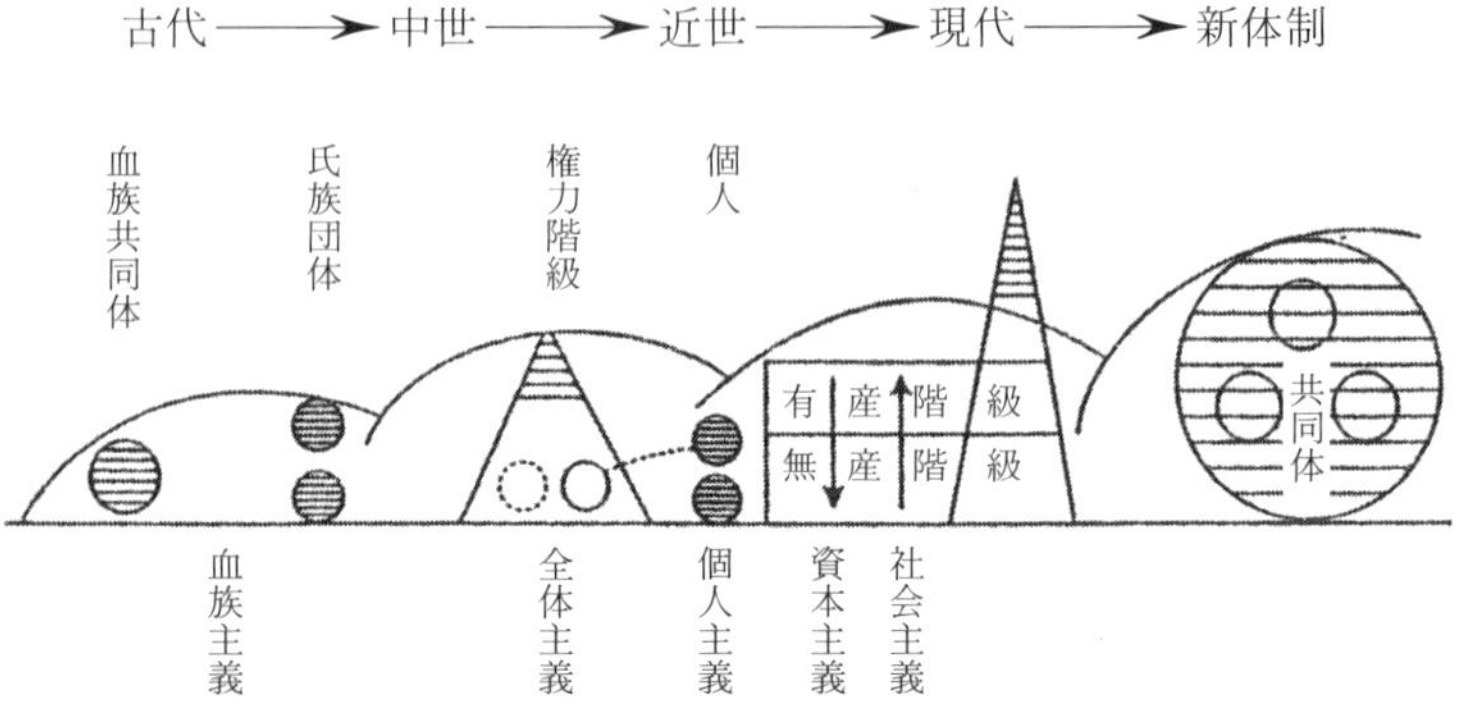

『新体制の指導原理』より

いのである。これまでの主体は、資本主義の主体も、社会主義の主体も、全体主義の主体も総て部分的な主体であり、従つてそれを主体として組織せられた体制は孰《いず》れも支配階級と被支配階級との対立するところの階級的な体制となりやがてその秩序は国内的にも国際的にも階級的対立によつて破綻せざるを得なかつた。然るに共同体のみは、真に具体的な主体であつて部分的な主体ではない」（傍点は原文のまま）

この「共同体」には「階級的対立」など存在せず、「はじめて全が総ての個を生かし総ての個が全に尽すことによつて生の無限な発展が行はれるのである」と石川は結論づけた。もともと人類は「血族共同体」から出発しており、その後の「自然的本能的な共同体」を克服しての「人間的自覚的な共同体」は実現され得るとも説くのであった。

日本は独自に「天皇中心の国民共同体」を大化改新で確立したのであり、これをめざすのは昭和十年代に生を享けた者の義務だと石川は訴えていた。また「共同体」の経済構造、社会構造、政治構造などについては「天皇の御天職の実現を国民がその各自の能力に応じて分担し奉りこれに最善を尽すことを以てその職分となす」と述べていた。つまり国民一人ひとりが自身の役割を果たす職分共同体こそが重要だと石川は論じたのである。

さらに「国民共同体」では、明治天皇の「五箇条ノ御誓文」の「万機公論ニ決スヘシ」が実現されなければならないとし、にもかかわらず国会はこの役割を果たしていないと断じた。石川の視野には、昭和十五年の「政党解消」の議会が入っていたようである。

「具体的なる人間存在」に基づく歴史観

石川の論には難解な点もあるが、要は一君万民の国家こそ理想で、その政策すべてから利害を除けば、個人と全体の互恵で「生の無限の発展が行はれる」共同体が生まれるという考え方であった。石川は近衛内閣の「新体制の声明」に最も期待を寄せており、これを自らの共同体理論に嚙み合わせようと腐心していたのである。

先にふれたように、国民性が国家の構造を決めると石川は強調していた。ドイツの「意志的」、イギリスの「理智的」に対し、日本は「情緒的なるもの」に分けられると述べ、「共同体」こそ理想だと訴えたのである。

「かく国民性の異なるにより発展の構造が類型化されると共に、変革の構造もその各々に於て類型化される。即ち社会生活の支配的な国民に於ては国民的変革は、下より社会階級の利己心の働によつて主としてなされ、国家生活の強い国民に於ては、主として上よりの国家意志の発動によつてなされる。然るに国民共同体の強い〔日本〕国民に於ては、国民共同体を土台として為される」

『新体制の指導原理』を読み進めるうち、この書が昭和十五年十二月に刊行されるや、たちまち版を重ねた理由がわかってくる。また戦時下に石川が回収を望んだ理由もわかってくる。さらに昭和十八年になって、時局不相応の書を著し、不適切な講義をしたとされ、石川が休職に追い込まれた理由もわかってくる。実はすべて一つの答えで説明できるのである。

石川の『新体制の指導原理』は『皇軍史』の偏狭で独善的な国家観とはまったく一線を画しており、「共同体」を軸に一君万民を唱えていた。それは「オモテの言論」であると同時に、下部構造との親和性をもつ「ウラの言論」でもあった。石川の事実に基づく客観的な表現が、国民の共鳴を呼んだことは想像に難くない。また「時代の発展的構造」の見方も『皇軍史』とはまったく異なり、石川は軍事主導体制が強いた全体主義を、一君万民とは相容れないものだと指摘していたのである。太平洋戦争のさなか、上部構造を支えるのが石川の説く「共同体」の国民では、下部構造全体の統制などできるはずがない。なぜなら軍事組織は命令が絶対であり、これを発するのは上部構造の側で、そこに厳然たる階級差がなければ、戦争の遂行自体不可能になるからである。

軍事指導者の要求が、共同体で育まれてきた生活の規範や倫理観と合致するわけではない。軍事指導者は開戦時の詔書や「帝国政府声明」で戦争の目的を国民に訴えたが、この意味をどれだけの人が理解し得たのか。充分に納得することなどできたのか。むしろ軍事指導者の失政の結果だと誰の目にも映ったのではなかったか。

太平洋戦争下の軍事指導者の発言や政策、戦略にナショナリズムがいかに欠けていたかは、石川の書でも裏づけられる。石川は、神が人間の歴史を必然的に決定するというヘーゲル史観と、物的生産力が人間の歴史を必然的に決定するというマルクス史観のいずれをも排し、日本は「人間の歴史観」をつくらなければならないと主張した。

「それは歴史的発展の根本構造を具体的なる人間存在自身の中に求めるものである」（傍点は原文のまま）

第42章　「万機公論ニ決スヘシ」

田母神俊雄の被害妄想

石川興二の「天皇中心の国民共同体」構想は「戦陣訓」に連なる橋本欣五郎、中柴末純、『皇軍史』の文脈とは一線を画していた。引き続き石川の訴えが軍事主導体制にいかにそぐわなかったかを確認し、この時代の偏狭な歴史観を浮かび上がらせたい。

その前に平成二十年（二〇〇八）十月に明らかになった元航空幕僚長田母神俊雄の論文「日本は侵略国家であったのか」について少しふれておきたい。私自身はこの論文をきわめて批判的に受け止めているが、本書のテーマに沿って分析するならば、二つの問題点がある。

第一の問題は執筆者が現役の航空幕僚長だったという点である。軍事組織では命令への絶対服従が基本である。旧軍はそれを「天皇の命令」に置き換えることで兵士に服従を強いた。内容がどうあれ命令に背くことは許されなかったのである。田母神論文の背景には、隊員の士気の低さと、命令への絶対服従の基本が守られていないことに対する不満があったと思われる。旧軍は権威を有し、いかなる命令でも絶対服従がシステムとして機能していた。「日本は侵略国家であったのか」は、旧軍では許容されたこのシステムが機能せざる現状に苛立った田母神の羨望の論と言えよう。旧軍を範とした点がきわめて自己中心的で、説得力に欠けるのである。

もう一つの問題は、かつての軍事主導体制の歴史観ときわめて類似している点である。その歴史観や政治観は視野を狭めながら『皇軍史』に行き着いたわけだが、戦時下にのみ通用し、軍事力の発動というプロセスを辿った。まさに田母神の見解と重なり、要するに航空幕僚には、この元空幕長のような歴史観に辿りつく病根を抱えた者がいるという意味にもなる。それは旧軍の病根に通じ、歴史的にはすでに清算したはずのものである。にもかかわらずこのような「信仰」がまだ残されていた点については、防衛省・自衛隊内部にも問題があったと言わざるを得ない。あるいは政治の側の文民統制が機能不全に陥っていたとの見方もできるであろう。

そのような問題を克服するために、私なりに昭和のナショナリズムを検証しているわけだが、この元空幕長の論文には「ナショナリズム不在の権力」というかつての上部構造の特徴があらわれており、いささか驚きを隠せない。「日本は侵略国家であったのか」は日中戦争がコミンテルンの挑発で始まったとし、次のように訴えている。

「一九三七年八月十五日、日本の近衛文麿内閣は『支那軍の暴戻《ぼうれい》〔乱暴で道理がない〕を膺懲《ようちょう》し以って南京政府の反省を促す為、今や断乎たる措置をとる』と言う声明を発表した。我が国は蔣介石により日中戦争に引きずり込まれた被害者なのである」

田母神の認識は『皇軍史』の主観性に酷似している。とすれば、当時なお『皇軍史』やその系譜に属した考えにふれ、歴史観を養う者がいたことになる。『皇軍史』は「八月十五日、帝国政府は暴支膺懲の重大声明を発表し敵軍の積極的抗戦に対し、進撃を開始した。乃《すなわ》ち止むなく我が国は全面的戦争を決意したのである」と記しており、見事なまでに田母神論文と通じている。

では『皇軍史』の流れ一色に染まった戦時下、なぜ石川興二の「天皇中心の国民共同体」構想は排撃されたのか、さらに論を進めることにする。

明治天皇の「心志」

石川の『新体制の指導原理』は、明治維新の過程で発せられた勅語を拠り所にしていた。そして昭和十年代前半を俯瞰し、東西の文献をひもときながら、「天皇中心の国民共同体」の必要性を訴え、次のような考えを随所に示した。

「要するに今日資本主義社会なるものは、日本の国体と相容れないものとなつたのでありまして、これをこのまゝにして置けば、国民の各々をしてその処を得しむることが出来ませんし、国民が本当に忠を尽す事も出来ないのであります。のみならず、その階級的分裂的本質は国体に対する大なる矛盾と成る虞《おそ》れがあるのであります。かくて今や資本主義制度なるものは日本の国体と相容れざるものとして変革されなければならぬのであります」

「国家権力の発動について考へます。これには何よりも天皇精神が国家意志を貫いてその中軸となつて居る上に　明治天皇が仰せられました様に万機公論に決せられ国民共同体の総意が国家権力の発動に表現されねばなりません。この為めには近世が齎《もた》らした国民単位の議会制度なるものは意義があります。全体主義者の様にこれを否定するは誤りであります。〔中略〕国民共同体の構成要素をなす諸共同体の人格代表者を以て構成することであります。かゝる共同体は先づ農村共同体であります。各の農村は自己を共同体として高めるのでありますが、この共同体の成員は自分達の中よりこの共同体を人格的に代表すべき優れた人を選出するのであります。この選ばれた人は依然この共同体の成員としてこれまでの如く生活し、而もその代表者として自重して議会においては自分達の小さき共同体の為でなくこれを構成要素とするところの全共同体の為めに最善を尽して図るのであります」

石川の言う「全体主義」には、軍事主導体制が議会政治を否定したこともむろん含まれている。つまり議会政治が「国民共同体の総意」を反映していないことこそが問題なのであって、それをただ否定する「全体主義者」は誤りだという主張である。また石川は各共同体を代表する人格者で議会は構成されるべきだとし、具体的な提案もしていた。まず農村共同体の代表を選出する。この優れた代表は出身共同体の成員として、継承されてきた生活の規範や倫理観などを踏まえながら自重し、それぞれの利害を超越した総意が、天皇を中心とする「国家権力の発動」に反映されなければならないと訴えたのである。上部構造は独善に陥らず、下部構造の存在と歴史を尊重し、この共同体の意識を国策決定の基準に反映させるべきだという石川の主張は、まさに「明治天皇が仰せられました様に万機公論に決せられ国民共同体の総意が国家権力の発動に表現されねばなりません」という言葉にあらわれていた。

石川の論は軍事主導体制への移行を強く批判したことに特徴がある。国家権力も社会も「天皇中心の国民共同体」があって初めて存在し得る。国家権力の存在理由は天皇とも国民とも切り離して考えることはできない。明治維新が武士階級のみによるものだったならば、権威主義に陥ったり、国民協同の感情が蔑ろにされたりして、日本国家の形成はなかったとも主張するのである。

その明治維新について、石川は天皇の「指導原理」による変革だと説いた。「日本的革新の指導原理は、既にこの『五箇條ノ御誓文』と『維新の詔』とに於て与へられて居る」と述べ、とくに前者は先駆的な内容を含むと執拗にくり返した。

明治元年（一八六八）三月十四日に発せられた勅語の一つが「五箇条ノ御誓文」で、もう一つが「国威宣布ノ宸翰《しんかん》」である。一般には五箇条の御誓文がよく語られるが、国威宣布の宸翰もまた重要で、両者は補完関係にあった。なかんずく「宸翰」には「今般朝政一新の時に膺《あた》り天下億兆一人も其処を得ざる時は皆朕が罪なれば今日の事朕自身骨を労し心志を苦め艱難の先に立ち古列祖の尽させ給ひし蹤《あと》を履《ふ》み治蹟を勤めてこそ始て天職を奉じて億兆の君たる所に背かざるべし」とあり、天皇の「心志」は「御誓文」の「広ク会議ヲ興シ万機公論ニ決スヘシ」に反映されていると石川は説いた。石川は国威宣布の宸翰のいくつかの文言とあわせ、とくに五箇条の御誓文の末尾の次の一節を、国民挙げて受け容れなければならないと訴えた。

「我国未曾有ノ変革ヲ為ントシ朕躬《み》ヲ以テ衆ニ先ンシ天地神明ニ誓ヒ大ニ斯《この》国是ヲ定メ万民保全ノ道ヲ立ントス衆亦《また》此趣旨ニ基キ協心努力セヨ」

その聖旨に基づき「協心努力」する国民こそ、一君万民の共同体の成員となり得る。石川は「何等かの特権的意識にとらはれてゐるものは、この為めに特殊化されて真に国民共同体的立場に立ち得ない」とまで断じていた。

上部構造を規制し得る勅語

首相で大政翼賛会総裁だった近衛の「新体制の声明」に呼応し、皇紀二千六百年を記念し昭和十五年（一九四〇）十二月に刊行された石川の『新体制の指導原理』は、太平洋戦争が始まる頃、著者自身が版を重ねることを拒み、書店から消えた。その背景を窺わせる史実はあまりないが、石川は、明治天皇が発した勅語の意味と、軍事指導者らの企てる体制が、基本的に違うことを認識していたはずである。石川の論旨を確かめていくと、本質的には軍部批判だったことがわかってくるのである。

石川は明治天皇の勅語で、上部構造と下部構造の階級差を取り払い、両者を同化する一君万民の回路構築を試みたと言える。しかし石川は、この試みが軍部批判につながることも自覚していたであろう。そこに石川という学者の先見性があるのだが、同時に軍事指導層としては、このような帝大教授を「オモテの言論」の枠内に止めておくわけにはいかなかった。つまり昭和十八年に石川が休職に追い込まれたのは、同じ明治天皇でも、軍事指導者らの軍人勅諭に対する「信仰」とは視点がまったく異なっていたからである。

石川の「国民共同体」構想は、基本姿勢として資本主義および軍事主導体制批判を含み、支配階級は真に天皇の代弁者かと問うていた。石川は明治天皇の五箇条の御誓文や国威宣布の宸翰などを掲げ、昭和天皇もその「指導原理」を守る存在と見ていた。昭和天皇は明治天皇の「心志」を受け継ぎ、伝える存在だと捉えていたのである。

明治天皇の「心志」に反する者は国家の指導者たり得ない。虚心に五箇条の御誓文を見ていけば、当時の軍事指導者らがこの「心志」に反していたことがよくわかるのではないだろうか。「広ク会議ヲ興シ万機公論ニ決スヘシ」以下を記す。

一　上下心ヲ一ニシテ盛ニ経綸ヲ行フヘシ
一　官武一途庶民ニ至ル迄各其ノ志ヲ遂ケ人心ヲシテ倦マサラシメンコトヲ要ス
一　旧来ノ陋習ヲ破リ天地ノ公道ニ基クヘシ
一　智識ヲ世界ニ求メ大ニ皇基ヲ振起スヘシ

このいずれにも昭和十年代の軍事指導者らは反している。あらためて気づかされるが、五箇条の御誓文は上部構造を規制し得る重要な勅語だと石川は言っている。その「指導原理」で、下部構造の生活の規範や倫理観にも沿う価値基準がつくられなければならないと暗に示したのである。

国威宣布の宸翰にあるように、幕藩体制で「朝威は倍《ます》衰《ます》へ、上下相離るゝこと霄壌《しようじよう》〔天と地〕の如し」という状態になったが、明治天皇は「列祖」の「治蹟」に倣い、「億兆の君たる所に背かざるべし」と誓っていた。この「治蹟」を重んじなければならないと石川は説いたのである。

石川の「国民共同体」構想は、上部構造に明治天皇の「心志」を想起させ、そこに立脚するよう訴えた内容だと結論づけていい。あるいは軍人勅諭の「大元帥」のみを強調する軍事指導者らを批判していたと言ってもいい。開戦前の昭和十五、十六年としては最も手厳しい批判だったと私には思えるのである。

『臣民の道』が強要した滅私奉公

昭和十年代後半の上部構造のナショナリズムを分析することは、石川と軍事指導者の関係性に見られるような葛藤を確かめたうえで、どちらに歴史的正統性があったのかを問う行為とも言える。『新体制の指導原理』が絶版まで間断なく増刷を続けたのは、石川の批判を理解し得た国民の多さを物語っている。対して上部構造も太平洋戦争前、反論に出た。昭和十六年七月、文部省教学局は『臣民の道』を国民に向けて発した。『臣民の道』には、国家が国民の側に押しつけた「公の意義」が示されている。

「日常我等が私生活と呼ぶものも、畢竟《ひつきよう》これ臣民の道の実践であり、天業を翼賛し奉る臣民の営む業として公の意義を有するものである。『天雲の向か伏す極み、谷蟆《たにぐく》〔ヒキガエル〕のさ渡る極み、』皇土にあらざるはなく、皇国臣民にあらざるはない。されば、私生活を以つて国民に関係なく、自己の自由に属する部面であると見倣し、私意を恣《ほしいまま》にするが如きことは許されないのである。一椀の食、一着の衣と雖《いえど》も単なる自己のみのものではなく、また遊ぶ閑、眠る間と雖も国を離れた私はなく、すべて国との繋がりにある。かくて我等は私生活の間にも天皇に帰一し国家に奉仕するの念を忘れてはならぬ」

そのような内容について吉本隆明は「過剰に〈国家〉に預金された〈大多数〉の感性を逆にとって〈国家〉のほうから合理化しようとする〈かさにかかった〉姿勢が露骨にしめされている」と記した（「天皇および天皇制について」『戦後日本思想大系5　国家の思想』筑摩書房　一九六九）。国民は自らの「共同感性」を過剰に国家に預けていたにすぎない。「私生活」まで踏み躙ろうとする国家に対し、しかし国民はまるで「手元の釣り糸を繰りだすように預金をおろしてこれに応じた」。過剰に預けていたものを取り戻して応じる。つまり国家への国民の全面的な帰依はなかったとの指摘であろう。

『臣民の道』には上部構造の焦りが滲み出ており、「天皇中心の国民共同体」構想とは正反対の姿勢が示されていた。上部構造は戦争という国家の存亡が懸かる時局に、国民を天皇に帰依させようと躍起になっていた。しかし上部構造が掲げる天皇像はまったくの虚構であった。自らに都合のいい天皇像をつくり上げ、その偏狭な空間に国民を閉じ込めることしか頭になかった。このときの脅し文句が『臣民の道』にはよくあらわれている。それはたとえば「一椀の食、一着の衣と雖も単なる自己のみのものではなく」という言葉が象徴している。

第43章　「帝国政府声明」の矛盾

アメリカ側のレポート

初めにある書の冒頭の一節を引用しておきたい。少々長くなるが、重大な指摘が含まれている。

日本の戦争能力をほんの一瞥しただけでも、日本が合衆国との戦争を決意したのはそもそも正気の沙汰だったのかという疑問がすぐに浮んでくる。だが国務の指導において、誤算ということと冒険的狂気の沙汰との間に、はっきりした線を画することはいつも困難である。日本を最後には一二月七日の破局へと引きずっていった諸政策のあとを顧るとき、みんな日本軍閥の誇大妄想的膨張主義のせいだと大ざっぱに片付けてしまいたくなり、そして或いは日本の軍部や経済的企画家たちが持っていたのかも知れないところの、合理的な計企をさぐって見ようとする気もなくなり勝ちである。けれどもそのような態度が全く適切ではないというのは、それでは日本の戦略を理解することができなくなるし、またわれわれが殆んど四年間も戦ったところの敵日本の性質が明かにされないだろうからである。日本の支配者たちが過去十五ヵ年の間重大な誤を冒していたことは疑問の余地はないし、そして彼等の冒した誤りの最大なものが対米戦であったことも、また今更論ずるまでもない。それにも拘らず、日本国民を大きな不幸に追い込んだものは、責任のある地位にあった特定個人の狂気沙汰とか、失敗とか断ぜらるべきものではなくて、それは熟慮された国策——だがその欠陥が充分に吟味もせられず、成功するチャンスの有無の測定が正しくなかった——が正に負うべきものであった。

これはアメリカ合衆国戦略爆撃調査団の報告書の一部を日本側が訳出した『日本戦争経済の崩壊』(正木千冬訳　日本評論社　一九五〇)の「第一章　真珠湾への道」の冒頭である。戦略爆撃調査団の報告の要点は二つ。第一は、日本が国力の差も顧みずアメリカとの戦争に踏み切ったことを、狂気の沙汰と片づけるだけでは「本質」が理解できないとした点。第二は、日本の対米戦を「熟慮された国策」と指摘した点である。私が関心をもつのは、日本の戦争政策について、結果を予測する能力には欠けた一方で、動機としては相応の自信があったと分析している点である。この分析は本国の認識とは相違したが、そこには日本の上部構造の「合理的な計企」というものを、調査団が探り当てていた事実が窺えるのである。

調査団は「日本に対する戦略爆撃の効果を測定し、将来の合衆国国防政策の基礎を作」るためにアメリカ政府が編成した。メンバーは軍人、官僚、研究者などで構成され、軍人三百五十人、文官三百人、専門家五百人から成っていた。昭和二十年(一九四五)九月に訪日、東京を中心に支部も各地につくり、戦時の指導者など各界各層の人物に会ってレポートをまとめた。

百八種のレポートの中心は「太平洋戦争の綜合報告」「日本の終戦への闘争」「広島長崎における原子爆弾の効果」などで、ほか戦争に関する日本のあらゆる分野の分析があった。『日本戦争経済の崩壊』は総合経済効果グループのレポートをまとめたもので、これはアジアの経済に詳しい専門家が官公庁から資料を集め、日本側の関係者の証言をもとに編んだ報告書であった。

組織化された大衆の不在

前掲の引用はアメリカ合衆国戦略爆撃調査団が辿りついた一つの結論だが、続く記述を踏まえ、本書に沿って分析するなら、次のような指摘ができる。箇条書きにしてみよう。

（一）日本の上部構造は敵側との力関係を無視する独自の理屈で戦争に踏み切った。
（二）客観すれば、日本の国策は対米戦争という基本的な誤りを犯した。
（三）日本の上部構造は組織化された大衆の支持を得ていなかった。
（四）軍事主導体制の政策決定に介入する権限はなかったが、社会に一定の影響を与え得る有力な政治家もいた。
（五）天皇は日本国家の諸矛盾を解決する分母の役割を果たした。「天皇の人気のある立場」は、新しく登場した軍事膨張主義者を「日本政治の伝統的な流れの中に溶け込ま」せることになった。

『日本戦争経済の崩壊』第一章の「二　膨脹主義の根源」などを参考にまとめたものだが、以上の五点に尽きる。日本の政治家や財界人、専門家に対する尋問を踏まえた総合経済効果グループの具体的な分析と言えよう。なお（三）については、近代日本の軍事の膨張を概観しながら、次のように報告している。

「日本のナショナリストがヨーロッパに於ける彼等の先駆者と非常にちがっていたところは、彼等の国内的地位であった。多数の日本の市民が徒党政治に登場し、国策の形成に積極的に参加しようと試みたことは、〔明治維新より〕六〇年来恐らく初めてのことであり、また青年将校団の急進派には大衆的支持が集ったと恐らくいって間違いはないとはいえ、一九三一年の日本の政治的事件の中心に活動した軍国主義者やナショナリストは、ファシスト的意味に於ける組織されたる大衆の支持をもって居なかった。したがって政府を顚覆しファシスト独裁制を打立てる事は不可能であった」

　きわめて客観的な分析である。恐らく日本の知識人に対する尋問のなかで、彼らが容易に見出すことができた結論であろう。一九三一年、昭和六年は満州事変の起こった年だが、なかでも重要なのは、日本の「軍国主義者やナショナリスト」が、組織化された大衆の支持を得ていなかったという指摘である。

　下部構造の生活の規範や倫理観を、国策を決める上部構造つまり軍事指導者、高級官僚、その意を受けた民間右翼らは受け止めていなかった。ゆえに上部構造は昭和十年代、暴力性を帯び、結果的に下部構造を抑圧した。あるいは恫喝や甘言を弄して従属させた。

　太平洋戦争は三年八カ月余、下部構造のナショナリズムを抑圧しながら進められたと私は理解している。この理解は前述の五点を具体的に確かめることで裏づけられる。とくに（五）について、諸矛盾を解決するための分母として天皇を利用した軍事指導者らは、巧みに国民を戦地、銃後へと駆り立てた。もとより私は、国民は一方的な被害者だったなどと言うつもりはない。むしろ共同体の生活の規範や倫理観を錯誤するかたちで、軍事主導体制の国策に加担したと見ている。共同体は解体を迫られ、下部構造のナショナリズムは崩壊の間際にまで追い詰められていたのである。

三年八ヵ月余の間に、いかにして共同体の生活の規範や倫理観は崩壊の危機に瀕したのか。私は次の十の局面で確認できると考えている。

(一) 上部構造における戦争指導の内実。どのように国策は練られたのか。
(二) 大本営発表という情報操作。
(三) 玉砕、特攻の真の意味。
(四) 主要作戦決定の内幕。
(五) 広報および兵站というものをどう考えていたのか。
(六) 大東亜会議から窺える大東亜共栄圏の構想。
(七) 戦意昂揚のためのプロパガンダ。
(八) 捕虜というものをどう考えていたのか。
(九) 戦争を終わらせる計画はあったのか。
(十) 統帥権というものをどう考えていたのか。

この十の局面から見えてくるのは矛盾ばかりである。当初から軍事指導者らはアメリカに対する劣勢を認識していた。それを補うのが精神力であり、皇国二千六百年の歴史だと訴えたわけだが、この実状を確かめると、上部構造のあまりに無責任な体質が浮かび上がってくる。戦時指導や作戦計画、さらには戦争そのものに、ナショナリズム喪失の実態が窺えるのである。ナショナリズムは風船のように浮遊し、破れてしまったと言っていい。

国民の負託なき宣戦

昭和十六年十二月八日早朝、日本がハワイ真珠湾に奇襲攻撃を仕掛けて対米戦争は始まった。開戦は日本国民のまったく予期せぬことだったが、四年を過ぎた日中戦争が依然膠着状態にあり、国内も戦時体制に染まっていた。いずれにせよ心理的に追い詰められた状態にあり、この苦境から脱するために、軍事行動も含めて何か新しい政策が必要とされていた。そのような意味が対米戦争には込められていたのである。

同日午後零時二十分に東條英機内閣は「帝国政府声明」を発表、戦争の意味を国民に訴えた。東亜の安定を願い、世界平和に貢献するのが国是だと初めに述べたうえで、次のように続ける。

然るに、曩《さき》に中華民国は、我真意を解せず、徒《いたず》らに外力を恃《たの》んで、帝国に挑戦し来り、支那事変の発生を見るに至りたるが、御稜威《みいつ》の下、皇軍の向ふ所敵なく、既に支那は、重要地点悉く我手に帰し、同憂具眼の士国民政府を更新し、帝国は之と善隣の誼《よしみ》を結び、友好列国の国民政府を承認するもの已《すで》に十一箇国の多きに及び、今や重慶政権は、奥地に残存して無益の抗戦を続くるに過ぎず、然れども米英両国は東亜を永久に隷属的地位に置かんとする頑迷なる態度を改むるを欲せず、百万支那事変の収結を妨碍《ぼうがい》し、更に蘭印を使嗾《しそう》〔そそのかす〕し、仏印を脅威し、帝国と泰国〔タイ〕との親交を裂かむがため、策動至らざるなし、乃《すなわ》ち帝国と之等南方諸邦との間に共栄の関係を増進せむとする自然的要求を阻害するに寧日《ねいじつ》〔平穏な日〕なし、その状恰《あたか》も帝国を敵視し帝国に対する計画的攻撃を実施しつつあるものの如く、遂に無道にも、経済断交の挙に出づるに至れり、凡そ交戦関係に在らざる国家間における経済断交は武力に依る挑戦に比すべき敵対行為にして、それ自体黙過し得ざる所とす、然も両国は更に与国〔同盟国〕を誘引して帝国の四辺に武力を増強し、帝国の存立に重大なる脅威を加ふるに至れり。

国民は政府が訴えた「現状」自体には納得したことであろう。つまり戦争に踏み切った理由としての「現状」については、確かにこのように指摘し得たのである。東亜の安定を願い世界平和の道を邁進する日本の姿を、中国はまったく理解しようとせず、ひたすら無駄な抵抗を続けている。日本軍に追い詰められた蔣介石の「重慶政権」は、いまや辺境の傍流でしかない。にもかかわらず米英は東亜を隷属的地位に置くべく中国を支援し、事変の解決を遅らせている。さらに米英は南方との共存をめざす日本を妨害し、経済断交にまで出て、帝国の存亡に関わる圧力をかけてきている。ゆえに、もはや平和的手段での解決は困難になったと論を進めるのである。

「米国ならびにその与国に対する関係を調整し、相携へて太平洋の平和を維持せむとする希望と方途とは全く失はれ、東亜の安定と帝国の存立とは方《まさ》に危殆に瀕せり、事茲《ここ》に至る、遂に米国及び英国に対し宣戦の大詔は渙発せられたり」

「帝国政府声明」はいくつかの重要な内容を含んでいる。戦争に至るまでの国策は、大本営と政府の調整機関である大本営政府連絡会議で決められ、それを御前会議で追認するかたちが採られていた。わずか十数人の政治、軍事の責任者、つまり大権を付与された臣民の代表が「戦争」を決定し、裁可を「天皇」に求めたのが当時のシステムである。国民に伝えられた「帝国政府声明」は、このような空間で決められた国策の背景を説明したにすぎない。とはいえ「帝国政府声明」からは、上部構造の国策決定の基準が窺えるはずである。そこには私の考える「矛盾」も浮かび上がってくるであろう。

私が見たところ、この矛盾には二つの要点がある。第一に「果」はあるも「因」がない。日中戦争の原因をはじめ、アメリカ、イギリスが経済断交にまで踏み切った理由への分析が曖昧にされている。「因」に対するいささかの自省もないのは、軍事指導者らの責任逃れのせいだけではない。客観的な価値基準をわずかでも国民に与えてはならないという、上部構造の焦慮が読み取れるのである。

そして第二に、国策を決定した十数人の軍事、政治の指導者はいずれも軍官僚が中心となっており、国民の負託を受けた政治家が一人も含まれていなかった点である。「帝国政府声明」には、その軍官僚らの怯えが窺える。彼らは国民のエネルギーがどのようなかたちで暴発するかに不安を抱えており、最も安易な憎悪の念だけを強調した。彼らの怯えはむろん天皇に対してもあり、上奏の内容も同様だったと推測し得る。

この二つの矛盾は、上部構造の国策決定基準の本質を教えている。軍人勅諭を独善的に解釈し、天皇への報恩として、戦勝による賠償金獲得という根拠なき使命感に裏打ちされた軍事主導体制の面子のみが、言い訳がましく前面に押し出されていると私には思える。何らの自省もなく、それこそ「国益」だと言い張っているとしか感じられない。自らを正当化した、きわめて偏狭かつ独善的な軍事主導体制の認識が、三年八カ月余の太平洋戦争の土台になった。この程度の理由で開戦したツケが、戦争の経過とともに一気に拡大した。ナショナリズムなき軍事行動が露呈しはじめたのである。

勝敗を問わず、西欧帝国主義による十六世紀以来のアジア支配を断ち切るために、日本は歴史的使命をもって起ち上がったというような一節が、もし「帝国政府声明」のなかにあったら、国民の意識はどうなっていたか。あるいは対中国、対南方政策について、西欧列強とは一線を画した「連携」という立場を貫いたなら、日本の戦争の歴史的評価はどうなっていたか。たとえば国民が継承してきた共同体の生活の規範や倫理観でアジアに向き合う姿勢が、上部構造の国策に反映されていたら、歴史は変わったと私は考える。そのような姿勢が具現しなかった太平洋戦争の三年八ヵ月余を、ナショナリズム喪失の時空だったと私は指摘したいのである。

「帝国政府声明」の一面的な内容は、前述した軍お抱えの論者らの見解と符節を合わせているかに見える。しかしこのような一面性に抗する動きとして、たとえば雑誌「文學界」昭和十七年九、十月号が行ったシンポジウム「近代の超克」などの例が挙げられよう。「近代の超克」は戦後の論壇でも竹内好《よしみ》などに取り上げられたが、意識的ではないにせよ、そのシンポジウムでの識者らの見解は、ナショナリズムの視点から充分検証に値するのである。

第44章　「近代の超克」の波紋

竹内好が説いた「知識人ことば」と「民衆ことば」

竹内好が昭和三十四年（一九五九）に発表した論文に「近代の超克」がある。この「近代の超克」は、雑誌「文學界」が昭和十七年の九月号と十月号に掲載した論文および十三人の知識人によるシンポジウムのタイトルでもある。それは戦時下、軍事指導者とは異なる視点で太平洋戦争を捉えていた。そして戦後の論壇でも、太平洋戦争の性格を論じるさいの叩き台となった。

竹内の長篇論文は「『近代の超克』というのは、戦争中の日本の知識人をとらえた流行語の一つであった。あるいはマジナイ語の一つであった」で始まり、次のような説明が続く。

「近代の超克」は「大東亜戦争」と結びついてシンボルの役目を果した。だから今でも――というのは「大東亜戦争」が「太平洋戦争」と呼び名の変った今、ということだが――「近代の超克」には不吉な記憶がまつわりついている。三十歳台から上の世代の知識人なら、「近代の超克」ということばを複雑な反応なしに耳にし、口にすることができない。

「近代の超克」という知識人ことばは、たぶん民衆ことばの「撃ちてしやまん」や「ゼイタクは敵」に対応するだろう。ここで「民衆ことば」といったのは、民衆がつくり出した、という意味ではない。民衆用に支配者がつくり、それを民衆が消費した、という意味である。

傍点は私が付したものだが、戦前、戦時下、そして戦後昭和四十年代のある時期までは、知識人と大衆という明確な区分があった。竹内はこの区分を援用しながら、「近代の超克」を「知識人ことば」とし、「撃ちてしやまん」といった「民衆ことば」に「対応する」ものと捉えている。また「民衆ことば」について、戦時下の国策を要約したスローガンは、国民が自発的につくり出したものではないとの補足もしている。

「近代の超克」という言葉の本質、そして戦後における思想的意味は充分に咀嚼されておらず、太平洋戦争の分析にも益していないと竹内は述べ、論を進める。

「近代の超克」については戦後の論争の折、「近代」イコール「西洋」として昭和十七年当時の体制に奉仕したという批判があり、精緻に論じられたことはなかった。その理由は第一に十三人のシンポジウム出席者、あるいは十月号で論文を書いた亀井勝一郎や林房雄らが、戦後になっても昭和史論争の発火点の役割を果したり、また林が『大東亜戦争肯定論』（番町書房　一九六四）を刊行するなどしたため、あの戦争を擁護する立場にいると見られたからであろう。第二の因は、竹内論文も紹介しているように、文芸評論家の小田切秀雄が昭和三十三年に示した見解が、戦後の「近代の超克」論の主流となった点である。小田切は「『近代の超克』について」（「文学」一九五八・四）で次のように述べた。

太平洋戦争下に行われた『近代の超克』論議は、軍国主義支配体制の『総力戦』の有機的な一部分たる『思想戦』の一翼をなしつつ、近代的、民主主義的な思想体系や生活的諸要求やの絶滅のために行われた思想的カンパニアであった。当時『思想戦』を呼号していた一層粗暴な軍国主義者たち（文壇のなかにも少なからずいた）の活動にたいして、『文學界』グループを中心としたこの論議は、ヨリ知的なスマートな外見を示していたが、本質的には同じコースを進んでいたものであり、それだけに手のこんだ影響を及ぼしていた。

小田切の「『近代の超克』について」は戦後の稿だが、しかし戦時下に反軍部の思いを抱いていた文学者の本意だと私は見る。文中、最も重要なのは「思想的カンパニア」という表現で、この語は「一大思想攻勢」といった意味をもつ。つまり「近代の超克」は総力戦体制を推し進める軍部の一翼を担ったという見方であり、シンポジウムに参加した知識人も、本質的には戦犯だと断ずる理解であった。

そういった小田切の見方を、まるで模範答案のようだと竹内は皮肉まじりに語りつつ「この解釈は、歴史観としては流れ史観であり、思想論としてはイデオロギイ截断である点が特色である」と述べた。戦後の論壇で小田切のような理解が正統視されてきたことに対する違和感を竹内は隠していない。その違和感は独自の歴史観や戦争観ゆえのものでもあるが、あえて私は小田切の見方とも竹内の解釈とも一線を画し、「近代の超克」の意味を分析したい。とくに「思想的カンパニア」という小田切の指摘を押さえながら、知識人の論には思想的な抵抗と屈伏の両面が窺えるとした竹内の理解をもとに、まったく異なる視座を持ち込みたいと考えている。

この二人と異なる視座とは何か。「近代の超克」に原稿を寄せた作家や評論家、学者たちの考え、また十三人の座談内容のなかに、ナショナリズムがどのようなかたちであらわれているのかを見る姿勢である。つまり「近代の超克」を本書のテーマに即して捉えたとき、そこに内包されたナショナリズムを検証しておかなければならないという立ち位置である。

太平洋戦争に至る過程および戦時下で、どのような国家観が軍事指導者を惹きつけたのかを見るために、これまで松岡洋右、橋本欣五郎、中柴末純らの論を参照してきた。しかし彼らの論はいずれも軍事指導者の思惑を国民に刷り込むための道具で、竹内の言う「民衆ことば」であった。これは「民衆用に支配者がつくり、それを民衆が消費した」もので、下部構造が上部構造の国策を諸々と受け容れていた光景が目に浮かぶ。

対して「文學界」の「近代の超克」という論議には、太平洋戦争下の知識人の意識を収斂するための、あるいは覚醒させるための意味があった。これは軍事指導層とは直接関わりのない論でもあった。あらためて「文學界」昭和十七年十月号に掲載された五人の論文を読んでいくと、基本的には「大東亜戦争」を肯定している点に変わりはないが、軍事指導層に対する明らかな不満や批判がいくつも読み取れることに気づく。もとより各人の発言に濃淡の差はあれ、きわめて神経質な内務省の検閲官なら発行禁止や伏字を要求したことであろう。その形跡がまったく認められないところに、検閲側がさほど関心を示さなかった事実も窺えるのである。

亀井勝一郎の自問

　昭和十七年の「文學界」十月号に掲載された五人の論文とは、亀井勝一郎「現代精神に関する覚書」、林房雄「勤皇の心」、三好達治「略記・附言一則」、中村光夫「『近代』への疑惑」、鈴木成高《しげたか》「『近代の超克』覚書」である。実際に読んでみると亀井、林は相当な意気込みでまとめたことがわかるが、内容を吟味すれば、どの論文も軍事主導体制を支えていたとは決して思えない。もとよりこの五人が、私が解釈したような意図で論文を書いたかどうかはわからない。しかし彼らの論文からは、上部構造に対する批判が充分読み取れるし、むしろそう解釈すべきだと私には思えるのである。

　亀井は「現代精神に関する覚書」のなかで、日本の近代は西洋文明の受容から始まり、この戦争においてなおその一面が充分に見て取れると指摘する。

「我々が『近代』といふ西洋の末期文化をうけた日から、徐々に精神の深部を犯してきた文明の生態――あらゆる空想と饒舌を生みながら速に流転して行くこのものが、私には最大の敵であると思はれる。どんな思想を語らうと、この毒に浸潤されて、同一化され機械化されてしまひ易いといふことが私の惧れとするところである。それは我々の内部にあつて、必ずしも自覚症状をあらはにせず、人は嬉々としてその犠牲となる。この魔力に比すれば、今日謂ふ英米の敵性思想などはとるに足らぬものなのだ」

「かゝる傾向〔言葉の堕落がもたらす思想の堕落〕に拍車をかけるものは、所謂啓蒙意識とスローガンの濫用である。大衆は無学であるといふ独断のもとに、殊更『わかり易く』述べようとし、さうすることによつて言葉のもつ本来の美と峻厳を冒瀆してかへりみざる徒輩がゐる。嘗ては左翼がさうであつた。今は誰がさうであるか。いかに無学の民とはいへ、愛と悲痛の深さは知つてゐる。即ち相聞と辞世において欠くるところはない。それは孤高峻厳の言葉を、解釈ではなく涙とともに感受する健全な本能を意味する。多くの将兵を戦野に送り、また英霊の数々を迎へた現下において、それは美しく証明されてゐる筈だ。民心の奥に流るゝかやうな伝統を信ぜられぬほど薄弱な精神があらうか」

「現在我々の戦ひつゝある戦争は、対外的には英米勢力の覆滅であるが、内的にいへば近代文明のもたらしたかゝる精神の疾病の根本治療である。これは聖戦の両面であつて、いづれに怠慢であつても戦争は不具となるであらう。文明の毒素への戦ひ——これは百年などといふ短い歳月では不可能なことだ。東亜においては幸ひにして我々は武力の勝利者となりつゝある。だが、この勝利が、直ちに我らの享有せる文明の毒への勝利と思ひこむほど危険なるはあるまい。かやうな妄想に対して私は自戒したいのである」

亀井の論点は大まかに三つあり、第一に、西洋文明を受け容れた近代以来すでにその病根が入り込み、日本固有の文化を侵しているという認識、第二に、啓蒙に名を借りた言葉の冒瀆が進行しているという認識、第三に、武力の勝利イコール西洋文明の害毒の克服ではないという認識である。なお「我々は武力の勝利者になりつゝある」という認識について、座談会が行われた昭和十七年七月の段階でも、六月のミッドウェーでの惨敗は国民には報じられず、日本軍は優勢とされていた。

亀井にとっての「近代の超克」は、この三つの論点が示すような精神状況にいかに勝つかという自問であった。亀井をはじめ五人の論文、また十三人の座談にも「ナショナリズム」という語は使われていないが、いずれも「近代＝西洋文明＝皇道を阻害するもの」という文脈で論を進めており、ゆえに軍部も許容したと考えられるのである。

軍事指導者は橋本欣五郎らが訴えた「精神」を国民の意識に定着させることしか頭になかった。だが亀井は、それは知識人による「啓蒙」に乗じた「民心」の「冒瀆」だと指摘した。国策を「殊更『わかり易く』述べ」た「撃ちてし止まむ」「ぜいたくは敵だ！」といったスローガンを皆が口にするのは、支配者の言葉が強圧的に示されたからで、国民自らがつくり出した本来の言葉ではないと亀井は強く警告したのである。

亀井の「現代精神に関する覚書」から浮かび上がる三つの論点をより歴史的に検証するなら、近代が西洋文明を受容したとき、すでに日本人の心底には退廃が始まり、大正、昭和と拡大したことへの焦慮が前提になっている。この退廃は知識人や支配者の側から始まっており、国民はただ踊らされているだけだとの指摘にも読める。とくに庶民の「健全な本能」があらわれている「相聞と辞世」を意図的に強調することで、言葉つまり思想自体を堕落させたと亀井は見たのである。

ナショナリズムを二分する発想

戦時下という現実のなかで亀井が指摘した「精神」とは何か。また亀井に代表される知識人は、軍事主導体制の国策決定基準に対してどのような認識をもっていたのか。私なりの理解だが、当時の「近代の超克」論が立脚した次のような視点こそ検証の必要があるのではないだろうか。

（一）害毒をもつ近代は、日本精神に行き着くまで徹底的に否定しなければならない。

（二）近代の害毒に侵された国民は、未だその自覚に欠ける。

（三）軍事の成功は近代の否定にならない。この定義は「近代」を撃つに「近代」であってはならないという理論を教えている。
（四）各共同体が受け継いできた国民の生活の規範や倫理観を、知識人は言葉として捉えられずにいる。

「近代の超克」の論者として亀井を軸に据えたのは、むろん本書第20章などで取り上げたこともあるが、何より彼が昭和三十年代に唯物史観に立脚した研究者の共著『昭和史』（遠山茂樹、今井清一、藤原彰　岩波新書　一九五五）を「人間の顔」がないと批判して、昭和史論争の一方の旗頭になったからである。そのときの亀井の論文は『現代史の課題』（中央公論社　一九五七）にまとめられ、ここで彼は明確な姿勢を示している。竹内好は前掲の論文のなかで次のように説明する。

「亀井は、戦争一般という考え方を排除し、戦争から対中国（および対アジア）侵略戦争の側面を取り出して、その側面、あるいは部分についてだけ責任を負おうというのである。私はこの点だけについていえば、亀井の考え方を支持したい。大東亜戦争は、植民地侵略戦争であると同時に、対帝国主義の戦争でもあった。この二つの側面は、事実上一体化されていたが、論理上は区別されなければならない。日本はアメリカやイギリスを侵略しようと意図したのではなかった」

亀井は「近代の超克」の頃、あるいは「文學界」の同人としてその企画を考えた頃にはなかった問題意識、対中国観を、戦後になって明らかにしたのである。これは何を物語るのか。自らの視点に「ナショナリズム」が欠けていたことを、亀井は正直に告白したのではないだろうか。

「今ふりかえって自分でも驚くことは、『中国』がいかなる意味でも問題にされていないことである」（『現代史の課題』）という亀井の言葉は、中国の「ナショナリズム」を正視しなかったことに対する反省であろう。もし当時の亀井が中国の「ナショナリズム」を見据えていたら、大川周明の大アジア主義や石原莞爾の東亜思想などとは異なる論が展開されていたはずである。

しかし亀井は、日本の近代が西洋文明の害毒に侵されているとした論のなかに、明らかにナショナリズムを二分する発想を持ち込んでいた。それが言葉を冒瀆する知識人と、健全に感受する庶民といった見方であり、軍事の勝利が必ずしも日本の文化や伝統の優位性を示すものではないという捉え方であった。

政治と軍事を避けて通った知識人

「文學界」昭和十七年十月号に寄せられた「近代の超克」の論稿について、文芸評論家中村光夫の「『近代』への疑惑」にもふれておきたい。明治以後の日本の文化や伝統における「近代」が、はたしてどれほどの意味をもったのかを中村は問うている。

「江戸時代を一種独特な近代社会と考へれば格別、明治以後における我国の所謂近代文化現象のすべてに通ずる特色はまづ何より底の浅い借物であつたといふ点ではなからうか。明治以後の我国は西洋の影響によつて近代化したとは、多くの歴史家の説く常識である。だがこの所謂近代とはそれが外国からの慌しい移植であるといふ点ですでにヨーロッパのそれとは性格を異にする筈である。いはば近代とはヨーロッパにおいては少くも国産品であつたに対し、我国ではまづ何より輸入品であつた」

日本の「近代文化現象」の実体は観念的で、社会への影響という点では表面的だったと中村は分析している。ただし中村は神経質なほど、この「観念的」「表面的」という表現を政治や軍事の分野に及ぼすまいと努めている。亀井や中村に限らず当時の知識人の一部は、自身の見解が政治、軍事を連想させることを避けるように、しきりに文化、科学、社会現象、個人の内面心理といった分野に絞って論を進めた。その心配りはいずれの論稿を読んでもすぐにわかる。たとえば中村は「科学」について次のように記す。

「科学とは云ふまでもなく人間の精神の一機能であり、知性により自然を認識する一方法である。したがつてこれは元来が長い伝統を持つ厳格な智的訓練の所産であり、またその本質において芸術と同じく人間精神の無償の活動である筈である。科学の実生活への応用は、たとへそれがどのやうに驚くべき結果を生じようと、常に科学自体にとつてはひとつの結果であり、目的ではあり得ない」

この記述は科学至上主義への反発であり、西洋の価値観を凌駕する精神力の讃歌につながった発想である。中村もほかの論者も「近代」の害毒や欠陥を執拗に指摘したうえで、西洋を超える価値観があるとくり返した。彼らの言う「大東亜戦争」はまさにその価値観によって意義が与えられると訴えたのである。この「精神」に全国民の存在理由を収斂させたとき、あらためて「大東亜戦争」は歴史のなかに位置づけられる。「近代の超克」とは、そのような意味をもっていた。しかし一方で亀井や中村の論稿をさらに深く吟味していくと、軍事指導者のナショナリズム不在に警鐘を鳴らす響きも感じられるのである。

第45章　〈多様な国民〉と〈一様な兵士〉

「思想形成を志して思想喪失を結果した」

昭和十七年（一九四二）七月の「近代の超克」の座談会に出席した知識人のどのような発言に、上部構造への批判が読み取れるのか。むろん発言の内容だけではなく、彼らが太平洋戦争をどう意味づけたかにも私は注目している。彼ら知識人の太平洋戦争の理解の仕方が、軍事主導体制批判につながっていたと指摘したいのである。

軍事指導者は自らの行為を的確な言葉で意味づけることができなかった。ゆえに「勝利」しか頭になく、結果を出すためにはどんな作戦も許されると思い込んでいた。座談会が行われた前月のミッドウェー海戦で海軍が手ひどい打撃を受けたことは、国民にはまったく知らされていない。もとより軍が伝えたのは、真珠湾攻撃以後、東南アジア全域に兵を送り、日本の勢力圏は全アジアに及んだという情報だけで、国民の錯覚は依然として続いていた。このような状況下で「近代の超克」の座談会は行われたのである。錯覚はあるにせよ、集まった十三人の知識人の論議は、戦争にどのような意味をもたせるかという命題を孕んでいた。知識人の戦争協力というよりむしろ、その歴史的時間をいかに受け止めるべきかの論議であった。

戦後のナショナリズム論、ファシズム論を含め、この座談会に対する一つの批判および理解として、先に私は竹内好の「近代の超克」にふれた。昭和三十四年（一九五九）に発表された竹内の論文は、いかに「近代の超克」を克服するかが戦後の課題だという見方を示していた。さらに忘れ難い論として、平成六年（一九九四）に刊行された橋川文三の『昭和ナショナリズムの諸相』があった。橋川は「中央公論」昭和十七年（一九四二）一月号の「世界史的立場と日本」と「文學界」同年九、十月号の「近代の超克」について「当時の人々に与えた印象はかなり強かったと思われる」と述べたうえで、竹内の姿勢は前者の側に傾斜しながら後者を分析していると指摘した。また橋川は、竹内が昭和十七年一月に発表した「大東亜戦争と吾等の決意（宣言）」（「中国文学」第八十号）を、戦後になって自身「ある意味では否定し、逆の意味では肯定している」と述べた。

竹内に限らず橋川も、「中央公論」の「世界史的立場と日本」は西田幾多郎の哲学が代表し、その考えは翌昭和十八年十一月五、六日に東京で開かれた大東亜会議にも反映したと見ている。西田が大東亜会議の理念を明確にした同年五月の、当時は公にされなかった「世界新秩序の原理」（『西田幾多郎全集』第十二巻　岩波書店　一九六六）という文書のなかで「日本民族は、この世界史的使命の自覚に於ける先進であり、大東亜戦争はこの世界史的使命遂行の烽火である」と語ったのがその根拠だと橋川は指摘している（『昭和ナショナリズムの諸相』）。

一方「近代の超克」は知識層に影響を与えながら、政治的具体性はもたなかった。これが「近代の超克」の限界を物語ると同時に、戦後にも課題を残した理由ではないだろうか。「近代の超克」に列した知識人は戦後昭和三十年代の「昭和史論争」で、反唯物史観の側に立ち蘇った。亀井勝一郎や林房雄らの言論活動がそれを裏づけている。

前述のとおり「近代の超克」には亀井、林のほか三好達治、中村光夫、鈴木成高らが寄稿しているが、さらに座談会「文化綜合会議」の「第一日」では河上徹太郎が司会役となり、十二人が談を重ねた。出席者は亀井、林、三好、中村、鈴木のほか小林秀雄、西谷啓治、諸井三郎、菊池正士、津村秀夫、下村寅太郎、吉満義彦で、もともと保田與重郎も含まれていたが、当日に都合が悪くなったと言って断った。文芸評論家、音楽家、映画関係者、科学者などメンバーは多彩で、誰の理論が主軸になっているのか曖昧である。この出席者を踏まえた注意点として、竹内好の論文「近代の超克」は個々のメンバーにこだわらぬ配慮が必要だと前置きし、次のように分析する。

「戦争とファシズムのイデオロギイを『近代の超克』が代表し、イデオロギイとしての『近代の超克』をシンポジウム『近代の超克』が代表し、その代表権を個々の参加者が分担する、という上から一貫しておろしてくる思考法、あるいは逆に下から、個々の参加者の『思想』の集積を天皇制ファシズムのイデオロギイへまで一貫して押しあげる思考法は、事実としての思想をとらえるのに役に立たない」

つまり個々のメンバーが「時勢」に対する考えを各々勝手に発言したという分析で、竹内は「『近代の超克』の最大の遺産は、戦争とファシズムのイデオロギイであったことにはなくて、戦争とファシズムのイデオロギイにすらなり得なかったこと、思想形成を志して思想喪失を結果したことにあるように思われる」と断じた。竹内の論は「近代の超克」が政治的具体性をもたなかった理由を指摘している。

同時代的に有力な「思想」たり得なかったのは、「近代の超克」が軍事指導者にほとんど援用されなかったことも一因だが、意図はともかく体制批判につながる視点が含まれていたことが大きい。彼らの視点は軍事指導者とは一体ではなかった。軍事指導者のなかに「近代の超克」を巧みに採り入れる人物がいなかったとも言える。保田與重郎が当日になって参加を見合わせたのは、両者をつなぐ回路構築の役割が押しつけられることを避けたからだと私には思えるのだが、竹内は次のように述べている。

「保田の不参加の直接の理由はわからないが、当時の保田の思想からすれば、こういう催しに彼は意味を認めていなかったと推定される。〔中略〕『日本ロマン派』の主張は亀井（および部分的には林）で代表されていて保田自身の参加不参加は重要でないという見方も成り立つ」

林房雄の「勤皇の心」

「近代の超克」の座談会で、司会役の河上徹太郎は初めに「テーマ」について長広舌を振るっている。その論点を抉り出し、ナショナリズムがどのような意味で語られたのかを解いておきたい。

「つまりこの座談会の進行は、最初にどうしても西洋の『近代』といふものが問題になると思ふのです。それから、その影響の下にある日本といふ所へ結びついて来る。そこから日本本来の姿——本来といつても、必ずしも古いといふ意味ぢやない、現代の日本の姿、さういふ所に導いて行かれる」

河上はこう述べたうえで、西洋のルネサンスが二十世紀にまで及んでいるか否か、ヨーロッパとアメリカは文化的、政治的にどのような関係をつくっているか、それが日本にどう影響しているかなど個別のテーマを指し示す。そして、まさに米英と交戦している日本には三つの問題があるとする。

「第一は日本の古典に於ける『現代』の意味、これは三好君の覚書に非常に大事な問題が掲げられてゐたと思ひます。

その次には日本の現代史が世界史である所以、これは特に吾々がこの時勢に向つて希望とし理想として掲げて居る命題でありますが、これもやはり思想的な実践性を以て考へられる問題だと思ふのです。この日本現代史が世界史であるといふことは、これは皆に共通の問題になると思ひます。

それから第三にはそこで現代日本人は如何にして可能なるか、この問題は非常に取扱ひ方は一面的だけれども、非常に率直に林房雄君が扱つてゐたと思ふのです。必ずしも此の扱ひ方に限りませんけれども、現代日本人は如何にして可能なるか、この命題がこの全座談会を導くテーマだと言つても宜いと思ひます」

三つの問題の第一は古典における「現代」の意味だが、三好達治は自身の稿「略記・附言一則」で、「日本精神」は古典の文中にはなく、国の生命のなかにあり、日々刻々成長発展していると説き、それが共通の認識にならなければならないと訴えた。第二は日本現代史が世界史を形成していると自覚することの意味、第三は、この世界史上で存在し得る真の「現代日本人」の意味である。その三つの問題を論じることこそ座談会の目的だと河上は方向づけたのである。

「大東亜戦争」という日本精神の発露で、いま我々は世界の歴史をつくっている。このとき我々はいかにして真の「現代日本人」たり得るのか、まさにそれが問題だと河上は一本の道筋を示した。この第三の問題については、図らずも林房雄が率直に扱っていると河上は指摘した。また前述のとおり第一の問題、古典における「現代」の意味については三好達治が重要な提案をしていると河上は指摘した。林の「勤皇の心」、三好の「略記・附言一則」を通し、「日本精神」「現代日本人」について彼らの視点を確認する必要がある。ナショナリズムがその視点のなかでどう消化されたのかを見ておかなければならない。

「近代の超克」の論文や発言では、下部構造のナショナリズムに対する見解は明示されていない。第三の問題からもわかるとおり、「現代日本人」という括り方では、実際に国策を決め、軍事を動かす指導層と、これに従う国民いずれの視点にも欠けるし、また共同体に伝承する生活の規範や倫理観なども捨象されている。むしろ「日本精神」「現代日本人」という語自体がもつ空虚なイメージが、彼ら知識人の欠陥だったと言えないだろうか。

林の「勤皇の心」は十八頁近くに及び、最も積極的に「近代の超克」に関わったことが窺える。三好の「略記・附言一則」は四頁だから、林の意気込みが想像できよう。林論文は出自から始まり、思想遍歴を詳述する。乃木希典大将の殉死、旧制中学時代の神社参拝ではまだ特別な感情はなく、多くの文学書を読んだ少年期、さらに西郷隆盛の精神にふれた顚末を記す。そのうえで「大正、昭和期の知識階級が勤皇の心に眼覚めるためには、満洲事変を待たねばならなかつた。多くの先駆者の流した血の教育を受けなければならなかつた。〔中略〕遅いことは当人の不幸である」という心境に達したと述べる。

「私は後に大学生として、治安維持法の被告になり、検事に左翼思想を抱くに至つた動機を訊問されたとき、『文学の影響』と答へた。これは、その場逃れの返答ではなかつた。独房の中で静かに自分の心の底を探つて、この答へを探り出したのである」

自分だけではなく、多くの者が「純文学」で左翼思想に走る心の素地をつくった。俗悪は文学の敵であり、純粋こそが尊ばれた。しかし自然主義文学を例に、俗物を否定した理想が、逆に人間という現実の存在を歪ませる原因にもなったと林は断じる。その現実から逃避した作家をあげつらい、林は「日本文学のこの痛ましい歴史は、日本の知識階級の苦闘と敗北の歴史である」と喝破した。プロレタリア文学もまたクロポトキン、バクーニン、マルクス、エンゲルス、レーニン、スターリンといった借り物の理論で作品を発表しているが、それは「最初より亡国の武器」だったと片づけるのである。

つまり林は何が言いたかったのか。文学作品のなかに持ち込まなければならない「勤皇の心」を、近代日本は避けるという大きな過ちを犯した。「神の否定、人間獣化、合理主義、主我主義、個人主義の行きつく道は、当然、『神国日本』の否定である」。我々はこの「業」を背負っていると断じた林の結論は、思うに次の点にある。

「我が罪業の深さを知り、個と私の一切を捨てて日本の神の前にひざまづいた境地に生れた勤皇、その心のみが、まことの愛国者、まことの憂国家をつくるのである。

文学のよみがへりも、またこの道よりほかにない。単なる純粋、単なる孤高、単なる非妥協は文学を救ふ道ではない。文学を正しき姿にかへす道ではない」

「現代日本人」の姿を文学の枠に当てはめよ、そのような作品を読者は手にせよ。「現代日本人」は「勤皇の心」を共有して初めて「真の日本人」たり得る。文学は「右を見るな、左を見るな。ただ一筋にこの心の示す道を歩め」。林が披瀝したその論点は、座談会でも強調されたのである。

もとより林は軍事指導者に媚びへつらったり、内務省の検閲官や情報局の官僚を恐れて論を曲げたりもしていない。と同時に、軍事や政治に直接口を挟んでいるわけでもない。林の論が軍事主導体制を歪ませることはないし、戦況に影響を与えることもない。にもかかわらず林の主張は、軍事指導者の脅威になり得たと考えられる。実は、林の論はきわめて危険な「心」を提示していたのである。つけ加えておくが、林にこの自覚がなかった点に、ナショナリズム不在の状況が裏づけられていると私は見る。

林が説いた「勤皇の心」とは、各人自らが求めるものであった。その「心」は客体あるいは普遍的なかたちをもたない。「神と　天皇の前にひざまづき、我が罪業の深さを自覚するとき、我が胸、我が腹、我が四肢五体のすみずみより、ほのぼのと葦芽の如く芽生え出るもの、これぞ、この心こそ、勤皇の心である」。つまり国民それぞれの「精神」の発露で、換言すれば百人百様の「勤皇の心」があり、林の姿勢はこれを容認するものであった。

座談会で科学者の菊池正士が「神の実在とはどういふことですか」と宗教家の吉満義彦に質したとき、林は口を挟んで「西洋の神話は神と人との闘ひであるが、日本の神話は神と人との闘ひではなく神々の闘ひである」と述べた。むろん「日本の神話」における「神々」とは皇祖皇宗を指すのだろうが、「闘ひ」の意味は前後の発言からも判然としない。ただ「神々」を文字どおり解釈すれば、林が説いた「勤皇の心」は多神教のニュアンスも帯びる。つまり「神々」に対する忠義が百人百様の「精神」の発露だとするなら、まさに国民それぞれが思い描く天皇と皇祖皇宗への、さまざまな「心」が許されることになる。なお林の論文「勤皇の心」の結語は「これぞ我が祈り。日本の神々よ　我が貧しき祈りを聞きとゞけ給へ」であった。

また林は次のような発言もしていた。

「島崎藤村はフランスへ行つて一番びつくりしたのは階級制度が今尚ほ厳然としてあつたことであつた。僕も北京へ行つてびつくりしたのは、これ亦階級制度が厳然として残つて居ることであつた。然るに日本には残つて居ない。日本の階級制度を撤廃したのは決して自由民権運動ではない。明治維新です。明治維新とは何か、それは復古である。志士が頭に描いた典型は決してフランスでもアメリカでもなかつた。明治維新の志士が頭の中に持つて居つた原形は、日本の古代です。国民が　天皇に直接し奉つて居つた無階級の時代です。さういふ西洋風の個人の自覚が日本の歴史の中にあつたでせうか。また、日本の封建制度、江戸時代に果して個人といふものが否定されて居つたかといふことも、もう一度調べ直す必要があると思ふ」

石川興二の『新体制の指導原理』についても述べたことだが、軍事指導者にとって命令は絶対で、「無階級」では戦争にならない。林の主張は、明らかに軍事指導者の脅威となり得た。

もともと軍事指導層および彼らの追随者が強要した臣民意識とは、軍人勅諭などで画一化されたものので、これが〈国民＝兵士〉という考え方を支えていた。しかし林ら「近代の超克」の知識人は、対して国民の「精神」の多様な拠り所を提示したのである。そこには第一義的な意味での兵士の姿はなかった。兵士を臣民意識の具現者と単純に捉えた軍事指導層、またこの考え方を支えた橋本欣五郎や『皇軍史』とは、確かに一線を画していたのである。

その違いは三好達治の論稿にも指摘できる。三好の立脚点は林とは異なるが、当時叫ばれていた

「日本精神」などについては「随分露骨な目の先の目標に向かつて、一つの予定された意識を以て、無理矢理小舟を漕ぎつけようとするやうな、不自由な従つて無味乾燥な努力としか、私のやうな者の眼には見うけられないのが、偽らないところであるが」と述べている。この拙速すぎる「日本主義者」らの「病的に熱心な傾向」は、むしろ「日本精神」の将来性を阻害しかねない。社会の常識的な判断力を逸脱して「非科学的精神」に振り回されることにならないか。三好の考察はのちの「非科学的精神」の発現たる玉砕や特攻に対する警告だったとも読める。

林も三好も「大東亜戦争」そのものを「勤皇の心」の発露と見たり、また「日本精神」の具現と捉えた点では軍事指導者と共通しており、彼らの政治的方向性に事あらためて口を挟んだわけではない。にもかかわらず軍事指導者の期待に沿う論だったとは言い難い。ファシズムの視点から言えば、林にせよ三好にせよ、軍事主導体制の鼓吹者の側に位置づけられよう。だがナショナリズムの視点で言えば、上部構造の国策決定基準とは一線を画し、むしろ〈多様な国民〉に対する教育の重要性を説いていた。図らずも軍事主導体制が強要した〈一様な兵士〉に対峙する論となっていたのである。

竹内好や橋川文三の指摘どおり、「近代の超克」への関心が一部の知識人に止まり、軍事のほか政治、経済、文化の分野で戦争を推進した者にまで広がらなかったのは、この本質的な違いのせいであろう。

一方で、林や三好ら「近代の超克」の知識人が、下部構造のナショナリズムと乖離していたこともまた事実である。彼らは〈多様な国民〉の教化を説きながら、そのナショナリズムは代弁しなかった。共同体に伝承する良質な生活の規範や倫理観を検証しないまま、短兵急に「日本精神」を説いたからである。「勤皇の心」にせよ「日本精神」にせよ、戦時下で検証抜きに語られたために、言葉本来の意味が死んでしまったという見方もできよう。

付言すれば、林は昭和三十九年に『大東亜戦争肯定論』を刊行しているが、まさにタイトルどおりの内容であった。

「大東亜戦争」下の軍事指導者が〈多様な国民〉を〈一様な兵士〉に規格化した事実を裏づける内容だったなら、「近代の超克」は戦後、さらに重い意味をもったと私は推測する。このことが惜しまれてならない。

第46章　アッツ島玉砕における四つの事実

守備隊の曖昧な位置づけ

太平洋戦争期、上部構造はどのように下部構造を強圧して軍事主導体制を築いたのか。上部構造は下部構造を国策と一体化させるために、皇軍兵士の姿勢を説いた「戦陣訓」、上官を家長と想定した「擬似家族」観、軍内の私的制裁たる「暴力」などを用いた。また具体的な作戦としては、世界に例を見ない「玉砕」や「特攻」を強いた。

個々の兵士は意思なき戦備品にされた。しかし兵士が上部構造の国策に吸収された理由も相応にある。この因果関係の正確な分析が何よりも重要だが、それを意識したうえで、昭和十八年（一九四三）五月のアッツ島玉砕にふれておきたい。太平洋戦争三年八カ月余の間、最初に「玉砕」が採用されたのがアッツ島であった。捕虜にならず全員が死ぬまで戦う「玉砕」をナショナリズムの視点で捉えたとき、どのような問いかけが生まれ、どのような答えが出るのか。アッツ島玉砕の背景から浮かび上がる太平洋戦争の軍事指導の構図を提示しておきたい。

平成十九年（二〇〇七）九月、防衛省防衛研究所の主催で「太平洋戦争の新視点――戦争指導・軍政・捕虜」というシンポジウムが開かれ、日米の研究者が参加した。「戦争史研究国際フォーラム」

として毎年行われているもので、このときは太平洋戦争の新視点を日米両国から提示しようという試みがなされた。私は「『アッツ玉砕』に見る戦略思想」という題で基調講演をし、その末尾で次のように述べた。

「玉砕や特攻について、日本人の精神性をあらわしたものという見方がある。また物量に劣る日本の戦争という視点に、このような精神性を対峙させる考え方もある。だがつぶさに確かめていくと、玉砕そのもののなかに、大本営の参謀らに欠けていた思想が透けて見えると思う」

個々の兵士に対する視点が大本営の参謀らには決定的に欠けていた。個々の兵士の心情に寸分の配慮もない偏頗な姿勢が、日本軍の参謀教育にはあった。これこそ上部構造が抱え込んだ最大の誤りではなかったか、というのが私の結論であった。

アッツ島はアリューシャン列島の西端に位置し、東西約五六km、南北約二四km、海辺の九五%が岸壁で、平地はツンドラの湿地帯、気候は年間を通して霧が深く、人はほとんど住んでいない。日本軍が近くのキスカ島とともにアメリカ領のアッツ島を占領したのは昭和十七年（一九四二）六月のことで、その年四月十八日に遂行されたドウリットル隊の東京空襲を受け、本土爆撃の拠点とされれば士気に関わると懸念し、防禦部隊配備の必要が生じたためでもあった。

大本営はまずアッツ、キスカ両島を六月七日から八日にかけて占領した。当初は航空基地の建設を考えたが、アッツ島は条件が悪く諦めている。しかしアメリカ軍の基地がキスカの西方にあるという情報を得、再びアッツ島に基地を建設することになった。十月にはこの二島を防禦するための北海守備隊が新しく編制され、隊長には山崎保代《やすよ》大佐が就いた。北海守備隊のうちアッツ島には独立歩兵第三百三大隊、北千島要塞歩兵隊のほか高射砲、工兵、無線などの部隊が置かれ、総勢二千五百人が輸送も覚束ないなか航空基地の建設にあたった。

アメリカ軍もアリューシャン列島の一つアムチトカ島に基地を建設し、昭和十八年に入ってからはアッツ、キスカ両島への日本の輸送船を狙い撃ちするようになった。制空権、制海権はしだいに失われていった。

太平洋戦争と言えば、ともすると南方要域に目が奪われがちだが、実際には北方からのアメリカ、ソ連による攻撃を大本営参謀は何より恐れていた。しかしアッツ島の守備隊をめぐる大本営の戦略には不透明なところがあり、先のシンポジウムの講演で私は次のように述べた。

「一つは、全体の作戦のなかでミッドウェーやガダルカナルとのからみで練られたが、しかし実際には極めて曖昧な位置づけをされていたこと。そしてもう一つは、アメリカとソ連の提携封殺という戦略的意図に具体的な確証がないのに、その作戦を進めたことである」

北海守備隊が属した北部軍は、昭和十八年二月に北方軍と名を改め、司令官には樋口季一郎中将が就いている。樋口自身が残した記録に、北海守備隊の役割についての訓示があるので引用しておく。

「北方軍ニ負荷セラレタル任務ハ飽ク迄西部『アリューシャン』方面現下北海守備隊ノ確保シアル要域ヲ保持増強スルト共ニ敵米ノ反攻ヲ徹底的ニ撃砕シ且対蘇情勢ノ急変ニ対応スル作戦準備ヲ完整スル外　国土防衛等ニ関シ北部軍ノ任務ヲ継承スルニ在リテ作戦軍タルノ性格ノ下ニ北方方面ノ作戦実施、作戦準備ヲ実施スル外　内地軍タルノ性格ノ下ニ従来北部軍ノ前任務ヲ遂行スルコトニ存ス」

（『戦史叢書　北東方面陸軍戦〈1〉——アッツの玉砕——』朝雲新聞社　一九六八）

大本営参謀に北海守備隊の性格を明らかにしてほしいと樋口が訴えた結果、このような役割が与えられたのである。北方軍には「作戦軍タルノ性格」と「内地軍タルノ性格」があるということだが、それは攻撃と防禦の二面性をあらわしている。北海守備隊の防禦を完璧にするため、七千八百人の部隊を送りたいと樋口は申し出たが、大本営は兵員の余裕がないことを理由に拒否している。

美談に隠された大本営の責任

アッツ、キスカ両島占領の経緯、北海守備隊の性格、樋口と大本営参謀のやりとりなどをどう理解すればいいのか。第一に注目すべきは、明確な戦略もないまま、ただ両島からの米軍による日本の本土爆撃を想定し、最小限の部隊を送って済ませたという、場当たり的な考えで要域を囲い込んだ点である。第二は、基地建設のスピードに囚われ、とにかく工兵隊を中心に要員を送っており、いかに守備を固めながら工事を進めるかという複眼的な発想にまるで欠けていた点である。樋口が求めたような、まず占領の目的を明確にし、兵士の増員を図る必要があるという考えは、まったく相手にされていない。

アッツ島に対するアメリカ軍の攻撃が開始された翌昭和十八年五月十二日から、山崎隊長が最後の電報を大本営に送り、玉砕した六月一日までのことは、西島照男著『アッツ島玉砕　十九日間の戦闘記録』（北海道新聞社　一九九一）が詳しいが、当初より物量に勝るアメリカ軍の攻撃で日本軍の被害は大きかった。大本営発表は五月十四日に「五月十二日有力なる米軍部隊はアリューシャン列島『アッツ島』に上陸を開始せり、同島守備の我部隊はこれを邀撃《ようげき》し目下激戦中なり」と国民に伝えた。アメリカ軍はアッツ島を奪還し、日本軍が建設中の航空基地を押さえようと考えた。北辺の孤島とはいえアメリカ領土である以上、日本軍を居座らせておくわけにはいかない。そのような面子もあり、アメリカ側には何としても奪還するという強い意志があった。

アメリカ軍による上陸十八日目の五月二十九日、山崎は樋口に宛てて「アッツ全戦線を通じ、戦闘し得る者僅々一五〇名となったから、本夜、夜暗に乗じ全員敵中に突入する考えである。私共は国家民族の不滅を信じ散華《さんげ》するであろう。閣下の武運長久を祈る。各位によろしく伝達ありたし。天皇陛下万歳。これと共に通信機を破壊する」（樋口季一郎『アッツ、キスカ・軍司令官の回想録』芙蓉書房　一九七二）という最後の電報を送った。「戦病者の処置も完全に了った。百五十数名を率いて突入する」という、まさに「玉砕」を伝える通信であった。

アメリカ軍は二十九隻の船団に守られ、さらに約一万五千人の兵士はあらゆる戦備を整えていた。二千五百人の守備隊に対抗できるはずなどなかった。三週間近くも耐えられたのは、夜戦に持ち込んだこととと、とにかく最後の一兵まで戦えという大本営の厳然たる命令があったからである。アメリカ側の『公刊戦史』にはアッツ島に従軍した中隊長の証言が記録されているが、日本軍兵士の描写は凄まじい。

「〔霧の中から〕三〇〇～四〇〇名が一団となって近づいてくる。先頭に立っているのが山崎部隊長だろう。右手に日本刀、左手に日の丸をもっている……どの兵隊もどの兵隊も、ボロボロの服をつけ青ざめた形相をしている。手に銃のないものは短剣を握っている。最後の突撃というのに皆どこかを負傷しているのだろう。足を引きずり、膝をするようにゆっくり近づいて来る。我々アメリカ兵は身の毛をよだてた。わが一弾が命中したのか先頭の部隊長がバッタリ倒れた。しばらくするとむっくり起きあがり、また倒れる。また起きあがり一尺、一寸と、はうように米軍に迫ってくる」（『アッツ島従

軍米軍中隊長ハーバート・ロック中尉談話関係書類」「朝日新聞」広島地方版　一九五〇・二・十九）

そのような鬼気迫る姿こそアッツ島玉砕の実態だったわけだが、一方で北方軍の樋口司令官は、もともとアメリカ軍上陸のさいはすぐに増援部隊を送ると山崎に約束していた。実際にアメリカ軍上陸の報を受けたとき、樋口は旭川の第七師団の一部を編制しているし、大本営に増援の申請もしている。しかし参謀次長の秦彦三郎は、海軍の艦艇の残存数からも増援は不可能だと判断した。やむなく樋口は増援できない旨を伝え、「一死困難に殉ぜられたし」と打電したという。こうしたアッツ島玉砕の経緯からは、次の点が指摘できよう。

（一）明確な戦略もないまま兵員は要域に送られた。ガダルカナル戦同様、基地建設を主な任務とする工兵が中心の部隊であった。

（二）アメリカ軍上陸のさいは増援を送る案もあった。しかし実際には不可能で、部隊は編制できても制海権がなく、増援の体を成さなかった。

（三）死ぬまで戦えと命じ、捕虜になることなど初めからまったく想定していなかった。

（四）部隊の責任者は最後の一兵まで指揮を執り、任務を完遂した。

アッツ島の玉砕は国民の士気を鼓舞する美談にすり替えられた。「玉砕」はまさに「戦陣訓」が説いた捕虜になることへの戒めの成果であった。その「戦陣訓」制定の陰の功労者で、前述の『日本戦争哲学』の著者中柴末純は、アッツ島玉砕を評して「生きた戦陣訓がまざまざとここにある。この戦陣訓を胸に生かして、アッツ島二千幾百の英魂を死なせてはならぬ」という談話を発した。総力戦学会会長も務めた中柴は、確かに「戦陣訓」の唱導者であった。

「玉砕」は大本営の作戦参謀らの無責任に端を発していた。彼らは思い込みだけで兵士たちを動かし、寸分の自省もなく、すべての責任を実戦部隊に押しつけた。思想なき彼らには「玉砕」を正当化し得る確かな理由などまるでなかった。それを誤魔化すために、大本営はアッツ島の守備隊を英雄に仕立て、国民に伝えた。昭和十八年五月三十日十七時の「大本営発表」は次のとおりであった。

「アッツ島守備部隊は五月十二日以来極めて困難なる状況下に寡兵よく優勢なる敵に対し血戦継続中の処五月二十九日夜敵主力部隊に対し最後の鉄槌を下し皇軍の神髄を発揮せんと決意し全力を挙げて壮烈なる攻撃を敢行せり。爾後通信全く杜絶全員玉砕せるものと認む、傷病者にして攻撃に参加し得ざるものは之に先《さきだ》ち悉《ことごと》く自決せり」

大本営作戦部が自ら下した命令には露ふれず、巧みに責任を回避している。しかも「大本営発表」が新聞などに掲載されるさいは、上部構造の思惑どおりの紙面づくりが情報局によって指導されていた。アッツ島の守備隊には北海道の第七師団の兵士が多かったのだが、たとえば当時の北海道新聞は「傷病者は悉く自決　最後の猛突撃敢行　あゝ神兵　山崎部隊」と報じた。むろん北海道新聞に限らず、どの新聞もそのような見出しで報じていた。

また書籍も昭和十八年に三冊、翌十九年に三冊が刊行された。アッツ島の守備隊は「神兵」と呼ばれ、国民は「山崎部隊につづけ」と檄を飛ばされることになった。昭和十八年七月刊行の『アッツ島血風録』（大東研究所編　山海堂出版部）の表紙の次頁には「軍人は忠節を尽くすを本分とすべし」など「軍人勅諭」の教えや「戦陣訓」、さらには『葉隠』の一節「武士道と云ふは死ぬことと見付けたり」まで紹介されていた。アッツ島の守備隊はまさに「軍人勅諭」や「戦陣訓」などが示す「日本精神」の体現だとアピールしたのである。本文中には陸軍将兵の言なども見られ、あくまで主眼は「アッツ島の皇軍将兵が得たものは精神の大勝利である」と喧伝することにあった。昭和十八年七月刊行の

『撃ちてし止まむ（アッツ島の英霊に捧ぐ）』（北海道翼賛芸術連盟、文学報国会、北海道詩歌人協会編）には「アッツ島の神兵に続け」という詩が掲載されており、「あゝ、いかでわれら　この神兵に続かん　悲泣哀哭《ひきゅうあいこく》は一億の刃となれ！　その野　その海　その職場で」との一節もあった。さらに山崎大佐を讃える歌もつくられ、ラジオで流された。自己陶酔的な空気がこの国を覆い、「散華」の美学とも言うべき戦時下特有の「精神」が、国民の道徳として定められたような状況になったのである。

五百万人を死なせた自省の欠如

アッツ島に続いてタラワ、サイパン、テニアン、グアム、硫黄島、そして沖縄などでも「玉砕」が採用され、あたかもそれが日本軍の兵法であるかのように賞揚された。しかし実際に論として「玉砕」をどう捉えるかは、現在まで明確な分析がなされていない。とくに昭和十九年から二十年にかけての玉砕は、本土決戦の準備を進めるための時間稼ぎだという見方もされた。前述のとおり「戦陣訓」の呪縛だという解釈もある。また捕虜になることは敵に処刑されるのと同じで、ならば死ぬまで戦うべきだという理屈もしばしば用いられた。

ただ、このような解釈とはまったく別の視点が論じられてもいい。ナショナリズムという枠組みのなかで、上部構造が下部構造を強権的に抑圧し、屈服、隷属させようとした事象を、私なりに分析してきた。下部構造の兵士たちは、軍隊という閉鎖的な空間で心身ともに隷属させられた。「戦陣訓」による締めつけや私的制裁などで、故郷で育んだ倫理観が麻痺し、軍事指導層がつくり上げた天皇を頂点とする「擬似家族」に、兵士たちの思いが傾いたことは想像に難くない。玉砕や特攻の内実を見ていくと、彼らが従順にならざるを得なかった因果がわかるが、しかしなかには共同体の倫理観を守るため、あるいは家族のため、死を受け容れる者がいた事実も浮かび上がってくる。

玉砕した兵士の手紙や特攻隊員の手記には、両親や兄弟姉妹、また我が子への思慕だけではなく、幼年期に身につけた自らの価値観を拠り所に生きたかったという無念が滲んでいる。時に綴られた軍事指導層とは異なるそのような視点にふれると、共同体への思慕の強さが窺える。アッツ島で玉砕したある兵士は、故郷に三人の子供と身重の妻を残して出征し、手紙に「生きて帰らぬと思う。骨で帰るのだ。〔中略〕これで妻子の別れになるのではないかと思う」と書く一方で、「〔ノモンハンで〕全滅した兵の中にも、生きて還った兵のある事を思う。必ず死とはいえないのだ。その点、安心して呉れよ」とも記していた（菅勝彦編集発行『アッツから　戦没野戦郵便局員の手紙』一九八〇）。本来なら記せない内容だが、この兵士は野戦郵便局に籍を置いていたため、密かに送ることができたのである。

アッツ島守備隊の兵士たちは、はたしてアメリカ軍との戦闘で逝ったと言えるのか。また一連の玉砕は、敗戦という括りだけで論じていいものなのか。思うに大本営参謀の作戦には、いっさいの「公」が消え、「私」に傾いた偏狭さがあり、この独善が一方的に下部構造の兵士たちへと押しつけられた。私はそのような上部構造と下部構造の関係性を実証すべきだと考えてきたが、日中戦争と太平洋戦争で戦死、傷病死した二百四十万人の兵士たち、実際には戦後の死も含めると五百万人を超えるであろう彼らの存在は、数多の教訓を我々に与えていると思う。

この教訓は、前述したアッツ島玉砕における四つの事実を確かめることで理解できる。確かに軍事指導者には国民に命令を下す一定の権力が与えられていた。しかし彼らに〈歴史〉を終わらせる権利はない。一億総特攻とか、国民総玉砕などという語を用いて、国を存亡の危機に陥れる権利は与えられていない。過去を侮り、未来の芽を摘む権利など託されていない。そのような権力が掌中にあると錯覚した時点で、軍事指導者は上部構造のナショナリズムを担う役割からも外れていたと言える。

自省を踏まえたアッツ島玉砕の検証を、ただの一度も行わなかった軍事指導者について、彼らをナショナリズムの枠内で捉えることはできない。軍事指導者の自省の欠如が「特攻」に行き着き、さらには国民一人ひとりを兵器に見立てた本土決戦の構想にまで進む。軍事指導者はナショナリズムなき空間に浮遊するきわめて脆い非人間的存在へと変質し、すでに「臣民」ですらなかった。このナショナリズムの不在に、昭和天皇をはじめ何人かが気づいた。それを裏づけたうえで、ナショナリズム論は構築されていくべきである。

第47章　本土決戦という亡国の盲信

「一億総特攻」の現実

太平洋戦争末期、日本軍の勝利は絶望的になっていた。しかし大本営作戦部や陸軍省の首脳は徹底抗戦の方針を貫いた。昭和十九年（一九四四）末には十万人近い死者を出していたフィリピン戦を教訓ともせず、軍事指導層は一様に精神論をくり返し、本土決戦で活路を開こうとした。昭和十九年二月に首相、陸相に加えて参謀総長も兼務した東條英機は、とにかく精神論を好んだ。拙著『東條英機と天皇の時代』でも紹介したが、東條は状況が悪化するにつれ、しばしば次のような言を国民に向けて弄した。

「戦争というのは負けたと思ったときが負けである。いかなることがあっても、負けたと思ってはならない」

これが劣勢を直視しない「聖戦完遂」の本意であった。負けを認めたときが負けという理屈では、そう思わなければ敗北などあり得ず、結果、戦争は続くことになる。

東京日日新聞の記者だった戸川幸夫の証言によれば、敗戦時の軍令部次長、大西瀧治郎は戦争末期、特攻作戦の継続期間に関する質問に、大要次のように答えたという。

〈国民の四分の一は特攻作戦で死んでもらう。まさに血染めの戦場になる。米軍はこの日本人の血染めの姿に戦意を喪失し、もうやめよう、やめてくれえと言いだす。そのときが講和のチャンスになる。それまで続けることになる〉

大西は特攻作戦の推進者とされるが、このような根拠なき妄言は戦争末期の指導層によって日常的に叫ばれた。「特攻」という現実に対する感覚が麻痺していたとしか思えない。東條や大西の発言を鑑みるに、やはり当時の軍事指導者には正常な感覚がなかったと結論できる。

たとえば原子爆弾の製造計画は戦時下の日本でもあり、昭和十九年七月のサイパン陥落間際、首相、陸相、参謀総長だった東條はその早期完成を理化学研究所の仁科芳雄に質している。マッチ箱一つの大きさで大都市を壊滅させ得るという原爆の開発のために、東條は以前から陸軍の技術将校らにウラン一〇kgを集めろと檄を飛ばしていた。仁科は開発の可能性について曖昧な態度をとりながら潤沢な予算を確保し、陸軍委託の「ニ号研究」を進めていた。私は当時の原子物理学者や陸海軍の技術将校の証言を直接得ているが、仁科のその姿勢は、あくまでも敗戦後の原子物理学のレベルを見据えたものであった。徴用されて陸軍の技術将校となった元理研の研究員山本洋一は、私に次のように語っている。

〈仁科さんのトリックで研究費は確保されたわけで、昭和二十七年に科学者会議が、これまでの時代で最も研究の自由が保障されていたのはいつかと調査したとき、最も多かったのは戦時下という答えだったのです〉

陸軍の狂信的な軍人には仁科だけが応対したとされ、一科学者が上部構造を手玉に取った姿も浮かび上がる。しかし陸軍は、開発のための研究を続けるといった仁科の受け答えに、製造は可能だと勝手に思い込み、戦況の悪化とともに圧力を加えてきたという。太平洋戦争末期になると陸軍の指導者が仁科の研究室に駆けつけては「理論上可能ならなぜつくれないのか。お前たちには皇国精神がない！」とサーベルで脅す光景も珍しくなかったという。そのような事象を検証していくと、東條などはサイパン陥落を防ぐために、現地の兵士ばかりか民間の日本人の生命をも顧みず、原爆の投下を企図していたことが読み取れる。この異常な心理状態は、国民の生命や財産の保障というナショナリズムの最低限の要素をも放棄していたことを意味する。

昭和十九年十月からの「比島決戦」つまりフィリピンにおける戦いで日本の敗北が確実になると、大本営は自暴自棄とも言うべき政策を打ち出していった。その究極が「最後の決戦」と称された本土決戦である。

昭和二十年に入ると本土決戦に備え、内地防衛を主たる目的に第一総軍（東京）、第二総軍（広島）が、また兵力不足を補うために国民義勇隊が編制されることになった。三月から準備を始め、六月二十二日には義勇兵役法が制定された。十五歳から六十歳までの男性、十七歳から四十歳までの女性は、義勇兵としてアメリカ軍との戦闘に参加することになり、もし異議を唱えれば厳しく罰せられた。まさに国民皆兵で、彼ら義勇兵は正規の戦力ではなく、特攻要員であった。「一億総特攻」とは、このような現実をあらわしていたのである。

死の強要と保身

大本営はアメリカ軍の日本上陸に対する作戦方針を明確に定めていた。つまり「上陸してきた米軍を沿岸部の陣地帯で拘束し、できる限り消耗させておき、その間に内陸部に待機していた〈決戦兵団〉がかけつけ、米軍に決定的打撃を与えるという、水際防御と内陸防御を折衷した作戦思想である」（山田朗「本土決戦体制への道」『幻ではなかった本土決戦』歴史教育者協議会編　高文研　一九九五）。

平成七年に刊行された『幻ではなかった本土決戦』には作戦に対する詳細な検証があり、読むとあらためて愕然とさせられる。軍事指導者らの本音を見透かせるような、本土決戦の実相が示されているのである。

水際でアメリカ軍に対峙する拘束兵団と、内陸部で待機する決戦兵団の編制について、大本営は昭和二十年（一九四五）四月五日の「師団戦闘訓練要綱」の初めで「兵団ノ戦場ハ神聖ナル皇土ナリ侵寇シ来ル夷狄《いてき》ハ悉ク之ヲ鏖殺《おうさつ》〔殺し尽くす〕シ一兵ノ生還者モ無カラシムルヘシ」としていた。アメリカ兵は一人たりとも生かして帰さないという覚悟を謳っており、そのような空虚な精神論が軍事指導者らの最後の拠り所になったのである。

本土決戦の二つの兵団について、拘束兵団は主に義勇隊などで編制された特別攻撃部隊であった。具体的には爆薬を背負ってアメリカ軍の戦車に体当たりする特攻作戦が中心となった。この対戦車肉薄攻撃だけではなく、竹槍を武器にしたアメリカ兵への体当たり攻撃など常識ではあり得ない作戦も考えられていた。一方の決戦兵団は内陸に位置するいわば正規の軍隊で、さらに「侵寇」してきたアメリカ軍と戦火を交えることになっていた。しかしすでに戦備はなく、兵士も寄せ集めで、アメリカ軍の精鋭部隊の攻撃に耐えられる状態ではなかった。大本営は昭和二十年六月頃から「一億玉砕」や「一億総特攻」を呼号するようになるが、その実体は軍事指導層の面子を守るための手駒にすぎなかったのである。

本土決戦と称して国民をアメリカ軍の標的に晒しながら、自らはより安全な長野県松代への移転計画を進め、戦争を続けようとした大本営について、我々はどう理解したらいいのか。「玉砕の強要と自己保存、これは、本土決戦を計画し、準備を進めた大本営の軍人たちの一面の熱狂的な精神主義と、他面の冷徹な現実主義を示している。武器も弾薬もまともに行き渡らず、陣地構築に明け暮れてろくに訓練もできないような軍隊が、米軍との決戦に勝利できるはずはないことを大本営の高級・中堅の軍人たちの多くは悟っていた」

大本営の軍人らに「熱狂的な精神主義」と「冷徹な現実主義」が併存していたという前掲「本土決戦体制への道」の山田の指摘は適切だと思える。もし本土決戦が実行に移されていれば、国民に死を強要しながら保身に励んだ軍事指導層は、大元帥たる「天皇」に責任を転嫁して巧みに逃げたに違いない。東條のように、負けを認めなければ敗北はないというドグマに陥り、大西のように、国民四分の一の特攻死でアメリカ軍を戦意喪失に追い込むという妄想に取り憑かれながら、一方では松代の大本営に仮皇居を定め、天皇を幽閉状態にして本土決戦を行うことで、歴史的なアリバイを得ようとしたのではなかったか。しかしポツダム宣言受託の意志を示すことで、昭和天皇が本土決戦に歯止めをかけた。大本営の参謀らの言うとおりに突き進めば、国そのものがなくなるどころか、「臣民」が絶滅してしまうと天皇は考えたのである。

「国民の種をのこすべくつとめた」

天皇が日光に疎開中の皇太子に宛てた昭和二十年九月九日の書簡がある。

　手紙をありがたう　しつかりとした精神をもつて　元気で居ることを聞いて　喜んで居ます
　国家は多事であるが　私は丈夫で居るから安心してください　今度のやうな決心をしなければならない事情を早く話せばよかつたけれど　先生とあまりにちがつたことをいふことになるので　ひかへて居つたことを　ゆるしてくれ　敗因について一言いはしてくれ
　我が国人が　あまりに皇国を信じ過ぎて　英米をあなどつたことである
　我が軍人は　精神に重きをおきすぎて　科学を忘れたことである
　明治天皇の時には　山県〔有朋〕　大山〔巌〕　山本〔権兵衛〕等の如き陸海軍の名将があつたが　今度の時は　あたかも第一次世界大戦の独国の如く　軍人がバツコして大局を考へず　進むを知つて　退くことを知らなかつたからです
　戦争をつづければ　三種神器を守ることも出来ず　国民をも殺さなければならなくなつたので　涙をのんで　国民の種をのこすべくつとめたのである（橋本明「皇太子に宛てた『天皇の手紙』」「新潮45」一九八六・五）

私が傍点を付したこの「国民の種をのこすべくつとめた」という文言に、天皇の思い、そして「本土決戦」に対する不快感が込められていたのではないだろうか。軍事指導者らは「一億総特攻」などと言辞を弄し、国が滅びるまで戦おうとした。しかしそれでは三種の神器も守れず、皇統の継続も危うくなる。国民も死に絶え、将来の芽が摘み取られてしまう。十代の少年、さらには少女にまで特攻を命じた軍事指導者らは、本土決戦を実行に移したとき、日本という国の未来がどうなるかを客観視できなかった。この書簡が物語るのは、そのような天皇の嘆きであった。

本土決戦の計画に没頭した参謀らは国家のイメージもビジョンももたず、長年培われてきた文化や歴史を蔑ろにしたと言わざるを得ない。思うに主権の私物化と言うより、むしろ彼らは反国家的態度をとっていたのである。

本土決戦の内実を確かめてわかるのは、方向性を見失って崩壊し、国民を滅亡の淵に追いやった上部構造の姿である。国益の守護、国権の伸長、国威の発揚といった上部構造を支えるべき国策決定の基準が崩壊することで、国家はナショナリズムの方向性を見失ったと言える。つまり何が国益なのか、何が国権なのか、何が国民感情の充足なのかを見失い、ナショナリズムは葬られた。本土決戦を呼号した軍事指導層は、その姿を如実に示していたのである。

本土決戦をめぐるナショナリズムなき上部構造に対する私の考えを箇条書きにすれば、次のとおりになる。

(一) 国民の生命を犠牲に、指導層は保身に走った。
(二) 天皇は大権を付与した指導層に責任転嫁される可能性もあった。
(三) ナショナリズムの再生を期し、亡国を防いだのは天皇であった。

上部構造がナショナリズムなき盲信を振りかざしたとき、国民は彼らの無責任さの犠牲となり、死に追いやられた。上部構造が企図した本土決戦の内実から見出せる解釈は、これしかない。

楯にされた互助の気持

昭和二十年に入って進められた本土決戦の構想は、一般国民には知らされていない。日々「一億総特攻」が叫ばれ、爆弾を背負い戦車に体当たりしたり、肉弾戦と称してアメリカ兵を竹槍で突く訓練が行われたのは確かに異常だが、これが国民すべてを犠牲にする本土決戦の姿だとは知る由もなかった。

本土決戦の要綱つまり「師団戦闘訓練要綱」あるいは昭和二十年四月八日の「決号作戦準備要綱」、さらに義勇兵役法による特攻作戦に基づく上陸予想地、九十九里浜や相模湾岸などの住民に対する命令を分析すると、意外なことに驚かされる。アメリカ軍の上陸地点は戦場と化すわけだから、住民には確かに避難命令が出されるのだが、しかし乳幼児、児童、高齢者などは現実には足手まといになる。たとえば国民義勇隊の千葉県協議会が七月十六日に出した次のような指示に、軍の命令の変質が窺えるのである。

「近いうちに艦砲射撃を受けるので、そのための注意事項

ぞろぞろと逃げずに郷土にふみとどまっていることが大切である。／艦砲射撃には必ず飛行機がともなう。目標に向かって飛行機はやってくる。だから部落にじっとしていたほうがよい。／艦砲射撃はどれでもみんな届くが、九十九里浜を全面射撃するのは不可能である。ぞろぞろそろってあわてふ

ためくとかえって目標になる」（栗原克榮「房総半島の本土決戦体制」『幻ではなかった本土決戦』）
家族の数だけタコツボが掘られ、親子は別々の穴に入るよう命じられた。つまり親が死んでも子が残るよう、次世代のための命令でもあったという。一家全滅もあり得るのに、まさに命令自体が歪んでいたのである。

共同体の生活の規範や倫理観、また相互扶助を土台とする下部構造のナショナリズムが、国あるいは大本営による上からの強制で本土決戦構想の軸にすり替えられている。つまり下部構造のナショナリズムを巧みに利用する仕掛けが、数々の要綱の根底にはあった。避難するのではなく郷土に残れと変質した命令には、下部構造は上部構造の楯になれという意味が込められていたのである。共同体で連綿と受け継がれてきた生活の規範や倫理観を楯にしようとした本土決戦の構想は、単に国民の命を犠牲にするだけではなく、下部構造の歴史をも解体する危険性を孕んでいたと言っていい。

私は、昭和の陸軍の指導部が末期に及んでこの国の共同体に受け継がれてきた価値観を利用し、国土のみならず文化や歴史、そして人そのものの性格まで変えようとした「ナショナリズムなき盲信」に強い怒りを覚える。妄信の暴走は、昭和二十年八月十四日の御前会議で天皇が終止符を打つまで止まらなかったのである。

先に天皇が皇太子に宛てた書簡を掲げたが、第1章でも引用した、天皇の御前会議での言葉をあらためてここに記す。それはナショナリズムの再生を期し、亡国を防ごうとする天皇の決意であった。
「日本が全く無くなるという結果にくらべて、少しでも種子が残りさえすれば、さらにまた復興という光明も考えられる」（藤田尚徳『侍従長の回想』）

第48章　戦時下伏せられた二つの地震

歴史軽視の「威信」

平成二十三年（二〇一一）三月十一日の東日本大震災は、安全に絶対のないこと、昨日の日常が今日一変する不条理、津波の恐ろしさなど、いくつかの警告を私たちに与えた。地震と津波の死者行方不明者は約二万、この第一次被害に加え、家族を喪った悲しみ、失業や避難生活の心労による自殺者も出た。一日を境に自然観、文明観、人生観が大きく変わることへの覚悟として、「3・11以前」「3・11以後」という考え方が必要になったと私は思う。価値観の変容は生き方の見直しをも迫るからである。

日本の近現代史上そのような変革は限られる。さしあたり日清、日露戦争の勝利、第一次世界大戦時の国際関係、太平洋戦争の敗戦、サンフランシスコ講和条約の発効などが思い浮かぶが、東日本大震災もこれに匹敵する重要な意味をもった。

大きな変革を迫られたとき、権力の側がもし事実を隠蔽したり、あるいは歪曲、偽造して伝えたならば、単に同時代だけではなく、歴史的な罪過を負ったと言える。東京電力福島第一原子力発電所での事故は、まさにそのようなケースであった。菅直人内閣は東京電力に対し、政府の権限で情報公開を求めたり、責任の所在を明確にするよう積極的に追及すべきであった。しかしすべてが場当たり的だったというのが実像ではないだろうか。とくに炉心溶融いわゆるメルトダウンは事故発生後まもなく起こっていたのに、東京電力側はなかなか公表せず、結局認めたのが二カ月後、五月も半ばになってからであった。この間、東京電力はもちろん政府および経済産業省の外局、資源エネルギー庁の機関だった原子力安全・保安院が、いくつもの情報を隠したり、操作したのではないかという疑問があらためて湧き、国民の不信感が高まったこともまた事実である。実際に平成二十八年（二〇一六）六月、東京電力はメルトダウンの事実の隠蔽を図ったことを認め、謝罪している。

私たちは「知る権利」をもっている。「知る権利」の根底には、私たちの生存は保障されなければならないという当然の意思がある。東京電力や監督官庁は、私たちの生存の保障などまったく意に介していなかったと思える。そして平成二十五年（二〇一三）十二月公布、翌年十二月施行の「特定秘密保護法」は、「秘密」の認定など政府の意向に大きく左右されるため、今後は私たちの生存の権利も、かなり危うくなるのではないだろうか。

本章で私が提示したいのは、そのような不信感は一朝一夕に生まれるのではなく、いわば歴史の積み重ねのなかでごく自然に育まれるという視点である。時の権力者が天災や人災を隠蔽したら、教訓を得られないばかりか本質まで見失い、次代に大きな禍根を残すことになるという意味もある。

ソ連が崩壊する一九九一年前後、私はモスクワに赴いたことがある。情報閉鎖社会だった共産主義体制は、生死に関わる事実さえ国民に伝えなかったが、あるロシア人から私はこんな話を聞いた。ソ連の国内線の航空機が墜落し、乗員乗客すべて、百人余が死亡した。ソ連製航空機の墜落は国家の威信に関わるという理由で、国民にはいっさい知らされなかった。乗員乗客の家族には密かに遺体や遺品が届けられた。しかしどこで、なぜ墜落したかなどは、まったく教えられなかったという。

旧ソ連に限らず、事実の隠蔽は共産主義体制や独裁国家では日常的に行われている。しかしその場の「威信」は保てても、当時の指導者は歴史上で鋭い批判を浴び、汚名を着せられることになる。歴史的な検証なくして、隠された天災や人災での死亡者の鎮魂はあり得ない。

東日本大震災、東京電力の原発事故についても隠蔽された事実はほかにもあるかと思う。意図的に歪曲され、あるいは偽造された事実もあろう。この責任は歴史上で応分にとってもらわなければならない。でなければ天災、人災の教訓が、指導者らの責任逃れのなかで抹殺されることになる。

東南海地震と三河地震

昭和の戦時下で隠蔽された二つの地震がある。一般的に知られていないばかりか、関係者の間でもあまり教訓が受け継がれなかった。私自身、東日本大震災後に名古屋で講演した折、七十代の方から話を聞いて初めてその被害の大きさに驚いたのである。

「三河大地震のときはひどかった。何人も亡くなったのに、いまでも知っている人は少ないし、原因も充分明らかにされていません。戦時下でしたから軍部は隠し、政府も知らん顔を決め込んだわけです。今度またあんな震災が起きたら、人災と言ってもいいのではないでしょうか」

東南海地震や三河地震では海岸に面した地域が総崩れになった。この二つの地震がもたらした結果が深く検証されていたなら、東日本大震災の防災に少しは役立ったのではないかとも聞かされた。

東南海地震は、昭和十九年（一九四四）十二月七日午後一時三十六分に紀伊半島南東沖を震源地として起きたマグニチュード七・九の地震である。三重、愛知、静岡を強い揺れが何度か襲った。海岸部は津波にも襲われた。東日本大震災の津波ほど大きくはなかったが、千二百人余が亡くなる惨事であった。『三河地震60年目の真実』（名古屋大学地震火山・防災研究センター　木股文昭、林能成、木村玲欧共著　中日新聞社　二〇〇五）によれば、東南海地震の翌日、十二月八日は太平洋戦争の開戦から三年目に当たり、大本営は戦意高揚キャンペーンに必死で、新聞各紙の一面トップも昭和天皇の写真だったという。東南海地震には各紙ほとんどふれておらず、中部日本新聞（現中日新聞）さえも三面の隅にわずかな記事を載せただけであった。また鳥取大地震があった昭和十八年九月にも報道管制が敷かれ、千人余の死亡が伏せられたという。さらに『三河地震60年目の真実』は次のような事件も紹介している。

「当時の社会情勢を示すエピソードがある。三重県では知事の指示で尾鷲へ災害調査に出かけた翼賛会の幹部を、憲兵が拉致している。憲兵は災害調査を機密漏洩活動と解釈、幹部を失神するまで暴行した。そのため、彼の身請けに県知事が出かけざるを得なかったという」

調査が機密漏洩活動とされては被害状況などまったく把握できない。当時は旧制中学や高等女学校の生徒が勤労動員の名のもとに軍需工場で昼夜働いていたが、東海地区には下請工場が多かった。この下請工場は急造のもので鉄筋も入っておらず、倒壊した建物で少年少女の死亡者が多数出たと言われている。軍需工場自体が国家機密ゆえ、その具体的な被害状況もわからないのである。

昭和十九年十二月と言えばフィリピンのレイテ戦も敗北に終わり、日本の勝ち目が完全になくなった頃である。この戦況でもし地震の真相が明らかになれば、国民の士気に影響するというのが大本営の考えであった。国民に知らせないことで、罹災者も遺族も口外できない事態になった。加えて官公庁にも資料がほとんど残されないという愚かな結果になった。地震や津波の恐ろしさは言うまでもないが、すべてが伏せられる事態は、次代に教訓や知恵を何一つ残さないという意味で、歴史的な犯罪と断ずるべきではないだろうか。

東南海地震のほぼ一カ月後、昭和二十年一月十三日に愛知県の三河地域をマグニチュード六・八の地震が襲った。『三河地震60年目の真実』には次のように記されている。

「一九四三年の鳥取地震と同様の内陸直下型地震だ。三河地震による揺れは震源地付近では最大の震度である震度7に達したと推定され、被害の範囲は狭かったが大きな被害が発生した。人的被害は死者二三〇六人に及び、約四〇日前の東南海地震を上回った」

東南海地震より被害ははるかに大きかったわけだが、三河地震も詳細に報じられることはなかった。家屋の全半壊が二万四千戸にも及んだというのだから、罹災者は膨大な数に達したと思われる。にもかかわらず当時の朝日新聞は二面の隅で「被害僅少」と報じただけで、具体的な状況についてはふれていない。地元の中部日本新聞も罹災状況の詳報はせず、「再度の震災も何ぞ／試練に固む特攻魂／敵機頭上、逞しき復旧」という見出しで、地震の内実をぼかしながら必死に国民の士気を鼓舞していた。

三河地震の罹災状況については、震源に近い現在の愛知県安城市や西尾市は震度七で、とくに被害が大きかった。戦時下とはいえそれだけの事態が生じたならば、各自治体は当然、罹災状況を調査しなければならない。実際にある程度の調査は行われたようだが、あまりにも被害が大きく、詳細なデータは得られなかったという。

昭和二十年に入ると日々爆撃が激しくなり、空襲はむろん東海地方にも及んでいた。名古屋には三菱航空機があり、周辺には部品工場なども集まっていた。アメリカ軍の標的になる可能性も高まっていたのである。

「戦災」でぼかされた「天災」

三河地震の翌日、一月十四日午後五時三十分の「大本営発表」は次のような内容であった。

「一、本一月十四日午後マリアナ諸島よりB29約六十機、主として名古屋付近に来襲せり。
二、敵は数発の爆弾を豊受大神宮宮域に投下、斎館二棟、神楽殿五棟崩壊せり。右のほか、我が方の地上における損害は軽微なり。
三、迎撃戦果に関しては目下調査中なり」

地震についてはふれず、伊勢神宮外宮の「斎館二棟、神楽殿五棟」ほか「損害は軽微」とされ、「迎撃戦果」もわからない。また防空総本部などは、アメリカ軍は「概ね二五キロ級爆弾」と「大型焼夷弾」を用い、「名古屋の生産施設破壊を企図せるも、大なる損害なし」と発表した。

地震と空襲が続き、恐らく東海地方の人びとは何重もの苦難に喘いでいたことであろう。戦災の補償もない時代、この苦難がいかばかりだったかは想像に難くない。しかし大本営は「戦災」で「天災」をぼかす一方、伊勢という「神域」が空襲を受けたことは具体的に明かしてアメリカに対する憎悪を煽り、同調した新聞各紙も怒気を込めて国民を「報復」へと駆り立てた。

三河地震に関する報道はワンパターンで、翌日の全国紙、たとえば読売報知新聞の見出しは「中部地方に地震　旧臘《きゅうろう》〔前年十二月〕七日の余震　重要施設の被害僅少」であった。死傷者はきわめて少なく、火災も重要施設の被害もわずか、生産体制は健在というのがすべての新聞の内容で、具体的な罹災状況などまったくと言っていいほど記されなかった。確かに地元の中部日本新聞は連日のように関連記事を載せたが、被害状況はまったく明らかにされず、とにかく「人心の安定」を強調するばかりであった。『三河地震60年目の真実』も強調しているとおり、住民に情報を伝えようとしても、大本営や政府の管制でどうにもできなかったというのが現実であった。

三河地震の被害がある程度明らかになるのは、戦後も三十年以上を待たなければならなかった。昭和二十九年に名古屋大学理学部教授（地震学）に就任した飯田汲事《くみじ》を中心に東南海地震、三河地震の文献調査が遅まきながら始められ、同時に罹災住民の聞き取りなども行われた。その結果はさらに二十三年後の昭和五十二年、五十三年に愛知県防災会議が報告し、相応に二つの大地震の内実を伝えている。

発生から三十年以上を経て明らかになった事実としては、国民学校の児童の被害が挙げられる。名古屋がアメリカ軍に爆撃されるということで、彼らは市内から周辺の町村に疎開していた。『三河地震60年目の真実』によるなら、疎開先の寺院が簡単に倒壊し、多くの犠牲者が出たという。しかし被害の大きさが明らかにされただけで、正確な死傷者の数などはわかっていない。

東南海地震についても三河地震についても、現在、体験者は減ってきている。受け継ぐべき彼らの「恐怖」を整理する時間も、あまり残されていない。とりわけ東南海地震での津波に関してはほとんど記録がないと言われる。

「天災」を「戦災」でぼかすのが、かつての政府や大本営だったことを自省するなら、東日本大震災、そして東京電力福島第一原子力発電所の事故の正確な記録を、次代へと受け継ぐ義務が、私たちにはある。戦時の上部構造が「ナショナリズムなき盲信」で本質に蓋をし、次代への教訓を捨てたような「人災」を、私たちは見逃してはならない。もし見逃せば、いずれまた同じ過ちをくり返すであろう。いまなお東南海地震と三河地震の詳細はわからず、この教訓は充分に生かされていない。その責任を負うべきは誰か。ナショナリズムの視点で問う必要がある。

Ⅳ　戦後—現在

第49章　朝日新聞の戦後八月十五日付社説

「終戦」という錯覚

「八月十五日」とはどのような意味をもつのか。昭和二十年（一九四五）八月十五日に玉音放送があって、大日本帝国はポツダム宣言受諾の意向を公にし、三年八ヵ月余の太平洋戦争、八年一ヵ月余の日中戦争と、満州事変以来約十四年続いた「非常時」に終止符を打った。

終戦、あるいは敗戦、降伏とも言う。停戦とする論者も少なからずいる。一般には字義どおり受け止めた「終戦」だが、「敗」を「終」にすり替えた責任逃れを問う議論もある。二日後に成立した内閣で「陸軍はまだ戦争らしい戦争をしていない、陸軍は本土作戦になつて、はじめて機動性のある作戦をするつもりで、従つて陸軍としてはまだ敗けていないのだから、『敗戦ということは困る』」（東久邇宮稔彦『私の記録』東方書房　一九四七）との異議に対し、断乎「敗戦」でなければならないと主張した東久邇宮首相のような理解もあったが、この「敗戦」を政治的な意味で用いる論者もいた。

ポツダム宣言の受諾で「敗戦」の状態を「終戦」に転化させたというのが私の考えだが、しかし「八月十五日」は法的な戦争終結ではない。ソ連は八月十五日以後も千島列島で攻撃を続け、日本軍も応戦している。一方、八月十六日からはスイスを介してアメリカ大統領トルーマンの通告文が届き、日本に対する決定事項が伝えられた。「敗戦」という現実を「終戦」にするための要求が突きつけられたのである。九月二日、東京湾に停泊したアメリカの戦艦ミズーリ号上で降伏文書に調印し、大日本帝国はポツダム宣言の枠組みで敗戦を受け容れ、戦争は終結した。九月四日まで北方四島などの制圧を続けたソ連は明らかに国際法違反だが、彼らの言う「クリル諸島」をめぐる「歴史」では、九月二日以前に攻撃を終えたことになっている。

私たちの国は八月十五日を「終戦記念日」として独自の空間をつくり上げ、慰霊祭や甲子園における正午の一分間の黙禱など戦没者追悼の儀式を行ってきた。最近ではあまり見かけなくなったが、戦時下の苛酷な生活をなぞって反戦を訴えようと、たとえば「すいとん」を食べる行事まであった。あの戦争を理解し、教訓にしようとするプランのなかには、錯覚としか思えない行為もあったのである。

かつて私は甲子園球児の黙禱について、ある世代の次世代に対する侮辱ではないかと新聞に書いたことがある。戦争はなぜ起きたのか、学ぶべき教訓は何かというコミュニケーションの回路が存在し、高校野球の選手たちが納得したうえで、たとえばその愚かさを自問自答する黙禱であれば結構だが、現実はただ浅薄な慣習にすぎず、押しつけがましいと私には思えるのである。

私が高校生だったのは昭和三十年代の初めだが、戦没者を思って黙禱せよと言われても、あまりイメージできなかった。現在の高校生とて具体的にイメージできず、内心困惑しているのではないか。二度と戦争は起こさないという決意を伝えるのなら、何も八月十五日である必要はない。戦没者に思いをめぐらせるとき、いつでも静かに目を閉じればいい。

八月十五日とはいったい何か。終戦の日なのか。敗戦の日なのか。降伏の日なのか。そしてこの日の儀式は形骸化していないか。どのような覚悟や理解で、何を次代へ継承するのか、あらためて自らに問うべきである。「終戦記念日」という特異な空間から身を解き放ち、現実に向き合う必要があると私は考える。

欠落した昭和十九年十月以前

八月十五日という特異な空間を、朝日新聞の社説から捉えてみたい。朝日の八月十五日付社説の骨子は、戦後民主主義で獲得した市民としての権利を徹底的に擁護し、あの戦争を克服する良識や知性を常に訴えた点にある。しかしそれは時代、執筆者の年齢によっても異なる。戦後、朝日の八月十五日付社説を書いた論説委員が何人いるのか、もとより私は知る由もない。昭和二十年八月十五日の社説を書いたのは明治二十年代、つまり十九世紀末の生まれだろうか。二十一世紀の八月十五日の社説を書いたのは、恐らくほとんどが戦後生まれであろう。明治、大正、昭和各世代の体験を通して、朝日の戦後八月十五日付社説が書かれたとするなら、近代日本のジャーナリストの縮図も窺えるのではないだろうか。

平成十六年（二〇〇四）は「59回目の8・15」として「遠い日の戦争、遠い国の戦争」を見出しに掲げている。イラク駐留米軍の中部ファルージャ空爆を伝えたバグダッド発のベタ記事を引用しながら、「地元病院の話として女性と子供を含む12人が死亡した」とのロイター通信による一節にこだわり、この十二人に私たちはどれだけの思いを馳せることができるだろうかと呼びかけている。そして日本社会では「世界の戦争を米国というフィルターを通して見たり、考えてきたのではないか」と自問し、そのフィルターを外して「無残に踏みにじられた人生の一つ一つを想像する感性を身につけること」が重要だと主張する。

伝統なのかもしれないが、朝日の社説を検証して感じるのは、最後の数行に必ず教訓のようなものが書き込まれる点である。平成十六年の社説について言えば、「長く戦争にかかわらなかった幸運とともに、戦争から目をそらしてしまうことの危うさを、きょう考えてみたい」で終わっている。このようにまとめるのが朝日の社説の手法で、問題提起と言うより執筆者の独り善がりとも映り、教訓の押し売りが感じられる。

朝日の戦後八月十五日付社説は同様の指摘をくり返してきた。「想像する感性」で言えば、平成九年(一九九七)の社説は『戦後52年』の夏に」と題し、「それぞれのサツマイモ」という見出しで、戦争を語り継ぐ重要性にふれている。次世代に伝わらないもどかしさはあるが、語り手がもつべき「柔らかな想像力」は「アジアをはじめ世界の人間に連なっていくための力でもあるのだ」と説いている。また「現在」ではなく『半世紀後』の視点でいまを見つめ直すべきだとも主張している。

論点に違いはあるが、周期的に用いられる「想像」という語は、視野を広げる必要を訴えているだけで、とくに目新しい意味はない。平成十六年八月十五日の社説が陳腐で訴求力を欠くのは、個人の営みとして然るべき「想像する感性」の結実が、社会に何をもたらし得るのかという論まで具体的に踏み込んでいないからだと思われる。最後の数行の教訓には常に不満を抱かされるが、朝日の八月十五日付社説こそ逆に想像力を欠き、戦後日本人の非戦・反戦論を抽象化するエゴイズムの枠内に止まっているのではないかと、私は疑わざるを得ない。

八月十五日に「すいとん」を食べるという愚行を大仰に報じたのも新聞だが、非戦・反戦の文脈でよく引き合いに出されるのが防空壕、空襲、原爆の話などで、確かに凄惨な情景は察するに余りある。しかし客観的に言えば、いずれも空襲が本格化した昭和十九年（一九四四）十月以後の話で、アメリカのB29が日本に飛来したときに絞られる。昭和前期に生きた人びとの聞き書きを続けるうち、私はこの点に不満が募り、そして必ず問い返した。

〈わかりました。日常的にB29に爆弾を落とされるのは怖い。実際に死者も出る。だがその前の話、B29の空襲以前も戦争がいかに悲惨なものだったか、想像したことはありませんか。たとえば日本軍が来て住む町や村が戦場となり、恐怖が常態化した東南アジアの人びとに、思いをめぐらせたことはないのですか〉

私の見たところ、残念ながらほとんどが否であった。自らの身に災いが降りかかって初めて「戦争は怖い」となる。これは非戦論でも反戦論でもなく、個人的な厭戦の気分である。論として普遍化するための客観性を帯びなければ、その体験はあくまでも「個」の域を出ない。戦争体験世代の真実が後世に伝わらないとすれば、普遍化のための苦悩に欠けるからだと私には思える。と同時に、想像力を身につけよと説く側にも、呻吟がなくてはならない。平成十六年（二〇〇四）八月十五日の朝日の社説には、世界をアメリカの視点で捉えることに慣れてしまったのは「私たちメディアの責任もあるだろう」という文言がさりげなく入れられている。平成九年（一九九七）の社説も「自戒をこめていう」と述べたうえで、体験を若い世代に語ることを「わたしたちの社会は怠ってきたのではないか」と記す。この「私たちメディアの責任」とか「自戒」のなかに、「昭和十九年十月以前」の戦争を語ることができない国民を育ててしまったという自省は含まれているのだろうか。

「ナショナリズム」の初出

玉音放送があった昭和二十年（一九四五）八月十五日以後、朝日新聞の社説に「ナショナリズム」という語が登場するのはいつの頃からか。その点に関心をもち、私は調べたことがある。たとえば当日、八月十五日付の社説は「一億相哭《そうこく》の秋《とき》」と題され、次のように結ばれていた。

「君国の直面する新事態について同胞相哭し、そして大君と天地神明とに対する申訳なさで一ぱいである。一億同胞の新なる勇気も努力も、ともにこの反省と悔悟とを越えて生れ出るものでなければならない。我が民族の優秀を信じ、豊なる希望を未来に繋ぎながら、誓って宸襟《しんきん》を安んじ奉らんとの決意を今こゝにまた新に堅くせんとするものである」

「ナショナリズム」という語こそ用いていないが、まさに天皇制下の国家観である。私の関心は、そのような観念が戦後社会でどう克服されたかを確かめることにあった。さらに言えば、戦後社会で「ナショナリズム」という語が忌避されたのは、軍事主導体制に直結するイメージのせいだが、しかし一方で、この言葉は共同体の伝承も含意するはずだと私は意識していた。共同体で受け継がれてきた生活の規範や倫理観は「インターナショナリズム（国際主義）」の起点にも、戦後社会の尺度にもなり得ると考えていたのである。

戦後八月十五日付の朝日社説における「ナショナリズム」という語の初出は、昭和三十九年であった。

「個人の自覚は普遍的な価値をもつ。同様、ネーション（国家・国民）としての自覚、すなわちナショナリズムも、普遍的な価値をもっている。だからアジア・アフリカのナショナリズムが善とされるのである。ところが、現在わが国では、日本の国家主義は悪、国際主義は善と、頭からきめてかかっている。いわば国家主義観の分裂である」

そう述べたうえで社説は次のように記す。

「自分も生き他人も生きさせるという平和的共存・協力の考え方が、平和憲法の根本であり、福祉国家の構想ともなる。このようなハッキリとした国としての目的意思をもって行動して、はじめて、ナショナリズムのもりあがる世界のなかで、日本として他のナショナリズムに対抗し、世界平和に貢献することができるであろう」

確かに「ナショナリズム」の普遍的価値については率直に述べている。一九六〇年代はアフリカを中心にいわゆる第三勢力が次々と独立し、植民地支配から解放されていた。そこに見られたのは民族主義を含むナショナリズムで、朝日の社説は支援の立場を明確にしていた。加えてナショナリズムを正面から論じることで、戦後社会に刺激を与えようとの意欲も感じられる。何より昭和三十九年は東京オリンピック開催の年であった。日本が独立を回復して十二年、国際連合への加盟も昭和三十一年には実現していた。高度成長が急速に進み、日々豊かな生活環境が整えられ、新幹線の開業も控えていた。

この社説を書いた論説委員は、ミーイズムつまり自己中心主義に陥った日本人は国家意識を失うと警告している。ゆえに国家主義を一概に悪と決めつけることを「分裂」と言い、個人の自覚を国民そして国家にまで高め、他者との「平和的共存・協力」で「世界」に「貢献」できると説くのだが、あまり具体性はない。

また「旧い世代は、過去にとらわれて、本来あるべき姿の国家主義、その進歩性を素直に受入れることのできないものが多い」と指摘したうえで「保守派には、国家主義に便乗して旧体制の復活をもくろむものがあり、革新派は被害妄想的に『何でも反対』主義にかたむいている」とも言う。

昭和三十九年八月十五日付の朝日社説が説く「ナショナリズム」とは「福祉国家の構想」でもあるようだが、しかし国策決定の基準がこの「目的意思」に収斂していくのであれば、個々の生活至上主義を肥大化させ、逆に本来の国家主義の進歩性を後退させてしまうのではないのか。そのディレンマを「世界平和に貢献」でまとめるのは、ナショナリズムと真剣に向き合ったとは言えない。

先にふれた林房雄の『大東亜戦争肯定論』が「中央公論」の昭和三十八年九月号から連載されており（昭和四十年五月号まで）、当時は太平洋戦争の意義を認める声も上がっていた。戦後の近現代史学をリードしたベストセラー『昭和史』（遠山茂樹、今井清一、藤原彰　岩波新書　一九五五）をめぐる論争とは別に、『太平洋戦争への道』（全八巻　国際政治学会編　朝日新聞社　一九六二－六三）の執筆陣の歴史認識に対する批判も昭和三十七年、三十八年には顕著になっていた。すでに昭和三十年前後には第二期の戦記ブームがあり、戦争批判は流行遅れだとか、戦争を美化する旧軍人の著作にすぎないなどと、互いに批判し合う時代であった。

このような状況のなかで、昭和三十九年八月十五日付の朝日社説は「ナショナリズム」という語に向き合う必要を説いたが、しかし結果的には抽象論に陥っていた。

実質四回の所論

朝日の戦後八月十五日付社説で「ナショナリズム」という語が一度でも用いられたケースは、ほか昭和では「戦後二十年」の四十年と、四十二年、四十三年、四十五年、四十六年、四十九年、五十七年で、平成では「戦後六十年」の十七年（二〇〇五）と、十八年、二十四年、二十五年で、計十二回あった。たとえば昭和四十三年（一九六八）は「東欧ナショナリズム」に言及し、平成十八年（二〇〇六）は「ナショナリズムを考える　静寂を取り戻すために」と題されるなど、意味合いには幅がある。むろん民族主義、国家主義、国権主義など類語が用いられたケースもあるが、多くは否定的に論じていた。平成十八年の社説は「ナショナリズム」を「愛国心」と限定するような文脈であった。

もともと「ナショナリズム」という語に明確な定義はない。さしあたり私は、国民を統合するための思想、理念、感情、そして国民が属する各共同体の文化、伝統の継承といった側面から複眼的に捉えるべき言葉だと考えている。この「ナショナリズム」の訳語について、先にもふれた丸山眞男は「一面的」だと述べ、「そうした用語の混乱自体のうちに、近代の世界史の政治的単位をなしてきた民族国家（あるいは国民国家）nation state の多様な歴史的足跡が刻印されている」（「ナショナリズム・軍国主義・ファシズム」『現代政治の思想と行動』）と指摘した。またイギリスの社会学者アントニー・D・スミスは「ナショナリズムはネイションのイデオロギーであって、国家のイデオロギーではない」（『ナショナリズムの生命力』高柳先男訳　晶文社　一九九八）と指摘した。こうした見方を参考に、ナショナリズムという語がもつべき多様性を意識しながら、朝日の社説を検証したい。

昭和四十年（一九六五）八月十五日付社説は「日本はどこにいるか」と題され、「ナショナリズム」

を現実的に捉える必要を説く。付和雷同さえ自由の範疇だとされるのなら「戦中の日本にも自由はあった、といえぬこともない。その結果、日本人の多くは、いやいやながら戦争に協力し、終戦の詔書によってのみ、戦争から解放されたのであった」と逆説的に他者追随の消極性を批判する。一見なるほどと思えるが、しかしどこかおかしい。「いやいやながら」という認識は責任の所在を曖昧にするだけだし、新聞も国民もあの戦争に乗じた熱狂に対する自省がなければ、真の「解放」などあり得ない。この社説の中見出しには「新日本ナショナリズム」とあり、末尾は次のように結ばれている。

「日本人は本当の自由を享受し、実践しているか。それは戦後二十年と考えるにせよ、明治百年と考えるにせよ、今日の大問題である。同時に、日本という国家が、はたして自由を享受し実践しているかという問題も、検討せねばなるまい。あたらしい日本ナショナリズムは、この土台のうえでのみ、健康に成長してゆくものであろう」

新しい時代のナショナリズムは、国民そして国家が「本当の自由」を「享受」「実践」して初めて「健康に成長」すると述べている。当時そのような語が一般化していたことを思えば、確かに昭和三十九年と四十年の八月十五日付朝日社説が論じた「ナショナリズム」は連関する。しかし「ナショナリズム」という語の多様性や、含意された「昭和二十年八月十五日以前」に対する明確な尺度とはなっていない。

昭和四十二年八月十五日付社説は「世代の断絶をこえて」と題され、イデオロギーや権威の急速な崩壊を説いているが、ある変化が見られる。翌年激化する全共闘運動を担ったのは、のちに「団塊の世代」と呼ばれる戦後生まれで、彼らが大学生になってイデオロギーや権威の崩壊が進んだとし、いま必要なのは「われわれ」という意識だと訴えている。戦前の「われわれ」が「国」や「家」だったのに対し、戦後の意識は「わたし」が中心になったと述べ、これが価値観の相違の背景にあると論じている。しかし新旧の世代には共通点も見出すことができ、「民族の歴史には断絶などありえない」と述べ、その違いを超越して社会に同一の基盤をつくろうと呼びかけている。そして、初めてと言っていいのだが、日本のナショナリズムのあるべき姿を次のように記す。

「この『われわれ』の内容を発展させ『われわれアジア人』『われわれ地球人』というふうに、ひろげてゆくことが、これからの日本人の任務であろう。日本が太平洋戦争で敗れたのは、『八紘一宇』などと称し、その家父長的な考え方のためにアジア諸民族のナショナリズムを正しく理解しえなかった点に、根本的な理由があった。もし正しい理解があれば、同じ負けるにしても負け方があった、という感慨を禁じえない。この歴史の教訓を現在に生かしたいものである」

基本的に私はそのような考え方に理解をもつ。なぜ日本の戦争はアジアの人びとに歓迎されなかったのか。日本軍の占領地行政の本質が、イギリスやオランダなどが百年単位で積み重ねてきた帝国主義的植民地支配の踏襲にすぎず、さらに皇民化教育で現地の文化の根絶をも企図したと言えるからである。しかし「われわれアジア人」とか「われわれ地球人」といった理想の実現は、はたして可能なのか。むしろ日本は似たような言葉で失敗したのではなかったか。「われわれアジア人」という語はベトナム反戦運動への呼応を含意するのだろうが、まだ戦後二十年余では、まさに「八紘一宇」の再来とも受け止められよう。

「アジア諸民族のナショナリズムを正しく理解しえなかった」という歴史観は、独立を希求するベトナムの戦争に対し、「これからの日本人」が生かすべき「教訓」を問うている。ただ単に反戦や非戦を唱えるだけでは、その渦中にいる民族の「ナショナリズム」を理解したとは言えない。たとえばアメリカに対しては、次のように助言すべきだったと私は考える。

（一）共産主義との闘いという認識は誤りで、これはベトナムの人びとが「独立」を掲げた戦争である。

（二）当事国の人びとの「ナショナリズム」を正しく理解できず、日本は失敗したが、その轍を踏むべきではない。

（三）他国に対する正しい理解は、自国の「ナショナリズム」を守ることにもつながる。

『マクナマラ回想録　ベトナムの悲劇と教訓』（仲晃訳　共同通信社　一九九七）を読むと、戦争拡大時の米国防長官ロバート・S・マクナマラの自省が目につくが、もし当時、アジアのナショナリズムに対する誤解が惨憺たる結果を招くという認識が世界に広がっていたなら、彼の「悲劇と教訓」も別のものになったかもしれない。

昭和四十五年および四十六年八月十五日付の朝日社説における「ナショナリズム」は、レッテルないし便法として用いられている。昭和四十五年は、「政府、与党によって過度なまでに強調されたナショナリズム」は「大国ナショナリズムの偏狭におちいる」という警告であった。四十六年は、日本外交は中国の「開かれたナショナリズム」を支援すべきだと一部説いただけで、本格的な論にはなっていなかった。

戦後八月十五日付の朝日社説で、本格的に「ナショナリズム」を論じた年はわずかであった。東京オリンピックが開催された昭和三十九年、アメリカ軍による「北爆」が始まった昭和四十年、美濃部亮吉東京都知事が誕生し、全体に革新勢力が勢いづいた昭和四十二年などである。この昭和四十二年には「建国記念の日」が初めて実施されており、旧「紀元節」に神経質だったとも解せるが、しかし先の平成十八年（二〇〇六）の「ナショナリズムを考える　静寂を取り戻すために」とあわせ、実質四回では少なすぎる。

抽象化された下部構造

「ナショナリズム」という語がなくても、朝日の社説には国家至上主義、権力主義、敵味方主義といった言葉でその危険性を論じたものは多い。私が説く下部構造つまり地域社会、学校、家族など共同体の伝承について、主に戦争体験をどう語り継ぐかという論述も多いが、しかし「ナショナリズム」とは記してない。むしろ共同体の伝承に「ナショナリズム」を持ち込んではならないと、釘を刺すかのような言い方をしている。まるで純朴な伝承としての教訓でなければならないと主張しているかのようで、下部構造の生活の規範や倫理観を抽象化したとしか私には映らないのである。

戦争体験の継承というテーマについては、昭和五十年代から増えてくる。たとえば昭和五十九年（一九八四）の社説「八月十五日の今日的意味」は「戦争体験を語り継ごう」という中見出しのもと「国内では、戦後生まれが人口の五七％を占めるようになり、平和と自由と繁栄の中で、戦争体験の風化が徐々に進んでいる。大戦中前途のある青年がいかに無念の死をとげたか、老人、婦女子がいかに悲惨な最期をとげたかは、これからも繰り返し語り継がれねばならない。戦争を防ぐ決意は、理性の問題であると同時に、情念の問題であるからだ」と記す。しかし「戦争を防ぐ決意」に必要な語り部の「情念」が、いまなぜ共同体のなかで育たないのか、それこそが問題なのである。

戦後八月十五日付朝日社説のなかで、下部構造のナショナリズムにふさわしいと思われた論がある。昭和五十一年八月十五日の社説である。この日は「自己革新の勇気」および「ふるさとの幻影」という二つの論が掲載されており、ともに戦争にはふれていない。つけ加えておくが、昭和五十年は「終戦三十年を迎えて」というタイトル、五十二年は「終戦満三十二年を迎えて」、五十三年は「戦後満三十三年を迎えるが」という書き出しだが、いずれも戦争への詳述はなく、当時の地方自治や社会構造を論ずるに止めている。そして五十四年からは再び「戦争体験」に戻る。

昭和五十一年の「ふるさとの幻影」は、故郷の存在理由と、その解体がいま進んでいることにふれ、人の生き方も目の前の暮らしばかりを追っていると嘆き、末尾で次のように記す。

「これからどんな生き方をすればいいか。祖先からなにを受けつぎ、子孫になにをつたえなければならないか。住みよい地域社会をつくるには何が必要なのか。忙しいという字は、心を亡（うしな）う、と書く。お盆は日本中が休みになる日だ。せめてこの日ぐらいは、ゆっくりとものを考えてみようではないか」

共同体の伝承がいかに大切かを説いており、八月十五日の社説のなかでは最も説得力があると私は思う。まさに下部構造のナショナリズムだが、しかし何も「八月十五日」にのみ語り継ぐべき命題ではない。「八月十五日」はなおじっくりと向き合い、それを日常に沁み込ませることこそ「伝承」なのである。今上天皇が、「忘れてならない四つの日」に「八月十五日」を加えていることは示唆に富む。

戦争とは非日常で、生と死が同居する緊張状態だと私は考えている。非日常の体験を日常で語るためには、一定の姿勢が求められる。昭和二十年八月十五日を境に、日常は取り戻されていったが、非日常はある日突然訪れるのではない。何かが欠けていたから非日常になるのであって、これを説明できなければ戦争体験が風化するのも当たり前である。

その欠けた何かが積み重なり、太平洋戦争下がナショナリズムなき偏狭な空間で覆われたことは前述した。上部構造の空虚な妄想が、共同体における庶民の間にあった回路を断ち切ってしまった。軍事主導体制は確かに昭和二十年八月十五日の敗戦で解体されたが、しかし人びとをつなぐ下部構造の良質なナショナリズムはどうか。朝日の戦後八月十五日付社説は、昭和五十一年に下部構造のナショナリズムの保持を呼びかけた。同様に下部構造のナショナリズムに思いを致した論がもっとあっていい。

昭和二十二年八月十五日の社説は「日本の平和の鐘」と題され、降伏から二年目をふり返り、新たな道を歩んでいると綴っていた。そして「次のことを世界の諸国民に訴えるべきだ」と述べ、日本国民が「平和国家の建設のために、一年ごとに、どれだけの進歩と前進をとげたかの報告」をしようと提言していた。この「報告」が以後の八月十五日の社説だとするなら、はたして充分と言えるだろうか。人の意識も世代も変わるとはいえ、その視点であらためて八月十五日の社説を吟味してみるのも、執筆者たる朝日の論説委員に課せられた役割ではないだろうか。

第50章　六〇年安保闘争と敗戦以前の共通項

「平和」という「陶酔」と「偏狭」

敗戦から十五年、昭和三十五年（一九六〇）の社会状況は、いわば二面性をもっていた。この二面性を「表」「裏」と言ってもいい。「表」では反戦・非戦の感情が空気として流れていた。それは当時の新聞報道などにもよくあらわれており、絶対的なプラスイメージを「平和」という語に付していた。たとえば社会主義に好意的な勢力に「平和団体」などという語を重ねていた。思うに独善とも言えるが、このように一元的な見方がまるで人間の良心の如く語られていたのである。しかし現実には、人はそう簡単に基本的な考え方まで変えることはできない。表面上「戦後民主主義万歳」を唱えたところで、かつての体制への共鳴を内心抱いていたとしても不思議ではない。

私は昭和四十年代に社会党書記局の活動家と知り合い、政治的見解を質す機会をもった。昭和初年代生まれの軍国少年として育った彼は、逆に戦後は革命を謳い、社会主義の優位性を説いた。しかし革新を自負しながら、酒が入るや軍歌を際限なく歌い、軍国少年として培った「お国に奉公」の精神を、時に満ち足りた様子で語る姿に私は驚いた。私の言う「裏」とはまさに彼のような心理状態を指す。私は当初このようなタイプを軽蔑した。しかし年齢を経て少しずつわかってきたのは、彼に限らず戦争を体験した世代には決して珍しくないという事実であった。戦後民主主義という規範を「表」に、「裏」では大日本帝国の素地が脈打っていたのである。善悪の問題ではなく、日本社会はそのような二面性を前提にしていた。社会を人間の肉体にたとえれば、外皮は戦後民主主義で、体内には大日本帝国の血が流れていたのである。

一方でこの二面性は、「裏」はもちろんだが「表」も、敗戦以前に通ずる陶酔感を、無意識のうちに抱え込んでいたように思う。その陶酔が、大日本帝国時代と同質の偏狭な空間としてあらわれたのが、六〇年安保闘争ではなかったかと、いま私は感じている。

六〇年安保闘争のピークが昭和三十五年六月だとすれば、私は京都の私立大学の二回生であった。私はまだ二十歳で、当然のこととして学生運動に関心をもち、社会を変革するという情熱に燃えていた。しかし連日のように京都市内のデモに明け暮れるなか、社会を変革するという情熱とは別に抱いた違和感が、この「陶酔」と「偏狭」だったと思える。

当時の我々は社会主義革命をめざしていた。私の意識にあったのは、全国的に続くデモへの共鳴であり、たとえ暴力を使っても社会変革につながればいいという使命感であった。私に限らず誰もがそのような使命感に高揚していたのではないだろうか。反面、では社会主義体制になればすべて解決するのか、ソ連や中国を見るにつけ、むしろ多くの矛盾が噴出するのではないかという疑問も抱いていた。だが現実には「社会主義万歳」の空気が全体を覆っており、疑いを差し挟む余地などなかった。

いわゆる「六〇年安保」とは何だったのか。この運動について私は、昭和六十一年の拙著『六〇年安保闘争』で「一九六〇年（昭和三十五）の上半期は、新安保条約の批准とそれに抗する闘争が、日本の最大の政治テーマであった。なかんずく五月十九日の衆議院安保特別委員会での自民党による強行採決、それに続いての本会議でいっさいの討論を省いての新安保条約の承認という政治的事件のあと、議会内外は騒然たる状態になった」と記している（講談社現代新書　一九八六／『六〇年安保闘争の真実』中公文庫　二〇〇七）。この「騒然たる状態」の「陶酔」と「偏狭」について、いまの視点から捉えてみたい。

吉田茂の実利的国策

もともと日米安全保障条約は、昭和二十六年九月のサンフランシスコ講和条約とあわせ、日本が国際社会に復帰する代償としてアメリカと結んだものである。アメリカを中心とする連合国との戦争で日本は敗北し、占領されることになった。降伏文書に調印した昭和二十年九月二日から、講和条約が発効した昭和二十七年四月二十八日まで、日本は主権を失っていた。

当時はアメリカが核を成す自由主義陣営と、ソ連が核を成す社会主義陣営が対立し、東西冷戦の状態にあった。日本はアメリカに庇護されるかたちで占領期を過ごしたが、講和条約発効による国際社会復帰の現実を見据え、吉田茂内閣とアメリカ政府は、軍事的かつ政治的に同盟関係を強化するという認識を共有していた。日米安全保障条約は講和条約の締結と同日、九月八日にサンフランシスコのアメリカ陸軍第六軍司令部で、吉田首相とジョン・フォスター・ダレス国務長官顧問らにより調印された。

吉田がたった一人で調印式に臨んだことから、安保条約の性格がわかる。吉田が全権団のメンバー、たとえば子飼いの池田勇人らを出席させなかったのは、いずれ問題が生じたとき、自身が責任を負う覚悟でいたためである。

安保条約は日本語訳するとわずか千三百字で、前文と五つの条文で構成されている。冒頭には「日本国は、本日連合国との平和条約に調印した。日本国は、武装を解除されているので、平和条約の効力発生の時において固有の自衛権を行使する有効な手段をもたない」とあり、日本への武力行使を阻止する手段として米軍の駐留を認めていた。駐留米軍は極東の安全と平和に寄与すること、日本への直接間接の侵略に対応すること、配備のさいは両国政府の行政協定によることなどが五つの条文には明記されていた。

条約の有効期限はとくに明記されず、国際連合などにより集団安全保障の措置が採られたと両国政府が判断したときに効力を失うとなっていた。しかし条文の内容が真に意味したのは、日本は独立を回復するとはいえ、少なくとも軍事面では占領期と同じく、アメリカへの従属に何ら変わりはないという現実であった。独立は認められたが、占領期同様の従属関係は残されたのである。両者の思惑が合致した背景には吉田個人の親英米感情があり、結果的に従属を受け容れる理由になったとも言える。また、すでに朝鮮戦争が始まっており、東西冷戦がさらなる軍事衝突に発展する可能性もあった。いずれにせよ日本はアメリカに依存する以外なかったのである。

吉田は安保条約を結ぶにあたって「防衛はアメリカに任せ、むしろ日本は経済、文化の復興を早急にはかったほうが賢明である」と側近に漏らしている。それが持論でもあった（『回想四十年』）。日本に再軍備を促し、反共陣営に協力させることがダレスの思惑だったが、吉田はこれをかわして五万人の「保安部隊設置構想」を提示するよう対米交渉を担う外務省当局に命じ、できるかぎり再軍備の要請は受けつけまいとした。

そうした一連の動きを見ると、吉田には二つの思いがあったことがわかる。一つは軍の復活を決して認めないという姿勢であり、もう一つは、軍事面をアメリカに依存することで、この予算を経済や文化など非軍事分野に回すという思惑であった。前述のとおり、かつての軍事主導体制を否定した吉田は、国策決定の基準を実利的に考えていたのである。

吉田は実利的に安保条約を結んだわけだが、四年後の昭和三十年八月、鳩山一郎内閣の外相重光葵が、対等の立場に設定したいとアメリカ側に申し入れたとき、ダレスは時期尚早だと切り捨てている。鳩山によるソ連との国交回復の動きに批判を込めたものとされるが、しかし日本の経済は徐々に再興していた。アメリカに対しても互恵の立場を強調する流れが生じていたのである。鳩山内閣の動きはその証明であった。

岸信介の回路断絶

昭和三十年十一月、自由党と民主党の保守合同が実現した。いわゆる五十五年体制である。一体化された戦後の保守陣営は安定期を迎え、吉田以後、内閣は鳩山、石橋湛山、そして岸信介と続いた。昭和三十二年六月、組閣四カ月の岸はアメリカを訪問してアイゼンハワー大統領と会談、日米新時代を掲げ、共同声明では共産主義の脅威に対する防衛力の強化を確認した。このアメリカ訪問時、岸は異様なほど安保条約の改定を訴えた。対してダレスは苦笑いを浮かべるだけで、東條英機内閣の閣僚だった岸の変貌には侮蔑の色を滲ませたという。

安保条約の改定に岸がこだわったのはなぜか。好意的に解釈するなら、岸は条文がアメリカの圧力で作成されたことに我慢ならず、とにかく立場を対等にしたかった。また一方で、元A級戦犯容疑者の岸は昭和二十年代、CIAから資金提供を受けており、アメリカ丸抱えの状態だったという。そのため日米新時代をスローガンに、同盟国として軍事的にも政治的にも、アメリカを補佐する立場をめざしたとの説もある。

条約の不平等な点を改定する交渉は岸内閣のもとで始まり、藤山愛一郎外相とマッカーサー駐日大使の間で内容が詰められた。条文づくりにあたった藤山は温厚なハト派だが、一方的な従属状態を正そうと試みた自らの足跡をのちに語っている。政界引退後の述懐によれば、交渉内容を報告したさい、あまりにも軍事的負担が大きい岸の改定案を知り、藤山は驚いたという(『政治わが道　藤山愛一郎回想録』朝日新聞社　一九七六)。岸はアメリカと提携した軍事大国の道を模索していたのであろう。

改定された安保条約は前文と十の条文から成り、昭和三十五年一月十九日に日米間で調印された。相互援助、共産主義に対抗する自衛力の強化を謳う一方で、日本の施政下ではアメリカと同等の立場で「敵」と戦うことが明記された。

新安保条約が国会審議にかかると、反対する社会党は条文の不備を次々に暴露した。たとえば六条に「日本国の安全に寄与し、並びに極東における国際の平和及び安全の維持に寄与するため、アメリカ合衆国は、その陸軍、空軍及び海軍が日本国において施設及び区域を使用することを許される」とある。この「極東」の範囲を質すと、政府側は「フィリピン以北」の「中国の一部、沿海州など、日本を中心とする地方を指す」と答弁し、領外での軍事衝突に巻き込まれる可能性が明らかになった。

その答弁は日本の基地が敵の報復攻撃を受ける可能性も示唆していた。しかし岸内閣はこのような条文上の曖昧さに正面から答えようとせず、強引な国会運営で押し通した。具体的には昭和三十五年五月十九日に衆議院安保特別委員会で質疑打ち切りを提案、同日午後十一時四十九分に衆院本会議を抜き打ちで開会、自民党単独で五十日間の会期延長を決めた。さらに翌二十日午前零時過ぎ、新条約および付随する新協定を自民党単独で、しかもまったくの審議なしで採決した。自民党がそのような暴挙に出たのは、アイゼンハワー大統領が来日する六月十九日の一ヵ月前には、衆議院を通過させる必要があったからである。しかし理由はどうあれ、この強行採決は岸内閣の暴挙であり、国会審議の軽視であった。党内からも批判が出たほどである。

岸内閣の議会軽視に対して、国民の怒りが広がった。改定交渉が始められた頃から労働者、市民、学生の間には「安保反対」の声があったが、とくに全学連の主流派を形成したブントは過激で、国会突入を企図するなど一気に社会主義革命をめざす動きを加速させた。そうした動きとは別に社会党、総評、中立労連、日本平和委員会など百三十八の団体が集まり、前年三月二十八日に結成されていた安保改定阻止国民会議の統一行動には、五月十九日以降、多くの労働者が参加することになった。さらに「声なき声の会」をはじめビジネスマン、家庭の主婦、高齢者など一般市民も参加し、全国にデモの渦が湧き起こった。国会周辺には連日のようにデモ隊が駆けつけ、幾重にも議事堂を取り囲んだ。日を追うごとに大きく変化したデモ隊の特徴を、私は『六〇年安保闘争』で次のように書いている。

「これまで国民会議に管理されていたデモ隊は、その蓄積したエネルギーを岸個人にぶつけることになったのである。デモ隊のプラカードには、たしかに安保に反対するスローガンもあったが、それよりもはるかに『岸内閣退陣』『岸やめろ』『国会解散』という要求のほうがふえていった」

実際にデモ隊のシュプレヒコールも「安保反対」から「岸やめろ」へと少しずつ変わっていった。岸に対する国民の怒りは肥大化していた。そして六月十五日。この日の統一行動では全学連主流派が国会突入を図って機動隊とぶつかり、東大の学生樺美智子が死亡した。とうとう死者が出る事態にまでなったのである。

巨大デモの歴史的意味

昭和三十五年五月二十日からの一ヵ月間、全国に広がった「安保反対」「岸やめろ」の叫び声は何を意味したのか。一日に二、三十万もの人びとが集まり、ともすれば機動隊と激しく衝突し、暴力革命の予行演習のようにも見えたデモは、何を意味したのか。左翼革命の前哨戦といった解釈はまったくの誤りだと私は考えているが、むしろナショナリズムの視点で捉えると、六〇年安保闘争は大きな意味を帯びてくる。「岸やめろ」と訴えた巨大デモには、歴史的意味があったと言えよう。

本書で私はナショナリズムの二重構造を論じてきた。国策決定の基準たる国益の守護、国権の伸長、国威の発揚を強制する権力側を上部構造とし、共同体で生活の規範や倫理観などを受け継ぐ庶民を下部構造と分析した。上部構造が「近代」への歪んだ感情で国家の統制を企図した一方、下部構造のナショナリズムには、共同体の伝承が底流していた。

その意味で六〇年安保闘争は、上部構造と下部構造が正面から衝突した稀有な例であった。そしてこの対立は、上部構造の岸が下部構造との回路を断絶するという、きわめてわかりやすい輪郭をもっていた。

日本敗戦までの軍事指導者は、ナショナリズムなき空間に浮遊した非人間的存在で、「臣民」ですらなかったと私は前述した。このナショナリズム不在の具現者たる岸は、太平洋戦争開戦時の閣僚、また大日本帝国の官僚、政治家として国策を推進することにのみ従事してきた。下部構造を強権で縛りつけ、一方的な従属を命じてきただけであった。その岸の国策決定の基準を、敗戦後まだ十五年の国民は本能的に見抜いていたのではないだろうか。議会を軽視し、軍事大国の道を模索する岸などにこの国の政治を任せておけば、「あの日」に引き戻されてしまう、一刻も早く辞めさせなければならないと。

下部構造のナショナリズムを継承する人びとは、岸に「あの日」を見た。岸のようなタイプの軍人や官僚に騙され、利用されていたことを思い出した。デモは共産主義者に唆《そそのか》された少数派の所業にすぎず、ゆえに後楽園球場はいつも満員ではないかといった愚弄や、暴力的な国会運営にふれたとき、国民は大日本帝国の指導者のイメージを岸に重ねた。ありていに言えば、かつて岸のようなタイプの政治家、軍人、官僚が自身に都合よくつくり上げた「国策」に吸い寄せられ、あの戦争に行き着いたことを想起したのである。

そのようなイメージは、昭和のナショナリズムの系譜を客観視して初めて浮かび上がるのではないだろうか。岸の如き戦時の指導者が唱える国益の守護、国権の伸長、国威の発揚といった国策決定の基準に対抗するためには、ナショナリズムの視点こそ必要であった。月並みな表現になるが、シンプルに「あなたの言う国策は人を死に追いやる。これは歴史が証明している」と、私たち六〇年安保に反対した者は、異議を申し立てるべきであった。岸という敗戦以前との共通項に焦点を定め、論理的に対決すべきだったのである。

六〇年安保闘争の底流には軍事拒否の感情があり、それを下部構造のナショナリズムに組み込まなければならなかったと、いまにして私は思う。あの騒然たる状態は「陶酔」と「偏狭」を生み出す因となったが、同時に、日本社会における下部構造のナショナリズムの存在意義を発揮し得る最大の機会でもあった。この可能性を見落とし、当時「左翼革命の前哨戦」などと嘯《うそぶ》いていたのは、まったくの錯覚であった。

自省を込め、あえてくり返すが、六〇年安保闘争は革命でも市民運動でもなかった。そのような見方はあまりにも浅い。上部構造と下部構造の衝突が「六〇年安保」の動きにあらわれていたことこそ、見据えるべき真実であった。そして真に「愛国」の側に立ったのは誰か、この国の文化や伝統を守ろうとしたのは誰か、その視点で虚心に「六〇年安保」を捉えなければならないと、いま私は考えている。私たちの日常生活の規範や倫理観が、一指導者の自省なき国策で再び踏みにじられてたまるかと、「六〇年安保」という語は歴史上で囁きつづけているのではないだろうか。

第51章　「期待される人間像」

高度成長期の「教育」

昭和三十五年（一九六〇）十二月、池田勇人内閣は所得倍増計画を閣議決定した。六月までの「政治の季節」に幕を引き、「経済の季節」に入ろうという呼びかけでもあった。むろん保守政治の計算もあったのだが、しかし国民は政治の季節の人心が倦んだ状態に厭気がさしていた。この社会の厭世気分に、池田はくさびを打ち込んだのである。秘書官だった伊藤昌哉は自著『池田勇人　その生と死』（至誠堂　一九六六）に池田の言葉を記している。

「安保騒動で暗くなった人心を所得倍増で明るくきりかえてしまう、これがチェンジ・オブ・ペースであり、本当の人心一新だ」

新政策は国民に受け容れられた。実際に国民は各層よく働いた。自分たちの暮らしを日々改善するために、皆が各自の持ち場で全力を尽くし得た時代と言えるであろう。

昭和三十五年から四十八年までの十四年間は、日本の経済力が日々拡大した時代である。さまざまな調査結果があるにせよ、日本の経済規模は実質で五倍から六倍にまで膨らんだ。昭和四十年に一時的な不況があったが、高度成長政策は順調に推移している。昭和三十五年から四十年の実質経済成長率は九・七％、国民総生産も昭和四十三年にはイギリス、西ドイツを抜き、アメリカ、ソ連に次いで第三位になった。日本の驚異的な伸びは世界を驚かせ、のちに刊行された『ジャパン・アズ・ナンバーワン』（エズラ・F・ヴォーゲル著　広中和歌子、木本彰子訳　TBSブリタニカ　一九七九）は英語圏でベストセラーになった。

戦時下および占領期、日本の国民は貧しさや飢えのどん底を体験した。生きるために必要な条件の満たされない飢餓社会が、いかに混乱し、屈辱的な空間であるかを確認した。飢餓状態に行き着き、まず湧き起こるのは、理由を問う怒りである。その怒りが具体的な行動をともなったのが、六〇年安保闘争だったとも言えるのではないか。そして、この政治的な怒りが萎んだあとに来たのが、屈辱を脱しようとする前向きな心理状態であった。それがまさに高度成長経済だったと言えるのではないだろうか。日本人は太平洋戦争における「聖戦完遂」の心理状態と同様に、池田内閣の経済政策のもと、わき目もふらず高度成長期を戦ったのである。

経済を優先し、豊かになったとき、人の精神面あるいは道徳面はどうなってしまうのかという懸念が生じた。経済が発展すればするほど、唯物かつ利己的な行動が社会に広がるとも言える。唯物かつ利己的な発想は文化や伝統を削ぐものとならないか。これは国家の期待するところではない。もっと国の歴史や文化にアイデンティティを見出す人間を育てなければならない。「恒産なき者は恒心なし」、財産のない者の心は安定せずと、大正期に普通選挙法が現実化したとき、それに反対する政治指導者らによって『孟子』の箴言が叫ばれた。一方、高度成長期にも同様の言葉が、中央教育審議会（中教審）のメンバーによって叫ばれた。財産を得た人びとにいかに心の安定をもたらすか。

文部大臣の諮問機関である中教審は、昭和三十八年に荒木萬壽夫《ますお》文部大臣より「後期中等教育の拡充整備ついて」意見を求められた。荒木は検討すべき課題として二点を挙げ、一つが「期待される人間像について」であった。「すべての青少年を対象として後期中等教育の拡充整備を図るにあたっては、その理念を明らかにする必要があり、そのためには今後の国家社会における人間像はいかにあるべきかという課題を検討する必要がある」。

保守政治の側には物量、経済のみに比重を置いたときの文化や伝統の行く末に危機感があり、国家が求める人間像を明確にし、教育の場で示していかなければならないと考えたのである。

高度成長期のあるべき国民像を、国家は早い段階から決めていた。政府や文部官僚らは、経済を優先した社会がどのような国民を生むかを想定し、不安を抱いていた。ゆえに先手を打ち、「期待される人間像」の提示を中教審に求めたのである。では、この中教審はいかなるメンバーで構成されていたのか。次に昭和四十一年十月三十一日現在の二十人の委員を挙げる。なお肩書きは当時のものである。

会長　森戸辰男　日本育英会会長
副会長　木下一雄　東京学芸大学名誉教授
委員　天野貞祐《ていゆう》　独協大学学長
委員　大河内一男　東京大学総長
委員　大浜信泉《のぶもと》　早稲田大学名誉教授
委員　河原春作　前文化財保護委員会委員長
委員　久留島秀三郎　同和鉱業株式会社相談役

委員　高坂正顕　東京学芸大学学長
委員　小林茂　東京都港区立愛宕中学校校長
委員　高橋雄豺《ゆうさい》　読売新聞社顧問
委員　高村象平《しょうへい》　慶応義塾大学教授
委員　田中義男　東京都教育委員会委員長
委員　朝永振一郎　東京教育大学教授
委員　成田喜英　東京都立新宿高等学校校長
委員　平塚益徳《ますのり》　国立教育研究所所長
委員　藤井丙午《へいご》　八幡製鉄株式会社副社長
委員　細川隆元　評論家
委員　前田義徳　日本放送協会会長
委員　村山伊之助　前東京都千代田区立富士見小学校校長
委員　諸井貫一　秩父セメント株式会社社長

ほかに臨時委員として松下電器産業会長の松下幸之助、出光興産社長の出光佐三、評論家の坂西志保、野尻清彦（大佛次郎）、波多野勤子《いそこ》ら五人がいた。「期待される人間像」の議論に加わったメンバーを見てすぐに気づくのは、次の点である。
（一）学者、企業家、言論人など幅広いメンバーを集めているが、ほとんどが保守系人脈に連なる。
（二）社会の中軸として太平洋戦争を体験した世代。しかし戦争協力の度合には開きがあり、たとえば高坂正顕は海軍のイデオローグだったが、森戸辰男は軍にまったく協力していない。

その二点を勘案すると、「期待される人間像」にとくに集中して関わった高坂、藤井、細川、出光、坂西らと、リベラル体質の朝永、大河内らの間には壁があったことがわかる。とはいえこの二十五人は、戦後民主主義に対して一面で理解し、一面で過剰さを懸念していたことが窺えるタイプであった。

批判された「民族共同体的な意識」

ナショナリズムの見地から言えば、中教審のメンバーには上部構造の政策決定に関わったという共通点がある。政治的判断の傾向は国益の守護、国権の伸長、国威の発揚という方向性においてそれほど変わらない。戦後民主主義に心服していた者が多いように映るが、しかし共同体に継承されてきた生活の規範や倫理観を守ろうとする姿勢に著しく欠けていたと私には思える。このようなメンバーを見て、昭和四十一年四月に刊行された木村時夫著『日本ナショナリズムの研究』(前野書店)の次の一節を、図らずも私は想起した。

「戦後の日本におけるナショナリズムの性格は戦前ないし戦時中の超国家主義とは非常に異なるもので、人によってはナショナリズムの中の危険な要素がすでに消滅したと結論する者もある。〔中略〕敗戦以来辿ってきた日本人の思想と行動とを仔細に考察してみて直ちに気付くことは、変化したのは国家に対する忠誠の念ではなく、忠誠の表現ないし具体的な現われ方である。〔中略〕つまりナショナリズムは新しい国家奉仕という線に沿って形成され、しかもそれは政府が音頭をとる官製の宣伝によって生れたものではない」

ここにある戦後の「ナショナリズム」の「現われ方」は、中教審のなかでも「国家主義」的傾向の強い委員が具体化した。中教審が「期待される人間像」の内容を政府に答申したのは昭和四十一年十月三十一日で、諮問から三年余かけたことになる。答申は二部に分かれており、第一部ではまず三点を挙げて日本人に必要とされることを説くのだが、関心を引くのは「3　日本のあり方と第3の要請」である。冒頭で「今日の日本について、なお留意しなければならない重要なことがある。戦後の日本は民主主義国家として新しく出発した。しかし民主主義の概念に混乱があり、民主主義はなおじゅうぶんに日本人の精神的風土に根をおろしていない」と述べ、次のように続く。

「それについて注意を要する一つのことがある。それは、民主主義を考えるにあたって、自主的な個人の尊厳から出発して民主主義を考えようとするものと階級闘争的な立場から出発して民主主義を考えようとするものとの対立があることである」

さらに半ばには次のような文言もある。

「また、注意を要する他の一つのことがある。由来日本人には民族共同体的な意識は強かったが、その反面、少数の人々を除いては、個人の自由と責任、個人の尊厳に対する自覚が乏しかった。日本の国家、社会、家庭において封建的残滓《ざんし》と呼ばれるものがみられるのもそのためである。また日本の社会は、開かれた社会のように見えながら、そこには閉ざされた社会の一面が根強く存在している。そのことが日本人の道徳は縦の道徳であって横の道徳に欠けているとの批判を招いたのである。確固たる個人の自覚を樹立し、かつ、日本民族としての共同の責任をになうことが重要な課題の一つである」

中教審の答申を丹念に読んでいけばわかるが、日本人は自我に欠け、付和雷同してしまう体質があると決めつけている。ところが、批判されている日本人の「民族共同体的な意識」とは、農村などの生活の規範や倫理観を、上部構造が抑圧してつくり上げたもので、つまり擬似的な「自覚」なのである。

「期待される人間像」をまとめた中教審の委員らは確かに抑圧者ではない。しかし高度成長経済のもとで、上部構造の新たな国策決定の基準を下部構造に押しつけたとも解釈できる。共同体の生活の規範や倫理観に配慮しなかったという意味では敗戦以前と何ら変わらず、木村時夫が前掲書で指摘したとおり、高度成長期の「ナショナリズムは新しい国家奉仕という線に沿って形成され」たことになろう。

「正しい愛国心」

「期待される人間像」の骨格には、昭和十六年に近衛文麿内閣のもとでまとめられた『臣民の道』との共通点がいくつかある。皇紀二千六百年を機に文部省が編纂した『臣民の道』は、日本人としていかに生きるか、国家が期待する人間像とは何かを、青少年学徒に向け余すところなく伝えていた。「臣民の道」の「実践」を示す最も重要な部分は、たとえば次のような一節であった。

「新時代の皇国臣民たるものは、皇国臣民としての修練を積まなければならぬ。即ち、国体の本義に徹し、皇国臣民たるの確固たる信念に生き、気節を尚《たつと》び、識見を長じ、鞏固《きょうこ》なる意思と旺盛なる体力とを練磨して、よく実践力を養ひ、以つて皇国の歴史的使命の達成に邁進すること、これ皇国臣民として積むべき修練である」

一読してわかるとおり、そのような麗句はどう見ても官僚や学者の空虚な作文でしかない。この実体なき空虚さにこそ「臣民の道」があったと言ってもいい。『臣民の道』は国策決定の基準たる国益の守護、国権の伸長、国威の発揚を企図した政治、軍事指導者らが、共同体の生活の規範に埋没している「臣民」をその現実から引き離し、体制に組み込もうとした宣言文である。上部構造は具体的な言葉をもたず、抽象表現で偏狭な空間をつくり上げ、神秘性を粉飾し、ここに国民を組み込もうとした。『臣民の道』にせよ「戦陣訓」にせよ、昭和十年代に期待された「臣民」像、「皇軍兵士」像と同様の意味が、中教審の答申にはあったと私は思うのである。

たとえば昭和十六年九月に刊行された『臣民の道精講　戦陣訓精講』（欧文社）という著作がある。著者は国民精神文化研究所員で国学院大学教授だった大串兎代夫《とよお》である。大串は当時の世界状況について「対立抗争乱」が甚だしいと訴え、どの国も生き残るためにモラルなど棄て去っているとし、しかし「わが皇国のみ儼然《げんぜん》として道義的立場を以て一貫して変らず、目前の利害に拘泥せず毅然として肇国以来の精神を有ち続けてゐる」と自賛した。そのような「精神」を誇ることで、国民は『臣民の道』や「戦陣訓」に一体化したと言えよう。

昭和四十一年の「期待される人間像」は、昭和十六年の『臣民の道』がつくり上げた「民族共同体的な意識」を批判する一方で、当時の国家が弄した言辞も省みず、この空間に擬似的に身を置いた国民を否定している。俗な言い方になるが、中教審の委員らはまるでマッチポンプのような役割を演じていたのではないか。利用されるのは常に共同体の生活の規範や倫理観を守ってきた国民であり、その図式から浮かび上がるのは、上部構造の自省なき姿であった。

「期待される人間像」第二部の第四章に千八百字ほどの「国民として」がある。ここには「一、正しい愛国心をもつこと」「二、象徴に敬愛の念をもつこと」「三、すぐれた国民性を伸ばすこと」の三項が立てられ、国民が国家にもつべき感情を説いている。「一」は次のように始まる。

「今日世界において、国家を構成せず国家に所属しないいかなる個人もなく、民族もない。国家は世界において最も有機的であり、強力な集団である。個人の幸福も安全も国家によるところがきわめて大きい。世界人類の発展に寄与する道も国家を通じて開かれているのが普通である。国家を正しく愛することが国家に対する忠誠である。正しい愛国心は人類愛に通ずる」

次に「二」の冒頭部分を引用する。

「日本の歴史をふりかえるならば、天皇は日本国および日本国民統合の象徴として、ゆるがぬものをもっていたことが知られる。日本国憲法はそのことを、『天皇は、日本国の象徴であり日本国民統合の象徴であって、その地位は、主権の存する日本国民の総意に基く。』という表現で明確に規定したのである。もともと象徴とは象徴されるものが実体としてあってはじめて象徴としての意味をもつ」

「一」の引用部分はきわめて乱暴な理屈である。はっきり言えば、国民は国家に隷属しろという本音を顕わにしている。このような表現は先の「由来日本人には民族共同体的な意識は強かったが、その反面、少数の人々を除いては、個人の自由と責任、個人の尊厳に対する自覚が乏しかった。日本の国家、社会、家庭において封建的残滓と呼ばれるものがみられるのもそのためである」といった批判と矛盾する。国民が忠誠を尽くすべき国家を、政治が一方的に動かしているのであれば、この部分は昭和十六年の『臣民の道』よりもさらに傲岸不遜で、国策決定の基準をもつ上部構造に叛いてはならないというニュアンスさえ感じられる。

「二」の引用部分が意味するのは、「日本国および日本国民統合の象徴」たる天皇への敬愛の念が、正しい愛国心に通ずるという理屈であろう。しかしそこには重大な誤りがある。ここで言う「日本国」とは、はたしてどのような意味をもつのか。「天皇への敬愛の念をつきつめていけば、それは日本国への敬愛の念に通ずる」と言うとき、権力の主体はぼかされている。天皇を敬愛せよと命じながら、実際にはその権力と権威を利用したのが昭和前期、とくに昭和十年代の政治、軍事指導者であった。このような理屈で、下部構造のナショナリズムは踏みにじられたのである。

敗戦から二十年を過ぎた昭和四十一年の「期待される人間像」は何を意味するのか。中教審の委員らの意識には何があったのか。国を愛することにおいて国家を個人より上位に置く論は、その国のナショナリズムを根本から崩壊させる。なぜ国は空虚な「麗句」を用いるのか。昭和前期の歴史が物語るのは、天皇を蔑ろにした状況である。天皇への不当な干渉と言ってもいい。

私たちは、親から子へと受け継ぐ共同体の生活の規範や倫理観のなかに、天皇を敬愛する情念が宿っていることを自覚すればよく、あえてこれを口にしないのが真のナショナリストである。「期待される人間像」は、それに反している。

第52章　三島由紀夫の「意識上の鎖国」

「武」の自尊

昭和四十五年（一九七〇）十一月二十五日に起きた、三島由紀夫および彼の私兵組織とも言うべき楯の会の会員による東京市谷の陸上自衛隊東部方面総監部占拠事件は、ナショナリズムの視点でどう捉えることができるのか。大正十四年（一九二五）生まれで、文字どおり「昭和」とともに齢を重ねた三島はこのとき四十五歳、何を考え、何を訴えたのか。著名な作家が起こした昭和を代表する事件として、同時代人の目というより、むしろ思想的かつ歴史的な意味で次代には語り継がれよう。確かに私自身も同時代の目で『憂国の論理　三島由紀夫と楯の会事件』（講談社　一九八〇／『三島由紀夫と楯の会事件』角川文庫　二〇〇一）を著したが、しかし事件から半世紀近くを経た現在、あえてナショナリズムの視点で、三島の行動を思想的かつ歴史的に分析してみたいと思う。

いささか結論じみたことを書けば、三島の思想と行動には二つの側面があったと私は考える。一つは、三島が楯の会会員らと十一月二十五日に自衛隊員に配布した「檄」の内容と結びつく。少なくとも三島が殉じた檄文をまず分析することが礼節だと私には思える。もう一つは、三島の思想と行動が、その根拠たるいわば「ウラの言論」に市民権を与えた意味である。「ウラ」と記したのは、昭和の軍事主導体制下における「オモテ」の言論が簡単には死なず、日本社会の地下水脈を成していたという認識である。三島が尊敬した保田與重郎などの流れも汲むこの地下水脈は、平成という時代になってなお一定の生命力をもち得た。現に安倍晋三の発言などはその表出とも言える。以上の二つの側面について、同時代の視点ではなく歴史の目で検証すべきだと、三島事件以後、私は一貫して考えてきたのである。

まずは第一の側面、檄文について検証する。三島が配布した檄文は「われわれ楯の会は、自衛隊によつて育てられ、いはば自衛隊はわれわれの父でもあり、兄でもある」で始まる。三島が「反共」「天皇制支持」「暴力是認」を主張し、大学生を集めて楯の会を結成したのは昭和四十三年十月だったというが、前後してこの擬似軍隊は自衛隊のいくつかの部隊で教育、訓練を受けた。ゆえに「われわれの父でもあり、兄でもある」と評したのだろうが、その過程で自衛隊との間に親愛の情が育まれたことを三島は認めている。また文中「われわれは治安出動の前衛となつて命を捨て、国軍の礎石たらんとした」とあるように、三島は自衛隊によるクーデターの呼び水となることを宣言していた。この三島の思いは「武」が守るべき国への宿望を意味する。檄文のなかには次のような一節がある。

「われわれは戦後の日本が経済的繁栄にうつつを抜かし、国の大本を忘れ、国民精神を失ひ、本を正さずして末に走り、その場しのぎと偽善に陥り、自ら魂の空白状態へ落ち込んでゆくのを見た。政治は矛盾の糊塗、自己の保身、権力欲、偽善にのみ捧げられ、国家百年の大計は外国に委ね、敗戦の汚辱は払拭されずにただごまかされ、日本人自ら日本の歴史と伝統を瀆《けが》してゆくのを、歯嚙みをしながら見てゐなければならなかつた。われわれは今や自衛隊にのみ、真の日本、真の日本人、真の武士の魂が残されてゐるのを夢みた」

この国家観から、戦後日本そのものが否定されているのがわかる。「国の大本を忘れ」という文言を尺度にするなら、戦後民主主義、あるいはアメリカン・デモクラシー自体、否定されていることが窺える。単に経済的繁栄を求めるのみで、日本の基本形などまったく考慮されない状態になったと三島は嘆くのである。このような国ゆえ「武」の存在もまた侮辱されていると三島は訴える。

「自衛隊は国軍たりえず、建軍の本義を与へられず、警察の物理的に巨大なものとしての地位しか与へられず、その忠誠の対象も明確にされなかった」

自衛隊はアメリカ軍の意を受けてただ単に存在するだけで、何を守るべきかも、忠誠の対象も明確にされていない。三島は「日本の軍隊の建軍の本義」について自衛隊員に呼びかけ、実にあっさり『「天皇を中心とする日本の歴史・文化・伝統を守る』ことにしか存在しないのである」と明言している。

十月二十一日は国際反戦デーで、過激派を中心に武装デモが行われていたが、本来ならこの鎮圧に自衛隊が出動し、あわせてクーデターを起こすべきだったと三島は強調する。しかし三島が期待したとおりにはならなかった。「政治家のうれしがらせに乗り、より深い自己欺瞞と自己冒瀆の道を歩まうとする自衛隊は魂が腐つたのか。武士の魂はどこへ行つたのだ。魂の死んだ巨大な武器庫になつて、どこへ行かうとするのか」と三島は怒りを滲ませ、「アメリカは真の日本の自主的軍隊が日本の国土を守ることを喜ばないのは自明である」と断言した。日本社会が「国の大本」を忘れ、「武」の自尊を失っているのは、依然としてアメリカの占領政策下にあるからだという批判にもなろう。

「生命尊重以上の価値の所在」として「われわれの愛する歴史と伝統の国、日本」を掲げ、自衛隊員に「共に起つて義のために共に死ぬのだ。日本を日本の真姿に戻して、そこで死ぬのだ」と訴えながら、三島は統監室で自決した。訴えが聞き入れられなかった以上、自決という手段で決着をつけたことは、相応に筋が通っていると私は思う。

三島の発言を辿ってみても「われわれの愛する歴史と伝統の国、日本」の意味がどこにあったのか、判然としない。しかしアメリカン・デモクラシーを土台とする戦後日本の社会が、理想とはまったくかけ離れてしまったと嘆いているのはわかる。日本の「歴史と伝統」を守るのは「武」だと訴え、かつ「国の大本」として天皇主権を提唱した三島の国家観は、自らが身近に生きた大日本帝国の軍事主導体制に仮託されていたと言えよう。

右翼でも左翼でもない骨格

三島の「ナショナリズム」とは何か。確かに彼が楯の会会員らと自衛隊員に配布した「檄」や、行動に至るまでの約一年間に発表した評論、エッセイ、インタビューなどには「大日本帝国」を礼讃するような記述はない。大日本帝国の軍事主導体制は統帥権を濫用し、これを自在に私物化した。陸海軍とも天皇の大権を狡猾に用い、クーデターまがいの行動まで起こした。二・二六事件などがその典型だが、三島は昭和四十三年（一九六八）茨城大学における「学生とのティーチ・イン」（『文化防衛論』新潮社　一九六九）で、統帥権の独立というものは非常に問題が大きいと認めている。「今後はあくまで、天皇は栄誉の中心ではあられるけれども、また文化の象徴ではあられるけれども、政治的責任を負うような立場へ天皇を持ってくることはできないと思います」とも述べており、手放しで〈天皇制下の軍事主導体制〉を肯定したわけではなかった。天皇は軍事組織が忠誠を誓うべき対象だが、しかし政治的責任はもたないとの意見であった。このように見てくると三島にとっての天皇は、尽忠の対象ではありながら、政治的にも軍事的にも特別な役割を果たす存在ではないということになる。

一方で「などてすめろぎは人間《ひと》となりたまひし」（「英霊の聲」「文藝」一九六六・六）という言葉に象徴されるように、三島にとって天皇は神権化を否定した存在であってはならなかった。神権化を否定した天皇は形而下に置かれ、人間となる。そのような理解を、三島は許せなかった。私はかつて、三島は戦後社会に絶望していたと書いたことがあるが、人間化する天皇の存在に嫌悪感をもったという意味にもなる。三島は天皇から神聖さが失われるプロセスを「汚れ」と理解したのである。

思うに三島が説いたナショナリズムとは、天皇が神聖化した空間に醸される情念のようなものではなかったか。三島に言わせれば、大日本帝国の軍事主導体制に身を置いただけでは「真の日本人」たり得ない。二・二六事件の青年将校であれ特攻隊員であれ、天皇が神聖化した空間に身を投じた者は、「精神」を「死」に直結させることで初めて「真の日本人」たり得た。三島が文学作品で表現した主人公は、「真の日本人」たり得るかという問いに対する答えだったと私には思えるのである。

たとえば二・二六事件に材を求めた「憂国」（「小説中央公論」冬季号　一九六一・一）、また「英霊の聲」などは天皇を神聖化し、「精神」を「死」に昇華させることで「日本人」の存在理由を規定していた。結論を言えば、三島の自決も「真の日本人」たる覚悟の表現ではなかったか。私が見たところ三島には、上部構造、下部構造といった枠組みには納まらない、入れ籠状の思想があった。この視点を外しては、三島とナショナリズムの関係は捉えられない。

三島が説いたナショナリズムは、国益の守護、国権の伸長、国威の発揚といった上部構造の国策決定基準とはまったく別物で、だからこそその作品から浮かび上がってくると私は考える。三島のナショナリズムは、いわゆる軍官僚や政治家、財界人らが声高に説いた観念とも、また庶民の生活の規範や倫理観とも異なる。右翼とか左翼といったイメージにも納まらない。三島は自身のナショナリズムの骨格を具体的な国家や国民の意識にまで求めようとしていない。

これは何を意味するのか。容易に思いつく理由を指摘するなら、本来戦争で死ぬはずの世代だった三島には、それが叶わなかった。自身の「精神」を「肉体」とともに天皇に捧げるという三島の「ナショナリズム」は、あの戦争では実現できなかった。いわゆる戦後民主主義の薄汚れた空間に生き残ったことが、たまらなく不快であった。戦争で死に遅れたという不快が常に反芻され、この極点に「昭和四十五年十一月二十五日」の行動があった。その行動には「精神」の清算という意味もあったと、私には思えてならない。

「統治的国家」と「祭祀的国家」

三島のナショナリズムは、日本の文化、伝統の継承者たる天皇という枠組みが創出した空間に身を置くこと、いや現実には、身を投じることだったと言えよう。この本質は先にふれた檄文の「日本を日本の真姿に戻して、そこで死ぬのだ。生命尊重のみで、魂は死んでもよいのか。生命以上の価値なくして何の軍隊だ。今こそわれわれは生命尊重以上の価値の所在を諸君の目に見せてやる。それは自由でも民主々義でもない。日本だ。われわれの愛する歴史と伝統の国、日本だ」という文言によくあらわれている。

しかし、天皇が神聖化した「真姿」の日本でなら生きていけるはずとも思えるのに、三島は「そこで死ぬ」と言った。これは「真姿」など実際にはあり得ず、もし成就できるなら死んでもいいという諦念なのか。あるいは「真姿」のために殉じることで「生命」を超越した永遠の「魂」が得られるという希望なのか。

そうした錯綜からも窺えるように、三島はナショナリズムについて具体的な答えを出していない。自決に至る二、三年間の発言で「ナショナリズム」という語も何度か用いているが、一般的な「民族主義」「愛国主義」「国家主義」といった意味を付す程度に止まっており、特別な解釈はなかった。と同時に、第三者が自在に分析する機会を与えたとも言えよう。

昭和四十五年一月十九、二十一、二十二日の読売新聞夕刊の特集「『変革の思想』とは」に連載した「道理の実現」のなかで、三島は現在の憲法で日本が得た「メリット」について述べている。

「国際的には、無制限にアメリカの全アジア軍事戦略体制にコミットさせられる危険に対して、平和憲法を格好の歯止めに使ひ、一方では安保体制堅持を謳ひながら、一方では平和憲法護持を受け身のナショナリズムの根拠にするといふメリットが生じた」

この「受け身のナショナリズム」という文言は、まさに私の説く上部構造の国策決定基準の意で用いられていた。また三島に言わせれば、戦後復興が高度成長という名の総仕上げに入った当時の日本は「統治的国家」と「祭祀的国家」に分かれており、前者は政治的意味、後者は「国民精神の主体」で、その二分法は上部構造と下部構造の対比とも受け取れる。三島は「統治的国家」と「祭祀的国家」のどちらに忠誠を誓うか国民に決断を迫るべきだと訴え、そして記す。

「いふまでもなく真にナショナルな自立の思想の根拠は、祭祀的国家のみにあり、統治的国家は国際協調主義と世界連邦の方向の線上にある」

「国民精神の主体」としての「祭祀的国家」とは、むろん天皇が神聖化した空間を指し、また「統治的国家」とは、象徴天皇制を掲げながら、かつての大日本帝国のように国際的な孤立は招かない、「世界連邦」をめざす体制を指すのであろう。「統治的国家」の方向性はつまり「受け身のナショナリズム」がめざす空間で、ゆえに三島は、国際社会での「メリット」とは別に、「真にナショナルな自立の思想の根拠」として、固有の「天皇制空間」を築くべきだと主張したのではないだろうか。

思うに三島のナショナリズムは、国内では天皇を神聖化することで独自の空間をつくり、また対外的には別の統治原則をもたせようとしていた。つまり神聖化された天皇の存在で国民の意識を統一すると同時に、「国際協調」もめざすという二重基準を探っていた。いわば「意識上の鎖国」で、これこそ三島が唱えたナショナリズムだったと分析し得る。むろん右翼とか左翼といった次元には納まらない、ミシマイズムとも結論できる思想かもしれない。

もとより「意識上の鎖国」が国策に大きな影響を及ぼすのは確かで、それが大日本帝国型の侵略路線に傾くのか、あるいは新しいタイプの軍事主導体制になるのか、想像するしかない。ただ三島の発言を追って見えてくるのは、アメリカの傘下を離れた一国軍事主導体制への志向である。事件の背景を成すはずの戦後社会におけるナショナリズムの顔がよく見えてこないのは、三島の言葉のなかに時代を超えた独自の思想があるからかもしれない。三島由紀夫の存在を昭和史のなかに落ち着かせることが急務だと思えてくる。

第53章　田中角栄の「日本列島改造論」

「ふるさと」意識の欠如

田中角栄は昭和四十七年（一九七二）十月二十八日、首相として初の所信表明演説を行った。就任後三ヵ月余の間に北京を訪問し、周恩来首相と日中国交正常化交渉を進め、九月二十九日には共同声明に署名する段階にまで漕ぎつけていた。壇上の田中の得意満面な笑みには、これからの仕事に対する意欲があらわれていた。まず日中の国交回復について、きわめて重要な政治交渉が実ったことを自賛し、次のように述べた。

「日中両国は、今回の共同声明において主権および領土保全の相互尊重、内務に対する不干渉をはじめとする諸原則の基礎のうえに、平和と友好の関係を確立することを内外に明らかにいたしました」

大陸政策をめぐる近代日本の誤りを正すことに、首相就任以来、確かに田中は没頭していた。ニクソンと毛沢東、あるいはキッシンジャーと周恩来のやりとりにかかわらず、米中の雪解けを知るや躊躇なく日中の国交回復をめざし、それを成功させた田中は、天性の勘をもつ政治家であった。

田中の所信表明演説には日中国交正常化交渉のほか、もう一つ要点があった。「日本列島改造論」である。田中は国外に向けた重要な政策を訴える一方で、国内に対しても問題を提起したのである。

「われわれは、戦後の荒廃のなかから自らの力によって今日の国力の発展と繁栄を築きあげました。しかし、こうした繁栄のかげには、公害、過密と過疎、物価高、住宅難など解決を要する数多くの問題が生じております。一方、所得水準の上昇により国民が求めるものも高度かつ多様化し、とくに人間性充実の欲求が高まってきております」

田中は現状が必ずしも望ましい方向に進んでいないと断言したうえで、「改造」の骨子を掲げた。「日本列島の改造は、内政の重要な課題であります。明治以来百年間のわが国経済の発展を支えてきた都市集中の奔流を大胆に転換し、民族の活力と日本経済のたくましい力を日本列島の全域に展開して、国土の均衡ある利用をはかっていかなければなりません」

具体的には「政府は、工業の全国的再配置と高速交通・情報ネットワークの整備を意欲的に推進するとともに、既存都市の機能の充実と生活環境の整備を進め、あわせて魅力的な地方都市を育成してまいります」との公約であった。首相就任直前の六月二十日に刊行した自著『日本列島改造論』（日刊工業新聞社）はベストセラーとなっており、その勢いが田中を首相に押し上げたとも言える。しかし所信表明演説からも明らかなとおり、田中の主張はあくまでも「モノ」中心、「土地」中心であった。物量を満たすことこそ「幸福の極致」で、日本社会の発展につながるという考えが田中を支配していた。『日本列島改造論』の売れ行きに合わせて凄まじい投機ブームが生じ、土地の値が日々上がりつづけるという異常事態にもなったのである。

田中の日本列島改造論をもう少し具体的に見るなら、首都圏から北部九州に至る太平洋ベルト地帯に工業生産の七三％が集中する異状の克服を説いている。三十七万八千㎢の国土のわずか一％に満たない東京、大阪、名古屋の都市圏に総人口の三二％が身を寄せ合う状況は、日本の将来を危うくする。

国土の七〇％は山岳地帯だが、全体をもっと効率よく利用し、また高度成長による歪みも正さなければならない。さらに産業だけではなく、法律を改正して中央官庁を地方に分散させる。また大学や研究所などもどしどし地方に移転させる。こうして全国に二十五万人規模の都市をたくさんつくり、それぞれを特定の産業の拠点に育てるなどして、日本の持ち味にするというのが田中の主張でもあった。

日本列島の「改造」は「モノ」と「土地」の徹底した機能化、効率化で進められた。とにかく「モノ」中心で、日本列島改造論に思想的、哲学的な意味づけはなかったが、ここに欠けている「ふるさと」のイメージをあえて掲げたのが、田中派から分かれた竹下登であった。昭和六十二年（一九八七）、首相になるや竹下が提言した「ふるさと創生」について、田中の秘書だった早坂茂三は次のように評している。

「『列島ふるさと論』は、日本人が互いに持っているほのぼのとした〝ふるさと〟意識を大事にして、心の豊かさを持ちつつ、活力ある社会を形成しようと提唱している。そして、日本列島全体を〝ふるさと〟と考え、道路、鉄道、航空の交通機関を単なる物流だけの手段と考えるのではなく、各種の生産設備も人間中心のロマンがあるものと位置づけ、地方独自の味わいを生かしながら、バランスのとれた発展をさせようと呼びかけている」（『政治家田中角栄』中央公論社　一九八七）

つまり「モノ」中心の田中による日本列島改造は「ほのぼのとした〝ふるさと〟意識」に欠けていた。竹下は「人間中心のロマン」で、その過剰を埋め合わせようとしたわけである。

物量という基準

田中の日本列島改造論をナショナリズムの視点で捉えるとどうなるのか。この問いに向き合わなければならない。結論から言えば、ナショナリズムそのものを崩壊させようとする試みだったと私は考えているわけだが、一方で歴史を俯瞰するなら、田中角栄という政治家と、彼の日本列島改造論は生まれるべくして生まれたとも分析し得る。

戦後社会では荒廃した国土の復興が第一義とされ、まず何より衣食住の確保こそ国民が要求するところであった。昭和三十年代後半の池田勇人内閣による高度成長とは、まさにこの「要求」が「欲望」に進んだ段階と言えよう。その道をまっしぐらに進むことで、日本は世界第二位の経済大国となった。むろん戦勝国アメリカの施策や援助もあったが、より良い生活のためにとにかく働くという国民の心理がバネになっていた。

田中が政権を握った翌年、昭和四十八年には第一次オイルショックがあった。先進国として日本も大打撃を受けるなか、田中は国民の「欲望」を政策化する道を選んだ。田中は高度成長の成果として一地域、一特定層だけに恩恵を与えるのではなく、全国民にこれを分配しようと企図した。それは物量の飽満をさらに追求するという意味を含んでいた。冬の寒空に一着のオーバーでは足りないから二着を、夏の暑さに一台のクーラーでは足りないから二台をという政策であった。欲望を追いつづけるかぎり決して満足は得られない。果てしない欲望の肥大にどの段階まで応えるべきか、オーバー一着で足りないなら何着まで揃えるのか、この点に政策のバランスを図れないまま、オイルショックによる「狂乱物価」に見舞われ、田中内閣は機能不全に陥った。

田中の日本列島改造論が政策として定着していったならば、物量だけを基準にした日本人が果てしなく増殖したことであろう。それは共同体の生活の規範や倫理観を蔑ろにし、他者との回路を遮断する利己的な空間で、良質なナショナリズムの駆逐を加速させる一因になっただろうと私は考えている。

上部構造と下部構造を解体する試み

敗戦後三十年を経た昭和五十年代の初め、私は橘孝三郎ら戦前からの農本主義者に次々と会っていた。五・一五事件に連座した橘の軌跡を取材していたのだが、この過程で奇妙な話をいくつも聞いた。橘をはじめ彼が主宰した愛郷塾出身の老農たちは一様に田中角栄を批判し、時に激昂するほどだったのである。たとえば橘自身が次のように語ったことを、いまでも私は覚えている。

〈田中という首相は、農業なんか何とも思っていない。出身からしてわしら農本主義に少しは関心をもっているかと思ったが、まったくもっていない。農村がどうなろうが、農民がどうなろうが、そんなことは頭にない。いかに農業を金儲けの対象にするか、それは自分が首相になって、土地に値段がついてよかったなという程度の理解でしかない〉

つまり「モノ」中心の田中には「農民」が見えていないとの発言であった。「農民」の視点を欠くために「マチの不動産屋」の「農地」の捉え方とまったく変わりがない。橘の言う「農民」とは、まさに下部構造のナショナリズムを意味していた。農村で土地を耕し、収穫するという日々受け継がれてきた生活の規範に思いを馳せたことがない田中は、ゆえに「モノ」中心の都市空間を主張し得た。

共同体の意識に考えが及ばないのは、下部構造の生活者が何を頼りに、あるいは何を縁《えにし》にしているのか、まったく理解できなかったことの証左にもなろう。

日本列島改造論がこの国を覆ったとき、農民たちは田中という権力者をどのように見ていたのか。つまり下部構造の生活の規範、倫理観、そして人生観、国家観で、上部構造の枠内に止まる田中はどのように捉えられていたのか。その視点について、農民作家の山下惣一による「農民社会から見た田中角栄」という一文がある（「現代の眼　別冊・田中角栄の陰謀」一九八一・十一　現代評論社）。田中に対する農民たちの本音を語ったものだが、山下は興味深いエピソードを紹介している。

たとえば昭和四十五年に始められた減反政策をめぐって、田中の首相時代にも過剰米が七百万トンあり、この処理には一兆円かかると言われていた。そこで農業関係者が「総理、ひとつ何とかして下さい」と頼みこんだ。すると田中は「ヨッシャ」と言って一兆円の予算をつけた。こんな政治家は少なくなったと山下は嘆じ、次のように語っている。

「『その金は国民の血税であって、田中の金ではない』と人はいうかもしれぬ。しかし、そんなことはどうだっていいのだ。ともかく、誰の金であろうと、自分たちのために出してくれさえすれば、それでよい」

「モノ」が中心になった社会の農民にとっては、つまり実利さえあればすべてよく、この意味で田中の存在は重宝されたと言えよう。

山下が指摘したように、下部構造は当時なお「世の中は他動的に変わることはあっても、自分たちの力で変えることはできないものだという社会観」で満たされていた。なぜ「自分たちの力で変えることはできない」のかという問いを突き詰めていくと、村の構造そのものに思いが至る。良くも悪くも下部構造のナショナリズムはすべて村の機構に守られていた。自分たちの力で変えられないということは、逆に農村共同体のシステムの不動性を物語っている。たとえば批判を口にしない慣習が農村共同体で維持されているのは、本来この先鋒に立つべき世代や層が、いつか「長」になるときのために予防線を張るからだとも山下は言う。つまり批判されたくないから批判しないという暗黙の掟が、昭和四十年代、五十年代にもなお受け継がれていたのである。

下部構造の生活の規範が不動である一方、しかし実にあっさり上部構造の国策を受け容れるのは、農村そのものに原因があると山下は断定しているが、思うに次の指摘は示唆に富む。

「百姓やっているとみんなぜかおとなしくなるのだ。やさしくなるのである。おそらく、言葉を話さない稲やミカンを相手にして、植物の気持（？）がわからなければ農業はやれないので、ついつい先様のことばかり考える体質になっていくのだろう」

近代日本の農本主義者で農業を実践した者は確かに少ない。ほとんどがイデオローグであり、自ら田畑を耕したわけではない。ただ橘のように自ら農業に携わった者は、イデオローグとしてもこれを追究し、ゆえに共同体の良い面も悪い面も理論化し得たのだが、しかし現実に政治行動を起こしたわけではない。実行したのはまだ農業歴の浅い青年層であり、とはいえ決して人を殺めることなく、一定の自制を働かせていた。

その点を鑑みると昭和三十年代、四十年代の高度成長期に、農業は産業構造からしだいにはみ出し、また農村も殺伐としてきたと言えるのかもしれない。日本列島改造論はこの流れに拍車をかけたわけだが、田中はあまり執着せず、減反政策で農業が衰退するなか、農民にも物量の豊かさを与えることで「票田」を耕したのである。

田中は確かに「革命的な変革」をもたらそうとした。「モノ」中心の生活感覚をとくに農村共同体に持ち込むことで、農民たちの意識を変えようとした。それは「精神よりモノに」「空論より実益に」「寡黙より雄弁に」という変革で、まず下部構造のナショナリズムを解体し、そして上部構造の国策決定の基準、つまり国益の守護、国権の伸長、国威の発揚に結びつけようとしたのではなかったか。この点をあらためて考えさせてくれるのが、田中の秘書だった早坂の前掲書『政治家田中角栄』の次の一文である。

「明治に始まって敗戦に至るまでの間、わが国の『中国政策』は、中国人民の血と涙の上に日本の繁栄を築こうとするものであった。戦前の『内政』は恵まれない地方の犠牲の上に表日本、都市の繁栄を実現する路線であった。田中が目指したのは日中、わが国の都市と農村に見られる両者の関係を解体し、双方が共存共栄できる道を開くことである。その意味で『中国問題』と『日本列島改造論』は田中の深層部分で深く結びついていたのである」

この田中の考えを最も理解していたのが周恩来だと早坂は言うが、確かに引用にあるような分析は誰も試みていない。田中の政策をより詳細に吟味すれば、富の分配をめぐって中央に犠牲を強いられてきた地方と、列強諸国に蹂躙されてきた中国とが見事に重なり合い、日本列島改造と日中国交回復には両者の懸け橋たらんとする意気込みが感じられる。

しかし誰もがなさなかった分析であるにせよ、また日本列島改造と日中国交回復が通底するにせよ、早坂の指摘はナショナリズムの視点でどう捉え得るのか。日中関係については、大日本帝国の侵略で中国人民の間にナショナリズムの高揚があった。それは国民党、共産党の幹部から末端の庶民にまで共有された。

一方、近代日本については、上部構造はひたすら下部構造のナショナリズムを抑圧し、解体を期した。しかし先に「不動性」と述べたように、農民の本質は戦後社会でも容易には変わらなかった。山下が指摘した「先様のことばかり考える体質」が受け継がれていたからである。むしろ下部構造のナショナリズムは内攻することで存続し、上部構造を利用していたと言えるのではないだろうか。つまり、批判されたくないから批判しないという弱者の論理が、逆に国策を突き上げ、農村共同体の利益を守っていたと私には思えるのである。

田中角栄は、あえて言えば上部構造と下部構造のいずれをも解体しようと試みた。本人は無自覚だったろうが、思うに「モノ」中心に分配を公平化させることで、日本を立て直そうと試み、ナショナリズムの枠組みを取り払おうとした。この意味で田中は、新たな国民国家としてのナショナリズムを創出する役割を担っていたのかもしれない。だとすれば田中は、新しい意味でのナショナリストたり得たようにも思えるが、しかしその分析はまだ充分になされていない。

第54章　オウム真理教の「現人神」に対する嗅覚

戦後五十年の着地点

平成元年（一九八九）の坂本堤弁護士一家殺害をはじめ、オウム真理教が起こした一連の事件について、私はとくに意見を述べたり、原稿を書いたことはない。テレビ局や月刊誌、週刊誌の編集部から、昭和四十七年（一九七二）二月に刊行した私の『死なう団事件　軍国主義下の狂信と弾圧』（れんが書房）に関連し、両者に共通点はないか、また昭和期にも同様のカルト教団が存在したのではないかと、コメントを求められたことはあった。しかし皆故人になっているとはいえ、オウムと同一視されては「死なう団」の会員があまりに気の毒で、結局私は辞退することにしたのである。

平成七年（一九九五）三月二十日の地下鉄サリン事件以後、世間はオウム問題でヒステリックな状態になった。皮肉なことに「戦後五十年」の節目の年で、この分析に注ぐべき時間が吹き飛ばされた感さえあった。いや「戦後五十年」の着地点がオウム問題に投影されていると見れば、日本社会ではその程度の倫理観しか育たなかったとも言えよう。

オウムという教団の内情について、私には一般的な知識しかない。平成に入ってからオウムはマスコミ関係者にビデオや資料を送っていたようで、自宅にも何度か届いたが、私がこの種のダイレクトメールに目を通すことはほとんどない。たとえ読んだとしても特別な感情は残らなかったろう。宗教団体のそのような働きかけを私はまったく信用しておらず、もし興味があれば、直接取材する労を惜しまないで、教理も含めた全体像を把握しなければならないと考えているのである。

平成七年四、五、六月と日を追うにつれ、オウムの内実と犯行が明らかになり、いわゆる「オウムジャーナリスト」のほとんどが、各自の専門分野を軸にしながら等しく彼らを弾劾し、嫌悪感を示していた。私はオウムジャーナリストすべての論にふれたわけではないので控え目に言うが、重要な視点がいくつか抜け落ちていたように思う。この年の秋にサリン事件の法廷が始まってからも、社会的かつ歴史的存在としてのオウムを解明する手がかりは見えてこなかった。人類史上きわめて悪質な犯行を重ねたことは理解したようだが、当の幹部はその罪の意味がわかっておらず、自分の「言葉」すらもっていなかったのである。

オウムの事件については、二つの視点が歴史的に検証されなければならないと私は考えている。一つは、毒ガスのサリンが都心で無差別に撒かれた事実をどう捉えるかという視点である。もう一つは、殺人、暴行、拉致監禁など一連の犯罪を糊塗したオウムの弁を、社会がどう受け止めていたかという視点である。思うにこの二つの視点を押さえたうえで、社会に底流するナショナリズムの歪みの意味を問わなければならない。その問いを吟味すれば、オウムが存在し得たこの社会で生きる我々の歪んだ像を、自ら確認することができるかもしれない。

いかなる時代、状況でも生きる目的を失い、オウムに参じたような人物は必ず存在する。彼らの動機を探ることはむろん必要だが、それは今日を軸にした歴史的な視点で捉えてこそ意味をもつ。オウム信者の心象風景をただ眺めたところでとくに意味はなく、彼らを透して何を見るかが重要だと私は思うのである。

国家的謀略に免罪を与えた妄言

昭和六十一年（一九八六）夏、当時は「オウム神仙の会」と称し、まだ四十人ほどだった信者に、教祖の麻原彰晃こと松本智津夫は自身について「ひとつの魂のもとに光が降りたった。最終解脱、最高の聖者はここに誕生した」と語ったそうである（『麻原彰晃の聖者誕生』オウム　一九九二）。客観的には「最終解脱」「最高の聖者」という言葉に何の根拠もなく、それを証明する必要が松本にはあった。本来なら信じた者は信者になるし、信じなかった者は信者にならないというだけのことだが、松本はこの「根拠」を捏造した。宗教用語で粉飾した虚言を次々と吐き、体裁を繕っていった。世界最終戦争が起こるとか悪人を「抹殺《ポア》」するとか、虚構を何重にも塗り固めることで、自分本位の「事実」を「創造」していったのである。

問題はそのような虚言に乗せられた者が、自ら「根拠」の捏造に加わった現実にある。一連の事件は、松本の言葉の矛盾を客観視できずに彼らが猛進した結果であった。松本の「予言」を現実化する役割を果たしたことにすら気づかぬ彼ら信者の感性は、文字どおり真空状態だったと思えるのである。

感性が真空状態だった信者が身柄を拘束され、法廷という現実の場に引き戻されたとき、客観的な証拠を前に懺悔するのは当然のことであろう。一方、虚構に逃避したまま、譫言《うわごと》をくり返して「麻原彰晃」を演じつづける松本のような存在もまた現実で、逐一苛立ち、責めたところで、この種のタイプは痛痒など感じない。

オウムによる一連の事件については、まず以上のような構図を確認しておきたい。オウムを見るときの前提条件であり、それを押さえなければ事件の原因を探ることもできないと私は思う。

オウム事件の検証には二つの視点が必要だと先に私は述べた。第一に、殺人ガスを都心で警告なしに撒いたことをどう解析するか。この点には我々同時代人が考える以上の重い罪が潜んでいると思う。オウム事件に関して、私は海外の通信社の記者と話し合う機会があった。四十代のアメリカ人記者は、ヒトラーでさえそんなことはしなかったと言い、日本人の惨忍さがあらためて証明された気がするとつけ加えた。欧米のジャーナリズムは捕虜虐待という旧軍の行為をいつも蒸し返し、日本人論にすり替えようとする。こうした見解はすでに一部の欧米メディアに取り上げられているという話であった。

ヒトラーでさえやらなかったという言は、事件直後にニューヨーク在住のアメリカ人記者からも聞いていた。欧米では、非人道性を指すときにしばしばその言葉を用いるという。こうした民族性が日本人の血に抜き難くあらわれているという論は、今後は庶民レベルでも交わされるようになるのではないだろうか。問題なのは、それが日本人の非人道性を指すだけではなく、倫理観を含むナショナリズムの歪みをもあらわしている点である。

一国の首都でサリンを無差別に撒くという行為が、現代の知的かつ精神的退廃を示すおぞましい事実として世界史に記録されたことを、我々は知る必要がある。いまでも世界各地で武力衝突ないしテロは尽きない。旧ユーゴスラビア、ウクライナ、シリアの内戦、パレスチナとイスラエルの対立、新たにＩＳ（イスラム国）などの無差別テロも加わった。むろんこうした殺戮を認めるわけにはいかないが、それぞれが自らの「論理」を掲げた「戦争」であるという現実は、客観視しなければならない。

ところがオウムにはこの「論理」がなかった。あろうことか、国家権力やアメリカ軍の毒ガス攻撃が続いているという妄言すら吐いたのである。そこには二重の罪がある。むろん国家権力やアメリカ軍の名誉が損なわれたなどという意味ではない。嘘偽りの喧伝とともに、何よりも私が断じたいのは、歴史的教訓を蔑ろにし、国家権力やアメリカ軍が時にめぐらす謀略に免罪を与えたことである。

ナチスの罪は殺人をシステム化し、これをルーティンとしてこなす者を培養したことにある。ひとたびそのシステムに慣れた者は、定型化された「業務」に何の矛盾も感じなくなり、まるでベルトコンベアのように人の死をくり返し「生産」した。ユダヤ人抹殺というヒトラーの思想の背景には、確かにヨーロッパにおける宗教の長い歴史もあったろう。しかしゲルマン民族の優越を主張し、殺人を日常としてこなす者を短期間で存在せしめたナチズムの犯した行為は、世界に永遠の問いを残す大罪となった。

ナチスの殺人システムに抗える理念とは何か。この問いが第二次大戦以後の世界の課題となったが、現在に至るも明確な答えはない。とくに長野県松本市と東京都心の地下鉄でサリンを撒いたオウムの事件は、戦後五十年間の世界の模索に冷や水を浴びせたばかりか、それをスタート地点に引き戻した感さえ抱かせる。好むと好まざるとにかかわらず、オウムの事件は日本人の民族性というものに収斂される宿命をもったのである。たとえばヨーロッパの人びとに「我々もまだナチスの犯罪を分析し得たとは言えないけれど、少なくとも再びくり返すような愚行は犯していない」と告発されたとき、何ら反論ができないことに気づかされるのである。

ヒトラーでさえやらなかったという見方は、私の知るかぎり日本のどのメディアでも語られることはなかったが、思うにナショナリズムの歪みを自覚したくなかったからではないのか。多少の呵責はあったにせよ、サリンを撒いて無差別に人を殺した教団のシステムに諾々と従った信者らは、自分の行為が次世代に根を張る危険性に対してあまりにも無意識すぎた。ただ個人の良心とか倫理観といったものに焦点を当てるだけで、殺人システムの禍根を断つ自問がなければ、これを乗り越える理性など生まれ得ない。

事件当時四十代後半で医師だった林郁夫は逮捕後、個人レベルでの深い自省と松本に対する憎悪を語った。しかし彼の供述からは、殺人システムに従事した戦後日本の知的労働者の懊悩は感じられない。毒ガスを車で運んだ信者の「知らなかった」とか「サリンの意味がわからなかった」という類の弁解を聞いて嫌悪感を抱いたのは私だけではなかろう。林の本質もその程度で、いままさに見落とされている問題ではないだろうか。

報道と同時代人の酔態

オウム事件の検証に必要なもう一つの視点、つまり一連の犯罪を糊塗した彼らの弁が、メディアでどう伝えられ、社会でどう受け止められたかを確認したい。事件後もオウムの信者らはテレビなどのメディアを通じ、平気でいくつもの詭弁を弄していた。「緊急対策本部長」なる教団の広報責任者だった上祐史浩の言が、まさに無尽蔵に吐き散らされていた。このときは虚言だと断定できなかったというのが制作者側の声だが、しかし裏づけもとらずにただ垂れ流した責任は大きい。検証を疎かにし、反問もなし得ない「報道」など「自由」を放棄したに等しい。文字どおり「ニュース」にかこつけて検証を怠るさまを、現実に確かめることができたのは僥倖と言うべきであった。視聴者の好奇の目に頼らざるを得ないテレビの限界、時代の疲弊が、実によく示されていたのである。

オウム事件のテレビ報道では、出演者の都合や、その場を面白おかしく演出することに重きが置かれていたような気がする。確かに出演者の発言の自由も、演出方法の自由もある。制作者はこの空間をそのまま伝えることが「報道の自由」だと思い込んでいた節もある。しかし「報道の自由」を主張するには、メディアの側に相応の見識と理念が必要とされる。

上祐や教団弁護士の青山吉伸の発言は、二人の逮捕後、テレビ局の友人にビデオを借りてから集中的に見た。彼らの口ぶりを見てすぐにわかったのは、対話を拒む社会性の欠落であった。彼らはサリンについて、アメリカ軍、あるいは山梨県上九一色村（現富士河口湖町）の教団施設近くの肥料会社が撒布したものという虚言を、何の衒いもなく社会に垂れ流していた。「我々のほうが犠牲者だ」という虚言は、警察当局の捜索が続けられるなかでもしばらくはくり返された。何重にも塗り固められた虚構に馴染んだ彼らのコミュニケーション能力は、自分本位の「事実」にのみ囚われることで、すでに死んでいたのである。

私には実感のない言葉だが、「ポア」とはチベットの仏教用語で「遷移」などを意味し、死んだ人の意識を仏界に転生させるという解釈もある。この解釈を飛躍させ、魂の救済と称して殺人を正当化したのがオウムで、松本の口から「ポアする」と発せられるや、盲目な信者らが実行に移す暗号のような言葉となった。常識を超えた正当化であるばかりか、逮捕された松本が「弟子が勝手にそう解釈したのでしょう」と言うに及んで、もはや社会的会話など不可能だと私は気づかされた。しかし我々の社会は、オウムの虚言と一線を画すことができなかった。むしろオウムの逸脱にカタルシスさえ求めていたように思える。あるいは、オウムの逸脱に反権力の意味合いまで与え、持ち上げる者すらいたのである。

平成七年（一九九五）三月、当局の捜索が始まってまもなく、私のもとにも「警察国家に反対する会」「宗教弾圧を糾す会」「オウム真理教に対する強制捜査を考える市民の会」などの名称でパンフレットの類が送られてきた。このような団体の実体は定かではないが、所在地なども明記されておらず、大半がオウムの別働隊だと思われた。目を通すと、オウムに対する捜索を「宗教弾圧」と称し、日本は警察国家、人権弾圧国家だと声高に叫んでいた。たとえば「警察国家に反対する会」のパンフレットには、週刊誌のような見出しが躍り、次のとおり記されていた。

「教祖逮捕・全国一斉捜査による宗教弾圧は戦前の大本教弾圧の再現だ。マスコミと結託した世論操作は、戦前の大本営発表そのものだ。軍隊と警察の連携は戦前警察国家の復活だ。オウム真理教への宗教弾圧を許せば、今後国民の思想・信条・活動・行動に対し、国家の介入がますます強化されていくことは間違いない。今、まさに日本は警察国家になろうとしている」

ここに記された「警察国家」や「大本営発表」という文言は、戦後日本では感情的な反発を呼んだ最も平均的な「記号」である。少なくとも当時の四十代以上は「権力に弾圧されている良心」という具体的なイメージを被せ得た。しかし昭和の終焉から六年が過ぎ、そのようなイメージが薄れつつあった時代の現実を鑑みず、安易に「警察国家」「大本営発表」という「記号」に依拠した点は、思うに戦後日本の反権力運動の性質にも通ずる、口先だけの浅知恵と言えよう。「今、まさに日本は警察国家になろうとしている」という言葉を少々意地悪く捉えれば、鶏が鳴けば朝になる、ゆえに朝が来れば鶏は鳴くという理屈に似ている。鶏の鳴き声＝朝という短絡に、宗教弾圧＝警察国家という理屈を当てはめ、これを一般論として装い、他者の感情を煽動する。オウムが弾圧された、ゆえに警察国家だと妄言を弄する安直さで、つまり人の死に絡んだ刑事事件の、然るべき捜査という現実を誤魔化す無法ぶりなのである。

平成七年のオウム報道は一部を除き、そのような浅薄な虚言が醸す空間に不注意であった。オウムが弄した「記号」に酔い、唱和する同時代人も少なからずいた。オウム事件の検証に必要な二つの視点には、ナショナリズムの歪みにつながる時代背景があったと言えるのではないだろうか。そしてこの歪みは、昭和天皇崩御以後の、日本社会の変化に起因するのではないだろうか。

剛直の明治から人間味の大正へ

現代は敗戦以前のような天皇制国家ではないが、かつての体制からの解放、あるいはその喪失の結果として、オウムは存在したと私は考えている。いや、オウムのような事件に湧き立った社会の浅薄さが、昭和天皇の崩御以後、露出してきたと私は言いたいのである。

戦後五十年間の社会の関心は経済の追求に最大限注がれ、敗戦直後の貧困と荒廃から、とにかく国土を再建し、国家を豊かにすることが価値ある生き方とされた。これは現在でもあまり変わらないが、給料が上がった、会社で昇進した、マイホームを手に入れた、中産階級になったと言っては歓喜し、貧困など顧みることはなかった。物量の確保こそ幸福だという信仰に従い、誰もが死をあまり意識せず、生に執着した。その結果、失われた価値は多く、歴史を検証する能力も欠けていった。

昭和史を例にすれば、歴史を検証する能力の欠如は、南京虐殺の論点によくあらわれる。片や事実無根、片や三十万人余の死者が出たとする解釈があり、このような次元で南京虐殺を論じているために、日中戦争全体の俯瞰図が描けないのである。肯定派も否定派も部分で全体を論じようとする点で共通しており、木を見て森を見ない不完全な解釈だと言えよう。

昭和六十四年（一九八九）一月七日の段階で、天皇が国民の精神的支えだったなどと言っているのではない。昭和天皇が個人の言動まで拘束していたなどと訴えているのでもない。またオウムに関わった者が、昭和天皇を崇めて日々暮らしていたなどということは、とうていあり得ない。一見すると、昭和天皇の崩御とオウムの事件は何の関係もないかに思える。だが崩御以後、露出した社会の浅薄さを衝いてオウムははびこり、一定の力をもつことが許されたと言えるのではないだろうか。

まず明治天皇崩御以後の大正初期、大正天皇崩御以後の昭和初期の時代状況を見ておきたい。むしろん天皇自身の気質とは関係なく、在位時代の状況に名が冠せられる宿命もある。

「年号が大正と変わると、不思議に世の中も変わったようになってきた。まったくガラリといってもよいほど変わって、明治の重々しさ、渋さというものから、妙に軽快な明るいものになってきた。明治天皇や乃木大将の死によって、人々はもう『明治の精神』は死んだと思った。四十五年という古くて重たい明治の年代の重みにおさえつけられていた人びとにとっては、なにか解放に似たものさえ感じられた」（唐澤富太郎『日本人の履歴書　明治100年の人間形成』読売新聞社　一九六七）

大まかな表現ながら、的を射ていると私は思う。「凡人の時代が来た」と喝破する政治家もいたというが、重々しい状況からの解放感は伝わってくる。剛直な明治天皇の時代から、人間味のある大正天皇の時代に移ったとの言い方がされる所以であろう。

夏目漱石という知識人は、天皇を教育勅語や軍人勅諭のレベルでは見ていなかった。漱石の天皇観は、むしろ戦後七十年を経た現在にも示唆を与えており、超時代的な捉え方だと私には思える。漱石は明治が終わることの意味を理解していた、と江藤淳は言った。そして「どんな人間も時代の限界の中に生きていて、おそらく時代の限界の中であがいているうちに、その限界を多少超える場合もあるし、超えない場合もある」と述べ、漱石には時代超越の自覚があったはずだと論じた（小島信夫との対談「明治の青春と明治の終焉」『国文学』一九八一・十／『漱石論集』新潮社　一九九二）。

『こゝろ』の「先生」には、明治の終わりから大正初めにかけての漱石自身の心境が反映していると思う。この「先生」の遺書の「夏の暑い盛りに明治天皇が崩御になりました。其時私は明治の精神が天皇に始まつて天皇に終つたやうな気がしました。最も強く明治の影響を受けた私どもが、其後に生き残つてゐるのは必竟時勢遅れだといふ感じが烈しく私の胸を打ちました」との一節は、漱石自身の本音に違いない。さらに「先生」は乃木希典の殉死を知り、「私は妻に向つてもし自分が殉死するならば、明治の精神に殉死する積だと答へました」と言っている。「明治の精神」とは漱石が自ら生きた時代を意味する。自分を自分たらしめた時代と言ってもいい。否が応でも日本人は、自らが生きた明治、大正、昭和、平成といった天皇の在位期間の時代状況を背負う宿命をもつのである。

剛直な明治からの解放という意味では、大正政変も挙げられる。大正二年（一九一三）二月に激化した憲政擁護運動で第三次桂太郎内閣は総辞職するのだが、直前に三日間の停会、つまり天皇の大権で帝国議会の活動を止めることを発表した。激怒した数万の民衆が御用新聞社や警察署を焼き払うなど暴徒化し、軍隊が出動してこれを収める事態となった。政府系メディアに対する反発がいかに激しかったかは、民衆が六社を襲撃し、たとえば「国民新聞陥落」などと気勢を揚げつづけたことでもわかる。

憲政擁護運動は、都市の中間層とも言うべき給料生活者の「藩閥政治」に対する怒りが生んだものであった。藩閥政治という旧弊の打倒をめざすエネルギーの源には、やはり明治天皇の崩御があった。大正デモクラシーの芽は、そこから少しずつ花開いていったのである。

明治三十六年（一九〇三）五月二十二日、漱石の生徒でもあった一高生の藤村操が「不可解」と遺書し、日光華厳滝で投身自殺をしたが、大正に入ると、人はいかに生きるべきかという鋭い内省の姿勢が旧制高校生の間に広がっていた。たとえば岡田式静座法による瞑想が自己改革の手段として流行したのも「明治の精神」が瓦解した結果であった。教派神道の一つである大本教に知識層が入信したのも、内省の果てに辿りついた「霊主体従」の教えに対する共感からであった。

威厳不足の大正から輔弼暴走の昭和へ

大正から昭和にかけての時代状況はどう変化したのか。大正天皇は「天皇像」というものを露骨には押し出していない。明治天皇と異なり、行幸よりも書斎に閉じ籠もって作歌したり、四人の皇子と接することを好んだ。加えて肉体的な疾患もあり、統帥権をもつ天皇としての威厳に欠けるというのが、とくに陸軍の幕僚らの不満であった。のちの昭和天皇が皇太子として摂政に就いた大正十年（一九二一）から、実質的に「天皇」の地位は空白状態だったと解せよう。

昭和史をひもとけばわかるが、陸軍の中堅幕僚らは、明治期に藩閥の利害を代弁した将官級の長老、たとえば三好重臣を「長州の三好」などと愚弄し、近代戦も知らないただの武士だったと言っては小馬鹿にした。彼らは第一次世界大戦後の軍事知識を身につけており、高度国防国家の創設をとくに急いだ。軍事主導で国を動かすことが天皇への報恩とも考えていたのである。

昭和三年（一九二八）の張作霖爆殺事件から昭和六年の満州事変へと至る流れには二つの側面があった。一つは、即位時まだ二十五歳だった昭和天皇を、「我々が鍛えてやる」との思い上がり、侮った考えで捉えていたことである。要は言うことを大人しく聞いていればいいとの傲慢な姿勢である。もう一つは、軍人勅諭渙発時のような強い天皇であってほしい、この系統を守る大元帥であってほしいと願ったがための、忠誠心を具体化した軍事行動という側面であった。

そのような空間に石原莞爾が説いた「世界最終戦争論」や北一輝の『日本改造法案大綱』、さらには大川周明の大アジア主義などが沁み込んでいった。彼らの考えをまとめれば、最も純粋で原理的な集団が中心となり、天皇親政を進め、アジアに冠たる国家をつくり上げて、いずれは西洋文明の代表格であるアメリカと戦うというプログラムがあったことがわかる。このプログラムが歴史的意志として固まるのは、昭和六年までの期間であった。同年九月の満州事変が、天皇の大権を無視するかたちで進んだことからも明白である。動機が善なら行動は許されるという理屈で、大元帥として立てつつ、昭和天皇の大権を陸軍の中堅幕僚らは侵しつづけた。参謀本部ロシア班長の橋本欣五郎を中心に結成された軍内の秘密結社桜会がいい例で、その設立趣意書で彼らは当時の社会の乱れを嘆いていた。

「現今の社会を観るに、高級為政者の冒瀆行為、政党の腐敗、大衆に無理解なる資本家、華族、国家の将来を思はず国民思想の頽廃を誘導する言論機関、農村の荒廃、失業、不景気、各種思想団体の進出、糜爛《びらん》〔ただれた〕文化の躍進的抬頭、学生の愛国心の欠如、官公吏の自己保存主義、等邦家の為、寔《まこと》に寒心《かんしん》に耐へざる事象堆積なり」

また「上陸下に対し奉り重責を担ふべき」政治家などは勝手気ままに私利私欲を貪っていると断じ、「国民は吾人とともに真実大衆に根幹を置き、真に天皇を中心とする活気あり明らかなるべき国政の現出を渇望しつつあり」と述べ、クーデターを合目的とした。天皇の意を主観的に捉え、非合法活動を正当化する理屈をこねたのである。

関東軍も司令官の板垣征四郎や高級参謀の石原莞爾などが、満蒙地域に日本の意を受けた政権をつくろうと画策した。石原が関東軍幹部の総意をまとめた「満蒙問題私見」には「軍部ニシテ団結シ戦争計画ノ大綱ヲ樹テ得ルニ於テハ謀略ニヨリ機会ヲ作製シ軍部主導トナリ国家ヲ強引スルコト必スシモ困難ニアラス」とあり、天皇の存在にはとくに注意を払っていなかった。末尾「陸軍当面ノ急務」の最終行に「皇族殿下ノ御力ヲ仰キ奉ルニアラサレハ至難ナリ」と記されているのみで、つまりこの次という認識しかなかったのである。

ヒロイックかつファナティックな「擬似国家」

敗戦に至る昭和の軍事行動には、天皇の意を都合よく解釈し、徒党を組んでなされたという側面があった。一方で、本人が意図したところからは外れるかもしれないが、昭和二年に服毒自殺した芥川龍之介の「将来に対する唯ぼんやりした不安」という言葉が象徴するように、文学的感性や倫理観の高い人びとには、時代の混乱に対する自覚が芽生えていた。軍事の暴力にも革命の暴力にもヒューマニズムの受け皿を見出すことができず、「唯ぼんやりした不安」が生じたのも当然だと思える。

社会主義に染まったいわゆる「左傾学生」が温厚、誠実、勉強好きのタイプで、地主、企業家、高級官吏など比較的裕福な家庭の子弟に多く、ヒューマニズム、人道主義、正義感が土台となっていたことは前述した。人間解放の旗を信じたこのような感性を、陸軍を中心とする国家体制の構築を急いだ勢力は決して許さず、徹底的に弾圧した。共産党員が大量に検挙された昭和三年の三・一五事件や翌年の四・一六事件など、社会主義勢力にすればまさに暗い時代の到来だったが、確かに大正天皇崩御前後から昭和七、八年頃までは、彼らにも一定の影響力があった。たとえば社会学者の加田哲二は、当時の共産主義運動には四つの特徴があったと説き、次のように述べた。

「第四　共産主義運動の戦略に至高性を与へたことである。共産主義者にとつては、共産党およびその運動が最高の価値をもつことは、いふまでもないが、そのためにはあらゆる道徳、法律をも無視するといふ態度である。いはば革命至上主義の立場である。このやうな特徴をもつ共産主義者は、実践的にも勇敢であつた。むしろ向ふ見ずであつたといふ方が適切であるかも知れない。さういふ性格の運動であるから、それは多く青年をとらへた。そして、これに革命の切迫感を吹き込むことによつて、実践行動にヒロイズムを感ぜしめたのであつた」（『近代日本人の性格』文芸春秋新社　一九五二）

大正末から昭和初期の社会主義運動の性格は、確かに加田が記したとおりで、「青年」たちのヒューマニズムは「ヒロイズム」に収斂していった。しかしそれは同時に、非ナショナリズムへの傾斜とも言えた。

明治天皇、そして大正天皇の崩御以後、時代の様相がどう変わり、何が問われたかが見えてきたと思う。むろん天皇の崩御のみが歴史の変わり目ではないが、たとえば大正期のシベリア出兵や白樺派の勃興、昭和期の国体明徴運動や二・二六事件など「以後」の事象は、先帝の死を基点に涵養されたと私には思えるのである。

オウムも昭和からの転換期に生まれた特異な組織で、平成という時代の予兆も孕んでいたと仮定し得る。オウムの一連の事件が予兆だったとすれば、以後の時代、日本の社会がいかに異様なものになるか、危機感が湧く。同時代人として、歴史的にオウムを捉える視点が問われていると私は考えるが、ではなぜこの現象は、昭和という時代が終わる前後に生じたのか。

昭和五十九年（一九八四）二月に松本智津夫が設立した「オウム神仙の会」は、当初は十五人ほどのメンバーでヨガに取り組む同好会のような集団だったとされる。昭和六十二年夏、名称を「オウム真理教」に改め、宗教法人として東京都の認証を受けた平成元年（一九八九）までに信徒数は公称で三千人となり、その翌年には五千人に達して、出家者も八百人に及んだという。また執拗に出家を促し、不動産や預貯金などをすべて寄進させるなどして、教団の資産は一千億円ほどに拡大したという。山梨、静岡両県に「サティアン」と称する大規模施設を建て、国内各地だけではなくニューヨーク、モスクワ、ボンなど海外にも支部を置き、勢力拡大を図るとともに、擬似国家的な「省庁」を導入して体制も整えた。ほかコンピュータ販売や飲食業も手がけ、はては銃火器を購入するなど、オウムは短期間のうちに異様なほどの膨張を遂げたのである。千人近い出家の三割が五十代以上だったとされ、一部メディアが報じた内容では、真偽不明にせよ二・二六事件で殺害された高橋是清の孫や、裁判官、官僚、企業経営者、学者などの未亡人も数多く含まれていたという。

昭和天皇崩御前後の松本は、次のような説法をしていたという。殺人および殺人未遂容疑で松本が逮捕された翌月、平成七年（一九九五）六月六日付の朝日新聞朝刊より抜き出す。

「凡夫を救済するのが私の役割だろうと考えていた。しかし、近ごろ少しずつ変わってきている。地獄化した、この人間社会の救済は不可能かもしれない」

「例えば国家的な弾圧が真理に対して向けられるとする。真理を弾圧する国家にとって、真理というものは当然、邪法だろうから、悪人呼ばわりされるだろう。その時に自己の肉体が投げ出せるか」

「オウム真理教が偉大な洗脳システムを持っているとするならば、それは最高である。入ってきた人に対して、マインドコントロール、洗脳をどんどんしなさい。ヒトラーは政治的独裁者であった。毛沢東は思想的独裁者であった。そして私は君たちを最終解脱に導くために信仰的独裁者になろうと考えている」

「今までいろいろなオウム・バッシング、麻原彰晃たたきというものがあったが、まず皆さんが考えなければいけないことがひとつある。それは何かというと、今のオウム真理教以外で、皆さんに高い世界への道を示している教団があるか、ということ」

「私はここに宣言する。私は今世紀最後の救済者である」

外部に漏れ出た内容がその程度なら、思うに「説法」としては社会がまともに論ずべき対象ではない。松本の妄言はヒロイックかつファナティックで、俗物臭すらする。また「私はここにキリストであることを宣言する」(麻原彰晃『キリスト宣言』オウム 一九九一)などと説いていた平成二年から三年の段階で、すでに現実と妄想の判別もつかない状態だったとしか思えない。松本の妄言は「ポア」「グル」「ハルマゲドン」など宗教用語を利己的に駆使しながら、俗物根性に裏打ちされていたとしか私には考えられないのである。

そのように見ていくと、松本を「虚業家」に祭り上げることで何らかの利益を得た取り巻きの存在も想像されるが、しかしこの解釈は、二・二六事件の背後にコミンテルンの力が働いていたとか、太平洋戦争はコミュニストの策謀だったなどという類の謀略史観と同等の理屈で、さしあたり議論の対象ではない。ともかくオウムは、昭和天皇の崩御前後から肥大化し、表向き「宗教法人」として信者を集めつつ、同時に裏では着々と「体制」を整え、武装化までするなど「擬似国家」を形成していたのである。

時代が許した旧体制との親和性

平成元年（一九八九）の秋には、裏の顔に気づいて脱退した信者やその親族の言を一部のメディアが報じ、オウムの違法性が問われようとしていた。焦った松本は十一月の坂本弁護士一家殺害など、幹部に命じて非合法活動をエスカレートさせた。内部では、脱退を主張すれば殺し、また疑心暗鬼から公安のスパイと決めつけては殺した。

昭和六十三年（一九八八）九月には、在家信者の修業中の事故死を隠蔽し、平成元年二月には、教団に反発した信者を殺害していた。同年八月に認証を受けることになる宗教法人の取得を至上の目的とするがゆえに隠微した事件が発端となって、犯罪が次々と重ねられた。この姿は、思うに敗戦前の軍事主導体制の動向と軌を一にしている。張作霖の爆殺を秘匿し、「満州某重大事件」と称して侵略を拡大させた心理状態に通底するのである。私利私欲のために謀略も辞さず、人命を軽視した姿が、まさに同じような軌道を描いている。数々の罪過となすべき犯行を正当化するために、大本営発表の如き虚構をつくり、旧体制が「本土決戦」を叫んだように、松本は世界最終戦争すなわち「ハルマゲドン」が起こるという妄言を吐いたのである。

昭和天皇の病状は崩御の一年ほど前から報道され、まるで天気予報のように日々、血圧、脈搏、心拍数などが国民に伝えられた。時はバブル経済の絶頂期に差しかかろうとしていた。昭和六十三年十月からは、病状の悪化を理由に興行、宣伝などの自粛が叫ばれ、メディアの自主規制はまるで言論弾圧下のようになった。その現象は社会のなかに奇妙な空気を生んだ。むろん天皇の快復を願った一般的な感情を問うているのではない。だが血圧の数値や輸血量が日々報じられたのは異常で、天皇のプライバシーがこのように公表されていいものかという疑問は残った。天皇の存在を数値化するという戦後初の特殊な事態が生じたのである。戦後社会で象徴とされた存在の数値化で、上部構造が不可侵の聖域を構築し、メディアを介して下部構造の感情をコントロールするかのような状況が見受けられたのである。

病状悪化による「自粛」は社会的な規制の枠組みを浮き彫りにした。当時、一部の芸能人は収入が極端に落ちたというが、日常から娯楽や深夜放送が締め出されたばかりか、天皇そのものや昭和史を客観的に述べたり記したりすることまで、公私の別なく自ずと憚られるようになった。確かに国家の具体的な要請はなかった。しかしだからこそ、下部構造におけるこのような「自粛」が不気味に思えたのである。

明治天皇の病状が極端に悪化した死の一週間ほど前、当局は厳しい規制を各方面に要求した。明治四十五年（一九一二）七月二十日の漱石の日記は、昭和六十三年（一九八八）後半の状況に重なる。

「当局者の没常識驚ろくべし。演劇其他の興行もの停止とか停止せぬとかにて騒ぐ有様也。天子の病は万臣の同情に価す。然れども万民の営業直接天子の病気に害を与へざる限りは進行して然るべし。当局之に対して干渉がましき事をなすべきにあらず。もし夫臣民中〔衷〕心より遠慮の意あらば営業を勝手に停止するも随意たるは論を待たず。然らずして当局の権を恐れ、野次馬の高声を恐れて、当然の営業を休むとせば表向は如何にも皇室に対して礼篤く情深きに似たれども其実は皇室を恨んで不平を内に蓄《たくわ》ふるに異ならず」（『漱石全集』第二十巻　岩波書店　二〇〇三）

規制で表向き礼は尽くすが、生業が止められたことを内心では恨むかもしれない。このような錯綜した感情が「万民」にはあり、「当局者の没常識驚ろくべし」とした漱石の指摘は、昭和天皇の病状をめぐる社会の心理空間にも通じることではないだろうか。先に私が漱石の天皇観を、超時代的な捉え方だとした所以である。ともあれ確かに当局の強制はなかったが、昭和末期の日本人の天皇に対する意識が、敗戦以前とあまり変わらない事実を「自粛」は示唆していた。そこに私はナショナリズムの歪みを見るのである。

思うに昭和天皇の崩御をめぐる国民の心理空間は、敗戦以前の「現人」という機関説的アイデンティティと、「神」という宗教的アイデンティティの二つの姿をあらためて我々に確認させることになった。敗戦以前の体制は崩壊し、法的には「国民統合の象徴」とされたはずなのに、過剰なまでの報道と自粛で、天皇は「現人神」にもなり得ると感じさせる状況が生じたのである。

このとき、日本人の未成熟な天皇観が、旧体制に依拠するかたちで目を覚ましたと言えよう。あの頃でなければ、オウムは単なる風変りな集団とされ、急伸することなどなかったと私は思う。松本をはじめオウムの幹部らは、場当たり的な虚言で自身に都合のいい「事実」を捏造しただけだが、入信者が右肩上がりに増えた理由を、もし社会が客観的に捉え、かつ真摯に自省していたなら、確かに次代への警世となり得たかもしれない。日本人の心底に未だ曖昧なまま澱《おり》のように溜まった天皇観が、宗教的な信仰にも流れ込むさまを垣間見、そこからこぼれ落ちた雫の、一つの受け皿に収まったのがオウムだと、私には思えてならないのである。

しかし昭和天皇の病状が詳細に報じられるなか、裏で着々と体制を整えたオウムは昭和六十三年九月、すでに死体遺棄など犯罪に手を染めていた。教団の拡大は自身の能力によると過信する一方で、宗教法人の認証を得るために犯罪を隠蔽した。そして自己保身のために、戦後左翼の安直な歴史認識に依拠するような、たとえば「弾圧＝警察国家」といった短絡的な理屈を用いて、殺人までも正当化した。一種、旧体制をなぞるようなかたちで勢力を伸ばしながら、体制批判の常套句に諸々と従う浅薄さをオウムは見せたのである。昭和天皇亡きあと国際情勢は激動し、湾岸戦争やソ連および東欧諸国における社会主義体制の崩壊など、時代状況は混乱を極めていた。良きにつけ悪しきにつけ、二度の世界大戦を経験した二十世紀の重みに異が唱えられていた。世紀末が近づき、新しい価値観が急速に求められた空白期に、オウムの如き論理なき軽さが浸透していったのである。

松本が騙った終末論はこの空白期、一部の者には意味をもった。そして昭和天皇の崩御をめぐる国民の心理空間のなかで培養された。メディアが自粛を謳い、国民も右へ倣った社会が、オウムの存在を許容したとも言える。その間隙を衝いて増殖したオウムは、擬似国家までつくり得たのである。戦後の日本社会は「信教の自由」のもと、宗教団体を野放しにした。オウムは日本国憲法第二十条を逆手に取り、国家に干渉され得ない組織として自らを絶対化し、殺人すら肯定したのである。

松本智津夫という単なる虚業家の存在は、昭和天皇崩御前後の精神的、社会的、歴史的空間でのみ許容され得た。この論点を正確に理解しておかなければならない。いや理解するだけではなく、同時代に生きた者の主体性の欠如、偏頗《へんぱ》、ナショナリズムの軸のぶれを自覚したうえで、相応に宗教法人法などの社会的枠組みに向き合わなければ、オウムの如き凶兆を見逃すことになりかねない。

擬制という日本人の土壌

サリンを都心で撒いたオウムを社会がどう見つめ、メディアがどう報じたのかを明確に解析すべきだと言ったのは、国際的な信用問題に発展することが危惧されるからである。断固として対処しなければ、日本人も松本と同等の虚業家で、遁辞を弄する類だと見なされる恐れがある。また、その論点を曖昧にしておくのなら、同時代人はオウムの共犯者だったという解釈が「平成史」の一頁に記されても仕方がない。人間の存在理由に関わる重い犯罪を好奇の目で捉え、軽薄に面白がることが許されるのか。この核心にしっかり向き合わなければ、我々の理性の退廃が必ずや次代に問われよう。

もし勤皇主義者なら、残虐な事件に平成の名が冠されることを決して許さないはずである。私は勤皇主義者ではないし、その考え方を否定する者でもないが、確かに昭和天皇の崩御以後、歴史的な重石《おもし》から解き放たれた感はある。太平洋戦争を含め、昭和天皇の在世期間を客観的に解析できる時代に入ったと感じているのである。むろん重石を解かれたからと言って「何でもあり」だと考えているわけではない。しかし現実には、オウムおよび同時代人が「何でもあり」という状況をつくってしまったと私は見ている。

昭和天皇という時代の重石を、主体性の欠如の言い訳にしてきたことを自省すべきだと私は考える。

自省に対する努力の不足が、オウムの事件を透して垣間見られたのである。天皇を暗殺し、松本が即位することを企図していたとか、「神聖国家」なるもののための憲法まで準備していたとか報じられたが、虚実はともかく、オウムは現代日本人の本質を見抜いていたと言えるかもしれない。つまり「人間天皇」を「現人神」とする日本人の擬制《ぎせい》への嗅覚である。

昭和天皇の存命中、信仰に似た感情を心底に抱く者が、とくに高年層に多かったことは想像に難くない。昭和天皇崩御以後、この感情だけが独り歩きし、オウムの如きカルトに吸収されたとも言えよう。その世代と思われる信徒の近親者から全容が明らかになったのも、オウムの存立基盤をよく示している。

私の見たところ、組織内部に一元的なヒエラルキーが築き上げられるほどに、狂信者が増え、宗教団体は肥大化する傾向にある。熱狂的な崇拝はファシズム体制を渇望し、より強固な秩序を求める。むろん歴史ある宗教団体のほとんどはこのヒエラルキーが緩やかで、市民的良識の範疇に止まっている。しかしオウムの如きカルトが政治に与《くみ》しようとするとき、その企ては組織内ファシズムの社会化を意味し、きわめて危険である。オウムは内に孕んだファシズムの社会化、普遍化を性急かつ暴力的に、公然と進めたわけだが、驚くべきは、当初これを受け容れた人びとが、序列化というものに何ら抵抗感をもたないタイプに見えた点である。市民的良識の範疇に止まるある宗教団体の指導層が、オウムについてそのような不安を述べたことが印象深い。

オウム事件の教訓は、宗教家でさえ口にした不安に、同時代の社会が気づかなかった点にもある。統制、強制、断定、服従といった語が醸し出す空間に、密かに居心地の良さを感じる層が、オウム事件を契機に顕在化したと私は考えている。

戦後七十年、また昭和の終焉からも四半世紀が過ぎた。天皇に帰依するような感情は薄れ、ナショナリズムの意味も歪み、さらに見えにくくなった。ゆえに、次の像を求めたオウムの現象を契機に、いままさに非人間的な時代が継続しているとの見方もできるのである。

第55章　「9・11」と日本のテロリズム

戦争観の変容

二十一世紀最初の年、二〇〇一年、平成で言うと十三年の九月十一日に起きたアメリカにおける同時多発テロは、何を意味したのか。昭和史におけるテロとはどのような違いがあるのか。いま問われている視点を考えてみたい。

アメリカにおける同時多発テロ、いわゆる「9・11」は多くの視点から論じられている。日本の総合雑誌などでも多彩な論が見られる。「民主主義対テロリズム」といった二分法が最も平易で、この視点で論じるのがメディアの常套だが、しかし背景に潜む文明の危機などは浮かんでこない。

講演などで昭和史を論じていると、アメリカ同時多発テロ事件に対する考えを求められることがある。説得力の如何はともかく、そんなときは私なりに大切だと思う二つの視点を挙げることにしている。「反対」を叫ぶだけでは、テロに終止符を打つことなどできない。むしろ「反対」の声こそ、テロリストたちの思う壺ではないのか。いま「反対」を叫ぶあなたの国で、歴史上政治や宗教に基づきなされたテロについて、自省しているかと厳しく問われたら、私は答えに窮する。この問いかけこそテロリストたちの罠だと私には思えるのである。

私の言う視点の一つは、昭和史におけるテロと比較し、違いを探ることにある。もう一つの視点は、二十一世紀の前半にあって、「9・11」のようなテロはさらに増えると予測されることにある。「9・11」で人類史は新たな局面に入ったと言われるが、それは「戦争」の意味が「国家」から「個人」の次元にまで拡大されたことを示唆している。つまり戦争観というものが変容したのである。

世界貿易センタービルに突っ込んでいく旅客機の映像を見ながら、私はテロリストたちの揺るぎない信念に驚かされた。彼らの政治的姿勢を支える強固な信仰心を感じずにはいられなかったのである。と同時に、あのビルにいた人びとを道連れにする理由の曖昧さ、社会性の欠如も目の当たりにした。宗教上の絶対性は、相対的な視点を排除するという意味で、まさに真空の状態と言える。ただこの見方はあくまでも私のような第三者のもので、ジハードすなわち聖戦の完遂へと脇目もふらず真っ直ぐに向かっていった彼らテロリストは、むしろ「戦士」としての充足感を最期まで味わっていたことであろう。そのようなテロリストは、私の知るかぎり昭和史において存在しなかったし、日本では今後もあらわれないと思う。

昭和七年（一九三二）二月、井上日召率いる通称「血盟団」が、三井財閥最高指導者の団琢磨と前蔵相の井上準之助を殺害した。五月には五・一五事件が起きた。海軍の青年将校、陸軍士官候補生らが首相官邸、内大臣官邸、三菱銀行、日本銀行、政友会本部、警視庁などを襲撃し、犬養毅首相らを殺害した。また前述の農本主義者、橘孝三郎が主宰する愛郷塾の塾生を中心に、農民有志が東京市内の変電所を襲った。彼らは何よりも軍事主導体制の確立を急いでいた。そして昭和十一年には二・二六事件が起きた。陸軍の青年将校二十二名に率いられた約千五百人の在京部隊が、首相官邸、蔵相官邸、警視庁、朝日新聞社などを襲撃、永田町一帯を制圧して、斎藤実内大臣、高橋是清蔵相、渡辺錠太郎教育総監らを殺害した。いずれの事件もクーデター未遂とされているが、内実は集団テロであった。

以後、敗戦までの日本では、未遂や計画段階に止まったものを除き、大きなテロ事件はなかった。昭和二十年八月十四日深夜から翌早暁にかけて、降伏阻止を企てた陸軍の軍人による玉音放送の録音盤奪取事件があり、近衛師団長森赳《たけし》中将が殺害されたが、しかしこれはテロと言うより内部抗争の意味合いが濃かった。

戦後は昭和三十五年の浅沼稲次郎社会党委員長刺殺事件、翌三十六年の嶋中鵬二《ほうじ》中央公論社社長宅襲撃事件が、右翼少年によって起こされている。四十五年には作家三島由紀夫の自衛隊占拠事件があった。四十七年には過激派による浅間山荘事件、四十九年には三菱重工ビル爆破事件があった。そして平成七年（一九九五）にはオウム真理教の地下鉄サリン事件があった。

「9・11」と昭和以降の日本のテロは明らかに異なる。むろん千四百年の歴史をもつイスラム教によって培われた政治、経済、文化的基盤の違いはある。至極当然であろう。しかし私が指摘したい違いとは、日本におけるテロ決行者のほとんどが死を賭さなかった点にある。わずかに三島だけが、テロの渦中で他者を殺めず自決を選び、その思いを次代に託した。また二・二六事件でも確かに青年将校の野中四郎が自決しているが、ほかは皆処刑であった。では、決行者が死を賭さないというこの日本のテロは、いったい何を意味するのか。

思うに、自らの行為を完結したものとして捉えていなかったのではないだろうか。あくまでも改革の端緒を開く起爆剤とのみ自らの行為を捉え、あるいは思い込み、以後の具体的政策や方針を備えないまま、ただ刹那的に納得していたのではないだろうか。つまり日本のテロは、集団催眠にかかったかのような一過性の高揚で、積極的な意志や具体的なシミュレーションに欠けるのである。

死を賭したか否か

先に二・二六事件の首謀者だった磯部浅一について論じたとき、獄中で学び、考え、自らの行動に一定の役割を与え得た者がテロリストになると私は述べた。また、私が実際に話を聞いた五・一五事件の決行者の一人は、その動機も咀嚼せず、周囲の勢いに流されるかたちでテロに加わったと語っていた。彼の話を整理すれば、獄中、官憲や親族に諭されながらも、しかしあらためて本などで学び、自らの行動は正しかったと確信して、この思いを法廷でも述べ、そして初めてテロリストになったとの証言になる。むろん私が取材した二、三の例だけで、日本におけるテロリスト像を断定するつもりはない。しかし、そういった証言から浮かび上がるのは、日本のテロリストが死を賭していなかった事実である。つまり日本における政治と暴力の関係性は、きわめて衝動的な点に特徴があったと分析し得るのである。

日本のテロリストは行為へと至るまでのエネルギーに囚われ、動機を顧みることがなかった。確かに起爆剤に徹するという点では、ある階層の気分を代弁していたと言えなくもない。しかしテロへのエネルギーを支えたのが、個人の主体性ではなく、周囲の空気だったと考えれば、死が対価にならなかったことも頷けるのである。

五・一五事件の決行者の話に照らせば、日本のテロリストの大半が、テロ決行時もテロリストではなかった。周囲の説得、あるいは教唆を受けて決行に加わっただけで、捕縛された彼らは牢獄で独学し、初めてテロリストになった。獄中および法廷は最良の教室で、テロリストたる自覚はここで初めて生まれたと言える。日本では、テロ決行者の死とテロ対象者の死の等価関係がほとんど成立しなかった。あくまでもテロに類する行為を犯したあと、テロリストになる者がいたという認識が的を射ていると私は思うのである。

五・一五事件のテロリストたちは、誰一人として自らの命を差し出す行為に踏み切っていない。にもかかわらず事件後、同情が集まり、彼らを英雄視するという異様な光景が現出した。助命嘆願書が百万通を超え、逆に犬養首相の遺族が肩身の狭い思いをした。おまけにメディアも「我が身を顧みない国士」といった表現で煽る始末で、まさに国全体がテロリストと化すかのような状況が生まれたのである。そのような光景が、のちの日中戦争や太平洋戦争を支える「精神」に収斂した。テロリズムを容認した社会にツケが回った教訓と言えよう。

獄中で初めてテロリストになるという例は、磯部のように二・二六事件の青年将校にも見られた。二・二六事件は「天皇親政」を旗印にしたクーデターまがいの軍事行動と言えるが、青年将校らはこのテロが昭和天皇に歓迎されると甘く見ていた。いや歴史的な先駆者だと思い込んだばかりか、「君側の奸」を打倒する国民の代表だとさえ自負し、陶酔していた。

しかし天皇は許さず、一貫して討伐、極刑を訴える側に立ち、その現実に青年将校らは引き戻された。磯部のように裏切られたという強い思いから、怨みや怒りを獄中記に綴り、甘えを断ち切ることで真のテロリストになる者もいた一方で、事件に至るまでの錯誤を漏らす青年将校もいた。斎藤実内大臣の襲撃、銃殺を指揮した一人、坂井直《なおし》中尉は軍事法廷で事件後の心境を問われ、次のように答えている。

「私共は陛下に翼賛し奉らんとする尽忠の誠より蹶起したのでありましたが、事茲《ここ》に至り宸襟を悩し奉りたることに対しては唯々恐懼に堪へません」

想定外だった天皇の怒りに、多くの青年将校が陶酔から覚め、似た言を漏らしたのである。

また血盟団事件で井上準之助前蔵相を殺害し、二年後の昭和九年に無期懲役とされながら、昭和十五年に恩赦で仮出所した小沼正《おぬましょう》は戦後、昭和四十九年刊行の自著『一殺多生　血盟団事件・暗殺者の手記』（読売新聞社　一九七四）で、当時の心境を次のように述べた。

「私たちはこのまま、国家の捨石として決行することにきめました」

「国家の捨石」という言葉で小沼は殺人を肯定したわけだが、さらに五・一五事件の中心人物だったある海軍軍人は、次のように書き残した。

「偶然でもなく、人が作つたものでもありません。過去世の因縁に依るもの、神の業でありますれば、如何に思ふも悲しむも、かへらぬ事であります」

「神の業」など、真のテロリストの弁と言えるであろうか。死者が出たのは自分のせいではなく、超自然の力が働いたからだという理屈は、オウム真理教の松本智津夫にも似た、真のテロリストたり得ない詭弁だと私には思える。

対して「9・11」のテロリストは異なる。民間航空機を乗っ取り、自ら操縦してニューヨークの世界貿易センタービル、アーリントンの国防総省本庁舎に突っ込んだのは、退路を断った「自爆テロ」として死を賭した行為と言える。一機はペンシルベニア州に墜落したわけだが、二千九百九十六人を道連れにした彼らのテロには甘えがなく、現世のあらゆる関係性を断ち切ろうとする覚悟が窺えた。

そのような死は「殉教」とされた。肉体は滅びようと現世の悪行がすべて清算され、天国に行けるというイスラム教に基づく、揺るぎない確信であった。死後の永生を得るために、ジハードに殉じることは、何ら疑いの余地がない確固たる信仰であった。真のテロリストか否かはともかく、つまり宗教によって培われた政治、経済、文化的基盤の違いが歴然としているのである。

決行者が生き残り、獄中や法廷で学び、正統性を見出して初めてテロリストになるという順序とは逆で、彼らは疑う余地のない「死」を前提としていた。彼らの確固たる信仰に日本のテロリストのような甘えがない分、この「9・11」を、アメリカが戦争の一形態と見なしたこともまた理解できるのである。

見えてこない「国」

二十世紀は戦争と革命の世紀とされている。戦争であれば国と国の相克があり、革命であれば階級と階級の相克があった。あくまでも二分法で捉えられる点に可視性があったと言えよう。二十世紀後半の東西冷戦は、まさに互いの顔色を窺いながらの対立状態であった。

思えば社会主義体制下では、宗教や民族間の葛藤など存在してはならないものであった。その意味では非人間的な体制だったとも言えるが、しかし一九九〇年前後の崩壊で、社会主義という枠組みに覆われていた宗教や民族間の根源的な問題が噴出してきた。

民族や宗教が孕む問題を堰き止めていた枠組みが取り払われたとき、個々の根源的な対立が噴出するのも当然であった。体制に諾々と従ってきた日常の崩壊による生活の不安が、異教徒や異民族に対する憎悪へと向けられた。この憎悪が蓄積され、自らの生活を脅かす「敵」を抹殺する以外、解決はないという残虐性を帯びて爆発した。旧ユーゴスラビアの内戦もチェチェン紛争も、旧体制の抑圧が取り払われることで顕在化した問題であろう。

民族や宗教間の対立がテロという見えざる恐怖で複雑化したとき、人類史は泥沼にはまり込んだ。二十一世紀最初の年に起きた「9・11」は、まさにその幕開けであった。テロとの戦争を旗印に、アメリカはこの撲滅に血道を上げている。あらゆる手段を駆使してテロの黒幕や組織をあぶり出し、徹底的に抹殺する戦略を採っている。IS（イスラム国）と称する組織は可視的な「国」ではない。文化的、民族的な「nation」とも異なる、「不可視の国」に矛先を向けた戦略の成否は予測できないが、たとえ一つ成功しても、また別のテロが起きれば、アメリカは無限に「戦争」をくり返さなければならない。人類史を省み、我々は何をなすべきか。二十一世紀の前半にあって、まさに問われている視点だと言えよう。

思うに昭和前期のテロは、二十一世紀のそれとは様相が異なる。前述のとおり付和雷同的な側面が根にあるとすれば、彼らの国家観にも脆さが感じられる。また体制の補完役を担ったという意味では、上部構造内部の権力抗争でしかなかったとも思える。五・一五事件のように、決行後に英雄視されるという奇妙な空間を生んだテロもあったが、結果的には二・二六事件同様、「国」を荒廃させることになる軍事主導体制を補完したにすぎない。ただ、付和雷同であれ補完役であれ、姿勢はともかく「国」には向き合っていたと言うことはできるであろう。

一方、敗戦後の日本では、昭和前期とは違う側面をもつテロが起きた。昭和四十七年（一九七二）五月には、日本赤軍のメンバーがイスラエル、テルアビブ近郊のロッド国際空港で自動小銃を乱射し、二十四人を殺害、七十六人を負傷させた。平成七年三月には、オウム信者が都心の地下鉄でサリンを撒き、十三人を殺害、六千人以上を負傷させた。いずれも日本人によるテロとしては、かつてない残虐さで世界史に刻まれている。

日本赤軍のテルアビブ空港乱射事件は、決行者三人のうち二人が命を落としており、確かに死を賭したテロと言えなくもない。しかしこのときの日本赤軍は、イスラエルへの報復を期したパレスチナ解放人民戦線の代理的存在で、両陣営とは明らかに背負うものの重みが異なる。またオウムも「省庁制」などを導入していたとはいえ、裏づけが妄言では真似事の域は出ない。つまり日本赤軍からも、オウムからも、彼らが基盤とする「国」の概念が見えてこないのである。世界史的にはともに二十世紀後半のテロだが、ナショナリズムの不在が引き起こした事件だったと言えるかもしれない。

第56章　政治家の昭和史の理解度

「占領憲法」という認識

安倍晋三という政治家の存在は、現代日本の社会的欠陥をよくあらわしているのではないだろうか。彼の発言は内容が反知性的で、説得力に欠ける。私が反知性と言ったのは、むろん知識や教養の幅についてではなく、他者が納得し得る意味づけに乏しい点にある。つまり安倍の歴史観が偏狭で、理解し難いのである。

平成二十五年（二〇一三）三月の衆議院予算委員会における答弁、また二十七年五月二十日の日本共産党委員長志位和夫との党首討論で「ポツダム宣言」を「つまびらかに読んでおらず、承知していない」と述べたことなど、安倍による一連の発言には、戦後の否定、対米観の誤謬といった、首相としては偏狭な歴史認識があらわれているように思う。「ポツダム宣言」はまさに戦後日本の原点なのだが、もし詳細に読んでいないのなら、その態度は昭和史に真摯に向き合う者への侮辱とも受け取れるのではないだろうか。

安倍は改憲論者の中心に位置している。歴史的使命と言わんばかりに、憲法を改めることに凝り固まっている。靖国神社や従軍慰安婦の問題など、歴史認識には数多の独善性が見られるが、とくに

「占領憲法」否定の意志は固いと言える。報道を整理するなら、「占領憲法」の所以について安倍は大要次のとおり答えている。

〈現在の日本国憲法は占領下につくられた。草案づくりに加わった人の努力は認めるが、占領下という事実は動かし難い。ゆえに占領憲法と言ってもおかしくはない。また制定にも日本国民が参加していない。ゆえに占領憲法である〉

「占領憲法」といった語は「マッカーサー憲法」とともに、すでに昭和二十年代から用いられており、決して珍しいものではない。また安倍の言う「日本国民」は常に抽象的で、「美しい国」同様、具体性に欠ける。とはいえ、むしろ「占領憲法」という語感に潜む影、「日本国民」としての屈辱や不満が、安倍においてはあまり感じられない点に珍しさがあると私には思える。戦場でも銃後でも、あの戦争を同時代人として経験し、占領期に敗戦を受け容れた世代が、国の根幹たる憲法をはじめ、我が身を自らの手で処せないという屈辱感を抱いたことは想像に難くない。また各自共同体で受け継いできた生活の規範や倫理観からの不満が、このような事態を招いた上部構造に向けられることもあろう。しかしそうした経験をもたない安倍の「占領憲法」否定には、ただ祖父岸信介の「回路断絶」の遺伝子を受け継いだだけとも言えるし、下部構造をめぐる歴史的な視点の欠落も指摘できよう。安倍が「占領憲法」や「日本国民」といった語を連呼するとき、どこか片手落ちの空虚さが漂うと感じるのは、私だけであろうか。

そこで本章では、「占領憲法」という語を軸に、安倍の歴史観を問うてみたい。占領下でつくられたから「占領憲法」だとする短絡的な歴史観に誤謬があることを、我々は知っておかなければならない。まず「占領憲法」という語をいまなお平然と用いる者には、次のような認識があることを挙げておきたい。
（一）戦争は軍事および政治、外交的現実の完了を以て初めて終結する。
（二）したがって「大東亜戦争」は、昭和二十年（一九四五）八月十五日の終戦の詔勅、あるいは九月二日の降伏文書調印による軍事的現実の完了と、昭和二十七年四月二十八日のサンフランシスコ講和条約発効という政治、外交的現実の完了で終結した。

安倍は首相として、平成二十五年（二〇一三）の「四月二十八日」に、大々的に「主権回復・国際社会復帰を記念する式典」を行った。安倍は式典の最後に、あたかも「臣晋三」を呼号するかのように「天皇陛下万歳」を三唱し、保守層にアピールした。私はテレビで天皇皇后の困惑の表情を見たが、サンフランシスコ講和条約では主権が回復されなかった沖縄への配慮もなく、式典はきわめて一面的な理屈で行われた。日本共産党、社会民主党など四野党が天皇の政治利用だと批判し、当時の沖縄県知事仲井眞弘多《ひろかず》も欠席していた。四月二十八日は、沖縄にとっては本土に切り捨てられた屈辱の日であり、ジョン・ダワーの言うとおり、まさに「日本政府の平和に対する無神経さを示すもの」（「沖縄タイムス」二〇一三・四・二十八）であった。「天皇陛下万歳」を三唱した時代錯誤も、政治家としての安倍の性質と言えるであろう。なお式典は、確かに講和条約が発効して六十年という節目でもあったが、戦後初であると同時に、この年以外には行われていない。

安倍は戦争を軍事的現実と政治的現実で成り立つものと捉えている。太平洋戦争の場合、その政治的現実はサンフランシスコ講和条約の発効で終息したことになる。つまり占領期は、政治的には「戦闘状態」にあり、現実の「終戦」ではないとする見方である。安倍を代表とするグループにとっては、占領期からの解放こそ日本の「終戦」であった。

クラウゼヴィッツの『戦争論』のように、戦争を政治の延長とする考え方はある。政治では決着せず、軍事力を行使する。軍事的勝敗によって政治的葛藤も決着する。そして、軍事的にも政治的にも確認された勝敗という現実があって初めて、「戦闘状態」は終わる。このように考えれば、確かに「占領」は戦争の一形態と言える。

たとえ良策でも、占領下でなされたことは日本の国益にはならず、勝者を利したにすぎないという考えを安倍は貫いている。したがって内容にかかわらず、まだ敗北という政治的現実を嘗めさせられている「占領」期、つまり「戦闘状態」のなかでつくられた憲法など、国益に適うはずがないというのが、まさにその本心なのであろう。

A級戦犯を戦死とした理屈

「占領憲法」ゆえに国益に適わないとする考えは、靖国神社のA級戦犯合祀問題にも通じる。占領期の昭和二十一年（一九四六）から二十三年にかけて審理が行われ、東條英機ら七名のA級戦犯に絞首刑を言い渡した極東国際軍事裁判には、事後法による勝者の裁きという批判もある。「勝者の裁き」という見方は、占領下つまり「戦闘状態」からの解放を訴える安倍の考えとも重なるのである。

昭和五十三年（一九七八）、靖国神社の宮司に就任した松平永芳は躊躇《ため》《ら》いもなく、密かにA級戦犯の合祀を行った。昭和天皇は戦後、数年置きに昭和五十年まで八回参拝していたが、A級戦犯の合祀を知って以後、ただの一度も靖国神社に足を向けなかった。この心中を、昭和天皇は侍従長の徳川義寛や宮内庁長官の富田朝彦などに漏らしている。日本経済新聞が平成十八年（二〇〇六）七月二十日に報じた「富田メモ」の、昭和六十三年（一九八八）四月二十八日の部分には、次のように記されていた。「私は　或る時に、A級が合祀されその上　松岡、白取〔白鳥〕までもが、筑波は慎重に対処してくれたと聞いたが　松平の子の今の宮司がどう考えたのか　易々と　松平は　平和に強い考えがあったと思うのに　親の心子知らずと思っている　だから　私あれ以来参拝していない　それが私の心だ」

昭和天皇は、東條や梅津美治郎らA級戦犯に加え、松岡洋右や白鳥敏夫までもが合祀されたことに不快感をあらわしている。また昭和天皇は、自身の意を体した前宮司の筑波藤麿が慎重だったのに対し、平和を尊んだ敗戦直後の宮内官僚のトップ松平慶民の子、永芳がA級戦犯らを「易々と」合祀したことに「親の心子知らず」と嘆いており、以来、参拝せずが本意になったと述べている。「富田メモ」からは、昭和天皇が当時の靖国神社宮司松平永芳を平和軽視と断じたことがわかる。実際は、内々での批判は長期間にわたって続けられたという。昭和天皇は怒りの真意を表向き説明しておらず、詳細はわからないが、ここにはより本質的な疑念が内在していたと私は思う。

松平永芳は宮司退任後、自らの歴史観を明らかにした。昭和二十年九月二日のミズーリ号上での降伏文書調印は、あくまでも軍事的現実の完了にすぎないと捉え、A級戦犯合祀の根拠を次のように語ったのである。

「ですから、日本とアメリカその他が完全に戦闘状態をやめたのは、国際法上、二十七年の四月二十八日だといっていい。その戦闘状態にあるとき行った東京裁判は軍事裁判であり、そこで処刑された人々は、戦闘状態のさ中に敵に殺された。つまり、戦場で亡くなった方と、処刑された方は同じなんだと、そういう考えです」（「誰が御霊を汚したのか　『靖国』奉仕十四年の無念」「諸君！」一九九二・十二）

昭和二十七年四月二十八日まで日本はアメリカと「戦闘状態」にあり、この渦中で行われた極東国際軍事裁判による刑死は「敵に殺された」戦死だと松平は言う。そのようにA級戦犯の合祀を正当化した松平の理屈では、つまり日本国憲法なども「戦闘状態のさ中に」つくられたもので、主権を回復したいまとなっては無効だという解釈も成り立つ。安倍による「占領憲法」の否定は、松平のような理解を下敷きにしていることがわかるのである。

「不敬」に通じる歪み

他国との相克である戦争を自国の理屈のみで捉えると、一面しか見えてこない。第二次世界大戦で日本が犯した政治および軍事の現実を客観視しない安倍も松平も、独善的な歴史認識を披瀝したにすぎないように思う。このようなタイプは、世界史を深く吟味し、事実を客観的に理解したわけでなく、ただ単に昭和二十七年四月二十八日のサンフランシスコ講和条約発効による「主権回復・国際社会復帰」といった節目にのみ注目するだけで、機械的な「改憲論者」になったとも言えるのではないだろうか。ゆえに「占領憲法」という語感に潜む影、つまり「日本国民」としての屈辱や不満が感じられないのかもしれないが、しかし安倍と松平の歴史認識には、自覚なき致命的な欠陥が二つあると私は考えている。その一つは「不敬」につながり、一つは国際問題に発展する恐れを孕む点である。戦前の上部構造に通じる歪みである。

まず「不敬」について言えば、安倍や松平の歴史認識では、占領期の政治家や知識人など日本の指導層すべてが「売国奴」になる。吉田茂をはじめ当時の首相、および彼らを支えた有力者、またメディア、国民いずれもが「日本の魂を売った」ことになるのである。とすれば「象徴」を受け容れた昭和天皇も、戦勝国アメリカに「日本の精神を売った」反国家的存在たり得る。昭和天皇は自らを蔑ろにするこのからくりを見抜き、「親の心子知らず」と嘆いたのではないだろうか。安倍や松平の認識は歴史を寸断かつ否定するもので、その非常識性に昭和天皇の怒りの真意、本質的な疑念が内在していたと私は見るのである。

致命的な欠陥のもう一つは、歴史を寸断、否定して別の価値観を掲げ、汚名を晴らそうとする姿勢にある。昭和二十七年四月二十八日まで「戦闘状態」は続いたという歴史認識を追求すれば、アメリカなど連合国との衝突は避けられなくなる。つまり安倍が独善的な認識を鼓吹すればするほど、アメリカなど連合国の歴史観に反した「偏狭なナショナリズム」として敵視される事態に陥り、同盟関係もほころびていくのである。実際アメリカの国務省では、安倍の「偏狭なナショナリズム」に対し、あの首相とは話せないとの声も一時期上がっていたという。この話は私自身、アメリカの新聞記者から取材を受けた折、直接聞かされた。彼は日本国民への忠告として〈安倍は陽気で、無神経で、まるで子供のような歴史観を振りかざしているのでは〉と、アメリカの知識人たちの懸念を私に伝えた。

内閣総理大臣安倍晋三の時代は、将来の日本社会において、国民の歴史観、政治観、人間観の劣化を意味する記号になるのではないだろうか。安倍のような政治家を担ぐ政党、支える国民は、長期的には失うもののほうが多いのではないだろうかと、私は案じる。戦後七十年を経た平成の世にあって、「ナショナリズム」という語が、安倍首相に代表される考え方のために、本来もつ多面性を削られ、きわめて狭小な空間に押し込められようとしている。そのような社会は、閉塞感で蓋われることになると、私には思えてならない。歴史の寸断、否定は、自省の封殺をもたらす。歴史を客観視する姿勢が失われれば、ナショナリズムの均衡も保てなくなり、敗戦に至ったような奔流に、一気に呑み込まれることになると、私は危惧しているのである。

第57章　日本語の変節

家から国までを貫く回路

昭和五十年代の半ばだろうか、私は癌研究会付属病院の名誉院長だった黒川利雄に、日本人の疾病の変化について尋ねたことがある。黒川は躊躇なく次のように答えた。

「がんによる死亡率は、まもなく脳障害や心臓病を抜いて一位になる。なかでも大腸がんがトップになるはずだ。私の頃とは大違いで、いまの青年たちは足が長く、スマートになった。これは日本人の食生活が変わったことを意味する。具体的には肉の摂取量が増えて腸が短くなり、胴長短足である必要がなくなった。ある民族がそんな短期間で、しかも大量に肉を摂取した例は人類史上ほとんどなく、あまりにも急激に移行したツケが、世代的に回ってきている」

日本人はスマートになったと喜んでいるが、つまり大腸がんに罹るリスクが増えたという黒川の指摘である。厚生労働省の統計によれば、昭和五十五年（一九八〇）頃、脳卒中を抜いてがんは日本人の死因の第一位になっている。黒川の話を聞いてから四十年近く経た現在、がんの部位別死因で大腸は女性のトップ、男性の三位となった。

日本人は短期間で急激に食習慣を変えてしまったと、嘆息しながら呟いた黒川の口調が忘れられない。徐々にとか緩やかにといった言葉が似合わないと私自身感じるときもあるが、このような日本人の特質について、中国人と比較したイギリスの歴史家ポール・ジョンソンの指摘は興味深い（『現代史1917－1991』上　別宮貞徳訳　共同通信社　一九九二）。ジョンソンの分析では、日本人は目標を定めると全エネルギーを注ぎ、そこへ一直線に向かって進んでいくという。むろん効率を図ってということもあろう。しかし人間としての余裕や潤いを求めないとの皮肉も込められている。

衣食住のみならず、親子また師弟の関係なども変わった。言葉遣いも然りで、通じさえすればいいとばかりに、礼節を欠く表現がいとも簡単に用いられている。私は世紀が変わる前後、二つの大学で講師を務めていたのだが、「先生さ、期末テストなんだけどさ、レポートなの？　テストなの？」と尋ねられて驚いたことがある。「言葉遣いに気をつけなさい。私は君の友人ではないのだから」とさりげなく注意したら、彼は怪訝な顔をしていた。このような学生はむろん一握りだったが、しかしその場にふさわしい言葉遣いを、まったく理解していない者が多いことを、私は目の当たりにしたのである。この礼節というものも、社会から急速に失われつつあるのではないだろうか。

昭和五十年代から六十年代、そして平成に入り、学生の様子は急速に変わったと高校の校長を務めた友人が言っていた。授業中の私語は当たり前、友人に対するが如き口調で教師と接し、とくに言葉遣いがひどすぎると嘆いていた。ただ「生徒との関係は平等だ」と主張し、平気で「ため口」を交わす教師もなかにはいたという。黒川が嘆息しながら呟いたように、日本人は言葉遣いなど日常の生活の規範も短期間で変えてしまったと言えるであろう。

堀一郎は柳田國男編『日本人』（毎日新聞社　一九五四）で、人格形成の過程には「四つの成分」があると説いた。

「それが相互に作用し合っていくと考えられる。この四つの成分とは自然環境、遺伝、社会的遺産、および集団（社会）である」（「郷土を愛する心」）

そして「ふるさと」のもつ重要性を堀は指摘した。山や川、家などが象徴する「ふるさと」を愛しむ「人格」は、その四つの要素で形成されるという論考であった。

編者の柳田も重んじた「ふるさと」とは、つまり私の説く「下部構造」と言える。日本人は本来、共同体において人格を形成していた。各々の社会ならではの倫理観を代々受け継ぎ、日常生活の規範としていたのである。

しかしいま「ふるさと」は変質し、人格のつくられ方にも異変が生じた。「自然環境」について言えば、現在の都市部ではほぼ失われている。また地方でも、家の造りなどを含め、昔ながらの風景は姿を消しつつある。地方の生活空間も都市部の延長線上にあり、日常から山や川、森林がほとんど切り離された。たとえ山や川、森林が身近にあっても、過疎が進み、人は住まなくなった。つまり「自然環境」が人格を形成する場とはならなくなったのである。

また日本人の多くは、盆と正月に帰省する。年二回、都市部は閑散とし、この慣例は民族大移動とも評せよう。たとえば夏の甲子園で声高に「ふるさとの代表」が叫ばれるが、しかし最近は出身者ではない、いわゆる「野球留学生」も多く、それ自体が演出された光景となっている。彼らは厳密には「ふるさとの代表」ではなく、共同体の「社会的遺産」を受け継いでいるとは言えない。さらに核家族化の進行、単身世帯の増加と、他者と共有し得る「社会的遺産」の意味が希薄になり、柳田らが重んじた「ふるさと」は記号の如く、ただ抒情的なノスタルジーのなかで浮遊している。「社会的遺産」も、もはや「ふるさと」を愛する「人格」形成の要素たり得ず、世代が若くなればなるほど、擬似的な記号に満足させられてしまう傾向があると私には映る。

堀が説いた人格形成の「四つの成分」のうち、いま家庭や学級、職場において、一定の役割を果たし得るのは「遺伝」と「集団（社会）」であろう。「遺伝」を個別的な血統にともなう規範と解すれば、江戸時代以来、家庭における躾の骨格を成したのが儒教である。とくに近代日本では天皇制を支えるツールとなり、「家」における「遺伝」は「共同体」という「集団」に適用され、解釈はさらに「国家」へと拡げられた。「家」「共同体」「国家」を貫く一本の芯こそ最も重要な躾とされたのである。つまり上部構造と下部構造を貫く一本の芯たる躾は、ナショナリズムの「回路」だったと言ってもいい。

もとより私は、この「回路」に利用された躾を手放しで肯定するつもりはない。本来守るべき礼節や言葉遣いが、いままさに損なわれていることを強調したいのである。敗戦以前の上部構造による下部構造の抑圧は、本来あるべきナショナリズムの回路を寸断するものであった。本来あるべきナショナリズムの回路は、上から下への一方的なものではなく、双方向性をもつと私は考えている。個々の「家庭」を基点に「国家」までを貫く一本の芯の、回路としての存在を認め、そこに下部構造のナショナリズムの価値を見出すために、昭和から平成に至る歴史を検証しなければならないと私は言いたいのである。とくに礼節を欠き、言葉が空洞化している現実について、ナショナリズムの視点で自省しなければならないと私は考えるのである。

狭められた語意

礼節は言葉遣いによくあらわれるが、この欠落の本質的な理由は、戦前戦後を貫く日本社会の軌跡にあると私には思える。敗戦以前、上部構造は下部構造のナショナリズムを抑圧するために、あるいは従属させるために、きわめて空虚な言を弄した。戦争末期には敵国アメリカに対する憎しみを煽るために「出てこいニミッツ、マッカーサー、出てくりゃ地獄へ逆落とし」などと子供たちに歌わせた。そのような品性は、現在のテレビ番組などにも受け継がれているのではないか。

たとえば「桜」という表象から、日本人はある一定のニュアンスを汲み取る。無常観など人生の比喩としても用いられる「桜」の格調の高さは、いまでも変わらない普遍性をもつ。しかし、と『ねじ曲げられた桜　美意識と軍国主義』(大貫恵美子　岩波書店　二〇〇三)は記す。「軍国イデオロギーは、明治の初期以来、散りゆく桜の隠喩を通して兵士の犠牲を強調した。そして、これがもっとも顕著に現れたのが、特攻作戦であった」

著者の大貫は、特攻隊創設者の大西瀧治郎が当初九つの部隊に与えた名称「山桜隊、初桜隊、葉桜隊、左近隊、吉野隊、第二桜花隊、桜井隊」などについて「すべての部隊を桜が象徴しており、また左近隊と吉野隊は同時に天皇も象徴していた」と述べ、「桜」そのものが日本人本来の死生観を歪曲したかたちで利用された事実を丹念に指摘していく。「散る花が戦死を表象するとか、咲いた花が彼らの生まれ変わりであるという、桜の花のイメージと意味の変容は、軍事政権の仕業である」と断じたのは、一面で正しい。桜には幼さや、時来れば綺麗に咲き揃うといった穏やかな意味合いもあるのに、「散る」ことにのみ焦点を当てた欺瞞が「軍事政権の仕業」にはあった。

敗戦時、日本の国土は荒廃し、経済は破綻し、産業は崩壊し、価値観も解体していた。本来であれば、敗戦以前の欺瞞に満ちた言語空間を根本から検証し直す必要があった。戦争のせいで意味を狭められた言葉に、以後の時代の息吹きを伝え、復権の機会を与えるべきであった。そして戦時下の言葉の欺瞞を、個々人が心理的にも清算しなければならなかった。欺瞞の清算は経済の再建にも匹敵し得る復興の大切な要素だったが、しかしこれを怠ったために、戦後日本人は礼節ある「日本語」を見失った。

ＧＨＱの命令で「八紘一宇」「国体」「現人神」「聖戦」など、軍事主導体制が利用した言葉を使うことは禁じられた。敗戦後、言語空間はまずＧＨＱによって絞り込まれたのである。戦勝国が敗戦国の文化の解体を企図したとも言えるが、しかし国民自身がなすべきそのような過去の清算を、他者の視点に委ねてしまったことは否めない。

確かに私は、現代社会の礼節に欠ける無機質な言葉遣いを批判し、この源流を敗戦後の出発点に見出している。しかしながら大日本帝国時の、たとえば教育勅語の「精神」に帰れなどと言っているのではない。私自身、旧体制下ではまだ五歳で、教育勅語による「精神」空間を懐かしむような立場にはない。むしろ私は、軍事主導体制の国策に諾々と従わせただけの「躾」には不快の念すら抱いている。その「躾」のために用いられた日本語の意味、すなわち上部と下部を貫く回路たるナショナリズムをきわめて偏狭な空間に押し込めたことに対し、強い怒りを感じているのである。

先に詳述した昭和十二年（一九三七）の『国体の本義』は「忠孝」について次のように記していた。

「敬神崇祖の精神が、我が国民道徳の基礎をなし、又我が文化の各方面に行き亙つて、外来の儒教・仏教その他のものを包容同化して、日本的な創造をなし遂げしめた。我が国民道徳は、敬神崇祖を基として、忠孝の大義を展開してゐる。〔中略〕忠は、明浄正直の誠を本として勤務《つとめ》をはげみ、分を竭《つ》くし、以て天皇に奉仕することであり、この忠を本として親に対する孝が成り立つ。それは我が国民が、祖先以来行つて来た古今に通じて謬《あやま》らざる惟神《かんながら》の大道である」

「敬神崇祖」つまり天皇への「忠」を「国民道徳の基礎」として初めて「親に対する孝が成り立つ」という規定からは、欧米的な個人主義は排除されるであろう。また「外来の儒教・仏教」も「包容同化して、日本的な創造をなし遂げしめた」という自賛は、いわばナショナルアイデンティティの誇張にすぎず、このように偏った「精神」論で、言葉の多義性は失われていったのである。

『国体の本義』の政治的方向性は、二年前の国体明徴運動や天皇機関説の排撃などと同じで、偏狭な「精神」を説くことで、当時の軍事主導体制に媚びていた。ゆえに言葉の解釈の仕方が独善的で、その意味を歪めただけではなく、天皇の意に反するようなことまで記していた。

「政体法の根本原則は、中世以降の如き御委任の政治ではなく、或は又英国流の『君臨すれども統治せず』でもなく、又は君民共治でもなく、三権分立主義でも法治主義でもなくして、一に天皇の御親政である」

大日本帝国憲法をこのように曲解することで、文部官僚は「天皇親政」のクーデターを企図していたと言ってもいい。しかし『国体の本義』における「御親政」の語意は、昭和天皇がこだわった「五箇条ノ御誓文」の「万機公論ニ決スヘシ」という視点からは外れている。『国体の本義』のその的外れな認識は、思うに当時の天皇の位置づけについても、戦後社会に誤解を与えた。そして戦後社会は、こうした言葉の変節を検証することを怠った。日本人は次代のためにも、言葉の変節の歴史に対して、もっと真摯に向き合う必要があると私には思えてならない。

昭和初期には、たとえば吉野作造の民本主義など、大正デモクラシーの流れを汲む思想が確かにあった。民本主義について、吉野はその語意にこだわり、次のように述べていた。

「人民の自由を主張する意味の民本主義は、政治上の原則として決して絶対的の価値を有するものではない。他の之と相対照する主義、例へば『国家の名に於て人民の自由を拘束するの主義』と相並んで、初めて其値打を認めらるべき相対的の原則に過ぎない」（「民本主義の意義を説いて再び憲政有終の美を済すの途を論ず」「中央公論」一九一八・一）

「国家の名に於て人民の自由を拘束するの主義」とは、つまり私が説く上部構造による下部構造のナショナリズムの抑圧で、民本主義はこれに相対して初めて意味をもつと吉野は論じたのである。

ある言葉の意味が偏狭な空間に押し込められ、都合よく使われたとき、我々はそれに相対し得る思想をもたなければならない。二・二六事件の翌年に刊行された『国体の本義』の言語空間は、文部官僚によって国民に伝えられた。以後、日本では上部構造によって限られた語意が社会を覆うことになる。つまり語意にあらわれるべき人格や品位の多様性が棄て去られるという、まさに空虚な時代になったのである。萩原龍夫は柳田國男編『日本人』で「日本人の欠陥の一つとして、自己に対する歴史的自覚のとぼしいことをあげることができよう」（「伝承の見方・考え方」）と述べ、旧体制における教育の誤りを指摘したが、『国体の本義』はこの「欠陥」を体現していたのである。

「忠孝」を軸にした偏狭な空間では、言葉遣いそのものが儀式化する。「天皇」という語が発せられるや居ずまいを正し、直立姿勢を執る。教師に接するときは、三尺下がって影を踏まないことが要求される。このような機械的な礼節は心通わざる儀式でしかなく、言葉にともなう人格や品位は疎外されていると言っていい。

昭和二十年代、三十年代、四十年代の言論界で一定の地位を築いた唐木順三は「疎外される言葉」（『現代史への試み　喪失の時代』唐木順三ライブラリーI　中公選書　二〇一三）という稿のなかで、言葉のメカニズム化、非人間化について述べ、次のように断じた。

「言葉を貧しく汚く使うひとに、また勝手な言葉を捏造するひとに、言葉は必ず復讐して、そのひとを貧しく汚くでたらめな性格にする。その点でも言葉は生きもの、魂をもつものといってよい」

言葉の復讐は、敗戦時の光景に示されたと私は考えている。以後、同様に我々の社会も、言葉を「貧しく汚く」使い、また自己本位に「捏造」してきてはいないか。自省すべき光景が、戦後七十年を過ぎた現在からも浮かび上がってくる。礼節や言葉遣いに対する無自覚は、敗戦以後も脈々と息づいていると思われるのである。

言葉の復讐

戦後社会は臭いものに蓋をするかのように、旧体制がきわめて狭い空間に押し込めた語意の検証を棚上げした。親孝行や教師に対する謙虚な姿勢すら蔑ろにされるほどであった。旧体制の偏狭な空間で儀式化した言辞を否定し、これを再生させる試みを怠ったのである。一方、抑圧されていた「自由」「平和」「進歩」といった語は息を吹き返した。しかしその語意もまた「八紘一宇」「聖戦」などと同様、相対的な視点を欠く空虚さを漂わせていた。「自由」には放縦や無責任といった毒が潜んでいるし、「平和」には絶対視した瞬間、心理的な退廃と独善が生じる危険性が歴史上示されている。

現在では「積極的平和主義」なる倒錯も見られるようになった。

いささか乱暴な言い方になるが、「自由」「進歩」などに代表される戦後左翼のキーワードから、私は意味を決めつける彼らの独善を感じている。たとえば「Aは進歩的だ」とか「Bは進歩派だ」と言ったときの「進歩」が、AやBの人間性を決めつけることだけに用いられており、この語意の限定は旧体制のやり方に通ずると思ったのである。ある戦後左翼に列なる人物に会ったとき、彼が差し出した名刺には「平和を愛する人は皆私の友人です」と印刷されていた。そこに私は押しつけがましさ、異論を認めない独善、そして自身の考えを絶対化するがゆえの心理的な退廃を見たのである。

一般に戦後社会では、口先だけでも「自由」「平和」「民主」を叫べば、この「主義者」たり得る光景が現出した。「平和」を叫ぶ者が集まれば「平和団体」と称されることになり、大袈裟かもしれないが、戦争につながるような葛藤や諍いなど、その内部には存在し得ないと受け取られる風潮ができたのである。

本来の語意を深慮して「平和」を叫ばない者は、これに対峙する存在と見なされ、「団体」からは「敵」と断じられた。原水爆禁止、反公害、人権擁護などを叫ぶ「平和団体」のすべてに、私の見方を当てはめるつもりはない。しかし、自らのキーワードをあまりにも独善的に使う傾向が「平和」を名乗る「団体」にはよく見られるのである。つまり彼らは、自身の考えを絶対化したことで視野を狭めているのである。

時に彼らは「平和」を叫ばない者に「民主主義を何と心得ているか」とか「正義に抗う意見は断じて認めない」といった言を、実に簡単に口にする。それこそ彼らは「平和」という言葉を「貧しく汚く」使っていないか。そして「貧しく汚くでたらめな性格」に陥っていないか。旧体制下の国民が

「八紘一宇」や「聖戦」を声高に叫んで「貧しく汚くでたらめな性格」に堕し、敗戦の荒廃を目の当たりにしたように、彼らにも「言葉」の「復讐」はあり得る。

時代は違えど両者に共通するのは、言葉を絶対化し、意味を限定する姿勢である。この空間からは当然、言葉を相対化し、客観的に把握しようとする者は駆逐される。また、言葉がもつ多義性に耳を傾け、畏敬の念を抱く者も沈黙を強いられ、居場所が奪われる。共同体で永年にわたり培われた生きた声や、言葉本来の意味を、操作、誘導してすべて国策のために変質させた歴史とは、いったい何だったのか。そのような自省が、つまりは「ナショナリズム」の語意を理解し、解放する糸口になるのである。

「自由」「平和」「民主」といった言葉が定着するまでに、どれだけの血が流されたことか。歴史上、払われた犠牲の多さを知れば、このような言葉を口にするとき、相応の姿勢が求められることに気づくはずである。しかし「戦後左翼」を気取った者に、歴史を追体験し得る想像力があったとは思えない。歴史を省みず、ただ言葉のプラスイメージを一方的に利用するだけでは、真に「平和」が求められたとき、何の役にも立たないと私には感じられるのである。

戦後日本の社会が「自由」「平和」「民主」といった言葉を易々と口にできたのは、皮肉なことに東西冷戦下ゆえであった。生活そのものは西側に属して経済的、福祉的恩恵を受けながらも「平和」を叫び、と同時に対立陣営たる社会主義への共鳴を謳うことで、東側のプロパガンダにも加担した矛盾を、彼らが自覚していたとは思えない。社会主義への素朴な信奉を拠り所に「進歩的」知識人を自負した彼らは、むしろ特権的な空間に身を置きながら、東側陣営の実態も知らぬまま、「自由」「平和」「民主」といった言葉に陶酔していたのである。

二十世紀末、社会主義体制は自らを維持できなくなり、崩壊した。「進歩的」知識人は拠り所を失い、彼らが自己陶酔できた言語空間の存在意義も見えなくなった。そして、地に足を着けた下部構造の生活者に対する訴求力も低下し、結果、酔い醒めを促した。このときから日本語の空洞化は加速したと私は考えている。テレビだけではなく、インターネットといった新たなメディアも生まれ、空虚な言語空間はさらに拡がりを見せている。いや、むしろそのような言葉の空洞化に呼応するかたちで、たとえば「八紘一宇」など、かつての絶叫が復権しつつあるとさえ感じる。「ナショナリズム」の語意が再び狭められ、前車の轍を踏むことになりはしないか、私は危惧しているのである。

第58章　「戦後」という元号

一分間の黙祷

敗戦から七十年余が過ぎたいまでも、日本社会では「戦後」という語が用いられている。アメリカと戦争したことすら知らない世代もいるのに、未だに「戦後」という語が用いられているのはなぜなのか。

先にもふれたように、八月十五日の甲子園球場の光景は、私には異様に映る。正午になるとサイレンが鳴り響き、高校球児たちはプレーを中断し、観客も起立する。場内アナウンスが「黙禱」を告げ、一分間、甲子園にいる全員が戦没者慰霊のポーズを執る。この儀式は昭和三十八年（一九六三）から続くというが、まさに「戦後」を象徴していよう。

八月十五日正午の甲子園の光景をテレビで確かめるたびに、私は彼ら高校生の心中を思う。誰のために、いまなぜ黙禱するのか、平成生まれの彼らがわからなくても不思議ではない。黙禱の意味や理由への自問が心中に浮かぶのならまだいいが、たとえば「せっかく肩の調子がいいのに」とか「スクイズを成功させなければ」などと、試合の中断に焦りを感じる高校球児も多いのではないだろうか。

しかし、そんな彼らを責めることなどできない。かつて日本はアメリカと戦争し、多くの死者を出した。黙禱には亡くなった人の追悼とともに、二度と過ちはくり返さないという決意が込められているのだと、誰が懇切丁寧に教えたと胸を張れるのか。

ある高校スポーツの優勝チームの主将だったか、テレビのインタビューを見ていて私は驚いた。要約すれば次のようなやりとりがあった。「君たちの明るい青春にいい思い出ができたね」といったアナウンサーの問いかけに、「僕らは昭和みたいにジメジメした暗い時代の学生じゃありませんから。平成の明るさを背負っていますから」と答えたのである。思うに甲子園における八月十五日正午の試合中断にも、同様の感想を抱く高校生は多いのではないだろうか。

ジメジメして暗いという昭和のイメージは、平成生まれの世代がごく当たり前に抱くものなのかもしれない。戦争＝焼け野原＝飢餓といったイメージばかり刷り込まれたら、昭和をジメジメして暗い時代だと認識するのも当然であろう。このように一様なイメージしか抱けないのは、むしろ伝える側の世代が自身の生きた「昭和」を客観的に検証していない証左だと私には思えてくる。

甲子園における八月十五日正午の一分間の儀式は、二つの問題を孕んでいると私は考える。一つは、高校生たちがある世代のエゴイズムの犠牲にされていると感じる点。もう一つは、結果として「いつまでも終わらない戦後」という空間が意図的かつ強制的につくられていると感じる点である。その二つの問題に向き合わないまま、「終わらない戦後」を検証するわけにはいかない。若者に「戦後」の「戦」は何を指すのかと尋ねられたとき、太平洋戦争も知らないのかと笑い話にした世代、私も含まれるこの世代の傲岸さを、いまあえて提起しておきたい。それは若者に犠牲を強いる世代のエゴイズムに対する自省にもつながると、前もって記しておきたいのである。

世代のエゴイズム

戦後教育を受けた世代として、日中戦争、太平洋戦争には多くの問題があったことをまず認識すべきだと私は考える。中国や東南アジアを侵略したという以前に、当時の日本の指導層が国民の生活、安全などに配慮しなかったことは、本書で指摘してきたとおりである。彼らは国策決定の基準たる国益の守護、国権の伸長、国威の発揚を自身に都合よく解釈し、国民に押しつけ、命の犠牲を強いた。異論反論を許さないこの歪んだ政治、軍事システムをどう明らかにし、教訓としていくかが「戦後」の役目でもあった。

戦後七十年余を過ぎ、その役目が果たされていないとなれば、敗戦以前と以後をつなぐ世代の存在意義とは、いったい何だったのか。戦争による荒廃を教訓とし、政治的にも経済的にも、非軍事体制を完成したと言うのであれば、八月十五日の儀式は不要になるはずだと私は考える。しかし、敗戦以前のシステムを批判し尽くしての非軍事体制は、未だ完成したとは言えない。ただ「戦後民主主義」という新たな政治形態を妄信するがゆえの儀式の強要であれば、やはり世代のエゴイズムとしか私には映らない。この世代は必死に「戦後」を手放すまいとしているかに見える。私自身も含まれる世代のエゴイズムによる「正しさ」の押し売りが、甲子園における八月十五日正午の黙禱の光景には読み取れるのである。

「戦後」を手放すまいとして、いつまでもそれが終わらないという現実が確かに生まれている。「戦後」が終わらないとは、何を意味するのか。「戦後」が終わらないという現実は、次世代にとって、内容の是非よりも自らの思考の枠組みを規制する、きわめて強固な壁と映るはずである。次世代が自立していくさい、最も憎むべき「抑圧者」だと捉えられても仕方がないほど、確かに窮屈な構図が見てとれるのである。ひとたび「抑圧者」と映れば、是非は問うところではなく、「戦後」という語自体が憎悪の対象となり得る。この心理は、先の高校スポーツの優勝チームの主将が、昭和をジメジメした暗い時代と捉え、対して自身は平成の明るさを背負っていると答えたことに通じる。そのような捉え方がさらに進めば、「抑圧者」への憎悪に転化する恐れがあり、つまり次世代の心理に潜む「戦後」という語への反応を、私は危ぶむのである。

いま、この心理が、「戦後レジームからの脱却」などと、あの戦争に何ら自省のない者や勢力に利用されていると感じる。利用される恐れがある形式的な「戦後」から自立し、いや超越して、歴史的自省を踏まえた実質を社会に定着させていかなければならない。満州事変、二・二六事件、盧溝橋事件、南京事件、国家総動員法成立、南部仏印進駐、真珠湾攻撃、ミッドウェー海戦、アッツ島玉砕、特攻、空襲、沖縄戦、広島長崎原爆投下の意味や理由を客観的に問い、自省して得た知性を、単なる「戦後」という形式ではなく、あくまでも現実の教訓として、次世代に受け継ぐ努力をすべきだと、私は考えているのである。

冷戦下の政治システムを代弁する語

「戦後民主主義」という語についても整理しておかなければならない。これは一般に敗戦以前の軍国主義や国家主義といった語に対置されるものだが、いまなお用いられることには疑いの目を向ける必要がある。戦後民主主義とはすなわち「アメリカン・デモクラシー」を指す。しかし民主主義には実に多様なスタイル、かたちがあり、むろんアメリカン・デモクラシーだけがすべてではない。ところが日本では「アメリカン・デモクラシー＝民主主義」という観念が固定してしまった。

旧体制を解体し、二度と戦争をさせないようにすることは、確かにアメリカの対日占領方針であった。しかしアメリカン・デモクラシーの移植という占領方針は、一方では日本の政治、経済、そして文化や伝統を自分たちが御しやすくするための要求でもあった。それは私の説く下部構造がアメリカナイズされるという意味でもあった。つまりアメリカが考える「デモクラシー」こそ「民主主義」だという一点への収斂とも指摘できるのである。

いま考えるべきは戦後民主主義の「戦後」やアメリカン・デモクラシーの「アメリカン」を除いた、私たち市民の存在理由を支える普遍的な思想である。もし八月十五日正午の甲子園で一分間の黙禱を捧げるのなら、真の民主主義体制確立のために犠牲となった先達の死を、自らに問うことでなければならない。

慰霊や追憶だけでなく、戦争へ行かずに野球ができること、市民的権利が保障された社会で生きられることなどに思いを馳せるべき黙禱だと、いまの高校生たちには伝えなければならない。ただ目を閉じて祈るだけでは、何の意味もない。普遍的な原理、また二十一世紀をいかに生きるかを、高校生たちに伝えていくのが私たちの世代の役目だと思うのである。

孫崎享著『戦後史の正体　1945－2012』（創元社　二〇一二）は刊行されるやベストセラーとなった。外交官出身の孫崎は、日本の戦後史は実にわかりやすい構図をもつと述べ、国策をめぐる

「対米追随派」と「自主独立派」の確執を挙げる。孫崎史観では、日本の戦後は対米従属か、あるいは離脱かの闘いで、常に前者が勝利してきたという。これは何を意味するのか。

戦後日本は東西冷戦下にあって、アメリカを盟主とする資本主義陣営に属し、ソ連を盟主とする社会主義陣営に対峙してきた。まさに対米追随派が軸となり得たわけだが、しかしそれは東西冷戦の枠組みがあってこその構図とも言えよう。もし東西冷戦の枠組みがなかったら、逆に自主独立派が実権を握り、権力側に対米追随派など存在し得なかったかもしれない。つまり枠組みによって体制は変わり得たはずで、対米追随派が主流を占めた「戦後」とは、東西冷戦が終わるまでの暫定的な権力構造だったとも言えるのである。

このような認識が市民レベルでも広がるべきだったと私は考える。わかりやすく言えば、「戦後」とは東西冷戦下の政治システムを代弁する語でもあった。東西冷戦の終結を象徴する一九八九年のベルリンの壁崩壊の十カ月前、すでに日本では昭和天皇が崩御し、平成という新たな時代が始まっていた。つまり平成という時代のシステムは、好むと好まざるとにかかわらず、昭和二十年八月の敗戦、その以後六年八カ月続いたアメリカの占領、そして東西冷戦の枠組みからは解放され得たのである。そのときこそ「戦後」の実質を見直したうえで、形式や固定観念に決着をつけることができたはずだと私は思うのである。

平成に入ったとき、占領下に持ち込まれたアメリカン・デモクラシーを乗り越え、「戦後」という語を形式から解放し、普遍的な民主主義体制をめざすべきであった。この労を惜しんだツケが、年々加速度的に肥大していると言えるのではないだろうか。孫崎の『戦後史の正体』を多くの人が手にした事実は、その証左に思えてならない。

「戦間期」をもたないという視点

東西冷戦の終結から四半世紀が過ぎ、いまなお「戦後」という語を形式的に用いるのは、歴史観や社会観の停滞を意味するのではないだろうか。もとより私は戦後民主主義、アメリカン・デモクラシーの欠陥をあげつらい、大日本帝国という旧体制に帰れなどと主張しているのではない。「戦後」という語を形式から解放し、自立する努力を怠っているのではないかと危ぶむのである。自立を避け、あるいは逃げていると次世代に見なされても仕方がない。

「戦後」という語をめぐる視点を二つ指摘しておきたい。あまり語られることはないが、歴史的には重い意味をもつと私は思う。まず一つに、「戦後」が元号になっているという視点である。実はこの視点は、作家の半藤一利氏との対談『「戦後」を点検する』（講談社現代新書　二〇一〇）で、二人が期せずして一致した考え方である。前述のとおり昭和天皇は敗戦以後、〈天皇制下の民主主義〉を自らの役割に据え、新憲法の発布とともにそれを実践した。敗戦以前の〈天皇制下の軍事主導体制〉は捨てたのである。

対して現在の天皇は、平成という元号で即位したときから〈民主主義下の天皇制〉の実践に努めた。民主主義体制というかたちがあって初めて天皇は存在するという立場を執ったのである。この姿勢は父昭和天皇とは明確に異なる。つまり昭和と平成の天皇では、日本国憲法が保障する〈民主主義体制〉の解釈がそれぞれ異なっていたことになる。しかしながら、解釈は違えど、この〈体制〉はまさに「戦後民主主義」を指し、両者とも柱にしているのである。

そう理解すれば、現在の憲法の根幹が守られ、これが保障する〈体制〉が貫かれているかぎり、元号を「戦後」と見てもあながち的外れとは言えまい。むろん憲法とて五十年、六十年の単位では改正を要する細部も生じようが、その根幹が変わらないかぎりは「戦後」という元号が続くと私には思えるのである。

「戦後」という語をめぐるもう一つの視点を指摘しておきたい。この視点は「戦間期」との関係性から浮かび上がる。「戦間期」とは、第一次世界大戦終結（一九一八）から第二次世界大戦開始（一九三九）までの二十一年を指す。元号で言えば大正七年から昭和十四年までの期間となる。

まさに「戦争と戦争の間」を意味する「戦間期」という語が用いられるのは、二つの大戦の相関関係に理由がある。その二十一年は、見せかけの平和とか小休止などと語られるが、第一次世界大戦の敗戦国ドイツが、結果的に次の戦争に備えた期間であった。戦勝国、とくにフランスは、敗戦国ドイツにあまりにも過酷な要求を突きつけた。ゆえにドイツは屈辱感を募らせ、この復讐心にヒトラーが火をつけることになった。ヒトラーはドイツ人のプライドを喚起し、仮想敵国をつくって、世界制覇をめざした。

第二次世界大戦は一九四五年、昭和二十年の日本の敗戦をもって終結した。以後、日本が軍事主導体制に転じ、再び戦争への道を歩むことはなかった。もし屈辱感を募らせ、軍事に訴える国策を選択し、復讐に出ていたならば、日本の「戦後」はまさしく「戦間期」となったはずである。だが現在まで一貫して日本は武力を行使せず、かつてのドイツのような「戦間期」をもつには至っていない。むろんアメリカなど戦勝国による占領統治の巧みさもあったが、日本が憲法で戦争を放棄したことが大きな理由となっている。ゆえに「戦後」という語が、「戦間期」をもたなかった歴史を支えていたとも言えるのである。

「戦間期」をもたない、つまり軍事で解決する手段を選ばなかった日本の「戦後」は、このように解釈すればまた意味を帯びてくる。思うにそれは、敗戦で解体されたシステムの再興を、国民が求めなかったことを意味し、顧みるべき歴史的視点と言えるのではないだろうか。太平洋戦争下のナショナリズムなき偏狭な空間をいっさい放棄することに、「戦後」の尺度はあった。そして「戦後」の尺度として求めるべきことに、下部構造のナショナリズムの再生があったと、私は言いたいのである。

確かに「戦後」という語の形式性から解放すべきことはある。しかし「戦後」という歴史の実質を把握しなければ、次代への説得力などもつことはできないと、私は考えるのである。

終章　私と「ナショナリズム」の出会い

二つの檄文

昭和前期の時代様相がなぜ戦争に直結していったのか、具体的に確認したいと思い、私は「ナショナリズム」という語にこだわるようになった。国策として戦争を決めた上部構造の指導層は、国益の守護、国権の伸長、国威の発揚について、どのような基準をもっていたのか。また本意不本意はともかく、なぜ国民はこの基準に従ったのか。各自の共同体で受け継がれてきた生活の規範や倫理観を軸に、上部構造の国策決定基準に抗した例はないのか。そういった歴史を、私自身の目で、客観的に分析したいと考えたのである。

私が著述活動に入るきっかけとなったのは、昭和四十五年（一九七〇）十一月二十五日の三島由紀夫事件であった。才能ある作家が、自身が青年期を過ごした時代の「精神」を絶対視し、この思いを社会に訴えたという感想を、三十歳の私は抱いた。当時の私は戦後左翼の主張に共鳴し、社会主義者ではなかったが、歴史はその方向へ動くのではないかと思っていた。この動きに水を差したくないとの感ももっていた。だから三島が自衛隊員に撒いた「檄」には、むしろ抵抗感があったと言っていい。

私が当時勤めていた出版社の同僚が取材の折に入手し、持ち帰った「檄」には、鼻をつまんで戦後社会を生きてきたといふ三島の本音がよくあらわれていた。あらためて引用する。

「われわれは戦後の日本が経済的繁栄にうつつを抜かし、国の大本を忘れ、国民精神を失ひ、本を正さずして末に走り、その場しのぎと偽善に陥り、自ら魂の空白状態へ落ち込んでゆくのを見た。政治は矛盾の糊塗、自己の保身、権力欲、偽善にのみ捧げられ、国家百年の大計は外国に委ね、敗戦の汚辱は払拭されずにただごまかされ、日本人自ら日本の歴史と伝統を潰《けが》してゆくのを、歯嚙みをしながら見てゐなければならなかつた。われわれは今や自衛隊にのみ、真の日本、真の日本人、真の武士の魂が残されてゐるのを夢みた。しかも法理論的には、自衛隊は違憲であることは明白であり、国の根本問題である防衛が、御都合主義の法的解釈によつてごまかされ、軍の名を用ひない軍として、日本人の魂の腐敗、道義の頽廃の根本原因をなして来てゐるのを見た」

国防といふ「根本問題」を「法的解釈」で誤魔化していることに「日本人の魂の腐敗、道義の頽廃」の要因があると述べ、三島は自衛隊員にも決起を促した。この「檄」の末尾の一節は以下になる。

「われわれは四年待つた。最後の一年は熱烈に待つた。もう待てぬ。自ら冒瀆する者を待つわけには行かぬ。しかしあと三十分、最後の三十分待たう。共に起つて義のために共に死ぬのだ。日本を日本の真姿に戻して、そこで死ぬのだ。生命尊重のみで、魂は死んでもよいのか。生命以上の価値なくして何の軍隊だ。今こそわれわれは生命尊重以上の価値の所在を諸君の目に見せてやる。それは自由でも民主々義でもない。日本だ。われわれの愛する歴史と伝統の国、日本だ。これを骨抜きにしてしまつた憲法に体をぶつけて死ぬ奴はゐないのか。もしゐれば、今からでも共に起ち、共に死なう。われわれは至純の魂を持つ諸君が、一個の男子、真の武士として蘇へることを熱望するあまり、この挙に出たのである」

私は一編集者としてそれを目にしたとき、奇妙な感に囚われた。三島は何を訴えているのか。確かに「憲法に体をぶつけて死ぬ」という表現からは、これを改め、日本の歴史や伝統を守るべき自衛隊を、正規の軍として認めよと訴えていることが読み取れる。しかしながら具体的な方向性として、旧体制のような国家像は浮かんでこない。むしろ三島が言いたかったのは、日本国憲法の欺瞞性に異議申し立てをしない社会の「魂の腐敗、道義の頽廃」のほうではなかったか。

いまでも思うことだが、三島は大日本帝国への回帰を打ち出したのではない。戦後社会の欺瞞が同時代に生きる者の「魂」を蝕み、やがて日本の歴史や伝統は跡形もなく滅びるという危機感を訴えたのである。

そう思う一方で、私は「共に死なう」という言葉に惹きつけられた。どこかで目にした表現だと感じたのである。特攻隊員の遺書だったか、政治結社や宗教団体の檄文だったか、以前、昭和初期の事件などを調べたさい、このような表現にふれたことを思い出したのである。あらためて私は国会図書館に通いつめ、一年ほどの間に閲覧した書籍や雑誌を、記憶を頼りにひもといていった。そして辿りついたのが「死なう団事件」だったのである。

昭和十二年二月十七日、「死なう団」と称する宗教団体の信者五人が国会議事堂前、外務次官官邸前、宮城前広場、警視庁前、内務省前で各自ビラを撒き、「死なう！」と叫んで切腹を図った。自決は未遂に終わったが、その檄文は「死なう！」で始められ、特高警察による弾圧を激しく批判していた。そして「青年よ、心ある者よ、憂国の士よ、吾等と行を共にせよ！」と呼びかけ、「死なう！　死なう！」で結ばれていた。伊豆大島の三原山噴火口では昭和八年だけで百二十九人が投身したというが、多くの書が「死なう団事件」を当時の自殺ブームの典型とし、猟奇性のみを強調していた。事件の内実については、三十三年後の昭和四十五年にあっても、まったく不透明なまま伝えられていたのである。

私は三十三年前の新聞記事を頼りに、当時の関係者を訪ね歩いた。結果、私が目にしたのは、誤解を甘受した、猟奇とはほど遠い庶民の姿であった。八十代にさしかかっていた元信者は口惜しそうに、大要次のように呟いた。

〈私たちは当時の官憲に弾圧された被害者で、とくに罪を犯したわけではない。なのに奇妙なレッテルを貼られ、戦後になってもなお不明朗なことを言われる。私たちがなぜこんな目に遭わなければならないのか、ぜひ訴えてほしい……〉

私はその思いを晴らすべく、一年余にわたって特高警察による弾圧など事件の内実を調べ上げ、昭和四十七年二月、『死なう団事件　軍国主義下の狂信と弾圧』を上梓した。詳細については文庫化された拙著（『死なう団事件　軍国主義下のカルト教団』角川文庫　二〇〇〇）を参照していただけたらと思うが、私はこの取材を通じ、図らずも当時の庶民の意識を確認することになった。つまり昭和初年代に、国家の政策に対して、不満を増大させた庶民の存在を確認することができたのである。

「死なう団事件」の関係者の多くはごく真面目な庶民で、彼らの生活の規範は下部構造の倫理観に根ざしており、自身の信仰が国家の法体系に違反するなどとは誰も考えていなかった。たとえば首謀者の一人、長滝広治は、国会議事堂前で自決を図るさい、次のような「切腹趣意書」を懐に入れていたのである。

「死なう！　吾人は日蓮聖人に直参し、真日蓮主義宗教を信奉せる日蓮会殉教衆青年党盟士也。吾人は日本国〔ママ〕憲法第二十八条の徹底的発動を要求す。〔中略〕暴戻《ぼうれい》極まり無き歴代政府当局は、権力を濫用し憲法を蹂躙し権力も武力も金力も無き、吾等の自由拘束す。即ち、数年多数の警官を常備し、大弾圧を強行して今日に至らしめたり。依つて吾人は、帝国議事堂に於て割腹して以つて我が信教の自由を獲得せんと決意せり」

そして末尾は次のように締め括られていた。

「血あり涙ある義人よ！　願はくば正義を知る人よ！　吾人の哀惜を察し、殉教の素願弘教の誓願を成就せしめ給はん事を。昭和十二年二月　日蓮会殉教衆青年党　盟士　長滝桜智」

長滝は大日本帝国憲法第二十八条が認める「日本臣民ハ安寧秩序ヲ妨ケス及臣民タルノ義務ニ背カサル限ニ於テ信教ノ自由ヲ有ス」という権利を求めたにすぎない。それは暴力や詐欺など法にふれる行為がなければ、信仰自体、弾圧される筋合いはないという固い決意の発露であった。

『死なう団事件』を上梓したとき、まだ三十二歳だった私は、サブタイトルにあるように事件の構図を「軍国主義下の狂信と弾圧」と受け止めていた。つまり「狂信」という認識だったのである。だが歳を重ね客観性を培ううち、実は上部構造が自ら決定した国策に、庶民の信仰を強制的に押し込め、この枠組みから外れるような宗教団体や教義を、時に「狂信」というレッテルを貼って排除した構図が見えてきたのである。

昭和八年七月、「死なう団」は全国へ布教の旅に出ようと、白装束で鎌倉に集まった。その異様さが特高警察の目に止まり、テロを計画していると疑われ、彼らは拘束された。凄まじい拷問にかけられ、虚偽の自白を強要された。結果、精神状態がおかしくなったり、釈放後に自殺する者も少なくなかった。

「死なう団事件」の背景には、猟奇性というより、むしろ庶民の信仰を支配しようとする強権の発動かったのである。おぼろげながらこう感じつつも、当時の私はまだ自らの思想の骨格に据えることができなかったのである。

橘孝三郎の返答

私は当事者の証言を記録して残すことに関心をもった。史実を記録として後世の社会に伝えるためには、当事者から証言を引き出し、関連文献を渉猟し、それを本や映像にまとめる者の存在が欠かせない。

私が「死なう団事件」に続いて興味を抱いたのは、五・一五事件であった。同じく檄文に惹きつけられたのである。明治、大正、昭和前期の政治思想家やテロリストの多くが、檄文であれ決起趣意書であれ、自らの動機を綴っている。首謀格の海軍軍人、三上卓が筆を執ったとされる五・一五事件の檄は本書で分析してきた「ナショナリズム」の視点に、多くの示唆を与えてくれた。

国民よ！　天皇の御名に於て君側の奸を屠《ほふ》れ
国民の敵たる既成政党と財閥を殺せ！
横暴極まる官憲を膺懲《ようちょう》せよ！
〔中略〕
農民よ、労働者よ、全国民よ！

祖国日本を守れ
而して
陛下聖明の下、建国の精神に帰り、国民自治の大精神に徹して人材を登用し、朗らかな維新日本を建設せよ。
民衆よ！
此の建設を念願しつゝ先づ破壊だ！　凡ての現存する醜悪な制度をぶち壊せ！
（『現代史資料(4)国家主義運動(一)』）

その冒頭には「政権、党利に盲《めし》ひたる政党と之に結託して民衆の膏血《こうけつ》を搾る財閥と更に之を擁護して圧制日に長ずる官憲と軟弱外交と堕落せる教育、腐敗せる軍部と、悪化せる思想と、塗炭に苦しむ農民、労働者階級と而して群拠する口舌の徒と！……」とあり、末尾には「起つて、真の日本を建設せよ！／昭和七年五月十五日／陸海軍青年将校／農民同志」と明記されていた。つまり五・一五事件の檄文は、明治憲法における天皇の大権を私物化した政治家や軍事指導者を殺害し、既成政党、財閥、官憲を破壊しての一君万民主義を訴えていたのである。社会の弊害たる「君側の奸」「国民の敵」を一掃し、天皇親政による体制の「建設」をめざしていたと言えよう。
庶民の権利は政治家、財界人、官僚、教育者、軍人、思想家らに搾取されている。「塗炭に苦しむ農民、労働者階級」は救われていない。そんな下部構造のために、「凡ての現存する醜悪な制度」たる上部構造を「先づ破壊」しなければならない。「全国民」による「維新」の決起を煽動した「陸海軍青年将校」と「農民同志」のテロ行為は、しかし結果的には軍部の台頭を促すことになった。軍事指導者が暴力的支配と情念的支配を織り交ぜながら、彼らのエネルギーを巧みに利用したことは前述したが、この視点は「ナショナリズム」を分析するうえで重要なヒントになった。ただ当時の私は、とくに「農民同志」の存在に惹きつけられていた。「陸海軍青年将校」と志を同じくした「農民」とは、いったいどのような人びとなのか。

五・一五事件の檄文に明記された「農民同志」とは、茨城県水戸の愛郷塾という私塾の塾生であった。彼らは「農民決死隊」を組織し、東京市内の変電所を襲撃した。前述のとおり愛郷塾を創立、指導したのは農本主義者の橘孝三郎である。大正期には、トルストイの著作やミレーの絵に影響を受けた人道主義者としても知られていた。

そのような橘がなぜ軍人たちのテロに加わったのか。まず私は国会図書館に通い、大正末期から昭和三、四年までに刊行された橘の著作や、たとえば「西に武者小路実篤の新しき村、東に橘孝三郎の文化村」といった雑誌記事などを丹念に読み込んだ。そして昭和四十七年の夏頃、橘に宛てて取材を申し込む手紙を書いた。

数日後、返事があり、四百字詰め原稿用紙の中央にたった二文字「諒解」とだけ記されていた。これほど簡潔で意の伝わる手紙をもらったことは、いまもってない。

実際、橘は簡潔な人物であった。必要なこと以外口にせず、静謐な読書を好むタイプであった。昭和四十七年の秋から翌年夏の終わりまで約一年間、平均すると月に二、三度は水戸の橘宅に通い、事件参加の経緯などを取材した。そして橘が八十歳で亡くなる昭和四十九年に『五・一五事件　橘孝三郎と愛郷塾の軌跡』（草思社　一九七四／中公文庫　二〇〇九）を発表した。いまでも私は橘を尊敬できる人物だと思っている。博識なヒューマニストであった。

私が興味をもったのは、大正四年（一九一五）、第一高等学校の卒業一週間前に、名誉も栄達も捨てて故郷に帰り、「百姓こそ私の生きる道」と決めて水戸郊外の地を開墾し、理想郷をつくろうとしたことである。農作業のあとはラテン語や英語の原書を読み、聖書にふれ、古今の絵画を愛し、橘は禁欲的な生活を続けた。いっさい時流を顧みず、ただひたすら自身の知識、教養、感性を高めることに努めたのである。そんな橘を慕って、旧制水戸高校や水戸中学の学生なども集まってきた。

やがて橘は農本主義理論の確立をめざし、執筆を始めた。そして「都市と農村」の対立構造を明らかにした。共産党系の団体が農村に持ち込んだ「地主対小作」という考え方に、この図式は本質的ではないと反論した。都市が栄えて農村が滅びるのは、人間の堕落を意味する。農機具や農薬の購入方法など都市の資本制がそのまま持ち込まれることで、農村は収奪されると説いたのである。五・一五事件参加の動機もこの辺に伏線があると私には思われた。橘の話を聞くうちに見えてきた農本主義の面目とは、私の理解では次のようになる。

〈秀才が集う一高を出て東京帝大に進んでも、官僚か博士になるくらいしか道はない。各共同体を支配して国家を動かす権力側に、幸福などあるのか。自然と親しみ、土とともに生きることこそ人間の本能であり、純粋な道である〉

その実践の場として、一高を中退した大正四年、橘は兄らと「兄弟村（文化村）農場」を開いた。また「新日本建設の闘士」養成のため、昭和六年（一九三一）四月十五日に「愛郷塾」を設立し、農民への啓蒙活動も行った。直接話を聞いているときに強く意識したわけではないが、あとで整理してみて、私は橘の考えを理解することができた。つまり下部構造のナショナリズムにこそ人間本来の姿があり、自然に身を委ねて日々暮らすことに幸福はある。この下部構造の日常が結果、国への奉公につながる。一方で国益の守護、国権の伸長、国威の発揚を基準にして国策を決定する側に立つことは、人間本来の姿を歪めてしまう。

愛郷塾設立の二年前、昭和四年に橘は「愛郷会」を結成していた。その発会式で、橘は「愛郷同志宣誓文」を読み上げた。

「測り知ることの出来ないこの世の恩、測り知ることの出来ない天地大自然の恵、この世と天地大自然のこの恩恵のある所に従はまいといたしてもなほなし得ざるもの、これを我等の御たま、この御たまの導くが我等の一命をよせ得る所、これ即ち我等がふるさと、この御たまの導くがまま、この我等がふるさとをたづね求むるこれをこれ愛郷の心といふ。この愛郷の心を以てこの愛郷の心からなる願望を成就せんがため、この愛郷の心からなる心に固くいやが上になほ固く結ばれて、真心のあらん限りを捧げうけいれあひ生死をともにもろ共に誓ひたる者、これをこれ愛郷同志といふ」

「天地大自然の恵」に従う命の拠り所が「ふるさと」であり、それを探求する心が「愛郷」だと橘は言う。この「愛郷の心」にすべてを捧げ、生死をともにするという誓いで固く結ばれた者こそ同志だと、橘は定義したのである。橘が愛する「郷」とは、すなわち農村であった。そのように主張した橘は、また「愛郷道歌」も作詞している。

めざめよ　みたまに
かへれよ　土に
われらがよるべ　われらがしるべ
わがふるさと　わがふるさと

橘のナショナリズムには求道の姿勢があり、階級闘争などとは一線を画していた。そして多くの農村青年が、橘の訴える土への回帰に魅せられたのである。

橘のナショナリズムがなぜ「陸海軍青年将校」のテロと結びついたのか。上部構造との合体を期した下部構造のナショナリズムのエネルギーが、なぜあのようなかたちでしか表現されなかったのか。その問いが「ナショナリズム」に対する私の関心の広がりにつながっている。確かに橘のナショナリズムには「ネーション（国家）」が欠けていた。しかしなぜ橘は、軍人が求めた「ネーション」に協力しようと考えたのか。昭和という時代の実像を摑むためにも、分析を続けなければならない。

下部構造の模範

橘は農本主義者としての理論や人生観を、大正中期から昭和初期にかけて着実に培った。地域社会の模範的な人物という見方もされ、有力な後援者も少なくなかった。たとえば信濃毎日新聞の論説委員から出身地の茨城県に戻り、民政党の代議士となった風見章は、橘の思想に魅かれ、時に愛郷塾を訪ねては懇談し、資金援助も行った。橘が軍人と結託してテロあるいはクーデター未遂事件を起こすことなど、風見にはまったく考えられなかった。橘の事件関与を知り、風見は言葉を失うほどの衝撃を受けている。五年後の昭和十二年六月四日に発足した第一次近衛文麿内閣の書記官長に抜擢され、権力の中枢に入り込んだ風見は、橘の政治行動には批判的だったが、人間としての交際は続いたという。

なぜ軍人と結託して五・一五事件に加わったのか、私は取材中、何度か橘に説明を求めたが、明確な答えは返ってこなかった。もとより古賀清志や三上卓など国家改造に積極的だった海軍の青年将校らの執拗な説得があったのも事実である。とくに彼らの同志でもあった井上日召が門下生に命じ、一人一殺と称して前蔵相の井上準之助と三井財閥最高指導者の団琢磨を殺害した昭和七年二月、三月の血盟団事件は刺激になっていた。橘自身の証言によれば、彼らの説得は次のようなものだったという。

〈我々は先生を指導者にして起ち上がりたい。我々の指導者は大川（周明）や北（一輝）ではない。まして権藤（成卿《せいけい》）先生でもない。先生だけが我々の指導者だ。我々を理解し、我々もよく理解できるのは、先生、あなただけだ〉

そして橘は、私に次のように語った。

〈青年将校は農村を潰したら日本は潰れると言っていた。どんなことをしてでも農村は守らねばならないという点で、わしの考えと一致した。わしは見るに見かねて参加した〉

その橘の言に、当時の私は二つの意味を見出すことくらいしかできなかった。一つは昭和七年の五・一五事件時、三十九歳だった橘が、まだ二十代前半の青年将校らに頼られては拒めないと考えただろう点である。もう一つは、橘が批判的に見ていた北一輝の『日本改造法案大綱』が社会主義に通ずることを、海軍の青年将校には理解されていた点である。陸軍の青年将校に対する北の理論の影響力を、橘は不快に思っていたのである。

しかし私は「ナショナリズム」について考えを深めることで、橘のまた別の意図に思いが至った。農村共同体の生活の規範が、国策に蹂躙されていることへの橘の強い怒りを、理解できるようになったのである。いささか品を欠く表現だが、橘の農本主義の出発点には「百姓をなめるな」という怒りがあった。と同時に橘は、下部構造のナショナリズムの特質の一つと言える農民の功利性をも否定しており、共同体の模範的存在たろうとした。自身のこのような姿勢を海軍の青年将校らは理解したと橘は受け止めたのである。つまり橘は彼らを通じて、実践すべき農村共同体の理想を社会に訴えようとしたのではないのか。それが橘の歴史的役割であり、下部構造のナショナリストだと、あえて私が定義したい理由でもある。

昭和史の検証に着手したばかりの私の意識では、思想家、実践家としての橘孝三郎という人物を理解することなどできなかった。しかし橘は私の胸中に、いまに至る問題意識の萌芽を植えつけてくれたのである。

「農村問題管見」という生原稿

平成二十年（二〇〇八）の秋に、橘孝三郎の縁者から連絡があった。橘が昭和十二年（一九三七）六月二十八日に小菅刑務所でまとめた「農村問題管見」という生原稿六十枚ほどが、あるルートを通じて届いたが、関心があれば読んでほしいとのことであった。前述のとおり、同年六月四日発足の第一次近衛内閣の書記官長には風見章が就任していた。私の興味は、この人事を意識したと考えられる橘の原稿の内容にあった。実際「農村問題管見」には「上申書」である旨が記されていた。一読後の感想は、冒頭の五百字ほどで橘が立場を鮮明にしているというものであった。きわめて象徴的な記述なので、次に紹介しておきたい。

由来農村問題を論考するに当りまして、人々その立場を大いに異ならしめておるのであります。その重なるものを範疇化して見ますと、大体三つの異なる立場を見出します。即ち一は現状肯定派、謂はゞ支配階級派です。共産主義等の口吻をまねればブルジョアです。第二は、共産主義者等によつて導かれて来た被支配階級的立場に属するもの、謂はゞプロレタリア的なものです。三は、新しく起つて来た国民派的なるものです。私の立場は第三の者で明かに国民派的なるものであります。私は農村問題を取扱ひますのに、私自身が一人の農民であるが故に、階級的偏見に囚はれやすい階級的農民的な立場から等之れをなさんと欲しておる者ではありません。私の眼目は常に祖国日本であつて、祖国日本とその農村がどんなに深い関係に結ばれておるものかを明かにするを以て私の唯一の目的といたします。私は単的にかう考へておるのです。「農村が亡ぶることによつて祖国日本が真に光栄ある発達進歩の大道を辿り得るならば亡ぼすも亦可なりである。けれ共若し農村亡ぶる時祖国又滅ぶ可きならば絶対に農村を亡ぼすわけにはゆかん」と。

橘は自らの立場を、共産主義者の言うブルジョアでもプロレタリアでもなく、常に「祖国日本」を重視する「国民派」だとしている。つまり「農民」の目線は「国民」のそれに合致するという意味にもなろう。「農村問題管見」を読み進めると、これまでの橘の言説からは見えてこなかった、たとえば次のような表現にも出会う。橘らしく国際情勢を解説したあとに続く部分である。

「闘争の為めの闘争主義、唯物主義、個人的我利主義から根本的に足を洗つて、協同体主義、霊性主義〔自らの心底に眠る意識を軸にした考え〕へと転向せんければならんと信ぜられます。とまれ人々をして、一人の父たらしめ、母たらしめ、子たらしめ、兄弟たらしめ、文人たらしめる一言、人間らしい生活を可能ならしむる如き生活関係を打出し得るの方法を発見し得ざる以上、我々はとても救はれる望はありますまい。私はかゝる『法』又は『道』に対して『皇道』なる文字を冠しております。即ち、日本は先づ皇道日本として更生せんければならんこと、私の確信して動かざる所であります」

マルクス主義批判をくり返しつつ、「協同体」をめぐる自身の見識を示していった橘は、「皇道日本」と「農村」の位置づけを次のように言い切った。

「日本と農村、蓋《けだ》しそれは水と魚です。農村凋れて日命あること断じて之れあり得るものではありません」

さらに橘は、獄中の身ゆえ詳しい数字は思い出せないとしながら、各国のデータに照らせば、日本の農村が置かれている状況では、普通の生活など営むことはできないと訴えた。いまは監獄におり、体調も悪く、論を進める気力に乏しいと記す一方で、自らの農村救済案を紹介し、そして「全国家的維新」以外方法はないと説いたのである。しかし強調される「皇道維新」の内容について、具体的な説明はなかった。

橘が昭和十二年六月二十八日に小菅刑務所でまとめた「農村問題管見」が訴える「皇道日本として」の「更生」とは何か。「農村救済」のための「皇道維新」とは何か。結果としての昭和史をある程度踏まえることができる今日の視点では、執筆前年の二・二六事件に対する間接的な評価と読めなくもない。また農本主義者が国体原理主義者に転生するさいの起点となった論文だと言えなくもない。農本主義という自らの立場に潜む下部構造のナショナリズムを、思うに上部構造のそれと合体させることを企図した橘の生原稿は、ゆえに混乱や変調が見られ、私には興味深かったのである。

農村共同体のナショナリズムは、確かな生活基盤があって初めて培養される。そしてこのナショナリズムを、支配階級の国策決定基準にどう反映させるかが鍵だと橘は考えていた。しかし厳然たる事実として、農村は都市に従属したままであった。その動かし難い現実に対する橘の激しい怒りは、取材時にも感じられたことだが、次のような一文をあらためて読むと、下部構造のナショナリズムの流出が社会で常態化した姿が理解できるのである。

「一言加へます。人物が如何に中央に集中さるゝか。中央支配の地方的機関に集中さるゝか。即ち農村から人物が引き抜かれてゆくか。これこそ農村荒廃の根本です。村には俗にいふ『総領のジンロク』外のこされてゐません」

橘はエリートコースを捨て、故郷に戻り農本主義を実践したわけだが、そのようなタイプが常識外れとされる価値基準は、いまも変わらないのではないだろうか。

意味の解放

『五・一五事件　橘孝三郎と愛郷塾の軌跡』刊行以後、翌昭和五十年（一九七五）当時の私はあまり意識的ではなかったが、昭和史の実像を探究しようという思いが、いまの「ナショナリズム」模索の姿勢につながったと言える。

橘と愛郷塾の取材を終えてから、今度は権力者の実像を描きたいと考え、私の思いは東條英機に至った。東條は、私の世代では憎むべき旧体制の象徴とされていたが、実際にはどのような人物だったのか、調べてみたくなったのである。いま思えば、権力者の国策決定基準たる国益の守護、国権の伸長、国威の発揚とは何かを確かめたかったのであろう。

本書で「上部構造のナショナリズム」を説くさい、私が東條を多分に意識したことは間違いない。東條に「ナショナリズム」などなかったことはくり返し述べてきたが、「思想」や「理念」が実際の国策の運用を歪ませるといった奇妙な考え方は、彼自身のものであった。私は彼の周辺にいた人物に数多くの話を聞き、昭和五十四年から翌年にかけて『東條英機と天皇の時代』を上下二冊にまとめた。しかし昭和十年代に首相、陸相、参謀総長を担ったこの指導者の「ナショナリズム」を、私は最後まで摑むことができなかった。

とはいえ東條の国策決定の基準は窺い知ることができた。二者択一になると、必ず強硬論の側に付くのである。理知ある者なら、選択肢が二つに絞られてしまうまでに、戦争回避の努力をするはずだが、しかし東條は違った。いや、東條だけではなく、昭和十年代の軍事指導者のほとんどが、その理知に欠けていた。「偏狭」や「利己」といった語で「ナショナリズム」が覆い隠されてしまうような、あるいは蔑ろにされてしまうような体制こそ、東條の政治的方向性だったと言っていい。

昭和十六年十月に入ると、日本の外交は円滑に機能しなくなった。九月六日の御前会議で決定された「帝国国策遂行要領」は、「外交交渉」は続けるにせよ「十月上旬頃ニ至ルモ尚我要求ヲ貫徹シ得ル目途ナキ場合ニ於テハ、直チニ対米（英蘭）開戦ヲ決意ス」と結論していた。十月中旬になっても「外交交渉」は進展せず、とくにアメリカが問題視した中国での駐兵に対し、陸軍は撥ねつけるばかりであった。この点について、外相の豊田貞次郎や首相の近衛は陸相の東條に再考を促した。十月十四日には近衛と東條だけの話し合いも行われた。『失はれし政治　近衛文麿公の手記』（朝日新聞社一九四六）などによれば、「支那撤兵」を懇願した近衛に対し、東條は「撤兵とは退却。譲歩し、譲歩し、譲歩しつくす、それが外交というものか。それは降伏というものです」といった言で詰め寄ったとされる。思うに「偏狭」な姿勢の一例であろう。

この間の経緯を史料などで辿ると、近衛のほうが現実を把握し、国策決定の基準について明確な思想や理念をもっていたことがわかる。つまり戦争の回避が、国民の日常生活を守るという理解に及んでいたのである。反して東條は、まるで題目のように強硬論を唱えただけで、戦争の可否について態度を明確にすることはなかった。九月六日の御前会議で決定された「帝国国策遂行要領」の結論のみに執着し、他者の見解を顧みず、ただそれを排除する姿勢を貫いただけである。国策決定の明確な基準をもたないために、「外交交渉」の議論すら許さず、近衛の提案を頭ごなしに否定する。東條の姿勢に窺えるのは場当たり的な駆け引きでしかなく、戦争という国策を選択した軍官僚の見識に疑問が湧くのも当然である。私は「上部構造のナショナリズム」と言ってきたが、これほど無思想、無責任な態度で戦争が行われたことに強い不信、不安、不満をもたざるを得ない。

『東條英機と天皇の時代』を執筆するのと前後して、三島由紀夫の事件から十年にあたる昭和五十五年に、私は楯の会元メンバーと知り合うことになった。前述した橘孝三郎のもとには、昭和前期の国家改造運動を学ぶために、楯の会元メンバーが何人か通ってきており、私の取材時にもいたようだが、橘は決して引き合わせなかった。思想の傾向がまったく違うと考えたからかもしれない。しかし橘の没後、その思想を整理しようと楯の会元メンバーの一人、阿部勉氏が研究誌「土《つち》とま心《こころ》」を発行することになり、私にも原稿依頼の連絡があった。橘への思いで私はこれを引き受けたが、以後、阿部氏とは、政治的には距離を置きながらも、時に会うようになった。

阿部氏はいわゆる新右翼の代表的存在だったが、私にはとくにそのような話はしなかった。だが彼の背景には、昭和前期の国家改造運動に身を投じた磯部浅一など青年将校の残像が確かに窺えたし、むろん師である三島が重きを占めていたように思う。ナショナリズムの視点で言えば、阿部氏の思想は「天皇」を軸にしており、彼が語る三島像は、事件当時のマスコミが喧伝した「右翼」「国家主義者」といった一様なものではなかった。

私の理解では、日本の共同体で受け継がれてきた生活の規範や倫理観を、実体として摑むことができずに、「天皇」のイメージに頼ったという感もあった。と同時に、彼らの描く「天皇」が、歴史的実体と離れているような印象も受けた。彼らの言う「天皇」とは、日本社会の紐帯としての存在で、これは私の考えに引き寄せた理解かもしれない。

昭和五十五年十一月、私は『憂国の論理　三島由紀夫と楯の会事件』を上梓した。三島がなぜあのような行動に出たのか、そこに至るまでの約十年を追いかけた書で、とくに事件の意味を分析したものではない。ただ私には、この事件は歴史的に語り継がれ、戦前と戦後の亀裂を確認するための重要な補助線になり得るとの思いがあった。それゆえにまず事件の全体像を把握するための、基礎的文献をめざした書であった。「ナショナリズム」の実体を理解するために、私が著述家として歩んだ道の、中間報告のような書であった。このとき、私は四十一歳になろうとしていた。

以後も昭和史という舞台を歩きまわりながら、「ナショナリズム」とは何か、「ネーション」とは何か、そして「歴史」とは何かを自らに問いつづけ、私は本書に辿りついた。

「ナショナリズム」という多様性をもつ語を定義することは容易ではないが、本書は偏狭な空間に押し込められていたその意味を、解放する一助にはなり得るのではないかと、いま私は感じる。下部構造のナショナリズムを、いかにして上部構造のナショナリズムに反映させるか。下部構造のナショナリズムの実体とは何か。今後とも自らに問うていきたい。

あとがき

平成二十六年（二〇一四）九月、『昭和天皇実録』が公開された。第百二十四代の昭和天皇の事蹟を後世に伝えるために、宮内庁が編纂に二十四年をかけてまとめた膨大な報告書である。『昭和天皇実録』をもって、孝明、明治、大正に続く近代日本の四代の天皇の記録編纂は完了した。なお孝明と明治の記録はすでに刊行されている。

しかし『昭和天皇実録』の内容や体裁は、ほかの三人の天皇と比べてあまりにも異なる。まず分量の多さが挙げられるのだが、全六十一冊、計約一万二千頁にも及ぶ。この圧倒的な分量を支えた史料は三千点を超え、国家所蔵の未公開文書も含まれており、ゆえにそれ以前の民間側の資料より目新しく、はるかに深みがある。とはいえ昭和天皇の心情や、不利と思われる事蹟の詳述はなく、この点では研究者や著述家が刊行してきた書を参考にする以外にない。

『昭和天皇実録』は、私が説いてきたナショナリズムと、どのように関係づけられるのか。私なりに眼光紙背に徹し、すべての頁を読んだ立場から、いくつか指摘しておきたい。

むろん天皇は、私の言う上部構造の中心に位置している。旧体制では主権者であり、統治権、統帥権の総攬者であった。しかし自身の大権は臣下の者に付与しており、文字どおりの天皇親政ではなかった。いちいち施策の差配をするわけではなかった。天皇は臣下の者が決定した政策をそのまま承認することで、直接的な責任を負わなかったのである。これがいわば「立憲君主制」の政体の本質であった。

敗戦以前の上部構造に連なる軍事指導者は「立憲君主制」を逆手にとり、自身に都合のいい国策決定のシステムをつくり上げた。とくに昭和十年代の軍事主導体制は、その最も典型的な例であった。この体制下では天皇の思いなど一顧だにされず、軍事組織の利益に合致する国策のみが遂行された。もとより天皇も、下部構造の庶民の日常生活の規範や倫理観への理解に欠けていた。いや、下部構造の現実とは一線を画して生きてきたというのが真の姿であった。

上部構造は本来、国策決定の基準と、下部構造の生活の規範や倫理観とを調整すべき存在だが、昭和十年代の軍事主導体制はその役割を完全に放棄し、あくまでも利己的な国家像を追求した。天皇と国民の融和を図るどころか、むしろ離反させる結果を招いたのである。我欲で強いた過酷な現実を糊塗するために、天皇の大権を利用したと言ってもいい。

このように解釈すると、昭和十六年（一九四一）十二月八日の太平洋戦争開戦へと至る道筋に、まったく違った光景が見えてくる。少なくとも天皇には、アメリカやイギリスとの開戦に躊躇いがあった。天皇のその思いを、軍事指導者らはまったく考慮しなかった。とにかく日米開戦しかないという直進的発想で、ひたすら天皇を追い詰めたのである。これが御前会議で「帝国国策遂行要領」を決定した同年九月六日から十二月八日までの、上部構造の光景である。軍事指導者らの天皇への台詞に置き換えるなら、たとえば次のようになるであろう。

〈戦争に踏み切らなければ、日本は潰れますよ。明治天皇以来の光栄ある歴史を無視するのですか。戦わなければ滅びる。我が皇国を滅亡に導いてもいいのですか〉

いわば脅迫だが、むろん『昭和天皇実録』にそのような記述はない。ただ読み通してわかってくるのは、「皇統を守る」という天皇の意志を逆手にとった軍事指導者らの狡猾さで、これこそが歴史認識として定着すべき事実だと私には思える。そのような上部構造の光景が、『昭和天皇実録』からは窺えるのである。

昭和初年代、十年代をめぐる私の記述には、ナショナリズムの本来の意味を浮かび上がらせるという目的もあったわけだが、いま『昭和天皇実録』を読むことで、なお理解が深まるのではないか。

平成二十八年（二〇一六）八月八日、今上陛下はビデオメッセージで国民に「生前退位」への思いを訴えた。この思いを私は支持し、さらに広く理解されるべきだと考えている。「象徴としてのお務めについての天皇陛下のおことば」の背景には、どのような思いがあるのか。ナショナリズムを踏まえた私なりの見方を、二点指摘しておきたい。

第一に、大日本帝国憲法と旧皇室典範がセットになって、天皇制の枠組みをつくり上げていたことを認識しなくてはならない。大日本帝国憲法が天皇を主権者としたことにより、その地位を現実化する必要性から、旧皇室典範がこれを補完していた。一方、戦後は新憲法の誕生で、天皇は国民統合の象徴となり、また国民も市民的権利を獲得した。とすれば、新しい皇室典範にも同様の権利が反映されて然るべきであった。

具体的には「皇統を守る」という問題について、天皇自身が個人として見解を述べることに、寛容でなければならない。政治や経済ではなく、自身のアイデンティティに関わる「皇統」については、見解を述べてもいいはずだと私は考えているのである。内容への賛否は別にして、そうした発言自体が「政治的」だと評されるのはおかしい。このような矛盾が露呈してきていることこそ、戦後七十年余を経たいまの現実なのである。

第二に、「終身在位」そのものに無理があることを指摘しておきたい。大正天皇に代わり、のちの昭和天皇が皇太子のまま摂政に就いたのは、大正十年（一九二一）十一月である。以後、同十五年十二月二十五日の大正天皇崩御までの五年余は、天皇は存在するが存在しないという、二重構造が生じた。この五年余は、社会全体の空気としてアイデンティティの曖昧化が進んでいる。

また昭和六十四年（一九八九）一月七日の昭和天皇崩御までの一年余は、現実に公務が困難となり、皇太子だった今上陛下が代行することになった。その流れに対する昭和天皇の複雑な心中が、侍従だった卜部亮吉の日記に描かれている。当時の昭和天皇の心中も忖度しながら、やはり「生前退位」でスムースに「皇統を守る」べきだと、今上陛下は結論したのであろう。この意向に沿うことが、国民の務めでもあると私には思える。

今上陛下と皇后は、昭和という時代の戦没者の追悼と慰霊を何度もくり返している。二人のその思いに向き合い、「生前退位」の覚悟をあらためて私たちは知るべきであろう。天皇と皇后の思いを素直に受け止めることで、ナショナリズムのアイデンティティも育まれていくのではないだろうか。

天皇というシステムを社会がどのように受け容れるか。天皇と国民の間にどのような回路をつくるべきか。日々「ナショナリズム」は私たちに問うている。昭和の戦時下、天皇の実質的権力は空洞化し、明らかに歪んでいた。この誤謬、そして錯誤を次世代がいかに乗り越え、どのようなシステムに変えてきたかは、歴史的に問われつづけるテーマである。本書がその答えを求める一助になればとの思いで、いま私はいる。

本書についていくつか記しておきたい。私が文藝春秋社の「諸君!」に「ナショナリズムの昭和」の連載を始めたのは、平成十七年(二〇〇五)三月号である。昭和という時代のナショナリズムを、新たな視点で分析してみたいとの思いから始めた連載で、当時は編集長が細井秀雄氏、担当編集者は西本幸恒氏であった。平成二十一年(二〇〇九)六月号まで、連載は四十三回に及んだ。この間、編集長も担当部員も代わったが、まず文藝春秋社の諸氏に感謝の意を表したい。私の思うように書かせていただいたことに、お礼を言いたい。

連載中、「本にするならうちで……」と、幻戯書房代表の辺見じゅん氏に勧められた。作家で歌人の辺見氏とは対談をしたこともあり、また同い年で世代体験も共通していた。同世代の仲間何人かと、放談の会もつくった。

連載が終わり、書籍化することになった。「諸君!」の連載に大幅に加筆して、私なりに昭和のナショナリズムを総括する書にすべく、作業にとりかかった。そのさなか、平成二十三年(二〇一一)九月二十一日、辺見氏の訃報に接した。とくに期限を切られていたわけではないが、辺見氏の急死は衝撃で、しばらくは加筆を中断せずにはいられない状態となってしまった。

しかし同社編集部長の田口博氏から、「辺見さんとの約束をぜひ果たしてください」と励まされ、作業を再開することになった。故辺見氏と、田口氏をはじめとする幻戯書房の諸氏に感謝の意を表したい。

本書は「諸君!」連載に、私が個人的に刊行している「昭和史講座」の論稿、そして新たに書き下ろした稿を加え、構成されている。新たに書き下ろした稿のなかには「神社信仰と昭和のナショナリズムの関係」「保守的言論の特徴」「靖国参拝の非ナショナリズム」をテーマにした内容もあったのだが、いまはまだ充分にまとめきれず、結局は割愛することになった。

参考文献については、巻末に付すのではなく、引用時に出典を明記した。出典を記していない証言については、取材で私が直接聞いたものである。また引用や証言の文中、必要に応じて加えた私の注釈は〔　〕内に記している。

本書のタイトルについて、「昭和のナショナリズム」ではなく「ナショナリズムの昭和」とした理由を一言しておきたい。上部構造と下部構造、国家と個人が対峙したナショナリズムのかたちを透して昭和史を俯瞰するとき、平成のいまに何が浮かび上がってくるのか、この思いを込めたタイトルである。ナショナリズムという枠組みのなかに「昭和」を埋め込むと、どのようなことが言えるのか。それを実証的に探れば、上部構造の示す「国益」というものが、しばしばナショナリズムを隠れ蓑としていたことに気づかされる。国家的ナショナリズムはすぐにファシズムへと傾き、私たちの存在を一分子として組み込もうとする。ナショナリズムという概念は、このことをあらためて教えてくれるのである。

同時に、デモクラシーという主人のあとを、国家的ナショナリズムそしてファシズムが影のように、常につきまとっていることにも気づかされる。デモクラシーに制度疲労が生じたり、そのイデオロギーが歪んだりしたとき、ファシズムはたちまちのうちに取って代わろうとする。影は主人の歪みを待っているとも言えるであろうか。この点を理解していただけたらと思う。

くり返しになるが、本書刊行まで、多くの人のお世話になった。名前は記さないが、あらためて各氏に感謝の意を伝えたい。最後に、田口博氏の七年にわたる協力と尽力にお礼を言いたい。

平成二十八年（二〇一六）八月十五日　七十一回目の終戦記念日に

保阪正康

初出ほか

序　章　書き下ろし

Ⅰ

第1章　「諸君！」二〇〇五年三月号
第2章　「諸君！」二〇〇五年四月号
第3章　「諸君！」二〇〇五年五月号
第4章　「諸君！」二〇〇五年六月号
第5章　「諸君！」二〇〇五年七月号
第6章　「諸君！」二〇〇五年八月号
第7章　「諸君！」二〇〇五年十月号
第8章　「諸君！」二〇〇五年十一月号
第9章　「諸君！」二〇〇六年一月号
第10章　「諸君！」二〇〇六年二月号
第11章　「諸君！」二〇〇六年四月号
第12章　「諸君！」二〇〇六年五月号
第13章　「諸君！」二〇〇六年六月号
第14章　「諸君！」二〇〇六年七月号
第15章　「諸君！」二〇〇六年八月号

Ⅱ

第16章　「諸君！」二〇〇六年十月号
第17章　「諸君！」二〇〇六年十一月号
第18章　「諸君！」二〇〇六年十二月号
第19章　「諸君！」二〇〇七年一月号
第20章　「諸君！」二〇〇七年二月号
第21章　「諸君！」二〇〇七年三月号
第22章　「諸君！」二〇〇七年四月号
第23章　「諸君！」二〇〇七年五月号
第24章　「諸君！」二〇〇七年六月号
第25章　「諸君！」二〇〇七年七月号
第26章　「諸君！」二〇〇七年八月号
第27章　「諸君！」二〇〇七年九月号
第28章　「諸君！」二〇〇七年十月号
第29章　「諸君！」二〇〇七年十二月号

第30章　「諸君！」二〇〇八年一月号
第31章　書き下ろし
第32章　書き下ろし
第33章　書き下ろし

Ⅲ

第34章　「諸君！」二〇〇八年三月号
第35章　「諸君！」二〇〇八年四月号
第36章　「諸君！」二〇〇八年六月号
第37章　「諸君！」二〇〇八年七月号
第38章　「諸君！」二〇〇八年九月号
第39章　「諸君！」二〇〇八年十月号
第40章　「諸君！」二〇〇八年十一月号
第41章　「諸君！」二〇〇八年十二月号
第42章　「諸君！」二〇〇九年一月号
第43章　「諸君！」二〇〇九年三月号
第44章　「諸君！」二〇〇九年四月号
第45章　「諸君！」二〇〇九年五月号
第46章　「諸君！」二〇〇九年六月号　※最終回
第47章　書き下ろし
第48章　「昭和史講座」第十一号　二〇一一年五月

Ⅳ

第49章　書き下ろし
第50章　書き下ろし
第51章　書き下ろし
第52章　書き下ろし
第53章　書き下ろし
第54章　書き下ろし
第55章　「昭和史講座」第七号　二〇〇一年十二月
第56章　「昭和史講座」第十五号　二〇一三年七月
第57章　書き下ろし
第58章　「昭和史講座」第十四号　二〇一二年十二月

終　章　書き下ろし

「諸君！」の連載全四十三回および「昭和史講座」の論稿については、書籍化にあたって、そのほとんどを改題、改稿しています。

ラ行

ワ行

ヤ行

マ行

ハ行

ナ行

タ行

サ行

カ行

人名索引

ア行

保阪正康（ほさかまさやす）昭和十四年（一九三九）北海道生まれ。同志社大学文学部社会学科卒。ノンフィクション作家・評論家。「昭和史を語り継ぐ会」主宰。日本近現代史とくに昭和史の事象、事件、人物に題材を求め、四千人余の当事者、関係者への直接取材で得た証言を基に、ノンフィクション、評論、評伝など執筆を続けている。医学・医療と社会の関係や教育をテーマにした著書も多い。個人誌「昭和史講座」刊行など一連の研究で平成十六年（二〇〇四）菊池寛賞受賞。著書に『死なう団事件　軍国主義下の狂信と弾圧』『五・一五事件　橘孝三郎と愛郷塾の軌跡』『東条英機と天皇の時代』『三島由紀夫と楯の会事件』『六〇年安保闘争』『瀬島龍三　参謀の昭和史』『幻の終戦　もしミッドウェー海戦で戦争をやめていたら』『昭和陸軍の研究　上下』『「きけわだつみのこえ」の戦後史』『秩父宮　昭和天皇弟宮の生涯』『吉田茂という逆説』『皇后四代　明治から平成まで』『日本解体　「真相箱」に見るアメリカＧＨＱの洗脳工作』『「特攻」と日本人』『昭和天皇』『松本清張と昭和史』『〈敗戦〉と日本人』『大本営発表という権力』『昭和史の大河を往く　全十三集』『東京裁判の教訓』『崩御と即位　宮中で何が起こっていたのか』『占領下日本の教訓』『官僚亡国　軍部と霞が関エリート、失敗の本質』『田中角栄の昭和』『農村青年社事件　昭和アナキストの見た幻』『日本の原爆　その開発と挫折の道程』『昭和史、二つの日　語り継ぐ十二月八日と八月十五日』『風来記　わが昭和史１－２』『天皇「君主」の父、「民主」の子』など多数。

ナショナリズムの昭和

二〇一六年十一月二十五日　第一刷発行

著　者　保阪正康
発行者　田尻　勉
発行所　幻戯書房
郵便番号一〇一―〇〇五二
東京都千代田区神田小川町三―十二
岩崎ビル二階
電　話　〇三（五二八三）三九三四
ＦＡＸ　〇三（五二八三）三九三五
ＵＲＬ　http://www.genki-shobou.co.jp/

印刷・製本　中央精版印刷

ISBN978-4-86488-100-5　C0095